Tobias Gombert

AF285676

Demokratische Rhetorik

Handbuch wider den Extremismus

Begründung – Praxis – Arbeitshilfen

Für die Stipendiat:innen der Friedrich-Ebert-Stiftung und für alle anderen, die sich auch für die Demokratie einsetzen.

Demokratische Rhetorik

Handbuch wider den Extremismus

Begründung – Praxis – Arbeitshilfen

Handbuch II des Bildungs- und TagungsZentrum HVHS Springe e.V. und der PBN e.V.

herausgegeben von Christoph Matterne und Tobias Gombert

Tobias Gombert

mit Gastbeiträgen von Silke Frink und Mario Sander

Impressum

Umschlag: Gestaltung Gina Baumann; Foto: Tobias Gombert

Bibliografische Information der Deutschen Nationalbibliothek:
Die Deutsche Nationalbibliothek verzeichnet diese Publikation in der
Deutschen Nationalbibliografie; detaillierte bibliografische Daten sind im
Internet über http://dnb.dnb.de abrufbar.

© 2025 Tobias Gombert, Bildungs- und TagungsZentrum HVHS Springe e.V.

Verlag: BoD · Books on Demand GmbH, In de Tarpen 42,

22848 Norderstedt, bod@bod.de

Druck: Libri Plureos GmbH, Friedensallee 273, 22763 Hamburg

ISBN: 978-3-7597-6124-8

GELEITWORT VON WOLFGANG JÜTTNER

„Demokratie heißt, dass sich die Menschen in ihre eigenen Angelegenheiten einmischen." (Max Frisch)

Anfang des Jahres 2024 gehen hunderttausende Menschen auf die Straße, um für die Demokratie zu demonstrieren. Ein gutes Signal. Demokratie lebt vom Mitmachen und Einmischen, lebt davon, Position zu beziehen und die Stimme zu erheben.

Damit das gelingen kann, müssen Menschen kompetent für Demokratie sein oder werden. Sie müssen lernen, wie sie sich einbringen können und ihre Meinung entwickeln und stark machen können. Nicht zuletzt geht es darum, eine plurale und soziale Demokratie gegen ihre Gegner zu verteidigen. Je stärker die Anfeindungen werden, desto stärker müssen wir sozialpolitisch **und** bildungspolitisch agieren.

Das Bildungs- und TagungsZentrum Heimvolkshochschule Springe e.V. ist ein Lernort für Demokratie, in dem genau diese Befähigung zum Einmischen erschlossen wird. Wir orientieren unsere Arbeit dabei an Sozialer Demokratie und den Grundsätzen der DGB-Gewerkschaften.

Ein Kernbereich unserer Bildungsarbeit ist, Menschen zu befähigen, wie sie politisch argumentieren und Reden halten können, sei es im Rahmen von Parteien, Gewerkschaften, Demonstrationen oder politischen Veranstaltungen.

Das hier vorliegende Handbuch fasst die Erkenntnisse aus jahrzehntelanger Praxis in Springe zusammen und stellt es nun allen zur Verfügung, die sich vertieft mit den Fragen demokratischer Rhetorik und Argumentatorik auseinandersetzen wollen. Es setzt Denktraditionen fort, in dem es nicht auf der technischen Ebene verharrt, sondern gesellschaftspolitisches, wissenschaftliches und praxisorientiertes Denken verknüpft.

Die HVHS Springe e.V. ist so stark wie ihre Kooperationen. Das Buch ist in und für die gemeinsame Bildungsarbeit mit der Politischen Bildungsgemeinschaft Niedersachsen e.V. entstanden.

Springe, November 2024

Wolfgang Jüttner
Vorsitzender des Bildungs- und TagungsZentrum HVHS Springe e.V.

GELEITWORT VON DR. SILKE LESEMANN

Eine erste politische Rede zu halten ist für alle Menschen aufregend und herausfordernd. In diesem Moment werden wir besonders sichtbar, müssen für einen politischen Standpunkt einstehen. Wir werden wirksam. Das kann, darf, ja soll sogar Spaß machen. Und: Frei seine Meinung äußern zu dürfen ist eine wertvolle Errungenschaft, die gerade durch die Arbeiter:innen-Bewegung, Gewerkschaften und Sozialdemokratie erkämpft wurde. Diese Errungenschaft sollten wir alle erhalten, in dem wir sie nutzen.

Doch es bleibt dabei: Die Hürde muss erst überwunden werden. Das geht allen so. Am besten gelingt dies, wenn wir in solidarischen Gruppen lernen, wie wir Reden halten und politische Standpunkte vertreten können.

Genau dies geschieht in den Seminaren der Politischen Bildungsgemeinschaft Niedersachsen e.V. (PBN): Solidarisches Lernen für unsere Demokratie, dafür die Stimme zu erheben und den eigenen Standpunkt einzubringen. Dabei geht es nicht um einfache Wissensvermittlung, sondern um ein Empowerment für Demokratie und die Erfahrung, dass politisches Abwägen von Argumenten mit dem Reden beginnt. Demokratie hat mit Wissen zu tun, aber noch mehr mit Erfahrung, gemeinsamen Erschließen und Entwicklung. Diesen umfassenden Bildungsansatz stärkt die PBN seit über 60 Jahren in ihren Seminaren, Workshops und Coachings.

Bildung braucht eigene Bildungsorte, die geschützte Räume für Entwicklung und offene Räume für Austausch sind. Dieser Bildungsort ist für uns die Heimvolkshochschule in Springe, mit der gemeinsam die meisten Seminare und Workshops durchgeführt werden, so auch die Rhetorik- und Argumentationstrainings.

Mit dem vorliegenden Handbuch dokumentieren wir nun unsere Zusammenarbeit. Doch eines kann es nicht ersetzen: Die Erfahrung, wie Solidarität in Seminaren die eigene Stimme zum Tragen bringen kann. Dazu lohnt sich ein Seminarbesuch.

Hannover, November 2024

Dr. Silke Lesemann
Vorsitzende der Politischen Bildungsgemeinschaft Niedersachsen e.V.

VORWORT DER HERAUSGEBER

Die Rhetorik beschäftigt als Lehre von der guten Rede schon seit der Antike Menschen und Bücher. Eine unübersehbare Vielfalt an Hand-, Übungs- und Lehrbüchern sind bereits auf dem Markt verfügbar.

Auf den ersten Blick erscheint es also wenig zielführend oder hilfreich zu sein, ein weiteres Buch vorzulegen. Wieso also trotzdessen? Wie soll sich dieses Buch abheben von den anderen?

Richtig ist, dass wir uns – genauso wie alle anderen Lehr- und Handbücher auch – auf bereits vorhandene Quellen und Konzepte stützen. Diese werden im Buch jeweils nachgewiesen, um sich nicht etwa mit fremden Federn zu schmücken.

Doch auch das „Trotzdessen" oder „etwas anders" gibt es.

Vier Gründe sprechen aus unserer Sicht für ein weiteres (nämlich dieses) Buch zum Thema:

1. Zunächst einmal will dieses Buch anders als Andere die Komplexität und Vielschichtigkeit der politischen Rhetorik abbilden. Aus unserer inzwischen jahrzehntelangen Praxis in Rhetorik-Trainings und Coachings sticht eine Erfahrung besonders hervor: Reden wirksam halten zu können hängt weniger von Standardtipps von der Stange als von individuellen Stärken und einer Vielzahl unterschiedlichster, zusammenspielender Faktoren ab. Da sind Fragen der Auftrittstechnik, der Argumentatorik, der optischen Rhetorik, der Kommunikations- und Beziehungsfähigkeit, der Atemtechnik, der Merktechniken, einer angemessenen Sprache und vieles mehr relevant. Viele Bücher bilden diese Komplexität nicht ab, sondern beschränken sich auf Teilaspekte.
2. Politische Rhetorik hat zwar zur allgemeinen Rhetorik viele Überschneidungspunkte, unterscheidet sich aber doch auch. Viele aktuellere Rhetorik- und Argumentationskonzepte kommen jedoch eher

aus dem Bereich des Verkaufstrainings und aus dem Business-Bereich. Politische Kommunikation beruht auf anderen Ressourcen und Argumentationsmustern, die sich lohnen näher anzusehen.

3. Politische Rhetorik ist selbst normativ beeinflusst. Zweifelsohne können viele Modelle und Tipps unabhängig eines spezifischen politischen Werterahmens verwendet werden. Aber: Wer **demokratische** Rhetorik und Kommunikation als Bestandteil deliberativer Demokratie begreift, bezieht sich damit doch auf begründungsrelevante Normen. Auch diese werden hier in die Arbeit einbezogen. Der Zusatz „Handbuch wider den Extremismus" macht zudem deutlich, dass demokratische Rhetorik eine spezifische Form der politischen Rhetorik ist. Demokratische Rhetorik ist nicht neutral, sondern wertegebunden. Und das ist gut so. Im Übrigen gehen wir als Herausgeber und Tobias Gombert als Autor mit Ihnen als gleichberechtigte Demokrat:innen offen mit eigenen politischen Positionen um. Wir trauen Ihnen zugleich zu, Ihre eigene Meinung vertreten zu können.

4. Viele Bücher vermeiden theoretische Ausführungen und wollen es den Leser:innen leicht machen. Es reicht ja, wenn der/die Autor:in es weiß. Das ist völlig in Ordnung.

Wir indes vertrauen darauf, dass Menschen Hintergründe und Transparenz schätzen oder doch als mündige Menschen selbst entscheiden können und wollen, wo sie theoretische Überlegungen anstellen oder weglassen. Die theoretischen Exkurse sind jeweils so gefasst, dass sie erkenn- und auf Wunsch überblätterbar sind. Es ist und bleibt eben ein Handbuch, das nicht komplett gelesen, sondern nach Interesse zu Rate gezogen können werden soll.

Insofern hoffen wir, dass dieser Beitrag für den/die ein oder Andere:n hilfreich und nutzbringend sein kann.

Ein Letztes möchte ich als Autor transparent machen: Mir ist bewusst, dass ich gegen den Strom schwimme. Ich äußere mich zu (fach)wissenschaftlichen Themen und tue dies als Generalist. Das Thema macht es notwendig, in sehr unterschiedliche wissenschaftliche Felder zu sehen, ohne selbst in diesen Bereichen zu forschen. So schwingen ebenso philosophische, psychologische, medizinische und politische Fragestellungen mit, wenn wir über das Feld der (demokratischen) Rhetorik sprechen. Natürlich ist damit verbunden, sich auf andere Fachwissenschaftler:innen und ihre Erkenntnisse und Einschätzungen zu stützen und ihnen in Teilen auch zu vertrauen. Ich hoffe, mit der nötigen Achtsamkeit und Transparenz gearbeitet zu haben, so dass meine eigenen Schlüsse für die demokratische Rhetorik überprüfbar bleiben und hinreichend wahrscheinlich ist, dass gröbere Fehler vermieden werden konnten. Wo wir gerade bei Wissenschaftlichkeit sind: Die meisten Wissenschaftler:innen meiden eine persönliche Sprache und verstecken die eigene Person hinter dem „man" oder passiven Satzkonstruktionen. Für eine demokratische Rhetorik scheint mir das unangemessen zu sein: Nur ein ebenso respektvolles „Sie/Du" einerseits und „ich" andererseits können das demokratische „Wir" begründen. Ich werde also in erster Person und Sie als Leser:in respektvoll, aber persönlich ansprechen. Und ich werde auch nicht so tun, als hätte ich keine politischen Einschätzungen. Wieso sollte es auch Sinn machen, über politische Rhetorik zu schreiben, sich aber selbst unpolitisch zu geben?

Bei zwei Themenbereichen haben wir uns von sehr geschätzten Kolleg:innen unterstützen lassen: Silke Frink konnten wir für einen Gastbeitrag zum Thema „optische Rhetorik" gewinnen. Dadurch konnten wir nun sicherstellen, dass weitere Menschen – wie viele unserer Seminarteilnehmenden – von ihrer immensen Erfahrung im Styling profitieren können. Der zweite Gastbeitrag stammt von Mario Sander, einem guten Freund und großartigen Kollegen, mit dem wir seit vielen Jahren zusammenarbeiten. Mario hat sich viel mit dem Einsatz von KI beschäftigt und daher einen Beitrag geschrieben, wie wir ChatGPT für die Redevorbereitung nutzen können.

Wir danken Silke und Mario sehr herzlich für die wunderbare Zusammenarbeit in unseren Seminaren, aber auch für ihre Beiträge zu diesem Buch.

Bleibt noch die Frage: Für wen ist das Buch gedacht? Es ist für Menschen gedacht, die selbst gern politisch die Stimme erheben wollen oder ihre eigenen Redefähigkeiten erweitern wollen. Unter anderem ist es auch für Teilnehmende gedacht, die selbst ein Rhetorik-Seminar besucht haben und sich danach in die Hintergründe weiter vertiefen wollen. Es ist für alle, die sich ein näheres Hinsehen wünschen, die gern Zusammenhänge ergründen und sich nicht mit den ersten einfachen Antworten abfinden, sondern weiterdenken wollen.

Es ist darüber hinaus für Rhetorik-Trainer:innen gedacht, die sich intensiver mit rhetorischen Themenfeldern beschäftigen wollen und dabei Wert darauf legen, auch theoretische Hintergründe zu reflektieren.

Dabei sind die Abschnitte so gefasst, dass Sie einzelne Abschnitte oder Teile – je nach Interesse – für sich lesen können sollten. Nicht alle wird alles interessieren. Im Anhang finden sich auch Arbeitshilfen, Übungen und der Zugang zu einer Online-Mediathek, die Arbeitsblätter mit ausfüllbaren pdf-Dateien, kleine Lehrvideos und Präsentationen für Sie bereitstellt.

Dieses Buch hätte nicht entstehen können, wenn wir in der HVHS Springe und in der PBN nicht viele Seminare und Coachings gemeinsam mit sehr geschätzten Kolleg:innen hätte durchführen dürfen. Für die Etappen der gemeinsamen Lernreisen, die wir gemacht haben, danken wir Euch sehr herzlich: Mechthild Brandt, Mario Sander, Daniel Cord, Dennis Eighteen, Ines Geerling-Schütte, Klaus Reiners, Daniel Dunkhase, Dr. Carsten Schwäbe, Katja Pohl, Silke Frink, Michel Penke und Dr. Constantin Olbrisch.

Ohne die vielen Gespräche mit Stipendiat:innen und hauptamtlichen Kolleg:innen der Friedrich-Ebert-Stiftung hätte dieses Buch nicht gelingen können. Einen ersten Anstoß, den Unterschied zwischen extremistischer und demokratischer Rhetorik zu bearbeiten, ist durch ein Seminar mit Stipendiat:innen zustande gekommen. Dort wurde diese Frage gestellt – nun hoffe ich als Autor eine Antwort geben zu können.

Stellvertretend danken wir auch den Hauptamtlichen der Friedrich-Ebert-Stiftung herzlich, die uns immer wieder Gelegenheit geben, uns mit an der Demokratie interessierten Menschen auszutauschen, stellvertretend: Rebecca Demars, Jochen Dahm, Kathrein Hölscher, Judith Illerhues, Urban Überschär, Stephan Meuser und Prof. Dr. Christian Krell.

Nicht zuletzt und vor allem ist das Buch nur möglich durch die solidarische und produktive Zusammenarbeit des Bildungs- und TagungsZentrums mit der Politischen Bildungsgemeinschaft Niedersachsen.

Aller Dank soll eines nicht verdecken: Inhaltlich verantwortlich bleiben Tobias Gombert als Autor und für die namentlich gekennzeichneten Teile Silke Frink und Mario Sander.

Springe, November 2024   Hannover, November 2024

Tobias Gombert   Christoph Matterne
Autor und Leiter der HVHS Springe e.V.   Geschäftsführer der PBN e.V.

Zugang zu unserer Online-Mediathek

Passwort: Wer gehört werden will, muss reden!

INHALT

TEIL II: WIDER DEN EXTREMISMUS

TEIL III: GESCHLECHTERGERECHTIGKEIT

TEIL IV: DRAMATURGIE VON REDEN

TEIL VII: MERKTECHNIKEN

TEIL VIII: SPRACHE SCHAFFT WIRKLICHKEITEN

TEIL IX: ZUM SCHLUSS EIN ANFANG

TEIL X: ANHANG

1. EINLEITUNG UND ÜBERBLICK

»Wer gehört werden will, muss reden.« (Helmut Schmidt)

Die politische Rhetorik ist eines der ältesten Wissensgebiete. Ihre Kinderstube stand in der attischen Demokratie, genauer: auf der Agora, dem Markt- und Versammlungsplatz Athens. Redner[1] mussten dort die anderen Bürger[1] von Positionen überzeugen, Mehrheiten hinter sich bringen und um beste Optionen streiten.

Seitdem sind mehr als 2000 Jahre vergangen, aber Redner:innen stehen heute immer noch diesen Herausforderungen gegenüber. Damals wie heute hilft politische Rhetorik dabei, Positionen zu begründen und Handlungsoptionen zu legitimieren oder kürzer – Wirkung zu erzielen.[2]

Demokratie ist auf politische Rhetorik angewiesen. Politische Rhetorik aber (bedauerlicherweise) nicht auf Demokratie. Politische Rhetorik kann und wird auch manipulativ und für undemokratische Zwecke genutzt. Sie hat auch in Autokratien und Diktaturen Karriere gemacht.

Zu Beginn des Jahres 2024 gingen Millionen Menschen auf die Straße, um sich für die Demokratie auszusprechen und auf die Gefahren des Rechtsextremismus hinzuweisen. So erfreulich und wichtig das auch immer sein mag: Ein Einsatz **für die** Demokratie ist noch kein Einsatz **in der** Demokratie.

---

[1]   Ich bemühe mich in diesem Buch einer möglichst gender-gerechten Sprache. In diesem speziellen Fall ist die Verwendung der männlichen Form leider unumgänglich.

[2]   Detjen (Detjen 2014a: 7-12; 117-119) betont berechtigt, dass die heutigen medial geprägten Debattenformate in Parlamenten kaum den Überzeugungsreden im antiken Athen ähneln. Dennoch müssen wir in einer repräsentativen Demokratie, die auf Deliberation angewiesen ist, darauf setzen, kraft des Redens überzeugend zu wirken.

Sich dafür auszusprechen, heißt noch nicht, kompetent demokratisch agieren zu können. Demokratie – so hat es der große kritische Soziologe Oskar Negt einmal formuliert – ist eine „Gesellschaftsform", die erlernt werden muss. (Negt 2010: 13) Die Räume, in denen das erlernt werden kann, sind nicht eben üppig gesät, sieht man sich einmal in allgemein- und berufsbildenden Schulen, den Hochschulen oder der non-formalen Erwachsenenbildung um.

Die Medien eröffnen zwar Räume, in denen trefflich politisch debattiert werden kann, die Menschen also in den Genuss politischer Rhetorik bringen. Allerdings sind Medien von Natur aus so angelegt, dass sie Menschen zu Konsument:innen und nicht zu Aktiven der Demokratie machen. Erschwerend kommt hinzu, dass das demokratische Abwägen Zeit braucht, die nur selten in unseren Alltag zu passen scheint.

Es mangelt also nicht an politischer Rhetorik, weder in Form der Debatte noch in ihrer extremistischen Gestalt. Woran es fehlt, ist vor allem eines: Eine demokratische Rhetorik.

Die Kernthese dieses Buches ist: **In der politischen Rhetorik lassen sich demokratische und extremistische Rhetorik deutlich voneinander trennen. Demokratische Rhetorik hebt sich in Zielen, Instrumenten und Arbeitsweisen ab. Diese kann man erlernen und einsetzen.**

Im Übrigen sprechen auch Menschen, die sich der Neuen Rechten zuordnen, davon, dass sie Demokrat:innen seien. Aus zwei Gründen widerspreche ich dieser Einschätzung: Systematisch stellen sich Neue Rechte gegen eine Gleichwürdigkeit aller Menschen, ansonsten könnten sie die Menschenrechte nicht einschränken wollen. Demokratie setzt aber als Denkmodell voraus, dass eine natürliche Ungleichheit nicht in gesellschaftliche übersetzt werden soll.

Einen zweiten Grund sehe ich in der Art, wie argumentiert wird, die eben extremistisch und nicht demokratisch ist. Ich spreche hier also von einem spezifischen und von anderen Konzepten absetzbaren Begriff.

Politische Rhetorik...

	demokratisch	extremistisch	
		rechtspopulistisch	rechtsextrem
Denkmodell & Ziele	Menschen mit gleicher Freiheit und Würde versuchen ihre politischen Ideen zu vergemeinschaften („kommunizieren"). **Prinzipien:** • Respekt • Wechselseitige Anerkennung • Verpflichtung, Geltungsansprüche zu stellen und einlösen zu wollen.	Auf eine feste Gruppe („homogenes Volk") begrenzte Gesellschaft. **Prinzipien:** • „Wir" gegen die „Elite" • Bezug auf das „wahre" Volk • Vorstellung von Homogenität • Demokratie unter beschränkten Bedingungen	Auf eine feste Gruppe („homogenes Volk") begrenzte Gesellschaft. **Prinzipien:** • „Wir" gegen die „Elite" • Bezug auf das „wahre" Volk • Vorstellung von Homogenität • Demokratie abschaffen oder umdefinieren.
Argumentatorik	beruht auf • Geltungsansprüchen auf Wahrheit, Richtigkeit, Verständlichkeit und Wahrhaftigkeit • Logik und Pragmatik in der Argumentation • deliberativ abzuwiegenden Argumenten & Gegenargumenten.	beruht auf • Vergemeinschaftungsstrategie mit Negativabgrenzung einerseits und • extremistischen Mimikrys andererseits • vielfach auf „Argumenten ad hominem" • Nutzung von „Triggerpunkten", um Menschen emotional zu erreichen. • ggf. Begriffen, die einen anderen Staat und eine andere Gesellschaftsordnung erreichen wollen.	
Körpersprache	beruht darauf • „Erkunden" und „Plädieren" auch körpersprachlich zu unterscheiden. • Präsenz zu signalisieren & überzeugen zu wollen. • selbstbewusst und kooperativ zu wirken.	beruht darauf • überwiegend zu „plädieren". • dominant und einschüchternd zu wirken. • politisch Andersdenkenden auch körpersprachlich Verachtung zu signalisieren. • Ggf. Drohgebärden einzusetzen.	
Dramaturgie	beruht darauf • wirkungsvoll kommunizieren zu wollen und dabei den demokratischen Rahmen zu nutzen. • verschiedene, situationsadäquate Modelle zu verwenden.	beruht darauf • über Emotionalisierung und Empörung zu wirken. • Modelle der Abwertung anderer und Überhöhung der eigenen Position zu nutzen. • keine Argumentation via Abwägung zu nutzen.	

Abb. 1: Schematische Darstellung zur politischen Rhetorik

Zwei Ausprägungen der politischen Rhetorik (demokratisch vs. extremistisch) zu unterscheiden beruht auf der Annahme, dass sich die Frage nach Extremismen nicht anhand der Zugehörigkeit zu Parteien oder Gruppen beschreiben lässt, sondern anhand des kommunikativen Handelns in politischen Zusammenhängen.[3]

In der Abbildung 1 habe ich schematisch grob vereinfacht die Unterscheidung der beiden Ausprägungen dargestellt. Dabei gehe ich davon aus, dass Rhetorik nicht nur eine Frage der Argumente, sondern umfänglich des kommunikativen Verhaltens und der Ziele ist.

Im Übrigen beinhaltet diese Herangehensweise auch, dass sich Menschen, die sich selbst als Demokrat:innen sehen, extremistischer Rhetorik bedienen können. Dies kann immer auch ein strategisches Kalkül in der Aufmerksamkeitsökonomie sein. Das war bereits so als Jürgen Habermas 1962 den Strukturwandel der Öffentlichkeit beschrieb. Es wird eher noch verstärkt durch den neuen Strukturwandel der Öffentlichkeit (Habermas 2022), da die neuen Medien zwar Menschen zu Autor:innen werden lassen, aber zugleich diejenigen Nachrichten besondere Reichweite erzielen, die nicht abwägend, sondern alarmierend sind.

Zudem haben wir es bei den neuen Medien, aber auch bei der Verschiebung in den klassischen Medien weg von den Zeitschriften und Zeitungen hin zum

---

[3] Sie werden dem Schaubild entnehmen können, dass ich hier von rechts-, aber nicht von linksextremistischer Argumentationsweise spreche. Dies hat Gründe, die ich im **Teil II** näher erläutere. Im Kern gehe ich davon aus, dass linksextremistische Argumentationsweisen sich nicht an primär zugeschriebenen Identitätsmerkmalen festmachen, sondern an gesellschaftlich übernommenen Rollen(bildern). Hier wird also regelmäßig von der gleichen Würde von Menschen als Grundlage auszugehen sein. Mit anderen Worten: Ich schließe keinesfalls aus, dass auch in der gesellschaftlichen Linken oder in der Mitte extremistische Argumentationsweisen vorkommen. Dennoch lassen sich ein systematischer Unterschied und sicherlich auch Unterschiede in den Verwendungsweisen und -Quantitäten machen. Dieser Frage will ich in diesem Buch allerdings nicht weiter bearbeiten. Im Übrigen wäre eine noch näher zu prüfende Forschungshypothese, dass islamistische Rhetorik wiederum rechtsextremistischer Rhetorik in ihren Arbeitsweisen, aber auch in ihrer Haltung zu Menschenrechten gleichen. Diesen Strang vernachlässige ich hier.

Fernsehen, mit einer Beschleunigung zu tun. Einzelne Diskussionsbeiträge und Argumentationen haben viel weniger Zeit, gehört, verstanden und mit einer eigenen Positionierung durch Andere versehen zu werden.

Selbst wenn also Politiker:innen den Anspruch an sich selbst stellen, demokratisch argumentieren zu wollen, müssen sie sich in ein strategisches Verhältnis zu ihrer Wirkung in den Medien setzen. Bezogen auf das politische Reden heißt dies beispielsweise, bereits vorab zu planen, welche 30 Sekunden des Redebeitrags geeignet dafür sind, hinterher als Video in den Sozialen Medien wirken zu können.

Die potenziellen Vorwürfe gegen eine umfassender verstandene demokratische Rhetorik sind voraussehbar. Wie das Modell einer deliberativen Demokratie können sie schnell als idealistische Verklärung gebrandmarkt und darauf hingewiesen werden, dass Redner:innen sich doch lieber einer gelingenden Wirksamkeit verschreiben sollten. Ich halte es dementgegen für notwendig, eine demokratische Rhetorik stark zu machen, die die Gleichwürdigkeit aller Menschen in eine die Demokratie stärkende Rhetorik zu übersetzen versteht.

Wie es bei Denkmodellen und Zielen so ist: Nicht immer werden sie zu jedem Zeitpunkt offengelegt und damit erkenn- oder abwägbar sein. Insofern bekommen wir es in der Praxis seltener mit strikt getrennten Kategorien, sondern mit interpretativ zu gewichtenden Tendenzen in der politischen Kommunikation zu tun. Wir müssen also – wollen wir die gleiche Würde aller – als Kennzeichen einer liberalen Demokratie mit Leben füllen, ohne Vorurteile prüfen, ob wir es mit demokratischer oder extremistischer Rhetorik zu tun haben.

Noch eine weitere Perspektive sollten wir im Blick behalten. Ralf Dahrendorf, der große liberale Theoretiker, wendet gegen die Definition von Populismus ein: „Des einen Populismus ist des anderen Demokratie, und umgekehrt." (Dahrendorf 2019: 6) Er weist damit auf die Gefahr hin, dass Populismus leicht als Kampfbegriff verwendet wird, um Menschen und ihre Positionen

abzustempeln, in dem beide Seiten den jeweils anderen nicht als „wahre"
Vertreter:innen des Volkes zu kennzeichnen suchen.

Mir persönlich geht es hier allerdings nicht darum, Menschen (oder auch ihre
Themen, z. B. die Sicherheit) als Populist:innen oder populistisch a priori zu
bezeichnen, sondern um eine systematische Unterscheidung von
Argumentationsweisen. Es geht also nicht um Schwarz-Weiß-Denken, sondern
um Gewichtsanteile (ähnlich auch Diehl 2024: 27).

Populistisch ist demnach, sich als legitime:r Vertreter:in eines homogenen
Volkes darzustellen und sich als (scheinbar homogene) Gruppe gegen eine
andere Elite zu stellen.[4]

Was eine Mehrheit von Menschen entscheidet, zeigt sich aber in Abstimmungen
und Wahlen, nicht in persuasiven Reden. Wer also immer die Demokratie
dadurch zu vertreten behauptet, dass er sich als Vertreter:in „des" Volkes
geriert, hat den Schritt in das Reich des Populismus vollzogen.

Nichtsdestotrotz gibt es natürlich Personen und Parteien, die populistische oder
auch extremistische Argumentationsweisen so systematisch zu ihrem
Markenkern machen, dass sie kaum selbst anders als „extremistisch" oder
„populistisch" bezeichnet werden können. Ihr Verhältnis zur Demokratie hat
Marcel Lewandowsky pointiert zusammengefasst: „Populistische Parteien

---

[4] Paula Diehl (Diehl 2024: 26f.) weist zurecht darauf hin, dass es mindestens drei
Konzepte von Populismus in der wissenschaftlichen Diskussion gebe: Ein
ideenorientierter Ansatz (mit den Kernkomponenten „wahres Volk" vs. „korrupte
Elite"; Behauptung der Homogenität und „Rückeroberung der Demokratie"), einen
diskursanalytischen Ansatz (, der die Lücken der Unzufriedenheit mit Positionen der
demokratischen Repräsentant:innen in gesellschaftlichen Diskursen betone) und ein
komplexer, der beides kombiniere. Insofern verorte ich mich auch in einem
komplexen Modell, da die populistischen (oder auch rechtsextremen) Denkfolien (vgl.
dazu **Teil II.1.**) sich in konkreten kommunikativen Handlungen immer neu
aktualisieren und auf politische Sachverhalte angewandt oder diese mit
populistischen Argumentationsweisen durchtränkt werden.

sprechen diejenigen an, die sich für die wahren Demokraten halten (aber oft keine sind), die glauben, nicht in einer Demokratie zu leben (obwohl sie es tun), und die ‚echte' Demokratie wollen (die in Wahrheit keine wäre)." (Lewandowsky 2024: 17)

Rechtspopulistische und -extremistische Argumentationsweisen sind kaum mit einer scharfen Trennlinie zu versehen, sondern eher als Pole zu verstehen[5]. Der Kernunterschied ist, auf welche Art von Staats- und Gesellschaftsverständnis die Vorstellung beruht. Paula Diehl hat das treffend zusammengefasst: „In einem Punkt unterscheidet sich der Rechtsextremismus jedoch vom Populismus: Während der Populismus seine Legitimität mit der Volkssouveränität begründet, legitimieren sich rechtsextreme und faschistische Ideologien durch die Stärke des Staates." (Diehl 2024: 28) Die Denkfolien sind hier nicht selten durch eine strategische Unschärfe geprägt (vgl. **Teil II.1.**), da die Zielvorstellung, also das angestrebte Gesellschaftsmodell, im Dunklen gelassen wird, gleich einem trojanischen Pferd.

Doch lassen Sie uns für einen Moment noch einmal zur allgemeinen Rhetorik zurückkehren: Auch Wirtschaftsunternehmen haben im 20. Jahrhundert Rhetorik und Kommunikationsstrategien adoptiert und adaptiert. Inzwischen sind im Business-Bereich Rhetorik-Bücher, Trainings, Coachings und Workshops zu einer Lawine geworden, die die Ursprünge wie Grundlagen überdeckt. Quantität ist allemal, Qualität nicht immer gegeben.[6]

Zeit also, sich auf die Suche nach den Grundlagen und Ursprüngen zu begeben. Wieso? Weil es um Geschichte geht? In diesem Fall aus meiner Sicht eher nicht. Die Suche macht Sinn, weil der Bedarf von Politiker:innen weder durch manipulative Irrwege noch Business-Konzepte verschwunden sind. Weiterhin

---

[5] So betont auch Lewandowsky, dass zwischen Populismus und Faschismus ein komplexes Verhältnis mit Überschneidungen und Widersprüchen existiere; die Funktion des Populismus aber Wegbereiter und Türöffner auch für den Faschismus sei (vgl. Lewandowsky 2024: 26f.).

[6] Dennoch gibt es natürlich gelungene Ausnahmen. Bezogen auf die politische Rhetorik kann man beispielsweise Detjen (Detjen 2014; 2014a) und Klein (Klein 2019) nennen.

stellen sich Politiker:innen im stillen Kämmerlein die klamme Frage: Wie schaffe ich das auf der Agora? Im besten Fall wollen sie demokratische, im schlechtesten Fall extremistische Rhetorik anwenden. Die einfachen Fragen sind aber in beiden Fällen die schwierigsten. Einige Antworten soll das Buch geben.

Aber fangen wir erst einmal mit einer leichter zu beantwortenden Frage an: Worum geht es der demokratischen Rhetorik eigentlich? Was ist ihr Ziel?

Meine persönliche Antwort lautet: Menschen wollen in der Politik Konzepte, Ziele und Ideen vergemeinschaften. Politische Rhetorik trägt dazu mit Mitteln, Werkzeugen und Wegen bei. Sie erhöht im besten Fall den Wirkungsgrad von Reden.

Nun gut, werden vielleicht einige denken, das ist halt mal wieder eine Definition. Auch schön. Für wen von Ihnen das so ist: Stimmt und völlig in Ordnung. Demokratische Rhetorik ist in Wesen und Form jedoch herausfordernder.

1.1. Wirkungen statt Wahrheiten – Ziel von Rhetorik unter der Lupe
Schenken Sie mir bitte einen Moment Zeit, auf eine Besonderheit hinzuweisen: Bewusst geht es in der oben genannten Definition um Wirkungen (und nicht etwa Wahrheiten). In der Rhetorik arbeiten wir immer mit Erfahrungswerten und Wirkungen. Das macht es spannend, lebendig, aufregend – und: schwierig.

Wirkungen zu erzielen hat nur wenig mit rhetorischen Kniffen und Tricks zu tun, sondern entstehen meiner Erfahrung nach vor allem dann, wenn Menschen ein wichtiges politisches Anliegen einbringen.

Wirkungen brauchen also weniger Effekte, denn überzeugende Motive. Ein gutes Beispiel dafür findet sich in dem lesenswerten Buch von Luisa Neubauer und Dagmar Reemtsma. Luisa Neubauer schildert dort ein Gespräch zwischen ihr, dem CEO einer großen deutschen Bank und einer ugandischen Aktivistin:

„Eines dieser Gespräche fand mit dem CEO einer großen deutschen Bank statt, im achten Stock, in Frankfurt am Main. Aufwendig erklärt der CEO mir und einer Aktivistin aus Uganda (...), warum die Bank diese oder jene Geschäftsentscheidung getroffen hätte, und dass man fest hinter den Nachhaltigkeitszielen stehen würde. Ich argumentiere, dass es ja nun mal nicht aufgehen würde, auf der einen Seite Nachhaltigkeit wichtig zu finden (...), und auf der anderen Seite den größten fossilen Konzernen der Welt das Geld zur Verfügung zu stellen (...).

Der entscheidende Moment an diesem Morgen in Frankfurt am Main aber war die Art und Weise, wie das Gespräch endete. Da blickte die ugandische Aktivistin nachdenklich auf und sagte an den CEO gerichtet, auf Deutsch übersetzt: ‚Also ich habe mir das angehört und ich muss Ihnen sagen, es überzeugt mich nicht. Ich kenne doch die Realität in meinem Land. Wir können uns nicht anpassen oder einen Kompromiss finden mit der Klimazerstörung, die uns alles raubt.‘ Dann blickte sie dem CEO direkt in die Augen und schloss den Besuch mit den Worten: ‚Wissen Sie, ich glaube, es wäre für Ihre Arbeit sehr hilfreich, wenn Sie noch etwas mehr lernen würden über den Klimawandel vor Ort. Dann verstehen Sie auch besser, wovon wir sprechen.‘" (Neubauer Reemtsma 2022/23: 189f.)

Was rhetorische Kniffe angeht, dürfte der CEO bestens geschult sein und die teuersten Kommunikationsprofis engagieren können. Die Wirkung verpufft aber angesichts der Aktivistin aus Uganda, die den Wunsch nach Überleben ernsthaft und nachdrücklich anbringt. Ihre Wirkung ist deutlich größer.

Leider erhält in der Regel der CEO und nicht die Aktivistin die Bühne. Das macht es ihm leicht(er), wirksam zu werden, und ihr schwerer.

Das Beispiel zeigt damit auch: Rhetorik zielt auf Wirkungen ab. Doch wer Wirkungen erzielen kann, hängt einerseits von den Anliegen, aber auch davon ab, welche Bühnen in der Gesellschaft wem qua Herrschaftsverhältnissen zugestanden werden.

Noch schlimmer: Wir haben es nicht nur mit ungleich verteilten Chancen auf Bühnen zu tun, sondern mit zwei weiteren Problemen: Dem Inhalt-Form-Problem und dem Passungsproblem.

Das **Inhalt-Form-Problem**: Wirkungsvoll in Szene gesetzt und sprachgewaltig formuliert folgen Menschen durchaus auch unstimmigen oder problematischen Positionen und Inhalten. Kriegspropaganda und Fake News sind beredte Beispiele dafür.

Auch Diktator:innen sind nicht selten wirkungsvolle Rhetoriker:innen. Trotz aller Beratungen, kritischer Medien und politischer Bildung kann der Inhalt politischer Äußerungen unlogisch, menschenverachtend und gefährlich sein – und trotzdem ankommen. Es ist so, als verstecke sich im kunstvoll verpackten Geschenk nur eine gebrauchte, stinkende Socke. Noch immer kann Bertolt Brechts *Aufhaltsamer Aufstieg des Arturo Ui* einen frieren lassen, wenn er durch Rede-Unterricht zu einem gefährlichen Redner wird. Mag es auch überzeichnet und verfremdet sein, lässt sich doch die Gefahr im Brennglas erkennen.[7]

Das **Passungsproblem**: Selbst bei schönster Kleidung macht es Sinn, auf die Konfektionsgröße und den Anlass zu achten. Das steigert das Wohlbefinden enorm und vermeidet, ungewollt im Mittelpunkt zu stehen. Überlassen Sie sich ruhig kurz Ihrem Kopfkino...

Um es auf die Rhetorik zu übertragen: Ob Sie persönlich Erfolg haben, hängt von Wirkungen ab, Wirkung auf sich selbst und die Anderen.

Ein häufig bemühtes Sprichwort sagt: „Über Geschmack kann man nicht streiten!" Falsch, aber schön, oder? Eigentlich geht es ja darum, dass Geschmack nicht richtig oder falsch ist. Deswegen können ja alle Beteiligten so

---

[7] Nach wie vor lässt sich das in der letzten Inszenierung Heiner Müllers am Berliner Ensemble mit Martin Wuttke als Arturo Ui brilliant nachempfinden (vgl. https://youtu.be/lZbDWnPE3qY?si=-EYGkWAn6uc2aWTL; Abrufdatum: 05. Juni 2024)

schön streiten, ohne falsch (oder auch richtig) zu liegen. Wie ungemein befreiend.

Ob mir ein bonbonfarbener Anzug mit grüner Quastel an mir oder einer anderen Person gefällt, ist Geschmackssache. Ob mir rhetorische Mittel, Gesten oder Argumentationsweisen bei mir oder einer anderen Person gefallen, ist Geschmackssache. Ob eine Rede erfolgreich ist oder nicht, ist **keine** Geschmackssache. Darüber entscheidet die Summe aller erzielten Wirkungen.

Wieso ist das jetzt wichtig? Ganz einfach: Wirkungen sind Erfahrungswerte. Je mehr Erfahrungen wir sammeln, desto wahrscheinlicher wird, dass wir wirken, wie wir wirken wollen. So bitter das sein mag: Übung macht den/die Meister:in.

Wirkungen sind immer an die Person gebunden: Was bei der einen Person positiv wirkt, wirkt bei der anderen nicht.

Zudem sind Wirkungen auf Menschen individuell: Was der einen Person gefällt, mag die andere nicht. Insofern kommt es auf die Summe der durch die Redner:in erzielten Wirkungen an – also ein **demokratisches Wirkungsprinzip**.

Rhetorik ist also die Kunst, intendierte Wirkungen auf möglichst viele Menschen mit der eigenen Person, mit geeigneten Mitteln und mit Inhalten zu erzielen. Auch wenn es an unserem Ego kratzt: 100 % Ergebnisse sind dabei die Ausnahme. Aber darum geht es in der Demokratie auch nicht, sondern um Mehrheiten.

Insofern gilt für alle Empfehlungen, die in diesem Buch gegeben werden: Wirkung erzielen wir, wenn wir probieren und Feedback erhalten. Seminare, Trainings und Coachings sind – meiner persönlichen Erfahrung nach – unverzichtbar, um die eigene rhetorische Wirkung zu erhöhen.

Bücher, Lehrvideos und Rhetoriktricks können insofern keinesfalls das praktische Tun ersetzen. Oder anders: Schwimmen lernt man nicht unter der Dusche.

☞ Machen Sie Erfahrung mit Ihren Wirkungen und Passungen – es geht um die Passung aus Wirkung auf sich und andere.
☞ Es geht in der Demokratie nicht um die Wirkung auf alle, sondern um die Wirkung auf Mehrheiten.

1.2. Ein wenig politiktheoretische Einbettung

Ich muss nicht wissen, wie der Motor funktioniert, um einen Wagen zu fahren. Mir persönlich hilft es aber durchaus, wenn der/die Auto-Mechatroniker:in erklärt, was genau an meinem Auto defekt ist. Manch andere:r wird dankbar sein, nicht mit Details belämmert zu werden.

Vom Autohaus auf die Agora: Für diejenigen von Ihnen, die „belämmert" werden wollen, möchte ich theoretisch transparent sein und meine Anknüpfungspunkte benennen. Die anderen sehen wir später wieder.

Mein Anknüpfungspunkt ist, dass ich politische Rhetorik auf einer demokratietheoretischen und normativen Überlegung aufbaue. Kurz und hoffentlich griffig:

☞ Die Eintrittskarte zur Agora ist Wechselseitigkeit und Respekt – nur dann kann Demokratie funktionieren.

Politische Rhetorik hat sowohl in der Demokratie, Wirtschaft als auch in Autokratien Karriere gemacht. Gerade deshalb ist es für Demokrat:innen relevant, sich einer normativ klar orientierten politischen, eben einer demokratischen Rhetorik zu bedienen.

Demokrat:innen sehen sehr unterschiedlich auf politische Werte und ihre Herleitung.[8] Rhetorik ist wertgebunden und beinhaltet einen demokratischen Rahmen.

Wir können uns dabei unter Demokrat:innen in der Regel auf einen Minimalkonsens liberaler und pluraler Demokratie als Rahmen einigen. Zu diesem Minimalkonsens gehört meiner Meinung nach Folgendes:

☞ Die politische Agora darf nur nutzen, wer zugleich Respekt vor der gleichen (Meinungs-)Freiheit und Teilnahme aller anderen zeigt.

☞ Daraus folgt, dass ich bereit sein muss, den diskursiv-demokratischen Diskursraum zu nutzen, in dem gleich mehrere Geltungsansprüche dauerhaft strittig gestellt und eingelöst werden sollen (vgl. dazu **Teil I**).

☞ Fehlverhalten ist sofort und unmissverständlich zu unterbinden, Menschen bleiben aber Menschen mit unveräußerlicher Menschenwürde und mit einem Rückkehrrecht in den diskursiv-demokratischen Raum.

Sobald als argumentatives Mittel oder Inhalt der Ausschluss von (potenziellen) Diskutant:innen eingebracht wird, stellt dies eine politische Rhetorik außerhalb des demokratischen Spektrums dar. Gegen solche Angriffe muss sich eine Demokratie argumentativ (und ggf. ordnungspolitisch) wehren.

Aus dieser demokratischen Haltung heraus geht es im Kern um einen respektvollen Umgang aller miteinander, die sich auf diesen Grundkonsens

---

[8] Natürlich habe auch ich da meine eigenen Vorstellungen und Schwerpunkte, die sich aus einer Theorie Sozialer Demokratie herleiten lassen (vgl. Gombert u.a. 2014; Gombert/Sander 2020). Für den Moment geht es mir aber nur um den Minimalkonsens, der politiktheoretisch wohl in einer liberalen und pluralen Demokratie als Denkmodell zu suchen ist. Im **Teil I** zur Argumentatorik wird dieser Gedanke dann noch näher entfaltet.

beziehen, aber innerhalb dieses Konsenses durchaus plurale Meinungen vertreten können und werden.

Zu Beginn des Jahres 2024 haben wir große Demonstrationen mit vielen Millionen Menschen erlebt, die sich für Demokratie und ihren Erhalt ausgesprochen haben. Aus meiner Sicht war und ist das ein ermutigendes Signal. Sie machen Hoffnung darauf, dass es einen demokratischen Grundkonsens gibt, einer der Bestandteile, die Ernst Fraenkel als Charakteristikum stabiler Demokratien identifiziert hatte.[9] Ein weiterer Bestandteil ist, dass stabile Demokratien einen „kontroversen Sektor" benötigen, in dem wir Themen strittig bearbeiten können und der eine aktive Beteiligung fordert. Das Bekenntnis zu einem demokratischen Grundkonsens ist insofern ebenso existenziell wie nicht ausreichend für eine wehrhafte Demokratie. Dieser Grundkonsens besagt noch nicht, dass sich alle Menschen auch aktiv an Demokratie beteiligen oder entsprechend argumentieren.

Aktive demokratische Beteiligung erfordert eine spezifische Form demokratischer Argumentatorik, die nicht einfach existiert, sondern praktisch erlernt und gelebt werden muss.

Dabei ist demokratische Rhetorik eine Voraussetzung dafür, dass die Demokratie revitalisiert und gestärkt werden kann. Wie dringend diese Stärkung heute gebraucht wird, stellen viele Autor:innen dar. Drei Beispiele seien hier stellvertretend genannt. Sophie Schönberger (Schönberger 2023) spricht in ihrem Essay *Zumutung Demokratie* von der schwindenden Bereitschaft, sich wechselseitig mit unterschiedlichen Interessen und Positionen auszuhalten. Sie fragt, wo die Orte sind, an denen Vergemeinschaftung und Austausch (noch oder wieder) stattfinden können. Carolin Emcke koppelt in

---

[9] Ernst Fraenkel war Jurist und Politikwissenschaftler und hat sich in der Zeit der Weimarer Republik unter anderem mit der Frage auseinandergesetzt, was Demokratien stabil oder auch anfällig für Diktaturen werden lässt. Auch aus heutiger Sicht lassen sich seine Erkenntnisse gut heranziehen.

ihrem Buch *Gegen den Hass* Mitmenschlichkeit und Demokratie daran, zu differenzieren und Selbstzweifel diskursiv zu nutzen.

Anton Jäger schließlich beschreibt in seinem Band *Hyperpolitik* (Jäger 2023), dass Menschen politisiert sind und werden, aber nicht organisiert sind. Die Sorge um die demokratische Beteiligung und mangelnde Organisation fasst er eindringlich und gekonnt in eine Metapher:

„Im September 1957 ereignete sich südwestlich der Azoren ein Schiffsunglück (…). Am 11. August war die Pamir, eine als Segelschulschiff genutzte Viermastzbark, mit knapp 4000 Tonnen Gerste an Bord in Buenes Aires mit Ziel Hamburg in See gestochen. Am Vormittag des 21. September sendete das Schiff SOS-Rufe, gegen Mittag brach der Kontakt ab. Von den 86 Besatzungsmitgliedern (…) fehlte jede Spur. (…) Untersuchungen ergaben, dass auf dem Atlantik zum Zeitpunkt der Katastrophe ein schwerer Hurrikan getobt hatte. Eigentlich hätte ein Schiff dieser Bauart einem solchen Sturm trotzen sollen, beim Beladen der Pamir hatte man jedoch aufgrund von Zeitdruck einen schweren Fehler gemacht: Anstatt die Gerste wie üblich in Säcken im Rumpf der Bark zu verstauen, hatte man das Getreide lose eingefüllt. Da Gerste eine sehr hohe Fließgeschwindigkeit hat, verlagerte sich die Ladung unkontrolliert von Seite zu Seite, als die Pamir vor den Azoren in den Sturm geriet. Das Schiff konnte sich nicht mehr aufrichten, kenterte und sank schließlich." (Jäger 2023: 108f.)

Die Episode bindet verschiedene Herausforderungen an die Demokratie zusammen: Hyperpolitik – wie Jäger sie definiert – führt dazu, dass Politisierung weniger in organisationell eingehegten Rahmen (wie Parteien, Gewerkschaften, Interessenverbänden) einmünden. Diese organisationellen Rahmungen erbringen regelmäßig deliberative Arbeit, die sich in konsistent(er)en, sich voneinander unterscheidenden Politikkonzepten niederschlagen, die in Teilgruppen bereits „geeinigt" sind.

Der Auftrag von Parteien, an der Willensbildung des Volkes mitzuwirken (Art. 21 GG), und der Auftrag von Gewerkschaften, die Interessen der Arbeitnehmer:innen zu vertreten, können so geordnet und wirkungsmächtig formuliert und in gesellschaftliche Verhandlungen eingebracht werden. Diese Austauschräume waren und sind an Qualitätsstandards des politischen Argumentierens und der demokratischen Rhetorik gebunden. Durch und in den deliberativen Austauschräumen können Qualitätsstandards für wirkungsvolles Reden und Argumentieren erlernt, erprobt und umgesetzt werden.

In der wachsenden Hyperpolitik verlieren diese deliberativen Austauschräume an Bedeutung. Um es drastisch auszudrücken: Wenn der empörte Post, eine verabsolutierte Meinung bereits ausreicht, um politische Aufmerksamkeit zu erregen und sich darin bereits die Politisierung erschöpft, so ist das für eine deliberative Demokratie unzureichend bzw. kontraproduktiv. Demokratische Rhetorik braucht die deliberativen Räume mit demokratischen Spielregeln[10] und umgekehrt.

Je mehr Gerste also frei flottierend im Rumpf der Demokratie fließt, desto eher droht das Schiff zu kentern. Das betrifft die organisationellen Fragen, die ich hier nicht bearbeite, genauso wie die Qualitätsstandards der demokratischen Rhetorik.

Insofern möchte ich in diesem Buch zur demokratischen Rhetorik – neben ganz praktischen Tipps und Arbeitshilfen, diesen demokratisch essenziellen Zusammenhang stark machen.

Mir geht es nicht um eine politische Rhetorik, sondern um eine möglichst wirksame demokratische Argumentatorik.

---

[10] Die deliberativen Räume und ihre Spielregeln und wie sie als Formen von Demokratie als Arbeitsform gestaltet werden können, wird hier nicht näher betrachtet. An anderer Stelle haben Mario Sander und ich (für Gruppen und Teams) Vorschläge gemacht, wie demokratische Arbeitsformen (moderativ) gestärkt werden können (vgl. Gombert/Sander 2020).

1.3. Navigation durch das Buch

Der **erste Teil** bildet so etwas wie das Fundament demokratischer Rhetorik: die Argumentatorik. In sie fließen sowohl logisch-wissenschaftliche als auch pragmatisch-wirkungsorientierte Fragestellungen ein. So sollen einige grundlegende Modelle und theoretische Hintergründe für das Handwerkzeug in politischen Reden vorgestellt werden. Ein sauberes Argumentieren gehört für eine gelingende demokratische Kommunikation zwingend dazu, genauso wie unsaubere Argumentations- und Manipulationstechniken anderer erkennen und abwehren zu können. Zudem ergänze ich in diesem Teil einen längeren Exkurs, der die Vernetzung von demokratischer Argumentatorik und normativen Demokratietheorien einerseits und die gebrochene demokratische Einbindung andererseits betrifft. Dieser erste Teil wird – nolens volens – einen großen Raum einnehmen müssen.

Im **zweiten Teil** wird die extremistische Argumentationsweise in den Blick genommen. Dazu werden die zwei zentralen Strategien extremistischen Argumentierens vorgestellt und Gegenstrategien aus Sicht demokratischer Rhetorik vorgeschlagen.

Im **dritten Teil** beleuchte ich eine Frage, die mir regelmäßig in der Seminararbeit begegnet: Wie ist das Verhältnis von Geschlecht und Rhetorik? Begriffe wie „typisch männliche" und „weibliche Rhetorik" sind durchaus üblich. Ich spreche mich in diesem Teil für eine „menschliche Rhetorik" als Ziel aus, ohne dabei gesellschaftliche Realitäten aus dem Blick zu verlieren.

Im **vierten Teil** werden Modelle für den dramaturgischen Aufbau von politischen Reden vorgestellt. Die Strukturierungsmodelle sollen Politiker:innen Redemodelle an die Hand geben, mit denen sie Reden zu unterschiedlichen Anlässen strukturieren können.

Im **fünften Teil** kommen wir zu einigen körperlichen Aspekten, die das Reden gelingend oder schwieriger werden lassen können. Hier werden Themen wie (Körper-)Haltung, An- und Entspannung, Atmung, Stimme und Körpersprache bearbeitet.

Im **sechsten Teil** wird in einem Gastbeitrag von Silke Frink die Bedeutung der optischen Rhetorik vorgestellt und konkrete Tipps für eine bessere, kompetentere Wirkung als Redner:innen gegeben.

Der **siebte Teil** widmet sich einem Angstthema vieler Redner:innen: Wie kann ich mir das eigentlich alles merken? In diesem Kapitel werden verschiedene Merktechniken zum Ausprobieren vorgestellt.

Der **achte Teil** geht noch einmal auf das Thema Sprache und Textgestaltung ein. Sprache schafft Wirklichkeiten. Sie ist das Instrument, das wir spielen. Wir sollten es also kennen.

Im **Anhang** finden Sie ein Begriffsglossar, eine Liste mit Redefiguren, Übungen und Arbeitsblätter, die Ihnen helfen, sich mit Ihnen selbst als Redner:in auseinanderzusetzen.

Alle Teile sind soweit wie möglich so beschaffen, dass sie für sich gelesen und verstanden werden können. Doppelungen und Querverweise lassen sich allerdings nicht ganz vermeiden. Ich hoffe aber auf Ihr Verständnis einerseits und die Fähigkeit andererseits, das für Sie Wichtige herauszufiltern und sonst großzügig zu überspringen.

Damit Sie sich über die Inhalte der Abschnitte schneller einen Überblick verschaffen und auch besser entscheiden können, ob Sie den Abschnitt lesen wollen, fasse ich die Abschnitte in Tipps (☞) zusammen. Zudem finden Sie im Anhang thematische Arbeitshilfen und Übungen (✗). Letztere können Sie auch über eine geschützte Plattform als bearbeitbare pdf herunterladen.

I

»Die Rhetorik sei also als Fähigkeit definiert, das Überzeugende, das jeder Sache innewohnt, zu erkennen.«

(Aristoteles, Rhetorik, 1. Buch 1355b)

»Sofern man überhaupt von einer spezifisch politischen Kompetenz sprechen kann, so ist es zweifellos die Fähigkeit, konkrete Probleme des Alltags in allgemeinen Begriffen auszudrücken.«

(Bourdieu 2015: 28)

»Dem Hass begegnen lässt sich nur durch das, was dem Hassenden abgeht: genaues Beobachten, nicht nachlassendes Differenzieren und Selbstzweifel.«

(Carolin Emcke 2020: 18)

»Die liberale Demokratie ist deshalb eine so anspruchsvolle und fragile Staatsform, weil sie nur durch die Köpfe ihrer« Bürger:innen »hindurch realisiert werden kann.«

(Jürgen Habermas 2022: 82)

Demokratische Argumentatorik

1. „Argumentatorik" – Hinführung und Wegweiser

Wirksame Politik gründet darauf, einleuchtend zu argumentieren. Wenn es einleuchtend ist, dann dringen wir zu den Menschen durch. Wir nehmen sie mit auf die Reise und bringen sie – im besten Fall wohlbehalten – mit bis zum Zielort.

Am Ende einer gelungenen Reise ist eine Gruppe von Menschen zu einer Gemeinschaft geworden. Gemeinsame Erlebnisse und vielleicht sogar ähnliche Erkenntnisse sind als Andenken im Reisegepäck.

Für diese Art von Gemeinschaft gibt es ein Fachwort: „Kommunikation". „Kommunizieren" meint „Vergemeinschaften".[11]

„Kommunikation" ist Ziel von Politik und politischer Argumentation. Welche Mittel und Instrumente können wir einsetzen, um Kommunikation zu erreichen? Diese Frage beantwortet die Argumentatorik. Sie beschreibt Wege, Mittel und Instrumente, mit denen Kommunikation gelingen kann.

Demokratie ist auf Kommunikation und auf Argumentatorik angewiesen. Soviel ist klar.

Argumentatorik wird aber leider nicht nur für Demokratie, sondern auch extremistisch verwendet. Demokratische und extremistische Argumentatorik lassen sich klar voneinander abgrenzen, so sehr auch extremistisch Gesinnte den Anschein zu erwecken suchen, demokratisch zu argumentieren.

Dennoch ist es für Demokrat:innen nicht einfach: Extremistische Argumentatorik und Strategien können zwar identifiziert und unterschieden

---

[11] Vgl. auch Schild, der die Aufgabe antiker Redner als „sowohl ideologische als auch pragmatische Symbiose zwischen dem Redner und der Erwartungshaltung des geneigten Publikums" (Schild 2019: 483) fasst.

42

werden. Es heißt aber nicht, dass Menschen, die extremistisch argumentieren, dies durchgängig tun müssen.

Eine zweite Herausforderung für Demokrat:innen ist, dass sie quasi zweigleisig fahren müssen. Sie müssen selbst eine demokratische Argumentatorik verwenden und andererseits extremistische Argumentatorik und Strategien aufdecken und argumentativ gegenhalten.

In diesem Buch soll das Feld der Argumentatorik in Gänze beleuchtet werden. Dabei gehe ich davon aus, dass es nicht zu wissen ausreicht, wogegen wir stehen, sondern auch und vor allem wofür wir einstehen. Schließlich und endlich geht es ja darum, Menschen, die extremistische Argumentatorik verwenden oder für sie offen sind, für den diskursiv-demokratischen Raum (zurück) zu gewinnen. Dazu bedarf es nicht nur Gegenargumente zu kennen, sondern vor allem, selbst demokratisch argumentieren zu können. Der Teil zur Argumentatorik gliedert sich daher in mehrere Teile, die ich hier im Überblick einmal vorstellen möchte:

Der **zweite Abschnitt** bearbeitet die Hintergründe für das Argumentieren in der Demokratie. Er ist zugleich auch der theoretische Ausgangspunkt, um diskursiv-demokratische und extremistische Argumentatorik voneinander abzugrenzen. Dabei soll – eigentlich viel zu kurz – auch über die Gründe für die Schwäche der Demokratie gesprochen werden. Demokratische Rhetorik ist zwar ein Baustein resilienter Demokratien, doch wohl kaum der wichtigste. Ursachen für die Schwäche von Demokratie liegen meiner Einschätzung nach in gebrochenen Einbindungen und in Sozialisationen. Die Art, wie argumentiert wird, ist also Symptom und Katalysator und nicht etwa der Grund. In diesen theoretischen Exkurs möchte ich – in aller gebotenen Kürze – auch die Frage nach der Bearbeitung von (Rechts-)Extremismus aus Sicht unterschiedliche Demokratiemodelle untersuchen. Für mich ist an dieser Stelle also weniger die Frage von „weißer" und „schwarzer", sondern von demokratischer und extremistischer Argumentatorik relevant. Wer von Ihnen sich mit Theorie nicht beschäftigen mag, sollte lieber mit dem dritten Abschnitt starten.

Der **dritte Abschnitt** beleuchtet die Voraussetzungen für eine gelingende Argumentatorik im diskursiv-demokratischen Raum. Dies beruht – wie gesagt – auf der Annahme, dass es nicht reicht, extremistische Argumentatorik zu bekämpfen, sondern selbst zunächst einmal gut und angemessen zu argumentieren. Notgedrungen ist dies ein Teil mit vielen unterschiedlichen logischen und pragmatischen Aspekten. Dies ergibt sich auch aus dem Umstand, dass wir Situation und Funktion konkreter Kommunikationssituationen berücksichtigen müssen.

Im **vierten Abschnitt** geht es darum, wie konkret einzelne Argumente aufgebaut werden können. Hier steigen wir also in die Praxis ein.

Im **fünften Abschnitt** erweitern wird den Blick auf Argumentationslandkarten als ein Instrument, sich systematisch und tiefer Themen zu erschließen.

Im **sechsten Abschnitt** betrachten wir stellvertretend drei dramaturgische Bauweisen von Argumentationen, die in politischen Veranstaltungen genutzt werden können, um ein Extrakt aus der Argumentationslandkarte wirkungsvoll platzieren zu können.

Im **siebten Abschnitt** sehen wir uns die Instrumente und Methoden an, mit denen man eigene, aber auch fremde Argumentationen prüfen kann.

Im **achten Abschnitt** beschäftigen wir uns mit der Frage, wie wir uns steuern können, wenn wir in Diskussionen und Debatten unterwegs sind. In diesen Situationen verflüssigt sich der Umgang mit den eigenen Argumenten.

Der **neunte Abschnitt** widmet sich noch einmal vertiefend dem Umgang mit Einwänden, Kritik und Störungen, sowohl bei eigenen Reden, aber auch in Diskussionen und Debatten.

Der **zehnte Abschnitt** enthält einige Tipps dafür, wie wir auch in Rede-Situationen, die online stattfinden, wirkungsvoll agieren können.

2. Skizze einer normativen Theorie demokratischer Argumentatorik

Machen wir zu Beginn dieses Abschnitts eine Stippvisite nach Athen in die Zeit, in der die attische Demokratie herrschte. Die damalige Rhetorik war stark philosophisch geprägt und wird Logik („Lehre von den Worten") genannt.

Logik zielte vor allem darauf, wie genau Argumente aufgebaut sein müssen, damit sie als „wahr" gelten können.

Seitdem hat sich die Logik beständig weiterentwickelt und in Philosophie und Mathematik Karriere gemacht. Ihr Kernanliegen aber hat sie zweifelsohne bewahrt.

Mit den 1970er Jahren kam allerdings noch ein weiterer Zweig hinzu: Neben die Logik tritt nun die Pragmatik. Sie weitet den Blick auch auf den kommunikativen Kontext, unter dem Vergemeinschaftung funktionieren und Logik überhaupt wirken kann.

Nun wird nicht mehr nur nach den Bauweisen logischer Argumente gefragt, sondern einbezogen, dass Argumente in **Kommunikationen von Menschen** genutzt werden. Menschen fordern also, wenn sie Argumente verwenden, von den anderen, dass sie die Argumente anerkennen. Oder anders: Sie stellen Geltungsansprüche. Das öffnet eine zweite Denkweise oder Zielrichtung.

Logische und pragmatische Denkweise schließen sich nicht aus, sondern bilden teilweise überlappende Sphären. Ich benenne diese Denkweisen oder Sphären mit der „logisch-wissenschaftlichen" und andererseits der „pragmatisch-wirkungsorientierten" Denkweise (vgl. Abb. 2).

Diese beiden Denkweisen bedienen sich dabei unterschiedlicher Geltungsansprüche, die Menschen aneinander stellen. Diese

Geltungsansprüche möchte ich etwas näher beleuchten. Sie sind Kernbestandteil einer Diskursethik, wie sie vor allem von Jürgen Habermas entwickelt worden ist.

Habermas hat auch den Begriff der „Geltungsansprüche" ursprünglich geprägt. Diese Geltungsansprüche können in einem Diskurs („Kommunikationsraum") strittig gestellt, aber auch ggf. eingelöst, also von den Diskursteilnehmenden (ggf. auf Zeit) angenommen werden. Habermas unterstellt dabei, dass wir unterstellen **müssen**, dass das, was wir sagen, auch gilt und damit Kommunikation nicht ohne diese (wechselseitige) Unterstellung stattfinden könnten.

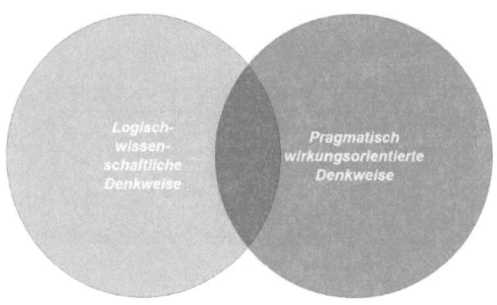

Abb. 2: Argumentative Denkweisen (Sphären)

Jürgen Habermas hat in seinem vielbeachteten Aufsatz *Wahrheitstheorien* und in seinen *Vorlesungen zu einer sprachtheoretischen Grundlegung der Soziologie*

46

insgesamt vier Arten von Geltungsansprüchen identifiziert,[12] die in Diskursen gestellt werden können.

Es sind die Geltungsansprüche auf Verständlichkeit, Wahrheit, Richtigkeit und Wahrhaftigkeit.[13] Die Geltungsansprüche unterscheiden sich darin, wie sie überprüft bzw. eingelöst werden können (vgl. Habermas 2019a: 138f.). Entsprechend unterschiedlich sind sie – aus meiner Sicht – auch den Denkweisen zuzuordnen[14] (vgl. Abb. 3).

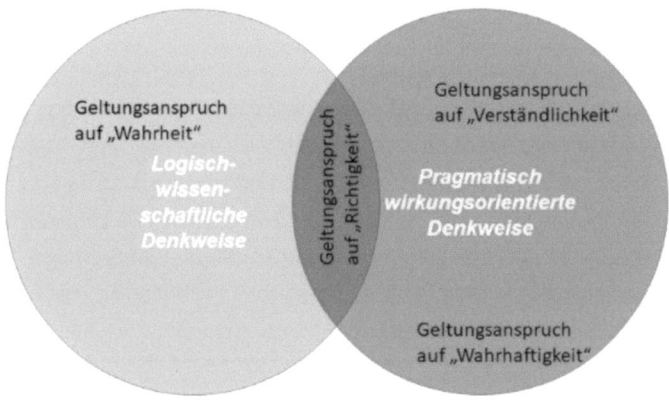

Abb. 3: Geltungsansprüche und Denkweisen

<hr>

[12] Mir ist bewusst, dass ich an dieser Stelle stark verkürze. Genauer ist das bei Jürgen Habermas in seinem Aufsatz *Wahrheitstheorien* (Habermas 2019b: 208-269) und in den Vorlesungen zu einer *sprachtheoretischen Grundlegung der Soziologie* (Habermas 2019a) nachzulesen.

[13] Im Übrigen sei dahingestellt, inwieweit jede:r Kommunikationsteilnehmer:in alle vier Geltungsansprüche zugleich stellen muss. Für die hier entfaltete Argumentatorik gehe ich davon aus, dass dies für eine demokratische Argumentatorik ein konstitutiver Aspekt ist, der allerdings gerade einen wesentlichen Unterschied zu extremistischer Argumentatorik darstellt. Zudem werden in politischen Debatten jeweils einzelne Geltungsansprüche strategisch im Wettbewerb strittig gestellt.

[14] Die Zuordnung der Geltungsansprüche auf die Denkweisen stammt nicht von Jürgen Habermas.

„Verständlichkeit" und „Wahrhaftigkeit" können über die subjektive Erfahrung eingelöst werden. Ob etwas verständlich ist oder nicht, kann erfragt und beantwortet werden. Ob eine Person glaubwürdig (also „wahrhaftig") ist und damit positiv unterstellt wird, dass Haltung und Handeln übereinstimmen, ist eine Frage des Vertrauens und des (dauerhaft) stimmigen Verhaltens. Auch dies kann nur über gemeinsame Erfahrung, also praktisch, eingelöst werden.[15]

Die Geltungsansprüche von Richtigkeit und Wahrheit sind jeweils Geltungsansprüche, die durch (logische) Argumentation eingelöst werden können.

„Wahrheit" bezieht sich dabei auf den Geltungsanspruch, dass eine Behauptung/Aussage stimmig ist. Damit ist Wahrheit jener Geltungsanspruch, den wir traditionell mit Logik und Wissenschaft verbinden. Allerdings handelt es sich – anders als in den Naturwissenschaften – bei politischen Wahrheiten um Deutungsangebote, denen Normen und Interessen eingeschrieben sind. Die Differenz von wahr/unwahr lässt sich demokratisch legitimieren, folgt aber

---

[15] Habermas spricht in seinen jüngsten Büchern allerdings davon, dass die „Richtigkeit einer normativen Aussage, die Wahrhaftigkeit einer expressiven Äußerung oder die Stimmigkeit eines ästhetischen Urteils (...) ja mit Gründen bestritten werden" Habermas 2024: 121f.) können, also „wahrheitsanaloge Geltungsansprüche" (ebd.) seien. Dieser Hinweis ist insoweit spannend als damit noch einmal deutlich wird, dass die Art, wie ein Geltungsanspruch formuliert wird, auch die Art, wie er eingelöst werden kann, beinhaltet. Hier sind Missverständnisse, die über Kommunikation gelöst werden müssen, vorprogrammiert. Nehmen wir ein Beispiel: „Ich mag die Straße verkehrsberuhigt am liebsten." Die Aussage kann sowohl mit dem Schwerpunkt der „Wahrhaftigkeit" („Sieht die Person es wirklich/dauerhaft so? Ist es nur strategisch jetzt behauptet, eigentlich meint er es nicht."), der „Verständlichkeit" („Meint er die ganze Straße, einen Teil, welchen genau?"), der Richtigkeit („Er fordert, dass die Straße verkehrsberuhigt werden soll, da dies die Lebensqualität für Menschen hebt") oder der Wahrheit („Ist die Straße verkehrsberuhigt?" (1. Ordnung); „Liegt der Grad von Attraktivität tatsächlich in der Verkehrsberuhigung?"; 2. Ordnung). Die einfache Aussage kann also im politischen Diskurs in unterschiedlicher Art strittig gestellt werden. Geht es nicht um Einigung, sondern strategisch um Differenz, so ist eine eindeutige Formulierung umso wichtiger. Wird die gleiche Aussage in anderen diskursiven Zusammenhängen (bzw. Diskursräume) genutzt, wird der Fokus der Geltungsansprüche anders wahrgenommen werden.

keinem außerhalb des Diskurses bestehenden Absoluten. Wenn es nur eine politische Lösung/Wahrheit gäbe, bräuchte es kaum der Deliberation (Beratung). Deliberation macht die „unentscheidbaren Fragen" (Heinz von Förster) bearbeitbar.[16] Zudem kann – so schwer diese Unsicherheit auch auszuhalten sein mag – kaum von 100 % sicheren Wahrheiten, denn von mehr oder weniger abgesicherten Wahrscheinlichkeiten ausgegangen werden (vgl. Brodnig 2023: 90).

Der Wahrheitsanspruch ist daher zweistufig zu denken: Tatsachen- und Wertungsbehauptungen sind zu unterscheiden. Eine „Tatsache" (z. B.: „Es ist heute 27°C Außentemperatur im Schatten.") ist einfach zu bestätigen oder verneinen. Die „Wertung" (z. B.: „Das ist für diese Jahreszeit zu warm. Das ist ein Beleg für die Klimakrise.") wäre ein Geltungsanspruch auf Wahrheit, der diskursiv bezweifelt oder eingelöst werden kann.[17]

Im Übrigen ist es das Spiel von Populist:innen auch bezogen auf Tatsachenbehauptungen einen Wertungsanspruch anzuwenden. So behauptete Donald Trump im Wahlkampf, Barack Obama habe nicht die amerikanische Staatsbürgerschaft, ein einfach zu prüfender Fakt (Wahrheit 1. Ordnung). Mitt Romney, ebenfalls in der republikanischen Partei, widersprach dem. Donald Trump sagte darauf angesprochen: „Er hat seine Meinung, und das ist wunderschön. Und ich bin nun mal anderer Meinung, und das ist auch wunderschön." (zitiert nach Pörksen/Schulz von Thun 2021: 166)

Die „Richtigkeit" bezieht sich auf adäquates Verhalten und Handlungen, ob also etwas „richtig" oder „falsch" (unangemessen) zu tun ist. Auch diese Handlungsnormen sind „diskursiv" einzulösen. Es kann nämlich diskutiert und

---

[16] Bernhard Pörksen und Friedemann Schulz von Thun leitet daraus eine „dialogische Basismaxime" ab, „dass die Wahrheit zu zweit beginnt." (Pörksen/Schulz von Thun 2021: 50)

[17] Paul Watzlawick nennt dies Wirklichkeit 1. oder 2. Ordnung (vgl. Pörksen/Schulz von Thun 2021: 52). Thomas Laschyk bringt es auf die Formel: „Man kann unterschiedliche Meinung zu einem Thema haben. Aber nicht unterschiedliche Fakten." (Laschyk 2024: 65)

sich geeinigt werden, ob Handlungsnormen und Verhaltensweisen in einer Gemeinschaft mitgetragen werden und wie sie begründet werden und legitimiert sind.

Der Geltungsanspruch auf richtiges Verhalten spielt aus meiner Sicht eine besondere Rolle: Er ist nämlich in der Schnittmenge der beiden Sphären aufgehoben: Normen müssen diskursiv einlösbar („begründbar") sein. Andererseits ist der Geltungsanspruch auf „Richtigkeit" eng gekoppelt mit dem der „Wahrhaftigkeit", da sich die Übereinstimmung von Haltung und Handeln selbst nur über den Geltungsanspruch der „Richtigkeit" auf Dauer einlösen lässt, also ebenso dem Erfahrungsraum zuzuordnen ist.

Die Geltungsansprüche von Wahrheit und Richtigkeit werden dementsprechend über „den zwanglosen Zwang des besseren Arguments" – wie Habermas es nennt (Habermas 2009: 149) – eingelöst.[18]

Ich möchte das Modell allerdings noch weiter ausdifferenzieren. Dazu führe ich die Unterscheidung von diskursiven Räumen ein. Im Kern meine ich mit diskursiven Räumen, dass Menschen sich in einem strukturierten Raum des Austauschs bewegen, in denen regelmäßig und wechselseitig von allen Beteiligten unterstellt werden kann, dass bestimmte Geltungsansprüche gestellt (und eingelöst) werden oder doch zumindest im Fokus des Diskurses stehen.[19]

---

[18] Habermas hat jüngst noch einmal auf ein weit verbreitetes Missverständnis hingewiesen: Diese „ideale Sprechsituation", die er später nicht mehr verwendet, ist keineswegs als ein normatives Ideal zu verstehen, sondern Menschen müssen in jeder demokratischen Argumentation (wenn sie es ernst meinen) unterstellen, dass die Geltungsansprüche gestellt werden. Sonst macht Deliberation (Beratung und Entscheidung in der Demokratie) keinen Sinn (vgl. Habermas 2022: 71f.)

[19] Der Diskursbegriff selbst ist sehr umstritten. In diesem Abschnitt konzentriere ich mich auf eine diskursethische Dimension, wie sie prominent von Jürgen Habermas vertreten wird. Damit stelle ich explizit nicht in Abrede, dass Diskurse machtstrukturierte Öffentlichkeiten darstellen, wie sie immer wieder in Weiterführung

Wenn wir argumentieren, können wir unterschiedliche Geltungsansprüche an die anderen stellen, in vielen Fällen sogar mehrere zugleich. Diese tradieren diskursive Räume, in denen spezifische Kommunikationen stattfinden können. Ob diese Ansprüche tatsächlich gestellt oder eingefordert und überprüft werden, bleibt eine freie (ethische) Entscheidung.[20] Genauso ist es möglich, rhetorische:r Trittbrettfahrer:in zu sein. Ob wir also einen diskursiven Raum mitgestalten oder ob er von innen heraus gefährdet wird, hängt von dem Zusammenspiel der Beteiligten ab. Diskursräume sind verletzlich. Diskursive Räume sind keine festen Räume, sondern sind in der Gesellschaft immer wieder neu zu initialisieren und werden umgekehrt selbst auch strittig gestellt.

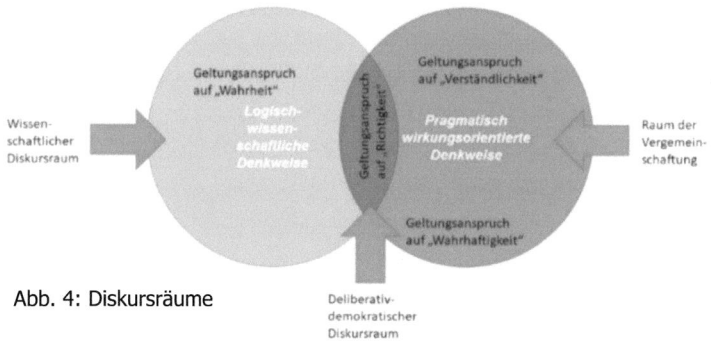

Abb. 4: Diskursräume

von Michel Foucault auch in der kritischen Diskursanalyse formuliert worden sind (vgl. einführend Jäger 2015). Für politische Redner:innen halte ich es für relevant, beide Begriffsverständnisse (kritisch-analytische und ethische) in ein produktives Verhältnis zu setzen. Dies ist auch ein strategischer Ansatz, den politikwissenschaftlich Mikfeld/Turowski (Mikfeld/Turowski 2013) konzipieren. Diesen Aspekt vertiefe ich im Teil „Sprache schafft Wirklichkeiten" (**Teil VIII**). Im Übrigen unterscheidet auch Habermas diese beiden Aspekte begrifflich: „Diskurs" ist für ihn die philosophische Frage, während sozialwissenschaftliche „Deliberation" als Beschreibung realer Diskurse in Raum und Zeit umfasst (Habermas 2022: 70)

[20] Massing/Detjen u.a. unterscheiden in ihrem Politikkompetenz-Modell insgesamt vier Dimensionen (politische Urteilsfähigkeit, politische Handlungsfähigkeit, Fachwissen, politische Einstellung und Motivation). Die politische Urteilsfähigkeit unterteilen sie wiederum in unterschiedliche Urteilsformen (vgl. Massing/Detjen et. al. 2022: 15; Massing 2012: 24-26). So produktiv das Kompetenz-Modell auch sein mag, lässt es doch nicht – wie Habermas' Modell – auf erfolgreiche kommunikative Wirkung schließen.

Logisch-wissenschaftliche und pragmatisch-wirkungsorientierte Sphäre beheimaten meiner Einschätzung nach mindestens drei unterschiedliche Diskursräume[21]:

1. Der **wissenschaftliche Diskursraum**, der auf „Wahrheit" und auf „Richtigkeit" Geltung beanspruchen kann. Er blendet potenziell pragmatisch-wirkungsorientierte Geltungsansprüche aus oder behandelt sie nur untergeordnet.
2. Der – wie ich ihn nenne – **Raum der Vergemeinschaftung**, in dem vor allem Geltung von „Wahrhaftigkeit" und „Verständlichkeit" beansprucht wird. Hier werden Geltungsansprüche von Wahrheit und Richtigkeit, mindestens aber der auf Wahrheit, potenziell zurückgestellt. Der Raum der Vergemeinschaftung speist seine Anziehungskraft aber auch daraus, dass in ihm die emotionale Bindung an eine Gemeinschaft gestärkt wird.[22]
3. Der **deliberativ-demokratische Diskursraum**, der sich im Schnittpunkt der wissenschaftlich-logischen und der pragmatisch-wirkungsorientierten Denkweise befindet. Er muss sich damit faktisch aller Geltungsansprüche bedienen.

---

[21] Der Begriff „Diskurs" wird sehr unterschiedlich definiert (vgl. dazu auch Mikfeld/Turowski 2014: 22-25). Ich verwende ihn hier in einer zweigestalten Art: Als normative Kategorie der Diskursethik einerseits, aber auch als analytische Kategorie, wie politische Themen in machtpolitische Narrative eingebettet werden. Mehr dazu im Teil „Sprache schafft Wirklichkeiten".

[22] Sophie Schönberger (Schönberger 2023: 123f.) weist – nicht ganz zu unrecht – darauf hin, dass Habermas' Ansatz sehr voraussetzungsvoll und rational orientiert sei. Durch die Differenzierung unterschiedlicher Diskursräume greife ich ihre Kritik insoweit auf, dass die Nutzung von Diskursräumen immer auch auf der Emotionalität und den (aktuell) persönlichen Bedürfnissen einzelner diskursbeteiligter Menschen beruht. Zugegeben: Das macht eine gute Ausgestaltung deliberativ-demokratischer Diskurse nicht weniger herausfordernd, wenn auch – aus meiner Sicht – notwendig.

Im Übrigen sind a priori die Diskursräume weder an sich gut oder schlecht. Sie messen sich also nicht selbst wiederum an Wahrheit oder Richtigkeit. Dennoch sind sie normativ gebunden. Sie sind eine Frage der Passung.

Lassen Sie uns die Diskursräume etwas näher ansehen:

Deliberativ-demokratischer Diskursraum: Dieser Diskursraum ist dadurch geprägt, dass die Geltungsansprüche **sowohl** auf logische **als auch** gesellschaftspolitisch wirksame Argumentation gestellt und eingelöst werden. In ihm müssen Menschen sich wechselseitig verpflichten, wissenschaftlich validiert bzw. logisch zu argumentieren und die Argumente zu prüfen. Zudem müssen sie sich mit dem Eintritt in den deliberativen Diskursraum dazu verpflichten, eine Entscheidung nach demokratischen (also mehrheitlichen) Verfahren zu akzeptieren. Dies beinhaltet auch, die eigene Argumentation (und mit ihr die Geltungsansprüche) wirkungsvoll auf der demokratisch strukturierten Bühne inszenieren zu dürfen. Es werden dazu Arenen und Arbeitsweisen organisiert (z. B. zielorientierte Ausschussarbeit, Beratungsverfahren von Gesetzen und Verordnungen, Parlamentsdebatten, Beteiligungsverfahren etc.), die soweit als möglich logisch-wissenschaftliche als auch pragmatisch-wirkungsorientierte Denkweisen kombinieren.

Dieser Diskursraum ist für eine Argumentatorik in der Demokratie das Zuhause.

Die politische Rhetorik in diesem Diskursraum nutzt ebenso logische Bauweisen als auch Instrumente und Methoden, die die eigene Wirksamkeit erhöhen.

Raum der wissenschaftlichen Expertise: Dieser Diskursraum stellt (ggf. auch vordergründig) nur den Geltungsanspruch logischer und richtiger Argumentation. Hier gelten die Regeln wissenschaftlicher Argumentation (z. B. Widerspruchsfreiheit, Transparenzgebot, Belegbarkeit etc.). Wichtig dabei ist: Sobald Wissenschaftler:innen einen politischen Geltungsanspruch auf gesellschaftliche Wirksamkeit stellen, bewegen sie sich damit im deliberativ-demokratischen Raum, bei dem eben nicht ausreicht, logisch, sondern eben auch gesellschaftlich überzeugend zu wirken. Solche Übertritte von einem in den anderen Diskursraum geschehen regelmäßig[23], allerdings nicht immer reflektiert.

So werden beispielsweise die (nach wissenschaftlich-logischen Kriterien) erstellten Gutachten der so genannten Wirtschaftsweisen mit politischen Empfehlungen verbunden. In diesen Fällen kann der gesellschaftspolitische Geltungsanspruch auch strittig gestellt werden. So kann und muss bei politischen Empfehlungen immer auch die Frage beantwortet werden, aus welcher gesellschaftspolitischen Zielvorstellung heraus eine Empfehlung ausgesprochen wird. Oder anders: Eine wissenschaftliche Expertise ersetzt nicht die demokratische Überzeugungsarbeit und die Entscheidungsprozesse.

Raum der Vergemeinschaftung: Etwas überraschend gibt es durchaus auch einen Diskursraum, der sich ausschließlich oder hauptsächlich aus dem (gesellschaftspolitischen) Geltungsansprüchen von „Verständlichkeit", „Wahrhaftigkeit" und „Richtigkeit" speist. In diesem Diskursraum gründet sich die Gruppe lediglich auf dem wechselseitigen Anspruch, dass alle Beteiligten sich „verständlich für die Anderen", „wahrhaftig" und „richtig" im Sinne der Gruppennormen verhalten. Der Raum der Vergemeinschaftung wird gesellschaftlich in vielerlei Hinsicht genutzt, so zum Beispiel in Vereinen, Glaubensgemeinschaften und Freizeit, aber auch in Familien. Das heißt im Übrigen nicht, dass nicht gemeinsame Argumentationen und Interpretationen

---

[23] Ein gutes Beispiel kann hier die Corona-Pandemie bieten: Hier wurden Wissenschaftler:innen (wie Prof. Dr. Christian Drosten) in die Beratungen einbezogen. Mit ihrer Argumentation konnten Wissenschaftler:innen durch Forschungen durchaus sagen, unter welchen Bedingungen sich jeweils spezifische Corona-Viren verbreiten. Welche gesellschaftspolitischen Maßnahmen daraus abgeleitet werden sollen (also z. B. ein Lockdown, Abstandsregeln, Schutz vulnerabler Gruppen), bewegt sich im deliberativ-demokratischen Diskursraum, in dem weitere Geltungsansprüche abzuwägen und einzubeziehen sind. So kann ein Lockdown medizinisch sinnvoll, aber bildungs- und sozialpolitisch dennoch strittig gestellt werden. Die Abwägung kann nur im deliberativ-demokratischen Diskursraum erörtert und dann für die Entscheidung vorbereitet werden. Der wissenschaftliche Diskursraum ersetzt keinesfalls die gesellschaftliche Deliberation. In eine ähnliche Richtung differenziert auch Joachim Detjen (2012: 29).

vorliegen können. Sie sind aber zumindestens nachgeordnet oder behandeln den Geltungsanspruch auf Wahrheit eher kursorisch.

Wieso macht diese Unterscheidung dreier Diskursräume einen wesentlichen Unterschied? Um es zu überspitzen: Die Diskursräume zeigen, dass Menschen im Gespräch sein können, ohne den gleichen Diskursraum als Rahmen zu setzen. In diesen Fällen scheitert die eigene Argumentatorik nicht aufgrund eines nicht eingelösten Geltungsanspruchs, sondern schlichtweg, weil sich die Gesprächsteilnehmenden gar nicht im gleichen Diskursraum aufhalten. Geltungsansprüche laufen so ins Leere.

Die Sehnsucht, dass der Andere sich im gleichen Diskursraum bewegen möge, lässt sich nicht durch Argumentatorik oder gute politische Reden lösen, sondern setzt eine bewusste Entscheidung oder entsprechende Haltung der Teilnehmenden voraus. Und sie setzt zudem voraus, dass die Teilnehmenden voneinander wissen, in welchem Diskursraum sie sich gerade aufhalten (wollen).

Ich möchte Ihnen dazu gern ein Beispiel geben: Ein Teil meiner Familie ist eher konservativ-liberal geprägt, während ich selbst eher progressiv und an Sozialer Demokratie orientiert argumentiere. Nun diskutiere ich persönlich sehr gern und finde es auch produktiv, sich mit anderen Sichtweisen auseinanderzusetzen. Dies geht allerdings dem konservativ-liberalen Teil der Familie (mit mir) nicht so.

In diesem Fall bewegen wir uns daher übereinstimmend im Vergemeinschaftungsraum, der durchaus von normativen Vorstellungen im persönlichen Umgang, aber eben nicht durch wissenschaftlich-logische Kommunikation geprägt wird. In diesem Fall handelt es sich also keineswegs um einen „defekten" Diskursraum, sondern um eine Auswahl mehr oder weniger erfolgreich gestellter Geltungsansprüche auf Wahrhaftigkeit, Verständlichkeit und Richtigkeit.

Die Unterscheidung von Diskursräumen wird noch einmal mehr relevant, wenn wir uns mit politischen Reden in der Demokratie beschäftigen. Die Meinungsfreiheit eröffnet nämlich durchaus die Möglichkeit, an der Demokratie teilzunehmen, aber nicht den demokratisch-deliberativen Diskursraum dafür zu wählen.

Dies betrifft vor allem jegliche Spielarten rechtsextremistischer Positionen (Nationalismus, Rassismus etc.). Diese nutzen in der Regel **zwei Strategien**: Einerseits nutzen sie den Vergemeinschaftungsraum[24], andererseits simulieren sie defekte wissenschaftlich-logische Denkweisen.

So wird von Verschwörungstheoretiker:innen, Nationalist:innen, Rassist:innen etc. vor allem eine pragmatisch-wirkungsorientierte Denkweise eingebracht und der Diskursraum der Vergemeinschaftung (exklusiv für eine Bezugsgruppe) ausgestaltet.[25] Hier werden Zugehörigkeitsprinzipien zu einer Gemeinschaft absolutiert.[26] Die Geltungsansprüche werden dazu in einer spezifischen Form verengt („pervertiert") verwendet:

---

[24] Ein prägnantes Beispiel dafür ist eine Rede Björn Höckes aus dem Jahr 2017. Näheres zu dieser Rede im Teil Argumentatorik gegen Rechtsextremismus (Teil **II.6.**).

[25] Im Übrigen sind aus der Perspektive eines deliberativ-demokratischen Diskursraum auch exklusive Tendenzen der so genannten „Cancel Culture" extremistisch, zum Beispiel dann, wenn sie aufgrund einer Herkunft ein Verbot der Diskursteilnahme unterstellen. Das desavouiert keinesfalls das gesellschaftspolitische Anliegen, Diskriminierungen abzubauen. Die Identifikation von Geltungsansprüchen mit exklusiven Vergemeinschaftungen stellt dennoch einen Bruch mit den Prinzipien deliberativ-demokratischer Diskurse dar. Zugleich ist der Begriff der „Cancel Culture" selbst auch politisch gesetzt und insoweit mit Vorsicht zu genießen, wie Adrian Daub herausarbeitet (Daub 2022).

[26] Für die AfD und ihre Strategie hat Johannes Hillje eine Studie vorgelegt, die dies mit Daten hinterlegt (Hillje 2022; Hillje 2022a). Prägnant bringt er auf den Punkt: „Das Politikangebot der AfD ist in erster Linie ein Identitätsangebot. Das binäre Denken in *Ingroup* („Wir") und *Outgroups* („die anderen"), in Freund und Feind, ist konstitutiv für die eigene Weltanschauung." (Hillje 2022a: 84)

- Der Geltungsanspruch der **Verständlichkeit** wird in der Art verengt, dass es um „einfache Unterscheidungen" gehe[27]. Komplexe Erklärungen und Differenzierungen werden dann potenziell verworfen.

- Der Geltungsanspruch der **Wahrhaftigkeit** wird exklusiv gestellt: Nur Gruppenmitglieder können sich darauf berufen, „wahrhaftig" zu sein und damit auch „dazugehören" zu dürfen.

- Der Geltungsanspruch der **Richtigkeit** wird eng geführt, in dem richtiges Verhalten an einem vorab festgelegten Setting an Normen gebunden wird. Eine eigentlich notwendige Einigung auf gemeinsam geteilte Normen entfällt unter dem Hinweis auf Traditionen.

- Der Geltungsanspruch der **Logik/Wahrheit** wird hier nachrangig und defekt gestellt, entweder in dem „alternative Fakten"[28] (ohne entsprechende wissenschaftliche Kriterien einzuhalten) oder extremistische Mimikrys (vgl. im Teil Argumentatorik gegen Rechtsextremismus; Teil **II.7.**) argumentativ verwendet werden. Wo immer die logische Überprüfbarkeit von Argumenten in Zweifel gezogen werden, wird dies als Exklusionsmoment aus der Gruppe umgedeutet, womit der Diskurs in den Vergemeinschaftungsraum zurückgeleitet wird. Zudem kann über diesen Weg die mühsame Arbeit des Argumentierens gekürzt und damit Komplexität reduziert werden.

Aus der Sicht des deliberativ-demokratischen Diskursraums stellen sich durch diese Art extremistischer Argumentationswege gleich zwei Herausforderungen.

---

[27] Manuel Castells hat das bereits Ende der 1990er Jahre treffend als den „Rückzug auf primäre Identitäten" bezeichnet (Castells 2003: 9).

[28] Nils C. Kumkar weist dann – aus meiner Sicht sehr gut begründet – darauf hin, dass sich „alternative Fakten" nicht über Logik, sondern über die kommunikative Funktion erklären lassen: „Alternative Fakten funktionieren *nicht* als Tatsachenbehauptungen, sondern als *Widersprüche zu* Tatsachenbehauptungen. Sie wirken nicht als Beitrag zur Realitätskonstruktion, sondern als kommunikative *Realitätsdestruktion*, die es erlaubt, wider besseres Wissen weiterzumachen." (Kumkar 2022: 34) (Hervorhebungen im Original).

Die eine Herausforderung ist, selbst widerstreitende Positionen soweit dem diskursiv-demokratischen Raum zuzuführen, dass sie ausgehandelt und entschieden werden können und damit auch extremistische Mimikrys und Verengungen transparent zu machen. Dies ist eine Aufgabe, bei der vor allem die logische Überprüfung von Argumentationen im Vordergrund steht (vgl. dazu Teil **II.6.** und **II.7.**).

Die andere Herausforderung ist, Menschen in politischen Fragen als Diskursteilnehmende im deliberativ-demokratischen Raum (wieder) zu gewinnen. Hierbei handelt es sich um die Frage, wie Menschen Vertrauen in die Wirksamkeit von Demokratie und demokratischer Aushandlung (zurück)gewinnen können, also um eine pragmatische Frage.[29]

Wie sehr es daran mangelt, Menschen zurückzugewinnen, mag man auch daran messen, wie sehr die politischen Positionen von Extremist:innen bei genauem Hinsehen gerade denjenigen schaden würden, die ihnen zustimmen. Mustergültig hat dies der DGB Bayern am Beispiel der AfD gezeigt (Dietl/Andreasch 2023). Es zeigt um ein weiteres, ernüchterndes und bitteres Mal, dass Logik und Abwägen kaum das Spielfeld ist, auf dem Demokrat:innen die Menschen zurückgewinnen können.

Diese Frage halte ich persönlich für ungemein wichtig. Sie geht weit über einzelne Argumentationen hinaus. Sie betrifft ebenso Erziehung, Fragen gesellschaftlicher Chancen und Strategien gesellschaftlicher Inklusion. Diese so wichtige Frage kann in diesem Buch kaum bearbeitet werden.

---

[29] Menschen für die Demokratie zurückzugewinnen ist denn auch eine ebenso aufwändige, wie schwierige Sache, weil es im Kern erst einmal bedeutet, (wechselseitige) Verletzungen abzubauen und einander wieder zuzuhören. Bundespräsident Frank-Walter Steinmeier hat in Freiberg im Dezember 2022 einen guten ersten Ansatzpunkt erprobt. Er nahm sich Zeit, möglichst diejenigen der Stadt Freiberg in einem „Café kontrovers" zusammenzubringen, die nicht mehr miteinander sprechen (vgl. Locke 2022). Doch auch dies ist nur ein kleiner Baustein. Manthe weist dazu zurecht daraufhin, dass die Begegnungsorte für eine Demokratie entscheidend seien (Manthe 2024).

Auf der Ebene der Argumentatorik kann die Rückgewinnung nur so gelingen, dass dort, wo tatsächlich alternative Argumentationen vorgeschlagen werden, diese ernsthaft geprüft und selbst ggf. eigene, entkräftende Argumentationen entgegengesetzt werden (vgl. exemplarisch Teil **II.8.**).

Eine besondere Bedeutung kommt im Zusammenhang extremistischer Vergemeinschaftungsräume den so genannten „Stammtischparolen" zu, die nicht nur an Stammtischen, sondern in allen Vergemeinschaftungsräumen vorkommen – sei es bei Familienfeiern, am Rande von Sportveranstaltungen, in Vereinen oder Gesprächen mit den Nachbar:innen.[30]

Stammtischparolen sind für die Argumentatorik eine besondere Herausforderung. Bei ihnen handelt es sich um ein Setting, das in der Regel explizit „unpolitisch" sein will, bei dem also explizit die Vergemeinschaftung im Vordergrund steht, in dem jedoch auch politische Thesen zum Besten gegeben werden. Durch das Setting sind die Chancen auf eine differenzierte Diskussion im diskursiv-demokratischen Raum eher gering, dennoch können politische Thesen sich als „scheinbar wahre", ungeprüfte Argumente verankern und verfestigen. Widersprüche und Differenzierung können dann schnell als Verletzung der Vergemeinschaftungsregel („Hier ist kein Raum für Politik") umgemünzt werden.

Die Erfolge von Rechtsextremen (und dort in den letzten Jahren vor allem der AfD) weisen im Kern allerdings nicht darauf, dass wir es mit einer grundlegenden Spaltung der Gesellschaft zu tun hätten. Dies widerlegen Mau, Lux und Westheuser faktenreich und detailliert (Mau/Lux/Westheuser 2023). Vielmehr schafft es die AfD, sowohl gesichert Rechtsextreme als auch Enttäuschte gleichermaßen an sich zu binden. Eine Mehrheit für eine Abschottungspolitik gibt es aber nachweislich nicht (Mau/Lux/Westheuser: 118-

---

[30] Hierzu empfehle ich die sehr gut aufbereitete und hilfreiche Handreichung von Klaus-Peter Hufer zu lesen (Hufer 2018).

157). Vielmehr beherrschen es Extremist:innen, die Triggerpunkte[31] diskursiv für sich zu nutzen.

Wir werden im Laufe des Argumentatorik-Teils noch einmal auf die unterschiedlichen Diskursräume und die mit ihnen verbundenen Geltungsansprüche zurückkommen.

Der diskursiv-demokratische Raum gründet normativ auf Gesellschaftsmodellen liberaler Demokratien, die zwischen Sozialer und libertärer Demokratie als Polen changieren kann. Diese unterschiedlichen Ausprägungen liberale Demokratien führen auch zu unterschiedlichen Strategien im Umgang mit Rechtsextremismus.

Soweit handelt es sich um eine diskursethische Fragestellung, also darum, mit welchen normativen Voraussetzungen wir in der Demokratie argumentativ unterwegs sind.

---

[31] Zum Konzept der „Triggerpunkte" vgl. Mau/Lux/Westheuser 2023: 244-278. Eine nähere Betrachtung, wie Rechtsextremist:innen Triggerpunkte für sich nutzen, finden Sie im Teil zur extremistischen Argumentationsweise (vgl. Teil **II.3.1.**).

2.1. Jenseits der Norm – Spannung zwischen strategischer und abwägender Argumentatorik

Die Skizze des vorangegangenen Abschnitts hat einen Nachteil: Sie beruht auf Normen und einer Diskursethik; es kann aber kaum übersehen werden, dass Norm und Realität nicht deckungsgleich sind.

Natürlich können in der Demokratie auch Personen, Parteien oder Akteur:innen erfolgreich sein, die diese normativen Überlegungen eben nicht teilen und die keiner Diskursethik folgen (wollen). Sie wirken also auch ohne diesen Bezugsrahmen, sondern lediglich dadurch, dass sie wirkungsorientiert agieren. Wer sich nur um eine gute Wirkung zu bemühen braucht, hat es argumentatorisch sogar in der Regel leichter.

Wie gehen wir also mit der Differenz zwischen Norm und Realität um? Zwei Antworten sind möglich: Die eine wäre, die normative Ebene abzustreifen und sich lediglich auf die politische Wirkung im Sinne einer strategischen Arbeitsweise zu beziehen. Das heißt im Übrigen keineswegs, dass dazu offensiv der Geltungsanspruch der Wahrheit aufgegeben werden muss, sondern lediglich, dass er nicht im Fokus steht. Das Hauptziel ist es mit dieser Antwort, Wirkung zu erzielen, also zu gewinnen und die eigene Position möglichst gut zu verkaufen.

Doch welche Wirkung hat diese Entscheidung ganz praktisch, wenn es an das Argumentieren geht? Wenn Sie lediglich strategisch wirkungsorientiert argumentieren wollen, ist es entscheidend,

- die Vorzüge einfacher Argumentation zu kennen,
- zu berücksichtigen, dass Menschen Entscheidungen nicht nach der Logik fällen, sondern emotionale und sozial erlernte Muster schätzen und Heuristiken verwenden,
- Diskursmuster und emotionalisierende Geschichten zu erzählen und dabei die Erkenntnisse der Kognitionsforschung zu berücksichtigen,

- sich auf Erkenntnisse zu beziehen, wann politische Reden und ihre Inhalte erinnert werden und wann ihnen eher zugestimmt wird.

Sie werden im Teil zur Argumentatorik entsprechende Hinweise und Tipps dazu erhalten (wie auch für eine weitergehende normativ geprägte Argumentatorik).

Die zweite Antwort ist, um die Spannung zwischen Norm und Realität zu wissen, sie auszuhalten und sie politisch rhetorisch auszugestalten.

Es heißt, auf rein strategische und wirkungsorientierte Argumentatorik zu sehen, aber ihren Weg nicht zu gehen. Wenn ich nicht nur strategisch und wirkungsorientiert, sondern auch normativ fundiert argumentieren will, werde ich mir zusätzlich eine stimmige Argumentation erarbeiten, Gegenargumente prüfen und meine Position abwägen, um sie im politischen Diskurs stark zu machen.

Damit nehme ich unter Umständen in Kauf, anderen Demokrat:innen zuzumuten, sich mit unterschiedlichen Positionen intensiver auseinandersetzen zu müssen, sie also als gleichwürdige und verantwortliche Diskutant:innen ernst zu nehmen. Auch in diesem Fall muss ich die strategisch-wirkungsorientierten Fragen im Blick halten, habe aber mehr (und zuerst anderes) zu leisten.

Beide Wege sind in der politischen Rhetorik im Rahmen der Demokratie gangbar und erlaubt. Für den hier beschriebenen Ansatz einer demokratischen Argumentatorik habe ich mich für die zweite Antwortmöglichkeit entschieden, ohne dabei die Fragen nach Wirkung außen vor zu lassen.

Im Übrigen gehe ich davon aus, dass die Strukturen der gegenwärtigen Öffentlichkeit einen Spannungsbogen aufreißen, der es für eine normativ fundierte und deliberativ begründende Argumentatorik, also den Surplus einer Diskursethik, schwer werden lässt.

Sei es in Talkshows, in Parlamentsdebatten oder über Social-Media-Kanäle stützen die Strukturen der Öffentlichkeit eine Debattenkultur, die ihrerseits erfolgreicher mit zugespitzten Kurzbeiträgen bedient wird. Eine abwägende und alle Geltungsansprüche berücksichtigende Argumentation und Rekonstruktion der Argumentationen anderer gehört in der Regel nicht dazu oder wird sogar als Schwächung der eigenen Wirkung zu Buche schlagen.[32]

Sollte man sich also die Mühe machen? Jede:r Politiker:in muss sich diese Frage letztendlich selbst beantworten. Ich persönlich bin der festen Überzeugung, dass erst eine solche Diskursethik den vollen Vorteil demokratischer Deliberation und Entscheidung zu entfalten ermöglicht und damit entscheidend dazu beitragen könnte, Politik positiver wirken zu lassen.

Es geht also nicht nur darum, die Öffentlichkeit gekonnt zu nutzen, sondern ihre Strukturen selbst ändern zu wollen, also anders zu argumentieren und wirken zu wollen.

Im Übrigen ist die Spannung zwischen Diskursethik und strategischer Praxis auch begrifflich relevant. So ist der Begriff „Diskurs" ebenso ein normativer Begriff als auch ein analytischer und herrschaftskritischer. Mikfeld und Turowski haben dies in einem Aufsatz mustergültig aufgeschlüsselt (vgl. Mikfeld/Turowski 2014: 23-25).

So fassen sie mit Blick auf Foucault zusammen, dass Diskurse „machtgestützte Sinnordnungen und Bedeutungszuschreibungen" sind: „Durch Festsetzung von Regeln und Begriffsdeutungen, durch die Definition von Normalität und Abweichung, die Institutionalisierung kollektiv verbindlicher Wissens- und Moralsysteme und schließlich durch die Nichtthematisierung des Undenk- und Unsagbaren, ist der Diskurs für Foucault eine notwendige Konstitutionsbedingung von Macht (und durch Veränderung des Diskurses auch die ihrer Transformation)." (Mikfeld/Turowski 2014: 23)

---

[32] Eine zumindestens ähnliche Diagnose stellt Pörksen (Pörksen 2014). Auch Jürgen Habermas beschreibt die Gefahren (Habermas 2022).

Gerade in der Zeit nach dem 24.02.2022, dem Angriffskriegs Russlands gegen die Ukraine, und der durch Bundeskanzler Olaf Scholz proklamierten Zeitenwende, lassen sich die (in diesem Fall eruptiven) Transformationen von Diskursen gut illustrieren.

So gab es vor dem 24.02.2022 im Bereich der Friedens- und Sicherheitspolitik eine klare Diskursgrenze: Keine Waffenlieferungen in Krisen- und Kriegsgebiete.[33]

Diese Diskursgrenze hat sich innerhalb kurzer Zeit dahin verschoben, dass Waffenlieferungen an ein angegriffenes Land Europas ethisch geboten seien. Wer sich nun Waffenlieferungen skeptisch gegenüber äußert, setzt sich der Gefahr aus, politisch unterlassener Hilfeleistung oder als Putin-Freund bezichtigt zu werden.

Diskursgrenzen werden verschoben und widerstreitende Diskurse werden im demokratischen Raum ausgefochten, um Hegemonie zu erlangen. Diese hegemonialen Diskurse sind ein strategisches Feld, innerhalb dessen sich Redner:innen und Argumentierende bewegen. Mikfeld und Turowski plädieren daher folgerichtig für eine strategieorientierte Diskursanalyse (Mikfeld/Turowski 2014: 32-46).

Die Diskurse sind für Redner:innen und Argumentierende entscheidend zu kennen: Die grundlegenden Glaubenssätze aktueller Diskurse führen dazu, dass Argumentationen wirken oder aber eben auch nicht durchschlagen können.[34] Insofern stellt sich sehr konkret aus Sicht der Diskursethik die Aufgabe,

---

[33] Natürlich handelt es sich dabei um Diskursgrenzen. Ob diese politisch in allen Fällen auch Leitschnur des Handelns gewesen sind, muss bezweifelt werden, sei aber hier dahingestellt.

[34] Mikfeld hatte bereits 2012 sieben unterschiedliche Diskurse anhand von Programmen, politischen Beschlüssen, Büchern, Aufsätzen, Artikeln und Interviews identifiziert, die als machtvolle Deutungsrahmen politisch wirken (vgl. Mikfeld/Turowski 2014: 40f.) Diese werden im Teil „Sprache schafft Wirklichkeiten" (Teil **VIII.2.2.**) exemplarisch betrachtet.

einerseits den ethischen Anspruch aufrecht zu erhalten, andererseits, strategische Diskurse zu kennen und die eigene Argumentation inhaltlich und wirkungsorientiert mit ihnen abzugleichen. Diesen Aspekt werden wir später noch weiter vertiefen (vgl. Teil **VIII**).

2.2. Exkurs: Normative Demokratie-Modelle als Background des demokratisch-diskursiven Raums

Der demokratisch-diskursive Raum ist zugleich Voraussetzung einer lebensfähigen und lebendigen Demokratie und angewiesen auf demokratische Rahmenbedingungen.

Insofern ist es nicht verwunderlich, dass wir bereits bestimmten Spielregeln und Rahmenbedingungen zugestimmt haben, wenn wir uns im diskursiv-demokratischen Raum bewegen.

Dabei können wir zwischen basalen und wechselseitig anerkannten Normen einerseits und spezifischen Ausprägungen von Demokratiemodellen andererseits unterscheiden.[35]

In den folgenden Abschnitten möchte ich daher in aller Kürze die liberale, libertäre und soziale Demokratie modellhaft darstellen und in einem weiteren Schritt fragen, was daraus für eine Argumentatorik Sozialer Demokratie folgt.

Da der wissenschaftliche Mainstream einen Anspruch auf „Neutralität" anzumelden scheint: Diesen Anspruch halte ich für falsch. Wichtig finde ich, dass politische Erkenntnisinteressen und Positionierungen transparent benannt und überprüfbar gemacht werden. Sozusagen als Vorwarnung: In diesem Abschnitt fließen eigene politische Einschätzungen ein. Sehen Sie sich diese als Deutungsangebote an und bilden Sie sich Ihre eigene Meinung.

---

[35] Die Modelle, in die Demokratie gestuft eingeordnet werden, sind zumeist differenzierter (vgl. im Überblick Pickel 2024). Sie finden auch in der vergleichenden Demokratieforschung Anwendung. Vergröbernd zwischen liberalen Demokratien und zwei Ausformungen, nämlich libertärer und sozialer Demokratie zu unterscheiden, beruht auf Thomas Meyers Ansatz (Meyer 2005), der differenzierteren Modellen nicht widerspricht, sie aber fokussiert.

2.3. Grundlegende Annahmen einer liberalen Demokratie

Als liberale Demokratien werden in der Politikwissenschaft Gesellschaften bezeichnet, deren staatliches System einerseits auf verfassten Menschenrechten und andererseits auf pluraler Demokratie beruhen, die also Arenen organisieren, in denen um beste Lösungen gestritten und entschieden werden kann. Die Vorstellung liberaler Demokratie gründet in der europäischen Aufklärung und dem politischen Liberalismus. Ihr entgegengesetzt sind Autokratien, absolute Monarchien und Diktaturen.

Liberale Demokratien kennen verschiedene Ausformungen. Vor allem haben sich hier (eher) libertäre und (eher) soziale Demokratien herausgebildet:

Historisch gesehen haben sich zuerst libertäre/liberale Demokratie-Vorstellungen gebildet, die vom Bürgertum getragen wurden und sich gegen den Absolutismus richteten. Hier waren zwei unterschiedliche Motivationen erkennbar: Einerseits sich von der Unfreiheit des Staates zu befreien, andererseits selbst einen bürgerlichen Staat mit einer kapitalistischen Wirtschaft zu bilden.

Der Schlachtruf der Französischen Revolution „Freiheit! Gleichheit! Brüderlichkeit!" zerschellte allerdings schnell daran, dass mit den bestehenden Eigentumsverhältnissen und der ungleichen Verfügung über Besitz keine gleiche Freiheit zu gewinnen war. Zudem arrangierte sich das Bürgertum in größeren Teilen mit der Monarchie, da ihnen negative („abwehrende") Freiheitsrechte vor Durchgriffen des Staates gewährt wurden.

Erst im entstehenden Industrie-Kapitalismus adoptierte und adaptierte die Arbeiter:innen-Bewegung nicht nur den Schlachtruf der Französischen Revolution, sondern ergänzte auch die Forderung nach einem demokratischen Staat der Freien und Gleichen.

Anders als im Bürgertum allerdings war der Arbeiter:innen-Bewegung schmerzlich bewusst, dass sich die gleiche Freiheit in den sozialen Verhältnissen nicht wiederfand. Darauf beruht der Anspruch, dass die Arbeiter:innen-Bewegung soziale Absicherung sich selbst solidarisch organisieren musste. Die Erwartungen an den Staat waren – auch dies aus konkreter historischer Erfahrung heraus – gering. Dennoch wurden die Begriffe von demokratischen Sozialismus und Sozialer Demokratie als Zielvorstellung einer nicht nur behaupteten gleichen Freiheit aller, sondern auch der konkreten Realisierung für alle, verwendet. Der (sozial-)demokratische Staat einerseits und eine sozialistische Wirtschaftsform andererseits waren dafür die Erfolgsgaranten. Erst im Laufe des 20. Jahrhunderts entfaltete sich der Staat so, dass er soziale Rechte nicht nur erlaubte, sondern selbst garantierte und organisierte.

Sie werden sich vermutlich fragen, was dieser kurze Abriss mit einer demokratischen Argumentatorik zu tun hat. Meine Antwort lautet: Argumentatorik ist in Gesellschaftsvorstellungen einerseits und Gesellschaftserfahrungen andererseits eingebettet.

Demokratie ist allgemein darauf angewiesen, dass freie und gleichwürdige Menschen miteinander politische Fragestellungen beraten, verhandeln und entscheiden können. Nur haben die Vorstellungen einer bloß liberalen oder einer Sozialen Demokratie unterschiedliche Wirkungen, wie die Verhandlung politischer Fragen organisiert und sichergestellt werden kann. Und ein weiterer Punkt ist: Politische Argumentatorik ist nicht immer demokratisch – wir müssen also klar unterscheiden und uns absetzen, wenn wir eine demokratische Gesellschaft stärken bzw. erreichen wollen.

2.4. Soziale Demokratie[36] als spezifisches Modell

Soziale Demokratie schärft den Blick dafür, dass Menschen nicht nur gleiche Freiheit haben sollten, sondern verpflichtet auch Staatlichkeit und Gesellschaft darauf, diesen Anspruch auch zu realisieren. Dem ist eingeschrieben, dass Menschen mit ihrer Herkunft und Sozialisation eben ungleiche Chancen und Möglichkeiten haben und Sozialstaatlichkeit diese ungleichen Chancen auszugleichen hat.

„Freiheit" wird insoweit als ein gesellschaftlich organisierter und gebundener Begriff verstanden, der nicht unabhängig, sondern gleichberechtigt mit dem der Gerechtigkeit und Solidarität zu verknüpfen ist.

Freiheit und Demokratie sind insoweit logisch und unhintergehbar verknüpft, weil die gleiche Freiheit aller eine demokratische Entscheidung aller bedingt.

Denn: Was hilft es, wenn ich frei und menschenwürdig leben darf, es aber nicht kann? Nur, wenn Können und Dürfen gleichermaßen realisiert werden, gibt es die Chance auf eine lebendige, eben Soziale Demokratie.

Im Kern ist das grundlegendes Recht in Deutschland. Es lässt sich an zwei zentralen Artikeln des Grundgesetzes festmachen:

Art. 1 Abs. 1: Die Würde des Menschen ist unantastbar. Sie zu achten und zu schützen ist Auftrag aller staatlichen Gewalt.

Art. 20 Abs. 1: Die Bundesrepublik Deutschland ist ein demokratischer und sozialer Bundesstaat.

Der Artikel 1 spricht von **allen** Menschen, macht also keinen Unterschied in Nationalität, Geschlecht, geschlechtlicher Identität, Herkunft, Behinderungen etc. Damit ist eine universelle und für alle gleichermaßen geltende Gleichwürdigkeit festgeschrieben.

---

[36] Dieser Abschnitt bezieht seine grundlegende Argumentation von Thomas Meyer (Meyer 2005); zusammenfassend auch Gombert u.a. 2018; Gombert 2019.

Er enthält zudem die Verpflichtung, die Menschenwürde nicht nur zu achten, sondern sie zu schützen. Diese Formulierung weist darauf hin, dass der Staat nicht diskriminieren oder die Würde angreifen darf, aber auch den Übergriff eines auf den anderen Menschen zu unterbinden hat. Dies ist vor dem Hintergrund des Faschismus, in der Menschenwürde massiv staatlich wie individuell verletzt wurde, ein humanistischer Meilenstein.

Die Soziale Demokratie allerdings interpretiert den Artikel 1 noch weitergehend, in dem „achten" und „schützen" auch eine aktive Handlungsverpflichtung umfasst, dass der Staat dafür sorgen muss, dass Menschen auch real menschenwürdig und in gleicher Freiheit leben können.

Erst dann lässt sich aus dieser Lesart heraus auch der Artikel 2 Abs. 1 des Grundgesetzes erfüllen: Jede:r „hat das Recht auf die freie Entfaltung seiner Persönlichkeit, soweit er nicht die Rechte anderer verletzt und nicht gegen die verfassungsmäßige Ordnung oder das Sittengesetz verstößt."

Demokratie und Sozialstaat sind dann in dieser Lesart heraus notwendige Umsetzungsschritte, mit denen dieser Handlungsverpflichtung erfüllt werden soll.

Nun kann man kaum verhehlen, dass sich auch Konservative und Liberale auf das Grundgesetz beziehen. Diese interpretieren aus ihrer Perspektive den Schutzgedanken als „Gleichheit vor dem Gesetz" einerseits und Verpflichtung auf „innere Sicherheit" andererseits.

Isaiah Berlin hat dieses unterschiedlichen Perspektiven mit einem Konzept von Freiheitsrechten unterlegt: Er unterscheidet negative („schützende" oder „abwehrende") und positive („ermöglichende") Freiheitsrechte.

Libertäre Demokratie zieht negative Freiheitsrechte den positiven vor. Der Schutz der Personen vor (willkürlichen) An- und Eingriffen durch den Staat oder andere Menschen ist in dieser Denkweise zuallererst zu gewährleisten. Vor allem das Recht auf Eigentum ist dabei entscheidend (und besonders umstritten), in das seitens des Staates nur sehr begrenzt oder nicht eingegriffen werden soll.

Aus Sicht Sozialer Demokratie sind positive und negative Freiheitsrechte gleichwertig und ergänzen sich. So kann das Recht auf freie Meinungsäußerung (negatives Freiheitsrecht) nur dann real genutzt werden, wenn ich das Argumentieren gelernt habe, also mich bilden konnte (positives Freiheitsrecht). Zudem macht das Modell Sozialer Demokratie stark, dass Freiheit ein gemeinschaftlich entwickeltes Gut ist: Ohne Arbeitsteilung, Kooperation und dadurch geschaffene Infrastruktur können weder die positiven, noch die negativen Freiheitsrechte für alle Menschen erreicht werden.

Die Handlungsverpflichtung von Staat, Gesellschaft und Gemeinschaften, negative wie positive Freiheitsrechte für alle Menschen real zu ermöglichen, wird so zu einem Kerngedanken in der Gesellschaftsvorstellung Sozialer Demokratie.

Einen weiteren Aspekt dieser inklusiven Vorstellung hat Jürgen Habermas hinzugefügt, in dem er die Bedeutung der Deliberation als Kernbestandteil von Demokratien festsetzt: Das demokratische Verfahren „verlangt zum einen die **Inklusion aller** von möglichen Entscheidungen **Betroffenen** als gleichberechtigt an der politischen Willensbildung Beteiligte. Und es macht zum anderen die demokratisch, also von allen Einzelnen gemeinsam getroffenen Entscheidungen abhängig von einem mehr oder weniger **diskursiven Charakter** vorangehender **Beratungen**. Damit wird die inklusive **Willens**bildung abhängig gemacht von der **Kraft der Gründe**, die während des Prozesses einer vorangehenden *Meinungs*bildung mobilisiert werden." (Habermas 2022: 21; Hervorhebungen im Original). Legitimität von Entscheidungen entsteht also durch Beratungs- und Entscheidungsprozesse, die argumentativ aufgeladen sind. Hier liegt der Anknüpfungspunkt für eine demokratische Argumentatorik und Rhetorik.

2.5. Gebrochene Einbindung oder: Anfälligkeit für Faschismus

Es ist offensichtlich, dass eine solch einbindende, inklusive und diskursiv arbeitende Demokratie in der Gegenwartsgesellschaft faktisch nicht gegeben und auch als Idee bedroht ist.

Auch wenn Sie es hier mit einem Handbuch zur demokratischen Rhetorik zu tun haben, will ich dem Hang von Autor:innen nicht erliegen, die Wichtigkeit des eigenen Sujets zu überhöhen. Demokratische Rhetorik mag eine Voraussetzung für Demokratie sein, sie ist aber ein sehr kleiner Baustein dafür, Demokratie zu retten oder wieder zu stärken.

Bevor ich also auf die argumentatorischen Fragen komme, will ich doch den größeren Rahmen benennen.[37] Für diesen größeren Rahmen scheinen mir zwei Faktoren relevant zu sein: **Gebrochene Einbindung** einerseits, **Sozialisation** andererseits.

Gebrochene Einbindung – Wenn eine solche Form inklusiver Demokratie der Anspruch ist, so kann man mit Blick auf die Wirklichkeit wohl nur von einer gebrochenen Einbindung sprechen. Anspruch und reale Wirkung gehen weit auseinander. In der Lücke kann sich Extremismus breit machen.

Eine lange Phase eines noch andauernden Neoliberalismus lässt ein überzeugendes Narrativ des Zusammenrückens und Problemlösens kaum erkennen. Dennoch liegen die gesellschaftspolitischen Probleme auf der Hand: Klimakrise, Probleme bei der öffentlichen Infrastruktur und Daseinsvorsorge usw.

Verschiedenste Studien zeigen, dass Zukunfts- und Verlustängste entscheidend dazu beitragen, dass Menschen die AfD wählen (vgl. z. B. zusammenfassend Friedrich/Schniederjann 2024; Becker/Reif-Spirek/Dörre 2020; Küpper/Zick

---

[37] Im Teil **II.1.** werden die extremistischen Denkmuster und -folien näher angesehen. Darauf aufbauend folgt im **Teil II** auch der Schwerpunkt, wie sich extremistische von demokratischer Rhetorik unterscheidet.

2024). Die Zukunfts- und Verlustängste sind – so hat Andreas Reckwitz herausgearbeitet – nicht etwa ein Betriebsunfall, sondern entstehen systematisch aus der Logik und Dynamik moderner Gesellschaften. Der in die Moderne eingeschriebene Fortschrittsgedanke hat als Kehrseite, dass Verluste zum Störfall werden, der seinerseits durch Neuerungen einzudämmen versucht wird. Neuerungen aber entwerten Vorheriges und verstärken die Verlusterfahrung (vgl. dazu Reckwitz 2024: 20-22). „Fortschrittsimperativ" und „Verlustparadoxie" sind gekoppelt.

Die Neue Rechte und parteipolitisch wirksam die AfD nutzen diese strukturelle „Disposition für den Populismus" (Reckwitz 2024: 391) – so Reckwitz – aus: „Der im Kern verlustbezogene Erfahrungshintergrund des Populismus befindet sich im grundsätzlichen Gegensatz zur positiven Zukunftsorientierung, welche die etablierten politischen Kräfte des Modernisierungsprozesses klassischerweise charakterisiert. Das bedeutet allerdings: Indem sich in ihr Zukunfts- und Fortschrittsskepsis verbreitet, entwickelt die westliche Spätmoderne eine *strukturelle Disposition für den Populismus.* Für diesen entscheidend ist, dass er die sozial und kulturell zirkulierenden Verlusterfahrungen und Verlustängste nicht nur aufnimmt, sondern sie auf eine bestimmte Weise transformiert, zuspitzt und so ein eigenes Spiel des *doing loss* betreibt." (Reckwitz 2024: 391) Daher fasst Reckwitz Populismus als „Verlustunternehmertum" (Reckwitz 2024: 391). Die Neue Rechte lässt diese in ihre Denk- und Argumentationsmuster einfließen (vgl. dazu Teil **II**.1.1.).

Hinzu kommt, dass eine glaubhafte Erzählung, wie die ökologische Transformation sozial gestaltet werden kann, nicht erkennbar wird. Dadurch kann die Neue Rechte sozioökonomische Konflikte in nationalistische Fragen („Wer darf dazugehören?") umdeuten. Das Einfallstor durch mangelnde Einbindung steht also weit offen. Der soziale Nährboden für das Erstarken der Neuen Rechten ist in den letzten Jahren erheblich größer geworden (vgl. stellvertretend Küpper/Zick 2024), nicht nur an den Rändern, sondern auch in der Mitte der Gesellschaft.

Im Übrigen nimmt es dann nicht Wunder, dass rechte Tendenzen sich unterschiedlich schnell ausbreiten: In den östlichen Bundesländern hat die Wende 1989 ja nicht nur Freudestaumel ausgelöst, sondern auch das beständige Gefühl bei vielen auf den Plan gerufen, nicht auf Augenhöhe behandelt zu werden oder selbst beitragen zu können. Bereits Anfang der 2000er Jahre kam die Finanzkrise dazu und führte die soziale Unsicherheit vor Augen. Eine „doppelte Ent-Täuschung" des Fortschrittimperativs, bei der die neu hinzugekommenen Bürger:innen zumeist verloren und westliche Investor:innen über die Treuhandpolitik gewannen. Zugleich verbreitete sich auch medial, dass die starken Westländer die neuen Länder stützen müssten. Ein Gefühl für gleichberechtigte Einbindung auf Augenhöhe konnte da wohl kaum aufkommen, sondern eher die einer „gebrochenen Einbindung". Ähnliche Erfahrungen „gebrochener Einbindung" dürften wohl auch in osteuropäischen Ländern existieren.[38]

Insofern trifft „gebrochene Einbindung" zwar regelmäßig auf viele Menschen zu, egal woher sie kommen, aber die Erfahrungen wiegen doch unterschiedlich schwer.

Die Erfahrungen versprochener, aber doch gebrochener Einbindung sind der Nährboden des Extremismus und Populismus. Der zunehmende transformative Druck (Klimakrise, Kriege etc.) vergrößern die Unsicherheiten und schüren die Verlustängste weiter, während der Glauben an den Fortschritt als Heilmittel und Eindämmung brüchig geworden ist. Dieser Zusammenhang schreibt sich als gesellschaftlicher Anknüpfungspunkt in die Denkfolien der Neuen Rechten ein.

Sozialisation – Auch wenn die „Zonen der sozialen Verletzlichkeit" größer geworden sind, lassen Sie uns dennoch die Frage näher ansehen: Wie kommt es dazu, dass Menschen für faschistische, rechtsextreme oder allgemeiner gruppenbezogene Menschenfeindlichkeit eintreten oder empfänglich sind? Die

---

[38] Dieser Zusammenhang wurde für mich sehr einprägsam bei einer Delegationsreise der Friedrich-Ebert-Stiftung in Kroatien im September 2024 deutlich.

Frage kann und sollte dabei keinesfalls die Gründe (gebrochene Einbindung) psychologisch vor der Tür der Individuen abladen.[39] Dennoch ist es eine Mischung aus gebrochener Einbindung und Sozialisation, wie auch Küpper und Zick aus ihrer Erhebung schließen: „In der sozialen Ungleichheit einen Grund für die Krise der Demokratie zu erkennen, trifft das Wesen der Demokratiedistanz und -feindlichkeit hingegen nur bedingt. Ärmere Teile der Bevölkerung fühlen sich sich zwar deutlich häufiger von den Krisen betroffen und verunsichert als wohlhabendere Menschen – und sind es de facto ja auch. Sie neigen auch häufiger zu demokratiedistanten und -feindlichen Einstellungen. Doch scheint dies letztlich mehr mit dem Bildungsgrad als mit dem Einkommen zusammenzuhängen. Zudem wird der Einfluss des Einkommens vom Gefühl der Benachteiligung überlagert, das auch Wohlhabendere teilen können. Den stärksten statistischen Einfluss hat das eigene Anspruchsniveau: Wer meint, ihm oder ihr stehe mehr zu als anderen, neigt deutlich stärker zu rechtsextremen Einstellungen." (Küpper/Zick 2024: 39f.)

Dennoch gäbe es ja prinzipiell die Möglichkeit, dass die Verlustängste und Enttäuschung mangels konsistenter Antworten dazu führen, dass in demokratischen Parteien, Vereinen, Verbänden etc. lautstarke und deutliche Kritik laut würde und dass die demokratischen Mittel, Kurskorrekturen zu erzwingen, genutzt würden. Wieso also sind ein größerer Teil von Menschen offen für faschistische, rechtsextreme oder allgemeiner gruppenbezogene Menschenfeindlichkeit? Dies nur einer Vertrauenskrise mit der in der Moderne entwickelten Fortschrittsimperativ zuzuschlagen, greift zu kurz. Vertrauen bezieht sich ja nicht nur extern auf gesellschaftliche Erwartungen, sondern spiegelt sich auch in den eigenen Sozialisationserfahrungen und Werdegängen.

---

[39] So kommen Beate Küpper und Andreas Zick zu dem Schluss, dass „Befragte, die sich durch die derzeitigen Herausforderungen und Krisen betroffen und verunsichert fühlten, (...) signifikant häufiger zu demokratiedistanten oder demokratiefeindlichen Einstellungen" neigten (Küpper/Zick 2024: 38).

Eine beruhigende Nachricht hat Gordon W. Allport zusammengefasst: „Kein Kind wird mit Vorurteilen geboren. Seine Vorurteile sind immer erworben." (Allport 1971: 329). Das heißt auch: Vorurteile und gruppenbezogene Menschenfeindlichkeit sind eine Frage von Erziehung, Bildung und Sozialisation. Sie sind also – wie der gesellschaftliche Nährboden – Faktoren, die wir gesellschaftlich beeinflussen können.

Das eröffnet die Möglichkeit, sich anzusehen, wie die Sozialisation Einfluss auf die Bereitschaft nimmt, extremistische Argumentationen zu übernehmen oder umgekehrt, sie abzulehnen.

Dies ist spätestens seit dem Nazi-Faschismus für die kritische Sozialwissenschaft ein wesentliches Forschungsgebiet.

Bereits Theodor W. Adorno und sein Team haben mit einem empirischen Forschungsprojekt in den 1950er Jahren die sogenannte „F-Skala" entwickelt, mit der präfaschistische Tendenzen von Menschen untersucht werden können (Adorno 1973). Auch wenn der Fragebogen heute in Varianten und Abwandlungen angewandt wird und die konkreten Items und Erhebungsinstrumente zeit- und kontextgebunden sind, macht doch ein Blick darauf auch heute noch die Aufgabe aus Sicht einer Sozialen Demokratie sehr plastisch. Die angenommenen Variablen sagen – meiner Einschätzung nach – nach wie vor viel über die Wechselwirkung von Sozialisation und Extremismus[40] aus. Adorno benennt 9 Variablen (Adorno 1973: 45) der „F-Skala":

---

[40] Die Begriffswahl Adornos ist hier ebenso zeitgebunden: Er verwendet den Begriff des „Faschismus", um es nicht auf das Phänomen des „Antisemitismus" eng zu führen. In den heutigen Varianten wird eher von „Autoritarismus" gesprochen. Die regelmäßig aktualisierte Leipziger Autoritarismus-Studie schließt dann auch an die Vorarbeiten Adornos an. Ich verwende hier – etwas unscharf – den Begriff des „Extremismus", weil es große Überschneidungspunkte zwischen „Autoritarismus" und „Rechtsextremismus" gibt. Ich gehe dabei davon aus, dass „autoritative" Denkweisen in der Regel auch diejenigen umfasst, die für (rechts-)extremistische Denkweisen anfällig sind.

Variable	Erklärung
Konventionalismus	Starre Orientierung an konventionellen Werten (bezogen auf die USA: Der Mittelschicht)
Autoritäre Unterwürfigkeit	Autoritäten der eigenen Gruppe werden idealisiert.
Autoritäre Aggression	Drang andere zu finden und zu bestrafen, die von den eigenen Vorstellungen abweichen.
Anti-Intrazeption	Abwehr der eigenen Phantasie und Sensibilität
Aberglaube und Stereotypie	Glaube an „Auserwähltsein" und vorherbestimmtes Schicksal.
Machtdenken und „Kraftmeierei"	Denken in Dichotomien wie „stark – schwach"; „gut – böse"; „Führer – Gefolgschaft" etc.
Destruktivität und Zynismus	Feindseligkeit und Abwertung des „Menschlichen"
Projektivität	Glauben an wüste und gefährliche Vorgänge in der Welt; Projektion unbewusster Triebimpulse auf die Außenwelt.
Sexualität	Übertriebene Beschäftigung mit dem Sexuellen.

Abb. 5: „F-Skala" nach Theodor W. Adorno u.a.

Heutige Autoritarismus-Konzepte indes knüpfen zwar an Adorno und der Kritischen Theorie an, stellen aber fest, dass die Spielart des „libertären Autoritarismus" Raum greift: In ihm wird die „autoritäre Unterwürfigkeit" durch eine radikale Ich-Bezogenheit ersetzt, die die eigene Meinung (auch gegen wissenschaftliche Evidenzen) aggressiv überhöht (vgl. dazu Amlinger/Nachtwey 2022). Meinungen werden dann wissenschaftlicher oder logischer Argumentation gleichgesetzt. Damit entledigen sich libertäre Autoritäre, selbst begründen und abwägen zu müssen.

Meinung ist meins – ein geklärtes „Wir" braucht's nicht mehr. Pörksen und Schulz von Thun bringen die Denkweise auf die Formel: „Ich bin das Ideal – Du bist der Skandal!" (Pörksen/Schulz von Thun 2021: 44) Die Wirkung für die

Demokratie ist verheerend: Ihr fehlt dann der Rahmen, in der eine vernünftige Einigung noch möglich ist.

In Kurzform: Gebrochene Einbindung schaukelt mit der Verabsolutierung der eigenen Meinung um die Wette.

Es bedarf keiner übermäßig großen Phantasie, wie eine Erziehung aussehen muss, die diese Grundeinstellungen fördert und umgekehrt, was Erziehung (nicht nur als familiäre, sondern gesellschaftliche Aufgabe) dagegen tun kann.

Um es einmal sehr plakativ (und viel zu oberflächlich) darzustellen:

Variable	Entgegensetzung	Herausforderung
Konventionalismus	Werteorientierte Offenheit	Wie können wir Menschen dazu ermutigen, die gleiche Würde und Freiheit aller Menschen zu akzeptieren und offen zu bleiben für vielfältige Lebensweisen?
Autoritäre Unterwürfigkeit oder radikaler libertärer Autoritarismus	Widerständige Vernunft	Wie können wir familiäre Erziehung und das Bildungssystem so gestalten, dass Widerspruch produktiv eingebunden und durch Vernunftsabwägung geklärt wird?
Autoritäre Aggression	Friedliche Verhandlungsfähigkeit	Wie können wir Menschen dazu befähigen, Konflikte und Abweichungen von der eigenen Lebensweise als Bereicherung zu empfinden und ggf. interessenorientiert zu verhandeln?
Anti-Intrazeption	Förderung der eigenen Phantasie und Sensibilität	Wie können wir unser Bildungswesen so gestalten, dass Menschen mit ihrer Sensibilität wahr- und ernstgenommen werden und ihre Phantasie wirksam entwickeln können?
Aberglaube und Stereotypie	Resilienz und Aushalten unbestimmter Rolle	Wie können wir Menschen darin bestärken, dass sie „Unbestimmtheit" als „Gestaltungsfreiheit" empfinden und leben können?

Variable	Entgegensetzung	Herausforderung
Machtdenken und „Kraftmeierei"	Komplexes Denken	Wie können wir unser Bildungswesen so gestalten, dass Menschen bereit sind und in die Lage versetzt werden, komplex zu denken, zu argumentieren und der eigenen Sozialisation gegenüber kritisch zu bleiben?
Destruktivität und Zynismus	Konstruktivistisch und Menschlichkeit	Wie können wir Menschen darin bestärken, Respekt allen anderen Menschen gegenüber zu leben?
Projektivität	Bereitschaft, Vor- und Nachteile und gestaltbare Zukunft wahrzunehmen	Wie können wir Menschen dazu befähigen, eigene Bedürfnisse wahrzunehmen und sie angemessen zu befriedigen?
Sexualität	Entspannter und achtsamer Umgang mit Sexualität.	Wie können wir Menschen einen achtsamen und entspannten Umgang mit eigener und fremder Sexualität vorzuleben?

Abb. 6: Entgegensetzung zur F-Skala als komplexe Aufgabe

Leicht zu erkennen ist, dass Bildung auch deswegen ein so entscheidender Schlüssel ist, weil wir es mit mächtigen und traditierten Sozialisationsmustern zu tun haben. Diese Sozialisationsmuster übersetzen sich in häufig unhinterfragte Glaubenssätze und Argumentationsmuster, die nicht einfach durch ein Gegenargument aufgelöst werden können, sondern Bildungs- und Lernprozesse erfordern, aber eben auch eine andere Politik gesellschaftlicher Inklusion. Ein besonders eindrückliches Beispiel zeigt Tupoka Ogette, die in ihrem Buch *exitRACISM. Rassismuskritisch denken lernen* (Ogette 2021) den Weg nachzeichnet, den *weiße* Deutsche gehen (müssen), wenn sie den eigenen erlernten Rassismen und den häufig unbewusst mitgetragenen strukturellen Rassismus überwinden wollen. Einfach zu behaupten, alle Menschen seien gleich, benennt zwar ein Ziel, zerbricht aber an gesellschaftlichen Realitäten.

Schon anhand dieser sehr schematischen Ausführung lässt sich erkennen: Argumentatorik gegen Rechts ist notwendig, reicht aber nicht aus, sondern leistet im besten Fall einen (kleinen) Beitrag. Die Hauptansatzpunkte sind gesellschaftspolitisch einerseits und eine Frage von Bildung andererseits. Nicht zuletzt bedeutet es auch, Diskursgrenzen nach und nach verschieben zu müssen und neue Lern- und Erfahrungsorte für Demokratie zu schaffen. Demokratie muss wieder für möglichst viele oder alle Menschen als ein Ort gemeinsamer Wirksamkeit erfahrbar werden[41]. Natürlich gibt es auch gute Projekte, die daran aktiv etwas ändern wollen. Drei Beispiele seien hier stellvertretend genannt: Das aula-Projekt, das Marina Weisband mit anderen als Stärkung und konkretes Erfahren und Erlernen der Demokratie für Schulen entwickelt hat (Weisband 2024). Zudem wären da die Erfahrungen mit Bürger:innen-Räten (vgl. Oppold 2024). Ein weiteres Beispiel ist die BETZAVTA-Methode (Maroshek-Klarman/Saber Rabi 2019), die Demokratie erleb- und erfahrbar werden lässt. Bei allen Beispielen fehlt vor allem eines: Eine Strategie, sie für möglichst viele in unserer Gesellschaft zugänglich zu machen.

Aus Sicht Sozialer Demokratie stellen sich somit gleich drei Aufgaben: Gleichwürdigkeit wollen, um gesellschaftliche Ungleichheit wissen und an der Realisierung von tatsächlicher Gleichwürdigkeit unterschiedlicher Menschen aktiv mitwirken, sei es durch Argumentatorik oder tiefergehende durch sozial-ökologische Politik und durch das Aufbrechen von Sozialisationsmustern. Eine Politik Sozialer Demokratie müsste die ökologische auch als soziale Transformation und Einbindung aller konzipieren und sie gemeinschaftlich und demokratisch organisieren. Mit Blick auf die gegenwärtige Parteienlandschaft bliebe dort viel politischer leerer Raum zu erschließen. Die Arbeit gegen präfaschistische oder präextremistische Tendenzen ist also eine deutlich herausforderndere und komplexere Aufgabe als es eine Argumentatorik leisten kann.

---

[41] Auch diesbezüglich sind die Ergebnisse der Mitte-Studie von Beate Küpper und Andreas Zick alarmierend: „So meinen 43 Prozent der erwachsenen Befragten der jüngsten Mitte-Studie: ‚Leute wie ich haben sowieso keinen Einfluss darauf, was die Regierung tut.' Gut 27 Prozent halten es für ‚sinnlos, sich politisch zu engagieren.'" (Küpper/Zick 2024: 35)

In diesem Buch spare ich diese wichtigen Fragen der kritischen Analyse und daraus folgenden gesellschaftspolitischen Aufgaben im Weiteren aus und konzentriere mich auf das engere Feld der Argumentatorik. Dennoch kann ich kaum so tun, als wären damit bereits die Probleme demokratischer Gesellschaften auch nur ansatzweise gelöst. Demokratische Argumentatorik ist als ein kleiner Bestandteil der Lösung notwendig, aber nicht hinreichend. Umgekehrt stellt sich aber die Frage: Was also folgt daraus für eine demokratische Argumentatorik?

2.6. Was folgt daraus für die Argumentatorik?

Nahezu selbstverständlich ist es für eine liberale Demokratie, dass alle Menschen in der Demokratie wechselseitig unterstellen können müssen, mit der ihnen zugehörigen und unveräußerlichen Würde behandelt zu werden, aber dieses auch für jeden anderen Menschen anzuerkennen. Es handelt sich also um eine wechselseitige Anerkennung auf gleichwürdige Meinungsäußerung, ohne dass daraus ein Zwang oder Strafe folgen.

Ausgeschlossen sind demnach nur die Fälle, in denen mit der Meinungsäußerung selbst die abwehrenden Freiheitsrechte eines Anderen getroffen werden (z. B. durch Bedrohung, Beleidigung, Einschüchterung etc.).

Für den deliberativ-demokratischen Diskursraum muss ich zudem bei jeder Person unterstellen, dass sie den Geltungsanspruch auf Wahrheit, Richtigkeit, Wahrhaftigkeit und Verständlichkeit stellt, überprüfen lässt und die Geltungsansprüche anderer überprüft, begründet, annimmt oder ablehnt.

Wenn ich also meine eigene Freiheit einfordere und Demokratie nutze, so habe ich damit bereits auch zugestimmt, dass Andere das gleiche Recht haben sollen.

Zudem muss ich mit dem Eintritt in den diskursiv-demokratischen Raum akzeptieren, dass des- oder derjenigen Argumentation anerkannt wird, der/die eine mehrheitliche Entscheidung für sich erreichen kann.

Diese Denkweise ist bereits mit einer liberalen Demokratie ohne Weiteres begründbar. Freiheiten zu nutzen beruht auf der wechselseitigen Anerkennung gesellschaftlich zugestandener Freiheiten.

Die Soziale Demokratie als Modell geht weiter: Demnach reicht es für eine Soziale Demokratie nicht aus, Menschen zu bestrafen, die den demokratisch-diskursiven Raum missbrauchen oder die Freiheitsrechte anderer verletzen. Durchsetzung und Schutz von negativen Freiheitsrechten und Strafen bei ihrer Verletzung sind natürlich notwendig, aber eben nicht ausreichend.

Der Anspruch muss es vielmehr aus Sicht Sozialer Demokratie sein, alle Menschen auch real in den diskursiv-demokratischen Raum integrieren zu wollen und dafür die gesellschaftlichen Voraussetzungen zu schaffen. Die Meinungsfreiheit demokratisch-diskursiv zu nutzen soll dann nicht nur proklamiert, sondern realisiert werden können.

Dazu bedarf es vor allem einer aktiven Sozial- und Bildungspolitik und der Erforschung, welche Sozialisation menschenfeindliche Haltungen begünstigen oder herbeiführen. Für die Argumentatorik stellt sich die Frage: Wie kann sie dazu beitragen, möglichst alle Menschen in den diskursiv-demokratischen Raum zu integrieren und zugleich wehrhaft zu sein, wenn Freiheitsrechte angegriffen werden.

Insofern stellt sich aus Sicht Sozialer Demokratie eine doppelte Aufgabe: Die Arbeit gegen extremistisches Gedankengut, aber eben auch der Kampf darum, dass möglichst viele Menschen sich an dem demokratischen Diskurs (wieder) beteiligen.

Mit Blick auf die Tabelle (Abb. 6) scheinen mir vier Punkte besonders relevant zu sein:

- Argumentatorik kann aus Sicht Sozialer Demokratie versuchen, die autoritäre Unterwürfigkeit in Richtung **widerständiger Vernunft** zu durchbrechen, wenn sie den Zwang des besseren Arguments (Habermas) wirken lässt und bereit ist, Widersprüchen qua Vernunft auf den Grund zu gehen und dabei Menschen wertschätzend, Argumente aber strittig zu behandeln.
- Sie kann selbst **friedliche Verhandlungsfähigkeit** unterstützen, in dem sie nicht vorschnellen Urteilen folgt, sondern Interessen hinter den Positionen zu verstehen und in die Position einzubeziehen sucht.
- Sie kann „**Machtdenken**" und Kraftmeierei **entgegenstehen**, in dem sie Argumente abwägt und (ausreichend) komplex zu denken einlädt. Sie muss jeglichen Erpressungsversuchen und Drohungen zu

widerstehen helfen und dennoch eine Rückkehr zur Aushandlung im diskursiv-demokratischen Raum offenhalten.

- Sie kann **Respekt** ausstrahlen, mit dem die Menschen in ihrer unveräußerlichen Würde gesehen werden, aber in der Sache hart widersprochen werden darf und muss, wenn andere selbst menschenfeindlich agieren. Sie muss sich in Argumentationen schützend vor diejenigen Menschen stellen, deren Würde angegriffen wird und/oder die sich nicht wehren (können).

Carolin Emcke hat das in ihrem lesenswerten Buch *Gegen den Hass* auf den Punkt gebracht: „Dem Hass begegnen lässt sich nur durch das, was dem Hassenden abgeht: genaues Beobachten, nicht nachlassendes Differenzieren und Selbstzweifel." (Emcke 2020: 18). Sowohl die eigene Arbeit mit Argumenten („Demokratische Argumentatorik") und die abwehrenden Argumentationen („Argumentatorik gegen Extremismus") müssen in diesem Sinne funktionieren. Im Folgenden werde ich sowohl auf demokratische als auch auf extremistische Rhetorik (**Teil II**) näher eingehen.

3. Demokratische Argumentatorik

3.1. Argumentatorik – eine notwendige Vorbemerkung

„Argumentatorik" oder besser die Frage, wie wir überzeugend argumentieren können, hat eine lange wissenschaftliche und praktische Geschichte, die hier nicht wiedergegeben werden soll.[42]

Entscheidend ist, dass Argumentatorik nicht nur „**Wahrheit**" beansprucht, sondern auch **Wirkung** erzielen muss.

Bevor wir uns in die Tiefen und Untiefen der Argumentatorik begeben, muss ich noch eine Unterscheidung ansprechen, die hilfreich dafür ist, den Aufbau der folgenden Abschnitte nachvollziehen zu können.

Wissenschaftsgeschichtlich war zunächst die Argumentatorik ein Spielfeld der Logik. Hier wurde also in erster Linie geprüft, welche logischen Behauptungen und Schlüsse zulässig sind und wie politische Behauptungen oder Aussagen nachvollziehbar begründet werden können.

In den 1970er Jahren aber kam ein weiterer Aspekt zur „Logik" hinzu, der in der Regel als „Pragmatik" bezeichnet wird und der im Kern nicht mehr nur die Wahrheit einer Aussage, sondern auch die Kommunizierenden und den Kontext mit in den Blick nimmt.

---

[42] Wer sich für diese Geschichte begeistern kann, findet einen Einstieg bei Ueding/Steinbrink 2011 und Burkhardt 2020.

Für die politische Rhetorik sind beide Zweige der Argumentatorik (Logik und Pragmatik) relevant. Um verständlich zu machen, was den Unterschied ausmacht, gebe ich ein Beispiel.[43]

An einem Restaurant ist ein Schild angebracht, auf dem „Montags geschlossen" steht. In strenger logischer Argumentation könnte aus dem Schild für andere Wochentage nichts geschlossen werden. Es wäre demnach ein logischer Fehlschluss zu sagen, dass das Restaurant dienstags bis sonntags geöffnet ist.

Allerdings können Erfahrungswerte in der Stadt eine Argumentation dennoch nachvollziehbar machen:

Behauptung: Restaurant A hat Dienstag bis Sonntag geöffnet.

Annahme 1: Es ist sinnvoll/üblich, alle Schließtage auszuhängen.

Annahme 2: Das Restaurant hat „montags geschlossen" ausgehängt.

Schlussfolgerung: Restaurant A sagt aber nur „Montags geschlossen", also ist es an allen weiteren Wochentagen geöffnet.

In diesem Fall gibt es also keine Regel, Gesetz oder Verordnung, die einen zwingenden **logischen** Schluss ermöglichen würde. Zugleich wissen aber vermutlich die allermeisten Menschen, dass sie sich dienstags bis sonntags auf ein Essen in diesem Restaurant freuen dürfen. Dies ist also eine Frage der **Pragmatik** (und Erfahrung) im engeren Sinn.

Ein anderes Beispiel: Sie können sehr wohl eine ungemein logisch aufgebaute und engagierte politische Rede halten. Sie kann dennoch im Rahmen einer Hochzeitsfeier wenig überzeugend wirken.

---

[43]   Ich entnehme dieses Beispiel dem Band von Mukerji (Mukerji 2017).

Für Argumentationen und politische Rhetorik sind daher immer beide Aspekte relevant: Logik und Pragmatik. Logik erzeugt, dass der Geltungsanspruch auf Wahrheit erfüllt werden kann. Pragmatik fragt nach einer möglichst großen Wirkung, unterstreicht also die Geltungsansprüche von Richtigkeit, Wahrhaftigkeit und Verständlichkeit.

Für diesen eher an und aus der theoriegeleiteten Praxis entwickelte Buch kann und will ich nicht den kompletten Schatz der Logik und Pragmatik darstellen. Das würde den Rahmen deutlich sprengen.[44]

Wir nutzen nur einige Grundlagen, die dabei helfen, selbst gelingend argumentieren, aber auch Extremismen erkennen und entgegentreten zu können.

3.2. Wie ist die Wirkung? Heuristiken als Wirkungsfilter

Wenn wir auf Lehrbücher der Rhetorik sehen, so finden wir dort zumeist Ansätze, die das Reden der Person in den Mittelpunkt stellen und nach „Richtig-falsch-Schemata" einordnen. Das gilt im Übrigen für die Logik wie die Pragmatik.

Ich halte diesen Ansatz für nachvollziehbar, aber letztendlich auch für zu kurz gegriffen: Wenn ich nicht über richtig oder falsch, sondern über spezifische Wirkungen spreche, so rückt die Interaktion mit der Umwelt („Publikum") ins Scheinwerferlicht. Wir fragen dann nämlich nicht: „Wie muss der/die Redner:in ticken?", sondern: „Wie wirkt etwas auf Menschen?" Das ist die Frage von **Arbeitsbündnissen zwischen Redenden und Rezipient:innen**, die aus der jeweiligen Perspektive unterschiedlich aussehen.

---

[44] Wer sich ebenso verständlich, wie vergnüglich und fundiert weiter in diese Thematik einlesen will, kann sich zum Beispiel das hervorragende Buch von Nikil Mukerji zu Gemüte führen (Mukerji 2017).

Das ist in erster Linie eine situative Fragestellung: Wie wirkt eine redende Person in einer spezifischen Situation auf Zuhörer:innen oder bestimmte Gruppen von Zuhörer:innen (aber auch auf sich selbst)?

Es handelt sich also um eine deutlich komplexere Fragestellung, die zudem deutlich herausfordernder zu messen ist. Soweit mir bekannt ist, gibt es mit dieser Grundüberlegung bislang eher wenige wissenschaftliche Erkenntnisse. Eine empirische Wirkungsforschung können wir insoweit nur eingeschränkt heranziehen.[45]

Eine Ausnahme bildet Hans-Rainer Beck, der in seiner Dissertation politische Reden als Interaktionsgefüge konzipiert und es empirisch anhand von ausgewählten Reden Adolf Hitlers überprüft (Beck 2001). Allerdings trifft Becks Analysemodell kaum eine hier gemeinte Wirkungsforschung: Er überprüft (zwangsläufig) nur die äußere Reaktion des Publikums und schließt damit indirekt auf Wirkungen. Dabei konzentriert er sich auf rhetorische Mittel und ihre Wirkung. Sein Fokus liegt dabei (verständlicherweise) auf einem quantitativen Forschungsdesign. Zudem wäre erst noch zu prüfen, ob sich von faschistischen Wirkweisen auf demokratische Rhetorik schließen lässt.

Allerdings werden in der amerikanischen Forschung durchaus zwei Publikumskonzepte unterschieden (vgl. zusammenfassend Schild 2019: 488): Einerseits geht es dabei um das „aufgerufene Publikum" („invoked audience"). Dies ist das Publikum, das als intendierte Zielgruppe der redenden Person fungiert. Andererseits wird das tatsächlich angesprochene Publikum („audience adressed") betrachtet. Dies ist – gerade durch asynchrone Mediennutzung – deutlich schwieriger für Redende einzuschätzen, aber auch zu erforschen.

---

[45] Die eher übersichtliche Forschungslage kann man bei Schild 2019 ersehen. Im Bereich der Erzählforschung in der politischen Rede ist die Forschungslage etwas besser (vgl. Girnth/Burggraf 2019). Zusätzlich werden Aspekte bei Gruhn (2017) und Knape/Schick et al. (2001) bearbeitet. Gruhn (2017) erhebt allerdings qualitativ die Intentionalität von Redeschreiber:innen. Knape/Schick et. al. (2001) konzentrieren sich auf Managementrhetorik.

Schild leitet daraus einen Angebotscharakter der politischen Rede (vgl. Schild 2019: 495) her.

Josef Klein (Klein 2019) verweist in seiner Einführung *Politik und Rhetorik* zumindestens einschränkend darauf, dass die synchrone politische Rede um einer durch Medien vermittelten Demokratie nicht der wirkungsträchtige Teil politischer Kommunikation ist (vgl. Klein 2019: 5-38). Zweifellos führt das im Umkehrschluss dazu, dass selbstredaktionell erstellte Inhalte (Podcasts), Reden in Parteien und Kommunalparlamenten noch am nächsten an der ursprünglichen Redesituation beheimatet sind. Je indirekter die Einwirkung, desto eher sind es verkürzte Aussagen, die vielversprechend platziert werden können. Sollten hier also – mit Blick auf die Wirkung – besser Tipps für X („Twitter"), TikTok und Co. gegeben werden? Vielleicht, wenn wir auf Verbreitung und Likes sehen.

Wie dynamisch TikTok Wirkung zeigen kann und direkt in das (politische und alltägliche) Leben von Menschen eingreift, kann an dem Beispiel eines TikTok-Videos gezeigt werden, dass im August 2024 von einer Influencerin platziert wurde. Sie verbreitete in dem Video Anschuldigungen, dass in einer Freiburger KiTa organisierter sexueller Missbrauch stattfinde und die Behörden dies angeblich ignorierten. Obwohl sowohl die Polizei, die Stadt Freiburg und Tageszeitungen und eine Faktenchecker-Seite die Vorwürfe als haltlos gekennzeichnet hatten, verbreiteten sich die Vorwürfe weiter.[46] Mitarbeiter:innen der KiTa wurden bedroht und angegriffen, inklusive einer Morddrohung gegen die KiTa-Leitung. Die gleiche Influencerin hat laut

---

[46] Quellen: https://www.mimikama.org/anschuldigungen-missbrauch-freiburger-kitas/; https://www.freiburg.de/pb/2219194.html; https://www.swr.de/swraktuell/baden-wuerttemberg/suedbaden/missbrauchsvorwuerfe-gegen-freiburger-kita-auf-tiktok-100.html#:~:text=In%20einem%20Video%20im%20sozialen,Männer%20die%20Kinder%20wieder%20zurückbringen; https://m.facebook.com/story.php?id=100068796056431&story_fbid=806903054946222; Abrufdatum: 13.08.2024.

Badischer Zeitung auch die Freiburger Unikliniken bezichtigt, Unterlagen zu den Missbrauchsfällen zu vertuschen. Das Video war am Freitag, 09.08.2024, 17:00, bereits 570.000 Mal angesehen und auf Instagram mit mehr als 1.300 Likes und 340 Kommentaren versehen worden[47]. Mit etwas pessimistischen Realismus betrachtet können solche Beispiele leicht auch in Deutschland Vorboten einer überhitzten Debatte sein, in denen über die Sozialen Medien Emotionalisierungen für Aufmerksamkeit, Klickzahlen, Follower:innen und großes Geschäft auf der einen und auf der Kehrseite der Medaille Bedrohungen, Schäden und kaum einzufangende Gewaltszenarien stehen.

Paula Diehl hat zudem auf einen wichtigen Fakt hingewiesen: Rechts-populistische Inhalte haben medial einen höheren Wirkungsgrad, da sie eher an die Art, wie Nachrichten gemacht werden, andocken können:

Massenmedien	Populismus
Komplexitätsreduktion	Komplexitätsreduktion
Außergewöhnliches zuerst	Tabubruch und Skandal
Unmittelbarkeit des Geschehens	Unmittelbarkeitsgefühl (Volksmeinung)
Personalisierung von Inhalten	Personalisierung durch die Führungsfigur
Emotionalisierung	Emotionalisierung
Dramatisierung	Dramatisierung
Konfliktzuspitzung	Manichäische Struktur
Erzählstruktur	Narrativ des betrogenen Volkes

Abb. 7: Kommunikative Gemeinsamkeiten: Massenmedien & Populismus (Diehl 2024: 30)

Argumentatorik und demokratische Rhetorik können mit der entschleunigenden Art des Abwägens nur schwerlich etwas gegen diese Dynamiken setzen. Gute Argumente zu haben, ist zwar für die demokratische

---

[47] Quelle: Bericht der Badischen Zeitung: Carolin Buchheim und Manuel Fritsch, Gefährliche Lügen auf TikTok und Instagram verunsichern Kita-Eltern in Freiburg, Artikel vom 09. August 2024, 18:57, Quelle: https://www.badische-zeitung.de/gefaehrliche-luegen-auf-tiktok-und-instagram-verunsichern-kita-eltern-in-freiburg, Abrugdatum: 14.08.2024.

Auseinandersetzung, nicht aber für die Abwehr aufwiegelnder Dynamiken entscheidend.

Bei diesen Dynamiken und Verbreitungswegen wie beim Freiburger Beispiel ist denn auch eher der Rechtsstaat gefordert, der aber erst noch die Fähigkeit entwickeln muss, schnell und adäquat zu reagieren, aber auch Strafverfolgungen überhaupt so angehen zu können, dass Verbreiter:innen von Fake News auch tatsächlich befürchten müssen, zur Rechenschaft gezogen zu werden. Das gilt für die Ermittlung von Urheber:innen bis hin zum Einsatz von KI, um die schiere Datenmenge zu durchforsten, und gut ausgestattete und ausgebildete Ermittlungsbehörden.

Doch die Arbeit gegen etwas, ersetzt nicht das, wofür sie den gesellschaftlichen Raum erhalten und sichern soll. Und da kommt dann die demokratische Rhetorik und Argumentatorik (wieder) ins Spiel.

Auch wenn ich mich der Gefahr des Idealismus aussetze, halte ich also doch daran fest, dass wir die Wirkung bei Menschen in den Blick nehmen sollten, die sich die demokratische Mühe machen, abzuwägen und sich mit verschiedenen Meinungen und Optionen zu beschäftigen. Vielleicht ist es dann auch eher die Aufgabe, gesellschaftliche Versuche zu unternehmen, diese Ansätze zu stärken und wieder mehr Räume (in der Schule, an den Orten des Zusammenseins, in Vereinen und Verbänden etc.) zu schaffen, in denen das genauere Hinsehen geübt werden kann. Dann könnten mehr „Arbeitsbündnisse" entstehen, in denen demokratisch und solidarisch kommuniziert wird.

Lassen Sie uns das Arbeitsbündnis aus beiden Perspektiven einmal ansehen.

Sicht der Redenden: Jenseits des Forschungsstands können wir sicherlich festhalten, dass Wirkung zu erzielen viel komplexer ist als es einfache synchrone Sender:innen-Empfänger:innen-Modellen nahelegen (s. Abb. 8).

Redende konstruieren eine Vorstellung davon, für wen sie sprechen, wissen allerdings nur sehr lückenhaft, wie die realen Wirkungen sind. Erschwert wird dieser Umstand dadurch, dass Wirkungen sowohl synchron (gleichzeitige Wahrnehmung durch Hörende) als auch asynchron (redaktionelle Medien und Social Media) funktionieren. Die Auswahl an Personen, die erreicht werden (kann) ist nicht zu kontrollieren. Wirkungen werden zudem (zum Teil: stark) voneinander abweichen. Soweit ist das unübersichtliche Arbeitsbündnis aus Sicht der redenden Personen. Doch wie sieht es aus Sicht von Rezipient:innen aus?

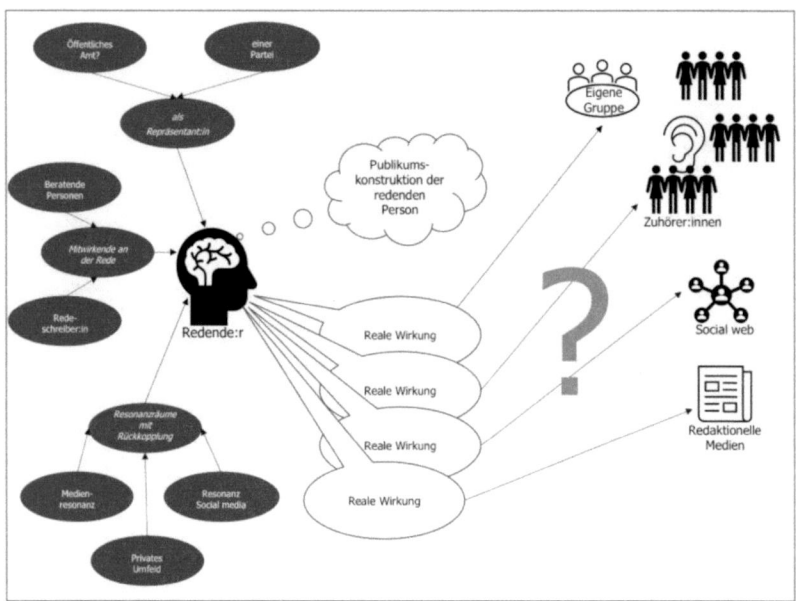

Abb. 8: Komplexe Wirkweisen politischer Rhetorik

Sicht der Rezipient:innen: Auf eine Wirkungsforschung der Rhetorik können wir auch aus dieser Perspektive gegenwärtig nicht setzen. Allerdings können wir auf Erkenntnisse der Psychologie, Pragmatik, Medizin und der Entscheidungs- und Kognitionsforschung zurückgreifen. Diese

Anknüpfungspunkte werden wir daher jeweils an den entsprechenden Stellen einflechten.

Übergreifend geht es mir hier um eine vernachlässigte, aber doch so zentrale Frage: **Wie entscheiden Menschen eigentlich, ob sie einer politisch redenden Person Glauben schenken oder eben auch nicht?**

Meine These ist, dass die Logik dafür eine untergeordnete Rolle spielt. Wieso das? Es mag zu unserem aufgeklärten Weltbild zählen, dass Menschen nur politischen Positionen zustimmen, die wir zweifelsfrei bewiesen haben. Wünschenswert ist das im Sinne autonomen Denkens.

Doch seien wir ehrlich: Wer von uns hat die Zeit, politische Argumentationen tatsächlich zu überprüfen, Argumente und Gegenargumente abzuwägen und dann abzulehnen oder zuzustimmen? In der Regel treffen wir Entscheidungen, auch bei nicht vertrauten Themen schneller und intuitiver, schon weil wir es in vielen Lebenssituationen müssen.

Genau diese Formen schnellen Entscheidens hängen mit zwei Faktoren zusammen: Der Unterscheidung von Wirkungsebenen und mit ihr der Wirkung „analoger" und „digitaler Kommunikation" (Watzlawick) einerseits und dem Einsatz von „Heuristiken" andererseits.

Zunächst einmal hängt die Wirkung von Reden weniger stark von Inhalten, denn von optischer Rhetorik und Stimme ab. Bei beiden handelt es sich um analoge Kommunikationsangebote, also Angebote, die unmittelbar wirken und nicht über abiträre Zeichen codiert werden. Wenn wir Wirkungen erzielen wollen, müssen wir diese eher unbewusst wirkenden Faktoren reflektiert nutzen.

Die Abbildung 9 zeigt die drei Wirkungsebenen an und auch, wie ihre Wirkung gezielter bearbeitet werden kann.

WIE VERSTÄRKE ICH MEINE WIRKUNG IN DER KOMMUNIKATION

Optik/Körpersprache	Atmung und Stimme	Inhalt
Optik: Drei Telegene Gebote (Frink): • Passform • Brainscripte in der Farbhierarchie • Konsequenz	**Atmung:** • Elastische Atmung • Gute Ruhe-Atmung (Kosto-Abdominal-Atmung) • Gezielter Übergang zur Stimmatmung	**Argumentativ:** • Nachvollziehbare Forderung • Bezug zu einer stimmigen Argumentationslandkarte
Körper: • Elastische Körperhaltung, ohne Verspannungen. • Aktiviert für An- und Entspannung	**Stimme:** • gut tönende Stimme (Stimmbänder & Resonanzräume). • Geeignete Stimmhöhe als Ausgangsbasis	**Strategie:** • einleuchtender dramaturgischer Aufbau. • Setting ist klar und zielgruppenorientiert. • Wirkungsweg ist geklärt.
Körpersprache: • Offene, expansive, aber nicht-aggressive Körperhaltung • Klare Regieanweisung von „sendend" und „hörend". • Passende Nähe-Distanz-Gestaltung; Raum geben und Raum einnehmen.	**Stimmbewegung/-modulation durch** • wechselnde Geschwindigkeiten. • wechselnde Stimmhöhe • wechselnde Lautstärke • wechselnde Artikulationsintensität in stimmiger, Stimmung gebender Kombination.	**Sprache:** • orientiert sich an Verständlichkeit. • ist Zielgruppe und Setting angemessen. • nutzt Assoziation und abstrakte Sprache

Abb. 9: Wirkungsebenen in der Kommunikation

Den Faktor der Wirkungsebenen werden in weiteren Kapiteln bearbeitet: Die Körpersprache, Atmung und Stimme im Teil **V** und die optische Rhetorik im Gastbeitrag von Silke Frink (Teil **VI**).

Auch Wirkungen von Reden beruhen auf Heuristiken. Wirkungen werden nämlich in der Regel nicht so sehr über die Logik einer politischen Argumentation erzielt, sondern unterliegen nicht selten einfachen Faustregeln, die Menschen für politische Entscheidungen nutzen.

Solche „Faustregeln" bzw. „Heuristiken" wurden in Deutschland von Gerd Gigerenzer wissenschaftlich (Gigerenzer 2008; Gigerenzer 2013; Gigerenzer 2022) untersucht.

Um zu verstehen, wie wir mit Heuristiken denken und handeln, verwendet er ein einleuchtendes Beispiel:

„Gibt es eine einfache Faustregel, mit deren Hilfe Spieler Bälle fangen? Experimente haben gezeigt, dass erfahrene Spieler sogar mehrere Faustregeln benutzen. Eine von ihnen ist die Blickheuristik, die zur Anwendung kommt, wenn der Ball bereits hoch in der Luft ist: *Fixiere den Ball, beginne zu laufen, und passe deine Laufgeschwindigkeit so an, dass der Blickwinkel konstant bleibt.* Der Blickwinkel ist der Winkel einer gedachten Achse zwischen Auge und Ball relativ zum Erdboden. Ein Spieler, der diese Regel anwendet, muss weder Wind, Luftwiderstand, Drall oder die anderen Variablen messen. Alles, was er wissen muss, ist in einer einzigen Größe enthalten: dem Blickwinkel." (Gigerenzer 2008: 19)

Die Blickheuristik führt also dazu, dass wir uns schnell und in der Regel zuverlässig orientieren und handeln können.

Ob wir eine Heuristik (statt eines wissenschaftlichen oder logischen Nachweises) erfolgreich oder nicht verwenden, lässt sich in der Praxis überprüfen. Im Fall des Balls daran, ob wir ihn fangen, verpassen oder gegen den Kopf bekommen.

Heuristiken beziehen sich aber auch auf zwischenmenschliche Erfahrungen und Kommunikation (vgl. dazu auch Gigerenzer 2008: 103-113) und Politik (Gigerenzer 2022).

Das gilt dann auch für die politische Rhetorik[48]: Als Menschen sind wir darauf getrimmt, nicht so sehr logisch zu prüfen, sondern anhand einfacher Heuristiken schnelle Entscheidungen zu treffen.[49] Das betrifft auch politische Redner:innen. Auch sie müssen sich darauf verlassen, dass Menschen über Heuristiken ihnen Glauben schenken. Denn: Für Menschen wäre es eine

---

[48] Vgl. dazu auch die jüngere Forschung. Ein Überblick gibt Taylan Yildiz (Yildiz 2022a) sowie der Sammelband von Korte/Yildiz/Scobel 2022 und dort insbesondere der Beitrag von Baecker (Baecker 2022).

[49] Sophie Schönberger kritisiert in diesem Zusammenhang (allerdings ohne Heuristiken zu meinen) Jürgen Habermas, weil er der Rationalität eine zu große, Emotionalität aber eine zu kleine Rolle einräume (Schönberger 2023: 123f.). Ich folge ihr insoweit, was die Diskursethik in der Praxis angeht. Dennoch halte ich es für notwendig, die Räume zu stärken, in denen Diskurse geführt werden können und dies als normative Kern demokratischen Redens festzuhalten. Habermas ist zudem explizit auf Emotionen einerseits als auch auf die irrige Vorstellung eingegangen, dass es sich lediglich um „harmonische" Konsense handele (vgl. Habermas 2022: 79-81).

vollständige Überforderung als Demokrat:innen, wollten sie jede Argumentation auf Stichhaltigkeit und logische Stringenz überprüfen und ihr erst dann zustimmen.

Zwei Unterschiede gibt es zwischen Blickheuristik und zwischenmenschlichen Heuristiken allerdings: Der Ball gehorcht der Physik, Menschen können ihr Verhalten ohne Weiteres ändern. Der zweite Grund: Wir können im zwischenmenschlichen Bereich mehr oder weniger erfolgreich zwischen unterschiedlichen Heuristiken wählen. Insofern sind die Heuristiken anfälliger für Fehler.

Ich gehe dabei davon aus, dass Menschen als Hörer:innen politischer Reden unterschiedliche Heuristiken/Faustregeln verwenden, durch die sie Zustimmung oder Ablehnung bei politischen Reden generieren.[50] Ich unterscheide dabei zunächst fünf unterschiedliche Heuristiken.[51]

---

[50] Yildiz (Yildiz 2022: 230) unterscheidet zwischen drei politischen Heuristiken: Nachahmungs-, Korrektions- und Abwanderungsheuristik. Nachahmung beruhe auf Vertrauen (Leitsatz: „Vertraue, folge den Vorgaben"), Korrektion auf Skepsis (Leitsatz: „Befrage, finde die Inkonsistenzen") und Abwanderung auf Gegenwehr (Leitsatz: „Misstraue, tue das Gegenteil"). Ich halte diese Rubrizierung für hilfreich, wenn es um das politische Entscheiden geht. Dennoch wähle ich hier praxisorientierte andere Heuristiken, die sich situativ an den Hörer:innen politischer Reden orientieren.

[51] Diese Heuristiken sind nicht wissenschaftlich validiert, sondern ergeben sich aus der Praxis meiner Trainings, in der wir als Trainer:innen immer wieder die Wirkungsfrage an die Zuhörer:innen stellen. Aus meiner Sicht liegt hier ein noch zu beackerndes Forschungsfeld. Auch der von Korte/Yildiz/Scobel 2022 herausgegebene Band bezieht sich weniger auf Entscheidungsfindung von Zuhörer:innen im politischen Diskurs, denn auf Politiker:innen, die selbst Entscheidungen treffen. Gerade bei Korte (Korte 2022b) kann man erkennen, dass Entscheidungsheuristiken für Menschen mit den den jeweiligen Personen zugänglichen Informationsressourcen und Erfahrungspraktiken zusammenhängen. So stellen sich für politische Entscheider:innen sach-, vermittlungs- und durchsetzungsrationale Fragen (Korte 2022b: 303). Dies lässt sich auf alle Bürger:innen allerdings kaum sinnvoll übertragen.

Heuristik 1: 3-Punkt-Check

„Wenn die politisch redende Person (1) adäquat im äußeren Auftreten ist (2) erprobte Redemuster verwendet und (3) mindestens einen Satz sagt, dem ich zustimme, ist sie (vermutlich) kompetent und der Position kann ich zustimmen."

Für diese Heuristik ist also eine angemessene Kleidung und Setting, passende Markersätze sowie ein bekanntes Argumentationsmodell entscheidend. Im Kern handelt es sich um eine Kompetenz-Zuschreibung anhand von Kriterien.

Heuristik 2: Verhaltens-Kongruenz-Unterstellung

„Wenn die politisch redende Person freundlich und wertschätzend gegenüber dem Publikum auftritt, wird auch die Politik, die die Person macht menschenfreundlich und mir wohlgesonnen sein."

Diese Heuristik konzentriert sich auf den Beziehungsaspekt – überprüfen also den Geltungsanspruch auf „Wahrhaftigkeit" und „richtiges Verhalten". Hier spielen also Beziehungsaspekte und emotionale Faktoren eine Rolle, die sich viel eher im konsistenten Verhalten (Zugewandheit vor und nach der Rede; positive Bezüge herstellen; Zuhörer:innen und ihre Interessen wertschätzen) manifestieren lassen.

Heuristik 3: Pars-pro-toto-Logik

„Wenn die politisch redende Person eine Zahl statistisch nachweist, werden auch die anderen Behauptungen wissenschaftlich zutreffend sein."

Diese Heuristik verkürzt die Überprüfung des Sachaspekts. Sie kann bedient werden, in dem exemplarisch nachvollziehbar und „sauber" Zahlen, Daten und Fakten erklärt werden.

Heuristik 4: Die Peer-group-Heuristik

„Wenn Person X der politisch redenden Person zustimmt und ich mit der Person X (gewöhnlich) übereinstimme, ist auch der politisch redenden Person zuzustimmen."

Diese Heuristik orientiert sich auf die Frage, ob die redende Person in der eigenen Gruppe anerkannt ist. Die Peer-Group-Heuristik arbeitet im Kern mit einer Vergemeinschaftungsstrategie, die auch von Extremist:innen, aber auch von politischen Parteien allgemein genutzt wird (vgl. dazu auch **Teil II**).

Rhetorisch ist diese Heuristik schwer anzusprechen oder zu durchbrechen. Ggf. sind dazu Settings notwendig, in denen Menschen aus der Peer-group als Türöffner:innen für die redende Person fungieren können. Zugleich hat die Bedeutung fester Peergroups (wie etwa Parteien) abgenommen, was nicht nur die demokratische Meinungsbildung erschwert, sondern auch populistische Gefahren im Schepptau hat.

Heuristik 5: Die Wir-und-Andere-Heuristik

„Wenn Person in Merkmal X, V und Z mit mir übereinstimmt, wird sie wohl auch Interessen vertreten, die ich habe."

Diese Heuristik orientiert sich daran, dass ein Vergleich zur eigenen Person gezogen wird. Diese Gemeinsamkeiten können reflektiert angesprochen werden, bergen aber auch immer die Gefahr, exklusive Gruppen zu bilden. Im Kern wird diese Heuristik über eine passende Ansprache, aber auch über gelungenes Storytelling angesprochen.

Welche Heuristik ein Mensch zur Grundlage wählt, richtet sich vermutlich nach erlernten Mustern und eigenen Präferenzen. Im Übrigen wird dem Denkansatz von Heuristiken selbst auch in zweierlei Hinsicht kritisch gesehen:

1. Könnte es nicht einen Algorhithmus geben, der Entscheidungen in meinem Sinne vorschlägt?
2. Sind Logik und Beweise nicht sicherer als Heuristiken?

Ad. 1: Natürlich könnte es einen Algorhithmus geben, der entsprechende Vorhersagen trifft. Hier bin ich skeptisch. Gigerenzer kann belegen, dass Algorhithmen dann gute Ergebnisse erzielen, wenn sie in sicheren Umwelten angewandt werden, wenn also Risiken stabil berechnet werden können. In politischen Zusammenhängen haben wir es aber nicht mit berechenbaren Risiken, sondern mit Ungewissheiten zu tun. Hier sind – so Gigerenzer – Heuristiken regelmäßig erfolgreicher (vgl. Gigerenzer 2022).

Ad. 2: Logik und Beweise sind natürlich wünschenswert. Politische Entscheidungen auf eine sinnvolle und überprüfbare Argumentation aufzubauen ist erstrebenswert, aber nur schwer durchgängig im politischen Diskurs realisierbar. Vor allem wird den meisten Hörer:innen Zeit und in manchen Fällen auch Fachwissen im Einzelnen fehlen, alle Argumentationen zu überprüfen. Ich halte es daher aus Sicht der Praxis für problematisch, Demokratie rational zu überdehnen und als alleinigen Königsweg zu stilisieren.

Nun könnte man aus der Wirkung von Heuristiken schließen, dass sich die Mühen einer demokratischen Argumentatorik, die die gesellschaftliche Deliberation ermöglichen soll, nicht lohne. Tatsächlich werden solche Modelle auch diskutiert. So leiten „pluralistische und expertokratische" Demokratiemodelle durchaus in diese Richtung (vgl. stellvertretend Willke 2022: 342-364) und behaupten einen praktischen Nutzen[52]. So vertritt etwa Willke die Aufassung, dass durch Wahlen alle in der Bevölkerung und auch plurale Lebensweisen ausreichend repräsentiert seien. Die Mühen des demokratischen Abwägens könne dann den Expert:innen überlassen werden. Zweifelsohne bezieht sich Willke damit auf vorhandene Probleme: Wie kann bei

---

[52]   Vgl. zur Kritik aus Sicht deliberativer Demokratiemodelle Habermas 2022: 104-109.

Zeitknappheit und Komplexitätsgrad politischer Entscheidungen noch adäquat entschieden werden?

So berechtigt diese kritische Frage auch ist, sollte aus meiner Sicht doch nicht übergangen werden, dass auch Expert:innen ebenso der Unschärfe des Entscheidens (zwischen Heuristiken und Logik) unterliegen. Komplexe Entscheidungen brauchen gerade Deliberation, um die unterschiedlichen Aspekte und Wirkungen von Entscheidungen einzubeziehen.

Insofern kommen wir nicht umhin: Für Einzelne wird die komplexe Aufgabe immer darin bestehen, Entscheidungen anhand von Heuristiken zu treffen, aber auch argumentative Tiefenbohrungen zu machen, um sich rational abzusichern.

Die Heuristiken zeigen aber auch, dass der/die gleiche Redner:in in einer Redesituation sehr unterschiedlichen Heuristiken ausgesetzt wird. Eine für möglichst viele Menschen wirksame Rhetorik muss daher daraufsetzen, unterschiedliche Heuristiken zu kennen und sie zu bedienen.

Wir werden die Frage, wie das gelingen kann, in unterschiedlichen Kapiteln aufgreifen, so in der Argumentatorik, der Körpersprache, der Kleidung, der Diskurse und des Storytellings.

Im Übrigen wird der Mix der Heuristiken, die sie in Redesituationen vermuten, jeweils unterschiedlich sein: Wenn Sie bei einer Betriebsversammlung mit hohem gewerkschaftlichen Organisationsgrad der Beschäftigten reden, können Sie unterstellen, dass die Peer-Group-Heuristik stärker vertreten ist. Wenn Sie in einer Ratssitzung als Fachpolitiker:in sprechen, werden die Heuristiken 2 und 3 für die Ratsmitglieder und die Heuristik 1 in Richtung der Bürger:innen stärker gewichtet sein.

☞ Überlegen Sie, welche Heuristiken Sie in spezifischen Situationen glaubhaft ansprechen können und bereiten Sie sich entsprechend vor.

3.3. Pragmatische Aspekte – Wirkungsvolle Rahmen setzen

Ein altehrwürdiges Barock-Gemälde beißt sich mit einem Rahmen in stahlgebürsteter Modernität – Beuys verlöre sich im barocken Schnörkel. Erst durch den Rahmen und den Kontext entfalten Kunstwerke ihre spezifische Wirkung.

Was für die Kunst gilt, gilt auch für die Redekunst: Rahmung und Kontext wirken bevor das erste Wort gesprochen und die Reise der Argumentatorik begonnen wird.

Die Rahmung von politisch wirksamen Reden bzw. Argumentationen hängt dabei von mindestens vier Erfolgsfaktoren ab: Wirkungspräferenzen, Rollen, Settings und Bühnen.

3.3.1. Wirkungspräferenzen

Es geht nicht um Wahrheiten, sondern um Wirkungen. Wirkungen sind dabei intersubjektiv, geschehen also zwischen den Menschen. Sie werden von beiden Seiten kreiert, häufig übereinstimmend, manches Mal auch nicht. Gelingende Wirkungen sorgen für Vergemeinschaftung ("Kommunikation"), abweichende Wirkungen für Verwirrung, Verärgerung oder Missverständnisse.

Ein Beispiel: Ein:e Redner:in glaubt extrem witzig zu wirken. Die Person könnte sich über sich selbst schlapp lachen, eine Pointe jagt die nächste, ungeahnte Vielfalt humoresker Delikatessen ergießen sich über das beglückte Publikum. Das Gegenüber denkt nur: „Peinlich, peinlich. Soll das etwa witzig sein? Die Rede ist tatsächlich ein Witz! Leider ein schlechter!" Intendierte und erzielte Wirkung fallen auseinander – Vergemeinschaftung misslingt.

Gehen wir einen Schritt weiter: Menschen streben in der Regel Wirkungen an, mit denen sie schon zuvor Erfolg gehabt haben oder die sie erzielen können, ohne ihre Comfortzone verlassen zu müssen. Redner:innen haben in der Regel also Wirkungspräferenzen.

Wirkungspräferenzen werden bei vielen eher durch „Trial and Error" entstehen. Dagegen ist zunächst auch nichts einzuwenden. Dennoch macht es Sinn, sich die Frage zu stellen: „Wie will ich eigentlich als Politiker:in wirken?"

Bin ich eher daran interessiert als Politiker:in vermittelnd, kämpferisch, pointiert, sachorientiert, bürger:innennah, abwägend, scharfsinnig/ redegewandt etc. zu wirken?

Natürlich sind wir flexibel, unterschiedliche Wirkungspräferenzen zu nutzen. Dennoch gibt es sicherlich für jeden Menschen Wirkungen, die leichter oder schwerer zu erzielen sind und die sie gern (oder eben auch nicht) mit sich verbunden sehen wollen.

Im Übrigen tun Sie gut daran, nicht nur auf die eigenen Präferenzen zu achten, sondern auch diejenigen, die sie erreichen wollen, im Blick zu behalten: Welche Wirkungen erzielen Sie und welche Wirkungen gefallen anderen Menschen an Ihnen? Erzielen Sie vielleicht regelmäßig positive Wirkungen, ohne sie zu bemerken?

- ☞ Beschäftigen Sie sich explizit mit Ihren Wirkungspräferenzen. Greifen Sie dabei Feedback von sich und anderen auf.

⚒ Arbeitshilfe 1: Von den Wirkungspräferenzen zur Rolle (**X.3.1.**)

3.3.2. Rollen

Wenn regelmäßig ein in sich stimmiges Setting aus Wirkungspräferenzen gewählt wird, entwickeln sich daraus Rollen (z. B. Vermittler:in, Scharfmacher:in, Bühnenprofi, Verhandler:in, werteorientierte:r

Analyteriker:in, Ruhepol, energiegeladene:r Kämpfer:in etc.). Rollen sind dabei sowohl Personen zugeschrieben als auch selbst angenommen bzw. ausgefüllt.[53]

Rollen entstehen erfahrungsgemäß automatisch, denn Menschen strukturieren ihre Realitäten mit ihnen. Das dient unter anderem der Komplexitätsreduktion. Die Erwartungen an Sie als Politiker:in an Ihre Rollen und Verhaltensweisen ähneln sich mit der Zeit. Sie können dadurch professionell und mit Routine reagieren.

Noch einen weiteren wichtigen Vorteil bieten Rollen: Sie unterstützen, dass wir Vertrauen entwickeln können. Vertrauen entsteht in der Regel dann, wenn für uns das Verhalten anderer als konsistent und einschätzbar gesehen werden kann. Im Übrigen gilt das nicht nur dann, wenn wir die Rolle angenehm empfinden. Ein Beispiel: In der Schule hatte ich einen Mitschüler, mit dem ich mich regelmäßig politisch gestritten habe und auch ansonsten zumeist über Kreuz lag. Bei der Abiturfeier haben wir wechselseitig festgestellt: „Schön, dass wir uns auf einander verlassen konnten." Tatsächlich schätze ich diesen ehemaligen Mitschüler ausgesprochen und habe großen Respekt. Er hatte für mich den politischen Gegenpol übernommen (und vermutlich auch umgekehrt).

Rollen haben in der Regel eine höhere Halbwertzeit: Sie werden stärker, je länger sie als Angebot und Erwartung wiederholt werden.

---

[53] Neben dem Begriff der „Rolle" wird in der Rhetorikforschung auch über Marken und Marketing von Personen gesprochen (vgl. mit entsprechenden weiterführenden Literaturangaben Kegel 2019: 510-513). Dies ist zweifelsohne ein verwandter, aber auch weiterführender Aspekt. Das politische Marketing spare ich allerdings hier aus.

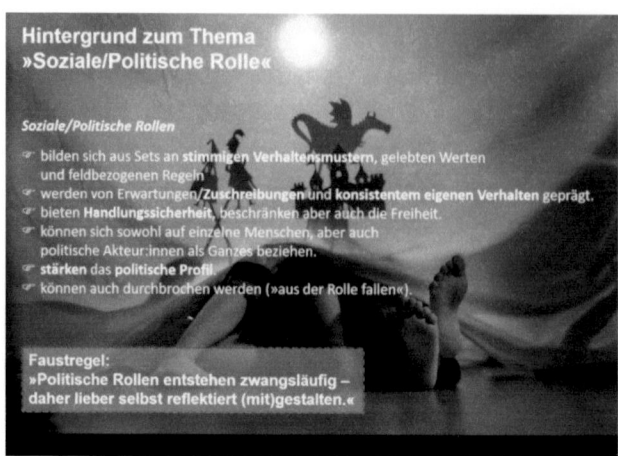

Abb. 10: Soziale und politische Rollen

Rollen bedeuten zudem Profilierung – Profilierung brauchen Sie, um Ihre Wirksamkeit zu erhöhen. Insofern sind Rollen zunächst ein wichtiger politischer Faktor.

Bei der obigen Darstellung geht es mir um einen wichtigen Begriff: Den der Rollenpassung. Nur wenn Rollenzuschreibung, Set an Verhaltensweisen und Kern-Themen der Zeit stimmig sind, wird auch eine erfolgreiche Profilbildung und politische Wirksamkeit erzeugt werden.

Wie das mit der Rollenbildung funktioniert, kann man an vier in der bundesdeutschen Geschichte bekannten Politiker:innen demonstrieren (s. Abbildung 10 und 11). Bei den sehr gegensätzlichen politischen Profilen von Willy Brandt und Helmut Schmidt lässt sich das besonders gut verdeutlichen.

Beide haben Kern-Themen der Zeit aufgegriffen und repräsentiert. Sie konnten auch deswegen zu „profilierten" Politikern werden.

Foto: shutterstock

Abb. 11: Zwei Beispiele für Rollenzuschreibungen

Willy Brandt war und ist für viele mit Rollenzuschreibungen wie Visionär, Weltbürger, Versöhner, Hoffnungträger für eine neue (demokratische) Zeit verbunden. Seine Reden hatten vielfach literarische Qualität, die Sprache war ruhig, intensiv und durch Denkpausen geprägt. Viele seiner Reden waren mit ethischer Argumentationstendenz durchzogen (vgl. dazu **I.6.**).

Er trat zu einer Zeit an, als gesellschaftlich-kultureller Aufbruch und demokratische Beteiligung in der Luft lagen. Mit den wesentlichen Bestandteilen seiner Politik (kulturelle Öffnung, Ausbau des Sozialstaats, Entspannungspolitik und internationale Zusammenarbeit, Ausbau des öffentlichen Sektors, Demokratisierung) hatte er passende Inhalte. In der Summe heißt das: Rollenzuschreibungen, Set an Verhaltensweisen (auch rhetorisch!) und Kern-Themen der Zeit wiesen eine große Passung auf.

Helmut Schmidt repräsentierte ein anderes Profil: Vielen galt er als Staatsmann und als exzellenter Krisenmanager. Diese Rollenzuschreibung war sicherlich schon dadurch zu Stande gekommen, dass er als Hamburger Innensenator die große Sturmflut 1962 managte. In seiner Zeit als Bundeskanzler waren dann auch mehrere Krisen Kern-Themen: Die Ölkrise, der heiße Herbst der RAF, eine Wirtschaftskrise und der fortgesetzte Kalte Krieg. Auch sein Set an Verhaltensweisen war entsprechend: Analytisch brillante, aber auch zugespitzte Reden, klare und kurze Statements („keine Sabbelei"), kühler und norddeutscher Gestus. Viele seiner Reden waren mit rationaler Argumentationstendenz durchzogen (vgl. dazu **Teil I.6**).

Beide – Brandt und Schmidt – hatten eine hohe Glaubwürdigkeit und Rollenpassung.

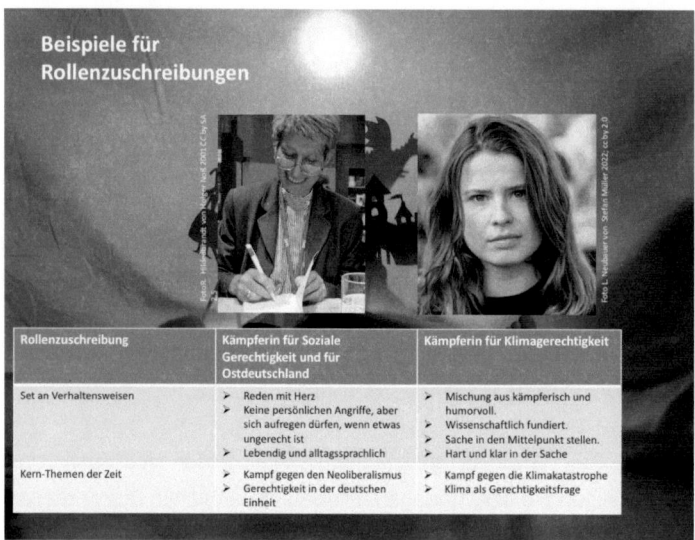

Abb. 12: Zwei weitere Beispiele für Rollenzuschreibungen

Regine Hildebrandt war und ist für viele mit Rollenzuschreibungen wie Kämpferin für soziale Gerechtigkeit, Kämpferin für Ostdeutschland verbunden. Ihre Reden waren von einer klaren Sprache und Haltung, von Herz und

Gewissen, Alltagssprache und Dialekt geprägt. Mit Berliner Schnauze konnte sich Hildebrandt in Rage reden.[54]

Regine Hildebrandt war in ihrer Zeit ein ostdeutscher Gegenpol zur westlich geprägten Bonner Politik. Sie gab vielen Menschen eine Stimme, die sich entweder aufgrund neoliberaler Politik der schwarz-gelben Bundesregierung zurückgesetzt oder die sich als Ostdeutsche als Bürger:innen zweiter Klasse fühlten.

Luisa Neubauer ist für viele in Deutschland das Gesicht der Klimabewegung „Fridays for Future". Ihre Reden sind durch ruhige Eindringlichkeit und klare Argumentation geprägt. Sie steht damit Modell für eine Klimabewegung, die selbst nicht aggressiv, aber kämpferisch, wissenschaftlich und rhetorisch klar argumentiert. Luisa Neubauer reichert diese Rolle mit einem feinen Humor an, der sich auch gegen die Gepflogenheiten und Verhaltensweisen der Industrie richtet.[55] Sie bildet damit einen Gegenpol zum politischen Tagesbetrieb der Berliner Republik. Zu dieser Rolle gehört auch, selbst nicht parteipolitisch oder parlamentarisch aktiv zu sein, sondern (in der Tradition der außerparlamentarischen Opposition) Druck auf die Politik ausüben zu wollen.

Luisa Neubauer agiert in einer Zeit, in der die Klimakatastrophe ein drängendes politisches Thema wird und zugleich der Zweifel vieler ist, ob sich die Aushandlungs- und Einigungsprozesse der parlamentarischen Arbeit schnell und konsequent genug der Probleme annehmen werden.

Bei allen vier Personen kann man davon ausgehen, dass sie sich nicht vorgenommen haben, eine oder diese Rolle zu übernehmen oder sie anzustreben. Alle vier stehen eher für den Wunsch, politisch wirksam zu sein

---

[54] Ein gutes Beispiel findet sich in ihrer „Rede zur Lage der halben Nation" aus dem Jahr 1992, die bei YouTube zu sehen ist: https://youtu.be/csKy3KB8wlU?si=Uk2y5IaR0k4W6J5v; Abrufdatum: 29.09.2023.

[55] Ein Beispiel ist ihre Rede „Cut the Bullshit" auf der OMR Conference 2023, Quelle: https://youtu.be/3RRJSx7_sbA?si=cW3htHD01xs8RWL2; Abrufdatum: 29.09.2023.

und ihre jeweiligen Themen stark zu machen. Die Rolle wurde von Anderen zugeschrieben, immer wieder angefragt und nach und nach verfestigt.

Rollen sind zwar langfristiger zu denken, aber keineswegs für immer zementiert. Es kann eben auch passieren, dass jemand „aus der Rolle fällt" oder einen Rollenwechsel einleitet.

So hatte der Grünen-Politiker Joschka Fischer im Parlament zunächst seine Rolle als scharfzüngiger Oppositionspolitiker und Kämpfer, der pointiert und unterhaltsam die schwarz-gelbe Bundesregierung vor sich hertreiben konnte. Mit dem Regierungswechsel 1998 wurde er zum Außenminister und Vizekanzler. Damit verbunden war auch der Rollenwechsel hin zum abwägenden und staatsmännischen Politiker. Sowohl der Redegestus als auch die Formulierungen wechselten mit seiner Rolle. Manches Mal konnte man dann den Eindruck gewinnen, er trage die Last der deutschen Außenpolitik allein auf seinen Schultern.

Einige Risiken sind allerdings mit der Übernahme von Rollen auch verbunden. Rollenzuschreibungen wirken nämlich durchaus einschränkend. Das wird dann zum Problem, wenn eigene Rollenpräferenzen und Rollenerwartungen durch Andere nicht übereinstimmen oder eine neue Rolle (wie bei Joschka Fischer) übernommen wird.

Ihre Rolle(n) können Sie sich also nicht selbst wählen. Dennoch bilden sie sich nach und nach aus Wirkungspräferenzen und Rollenanfragen Rollenerwartungen heraus. Sie können sie also selbst durch eigenes Verhalten beeinflussen und (mit)gestalten. Nicht zuletzt müssen Sie ja nicht alle Rollenerwartungen erfüllen. Wenn Sie zum Beispiel redegewandt und klar sind und immer wieder als Scharfmacher:in gegen „politischer Gegner:innen" angefragt werden, können Sie diese Rolle ausfüllen wollen oder sie umgestalten in „Kämpfer:in für die Sache". Die Rollen mögen verwandt sein, sind aber nicht identisch. Sie unterscheiden sich in ihren Rollensettings und Verhaltensweisen.

Diese Rolle können Sie dann stärken, wenn Sie sie nachvollziehbar und verlässlich ausfüllen.

Insofern macht es Sinn, Rollenangebote, eigene Wirkungspräferenzen und konsistente Rollensettings für die eigene Person zu durchdenken. Zwar sind Rollen nicht in Stein gemeißelt. Sie sich nach und nach zu erarbeiten oder sie zu ändern bedeutet viel politische Arbeit.

- ☞ Nehmen Sie sich Zeit dafür, ihre Wirkungspräferenzen zu klären und zu prüfen, welche Rollen-Angebote Ihnen gemacht werden und welche davon Sie annehmen und stärken wollen.

🛠 **Arbeitshilfe 1**: AVon den Wirkungspräferenzen zur Rolle (**X.3.1.**)

3.4. Bühnen und Settings

Argumentatorik wird nicht allein bei politischen Statements und Reden gebraucht. Sie spielt unterschiedliche Rollen auf unterschiedlichen politischen Bühnen. So wird es bei einem Debattenformat (zum Beispiel die politischen Debatten-Sendungen wie Plasberg, Illner, Will und andere) der Anteil des Diskutierens notwendig gering sein. Es wird vielmehr um eine Mischung aus „Argumentieren" (in Richtung des Publikums) und „Debattieren" (in Richtung der Kontrahent:innen) gehen. In der Regel wird das sehr kurz und prägnant gefasst sein, da Debattenbeiträge ca. 30 Sekunden dauern dürfen.

Geht es um eine Veranstaltung mit einer Schulklasse werden die Tätigkeiten des „Diskutierens" („Was meinen Ihr/Ich/wir, wenn…") und des „Argumentierens" in der Regel weit überwiegend zu nutzen sein.

Für **Vorstellungsrunden** und **Redebeiträge**, bei denen Kandidat:innen für die eigene Politik und sich selbst werben wollen, ist das Argumentieren die wichtigste kommunikative Tätigkeit.

Im **Gespräch** mit Interessent:innen kommt eine Mischung von Argumentieren und Diskutieren in Frage.

Auch die Beschaffenheit der Bühnen bzw. die Raumgestaltung spielt eine erhebliche Rolle und korrespondiert im besten Fall mit der Veranstaltungsart und der Art, wie Redebeiträge und gelingende Argumentatorik platziert werden. Dazu bietet sich an, die kommunikativen Tätigkeiten gezielt auf die Veranstaltungsart hin zu prüfen.[56]

Einige Beispiele für die Wechselwirkung von Raumgestaltung, Bühne, Setting und Argumentatorik finden sich in der Abbildung 13.

Bühnen/ Raumgestaltung	*Settings*	*Redebeiträge*
Bühne, Redepult, Kinobestuhlung	Klassische Vortragsveranstaltung, Podiumsdiskussionen mit weniger intensiven Publikumsfragen	Klassische (vorbereitete) Reden; Debatte zwischen den Podiumsteilnehmenden. Im Schwerpunkt „Debattieren" und „Argumentieren".
Stuhlkreis oder Arenen	Dialogorientierte Veranstaltung mit viel Publikumskontakt und -beiträgen	Kurze Argumentationen mit konkreten Bezügen; situative Reaktionen, weniger vorbereite Redeteile (Ausnahme: Eingangs- und Endstatement). „Argumentieren" und „Diskutieren".

---

[56]   Zu den „kommunikativen Tätigkeiten" s. Teil **I.4.1.**

Bühnen/ Raumgestaltung	Settings	Redebeiträge
Fishbowl-Diskussion	Dialogorientierte Veranstaltung mit Zentrierung auf Publikum	Antworten auf Fragen, situative Reaktionen; Entwicklung im Gespräch/Diskussion. Nutzen von „Diskutieren" und „Argumentieren".

Abb. 13: Settings, Veranstaltungsform, rhetorische Passung

Sie werden als Redner:in eher selten die Gelegenheit haben, die Veranstaltungsart und die Raumgestaltung zu bestimmen. Wo Sie Einfluss nehmen können, fragen Sie sich, welches Setting Ihnen entgegenkommt und setzen sich für das entsprechende Setting ein.

In allen anderen Fällen ist es mindestens hilfreich, die Raumgestaltung und Veranstaltungsart für die eigene Vorbereitung zu kennen.

Für die Vorbereitung von Argumentationen im Vorfeld machen die unterschiedlichen Bühnen und Setting kaum, für die Wirkung bei der Veranstaltung aber einen erheblichen Unterschied.

4. Aufbau von Argumentationen

4.1. Argumente und kommunikative Tätigkeiten

Politisch zu kommunizieren bedeutet, situativ drei unterschiedlichen kommunikative Tätigkeiten gezielt einsetzen zu können: Argumentieren, Diskutieren und Debattieren. Alle drei kommunikativen Tätigkeiten werden durch Argumente erreicht. Argumente im politischen Raum werden also in unterschiedliche Kontexten verwendet. Die drei kommunikativen Tätigkeiten unterscheiden sich durch Ziele und Arbeitsweisen voneinander:

Argumentieren bedeutet, durch einen logischen Aufbau von Argumenten einen Sachverhalt und eine politische Position „einleuchten zu machen" (so der Wortsinn). Dazu kommen in der Regel möglichst bekannte argumentative Muster zum Einsatz (z. B. Behaupten – Begründen – Schlussfolgern) und drei unterschiedliche Arten von Argumenten (plausible, logische und ethische).

Der Vorteil solcher bekannter und für die meisten Menschen „eintrainierten" Muster ist, dass die Folgerungen eher nachvollzogen und mitgegangen werden. Wir können also die intendierte Wirkung tatsächlich erzielen.

Ziel des Argumentierens ist also, andere zu überzeugen. **Vorteil** des Argumentierens ist, dass es an den eigenen Stärken und am Einsatz für etwas ansetzt. **Nachteil** ist, dass es guter Vorbereitung und ausreichend Zeit bedarf, um zu argumentieren.

Die zweite kommunikative Tätigkeit ist das Diskutieren. *Diskutieren* meint[57], eine gemeinsame Bedeutung für einen Sachverhalt oder eine politische Frage

---

[57] Detjen fasst dementgegen „diskutieren" als ein „zielgerichtetes Handeln, dessen oberstes Ziel es ist, beim Publikum Zustimmung für die eigene Position zu finden." (Detjen 2012: 32; Detjen 2014: 123-125). Dies nenne ich abweichend „debattieren", was Detjen wiederum als „Entscheidungsfrage" (Detjen 2012:33; Detjen 2014: 125) definiert. Ich leite die Bedeutungen jeweils stärker von den Wortherkünften her.

aufzubauen oder zumindestens einen (geordneten bzw. nachvollziehbaren) Dissens zu erzielen.

Ziel des Diskutierens ist also, sich und etwas verständlich zu machen. Die Arbeitsweisen sind das Plädieren (für eigene Positionen) und das Erkunden (verstehen der Positionen der anderen Person).[58] Das Ziel ist entweder eine gemeinsame Sichtweise oder aber für sich selbst eine Sichtweise aufzubauen, die die Gegenargumente der anderen Seite entkräftend aufnimmt.

Vorteil des Diskutierens ist, dass es Einigungsmöglichkeiten sichtbar machen und lösungsorientiert und damit vergemeinschaftend wirken kann. Das Diskutieren ermöglicht daher, Geltungsansprüche auf Verständlichkeit und auf Richtigkeit stellen und einlösen zu können. **Nachteil** ist, dass es zeitaufwändig ist und hohe Anforderung an die Beteiligten und auch an Zuhörer:innen stellt.

Die dritte kommunikative Tätigkeit ist das Debattieren. *Debattieren* meint – dem Wortsinn nach – Kontrahent:innen argumentativ zu schlagen. Es hat das Ziel, einen Wettkampf auf der politischen Agora zu gewinnen. Neben dem wirkungsvollen Aufbau von Argumenten können weitere rhetorische Mittel (z. B. rhetorische Fragen, Verallgemeinerungen, Aufzeigen von argumentativen Schwachstellen der Gegenseite) eingesetzt werden.

Vorteil des **Debattierens** ist, dass es Unterschiede zwischen den Kontrahent:innen besonders deutlich hervorzuheben vermag und mobilisierend für die eigenen Anhänger:innen wirken kann. Es ist also ein Mittel der Vergemeinschaftung, wird aber vielfach auch zur Vergemeinschaftung mit Negativabgrenzung verwendet (vgl. Teil **II.6.**). **Nachteil** ist, dass Angriffe immer auch Solidarisierung mit angegriffenen Personen provozieren und Debatten schnell als (ggf. sogar unsachliche) Schaukämpfe aufgefasst werden können.

---

[58]   Eine gelingende Mischung des „Plädierens" und „Erkundens" wird von Ross als Modell der „Qualifizierten Diskussion" bezeichnet (Ross 2008: 448f.).

Alle drei kommunikativen Tätigkeiten kommen im politischen Alltag vor und haben ihre Berechtigung. Entscheidend ist, in kommunikativen Situationen passend mit einer kommunikativen Tätigkeit (oder einer Kombination von Tätigkeiten) zu reagieren und dabei das kommunikative Handeln dem Setting der jeweiligen Veranstaltungen abzugleichen.

Alle drei Tätigkeiten brauchen Argumente. Dennoch unterscheiden sich Aufbau, Formulierung und Gestus, je nachdem, für welche kommunikative Tätigkeit wir uns situativ entscheiden.

☞ Verwenden Sie jeweils zielorientiert und reflektiert die kommunikativen Tätigkeiten des Argumentierens, Diskutierens und Debattierens.

4.2. Argumentationen vorbereiten – ein Ablaufschema

Der Grundbaustein demokratischer Rhetorik ist, treffende und richtig gefasste Argumente zu verwenden. Sie haben dabei Bauformen, die sich sowohl auf die kleinsten Einheiten der Argumente, aber auch auf die Baupläne von Argumentationen und der Steuerung in Diskussionen beziehen lassen.

Wir werden uns in den folgenden Abschnitten Stück für Stück diese Bausteine näher ansehen und Instrumente kennenlernen, mit denen Sie sich argumentativ vorbereiten können.

Bevor ich zu den Bausteinen komme, möchte ich Ihnen aber zunächst einmal eine Art Standardablauf der argumentativen Vorbereitung mit auf den Weg geben. Sie finden in der Beschreibung dann jeweils auch einen Hinweis, wo Sie zu dem jeweiligen Schritt nachlesen können.

Wenn Sie selbst eine Argumentation oder politische Rede vorbereiten wollen schlage ich Ihnen vor, in drei Schritten vorzugehen.

Worum geht es Ihnen genau?

Legen Sie das Thema fest, durchdenken Sie die Situation, in der Sie argumentieren wollen (andere Beteiligte, Redemöglichkeiten etc.).

Erarbeiten der Argumentation

1. Erarbeiten Sie sich eine Argumentationslandkarte
2. Recherchieren Sie für Ihr Thema und wägen Gegenargumente ab und prüfen Ihre Argumentation logisch.

Planen Sie die Dramaturgie

„Verpacken" Sie Ihre Argumentation in einen dramaturgischen Ablauf oder ein Redemodell. Wenn Sie in einer Debatte oder Diskussion unterwegs sind, planen Sie Eingangs- und Endstatement und wie sie vorgehen wollen.

Abb. 14: Wie zur Argumentation kommen? Ein Ablaufschema

In einem **ersten Schritt** schlage ich Ihnen vor, nicht sofort in die argumentative Arbeit einzusteigen, sondern sich zunächst zu überlegen, zu welchem Thema und Anlass Sie eine Argumentation vorbereiten wollen und wie Sie die Argumentationssituation einschätzen.

Meiner Erfahrung nach ist es am besten, sich das Thema zu Beginn einmal als Satz oder Halbsatz zu notieren, z. B.: „Ich will die Anwesenden davon überzeugen, dass wir den ÖPNV in der Stadt ausbauen müssen."

Dieser Schritt ist in der Regel schnell erledigt und gibt Ihrer weiteren Arbeit einen wichtigen Fokus, weil dadurch Ihre Ziele (Ziel für die Veranstaltung **und** politisches Ziel in der Sache) besser ausgeleuchtet werden.

Im **zweiten Schritt** erarbeiten Sie sich ihre Argumentation. Dazu schlage ich Ihnen vor, mit einer Argumentationslandkarte zu arbeiten (s. Teil **I.5.**). Dazu gehört auch, zu dem Thema zu recherchieren. In welcher Reihenfolge Sie das erledigen ist Geschmackssache. Sie können sich zunächst einen thematischen Überblick verschaffen und sich dann an die eigene Argumentation machen oder Sie beginnen erst Ihre Argumentation, recherchieren im Anschluss und überarbeiten abschließend Ihre Argumentation noch einmal.

Mein persönlicher Tipp ist, sich zunächst eine Übersicht zu den eigenen Argumenten zu erstellen und danach in die Recherche einzusteigen. Für mich hat das den Vorteil, sich bei der Recherche nicht zu verlieren. Aber das hängt vor allem von den eigenen Arbeitspräferenzen ab.

Auf jeden Fall gehört es dazu, auch Gegenargumente zu würdigen und für die eigene Argumentation zu verarbeiten, sei es als Modifikation oder Verstärkung der eigenen Argumentation.

Im **dritten Schritt** verpacken Sie Ihre Argumentation passend zu der bevorstehenden Situation. Dazu helfen Ihnen verschiedene dramaturgische Bauweisen von Argumentationen (s. **Teil I.6.**) und Vorgehensweisen in Diskussion und Debatten (s. **Teil I.8.**) weiter.

Einige von Ihnen werden jetzt vielleicht leise stöhnen und denken: Klingt nach viel Arbeit! Da will ich ehrlich sein: Ja, eine wirksame Argumentation zu erarbeiten bedeutet viel Arbeit.

Ich persönlich denke, dass sich die Arbeit aber lohnt. Gut durchdachte Argumente vorzutragen, zu beraten und zur Entscheidungsreife zu bringen ist das Lebenselixier unserer Demokratie. Damit meine ich nicht nur Parlamente, sondern auch Vereine, Initiativen, Familien usw.

Wer es etwas weniger pathetisch und groß haben möchte: Argumentationslandkarten lassen sich häufig mehrfach verwenden und Übung lässt den Arbeitsaufwand und die Arbeitszeit deutlich geringer werden. Sich argumentativ gut vorzubereiten trainiert also und ist eine Investition in die Zukunft.

Nicht zuletzt: Argumentationen zu erarbeiten gibt die Chance, sich etwas Neues zu erschließen und etwas zu lernen. Allein das kann eine spannende Reise sein.

Nun aber zur Darstellung der Bausteine: Wir arbeiten uns im Folgenden von den kleinsten Einheiten (einzelne Argumente und ihre Bauweise) bis hin zu komplexeren Argumentationsketten und Argumentationen vor. Schließlich geht es auch um die argumentative Steuerung. Diese wird vor allem dann relevant, wenn es sich um Diskussionen oder Debatten handelt.

☞ Benennen Sie erst ihr Thema (mit Ihrem Ziel). Erst dann erarbeiten Sie sich Ihre Argumentation und planen im dritten Schritt Ihre Dramaturgie.

⚒ **Arbeitshilfe 2**: Checkliste für Argumentationen (**X.3.2.**)

4.3. Aufbau einzelner Argumente

Was als zulässige Argumentationsweise gelten kann oder nicht, wird in der Philosophie und dort vor allem in der Logik komplex (und für unseren Kontext wohl auch zu weitgehend) diskutiert.

Für den politischen Alltag reicht in der Regel ein einfacher und nachvollziehbarer Aufbau von Argumenten aus. Dabei darf nicht vergessen werden, dass in der Regel in kurzer Zeit Antworten und Wirkungen erzielt werden müssen. Bevor ich anhand eines Argumentationsmodells zum Aufbau komplexerer Argumentationen komme, möchte ich erst einmal eine einfache und in der Logik übliche Grundform benennen.

Argumente sind demnach wie folgt aufgebaut:

Prämisse 1 + Prämisse 2 = Schlussfolgerung (Konklusion)

Dieser Aufbau lässt sich auch in einer einfachen Satzform darstellen:

„Wenn Prämisse 1 und Prämisse 2 gelten, dann folgt daraus die Konklusion."

Diese Grundbausteine von Argumenten können **valide** oder **invalide** kombiniert werden und sie können **stichhaltig** sein **oder nicht**.

Dies lässt sich an einer Tabelle von Nico Strobach recht gut illustrieren:

valide	invalide	valide & stichhaltig
P1: Alle Fische sind Fahrräder. **P2:** Alle Fahrräder verbrauchen Benzin. **K:** Also verbrauchen alle Fische Benzin.	**P1:** Wenn es regnet, wird die Straße nass. **P2:** Es regnet nicht. **K:** Also wird die Straße nicht nass.	**P1:** Ned ist ein Bär. **P2:** Alle Bären sind pelzig. **K:** Also ist Ned pelzig.

Abb. 15: Stichhaltig und valide (Strobach 2011: 15ff., zit. nach Walter/Wenzl 2016: 16)

118

Für ein Argument sollten dabei zwei Bedingungen erfüllt sein: Es sollte eine zulässige Schlussweise haben („valide") und es sollten beide Prämissen wahr sein („stichhaltig") (vgl. Strobach 2011: 18; Walter/Wenzl 2016: 15).

Häufig werden logische Schlüsse auch in „Wenn-Dann-Beziehungen" übersetzt: „Wenn alle Bären pelzig sind und Ned ein Bär ist, dann ist Ned pelzig." Hier stimmen sowohl die Prämissen als auch der Schluss. Das Argument ist also sowohl „valide" als auch „stichhaltig" („wahr").

Das Argument in der ersten Spalte kann als „valide" bezeichnet werden, weil die Schlussweise zulässig ist. Wären alle Fische Fahrräder und alle Fahrräder verbrauchten Benzin, dann ist der Schluss zwingend. In diesem Fall sind jedoch beide Prämissen unwahr.

Im zweiten Beispiel finden wir zwei Prämissen, die stimmig sind (sein können). Hier allerdings folgt aus den Prämissen nicht zwingend die Schlussfolgerung. Schließlich könnte auch die Straßenreinigung die Straße nass gemacht haben. Bei „Regen" handelt es sich also nicht um die einzige Erklärungsmöglichkeit.

Der Aufbau von Prämissen und Schlussfolgerungen in Form von „Wenn-dann-Sätzen" kennt viele Varianten:

Wenn P1 und nicht P2, dann K. (Wenn warmer Sommertag und kein Regen, lohnt sich ein Besuch im Freibad.)

Wenn P1 oder P2, dann K. (Wenn Hunger oder Durst, lohnt sich ein Gang ins Bistro.)

Wenn P1 und P2, dann K. (Wenn Hunger und Durst, lohnt sich ein Gang ins Restaurant.)

Wenn P1 oder P2, dann nicht K. (Wenn Fleisch oder Milch im Essen sind, ist es nicht vegan.)

Wenn P1 und nicht P2, dann nicht K (Wenn Milch aus Kuhmilch und nicht aus Hafer besteht, dann ist sie nicht vegan.)

Zudem werden zwei Richtungen in der Argumentationsweise unterschieden: Vom Allgemeinen zum Besonderen („deduktiv") und vom Besonderen zum Allgemeinen („induktiv"):

Deduktion	Induktion
Alle Menschen sind sterblich.	Sokrates ist sterblich.
Sokrates ist ein Mensch.	Sokrates ist ein Mensch.
Sokrates ist sterblich	Alle Menschen sind sterblich.

Abb. 16: Induktion und Deduktion als Schlussweisen (nach Walter/Wenzl 2016: 58)

Die deduktive Schlussweise kann in der Regel ohne Weiteres geprüft werden. Schwieriger gestaltet es sich bei der induktiven Argumentationsweise. Hier lautet die Regel: Wird nur ein Gegenbeispiel nachgewiesen, ist das Argument widerlegt. Wenn dies geschieht, kann das Argument über zwei argumentative Mittel gerettet werden:

1. Es können valide statistische Daten angeführt werden, die die eigene Argumentation stützen. Dies zeigt dann, dass es sich zumindestens um eine Tendenz handelt.

2. Es kann ein einschränkendes Argument gefunden werden, das in der Form gefasst ist: Wenn P1 und P2, aber nicht P3 (Ausnahme) zutreffen, dann gilt K.

Trotz der logischen Hürden hat die induktive Argumentationsweise verführerischen Charme für viele politische Redner:innen: Von Beispielen auszugehen kann für Hörer:innen in der Regel besonders leicht nachvollzogen werden und einprägsam sein. Hier gibt es also ein Spannungsverhältnis von Logik und Pragmatik.

✗ **Arbeitshilfe 3**: Argumente prüfen (**X.3.3.**)

120

5. Argumentationen mit der Argumentationslandkarte aufbauen

Argumentationen beinhalten in der Regel mehrere Argumente, die zu einem Standpunkt oder einer (politischen) Position zusammengefasst sind. Sie kommen damit dem Aufbau von kurzen Überzeugungsreden sehr nah.

Um sich sicher in der eigenen Argumentation bewegen zu können, empfehle ich Ihnen die Arbeit mit einer Argumentationslandkarte, mit der Sie sich Schritt für Schritt eine stringente Position argumentativ entwickeln können.

Als Kernelement greife ich dabei auf eine – wie ich finde – sehr gelungene Variante der Grundform von Argumenten zurück, wie sie von Mukerji eingeführt wird (Mukerji 2017).

Die Grundform im Aufbau von Argumenten lautet bei Mukerji (vgl. u.a. Mukerji 2017: 3):

Argument = Behauptung/Standpunkt + Annahmen + Begründungszusammenhang

Dabei sind die drei Bausteine wie folgt zu definieren:

- Die **Behauptung** oder der Standpunkt ist das, was vertreten werden soll. In politischen Zusammenhängen haben wir es zumeist mit Behauptungen in einer Sonderform zu tun: Hier werden Behauptungen formuliert, die fordern, dass eine Akteur:in etwas tun oder unterlassen soll (**Forderung**). Wissenschaftlich geprägte Argumentationslandkarten enthalten dagegen eher Behauptungen, die eine Aussage über Sachverhalte bzw. Interpretationen umfassen.

- Die **Annahmen** (oder auch die **Gründe**) sind die Aussagen, die die Behauptung stützen sollen. Die Gründe oder Annahmen können und werden in der Praxis selbst wieder als Argument aufgebaut sein.
- Der **Begründungszusammenhang** benennt eine Regel, wie(so) Behauptung und Annahmen miteinander verbunden werden können.

Die genaue Benennung der einzelnen Bausteine wird dabei unterschiedlich gewählt. Lassen Sie uns diesbezüglich nicht über Begriffe streiten. Es geht hier darum, dass alle Bausteine vorhanden und geordnet sind.

Diese Grundform (in welchen Begriffen auch immer) sollte für jedes Argument zugeordnet werden können. Versuchen wir es an zwei Beispielen:

> „Ich sollte ein Rhetorik-Seminar besuchen. (**Behauptung/Standpunkt**) In Rhetorik-Seminaren kann man lernen mit der eigenen Redeangst umzugehen. (**Annahme/Grund 1**) Ich kann dort auch lernen mit meiner Redeangst umzugehen. (**Annahme/Grund 2**)"

> **Begründungszusammenhang**: Wenn jemand Redeangst hat, dann hilft es ein Rhetorik-Seminar zu besuchen.

> „Ich sollte eine Brille tragen. (**Behauptung/Standpunkt**). Ich kann das Tafelbild aus einer bestimmten Entfernung nicht mehr erkennen. (**Annahme/Grund 1**). Wer kurzsichtig ist, dem/der* kann eine Brille helfen. (**Annahme/Grund 2**)"

> **Begründungszusammenhang**: Wenn man fehlsichtig ist, dann hilft es eine Brille zu tragen.

Bei beiden Argumenten können wir sehen, dass wir sie im Alltag selten nach Annahmen, Standpunkten und Begründungszusammenhängen anordnen. Begründungszusammenhänge werden sogar häufig gar nicht erst genannt. Das macht durchaus Sinn: Viele Argumente können wir (relativ unfallfrei) in unserem Alltag verkürzen. Gerade bei naheliegenden Schlüssen ist das selten für Kommunikationspartner:innen ein Problem.

Wenn wir es allerdings mit politischen Argumenten zu tun haben, dann sollte sich das anders verhalten. Hier wird es immer auch andere Meinungen geben.

Das macht es erforderlich, eine logische Argumentation transparent zu machen, also besonders „sauber" zu argumentieren. Zudem ermöglicht uns eine gut geordnete Argumentation, eigenen Denkfehlern und Lücken auf die Spur zu kommen. Daher empfehle ich Ihnen, Argumentationslandkarten zu nutzen (s. Abb. 17).

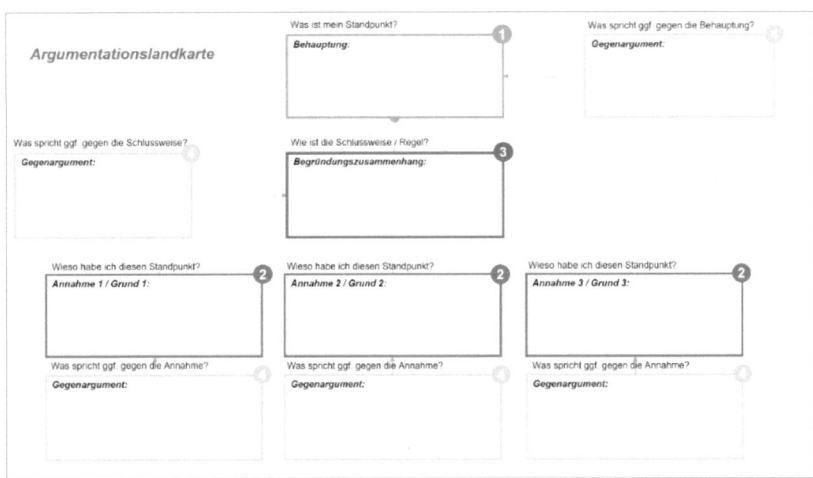

Abb. 17: Argumentationslandkarte

Sinnvoll ist es im **ersten Schritt** herauszufinden, was genau Ihr Standpunkt bzw. ihre Behauptung ist, was es also zu begründen gilt. Es kann zu Beginn etwas schwierig sein, Behauptungen und Annahmen/Gründe auseinander zu halten. Hier helfen Ihnen aber Signalwörter[59] weiter.

Wörter wie „denn", „da", „weil", „schließlich" verweisen darauf, dass vor dem Wort die Behauptung/der Standpunkt genannt wird und danach Gründe oder

---

[59] Der Begriff des Signalworts stammt von Nikil Mukerji: „Signalwort = ein Wort, das einen Gedanken als Annahme oder als Standpunkt kennzeichnet." (Mukerji 2017: 73)

Annahmen folgen. Am einfachsten ist es, einen „Wenn-Dann-Satz" zu bilden (vgl. weiter oben **Teil I.4.3.**).

Behauptungen sollten in der Politik zumeist als Forderungen formuliert werden (s. oben). Forderungen sind dabei politisch wirksam, wenn...

- sie in einem ganzen Satz formuliert werden, der nicht passiv, sondern aktiv gefasst ist.
- die Forderung so formuliert ist, dass ihre Erfüllung eine Änderung der politischen Situation erbringen würde.
- der/die Akteur:in als Subjekt benannt wird, die die Änderung herbeiführen kann.

Wenn Sie den Standpunkt oder die Behauptung identifiziert haben, fragen Sie sich im **zweiten Schritt**, wieso Sie diesen Standpunkt einnehmen.[60] Für Ihre Behauptung wird Ihnen vermutlich mehr als ein Grund einfallen.

Der **dritte Schritt** ist der herausforderndste. Bei ihm suchen wir nach dem Begründungszusammenhang oder der Schlussweise, also der Beziehung zwischen der Behauptung und den Gründen. Gerade weil dieser Schritt schwierig ist, lassen wir ihn häufig unter den Tisch fallen. Für die gedankliche Klarheit ist er aber erforderlich. Wie Sie an den obigen Beispielen sehen können, empfehle ich Ihnen auch den Begründungszusammenhang in Form eines „Wenn-Dann-Satzes" zu fassen. Zumeist kann man diesen finden, wenn man sich die Gründe und Behauptungen näher ansieht. Dazu ein Beispiel aus einem Argumentations-Workshop. Die Teilnehmenden hatten zunächst eine Behauptung:

---

[60] Hier möchte ich Sie auf eine sprachliche Feinheit hinweisen: Ich verwende bewusst das Fragewort ‚Wieso?' und nicht etwa ‚Warum?'. Strenggenommen fragt ‚Wieso?' nach Gründen und ‚Warum?' nach Rechtfertigungen. Rechtfertigungen sind aber selten gute Ratgeber für den Aufbau einer selbstbewussten politischen Argumentation.

Behauptung: „Wir brauchen ein Sondervermögen, um die sozial-ökologische Transformation zu schaffen."

Danach überlegten die Teilnehmenden sich in einem kurzen Brainstorming, wieso diese Behauptung Sinn macht. Folgende drei Gründe haben sie sinngemäß gesammelt:

Gründe:

1. Die Schuldenbremse verhindert die nötigen Investionen.
2. Die ökologische Krise zu bekämpfen ist dringend und überlebenswichtig.
3. Die nächste Generation muss ein lebenswertes Leben führen können.

Nach gemeinsamer Beratung und Nachdenken schälte sich ein Begründungszusammenhang heraus:

Begründungszusammenhang: „Wenn etwas so wichtig und dringend ist, dass finanzielle Mittel nicht vorher erwirtschaftet werden können und Schulden nicht aufgenommen werden können, ist ein Sondervermögen das richtige Mittel."

Im **vierten Schritt** nehmen wir mögliche Gegenargumente in Augenschein. Gegenargumente können sich dabei auf alle drei Bestandteile der Argumentation beziehen: Auf Behauptung, Gründe und Schlussweise. Gegenargumente helfen dabei, die eigene Argumentation zu prüfen. Um Ihnen zu zeigen, wie ich mit der Argumentationslandkarte arbeiten kann, wende ich es auf eines unserer Beispiele an (Abb. 18).

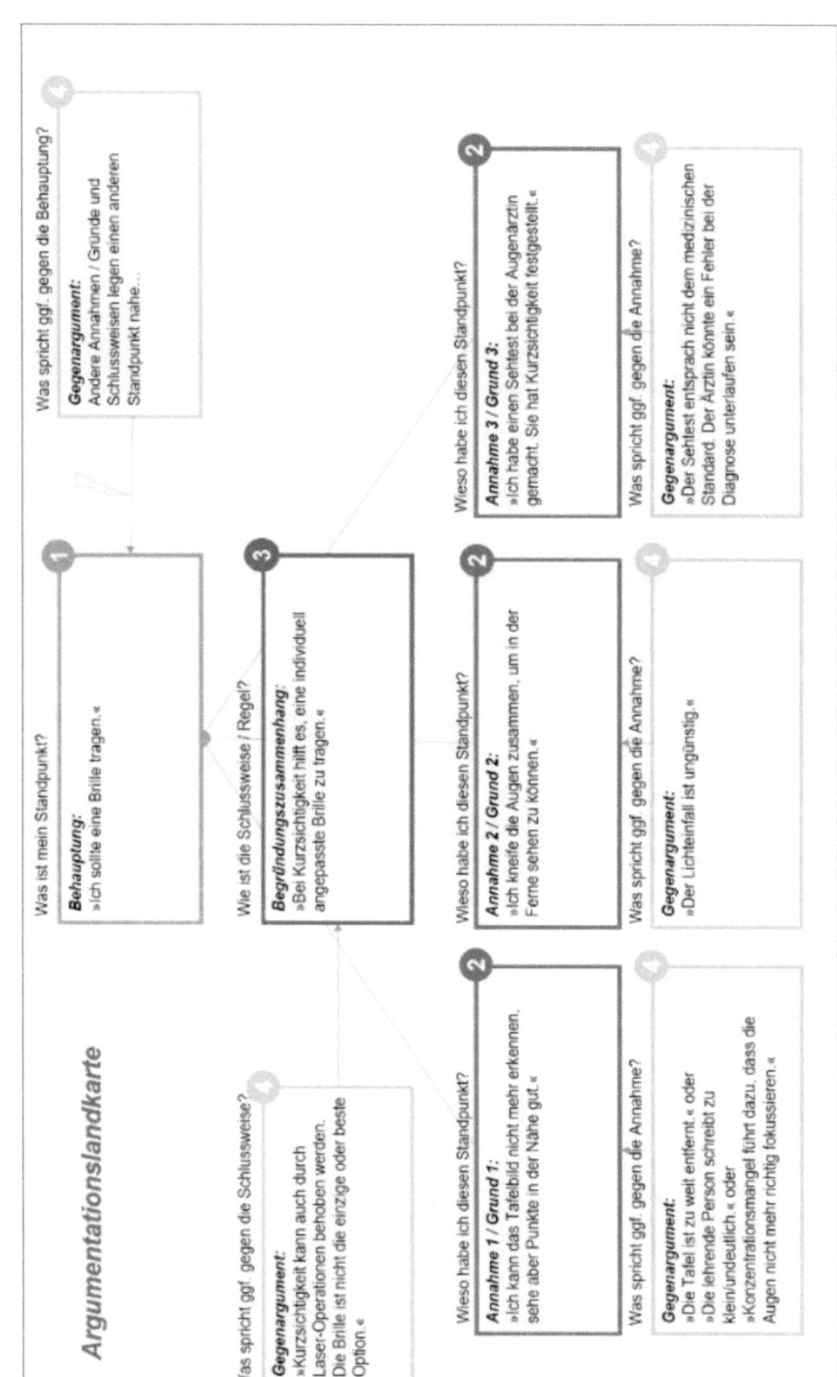

126   Abb. 18: Argumentationslandkarte „Ich sollte eine Brille tragen"

An der Argumentationslandkarte „Ich sollte eine Brille tragen" (Abb. 18) lässt sich gut erkennen, was der Vorteil geordneter Argumentationen ist. Ich kann mir relativ schnell einen Überblick verschaffen, aber auch Hinweise darauf erhalten, wo ich nachhaken sollte bzw. wie ich die Argumentation weiter stärken kann.

Dabei gibt es zwei Wege eine Argumentation „wasserdicht" zu machen: Ich kann meine **Annahmen, Gründe** und **den Begründungszusammenhang** wissenschaftlich **untermauern**. Zudem kann ich die **Gegenargumente entkräften**.

Sehen wir uns hier zunächst einmal die Annahmen bzw. Gründe an: Bei den ersten beiden Gründen oder Argumenten handelt es sich um (Selbst-)Beobachtungen, bei dem dritten um einen (standardisierten) Test.

Bei dem ersten Grund handelt es sich um eine klassische Wenn-Dann-Begründung: „Wenn Dinge in der Ferne schlecht und in der Nähe gut zu erkennen sind (**Bedingung**), dann lässt dies auf Kurzsichtigkeit schließen. (**Folgerung**)". Diese Begründung lässt sich recht schnell wissenschaftlich als die Beschreibung von Kurzsichtigkeit belegen.[61]

Bei dem zweiten Grund handelt es sich ebenso um eine klassische Wenn-Dann-Beziehung: „Wenn Dinge in der Ferne schlecht zu sehen sind (**Bedingung**), dann kann es helfen, die Augen zusammenzukneifen, um schärfer zu sehen. (**Folgerung**)". Auch diese Folgerung ist durchaus naheliegend: „Auch durch Zukneifen der Augen zu einem schmalen Spalt können Kurzsichtige eine bessere Sehschärfe erhalten. Dieser Mechanismus basiert auf dem Prinzip der ‚stenopäischen Lücke`: Das Zukneifen führt zu einer Verkleinerung der Blende, dadurch kommt es zu einer Zunahme der Schärfentiefe und einer Reduktion

---

[61] Ein Blick bei wikipedia verschafft unter dem Stichwort „Kurzsichtigkeit" oder „Myopie" einen ersten Überblick. Entsprechende Fachbücher, mit denen dies verifiziert werden kann, können von dort aus erschlossen und genutzt werden. Eine Gegenprüfung im Pschyrembel bestätigt dies (Pschychrembel 2017: 1214). Es ist also kein Hexenwerk.

störender Randstrahlen (sphärische Aberration). Durch diesen verbreiteten Ausgleichsversuch hat die Myopie ihren Namen erhalten: *Myops* bedeutet auch „Blinzelgesicht"." (Artikel Kurzsichtigkeit, Quelle: https://de.wikipedia.org/wiki/Kurzsichtigkeit Abrufdatum: 26.06.2022.) Allerdings handelt es sich hierbei um ein schwaches Argument, denn es könnte genauso gut sein, dass grelles Licht Grund für das Zusammenkneifen der Augen ist.

Der dritte Grund ist zweifellos der stärkste, da die Untersuchung nach einem standardisierten Verfahren durch eine Expertin durchgeführt worden ist. Hier könnte zum Beispiel der Sehtest mit einem Skiaskop oder auch ein Sehtest mit verschiedenen Größen von Buchstaben und Zahlen angeführt werden.

Die Gegenargumente bieten mir eine Gelegenheit meine Argumente abzusichern:

Gegenargument	Widerlegbar durch...
„Die Tafel ist zu weit entfernt."	Ggf. Wechsel des Sitzplatzes und neue Beobachtung.
„Die lehrende Person schreibt zu klein oder undeutlich."	Überprüfung anhand der Schrift anderer Personen an der Tafel (z. B. anderer Lehrpersonen oder der eigenen Schrift).
„Konzentrationsmangel führt dazu, dass die Augen nicht mehr richtig fokussieren."	Überprüfung zu unterschiedlichen Messzeitpunkten, vor allem zu guten Konzentrationszeiten für die eigene Person.
„Der Lichteinfall ist ungünstig."	Helligkeit und Lichteinfall prüfen. Geht es anderen auch so? Lichtverhältnisse ändern (z. B. Ausschluss von Seiteneinstrahlung).
„Der Sehtest entsprach nicht dem Standard. Der Ärztin könnte ein Fehler unterlaufen sein."	Sehtest mit dem Standard abgleichen. Ggf. zweite Meinung einholen.
Laser-OP statt Brille	Abwägung zwischen OP und Brille anstellen. Beratung mit der Augenärztin.
Andere Gründe oder Schlussweisen legen andere Behauptung nahe.	Gegenargumente sind entkräftet, daher steht die Argumentation.

Abb. 19: Gegenargumente entkräften

Argumentationslandkarten helfen dabei, die eigene Argumentation vorzubereiten und sie zu stärken – ein Argumentationsaufbau ist sie deswegen noch nicht. Vergleichen Sie es etwa mit einem Kriminalroman: Wenn Sie hier alle Indizien und Zweifel einfach nacheinander einbringen würden, wäre das noch kein gelungener Krimi. Wir verlassen damit den Boden der Logik und betreten erneut das Land der Pragmatik.

Um einen wirkungsvollen Argumentationsaufbau vorzubereiten sollten die Argumente in eine dramaturgische Reihenfolge gebracht werden. Auch dazu gibt es Bauweisen, die helfen, Argumentationen nicht nur überzeugend, sondern auch spannend zu präsentieren.

✗ **Arbeitshilfe 4**: Argumentationslandkarte und Gegenargumente entkräften (**X.3.4.**)

6. Dramaturgische Bauweisen von Argumentationen

Argumentation wirken nur zu einem Teil durch logischen Aufbau. Ihre volle Wirkung erzielen sie durch eine gute Dramaturgie. Dann entsteht eine Art „Spannungsbogen", der den Hörer:innen eine Struktur anbietet, die ihnen Sicherheit vermittelt, wie die Rede aufgebaut werden wird, und sie mitgehen lässt.

Bemühen wir dazu noch einmal den Vergleich mit einem Krimi: Wenn wir zu Beginn eines Fernsehkrimis sehen, wie ein Mensch den anderen ermordet und direkt danach die Kommissar:innen am Tatort sehen, die über die Motive des Täters oder der Täterin sinnieren, so wissen wir, dass es sich um einen klassischen Thriller handeln dürfte. Wir wissen also etwas, was den Kommissar:innen noch unbekannt ist.

So wie diese Bauform gibt es auch in der politischen Rhetorik dramaturgische Bauweisen von Argumentationen. Sie unterscheiden sich von den Argumentationslandkarten, weil sie die Anordnung von Argumenten, Gegenargumenten und Begründungszusammenhängen nach dem Spannungsbogen einer wirkungsvollen Argumentation anordnen helfen.

Auch hier gibt es viele unterschiedliche anlass- und zielgruppenorientierte Bauweisen[62]. Erfahrungsgemäß macht es Sinn, sich politisch auf einfache Muster zu beschränken, bei diesen aber auf nachvollziehbare und klare Strukturierung zu achten oder anders: Weniger und klarer wirkt besser.

Ich erweitere für die Darstellung der Bauweisen die Grundform von Mukerji noch etwas:

---

[62] Die in diesem Kapitelteil vorgestellten Bauweisen orientieren sich eher an unterschiedlichen Zielgruppen und Interessenlagen der Zuhörenden. Anlassbezogene Bauweisen finden Sie im Teil **IV**.

Dramaturgischer Aufbau = Behauptung + passende Begründung + Appell

In dem Begriff **„passende Begründung"** gehen in geordneter Weise Argumente, Gegenargumente und Begründungszusammenhang ein.

Ein dramaturgischer Aufbau kann über sehr unterschiedliche Varianten erreicht (und ebenso argumentativ angegriffen) werden. Dabei wird der Ausdruck **„passende Begründung"** in der Gleichung durch unterschiedliche Ausdrücke ausgeführt bzw. spezifiziert. Die Varianten dieser argumentativen Ausführungen sind vielfältig.

Im Folgenden gebe ich vier Beispiele, wie Sie „passende Begründungen" aufbauen können.

1. Passende Begründung = Zugrunde liegender Wert + Politisches Ziel + geeignete Umsetzung

Behauptung: „Alle Kinder ab 3 Jahren sollen verpflichtend in den Kindergarten gehen."

Passende Begründung: „Alle Kinder sollen die gleichen Chancen haben. (**Wert**) Kinder sollen möglichst früh von- und miteinander lernen. (**Politisches Ziel**) Der Kindergarten ist der geeignete Bildungsort. (**geeignete Umsetzung**)"

Dies dramaturgische Argumentationsmuster wirkt vor allem dann, wenn Sie es mit einem Publikum zu tun haben, das die angesprochenen Werte teilt. Hier können sich beispielsweise Parteitage von Parteien anbieten.

2. Passende Begründung = Ist + Ziel + Weg

Behauptung: „Alle Kinder ab 3 Jahren sollen verpflichtend in den Kindergarten gehen."

Passende Begründung: „Gegenwärtig lernen nicht alle Kinder mit- und voneinander im Kindergarten. Gerade diejenigen, die soziales Lernen besonders brauchen und es nicht im eigenen Alltag ausreichend erfahren, gehen dort nicht hin. (**Ist-Situation**) Ziel ist es aber, dass alle Kinder die gleichen Chancen auf Bildung haben. (**Ziel**) Der Weg dorthin ist, elternunabhängig alle Kinder in den Kindergarten zu schicken. (**Weg**)"

Dieser dramaturgische Aufbau wirkt besonders gut bei einem gemischten Publikum, bei dem eine ähnliche praktische Erfahrung mit dem Thema gegeben ist. Da es ein intuitiv verständliche Struktur hat, kann es auch Menschen einbeziehen, die sich sonst mit Politik weniger oder nicht beschäftigen. Es schließt an Alltagssituationen an, in die Menschen sich hineinversetzen können.

3. Passende Begründung = Ziel + Denkbare Lösungen − nicht-geeignete Lösungen = passende Lösung stützt Behauptung

Behauptung: „Kommunale medizinische Versorgungszentren müssen im ländlichen Raum gefördert werden."

Passende Begründung: „Wir wollen politisch eine wohnortnahe medizinische Versorgung für alle Menschen, auch im ländlichen Raum. (**Ziel**) Wir haben die Möglichkeit, Landärzt:innen durch Geldanreize für Arztpraxen anzuwerben oder wir können kommunale medizinische Versorgungszentren mit angestellten Ärzt:innen fördern. (**Denkbare Lösungen**) Eine Anwerbung ist ein nicht-geeigneter Weg, weil Geldanreize nicht zielführend sind (z. B. zu teuer, kaum Erfolge, entspricht nicht den Wünschen künftiger Mediziner:innen etc.) (**nicht-geeignete Lösungen**). Daher brauchen wir kommunale medizinische Versorgungszentren. (**passende Lösung**)".

Dieses Argumentationsmodell kann gut für Beiträge vor einem Fachpublikum (z. B. in der Ausschussarbeit von Parlamenten) genutzt werden.

4. Passende Begründung = Plausibles Argument + Rationale Argumente + Ethische Argumente

Dieser Aufbau orientiert sich an den klassischen drei Grundarten von Überzeugungsmitteln, die in der griechischen Antike bei Aristoteles verwendet werden[63]. Diese drei Arten von Argumentationsmitteln werden teilweise in leicht

---

[63] Vgl. Aristoteles 2019: Rhetorik, Buch 1: 1356a: „Von den durch die Rede geschaffenen Überzeugungsmitteln gibt es drei Arten: Sie sind zum einen im Charakter des Redners angelegt, zum anderen in der Absicht, den Zuhörer in eine bestimmte Gefühlslage zu versetzen, zuletzt in der Rede selbst, indem man etwas nachweist oder zumindest den Anschein erweckt, etwas nachzuweisen."

gewandelter Form als Argumentationstendenzen bezeichnet.[64] Das gewählte Argumentationsmittel ist sozusagen das „musikalische Vorzeichen" der jeweiligen Argumente. Drei Argumentationstendenzen werden dabei voneinander unterschieden: plausible („pathetische"), rationale und ethische Argumentation.

Eine **plausible Argumentation** greift auf Sätze zurück, bei denen der Wahrheitsgehalt nicht hinterfragt wird, bei denen also allgemein in der jeweiligen Gruppe unterstellt wird, dass die Aussage (emotional) mitgetragen wird. Rhetorisch handelt es sich dabei häufig um kurze Sätze oder Sentenzen. Beispiele: „Jede:r hat eine Chance verdient." oder „Auch den Schwachen ist ein Stachel gegeben" (Schiller). Die plausible Argumentation setzt also darauf, dass alle Beteiligten sich in eine Situation hineinversetzen können und der Argumentationsweg dann auf der Hand liegt. In der klassischen Rhetorik (Aristoteles) wurde diese Art von Argumenten mit „Pathos" (griech. Schmerz, Leiden, Leidenschaft) betitelt. Sie appelliert also an die Emotionen der Hörer:innen. Emotionen sind der Einstieg in die Gedankenwelt der Menschen. Sie sind zugleich Zugang dazu, sich auf ein Thema einzulassen und es zu fokussieren. Plausible Aussagen schließen daran an: Sie sind so allgemein, dass Menschen sich selbst in Situationen hineinversetzen und auf eigene Beispiele fokussieren können (vgl. dazu auch den Ansatz der Hypnose-Rhetorik von Roman Braun (Braun 2018: 141-168).

Allerdings macht Aristoteles – zurecht – darauf aufmerksam, dass an Emotionen des Publikums nur an der Sache orientiert angeschlossen werden sollte. Mit anderen Worten: Eine plausible (oder „pathetische") Argumentation kommt nicht ohne rationale Begründung aus.[65]

Eine **rationale Argumentation** setzt auf einen logischen Aufbau von Argumenten. Bei den Begründungen wird dabei auf Zahlen, Daten und Fakten zurückgegriffen, die die eigenen politischen Ziele stützen. Diese Argumentation macht die eher nüchterne Betrachtung und Abwägung stark und spricht den „Kopf" und das Mitdenken an.

Eine **ethische Argumentation** beruft sich auf gemeinsam getragene Werte, mit denen der Argumentation zusätzliche Wirkung verliehen werden soll. Der Argumentationsweg wird dann daran gemessen und ausgerichtet, wie stark er den (gemeinsam getragenen) Wert Wirkung zu verleihen verspricht. Ein Beispiel ist hier Willy Brandt mit seinem Satz: „Wir wollen ein Volk guter Nachbarn sein"[66]. In der

---

[64] Der Begriff der Argumentationstendenzen ist an O.W. Haseloff angelehnt (zit. nach Rehm 1976: 102-105). Die Trias von ethischen, logischen und plausiblen Argumenten beruht allerdings auf der Rhetorik und Argumentationslehre der griechischen Antike und dort vor allem auf Aristoteles` Rhetorik.

[65] Ein gutes „plausibles" („pathetisches") Argumentationsmittel ist das Storytelling vgl. dazu den Teil „Sprache schafft Wirklichkeiten" (**VIII.2.3.**).

[66] Willy Brandt in der Regierungserklärung vom 28.10.1969, Plenarprotokoll des Deutschen Bundestages, 6. Wahlperiode, 5. Sitzung, Bonn, S. 34 C.

klassischen Rhetorik verbinden sich ethische Argumente mit der Integrität der sprechenden Person. Im Kern sind damit zwei Elemente in der ethischen Argumentation verknüpft: Wertebezug einerseits und die Dimension der Glaubwürdigkeit der sprechenden Person andererseits.

Die drei Argumentationsarten können in Abfolge eine gute Strukturierung für den dramaturgischen Argumentationsaufbau ergeben: Dazu starten Sie mit einer plausiblen, unterfüttern diese dann mit einer rationalen und schließen mit einer ethischen Argumentation den dramaturgischen Aufbau ab.

🛠 **Arbeitshilfen 10-16**: Dramaturgische Aufbau-Modelle (**X.3.10.-X.3.16.**)

7. Aufklärerisches Denken oder: Argumente prüfen

In Argumentationen unterlaufen uns auch immer wieder einmal Denkfehler – das gehört zu Menschen dazu.

Gerade in der politischen Rhetorik kann das allerdings schnell einmal zum Problem werden. Nicht selten verfahren andere Politiker:innen nämlich nach dem falschen Leitsatz: Deine Schwäche ist meine Stärke.

Wo wir gerade dabei sind, lassen Sie uns das doch direkt überprüfen:

P1: Wenn man Fehler macht, ist man argumentativ schwach und der/die Andere argumentativ stark.

P2: Du hast einen Fehler gemacht.

K: Du bist argumentativ schwach, ich stark.

Dieses Argument steht auf sehr wackeligen Füßen, da die erste Prämisse nicht zutreffend ist: Potenziell können ja auch beide Redenden einen Fehler machen. Dann wären also beide argumentativ schwach. Insofern folgt aus „schwach" nicht „stark". Zudem versteckt sich in der Prämisse 1 noch ein weiterer Denkfehler: Ein falsches „Pars-pro-toto"[67], also eine falsche Generalisierung. Wenn ein Argument in der Argumentation schwach ist, heißt es nicht, dass damit eine komplette Argumentation hinfällig wäre. Somit ist sie schwächer, aber nicht automatisch „schwach".

Wieso verwenden aber trotzdem viele Politiker:innen geradezu genüsslich Denkfehler der Anderen? Es bringt auf den ersten Blick (!) den Vorteil, dass sich viele Andere erst einmal nicht mit den guten Argumenten, sondern nur mit dem Fehler beschäftigen und Medien es häufig gern aufgreifen. Zudem ist es der

---

[67] Pars-pro-toto: Ein kleiner Teil des Ganzen steht oder funktioniert wie das Ganze.

Versuch, an einer sehr entscheidenden Stelle anzugreifen: Der Glaubwürdigkeit der anderen Seite.

Ich persönlich empfehle Ihnen, dieses Spiel nicht mitzuspielen, sondern sich darauf zu konzentrieren, selbst möglichst gute und überzeugende Argumentationen zu erarbeiten. Im Übrigen riskieren Politiker:innen mit einem solcher „Fehler-Rhetorik" gerade, dass die Gegenseite als fair spielende Akteur:innen wahrgenommen werden. Das untergräbt dann Sympathie für die Angreifer:innen.

Gehen wir noch einen Schritt weiter: Seien Sie dankbar für jedes Gegenargument. Klingt bescheuert, oder? Was ich damit meine: Gegenargumente geben Ihnen die Chance, Ihre Argumentation zu verbessern und zu stärken. Sehen Sie sich den Abschnitt zur Argumentationslandkarte an: Wenn Sie sich auf den Weg machen, Gegenargumente zu entkräften, erschließen Sie sich neues Wissen.

Denkfehler werden uns immer mal wieder unterlaufen – entscheidend ist daher die Frage, wie wir mit ihnen umgehen. Und hier gilt: Jeden Denkfehler, den Sie selbst schon vorher feststellen, hilft Ihnen dabei, stärker zu argumentieren und den Fehler im stillen Kämmerlein in den Papierkorb zu werfen.

Mit der Argumentationslandkarte und der Wenn-Dann-Beziehungsprüfung haben Sie bereits erste Prüfinstrumente kennen gelernt. In drei Hinsichten möchte ich diese für Sie noch ergänzen:

1. Sie sollen noch einige weitere Prüfmöglichkeiten für Ihre Argumentationen erhalten, mit denen Sie Denkfehler finden können.
2. Eine wichtige Prüfmöglichkeit ist es, sich auf wissenschaftliche Erkenntnisse zu stützen. Hier ist allerdings die Frage: Worauf sollten wir bei der Auswahl von Quellen achten?
3. Letztens möchte ich auf extremistische Argumentationen eingehen und zeigen, welche manipulativen Arbeitsweisen sie nutzen.

Es gibt eine große Anzahl an Denkfehlern und entsprechend auch an Möglichkeiten, diese aufzudecken. Ich kann und werde diese nicht erschöpfend behandeln – das würde den Rahmen sprengen. Wer sich tiefer mit dieser Thematik beschäftigen will, empfehle ich den exzellenten Band von Mukerji (Mukerji 2017).

Hier geht es mir darum, einige Prüfmöglichkeiten zu nennen, die bei einem Großteil der Argumentationen ausreichen sollten.

7.1. „Cui bono"? und „Wofür ist das gut?"

Jede Argumentation geschieht aus einer Interessenlage heraus. Das ist weder verwerflich, noch tragisch. Demokratie meint ja unter anderem, einen geschützten und Beteiligung ermöglichenden Raum für den Interessenausgleich zu schaffen. Wichtig ist vor allem, eigene und fremde Interessen herauszufinden und zu wissen, dass diese die Argumentationsweise beeinflussen.

Ich empfehle Ihnen dabei eine sehr klassische und zusätzlich eine positivierende Frage zu stellen:

„Cui bono?" (Wem nutzt das?) – benennt eine klassische Frage[68], die davon ausgeht, dass diejenigen, die einen Vorteil aus einer Regelung haben, diese auch anstreben. Tatsächlich kann dies durchaus zutreffen. Allerdings beinhaltet diese Frage auch eine Unterstellung, nämlich, dass Menschen ihren eigenen Vorteil anstreben. Das ist längst nicht immer der Fall. Nicht immer muss eine Position oder Handlung auch den Personen selbst nutzen, trotzdem kommt es regelmäßig vor.

---

[68] Sie wird auf die Rede des römischen Politikers Cicero zurückgeführt.

Die zweite Frage „Wofür ist das gut?" ist eine Frage, die aus der Verhandlungsführung nach dem Harvard-Konzept abgeleitet ist. Sie hilft dabei, positive (!) Interessen hinter den Positionen herauszufiltern.[69] Die Interessen können dabei helfen, sich über alternative Optionen klar zu werden und Ziele deutlicher zu fassen.

☞ Stellen Sie immer die Fragen „Cui bono?" und „Wofür ist das gut?" Entscheiden Sie dann, ob Sie andere Zielgruppen oder Begünstigte oder Interessen sehen.

7.2. Ockhams Rasiermesser

Ockhams Rasiermesser benennt eine Faustformel: Wenn zwei Erklärungen alle Bestandteile eines Phänomens erklären können, trifft meist die einfachere Erklärung zu.[70] Die Erklärungen werden dazu möglichst genau hinterfragt. Wir ziehen dazu ein Beispiel heran. Die Fragen habe ich in den Beispielen in Klammern gesetzt:

(Was sind die Streifen, die hinter den Flugzeugen am Himmel entstehen?)

Erklärung A:

Bei den Streifen handelt es sich um Kondensstreifen von Flugzeugen. (Was kondensiert denn da?) Bei der Verbrennung von Kerosin entstehen als Abfallprodukte heißes Wasser, Ruß und Gase. Diese kondensieren und gefrieren in der kalten Luft und bleiben von unten sichtbar stehen.

---

[69] Das Harvard-Konzept der Verhandlungsführung ist ein Klassiker, den wir hier nicht näher bearbeiten können, aber nach wie vor extrem Gewinn bringend zu lesen ist (Fisher/Ury/Patton 2018).

[70] Vgl. dazu auch Mukerji 2017: 52f.

Erklärung B:

Bei den Streifen handelt es sich um ChemTrails, also um ein Gas, das von den Flugzeugen versprüht wird. (Von wem und wieso wird es versprüht?) Es wird im Auftrag einer internationalen Verschwörung ausgestoßen, mit dem Ziel das klare Denken der Menschen am Boden zu verhindern und sie damit für die Regierungen der Welt, die der Verschwörung angehören, gefügig zu machen. (Aber wieso trifft das Gas nicht auch Mitglieder der Verschwörung?) Die an der Verschwörung Beteiligten müssen daher ein Gegenmittel nehmen, das sie gegen die ChemTrails schützt. (Wie bekommen denn die Verschwörungsmitglieder das Gegenmittel?) Es gibt geheime Vergabestellen. usw.[71]

Bei der zweiten (erfundenen) Erklärung sieht man recht schnell, dass immer weitere (und abstrusere) zusätzliche Annahmen getroffen werden müssen, um die Erklärung zu retten. Das ist ein recht deutliches Indiz dafür, dass die Argumentation nicht stimmen kann.

Ockhams Rasiermesser wird im Übrigen die Technik nach dem mittelalterlichen Philosophen Wilhelm von Ockham genannt, auch wenn die Begrifflichkeit nicht von ihm selbst stammt (vgl. Mukerij 2017: 51f.). Im Kern geht es darum, alle unnötigen Stützargumente und Annahmen auszuschließen und dann die Argumentation zu prüfen.

☞ Fragen Sie nach unterschiedlichen Optionen und prüfen Sie, wie viele Annahmen sie bestätigen muss, um sie erklären zu können.

---

[71] Die Begründung ist frei erfunden. Allerdings sind Verschwörungstheorien, die auf „ChemTrails" beruhen, durchaus existent (vgl. zu den Belegen auch Skudlarek 2021: 53).

7.3. Der Umgang mit (wissenschaftlichen) Quellen

Zu einer guten Argumentation gehört auch immer, sich auf valide Daten zu stützen und transparent mit Quellen umzugehen. Mir ist dabei bewusst, dass dies Recherche- und damit Arbeitsaufwand bedeutet. Dennoch ist es unerlässlich, die eigene Argumentation sachlich/fachlich abzusichern.

Aber woran kann ich bei dem überbordenden Angebot an Informationsquellen, die sich im Zweifelsfalle wechselseitig zitieren, eine valide Quelle erkennen? Was gehört sozusagen zum Qualitätsstandard für die sachliche Prüfung von Argumenten?

Dazu einige grundlegende Punkte:

- Versuchen Sie immer Fakten und Wertung/Interpretation voneinander zu trennen. Versuchen Sie sich zunächst ein Bild davon zu machen, was gesicherte Tatsachen sind („Was ist geschehen?").
- Prüfen Sie immer, dass genaue Quellen genannt werden, die existieren. Ein pauschaler Hinweis auf „Expert:innen" reicht nicht aus.
- Wenn Sie Behauptungen potenziell für unwahr halten oder sie zu glatt in ein politisches Narrativ passen, sehen sich sich auch an, ob Sie bei „Faktenfinder"-Seiten Hinweise auf Fake-News finden. Bekannte Faktenfinder sind z. B. bei der dpa, ARD, den Volksverpetzern oder correctiv.org zu finden.
- Prüfen Sie, wie plausibel die Position ist. Je mehr (unwahrscheinliche) Annahmen vorausgesetzt werden müssen, desto genauer sollten Sie prüfen.
- Der „Expert:innen-Status" ist ein nicht-qualifizierter Begriff. Um so wichtiger ist, zu überprüfen, worauf sich der Expert:innen-Status gründet: Forscht diese Person zu dem entsprechenden Gebiet? Welche Veröffentlichungen hat sie im einschlägigen Bereich? Ist sie an einer Hochschule, Universität oder anerkannten Forschungseinrichtung tätig? Sind Veröffentlichungen in wissenschaftlichen Zeitschriften erschienen, die entsprechende Prüfverfahren haben?

- Verlassen Sie sich bei wichtigen Aussagen nicht darauf, dass Expert:innen-Ergebnisse auch richtig zitiert werden. Prüfen Sie sie sicherheitshalber selbst nach.
- Prüfen Sie, ob es Auftraggeber:innen für die Studie gegeben hat. Auftragsforschung muss zwar nicht falsch sein, aber dann sollten doch weitere (möglichst unabhängige Studien) gesucht werden.
- Eine valide Quelle wird immer sowohl die eigene Position belegen, als auch widersprechende Daten einordnen. Auf jeden Fall lohnt es sich einen Überblick zu verschaffen, ob die zitierte Quelle auch durch andere Studien gedeckt wird.

Die Fragen, die sich wohl viele Menschen stellen dürften, die sich ehrenamtlich mit politischen Inhalten beschäftigen und argumentieren, liegen auf der Hand: Wie soll ich eine solche Recherche zeitlich überhaupt stämmen können? Wie soll das in das schmale Zeitbudget passen? Geht es nicht auch einfacher?

Ich habe für diese Fragen sehr viel Verständnis. Meiner Einschätzung nach hängt eine Antwort von drei Faktoren ab.

Der **erste Faktor** ist die Einschätzung der Fehlerwahrscheinlichkeit.

Wenn Sie sich auf

- öffentlich-rechtliche Quellen oder namentliche Artikeln in anerkannten Zeitungen/Zeitschriften beziehen (z. B. Süddeutsche, Frankfurter Allgemeine Zeitung, Frankfurter Rundschau, Die Zeit, TAZ, dpa etc.[72]),
- in denen selbst unterschiedliche Studien benannt werden,
- unterschiedliche Sichtweisen dargestellt werden und
- die Schlüsse der schreibenden Person deutlich gekennzeichnet werden,

---

[72] Explizit nenne ich hier nicht die Bild-Zeitung und „Die Welt". Meine Vorsicht diesen beiden überregionalen Blättern gegenüber beruhen auf den Recherchen von Thomas Laschyk in seinem lesenswerten Buch (Laschyk 2024: 99-123).

ist vermutlich das Fehlerrisiko vertretbar, zumindestens, wenn es um eine politische und nicht um eine wissenschaftliche Argumentation geht.

Der **zweite Faktor** ist die Transparenz: Benennen Sie immer, woher Sie Ihre Informationen beziehen. Dadurch bleibt es überprüfbar. Wer immer zweifelt, hat einen Anhaltspunkt, der Sache nachzugehen. Gleiche Transparenz dürfen Sie auch von allen Anderen erwarten.

Der **dritte Faktor** ist die Effizienz: Handelt es sich um ein Thema, mit dem Sie häufiger zu tun haben, lohnt sich ein direkter (und regelmäßiger) Blick in unterschiedliche Studien und Quellen. Handelt es sich um einen eher einmaligen Blick, so reicht ein oberflächlicher Blick. Je nach politischer Ausrichtung lohnt sich zudem ein Blick auf gut aufbereitete Statistiken bei vertrauenswürdigen Instituten (aus gewerkschaftlicher Sicht beispielsweise Daten der Hans-Böckler-Stiftung, des Instituts für Makroökonomie und Konjunkturforschung etc.).

☞ Arbeiten Sie transparent mit Quellen und überprüfen Sie die Quellen anhand von Kriterien, bevor Sie sie zitieren.

⚒ **Arbeitshilfe 17**: Checkliste für die Verwendung von Quellen und Zitaten (**X.3.17.**)

7.4. Traditionen prüfen

Ein klassisches Totschlag-Argument lautet: „Das haben wir schon immer so gemacht." In diesem Fall gilt: Ob etwas bereits lange so ist, sagt noch nichts über die Qualität aus. Es handelt sich also im ersten Schritt einmal um ein irrelevantes Argument.

Daher macht es Sinn, die Gründe für die Tradition zu erfragen. Aus welchen Gründen wurde die Tradition begonnen? Gilt dieser Grund fort? Gibt es inzwischen auch andere (bessere) Optionen und Gründe?

Wenn Ihnen selbst das Argument vorgehalten wird, handelt es sich zumeist um eine Verteidigungshaltung der Anderen. In diesem Fall geht es dann darum, die andere Seite für eine Diskussion zu öffnen. Dies können Sie erreichen, in dem Sie die Tradition als eine mögliche Option explizit benennen und dazu einladen, möglichst viele unterschiedliche (möglichst starke) Optionen zu sammeln.

☞ Fragen Sie immer, welche Begründung es für eine Tradition gibt und bestehen Sie auf das Denken in unterschiedlichen Optionen.

7.5. Auf Bestätigungsfehler hin prüfen

Besonders herausfordernd sind in der Argumentation die so genannten Bestätigungsfehler („confirmation biases") (vgl. Mukerij 2017: 202-219). Im Kern geht es darum, dass ein an sich falscher Schluss bestätigt wird, ohne es (neuerlich) zu prüfen oder alternative Erklärungen abzuwägen.

Einen solchen Bestätigungsfehler beschreibt bereits der Psychologe und Kommunikationswissenschaftler Paul Watzlawick: Wird eine Ratte konditioniert, einen Hebel zu drücken um Futter zu erhalten, dann könnte sie auch den umgekehrten Lerneffekt behaupten: Ich habe den Menschen konditioniert, mir immer dann Futter zu geben, wenn ich den Knopf drücke (Watzlawick 2007: 57).

Bestätigungsfehler können unterschiedliche Quellen haben: Es kann sich um Wahrnehmungs-, Erinnerungs- und Interpretationsfehler handeln (vgl. Mukerij 2017: 204).

Wahrnehmungsfehler beruhen zumeist auf Filtern, die wir anwenden. Konzentriere ich mich auf einen bestimmten Wahrnehmungsfokus, nehme ich andere Dinge nicht mehr wahr. Gerade wenn wir unter Druck stehen, kann das zu einer verengten Wahrnehmung führen. Wahrnehmungsfehler können am besten vermieden werden, indem andere Beteiligte gefragt werden oder Wahrnehmungen außerhalb der Drucksituation noch einmal überprüft werden.

Erinnerungsfehler beruhen darauf, dass das Gehirn nicht abspeichert, wie es gewesen ist, sondern Erinnerungen konstruiert und aktualisiert werden. Erinnerungsfehler können kaum ausgeschlossen werden. Vorbeugend kann es aber durchaus helfen, sich ein gutes Wissensmanagement (Notizsystem) zuzulegen.

Interpretationsfehler beruhen darauf, dass wir an Hypothesen, wieso sich etwas so (und nicht anders) verhält, festhalten. Ein berühmtes Beispiel ist ein Experiment, dass der Psychologe Paul Watzlawick durchgeführt hat (Watzlawick 1976): „Im Rahmen eines Experiments bat er seinen Kollegen, den klinischen Psychiater Don D. Jackson (…), ein Gespräch mit einem Patienten zu führen, der offensichtlich an Wahnvorstellungen litt. Dieser Patient, so erklärte Watzlawick seinem Kollegen, hielt sich selbst für einen klinischen Psychiater. Jackson wusste nicht, dass es sich bei dem Patienten tatsächlich um einen anderen klinischen Psychiater handelte, der die gleiche Aufgabe bekommen hatte." (Mukerij 2017: 92) Die beiden Psychiater hielten beide an ihrer Einschätzung fest, dass es sich um Wahnvorstellungen handele. Selbst vernünftige Gegenargumente konnten dadurch erklärt werden.

Interpretationsfehler lassen sich dadurch vorbeugen, dass ich (durchaus gemeinsam mit Anderen) in einem Denkraum alternative Hypothesen sammle, die das Phänomen oder Verhalten auch erklären könnten.

> ☞ Verlassen Sie sich nicht auf Ihre erste Wahrnehmung, Erinnerung oder Interpretation. Nutzen Sie stattdessen unterschiedliche Daten und nutzen Sie das Denken in Alternativen, gern auch mit Anderen.

7.6. Framing-Effekte prüfen

Die Verpackung eines Arguments beeinflusst die Entscheidung, wie wir sie wahrnehmen. Was für Waren gilt, gilt genauso für Argumente. Sie können Daten und Fakten durchaus korrekt, aber doch sehr unterschiedlich in der Wirkung darstellen.

Ich gebe Ihnen dazu ein Beispiel: Laut offizieller Angaben hatte Ende 2022 1 von 5.000 Personen oder 0,02 % schwerwiegende Impfnebenfolgen bei einer COVID-19-Impfung in Deutschland gezeigt[73]. Das ist ein vergleichsweise niedriger Wert.

Diesen Umstand kann ich allerdings auch anders verpacken: Somit hatten ca. 13.000 Personen schwerwiegende Impfnebenfolgen durch eine COVID-19-Impfung in Deutschland erlitten. Dieser Wert ergibt sich, wenn wir alle Personen berücksichtigen, die eine Grundimmunisierung erhalten hatten (63,5 Millionen).[74] Es gibt also eine große Anzahl an Impfschäde. Unabhängig davon, wie Sie die Zahlen verpacken: Hinter jeder Zahl steht ein menschliches Schicksal und die dringende Frage, wie wir als Gesellschaft mit Menschen würdig und

---

[73] Quelle: www.zusammengegencorona.de, Abrufdatum: 26.10.2022. Allerdings handelt es sich dabei nur um gemeldete Fälle und ein ursächlicher Zusammenhang wird dafür nicht geprüft.

[74] Quelle: www.impfdashboard.de, Abrufdatum: 26.10.2022

anständig umgehen, die in Not und Leid geraten sind, bleibt immens wichtig. Dennoch: Wie die Zahlen dargestellt werden, kann somit sehr unterschiedliche Schlüsse nahelegen.

Dabei konnten Tversky und Kahneman nachweisen, dass Verluste stärker als Gewinne in der Wahrnehmung ankommen.[75] Dadurch sind diejenigen im Vorteil, die einen Verlust oder eine negative Wirkung beschreiben. Umso wichtiger ist, sich die unterschiedlichen Darstellungen genau anzusehen und sich dann eine Meinung zu bilden. Das gilt sowohl für eigene Darstellung, aber noch mehr bei der Überprüfung fremder Argumente.

Framing-Effekte sind ein mächtiges Phänomen, weil sie Wahrnehmungen einschränken und Wertungen präjudizieren können. So hat Thomas Laschyk überzeugend und faktenreich herausgearbeitet, dass nicht einzelne Fakten oder Fakes populistische und extremistische Positionen stärken, sondern die immer wieder bedienten Frames (Laschyk 2024: 27): „Ob eine Meldung wahr ist oder nicht, spielt bei der Verbreitung der Desinformation keine so große Rolle. Viel relevanter ist das Framing." Um eine Einschätzung zu haben, ist es daher immer notwendig, sich nicht nur eine Zahl anzusehen, sondern sie ins Verhältnis zu setzen.

☞ Vertrauen Sie nicht der Verpackung von Argumenten oder einzelnen Zahlen.

7.7. Prüfen von Erzählebenen – klare Regieanweisungen

Neben den logischen Aspekten gehören in der argumentativen Steuerung auch immer pragmatische Aspekte zum erfolgreichen Argumentieren dazu. Eine besondere Herausforderung ist dabei die Klarheit der Regie. Damit ist gemeint, dass die Zuhörer:innen immer wissen, wo Sie sich gerade befinden: Stellen Sie

---

[75] A. Tversky und D. Kahneman, „The Framing of Decisions and die Psychology of Choice", Science 211 (4481), 1981, 453-458; hier zitiert nach Mukerij 2017: 139.

gerade eine historische Situation dar? Springen Sie gerade in eine vergangene Zeit? Stellen Sie gerade eine eigene Wertung oder Schlussfolgerung dar oder die einer anderen Person?

Eine saubere Regieführung in der eigenen Argumentation zu haben, mag banal wirken, ist aber vor allem basal.

Lassen Sie mich dazu einmal kurz die Erzähltheorie heranziehen: In der Erzähltheorie unterscheidet man in diesem Bereich das „auktoriale" von dem „personalen" Erzählen.

„Personales Erzählen" liegt dann vor, wenn aus der Sicht eines Akteurs/einer Akteurin erzählt wird (also zum Beispiel in der „dritten Person" oder auch als „Ich-Erzähler:in"). Die Erzähler:in ist dann Teil der Geschichte.

Das „auktoriale Erzählen" hat eine erzählende Person, die nicht Teil des Erzählten ist, sondern den (Wertungs-)Rahmen setzt.

Lassen Sie uns einmal auf diese beiden Erzählperspektiven anhand eines (erfundenen) Beispiels sehen:

„Auktoriale Erzählform":

„Unsere Geschichte beginnt mit einem großen Schrecken. Er widerfuhr Antonin Willibuhr um 07.32 Uhr. Antonin Willibuhr nahm es mit der Zeit sehr genau, wenn es um ihn selbst, aber auch wenn es um andere ging. Doch dürfen wir es nicht als Spießigkeit betrachten: Nein, hätte man ihn gefragt, so hätte er gesagt, dass er Respekt vor der Zeit von Menschen hätte. Dieser Respekt dränge ihn zur Genauigkeit. Antonin Willibuhr war also weise und verschroben. Tun wir ihm den Gefallen: Es war also 07:32 Uhr, ganz genau."

Personale Erzählform:

„Antonin Willibuhr bekam einen riesigen Schreck. Instinktiv sah er auf die Uhr. Es war 07:32, als er den Schreck bekam. Antonin Willibuhr hatte Respekt. Respekt vor der eigenen Zeit und der anderer Menschen. Deswegen sah er auf die Uhr. „07:32 – großer Schreck", notierte er in seinem Gedächtnis. 07:32, ganz genau."

Die beiden Erzählperspektiven kommen in der Literatur regelmäßig vor und erzielen unterschiedliche Wirkungen auf die Leser:innen.

In politischen Argumentationen und Reden werden die Erzählperspektiven ebenso verwendet. Das ist dann kein Problem, wenn es eine klare Regieführung in der Rede gibt.

Unklarheiten bei der Regieführung können aber verheerende Missverständnisse mit sich bringen. Ein besonders bekanntes Beispiel ist die Rede, die der damalige Bundestagspräsident Dr. Philipp Jenniger am 10.11.1988 im Deutschen Bundestag bei der Gedenkfeier zur Reichsprogromnacht 1938 hielt (vgl. Jenninger 1988).

Jenninger verlas ein durchaus komplexes Redemanuskript, das mit Zitaten und unterschiedlichen zeitlichen Ebenen nur so gespickt war. Er setzte sich in diesem Zusammenhang deutlich gegen die nationalsozialistische Ideologie ab und für Demokratie und Menschenwürde ein.

Dennoch wurde seine Rede zu einem großen Fiasko, das zu seinem Rücktritt am nächsten Tag führte. Der Grund lag in der Art des Vortrags (also auf der pragmatischen Ebene).

Jenninger hatte in seiner Rede versucht, die Sichtweise von Täter:innen und Mitläufer:innen darzustellen und verständlich zu machen. Er bediente sich dazu auch der Sprache und Denkweisen der Nationalsozialist:innen und zeichnete sie nach. Er verurteilte zwar die Denk- und Sichtweisen deutlich, machte dabei aber verheerende Fehler, da er

- die sprachlichen Ebenen (Erzählen vs. Wertung) stimmlich und vom Redegestus in einer monotonen Redeweise verwischte. Die Regieanweisungen gingen so unter.

- über längere Passagen personales Erzählen verwendete. So konnten die Hörer:innen seine Intention („verstehen", aber nicht „rechtfertigen") missverstehen.

- wertende Begriffe der Nationalsozialist:innen so zitierte, dass man meinen konnte, er eigne sie sich an.

- so komplexe Sätze verwendete, dass sie für ein reines Zuhören kaum geeignet waren.

Sie können die Regieführung stärken. Dazu einige Tipps:

☞ Machen Sie transparent, was Sie vorhaben. Je heikler das Sujet, desto präziser (z.B. „Ich will Ihnen eine Geschichte erzählen…"; „Ich will versuchen, die Sache aus der Sicht von XY darzustellen. Danach komme ich zu meiner Einschätzung und meinen politischen Forderungen."; „Was schließe ich politisch aus dem Erzählten?").

☞ Verwenden Sie unterschiedliche Sprach- und Stimmniveaus für unterschiedliche Ebenen Ihrer Argumentation oder Rede.

☞ Allgemein kann man sagen: Auktoriales Erzählen ist dann besonders wichtig, wenn von Begebenheiten und Verhaltensweisen erzählt wird, die kritisch gesehen werden. Personales Erzählen empfehle ich eher fein dosiert zu verwenden. Es erfordert deutlich mehr Aufmerksamkeit Ihrer Zuhörer:innen und sollte nur dann verwendet werden, wenn man sich mit Handelnden identifizieren kann. Eine Ausnahme macht personales Erzählen, wenn man aus der „Ich-"Perspektive erzählt, z.B. um eigene politische Motivationen zu begründen oder Lernerfolge zu dokumentieren.

☞ Springen Sie nicht zu häufig zwischen den Ebenen hin und her.

8. Argumentative Steuerung in der Kommunikation

Bei einzelnen Argumenten oder auch Argumentationsketten hört die Argumentation nicht auf – gerade Diskussionen und Debatten leben von Rede und Gegenrede. Ausgeklügelte Argumente können da schnell ins Wanken kommen und wie ein Haus aus Bauklötzchen zusammenfallen.

In solchen Fällen müssen wir – wie etwa im Straßenverkehr – flexibel reagieren. Dann kommt es nämlich weniger auf vorgefertigte Argumente, denn auf eine gute Steuerung an.

Bevor wir in die Frage der „Steuerung" einsteigen noch ein wichtiger Hinweis: Klären Sie immer vorab, in welcher Art von Veranstaltung Sie argumentativ unterwegs sein werden und ob sie dies wollen.

Es macht einen erheblichen Unterschied, ob Sie im Rahmen einer Debatte an einem Schlagabtausch, ob Sie zu einer (klärenden) Diskussion eingeladen sind oder ob Sie auf einer Bühne für Ihre Position werben dürfen. Alle Fälle bedürfen der Steuerung.

Als Faustregel kann ich Ihnen mitgeben:

In **Debatten** geht es darum, im Eingangsstatement einen knackig argumentierten Überblick zu geben und in der Debatte selbst Argument und Gegenargument in kurzen Sequenzen zu platzieren.

In **Diskussionen** geht es darum, entweder eine gemeinsame Sichtweise oder einen geordneten Dissens zu erschließen. Dazu trägt eine gelingende Mischung zwischen „Erkunden" und „Plädieren" bei. Diskussionen sind damit die Form, in der Zeit sein sollte, Argumentationswegen in Ruhe nachzugehen.[76]

Für Ihre argumentative Steuerung gibt es hilfreiche Instrumente. Zunächst möchte ich Ihnen acht Erfolgsfaktoren für überzeugende Auftritte mit auf den Weg geben. Diese Erfolgsfaktoren haben vor allem mit Ihrer Haltung als redende oder argumentierende Person zu tun.

Danach möchte ich Ihnen vier Instrumente vorstellen, mit denen Sie diese Haltung in die Tat umsetzen und repräsentieren können: Das Höhensteuer[77], der Einsatz von „Erkunden" und „Plädieren", die nonverbale Körpersteuerung und die Moderation. Ein weiterer wesentlicher Aspekt ist die Frage, wie ich mit Störungen umgehen kann. Dazu möchte ich Ihnen weitere Interventionen und Denkweisen an die Hand geben, mit denen Sie im Fall von Störungen (re)agieren können.

8.1. Acht Erfolgsfaktoren für überzeugende Auftritte

Wenn es um überzeugende Statements geht, denken viele an gute Argumente, ausgebuffte rhetorische Mittel und einen siegreichen Schlagabtausch mit den politischen Gegner:innen.

---

[76] Mein persönlicher Eindruck ist, dass wir es – gerade in Medien und Politik – weit überwiegend mit öffentlichen Debatten zu tun haben. Politische Diskussionen finden deutlich seltener statt, obwohl sie der eigentliche Kern deliberativer Demokratie sind. Diskutieren als kooperative Arbeitsweise wird allerdings auch kaum gelehrt und gelernt. Für mich ist das einer der Gründe für Politikverdrossenheit, aber auch der Sehnsucht nach einer anderen Politik.

[77] Diese Technik wird im Neurolinguistischen Programmieren „Chunken" genannt (vgl. Dressel 2022: 34-39). Ich verwende hier lieber den Begriff „Höhensteuer", weil er eingängiger ist.

Ich bin der festen Überzeugung, dass es darum – wenn überhaupt – nur am Rande geht. Um in Veranstaltungen erfolgreich und überzeugend zu sein, kommt es auf insgesamt gelingende Kommunikation ('Vergemeinschaften' politischer Ziele und Konzepte) an.

Überzeugung strahlen Sie aber weniger über Logik, denn über Verhalten und Haltung aus. Wer sympathisch wirkt, hat deutlich bessere Chancen, dass Argumente durchdringen können.

Schon Schulz von Thun hat in seiner Kommunikationspsychologie berechtigt darauf hingewiesen, dass Kommunikation immer einen Sach- und einen Beziehungsaspekt beinhaltet und der Beziehungsaspekt in der Regel über Erfolg oder Misserfolg kommunikativer Akte entscheidet.

In diesem Zusammenhang sehe ich 8 Erfolgsfaktoren für eine gute Gestaltung des Beziehungsaspekts:

- **Wertschätzung und Fairness**: Begegnen Sie allen auf Augenhöhe und mit Respekt. Das gilt für die Menschen, die Ihnen zuhören, wie für politische Mitbewerber:innen. Im Kern gilt der Leitsatz: Seien Sie freundlich zu Menschen, aber klar und ggf. hart in der Sache.
- **Dankbarkeit**: Dass sich Menschen für Ihre Positionen interessieren und sich auch für Demokratie einsetzen, ist keine Selbstverständlichkeit. Dass Menschen, Veranstaltungen organisieren, bei denen Sie für Ihre politischen Positionen werben können oder diese bereit sind, Ihnen zuzuhören, auch nicht. Die Haltung sollte daher sein: Dankbar für das Engagement und für die Möglichkeit reden zu dürfen.
- **Kommunikation ist nicht Einbahnstraße**: Überzeugende Auftritte hängen davon ab, wie wir es schaffen, eine Beziehung zu den Anwesenden aufzubauen. Daher: Fragen Sie nach, zeigen Sie Interesse, nutzen Sie Fragen zum Kontaktaufbau. Das hilft dabei, dass Menschen Ihren politischen Positionen anschließend ebenso zuhören. Wer

Interesse zeigt, dem oder der wird auch viel eher Interesse entgegengebracht.

▪ **Den richtigen Fokus wählen**: Konzentrieren Sie sich nicht auf den Kampf mit Mitbewerber:innen, sondern auf die Überzeugung derer, die Sie erreichen können. Auch im Publikum: Konzentrieren Sie sich auf Menschen, die Ihnen Interesse entgegenbringen. Diese können Sie überzeugen.

▪ **Meinungsverschiedenheiten ansprechen**: Es ist gut und richtig, dass es unterschiedliche Meinungen gibt. Wichtig ist: Fakten können „richtig" oder „falsch" sein. Politische Meinungen aber sind weder „richtig" noch „falsch", sondern hängen von politischen Zielen und überzeugender Argumentation ab.[78] Daher gilt: Stehen Sie zu Ihren Positionen und begründen Sie sie, werten Sie aber andere Meinungen nicht als „falsch" ab. Wenn Sie eine Argumentation nicht überzeugt, dann sagen Sie, welche Argumentation Sie einleuchtender finden („Ich bin da folgender/anderer Meinung…"). Und noch dazu: Jede Person, die Andere angreift, erreicht dadurch ungewollt auch eine Solidarisierung mit der angegriffenen Person. Diesen Effekt sollten Sie vermeiden. Wenn es sich aber um falsche Tatsachenbehauptungen (und nicht um Meinungen) handelt, können Sie sie mit Verweis auf ihre Quelle berichtigen.

▪ **Allwissend gibt's nicht**: Sie werden und können nicht alles wissen. Aber: Wenn Sie mal etwas nicht wissen, nutzen Sie es als Gelegenheit, Kontakt herzustellen und zu zeigen, dass Ihnen Antworten geben zu können auch nach der Veranstaltung wichtig ist.

▪ **Nutzen Sie Ihre Stärken und Ihre Politikfelder**: Nutzen Sie Ihre Gewinner:innen-Themen und machen Sie sie stark. Versuchen Sie die

---

[78] Richtigerweise verweist Detjen (Detjen 2014a: 97f.) darauf, dass es üblich ist, die eigene Meinung aufzuwerten (oder zu überhöhen), die Meinung der Anderen aber abzuwerten (oder zu verunglimpfen) und bei Nachteilen der eigenen Meinung das Publikum zu beschwichtigen. Diese Strategie ist sicherlich erlaubt, dennoch halte ich sie für unklug. Ich empfehle daher aus dem Spiel von Aufwertung, Abwertung und Beschwichtigung auszusteigen.

Zeit zu begrenzen, in der die Gewinner:innen-Themen der anderen Seite diskutiert werden. Abwehrkämpfe lenken die Aufmerksamkeit weg von Ihren Themen.

- **Selbstsicherheit „Ja!", Überheblichkeit „Nein!"**: Sie sind ggf. die Bewerber:in einer Partei oder ein:e gewählte:r Amtsträger:in – das sind Sie aus gutem Grund. Also: Sie können das und das können Sie auch vermitteln!
  Aber Sätze wie „Ich bin der/die beste Kandidat:in.", „Ich bin Ihr:e nächste:r Abgeordnete:r", „Ich bin der/die Beste." sind aus einem einfachen Grund problematisch: Sie behaupten etwas, was nicht von Ihnen selbst, sondern nur demokratisch entschieden werden kann.

Ob Sie ein:e brilliante:r Redner:in sind oder nicht, ohne den Beziehungsaspekt positiv zu gestalten, dringen Sie zu Ihren Hörer:innen nicht durch.

☞ Achten Sie auf eine gute Gestaltung des Beziehungsaspekts!

8.2. Das Höhensteuer

Das Höhensteuer ist ein Instrument, bei dem Sie über den Grad von Abstraktion und Spezifikation das Gespräch steuern. Es kann Sie unterstützen die Themen und Argumente ins Rampenlicht zu bringen, die für Sie besonders wirkungsvoll sein sollen.

Das Höhensteuer stellt sicher, dass Sie jeweils auf der richtigen Flughöhe unterwegs sind. Es kennt drei Richtungen: nach oben, nach unten oder seitwärts.

Nach oben steuern Sie, wenn Sie allgemeiner werden („luftige Höhen"). Wenn Sie beispielsweise von der Schulklassengröße hin zur Chancengleichheit wechseln, so steuern Sie weiter nach oben.

Nach unten steuern Sie, wenn Sie spezifischer werden, also in Richtung des Besonderen gehen. Wenn Sie zum Beispiel das Thema „Steuergerechtigkeit" diskutieren und dann das Ehegattensplitting als Beispiel kritisch unter die Lupe nehmen, dann steuern Sie nach unten.

Wenn Sie zur Seite steuern wollen, macht es meistens Sinn zunächst einmal nach oben zu steuern und dann wieder spezifischer zu werden. Wenn Sie in einem Gespräch bei dem Thema „Kinderfreibetrag" sind, so können Sie es als Beispiel für das Thema Familienförderung nehmen und dann als weiteres Beispiel die Anzahl von Betreuungsplätzen in Kitas vor Ort ansprechen. Sie sind dann zunächst nach oben und dann zur Seite gesteuert.

Wie Sie wissen, gehen wir in der politischen Rhetorik immer davon aus, dass wir Wirkung und Ziel im Auge haben sollten. In der Abbildung 20 sehen Sie, wie Ihnen das Höhensteuer dabei helfen kann, Ihr Ziel zu verfolgen und die gewünschte Wirkung zu erzielen.

Richtung	Wirkung	Einsatz
oben	Abstrakter und zumeist größere Zustimmung von den Zuhörenden.	<ul><li>Wenn ich mehr Zustimmung generieren will.</li><li>Bei Themen, in denen die andere Seite höhere Wirkung mit Einzelargumenten erzielt.</li><li>Wenn ich das Thema wechseln will, also danach seitwärts gehen will.</li></ul>
unten	Unterschiede werden wahrgenommen.	<ul><li>Wenn ich mein Profil besonders stärken will.</li><li>Bei Themen, in denen ich höhere Wirkung mit Einzelargumenten erziele.</li><li>Wenn ich das Thema beibehalten („vertiefen") möchte.</li></ul>
seitwärts	Das Feld breiter machen, neue Perspektiven gewinnen.	<ul><li>Wenn Sie auf ein für Sie besseres Feld führen wollen.</li><li>Um weitere Beispiele für die Werteebene, die Sie vertreten, anzuführen.</li></ul>

Abb. 20: Richtung, Ziel und Wirkung beim Einsatz des Höhensteuers

☞ Setzen Sie das Höhensteuer mit Blick auf Ihr Ziel und Ihre Wirkung ein.

Das Höhensteuer ist sowohl in Debatten als auch Diskussionen ein hilfreiches Steuerungsinstrument. Vor allem in Debatten, in denen verschiedene Themen bearbeitet werden und in dem Sie Ihre Themen stark und die Ihrer Kontrahent:innen kurz halten wollen, ist das Höhensteuer hilfreich.

8.3. Das Steuern mit „Erkunden" und „Plädieren"

Im *Workbook zur fünften Disziplin* findet sich ein basales und ebenso herausforderndes Arbeitssetting: Die qualifizierte Diskussion (Ross 2008: 446-454). Das Setting soll dazu beitragen, eine ideale Sprechsituation zu ermöglichen, wie sie philosophisch von Jürgen Habermas in den wissenschaftlichen Diskurs eingebracht worden ist:

> „Die ideale Sprechsituation schließt systematische Verzerrung der Kommunikation aus. Nur dann herrscht ausschließlich der eigentümlich zwanglose Zwang des besseren Arguments, der die methodische Überprüfung von Behauptungen sachverständig zum Zuge kommen läßt und die Entscheidung über praktische Fragen rational motivieren kann.
> Nun gehen aus der Kommunikationsstruktur nur dann keine Zwänge hervor, wenn für alle Beteiligten eine symmetrische Verteilung der Chancen, Sprechakte zu wählen und auszuüben, gegeben ist. Dann besteht nicht nur universale Austauschbarkeit der Dialogrollen, sondern effektive Gleichheit der Chancen bei der Wahrnehmung der Dialogrollen (…)." (Habermas 2009: 148f.)

Das Setting der „Qualifizierten Diskussion" unterscheidet zwei Modi, mit denen wir Diskussionen gestalten: Den Modus des Erkundens und den Modus des Plädierens.

Der Modus des **Plädierens** meint, dass die Person die eigene Argumentationsweise stark macht und für die eigene Position werben kann. Der Modus des **Erkundens** meint, dass die andere Person durch Rückfragen, aktives Zuhören und Mitdenken die Positionierung der anderen Person zu verstehen versucht. Plädieren sollte also immer nur eine Person zur gleichen Zeit und andere sollten zu diesem Zeitpunkt den erkundenden Modus wählen.

Der Zusatz „qualifiziert" ist dabei durchaus multivalent: Es bezieht sich sowohl auf Diskussionspartner:innen, die sich selbst qualifiziert steuern können müssen. Es bezieht sich aber auch darauf, dass inhaltliche Qualifikation wechselseitig unterstellt werden können muss.

Ziel einer so gesteuerten Diskussion ist es, durch Zusammenarbeit der Beteiligten **alle** vertretenen Positionen zu würdigen und sie so stark wie möglich zu machen. Dabei sollte für alle Beteiligten präsent sein, dass Verstehen und Mitdenken keinesfalls Zustimmung bedeutet. Diskussion und Entscheidung sollten immer sauber voneinander getrennt werden.

Qualifiziert zu diskutieren ist meiner Einschätzung nach so etwas wie die König:innen-Disziplin der Demokratie. Sie gelingt nur in wenigen Zusammenhängen, kann aber enorm bereichernd sein.

Die sieben Erfolgsfaktoren für ein Gelingen qualifizierter Diskussionen sind meiner Erfahrung nach, dass

1. alle Beteiligten eine qualifizierte Diskussion führen wollen und wissen, wie es geht.
2. immer klar ist, wer und dass nur eine Person zugleich plädiert.
3. die Beteiligten wissen, wie sie „plädieren" und „erkunden" können.
4. es eine moderierende Person gibt, ggf. auch als rotierende Funktion der Teilnehmenden.
5. die verschiedenen Denkoptionen visualisiert werden.
6. ggf. ein die Argumentation strukturierendes Element eingesetzt wird (z. B. Argumentationslandkarten für die unterschiedlichen Positionen).
7. es möglichst wenig oder keinen Zeitdruck gibt.

Auch wenn Sie sich nicht komplett in dem Setting einer „qualifizierten Diskussion" bewegen, sollten Sie Diskussionen (nicht Debatten!) über eine Mischung aus „Erkunden" und „Plädieren" steuern.

Dazu noch ein Tipp: Wer zuerst erkundet, hat in der Regel gleich drei Vorteile: Erstens kann diese Person dadurch die Steuerung übernehmen. Zweitens gewinnen Sie besser Anknüpfungspunkte für die eigene Argumentation. Drittens erhöhen Sie die Wahrscheinlichkeit, dass die anderen Diskutant:innen Ihnen zuhören, da sie selbst vorher ihre Position bereits äußern konnten.

☞ Klären Sie für sich immer, wann es Sinn macht zu plädieren oder zu erkunden. Machen Sie auch andere darauf aufmerksam.

☞ Plädieren Sie in der Regel nicht zuerst, sondern nutzen Sie für Ihre Argumentation, was sie von den Anderen erfahren haben.

☞ Stellen Sie die qualifizierte Diskussion in Gremien vor und erproben Sie sie in gesonderten, von Abstimmungen abgetrennten Tagesordnungspunkten.

8.4. Steuern mit Körpersprache

Sei es nun Diskussionen oder Debatten: Je präsenter Sie wirken, desto eher wird ihre Argumentation Gehör finden. Präsenz erreichen Sie dabei zuallererst über Körpersprache[79]. Körpersprachliche Steuerung hat zudem zwei große

---

[79] Bei Körpersprache handelt es sich um so genannte „analoge" Kommunikation, die ohne Entschlüsselung, zumeist unmerklich wahrgenommen und verstanden wird. So können beispielsweise auch Tiere „analog" kommunizieren. Die Unterscheidung wurde von Paul Watzlawick in die Diskussion eingeführt (Watzlawick/Beavin/Jackson 2007: 68).

Vorteile: Sie wird intuitiv von allen wahrgenommen und sie ist nicht (oder kaum) eskalativ.

Wenn Sie sich (und wenn es gut läuft, auch die Debatte und Diskussion) steuern wollen, dann unterscheiden Sie deutlich zwischen einer Zuhör- und einer Rede-Körperhaltung. Je hitziger die Debatte oder Diskussion, umso mehr achten Sie darauf, den Wechsel von der einen in die andere Haltung bewusst und mit Zeit auszuführen und während des Wechsels nicht zu sprechen.

Die **Rede-Position** sollte dabei die persönliche Präsenz möglichst erhöhen und dazu eine gute Atmung und Stimme bereichern.

Wie sitze ich richtig in der Redeposition? Bauen Sie Ihre Sitzposition von unten (Füße) nach oben (Kopf) auf. **Für die Haltung des Unterkörpers**: Setzen Sie sich entspannt und grade hin. Die Füße sollten etwa schulterbreit auseinander stehen. Die Beine sollten sich in einem 90° Winkel befinden. Das gelingt Ihnen, wenn Sie auf der Stuhlkante sitzen. Ihr Becken sollte leicht nach vorne fallen. Durch diese Haltung des Unterkörpers lassen Sie Platz für eine gute Atmung. **Für die Haltung des Oberkörpers**: Stellen Sie sich dazu vor, dass am höchsten Punkt ihres Kopfes ein Faden befestigt ist, der sie in die Höhe zieht. Dadurch, dass Sie sich den Faden vorstellen, verspannen Sie sich im besten Fall nicht. Wenn Sie die Schultern nach oben ziehen und dann entspannt nach hinten fallen lassen, sichern Sie, dass Sie präsent wirken, aber sich nicht im Schulter- und Nackenbereich verspannen.

Für die Präsenz ist zudem der Augenkontakt wichtig: Sehen Sie die Menschen an, mit denen Sie debattieren oder diskutieren.

Für die **zuhörende Position** wählen Sie eine Körperhaltung, in der Sie bequem sitzen. Das Zuhören signalisieren Sie durch Blickkontakt und Mimik und bei eigenen Redebeiträgen ggf. damit, dass Sie Ihren Anknüpfungspunkt an das vorher Gesagte benennen[80].

Für die Körpersteuerung gilt: Je aufgeregter eine Debatte oder Diskussion wird, desto wichtiger wird die Körpersteuerung, um sich zu behaupten. Je entspannter, fairer und geordneter eine Diskussion oder Debatte verläuft, desto mehr kann auch auf die Körpersteuerung verzichtet oder sie doch deutlich eingeschränkt werden.[81]

8.5. Moderation als Steuerung

Das vierte Steuerungsinstrument ist eine sehr häufig genutztes: Die Steuerung wird auf eine Person konzentriert, die nicht oder nur eingeschränkt selbst argumentiert und plädiert.

Die Rolle der moderierenden Person auszufüllen, bedarf viel Kompetenz, Einfühlungsvermögen und – je nach Setting – Erfahrung, aber vor allem anderem der guten Vorbereitung. Eine ausführliche Darstellung moderativer Steuerung würde hier den Rahmen sprengen.[82] Deshalb beschränke ich mich auf einige allgemeine Hinweise:

1. Behandeln Sie alle Personen gleichermaßen freundlich und respektvoll.
2. Klären Sie vor jeder Diskussion und Debatte das genaue Ziel und stellen Sie sicher, dass es allen Teilnehmenden präsent ist. Achten Sie auch während der Diskussion oder Debatte auf Ihr Thema.

---

[80] In Debatten haben Sie in der Regel nicht länger als 30-60 Sekunden Zeit für einen Redebeitrag. Daher lassen viele den Anknüpfungspunkt weg.

[81] Wenn Sie Fernsehdebatten sehen, wird Ihnen nur selten ein Wechsel zwischen Rede- und Ruhehaltung auffallen. Das hat einen einfachen Grund: Hier erzeugt die Kameraführung die Präsenz. Da dann Redende in Nahaufnahme gezeigt werden, würde eine Redehaltung leicht als aggressiv missverstanden werden können.

[82] Eine ausführlichere Darstellung finden Sie im Rahmen des I.D.E.E.-Konzepts (Gombert/Sander 2020).

3. Achten Sie darauf, alle gleichermaßen einzubeziehen und durch „Erkunden" die jeweilige Positionierung verständlich werden zu lassen.
4. Für Diskussionen bietet es sich immer an, die unterschiedlichen Argumentationen zu visualisieren.
5. Je nach Größe der Gruppe können Sie noch eine Person bitten, die Redereihenfolge zu notieren. So können Sie sich besser auf die Gruppe konzentrieren.
6. Wenn Sie selbst inhaltlich etwas beitragen wollen, melden Sie sich und setzen sich erkenn- bzw. hörbar auf die Redeliste. Achten Sie bitte darauf, dass Sie sich nur im Ausnahmefall inhaltlich beteiligen. Dies gilt vor allem bei strittigen Diskussionen und noch mehr bei Debatten.

Lassen Sie uns aber einmal eher auf die wahrscheinlichere Situation eingehen: Sie sind als teilnehmende Person bei einer moderierten Debatte oder Diskussion. Auch dann können Sie nämlich sich selbst mit Hilfe der Moderation steuern. Dazu einige Überlegungen.

Unterscheiden Sie Ihre Anliegen: Beim Wunsch nach Steuerung ist die moderierende Person für Sie im Fokus, wenn Sie argumentieren wollen, die Personen, die Sie überzeugen wollen.

Das klingt banal, ist es aber keineswegs. Nehmen wir den öffentlichen Teil einer Ratssitzung oder auch eine Podiumsdebatte[83]. Zwar werden Sie ggf. auf politische Widersacher:innen antworten, doch Ziel ist es natürlich, Bürger:innen

---

[83] Ich verwende hier bewusst nicht den üblicheren Begriff der Podiumsdiskussion. Faktisch ist bei so genannten Veranstaltungen weniger das Ziel, ein gemeinsames Verständnis für ein Thema zu erarbeiten, sondern doch eher der Schlagabtausch zum Zweck der eigenen Profilbildung.

und Unentschlossene von Ihrer Position zu überzeugen. Insofern müssen Sie Ihrer Zielgruppe Blickkontakt anbieten.[84]

Moderierende Personen sind für Sie ein wichtiger Teil der Steuerung. Natürlich melden Sie sich bei der moderierenden Person zu Wort und dürfen erwarten, dass sie dafür sorgt, dass Redeanteile fair verteilt werden und das Thema im Blick behalten wird.

Was geschieht aber bei den Wortbeiträgen anderer? Hier ist es zunächst fair, Blickkontakt der redenden Person anzubieten und damit Zuhören zu signalisieren und zudem der redenden Person die Bühne zu überlassen, also selbst in der zuhörenden Position zu bleiben. Wechselseitig dürfen Sie von den anderen Personen das gleiche faire Verhalten bei Ihren Wortbeiträgen erwarten.

Nicht alle Debattierenden verhalten sich allerdings fair. Wenn Sie es mit einer (notorisch) vielredenden Person zu tun haben, die die wechselseitige Fairness missachtet, steuern Sie anders. Hier ist der Blickkontakt zur moderierenden Person ein Mittel überlange Redebeiträge zu reduzieren. Sie nehmen damit (was im Normalfall unfair wäre) der notorisch redenden Person die Bühne und erhöhen den Druck auf die moderierende Person einzugreifen, also ihren Job zu machen. Wenn Sie unterbrochen werden, müssen Sie situativ und für sich passend entscheiden.

Folgende Reaktionsmöglichkeiten haben Sie bei einer Unterbrechung:

---

[84] Im Fall von Fernsehdebatten verhält es sich anders. Hier verstehen sich Zuschauer:innen nicht als direkte Teilnehmende. Sie wollen im Zweifelsfalle beobachten, ohne selbst bemerkt zu werden. Ein Blickkontakt mit der Kamera kann insofern als Bruch ankommen. Da zudem die Redenden häufig in Nahaufnahme gezeigt werden, kann der direkte Blickkontakt als übergriffig wahrgenommen werden. Daher macht es bei Fernsehdebatten Sinn, eher den Mitdebattierenden bzw. der moderierenden Person den Blickkontakt anzubieten. Eine Ausnahme gibt es: Bei Kandidat:innen-Debatten wird das Schluss-Statement als direkte Ansprache mit Blick in die Kamera gesprochen.

- Begeben Sie sich in die Ruhehaltung und machen sich bei der moderierenden Person bemerkbar, dass Sie Ihren Redebeitrag noch fortsetzen wollen. Setzen Sie Ihren Redebeitrag fort, wenn Sie erneut das Wort erhalten. (**defensiv**)
- Begeben Sie sich in die Ruhehaltung, machen sich aber bei der moderierenden Person bemerkbar. Weisen Sie dann zu Beginn ihres Redebeitrags auf Ihre Fairness hin und bitten darum, dass diese erwidert wird. (**niedrig-eskalativ**)
- Gehen Sie auf die Meta-Ebene und wenden sich an die moderierende Person: „Ich wünsche mir, dass wir uns ausreden lassen. Ist das in Ihrem Sinne?" Sie verpflichten damit die moderierende Person, Farbe zu bekennen und einzugreifen. (**mittel-eskalativ**)
- Ein häufiges Mittel bei Unterbrechungen in politischen Debatten ist, dass die unterbrochene Person das letzte Wort so lange wiederholt, bis sie die Bühne wieder für sich hat. Ob man dieses Mittel einsetzen will, ist eine Geschmacksfrage. (**hoch-eskalativ**)

Wie stark Sie eine Unterbrechung eskalativ beantworten wollen, bleibt Ihnen selbst überlassen. Meine persönliche Erfahrung möchte ich Ihnen aber auch benennen: Sehen Sie nicht so sehr auf den/die Aggressor:in, sondern auf die Wirkung bei den Zuhörer:innen. Häufig werden diese eine ruhigere und besonnenere Reaktion als Stärke wahrnehmen.

8.6. Umgang mit Diskussions- und Debattentechniken

Nicht alle Diskussions- und Debattenredner:innen müssen an einem fairen Austausch interessiert sein. Manche verwenden auch Diskussions- und Debattentechniken, die weniger auf die Stärkung der eigenen Argumentation, denn auf die Schwächung der anderen Teilnehmenden abzielen. Ob Sie solche Techniken verwenden wollen (und wenn ja, welche), müssen Sie selbst entscheiden. Techniken zu verwenden und in Debatten gewinnen zu wollen, ist nicht verboten. Ich persönlich empfehle Ihnen allerdings Vorsicht walten zu lassen. Konzentrieren Sie sich eher darauf, selbst überzeugend zu argumentieren und Ihre Wirkung auf das Publikum im Blick zu behalten. Damit haben Sie im Zweifelsfalle schon ein wenig zu tun. Angriffe können zwar einen Sieg in der Sache, aber eine Niederlage bei den Sympathiewerten zeitigen.

Dennoch hilft es allemal die Diskussions- und Debattentechniken zu kennen, auch um von ihnen nicht überrascht zu werden, sondern sie zu kontern. In der Abbildung 21 finden Sie eine tabellarische Aufstellung von Diskussions- und Debattentechniken[85] und mögliche Reaktionen. Die möglichen Reaktionen habe ich so gefasst, dass sie selbst nicht angreifend, aber standfest wirken können.

Technik	Beschreibung	Ziel	Konter
Bestreiten von Sachverhalten	Andere:r bestreitet die Tatsachen	Sie bzw. Ihr Argument soll unglaubwürdig gemacht werden	„Ich beziehe mich da auf Daten von... - Worauf beziehen Sie sich?"
Vorschlagen einer alternativen Ursache	Andere:r behauptet eine Ursache, die seiner/irer politischen Position eher entspricht.	„Kapern" der gegnerischen Position für eigene Zwecke.	„Ich habe eine andere Einschätzung, was die Ursache angeht, freue mich aber, dass Sie meiner Position zustimmen."

---

[85] Die Liste der Diskussions- und Debattentechniken ist angelehnt an die Ausführungen von Joachim Detjen (Detjen 2014a: 129-140). Detjen wertet den Einsatz der Techniken allerdings nicht. Die Tabelle selbst habe ich allerdings daraus entwickelt. Dafür ist Detjen also nicht verantwortlich.

Technik	Beschreibung	Ziel	Konter
Aufforderung zur Differenzierung	Andere:r will in das Thema tiefer einsteigen.	Zugeständnisse erhalten oder Thema vertiefen, da andere:r es für ein eigenes Gewinner:innen-Thema hält oder andere Themen ausblenden will.	„Danke für Ihr Interesse. Ich kann das gern weiter ausführen…" (Fortführung) „Danke für Ihr Interesse. Ich möchte aber auf einen anderen Punkt hinaus…" (Wechsel)
Analogien bilden	Andere:r führt ein anderes Beispiel an.	Es kann sein, dass der/die Andere mit dem Beispiel ihr Argument ad absurdum führen will. Ggf. kann es auch einen Themenwechsel einleiten.	„Vergleiche sind immer schwierig, weil wir jedem Einzelfall gerecht werden müssen. Mir wäre es lieber, wenn wir uns folgenden Aspekt näher ansehen…"
Ausweichen auf Nebensächlichkeiten	Andere:r weicht auf aus Ihrer Sicht unwichtige Details aus.	Diskussion/Debatte totlaufen lassen.	„Ich halte das für einen untergeordneten Punkt. Lassen Sie uns doch zum Kern der Sache kommen."
Retourkutschenkritik	Andere:r wirft Ihnen vor, das Gleiche zu tun, was Sie selbst kritisieren.	Wechsel auf die persönliche Ebene; Angriff auf die Glaubwürdigkeit/ Wahrhaftigkeit.	„Ich möchte mich nicht von persönlichen Angriffen von dem wichtigen Thema ablenken lassen. In der Sache…"
Umkehrung der Beweislast	Andere:r begründet nicht die eigene These,	Ablenken von eigener	„Danke für die Gelegenheit, meine Position in

Technik	Beschreibung	Ziel	Konter
	sondern fordert Sie auf, sich zu rechtfertigen.	argumentativer Schwäche.	der Sache zu begründen." „Ihre Position überzeugt mich nicht. Meine Position ist... Die Gründe sind..."
Vorschnelle Verallgemeinerung	Andere:r greift sich einen Einzelfall heraus und verallgemeinert ihn.	Schneller Abschluss der Diskussion und/oder Behaupten einer Position als alternativlos.	„Das ist ein Einzelfall. Wir sollten uns die Mühe machen, da differenzierter hinzusehen."
Verwirrende Äußerungen	Andere:r verwirrt durch abwegige Kommentare, Nebensächlich-keiten, vermischt Nicht-Zusammen-hängendes.	Zeit gewinnen oder vom Diskussions-thema ablenken.	„Von den Punkten, die Sie genannt haben, greife ich Folgenden auf..." („Rosinen-Picken") „Ich möchte einen anderen Punkt machen..." (Themenwechsel)
Persönliche Angriffe (Ad-Personam-Technik)	Andere:r verwendet persönliche Beleidigungen (z. B. Vorwürfe wie fehlende Sachkenntnis, fehlende Glaubwürdigkeit, Vorwurf der Lüge)	Ablenken von Inhalten. Zustimmung von Menschen erhalten, die Politiker:innen-Schelte mögen.	„Ich verwahre mich gegen persönliche Angriffe von Ihnen. Lieber spreche ich über Inhalte..." (Grenze setzen) „Persönliche Angriffe retten keine schlechte Argumentation. Lassen Sie uns auf

Technik	Beschreibung	Ziel	Konter
			die Argumentation sehen…" (Gegenangriff in der Sache)
Isolieren durch negative Etikettierung	Andere:r bezeichnet Sie mit herabsetzenden Begriffen (z. B. Gutmensch, Traumtänzer:in; Schaum-schläger:in etc.)	Ziel ist es, die Glaubwürdigkeit zu untergraben und bei einem Klientel zu punkten, das Politiker:innen-Schelte schätzt.	Je nach Etikett: „Ich bin kein XY, sondern ein:e Politiker:in, der/dem das Thema YZ am Herz liegt und dies sachlich diskutieren will." „Danke, dass Sie mich einen Gutmensch nennen. Als Schlechtmensch ließe ich mich auch ungern beschimpfen. Zurück zur Sache…"
Widerlegen einer Sache ad absurdum („Pappkameraden-Technik")	Andere:r greift Ihr Argument auf und führt es so weiter, dass es unsinnig wird oder fasst es falsch zusammen.	Widerlegen Ihres Arguments	„Sie spitzen mein Argument falsch zu. Mein Argument beruht auf Folgendem…" „Danke, dass Sie ein potenzielles Missverständnis meines Arguments benennen. Richtig ist…"

Technik	Beschreibung	Ziel	Konter
Nachteile/Kehrseite hervorheben	Andere:r beschreibt tatsächliche oder vermeintliche Nachteile Ihrer Position.	Schwächung Ihrer Position	„Diese Einwände beantworte ich gern..." Vermeintliche Nachteile widerlegen. Tatsächliche Nachteile zwar benennen, aber danach die schwerwiegenderen Vorteile benennen.
Behaupten der gegenteiligen Schlussfolgerung	Andere:r bestätigt Ihr Argument, behauptet aber eine andere (gegenteilige) Schlussfolgerung	„Kapern" ihres Arguments oder aber Verwirrung stiften, weil der/die Andere argumentativ unterlegen ist.	„Sie teilen also meine Argumente, wollen aber das Gegenteile tun. Ich halte das für unlogisch. Hier noch einmal mein Argument: Behauptung, Begründung, Schlussfolgerung."
Ausweichen ins Allgemeine	Andere:r weicht einer weiteren Diskussion zu diesem Punkt aus, in dem er/sie auf allgemeine Werte/Punkte wechselt.	Themenwechsel	Ergebnis sichern und dann Themenwechsel mitgehen oder eigenes Thema vorschlagen: „Lassen Sie mich festhalten XY. Zu Ihrem allgemeinen Punkt ein Beispiel..."

Technik	Beschreibung	Ziel	Konter
Rückgriff auf Autoritäten	Andere:r verweist auf eine Autorität und meint, damit sei sein/ihr Argument abgesichert.	Vermeiden, dass Argumente geprüft werden.	„XY in allen Ehren. Ich würde mit Ihnen aber gern auf das Argument selbst schauen…"
Immunisieren der eigenen Auffassung	Andere:r garniert seine/ihre Position mit Wertungen, die alternative Einschätzungen verhindern sollen (z. B. Unsere einzige Möglichkeit; Ethisch vertretbar ist nur…)	Anderer Argumentationen und Abwägungen sollen direkt ausgeschlossen oder als ethisch nicht vertretbar gebrandmarkt werden.	„Wir sind auch für XY. Wir sind nur der Auffassung, dass wir es auf einem anderen Weg erreichen." „Das Schöne an der Demokratie ist ja, dass wir zwischen unterschiedlichen Wegen und Ideen wählen können. Folgenden schlage ich vor…"
Ausweichen auf sachfremde Gebiete	Andere:r wechselt abrupt auf ein gänzlich anderes Thema	Themenwechsel auf ein für Andere:n gelegeneres Thema	„Ein interessanter Aspekt. Lassen Sie mich aber noch einmal zu XY zurückkehren."
„Bandwagen-Technik" (nach Detjen 2014a: 138)	Andere:r verbindet eine positive Gruppen-zugehörigkeit mit seiner Position (z.B. „Alle klar denkenden Menschen mit Herz und Verstand wissen…)	Einschmeicheln beim Publikum	„Ich denke, dass das Publikum aus erwachsenen Demokrat:innen besteht, die sich eine Meinung bilden. Ich werbe bei **Ihnen** also für folgende Position."

Abb. 21: Diskussions- und Debattentechniken und mögliche Reaktionen

Neben diesen möglichen Reaktionen auf einzelne Diskussions- und Debattentechniken bleibt noch die Frage, wie allgemein der Aufbau einer Erwiderung sein sollte. Prenzel hat dafür ein hilfreiches Strukturierungsmodell, die Triple-A-Methode, entwickelt (vgl. Prenzel 2024: 69):

1. **„Aussage voranstellen"** – Dabei ist nicht ein einzelnes Argument, sondern eine Botschaft gemeint, die übergreifender ist und einer Sentenz ähnelt, z. B.: „Ich bin der Auffassung, dass Menschen in Not geholfen werden muss."

2. **„Anerkennung vermitteln"** – Hierbei geht es darum, Gesprächspartner:innen Wertschätzung zu signalisieren, z.B.: „Ich kann Deine Sorgen sehr gut nachvollziehen." Ggf. kann hier auch auf eine Gemeinsamkeit hingewiesen werden: „Ich mache mir auch Sorgen, wie sich der Arbeitsmarkt entwickelt."

3. **„Argument einbringen"** – Hier geht es darum, ein Argument einzubringen, z. B.: „Fakt ist doch aber auch, dass unser Gesundheitssystem ohne zugewanderte Menschen zusammenbräche."

9. Umgang mit Einwänden, Kritik und Störungen

Ein Angsttraum: Ich stehe auf der Bühne, meine Rede zum schwierigen Thema habe ich gemeistert. Ist das nun höflicher oder vorsichtig zustimmender Applaus? Egal – Einstieg in die Diskussion. Wieder erhebt sich diese eine Person, siegesgewisses Lächeln. Adrenalin, Kampfstellung. Die Person redet und das Publikum jubelt. Mir fällt nichts mehr ein. Blackout. Pfiffe. Ende.

Solche Angstträume im stillen Kämmerlein kennen vermutlich viele Politiker:innen und Menschen, die politische Reden halten wollen.

Vielleicht einmal vorab: Träume sind Träume – Realität werden sie glücklicherweise deutlich seltener. Aber sie belasten uns. Und daher finde ich es ebenso berechtigt wie sinnvoll, sich damit zu beschäftigen, wie wir uns davon entlasten können.

Meiner Erfahrung nach helfen dabei drei Dinge: Haltung bzw. Einstellung, positive Erfahrung und einige Kommunikationstechniken.

9.1. Auf die Haltung kommt es an?! – ein Gruß vom Avatar im Kopf

Bevor wir uns dieses Angstthema für viele Redner:innen ansehen, möchte ich Sie auf einen Umweg zum Ziel einladen. Antworttechniken sind nämlich nur eine Seite der Medaille. Die andere Seite ist die Denkweise, mit der wir in Konflikte hineinschliddern. Meine persönliche Erfahrung ist, dass diese beiden Seiten der Medaille unmittelbar zusammenhängen.

Deswegen starten wir die Reise in das Tal der Tränen, Widersprüche, Kritik und Störungen mit einer Alltagssituation.

Abb. 22: Die querparkende Person

„Wieso stellt sich dieser XXX so auf den Parkplatz? Merkt der gar nicht, dass er damit mindestens vier Parkplätze für andere besetzt. Hält sich wohl für etwas Besseres. Der will bestimmt provozieren. Sonst parkt man doch nicht so."[86]

Eine alltägliche Szene – meine Frau und ich treffen beim Spazierengehen einen anderen Spaziergänger. Dieser echauffiert sich über den/die Fahrer:in des orangenen Wagens.

Was ist nun geschehen? Analytisch sind gleich zwei Dinge geschehen: Innerhalb der Person des Spaziergängers und zwischen uns Spaziergänger:innen.

Zwischen uns Spaziergänger:innen: Um es einmal etwas theoretisch zu formulieren. Der Spaziergänger versucht, mit uns kurzzeitig eine Gemeinschaft zu gründen und nutzt dazu ein recht beliebtes Mittel: Eine (moralische)

---

[86]   Hierbei handelt es sich nicht um den genauen Wortlaut der Person.

Negativabgrenzung von anderen. In diesem Fall konnte er das gefahrlos tun, weil er uns aus unserem Auto hatte aussteigen sehen – also keine Gefahr, den oder die falsche Person („Falschparker:in") zu erwischen. Es war zudem gefahrlos, weil der Wagen tatsächlich nach allen Regeln der Kunst ungünstig geparkt war.

Ob wir nun erfolgreich vergemeinschaftet sind, ist gar nicht so erheblich – schließlich ist es eine flüchtige Begegnung.

Innerhalb der Person des Spaziergängers: Doch sehen wir uns kurz einmal genauer die Äußerung an. Darin passiert zweierlei: Eine Interpretation (bzw. Unterstellung) und eine Umdeutung. Die Interpretation/Unterstellung ist, welche Gedanken sich die parkende Person gemacht haben soll. Die Umdeutung ist, dass es sich dabei um einen bewusst auf uns bezogenen Akt handele. Es wird also direkt auf die eigene Person bezogen.

Sowohl die Unterstellung als auch die Umdeutung hat mit der dort parkenden Person im Übrigen relativ wenig zu tun: Es handelt sich sozusagen um einen Avatar in unserem Kopf. Das Schwierige daran: Wir neigen dazu den Avatar mit der realen Person gleichzusetzen. Das Positive daran: Wie wir den Avatar im Kopf modellieren ist unser eigenes Bier.

Nun ist mir durchaus bewusst, dass wir gar nicht darauf verzichten können, das Geschehen um uns herum zu interpretieren. Das ist sogar überlebenswichtig. Nur wenn wir schnell interpretieren, können wir auch Gefahrensituationen verstehen und entsprechend reagieren. Aber: Nicht jede Erklärung oder Interpretation muss für uns hilfreich sein.

Das Schöne daran ist: Wir sind darin frei, wie wir etwas interpretieren. Daher hilft es, auch Interpretationen zu versuchen, die das Verhalten der anderen Seite nicht als Angriff deuten. Es kann sich ja auch um einen (unglücklichen) Lösungsversuch für ein eigenes Problem handeln.

Versuchen wir unser Glück einmal bei der beschriebenen Situation. Die parkende Person könnte beispielsweise Nacken- und Rückenprobleme haben. Das Auto ist älter und besitzt keine Rückfahrkamera. Tatsächlich ist diese Art zu parken die einzige Möglichkeit, ohne rückwärts zu fahren ein- und auszuparken. Zudem ist noch eine weitere Parkmöglichkeit am Rand und die Uhrzeit und Wetter lassen nicht viele Spaziergänger:innen erwarten, die hier ihr Auto abstellen wollen.

Ich behaupte im Übrigen keineswegs, dass es sich so verhält. Aber: Für viele (nicht alle) kann eine solche Erklärung das Kopfschütteln verringern. Wir befinden uns dann nicht mehr im Konflikt mit dem Avatar der autofahrenden Person in unserem Kopf.

Nun handelt es sich nur um ein Beispiel, aber es ist durchaus exemplarisch. Auch in (politischen) Diskussionen gehen wir den eigenen Interpretationen und Unterstellungen ebenso auf den Leim wie den Umdeutungen.

☞ Gehen Sie Ihren eigenen Unterstellungen nicht auf den Leim – ersetzen Sie sie durch positive. Über den Avatar im Kopf können Sie selbst bestimmen. Nutzen Sie dazu eher positive Unterstellungen.
☞ Beziehen Sie Probleme nicht auf sich als Person.

Aber gibt es nicht auch frontale Angriffe, die auf mich bezogen sind. Sozusagen „voll auf die Zwölf"? Natürlich gibt es das – wenn auch viel seltener als unsere Avatare glauben machen.

Auch im Fall von direkten Angriffen helfen uns Denkweisen und Haltung weiter. Diese sind:

☞ Trennen Sie Person von Verhalten: Sie können das Verhalten durchaus zurückweisen und dennoch Respekt gegenüber der angreifenden Person zeigen. Das hilft vor allem Ihnen!

174

☞ Sie erhalten die Chance, sich der Kritik zu stellen – in vielen anderen Fällen wird Ihnen Kritik gar nicht direkt gesagt. Sie haben also die Chance, selbst zu handeln und etwas klarzustellen.

Gerade der erste Tipp ist gewöhnungsbedürftig: Ich soll auch noch Verständnis zeigen?! Was?! Wieso sollte das hilfreich für mich sein? Ich versuche es mal mit einem Bonmot: „Wer Feinde hat, schläft schlechter.‟

Ein Angriff durch eine Person kann viele Gründe haben: Sie haben einen wunden Punkt getroffen, die Person muss Dampf ablassen und Sie bieten sich gerade an, sie werden gerade mit einer anderen Person identifiziert, die angreifende Person kämpft gerade mit einem eigenen Avatar im Kopf usw.

Ein einzelner Angriff muss allerdings noch nicht heißen, dass die andere Person ein persönlicher Feind von Ihnen ist oder wird.

Zunächst einmal: Einwände und Kritik gehören einfach in der lebendigen Demokratie dazu. Im besten Fall lassen Sie sie selbst nicht zu Störungen werden, sondern nutzen sie als Chance, Ihre Position zu verdeutlichen.

Bevor es um einzelne Instrumente geht, wie Sie professionell und angemessen reagieren können, macht es Sinn ein paar Denkweisen anzusprechen, die meiner Einschätzung nach eine Art Kompass sind, mit denen Sie durch schwierige Fahrwasser navigieren können:

- **Widersprüche und Störungen gehören dazu – sie sind eine Chance!** Auch wenn es seltsam klingt: Widersprüche und Störungen geben Ihnen die Chance, sich als professionelle, freundliche und sachliche Politiker:innen zu zeigen. Sie haben zudem in der Regel den Vorteil der Gruppendynamik auf Ihrer Seite: Wer angegriffen wird, mit dem solidarisieren sich viele.
- **Ob es eine Störung ist, darüber entscheiden Sie selbst mit.** Auch das klingt seltsam, aber wenn Sie eine Unterbrechung als Lösungspause

oder Klärungszeit nehmen, überträgt sich die Ruhe auch auf Ihr Publikum.

- **Die Lautesten vertreten nicht zwingend die Mehrheitsmeinung.** Insofern lassen Sie sich nicht ins Bockshorn jagen. Harte Widersacher:innen werden Sie nicht auf Ihre Seite ziehen können, sondern diejenigen, die offen oder noch unentschieden sind.

- **Reagieren Sie überraschend, um Muster zu durchbrechen.** Wenn Sie für die Person, die Sie unterbricht, überraschend reagieren, so verschafft Ihnen das einen Vorteil, weil es die andere Seite aus dem Konzept bringt. Solche Reaktionen können zum Beispiel sein: „Danke für die Frage."; eine Pause/ Moment der Stille einlegen; der Person die große Bühne nehmen, in dem Sie zu ihr hingehen und sie in ein kurzes 2-er-Gespräch verwickeln, dass die Anderen mithören können.

Bei vielen Einwände und Unterbrechungen geht es darum, die eigene Überraschung zu überbrücken, um das Heft des Handelns zurückzugewinnen. Dabei können eintrainierte Reaktionen und Sätze helfen. Diese können je nach Situation passend gewählt werden.

Bei allen Interventionen gilt: Sie sollten ernst gemeint sein und auf Respekt gegenüber Menschen beruhen, ohne damit deren Meinungen oder Positionen zu bestätigen oder zu übernehmen.

☞ Nicht selten sind Einwände, Kritik und Störungen vorhersehbar. Daher lohnt es sich im politischen Team mögliche Einwände, Kritik und Störungen zu besprechen und dann verschiedene Reaktionen und ihre Wirkungen zu durchdenken.

⚒ **Arbeitshilfe 19**: Widersprüche und Angriffe vorausdenken und vorbereitet reagieren (**X.3.19.**)

9.2. Acht und vier Interventionen/Werkzeuge bei Widerspruch

Neben diesen Denkweisen gibt es natürlich auch konkrete Instrumente und Interventionsmöglichkeiten. Insgesamt zwölf Werkzeuge möchte ich Ihnen dabei vorstellen. Acht davon halte ich persönlich für besonders erfolgversprechend. Vier weitere können wirksam sein, beinhalten aber auch gewisse Risiken.

Die acht hilfreichen Werkzeuge:

Beim **(entgiftenden) Spiegeln** geht es um zwei Dinge: Zeit zum Nachdenken zu gewinnen und den Gedanken des Gegenübers sachlich umzuformulieren. Ein Markersatz ist: „Wenn ich Sie richtig verstehe, dann wünschen Sie sich…"

Gemeinsame Ziele herausfiltern: Wir **unterscheiden Interessen** („Wofür ist das gut?") und **Positionen**. Selbst bei abwegigen/ konträren Positionen kann häufig ein Interesse herausgefiltert werden, das man teilt bzw. akzeptiert. Das Interesse kann anerkannt und die abweichende Position benannt werden.

Störungen einfach ansprechen: Die Störungen wertungsfrei ansprechen und eine Lösung anstoßen. Beispiel: „Vielleicht warten wir einen Moment, bis alle einen Platz gefunden haben. Schön, dass Sie da sind."

Die **LIMO-Technik** ist eine Antworttechnik in vier Schritten: Loben – Interesse zeigen – Mut zeigen – Organisieren. Diese Antworttechnik hilft emotionalen Druck herauszunehmen.

Team nutzen und Hilfe (vorab) organisieren: Wenn Sie sich vorher mit anwesenden Freund:innen absprechen, kann jemand aus Ihrem Team direkt anschließend an eine kritische Frage eine für Sie gute Frage einbringen. Dadurch sind Sie bei Ihrer Antwort flexibler. Ggf. können Sie auch die moderierende Person ansprechen.

Auf eigene Themen umlenken: In manchen Fällen macht es Sinn, kurz Verständnis für die Position zu zeigen und dann auf einen eigenen Aspekt umzulenken. Beispiel: „Ich kann Ihre Sorge nachvollziehen. Was mich bei diesem Thema noch mehr besorgt…"

Notbremse einsetzen: Gerade bei Anwürfen oder verletzenden Äußerungen können Sie mit einer Notbremse reagieren. Das bedeutet: Pause einlegen und bewusst durchatmen. Das verschafft Ihnen Zeit und zeigt dem Publikum, dass eine Grenze überschritten wurde. In der Pause können Sie überlegen, ob Sie darauf eingehen wollen: „Ich versuche mal in der Sache zu antworten…" oder darüber hinwegzugehen „Ich mache bei folgendem Punkt weiter".

Werte und dann Position benennen: Wenn es direkte Angriffe gibt, kann ein Zweischritt helfen: „Mir persönlich ist ein fairer Umgang miteinander wichtig. In der Sache bin ich anderer Meinung als Sie…" Dieser Zweischritt benennt Unterschiede und wirkt daher klar, aber nicht aggressiv.

Natürlich gibt es noch weitere Interventionsmöglichkeiten bei Störungen. Zu nennen sind zum Beispiel „Humor", „Gegenangriffe", „Überspitzungen/Ironie" oder „Gegenfragen". Zunächst sind diese Mittel nicht verboten, aber sie haben negative Nebenwirkungen:

„Humor" kann tatsächlich wunderbar entspannend wirken, aber er ist auch Geschmackssache und kann schnell auch dazu führen, dass sich Menschen nicht ernst genommen fühlen oder den Humor nicht teilen.

„Gegenangriffe" können schnell zur Solidarisierung des Publikums mit der Gegenseite führen. Dies wiegt umso schwerer, weil von vielen eine asymmetrische Konstellation zwischen Redner:in und dem Publikum gesehen wird. Als Redner:in verfügen Sie in der Redesituation über mehr Rede- und

Gestaltungsmacht. Die „schwächere Seite" anzugreifen empfinden viele daher als „unsportlich" und nicht souverän.

„Überspitzungen/Ironie" haben häufig eine ähnliche Wirkung. Zudem werden sie nicht von allen Beteiligten verstanden und können im Nachhinein leicht als „falsche Zitate" weiterverwendet werden.

„Gegenfragen" können durchaus ein sinnvolles Mittel sein (z. B.: „Wieso das?"; „Wofür ist das gut?"; „Wie kommen Sie zu dieser Meinung?"). Aber: Sie bringen damit Ihren Konterpart weiter ins Spiel. Insofern bieten sich Gegenfragen vor allem dann an, wenn Sie die Gegenargumente nachher aufgreifen und in Ihrer Argumentation entkräften wollen.

9.2. Umgang mit falschen Zitaten und Fake News[87]

Zu einem der unangenehmsten Themen in der Politik gehören für politisch Aktive Fake News, die auf Sachverhalte oder (noch schlimmer) auf die eigene Person bezogen sind.

Soweit es sich um eine Redesituation handelt, in denen Ihnen Fake News auf Sachinformation oder eigene Person entgegenschlagen, haben Sie einen großen Vorteil, weil Sie direkt reagieren können (und sollten). Einspruch ist hier in den allermeisten Fällen angesagt: „An dieser Stelle muss ich etwas richtig stellen. Die Behauptung XY, die YZ unterstellt, ist falsch. Richtig ist Folgendes.".

Auch wenn Sie in klassischen Zeitungen und redaktionellen Angeboten angegangen werden, haben Sie Anspruch, dass eine Gegendarstellung abgedruckt oder – im Online-Angebot – eine Information richtiggestellt wird. Wie gut damit eine Desinformation eingedämmt werden kann, sei allerdings dahingestellt.

---

[87] Im Teil **II** finden Sie allgemein zu Fake News weiterführende Informationen und Reaktionsmöglichkeiten.

In sozialen Medien stellt es sich deutlich schwieriger dar. Natürlich können Sie selbst entsprechende Fake News kommentieren, Desinformationen bei den Plattformen melden, im Fall von Beleidigungen, Verleumdungen oder Volksverhetzung eine Anzeige bei der Polizei erstatten. Politisch ist das wichtig, um es wahrscheinlicher zu machen, dass Social Media als rechtlich normierter Raum wahr- und ernstgenommen wird. Für diesen Kampf braucht es allerdings einen langen Atem und die Erfolgsaussichten sind nicht wirklich rosig.

10. Mit Argumentationen online und offline wirken

Generell unterscheiden sich Redebeiträge online und in Präsenz nicht wesentlich. In beiden Fällen geht es darum, eine positive Präsenz zu entwickeln. Die Mittel, diese positive Präsenz zu entwickeln, sind aber unterschiedlich.

Bei „**analogen**" Veranstaltungen kann die positive Präsenz unter anderem durch folgende Mittel erreicht oder verstärkt werden:

Nehmen Sie sich die Zeit Redebeiträge in einem festen 4-Schritt zu beginnen: Einrichten – Ausrichten – Blickkontakt/Ausatmen und einatmen lassen/ Lächeln – Los.

- Achten Sie auf eine **gute Körperhaltung** und eine **ruhige Atmung** (vgl. **Teil V**).
- Unterscheiden Sie in der Körperhaltung deutlich eine „Rede-Körperhaltung" von einer „Zuhör-Körperhaltung". Damit geben Sie sich selbst und den anderen Beteiligten klare körpersprachliche Signale.
- Nehmen Sie **Blickkontakt** mit Menschen auf oder bieten Sie ihn zumindestens an. Wenn Sie aufgeregt sind, können Sie zunächst Blickkontakt mit Ihnen wohl gesonnenen Menschen aufnehmen und zu ihnen sprechen. Generell können Sie die „M- oder W-"Regel nutzen. Wenn Sie im Laufe Ihres Redebeitrags vorne links, hinten links, in der Mitte, hinten rechts und vorne rechts Blickkontakt zu Einzelnen aufgenommen haben, werden sich ein Großteil angesehen fühlen.
- Egal, ob Sie mit Stichwortzetteln oder sonstigen Hilfsmitteln arbeiten, lassen Sie sich Zeit, sie zu nutzen. Machen Sie dann **eine Pause** und fahren danach in Ruhe fort.
- Achten Sie auf die „optische Rhetorik" – In Ihrer Kleidung sollten Sie sich wohl fühlen, und sie sollte für die Veranstaltung angemessen sein (vgl. Teil **VI**).

Diese allgemeinen Tipps gelten in der Regel auch für Online-Runden. Dort kommen allerdings weitere Aspekte für eine positive Präsenz hinzu.

In der Regel hilft auch hier, zwischen **„Rede-"** und **„Zuhör-Körperhaltung"** zu unterscheiden. Dabei ist psychologisch wichtig zu wissen, dass Kameras in der Regel Personen deutlich näher zeigen, als wir in realen Situationen den Personen kämen. Das kann unterbewusst bedrohlich wirken. Diesen negativen Effekt können Sie reduzieren.

Für das **Zuhören** bietet sich an, etwas schräg zur Kamera zu sitzen und „in das Bild hineinzuschauen". Das wirkt weniger frontal und massiv. Für eigene **Redebeiträge** empfehle ich Ihnen, etwa im goldenen Schnitt des eigenen Bildes (und nicht mittig) zu sitzen. Das lässt Ihrem Publikum die Chance, das Bild anzusehen, aber auch an Ihnen „vorbeizuschauen". Zu Beginn, zwischendrin und gegen Ende von Redebeiträgen sollten Sie mit einem Lächeln in die Kamera sehen. Dadurch signalisieren Sie, dass von Ihnen keine Gefahr ausgeht. Dazwischen ist es völlig in Ordnung, wenn Sie die Video-Kacheln der Anderen ansehen und damit nicht direkt in die Kamera sehen.

Sowohl eine vertretbare **Kamera** als auch ein gutes **Mikrofon** sollten dazu gehören. Bitte berücksichtigen Sie dabei, dass viele Endgeräte eher ausreichend gute Kameras verbaut haben, aber an den Mikrofonen potenziell gespart wird. Daher lohnt sich zumeist in erster Linie ein externes Mikrofon und in zweiter Linie dann eine externe oder zusätzliche Kamera. Die Qualität des eigenen Videos hängt – kameraunabhängig – stark von den Lichtverhältnissen ab. Stark vereinfacht: Je gleichmäßiger hell der Raum, desto besser die Bildqualität. Dazu muss es nicht unbedingt ein Podcast-Studio sein.

Eine umstrittene Frage ist regelmäßig, ob **mit oder ohne Hintergrundbild** gearbeitet werden sollte. Verfechter:innen von Hintergrundbildern halten diese für ein Anzeichen von Professionalität. Gegner:innen finden, dass der Originalhintergrund authentischer wirke. Egal, wie Sie selbst entscheiden, gilt: Wenn, dann durchdacht und gekonnt. Wenn Sie Hintergrundbilder verwenden wollen, benötigen Sie im realen Raum am besten einen Green-Screen oder zumindestens einen farb-einheitlichen Hintergrund. Die Farbe Ihrer Kleidung und Haare sollte sich deutlich von dem realen Hintergrund unterscheiden.

Zudem sollte der Hintergrund möglichst ein ganzes Stück von Ihnen entfernt sein. Dadurch vermeiden Sie besser „flirrende Kanten". Wenn Sie ohne Hintergrundbild arbeiten, wählen Sie bitte einen Ort, der freundlich und nicht zu unruhig wirkt. Achten Sie darauf, dass möglichst keine Störungen (z. B. durchlaufende Menschen in Feinripp-Unterhemden…) von Ihnen und Ihrer Wirkung ablenken.

🛠 **Arbeitshilfe 20**: Checkliste für Online-Auftritte (**X.3.20.**)

11. CODA

Argumentieren im diskursiv-demokratischen Raum erfordert viel Übung und Wissen. Dabei sind sowohl logische als auch pragmatische Aspekte zu berücksichtigen, denn im Kern geht es darum, Wirkungen auf und mit anderen erzielen zu können. Das geht über die Logik weit hinaus, schließt sie aber ein.

Für eine Soziale Demokratie bedarf es der Balance zwischen Plädieren und Erkunden, aber vor allem braucht es den Wunsch, möglichst alle Menschen in den diskursiv-demokratischen Raum integrieren zu wollen.

Zugleich ist es erforderlich, argumentatorische **und** soziale Exklusionen anzusprechen und ihnen entgegenzuwirken.

In der Argumentatorik bedeutet dies, extremistische Argumentatorik zu erkennen und ihr entgegenzutreten.

Im zweiten Teil wird die Frage der extremistischen Argumentatorik daher näher beleuchtet.

Wider den Extremismus

1. Zum Extremismusbegriff

Meine Ausgangsbehauptung war, dass sich demokratische und extremistische Argumentatorik voneinander unterscheiden lassen. Bevor ich dieser These und den beiden Hauptstrategien (rechts-)extremistischer Argumentatorik nachgehe, möchte ich allerdings noch ein wenig begriffliche Klarheit für meine Anknüpfungspunkte liefern.

So werden in der wissenschaftlichen Literatur verschiedenste Begriffe (wie Rechtspopulismus, Rechtsextremismus, (Neo-)Nationalismus) verwendet. Weitere Diskriminierungsformen kommen natürlich dazu (sexistische, rassistische, antisemitische, antimuslimische, queerfeindliche usw.). Allen diesen Diskriminierungsformen (und noch einigen weiteren) gilt es entschlossen entgegenzutreten.

Der Begriff des „Extremismus" hat sich als Oberbegriff allerdings durchaus etabliert. Damit sind verschiedenste Formen inbegriffen. Die Gemeinsamkeit hat Wilhelm Heitmeyer mit „gruppenspezifischer Menschenfeindlichkeit" definiert (Heitmeyer 2007: 16f.). Damit trifft er einen Kern des Extremismus, der davon lebt, dass Gruppen gegeneinandergestellt und mit Schwarz-Weiß-Behauptungen andere herab- und die eigene Gruppe heraufgesetzt wird.

Weder Rechtspopulismus noch -extremismus sind Randphänomene in unserer Gesellschaft. Sie verfangen durchaus in breiteren Teilen der Gesellschaft. Dabei geht es nicht um eine zugeschriebene Gruppenzugehörigkeit (dies in zweiter Linie auch), sondern um Denk- und Argumentationsweisen, die über den harten Kern von Extremist:innen, Rassist:innen und Nationalist:innen hinaus verfangen.

Bevor wir auf die rechtsextremistische Argumentatorik sehen, möchte ich einige Begriffsklärungen einbringen.

Der gemeinsame Ausgangspunkt für die meisten Definitionen von Rechtsextremismus, Nationalismus, Antisemitismus, Islamophobie, Rassismus, Behindertenabwertung, Homophobie, Abwertung von Obdachlosen, Etabliertenvorrechte und Sexismus findet sich bei Wilhelm Heitmeyer: „Von *Gruppenbezogener Menschenfeindlichkeit* sprechen wir, wenn sich die Ablehnung oder Ausgrenzung nicht gegen einzelne Personen richtet, sondern gegen Gruppen. (…) Die Abwertung von Gruppen aufgrund zugewiesener oder gewählter Merkmale macht die Gemeinsamkeit dieser Elemente aus." (Heitmeyer 2007: 16f.)

Dieser gemeinsame Ausgangspunkt ist aus zwei Gründen besonders wichtig: Zunächst finden sich bei Personen zumeist gleich mehrere „Symptome" zugleich vor. Der zweite Aspekt ist, dass „latente feindselige Einstellungsmuster" immer auch in „manifeste Menschenfeindlichkeit in Form von zerstörerischen Handlungen" umschlagen kann (Heitmeyer 2007: 18). Dies hängt dann von weiteren Faktoren ab, z. B. „der sozialen Lage, kommunalen Kontexten, ökonomischen Perspektiven oder dem gesellschaftlichen Klima" (Heitmeyer 2007: 18). Rechtspopulismus und Rechtsextremismus sind insofern Symptome für eine angeeignete Haltung.

Rechtspopulismus und -extremismus werden in der Regel unterschieden. Ich schließe mich dabei der Definition an, die Frank Decker einmal sehr gut wie folgt zusammengefasst hat: „Im Zentrum des Populismus stehen die Kritik der herrschenden Eliten und der Rückgriff auf das ‚einfache Volk'. (…) Im Unterschied zum Rechtsextremismus versteht sich der Rechtspopulismus keineswegs als antidemokratisch; er beansprucht im Gegenteil die Vertretung der wahren Demokratieform, indem er den vermeintlichen Volkswillen gegen die Rechte von Einzelnen oder Minderheiten in Stellung bringt. Je antiliberaler und antipluralistischer er auftritt, desto größer sind seine Schnittmengen zum Extremismus." (Decker 2018: 22). Ähnlich wird es auch von Pelluchon definiert (vgl. Pelluchon 2021: 168f.).

Im Kern heißt das: Rechtsextremismus widerspricht offen und klar einer liberalen Demokratie (sei sie nun libertär oder sozial geprägt) und will sie autokratisch ersetzen (vgl. auch stellvertretend Zick/Küpper 2021: 45).

Die Definition des Rechtspopulismus indes ist deutlich umstrittener und auch schwieriger. Ich greife hier auf die Definition von Zick/Küpper zurück:

> „Der Populismus ist in seiner Grundstruktur demnach durch zwei Antagonismen gekennzeichnet: einen vertikalen Antagonismus zwischen ‚den Eliten' – verkörpert durch Politiker_innen, öffentlich-rechtliche und linksliberale Medien, die ‚Mainstream'-Wissenschaft oder schlicht ‚das System' – und ‚das Volk', das moralisch überhöht wird als ehrlich, rein, hart arbeitend und mit gutem Bauchgefühl für das, was richtig und wahr ist (…). Daneben zeichnet sich ein horizontaler Antagonismus zwischen einem homogen gedachten ‚wir' und ‚den anderen' ab, über den Identität, Zugehörigkeit und Ausgrenzung verhandelt werden. Hierin offenbart sich ein Antipluralismus, der sich sowohl auf unterschiedliche Interessenlagen wie gegebenenfalls auch auf soziale Gruppen bezieht, die als ‚fremd, anders, abweichend, unnormal oder ungleich' betrachtet und als Sündenböcke für Missstände benannt und verantwortlich gemacht werden." (Zick/Küpper 2021: 45)

Diese Definition von Populismus lässt sich dann als Selbstzuschreibung auch im AfD-Parteiprogramm ablesen: „Spätestens mit den Verträgen von Schengen (1985), Maastricht (1992) und Lissabon (2007) hat sich die unantastbare Volkssouveränität als Fundament unseres Staates als Fiktion herausgestellt. Heimlicher Souverän ist eine kleine, machtvolle politische Führungsgruppe innerhalb der Parteien. (…) Nur das Staatsvolk der Bundesrepublik kann diesen illegitimen Zustand beenden." (AfD 2020: 49)

Populismus ist dabei multithematisch aufgestellt. Er „heftet sich an Themenfelder an, die populär sind und für Veränderungen des gewohnten Lebensstils stehen." (Zick/Küpper 2021: 46) Das Gefühl „Wir gegen die" und Freund-Feind-Schemata werden auf alle Beispiele angewandt, die verfangen und die es schaffen, an den Ängsten und Sorgen der Menschen anzudocken.

Die Übergänge, ob **populistisch** eine homogene[88] Demokratie des „echten Volkes"[89] oder aber **rechtsextrem** die Abschaffung von Demokratie als System gefordert wird, sind in politischen Zusammenhängen nicht trennscharf. Gerade im Bereich von AfD, Pegida etc. werden seitens rechter Ideolog:innen und Politiker:innen möglichst beide Spielarten genutzt, um damit das gesamte Zustimmungs- und Wähler:innen-Potenzial zu nutzen.[90]

Populistische Strategien setzen also im Kern darauf, dass gesellschaftliche „Triggerpunkte" (Mau/Lux/Westheuser 2023) politisch-strategisch genutzt werden.

Das Zusammenspiel von Rechtsextremismus und Rechtspopulismus sorgt für die Anschlussfähigkeit, Stärke, aber eben auch die Gefahr: „Rechtsextremismus ist kein Randphänomen, sondern er kommt – via Rechtspopulismus – aus der ‚Mitte der Gesellschaft'." (Hufer 2019: 65). Gerade diese Verknüpfung macht es erforderlich, weder Stammtischparolen, noch populistische Äußerungen einfach als Unfälle abzutun.

Wie gefährlich Rechtspopulismus für die Demokratie ist, ist umstritten (vgl. dazu die Belege und Ausführungen bei Zick/Küpper 2021: 47f.). In Teilen wird er als Gradmesser für Missstände in der Demokratie gesehen, bei anderen als

---

[88] Sophie Schönberger weist in diesem Zusammenhang darauf hin, dass Populist:innen Gleichartigkeit mit Gleichheit verwechselten: Sie wollen, dass nur beteiligt werde, der genauso sei, wie sie selbst. Gleichheit gehe aber von der gleichen Würde aller mit ihren Individualitäten aus (vgl. Schönberger 2023: 89).

[89] Der problematische Bezug auf einen Volkskörper, wie er im Rahmen der kontraktualistischen Philosophie aufgekommen ist und der Fragen der Abgrenzung, Ablehnung, Hygiene etc. nahelegen, arbeitet Carolin Emcke in ihrem Essay aus (Emcke 2020: 132). Sophie Schönberger weist faktenreich darauf hin, dass in Demokratien in ihrer Geschichte immer auch strittig gestellt wurde, wer dazu gehört (Schönberger 2023). Daniel-Pascal Zorn betont, dass „populistisch" an der Form, wie Argumente gefasst werden, erklärt werden könne (Zorn 2017: 31-98).

[90] So wählt die AfD mit ihrem EU-Wahlkampf 2024 eine rechtspopulistische Strategie bei den Plakatslogans: „Demokratie bewahren" (sic!), „Frauen und Mädchen schützen", „Zensur verhindern", „EU-Macht beschränken", „Bargeld ist Freiheit".

Gefahr und Vorfeld des Rechtsextremismus. So verweist Jäger darauf, dass sich der Populismus zu einer Art „Hassfetisch der Eliten" (Jäger 2023: 80) entwickelt habe. Durch die Etikettierung, etwas sei populistisch, könne dann Kritik an politischen Positionen diskreditiert werden. Insofern kennzeichnet Populismus auch einen wechselseitigen Entfremdungsprozess in der Gesellschaft.[91]

Ein weiterer häufig in einem Atemzug genannter Begriff ist der „Rassismus". Auch er baut in seinem Kern auf einem Konstrukt auf, bei dem eine behauptete Gruppe („Rasse") von der eigenen behaupteten Gruppe („andere Rasse") unterschieden wird: „Die Europäer waren nicht zu Sklavenhändlern geworden, weil sie Rassisten waren. Andersherum wird ein Schuh draus. Sie wurden Rassisten, um Menschen für ihren eigenen Profit versklaven zu können. Sie brauchten eine ideologische Untermauerung; eine moralische Legitimierung ihrer weltweiten Plünderungsindustrie. Kurz und plakativ: Sie wollten gut schlafen. (...) Übrigens, in der Psychologie ist dies ein ganz und gar nicht unbekanntes Phänomen. Es nennt sich kognitive Dissonanz." (Ogette 2017: 33f.)

Diese kognitive Dissonanz, das Auseinanderfallen des eigenen Wertesystems einerseits und das wirtschaftlich getriebene inhumane Handeln andererseits wurde also zu beruhigen versucht, in dem „minderwertige Rassen" konstruiert wurden. Mal wurde diese Differenz kontrafaktisch biologisch, mal religiös, kulturell oder wie auch immer verteidigt.

Diese Denkmuster haben sich (sowohl bezogen auf *schwarze* Menschen, aber auch auf jüdisch Gläubige bezogen) bereits über Jahrhunderte transportiert und

---

[91] Jäger fasst dieses Phänomen als Antipolitik: „Hatten sich Konrád und Havel in den Achtzigern gegen ein Übermaß an Politik gewandt, protestierten die wütenden Bürger des Westens jetzt gegen ihre grausame Abwesenheit, die durch PR-Kampagnen zur Rechtfertigung des Austeritätskurses nur schwach kaschiert wurde. Antipolitik war eine Politik *gegen eine Politik, die keine war.*" (Jäger 2023: 82; Hervorhebung im Original).

damit die Maafa[92] bzw. die Shoa ermöglicht. Sie setzen sich fort in einem strukturellen Rassismus und Antisemitismus.

Struktureller Rassismus ist ein vom Rechtsextremismus und -populismus deutlich zu unterscheidendes Phänomen, weil er unbewusst durch „weiße Deutsche" reproduziert wird und damit besonders tief in der (deutschen) Gesellschaft verankert ist. Ein ebenso beeindruckendes, lehrreiches und gut geschriebenes Buch dazu stammt von Tupoka Ogette (Ogette 2017).

Für den hier vertretenen Ansatz demokratischer (vs. extremistischer) Rhetorik gehe ich davon aus, dass sowohl rechtspopulistische als auch rechtsextremistische, aber auch rassistische Argumentationen sich extremistischer Argumentatorik bedienen. Aus Sicht einer demokratischen Argumentatorik heraus sind sie damit alle gleichermaßen abzulehnen und zu bekämpfen. Sie schwächen und gefährden den diskursiv-demokratischen Raum.

Wie stark, verbreitet und brandgefährlich Rechtspopulismus und Rechtsextremismus sind, wird in regelmäßigen Erhebungen und wissenschaftlichen Studien belegt. Dazu zählen unter anderem die von der FES im Zweijahresrhythmus herausgegebenen Studien, aber auch die Leipziger Autoritarismus-Studien, die von der Böll- und der Otto-Brenner-Stiftung verantwortet werden. Die Ergebnisse möchte ich hier nicht zusammenfassen. Sie sind im Netz kostenfrei einzusehen.[93]

An diesen Ausführungen ist bereits ersichtlich, dass sie fundamental einer demokratischen Vorstellung von freien, gleichen und gleichwürdigen Menschen widerspricht (vgl. dazu auch im **Teil I**). Das gilt im Übrigen für alle Formen

---

[92] „Maafa" ist ein Begriff auf Swahili und bedeutet so etwas wie „große Tragödie" oder „Katastrophe". Maafa steht für die Versklavung, den Kolonialismus, Ausbeutung und Massenmord im Rahmen des Imperialismus (vgl. dazu Ogette 2017: 33).

[93] Vgl. zu den Studien: Zick/Küpper 2021; Decker/Kiess/Heller/Brähler 2022.

liberaler Demokratie-Modelle, seien sie nun an Libertärer oder an Sozialer Demokratie orientiert.

Da es – gerade bei Konservativen und Liberalen – häufig „in einen Topf geworfen" wird: „Rechts-" und „Linksextremismus" mögen sich in einigen Punkten (z. B. Ablehnung des Staates, ggf. Gewaltbereitschaft, Negativabgrenzung zu anderen Gruppen) überschneiden, sind aber deutlich voneinander zu unterscheiden. Der Hauptunterschied ist, dass wir es bei Rechtsextremismus mit gruppenbezogener Menschenfeindlichkeit zu tun haben, die sich an der Vorstellung von „natürlicher Ungleichheit von Menschen", „Reinheit", „Ursprünglichkeit/Natürlichkeit" festmacht.[94]

Linksextremist:innen gehen prinzipiell normativ von einer „Gleichheit oder Gleichwürdigkeit aller Menschen" aus, die aber in „gesellschaftlicher Ungleichheit" leben.[95] Diese gesellschaftliche Ungleichheit gründet sich zumeist in diesen Argumentationen auf dem Kapitalismus eingeschriebener Ungleichheit und einem Staat, der den Kapitalismus und sein Funktionieren rechtlich stütze.

Der Kampf gegen diese gesellschaftliche Ungleichheit wird in Teilen (!) der linksextremen Szene auch mit Mitteln geführt, die sich gegen Menschengruppen, vor allem gegen Kapitalist:innen und gegen Vertreter:innen des Staates, aber auch gegen „Rechte und Nazis" gewaltsam richten kann. In selteneren Fällen auch gegen Gesundheit und körperliche Unversehrtheit

---

[94] In diesem Zusammenhang ist der Essay von Carolin Emcke sehr spannend und gewinnbringend (Emcke 2020) zu lesen.

[95] Ähnlich argumentiert Karin Priester: „Als Unterscheidungskriterium für linken oder rechten Populismus können die Begriffe Inklusion und Exklusion herangezogen werden." (Priester 2012: 3) Mit Blick auf die Bezeichnungen realer populistischer Regierungen stellt Lewandowsky dagegen fest, dass Populist:innen unabhängig von einem Rechts-Links-Schema vor allem auf zwei Prinzipien setzen: ‚Wir sind/vertreten das ‚wahre' Volk und kennen seine Meinung.' und die Differenz von ‚Wir-gegen-die-da-oben' (vgl. Lewandowsky 2024: 23f.). Ob dieses tatsächlich auf alle Populismen angewandt werden kann, will ich dahingestellt sein lassen. Der kategoriale Unterschied zwischen „gleicher Würde für alle" oder „gleicher Würde für eine beschränkte Gruppe", den den Unterschied zwischen Links- und Rechtspopulismus kennzeichnet, bleibt aber auch dann bestehen.

anderer Menschen, dann in der Hauptsache – wiederum treffend durch Heitmeyers Definition gefasst – gegen eine Gruppe („Nazis").

Die Sollbruchstelle in diesem Teil linksextremistischer Positionen ist in diesen Fällen, dass bei einer normativen „Gleichwürdigkeit der Menschen" trotzdessen Menschen aufgrund einer Gruppenzugehörigkeit bzw. Funktionen im staatlichen oder kapitalistischen System angegriffen werden.

Daneben gibt es durchaus einen großen Teil von linksextremistisch denkenden Menschen, die keine Gewalt anwenden und wieder andere, die sich aus ihrer Warte auf Notwehr gegen die Staatsgewalt beziehen, wenn sie selbst angegriffen werden.

Um es klar zu sagen: Gewalt und direkte Angriffe gegen Menschen halte ich in allen Fällen für falsch, angemessene Notwehr bei einer tatsächlichen Bedrohung und Gewalt gegen die eigene Person aber für zulässig.

Ein letzter Überschneidungspunkt ist, dass sich sowohl Rechts- als auch Linksextremismus auf das Recht zu „zivilem Ungehorsam" beziehen. Allerdings sind nicht nur die Ziele deutlich zu entscheiden, sondern auch die Mittel. Samira Akbarian (Akbarian 2024) hat dazu herausgearbeitet, dass die Auslegungsoffenheit des Grundgesetzes durchaus begründen kann, sich gegen Einzelgesetze zu verhalten und damit (mit ggf. sanktionierten Mitteln) Rechtsbrüche als Auslegung des Grundgesetzes zu begehen. Sie unterscheidet dann, ob sich diese Art zivilen Ungehorsams auf die eigene „Vulnerabilität" bezieht (z. B. Ankleben an einer Straße) oder gegen die anderer. Aus meiner Sicht unterscheiden sich Links- und Rechtsextremismus in ihrem Bezug zu „zivilem Ungehorsam" aber vor allem im Ziel. Der Rechtsextremismus bricht im Kern mit der Menschenwürde aller Menschen und verstößt insoweit nicht nur gegen Gesetze, sondern auch die Grundlage des Grundgesetzes selbst. Damit handelt es sich nicht um „zivilen Ungehorsam", sondern schlichtweg um Straftaten.

Lassen Sie uns aber bitte noch einmal stärker auf die argumentativen Auswirkungen sehen. Der fundamentale Unterschied führt auch dazu, dass es mit linksextremistischen Argumentierenden eine Übereinkunft geben kann (nicht muss), sich im demokratisch-diskursiven Raum über normative Gleichheit, gesellschaftliche Ungleichheit und die Mittel im Kampf für mehr Gleichheit bzw. Gerechtigkeit auseinanderzusetzen. Bei Rechtsextremist:innen ist dies nicht möglich.

Eine weiterer kritischer Einwand ist bei dem Fokus auf „Rechtsextremismus", ob man nicht genauso den Islamismus kritisch unter die Lupe nehmen müsse. Aus meiner Sicht ist dieser Einwand immer dann richtig, wenn es sich um eine Islamauslegung handelt, die mit der im Grundgesetz verbrieften gleichen Würde aller Menschen kollidiert. Ob diese Art des Extremismus ähnlichen Grundsätzen, Denkmustern und argumentativen Wegen folgt, halte ich für ein spannendes und notwendiges Forschungsthema, dem ich mich hier nicht widmen kann. Im Übrigen macht es ja nicht obsolet, sich gegen den Rechtsextremismus zur Wehr zu setzen. Das Eine mindert nicht die Dringlichkeit des Anderen.

In diesem Buch werde ich mich allerdings weniger mit diesem Diskurs auseinandersetzen, denn mit der rechtsextremistischen Argumentatorik. Inwieweit auf andere populistische oder extremistische Denkweisen die hier vorgestellten Erkenntnisse anzuwenden sind, lasse ich an dieser Stelle außen vor. Zudem werde ich hier vor allem auf die Ebene der rechtsextremistisch argumentativen Strategien fokussieren, was im Rahmen eines Rhetorikbuchs nicht weiter verwunderlich ist.

Dennoch reicht dieser Fokus nicht aus, um das Phänomen des Rechtsextremismus zu begreifen, geschweige denn eine umfassende Gegenstrategie zu fassen.

Abb. 23: Ebenen des Rechtsextremismus

Wenn ich hier von „(rechts-)extremistischer" Rhetorik spreche, so beziehe ich mich auf die sprachlichen Mittel, mit denen gearbeitet wird. Damit sind sowohl die sozialen Gründe für extremistische Erfolge wie auch die Denkmuster nicht im Fokus. Dennoch schwingen soziale Gründe und Denkmuster mit und bilden die Folie, mit der Sprache und Argumentatorik eingesetzt werden. Die sozialen Gründe habe ich bereits weiter oben zumindestens oberflächlich angesprochen (Teil **I.2.5.**). Soziale Gründe sind dabei einerseits eine gebrochene Einbindung und andererseits Sozialisationsmuster, die anfällig werden lassen, aber auch – wie Reckwitz überzeugend darlegt – die Grundstruktur einer Moderne, in der Fortschrittsimperativ und Verlusterfahrung nebeneinander bestehen (vgl. Reckwitz 2024 und Teil **I.2.5.**). Bevor ich mich näher mit den kommunikativen bzw. rhetorischen Strategien beschäftige, möchte ich allerdings die Denkmuster und -folien der Neuen Rechten zum Thema machen. Sie wirken tatsächlich wie Folien, die man über Reden und Äußerungen aus dem Bereich der Neuen Rechten und AfD legen kann. Wir müssen uns also nicht nur mit Aufbau und

Sprache, sondern auch mit den dahinterliegenden, immer wieder angespielten Folien beschäftigen. Die einzelnen rhetorischen Mittel sind nur die Knotenpunkte, die Denkfolien das Spinnennetz.

1.1. Extremistische Folien und Denkmuster

Die Denkmuster der Neuen Rechten allerdings möchte ich hier etwas näher beleuchten, da sie immer wieder in Reden und Verlautbarungen hindurchtönen. Sie werden als strukturierende Folien verwendet, die immer wieder angespielt und dadurch nach und nach gestärkt werden[96].

Eine Spezialität – gerade der AfD – ist es dabei, uneindeutig und viele unterschiedliche Spielarten anzutriggern, sei es populistische, identitäre, faschistische, rassistische, verschwörungstheoretische und konservative. Zur Strategie zählt es dabei auch, Begriffe als „sagbar" zu implementieren, aber ihren Kontext und Denkmodell dahinter im Halbschatten zu belassen.

Dadurch wird eine breite Zielgruppe erreicht: Diejenigen, die bereits in Denkweisen angekommen sind, werden integriert, diejenigen, die lediglich unzufrieden und offen sind, werden an die Begriffswelt herangeführt. Gegner:innen, die auf Begriffe hinweisen, verbreiten durch ihre verständliche Empörung (ungewollt!) Begriffe und aktivieren die Denkweisen und -folien. Daneben gibt es wohl auch viele Enttäuschte, die Verlustängste („Wo ist unsere Demokratie nach Corona geblieben?") und Verbitterung („Die da oben...") für die schrillen Töne öffnen.

Wie bereits im ersten Teil deutlich wird, bin ich der festen Überzeugung, dass eine inklusive, lebendige und solidarische Demokratie anzustreben machtvoller ist als Abwehrkämpfe zu führen. Dennoch halte ich die Denkweisen, aber auch die argumentativen Strategien für so gefährlich, dass sich Demokrat:innen auch mit ihnen auseinandersetzen sollten.

---

[96] Der Versuch, nach und nach mit Denkmustern zu durchtränken, zeigt dann auch konkrete Erfolge. Dies lässt sich an der Mitte-Studie von Küpper und Zick an einem Beispiel belegen: „Im vergangenen Jahr (2022/23, TG) teilte jeder zehnte Befragte die identitäre Auffassung, dass sich ‚unterschiedliche Völker nicht vermischen' sollten. Weitere 16 Prozent waren teilweise dieser Auffassung." (Küpper/Zick 2024: 36)

Die argumentativen Strategien als dritte Ebene werden wir uns sehr intensiv ansehen, da der hier verwendete Extremismus-Begriff sich an argumentativen Formen, also der Rhetorik, festmacht. Dies auch, weil damit weniger stark die Gefahr entsteht, Menschen mit einem Etikett zu versehen und damit abzustempeln.

Dennoch möchte ich vorab die eingeschriebenen Denkweisen an drei Büchern aus der Neuen Rechten illustrieren: Björn Höckes Buch *Nie zweimal in denselben Fluss*, Michael Sellners *Regime Change von Rechts – Eine Skizze* und Maximilian Krahs *Politik von Rechts – Ein Manifest*.[97]

Explizit vorab: Die Inhalte dieser Bücher halte ich für gefährlich und menschenverachtend. Ihre Inhalte will ich hier keinesfalls verbreiten. Noch viel weniger mache ich mich mit ihren Inhalten gemein. Wenn ich hier darauf eingehe, dann geschieht dies, um dahinterliegende Denkweisen aufzuklären, die in extremistischen Reden durchscheinen, ohne deutlich benannt zu werden. Die Denkmuster und -folien verdeutlichen eindrücklich, dass es keinesfalls reicht, einzelne politische Reden abzuwehren, wenn wir uns erfolgreich für Demokratie einsetzen wollen. Zudem wird deutlich, dass es differente Denkmuster und -folien gibt, die eine Bandbreite an Menschen ansprechen sollen.

Noch eines sei vorab gesagt: Wir haben es bei den drei Büchern mit explizit extremistischen Positionen zu tun. Ich unterstelle keinesfalls, dass alle in der AfD damit zu identifizieren seien oder Sympathisant:innen der AfD so dächten. Dennoch verdeutlicht es, was sich hinter Begriffen und Redestrategien versteckt, die (nicht immer bedacht und reflektiert) weiterverbreitet und nach und nach hoffähig gemacht werden. Die dahinterliegenden Muster legen Pfade in eine nationalistische Radikalität und in eine Staats- und Gesellschaftsform, die mit Menschenrechten und Grundgesetz nicht vereinbar sind.

---

[97] Ich konzentriere mich hier auf Veröffentlichungen, die meiner Einschätzung nach gegenwärtig eine besondere Wirkung erzeugen. Zudem geht es mir nicht um eine umfassende Darstellung und Analyse. Diese wird von anderen Autor:innen bereits sehr gut geleistet. Stellvertretend sei hier Enno Stahls Buch *Die Sprache der Neuen Rechten* genannt (Stahl 2019).

1.1.1. Maximilian Krah und „Politik von rechts" als versuchte Landnahme

Maximilian Krah war im Jahr 2024 der AfD-Spitzenkandidat zur Europawahl, bis er sich durch einen Skandal rund um die Verharmlosung von Mitgliedern der Waffen-SS vorerst ins Abseits stellte.[98] Zudem hat er in einem hochtrabend als „Manifest" untertiteltem Buch dargestellt, was Politik von rechts aus seiner Sicht ausmachen solle. Krah steht damit auch für den Versuch, „Rechts" selbst positiv zu besetzen und auch Denkmuster und -folien der Neuen Rechten zusammenzufassen. Es zeigt recht gut, welche Stellschrauben und auch welche strategischen Veränderungen die Rechte inzwischen entwickelt hat.

Einige der Denkmuster und -folien gebe ich hier wieder, weil sie die Strategie der „Neuen Rechten" erkennbar werden lassen. Dabei geht es mir nicht um Vollständigkeit:

1. Maximilian Krah will den Begriff „rechter Politik" positiv besetzen und damit auch den des Konservativen ablösen. Im Kern wirft er allen politischen Weltbildern vor, sich kaum zu unterscheiden und einem ungebundenen Freiheitsbegriff zu huldigen. Lediglich die politische Rechte vertrete einen „gebundenen" Freiheitsbegriff. Gebunden sei er an Familie und Volk. Das ist gleich in zweifacher Richtung eine gefährliche Definition: Zunächst öffnet sie dem Biologismus Tor und Tür. Und zudem ist die Zuschreibung falsch: Der Freiheitsbegriff wird weder von Politisch-liberalen, noch aus Sicht Sozialer Demokratie ungebunden definiert, sondern als wechselseitig zugestandenes, rechtlich normiert, an demokratische Prozedere und moralisch eingebunden verstanden. Krah baut also einen Pappkamerad auf, den er dann bekämpfen kann. Das entspricht der Strategie der Neuen Rechten, sich selbst („Wir") zu erhöhen und Andere abzuwerten („Die").
2. Eine entscheidende Differenz der „Neuen Rechten" benennt Krah mit der Haltung zum Staat: Die rechte Szene war lange an der Bekämpfung und Zerstörung des Staates orientiert. In der Anfangsphase der AfD überwogen die libertären Vorstellungen, nach denen der Staat auf ein Minimum, der Markt auf ein Maximum gebracht werden solle. Die „Neue

---

[98] Quelle stellvertretend: https://www.faz.net/aktuell/wissen/geist-soziales/maximilian-krah-ueber-die-ss-19748330.html; Abrufdatum: 27.08.2024.

Rechte" lehnt zwar den Staat in seiner gegenwärtigen Form ab, will ihn aber gezielt umbauen und für die eigenen Zwecke missbrauchen oder auch: zersetzen. Insofern sind die Gedankenspiele, was geschieht, wenn die AfD in Regierungsverantwortung in Land oder Bund käme (vgl. dazu Steinbeis 2024; Markard/Steinke 2024), erschreckend nah an der Realität.

3. Dem Band Krahs ist abzulesen, dass die Neue Rechte eine Landnahme und De- und Reidentifikation anstrebt. So werden „Linksliberale" als entwurzelte weltfremde Großstädter gebrandmarkt. Die Landnahme erfolgt dann, in dem ursprünglich aus solidarischen Befreiungsbewegungen (wie der Arbeiter:innen-Bewegung) entlehnte Konzepte annektiert und für rechte Zwecke missbraucht werden sollen. Ein Beispiel dieses Denkmusters: „Es muß genossenschaftliche Wohnprojekte in niedergehenden, alternden Dörfern und Kleinstädten geben, wo dreißig, vierzig Familien sich entscheiden, ein gemeinsames Leben aus Tradition und Natur zu führen. Es braucht eine Avantgarde, die in Anspruch und Ästhetik zeigt, daß ein sauberes Leben möglich und erstrebenswert ist." (Krah 2024: 58) Genossenschaften waren und sind ein Konzept der solidarischen Arbeiter:innen-Bewegung. In der rechten Landnahme werden sie an Abstammung und Herkunft gebunden. Auch bei lokalen Gemeinschaften und Kommunalpolitik wird die gleiche Denkschablone angewandt: Linksliberale – so der Pappkamerad – lehnten sie als Freiheitsbeschränkung ab. Die rechte Landnahme behauptet dann, dass die „Rechten" die einzige Kraft seien, die lokale Gemeinschaften stärken, das Vereinsleben fördern, ortsnahe Grundschulen retten und Dorf- und Stadtentwicklung betreiben wollten (vgl. Krah 2024: 50-53). Natürlich werden auch hier Abstammung und Herkunft zum Gradmesser erklärt. Was für ein Unsinn. Denn auch hier gilt: Das Vereinswesen ist in weiten Teilen aus der Arbeiter:innen-Bewegung entstanden. Kommunalpolitik und die lokalen Gemeinschaften werden von den demokratischen Parteien getragen. Das „Wir" war immer eine Stärke der Linken, weil es bewusst war, dass der Einzelne wenig, eine solidarische Gemeinschaft sich indes viel erarbeiten und erreichen kann.

Die Landnahme kann als Denkfigur in der Hauptsache deswegen Land gewinnen, weil die Ausstattung der Kommunen und des Gemeinwesens allgemein nicht auskömmlich sind. Auch fehlt es an positiver Ansprache eines Wir-Gefühls, soweit setzt die Neue Rechte an einem wunden Punkt an. Dies hat mit Abstammung und Herkunft nichts, aber mit dem politischen Willen zu sozialer Politik viel zu tun.

4. Eine weiterer Punkt Krahs bezieht sich auf die Kommunikation der Neuen Rechten: „Politische Ansprache und Kommunikation richten sich nicht allein an den Verstand, sondern ebenso an Gefühl und Intuition. (…) Politik von rechts will das Leben der Menschen besser und das Land wohlhabender, friedlicher und versöhnter machen. Das muß der Politiker ausstrahlen. Er darf den Schmerz über die unzureichenden Zustände nicht zeigen, sondern muß die Tatkraft verkörpern, sie zu überwinden." (Krah 2024: 30f.) Auch diese Strategie unterscheidet das Auftreten von jenen der Neonazi-Szene, die auf Abschreckung und Einschüchterung setzt. (Deutsche!) Sympathisant:innen sollen umworben werden. Vordergründig wird sogar Respekt gegenüber dem politischen Gegner behauptet (vgl. Krah 2024: 31), doch bei jedem Thema die Gefahr durch „Linksliberale" betont. Diese Kommunikationsstrategie mag auch dazu beitragen, dass viele Sympathisant:innen sich gesehen und ernst genommen fühlen und dadurch die Akzeptanz für rechte Politik steigt. Allerdings machen die rhetorischen Angriffe, die zynischen Kommentare und die Zusammenarbeit mit Neonazi-Gruppen auch klar, dass es stark um ein hinterliegendes Machtkalkül, und kaum um eine menschenfreundliche Haltung geht.

5. Der Text streut immer wieder Verschwörungstheorien einerseits und weitgehende Forderungen andererseits ein, die unvereinbar mit unserem demokratischen Rechtsstaat sind. Ein Beispiel für die Verschwörungstheorien: So behauptet Krah, dass die „linksliberalen Eliten" mit einem „Great Reset" die „traditionelle Welt" angriffen (Krah 2024: 166): „Die globale Oligarchie argumentiert, daß der Klimawandel nur durch massive und umfassende Änderungen der gegenwärtigen Art zu leben und zu wirtschaften vermieden werden kann, aber die individuellen wie nationalen Egoismen, die sich durch die Demokratien der Nationalstaaten politisch artikulieren, diese notwendigen Änderungen verhindern. Daraus wird gefolgert, daß die Souveränität der Staaten für die Durchsetzung der Klimapolitik – und damit absehbar auch für weitere Politikfelder – eingeschränkt werden dürfe und müsse." (Krah 2024: 166). Die argumentative Arbeitsweise wird hier recht offensichtlich. Zunächst einmal wird an Verlustängsten und der Realität

angeschlossen: Die tatsächlich notwendige (!), aber von Krah bestrittene Klimapolitik beruht darauf, dass Verhalten und Produktionsprozesse geändert werden müssen. Dies bedeutet ja keinesfalls nur Verzicht, sondern eröffnet auch neue Chancen. Krah schließt an den Verlustängsten an, die bei Veränderungsprozessen ohnehin immer entstehen, aber in diesem Fall stark sind, weil Sozialpolitik seit Jahren beschränkt wird und zugleich ein Wandel in der Wirtschaftsweise ansteht. Sodann wird von ihm das Ziel der Handlung vertauscht: Ziel einer Klimapolitik ist ja zunächst, den Planeten zu erhalten und dies mithilfe einer (sozial-)ökologischen Transformation zu erreichen. Krah behauptet aber, eigentlich sei das Ziel, dass eine nebulöse Oligarchie eigentlich eine Art internationale Supermacht schaffen wolle und den Klimawandel nur als „Vehikel" nutze. Er behauptet dann noch, dass „cancel science" dazu führe, dass alternative wissenschaftliche Erkenntnisse zum Klima nicht entstehen könnten. So versucht er Zweifel zu säen an einem wissenschaftlichen Konsens. Perfide kreiert er so eine Verschwörungsgeschichte.

6. Die Arbeit der AfD beruht immer wieder auf Verschleierungstaktik oder wie Leo, Steinbeis und Zorn es nennen: „Zonen strategischer Unschärfe" (Leo/Steinbeis/Zorn 2017: 168). Krahs Text verfährt da nicht anders. Allerdings setzt er doch immer wieder auch konkrete Forderungen. So fordert er, „Migranten" sollten sich entweder „assimilieren oder remigrieren" (Krah 2024: 57). Auch Zwangsarbeit ist für ihn ein probates Mittel (auch wenn er diesen Begriff nur umschreibt): „Dazu muß das Prinzip gelten, daß keine Leistung ohne Gegenleistung gewährt wird. Wer Geld aus öffentlichen Kassen bezieht, das nicht durch vorherige angemessene Einzahlung gerechtfertigt ist, muß zu Arbeitsleistungen herangezogen werden und auch Lebenshilfe akzeptieren." (Krah 2024: 60f.) Einmal ganz davon abgesehen, dass die Möglichkeiten für Geflüchtete überhaupt zu arbeiten, sehr begrenzt sind, will man sich nicht vorstellen müssen, was das heißt. Konservative und Neue Rechte schüren in der Regel zynisch die Konkurrenz um Arbeitsplätze als Drohszenario. Dann kann es sich hier wohl nur um Zwangsarbeit handeln. Diese Forderung macht deutlich, dass die Grundfesten unserer Demokratie zerstört werden sollen: Das Recht auf Existenzsicherung als Mensch (ohne Vorbedingung!), die sich aus der Menschenwürde einer jeden einzelnen Person ergibt, steht hier zur Disposition.

7. Besonders vehement und deutlich wird Krah, wenn es um die traditionellen Rollenzuschreibungen an die Geschlechter geht (vgl. Krah 2024: 37-44). Die Tiraden möchte ich hier nicht wiedergeben. Dennoch lässt sich hier besonders deutlich erkennen, dass die Neue Rechte auf krudeste Vorurteile setzt, bis hin zu der Behauptung, dass der Intelligenzquotient von Frauen sich von denen der Männer unterscheide (vgl. Krah 2024: 39). Seine Ausführungen in diesem Fall verweisen recht deutlich darauf, dass Theodor W. Adornos Analyse der F-Skala (vgl. Teil **I.2.5**) nach wie vor eine Rolle spielt.

An den Ausführungen Krahs lässt sich die Gefahr der „Neuen Rechten" deutlich erkennen. Sie agiert mit neuen Strategien, um Macht und Einfluss zu gewinnen.

Konsequenzen – Die Denkmuster und -folien der Neuen Rechten (hier stellvertretend in der Fassung Krahs) machen recht deutlich, dass wir jenseits der rhetorischen Mittel grundlegende Gegenstrategien benötigen. Auch wenn es da unter Demokrat:innen unterschiedliche Antworten geben wird, möchte ich doch aus meiner Sicht einige wichtigen Schlüsse benennen:

1. Wir müssen als Demokrat:innen der Landnahme und Enteignung widersprechen. So ist der Auftrag, selbst positiv Vergemeinschaftung mit einer demokratischen und pluralen Gesellschaft zu fördern und zwar nicht abstrakt, sondern konkret und für alle Menschen offen. Das „positive Wir" zu stärken und Menschen zu Beteiligten in der Demokratie zu machen, ist ein Auftrag, der vor allem vor Ort erfahrbar werden kann. Die Stärkung der Kommunen und der kommunalen Spielräume ist da ein wichtiger Ansatzpunkt. Geben wir der Demokratie und dem Demokratielernen die Wichtigkeit, die sie haben sollten.

2. Das Einfallstor für die Neue Rechte ist vor allem soziale Unsicherheit und Verlustängste. Sie zeigen einmal mehr, dass die notwendige Transformation sowohl ökologisch als auch sozial gestaltet werden muss. Erst wenn wir „Sicherheit im Wandel" ausstrahlen kann auch wieder Vertrauen entstehen, dass Menschen sich nicht in den Hirngespinsten nationaler Herkunft einigeln und irrlichtern, dass

„Fremde" auszuschließen, sozial-ökologische Herausforderungen lösen könnte.

3. Und nicht zuletzt: Der von Jürgen Habermas seinerzeit angesprochene Stolz auf das Grundgesetz, die Verfassung als Errungenschaft und Ausgangspunkt wechselseitigen Respekts und lebendiger Demokratie entspricht einer Haltung, aber auch Arbeits- und Verhandlungsweise, die wir in der gesamten Gesellschaft stärken sollten: In den Bildungsinstitutionen, Vereinen und Verbänden, aber auch in der Arbeitswelt.

1.1.2. Martin Sellner: Identitäre Politik im strategischen Stechschritt

Martin Sellners Vortrag bei einem geheimen Treffen in Potsdam im November 2023[99] hat Anfang des Jahres 2024 für einen gesellschaftlichen Aufschrei und ungeahnt große Demonstration für die Demokratie gesorgt.

Sellner war zuvor bereits als Gründer der Identitären Bewegung in Österreich und mit der Idee von Massenvertreibungen und -deportationen (in seiner Sprache: Remigration) bekannt geworden. Im Jahr 2023 hat er sein Buch *Regime Change von rechts – Eine strategische Skizze* im rechten Antaios Verlag veröffentlicht. Es ist wohl mehr als wahrscheinlich, dass das Treffen in Potsdam in diesem Teil auf Sellners Buch beruhht haben dürfte.

Martin Sellner vertritt damit prominent und öffentlichkeitswirksam identitäre Denkmuster und -folien in der Neuen Rechten in militär-strategischen Jargon.

Auch hier möchte ich einige Kernpunkte und Denkfolien wiedergeben, um deren Gefahren zu dokumentieren. Dabei tritt deutlich hervor, dass Sellner in der Neuen Rechten faschistische Denkweisen vertritt:

---

[99] Vgl. stellvertretend: https://www.tagesschau.de/inland/innenpolitik/sellner-einreiseverbot-deutschland-100.html; https://www.sueddeutsche.de/politik/remigration-potsdam-landhaus-adlon-geheimtreffen-afd-rezension-correctiv-marcus-bensmann-niemand-kann-sagen-er-haette-es-nicht-gewusst-lux.KoaVYpq2tY9AWJwjrvdjDw; Abrufdatum: 27.08.2024.

1. Sellners Ansatzpunkt ist ein strategischer: Die Neue Rechte müsse sich vor allem auf ein Hauptziel und Leitstrategie einigen, wenn sie erfolgreich werden wolle. Sein Anspruch ist es, mögliche Leitstrategien auf ihre Effektivität hin zu prüfen (Sellner 2024: 13-18). Sein Duktus ist dabei militärisch und erinnert stark an die Führerideologie der Nationalsozialisten: „Die Ehre des einfachen Soldaten kann darin bestehen, eine Stellung zu halten oder einen Hügel einzunehmen. Auf den ‚rechten Aktivisten‘ übertragen heißt das: zu einer Aktion erscheinen, Wahlkampfhilfe leisten, Texte für eine Website zu schreiben, an parlamentarischen Ausschüssen teilzunehmen. Selbst wenn all diese Tätigkeiten kein strategisches Ziel erreichen, bleibt das idealistische Handeln ehrenhaft. Doch die ‚Ehre des Strategen‘ sieht anders aus. Wählt er aus persönlichem Versagen (z. B. Starrsinn, Launenhaftigkeit, geistiger Faulheit, Kritikunfähigkeit) eine Leitstrategie, die Zeit, Energie und Leben seiner Soldaten vergeudet, so handelt er ehrlos.“ (Sellner 2024: 10f.) Dies ist nur ein Beleg von vielen, der deutlich macht: Hier geht es nicht um Demokratie oder Menschenwürde, sondern um Kriegsrhetorik. Das steht im Widerspruch zum erklärten Ziel: „In einer idealen Demokratie wäre in der Verfassung primär der Selbsterhalt der demokratischen Institutionen (Gewaltmonopol des Staates, Einhaltung des rechtsstaatlichen Prinzips, Erhalt der Volkssouveränität etc.) verbrieft. Die Verfassung selbst enthielte keine abstrakten ideologischen Versatzstücke und würde sich nicht (...) zur ‚Menschheit‘ bekennen, sondern ausschließlich zu ihrem Volk, seiner Souveränität und ethnokulturellen Selbsterhaltung.“ (Sellner 2024: 183) Das ist ein Leitmotiv der Neuen Rechte: Sie behaupten Demokratie, beziehen sie aber nur auf einen exklusiven Teil, ein Konstrukt der „Volksdeutschen“. So pervertiert Sellner das Diktum des Grundgesetzes ‚Die Würde des Menschen ist unantastbar‘ zu ‚die Würde der Deutschen ist unantastbar.‘ Spannend ist dann auch, was in der Aufzählung nicht vorkommt: Ein demokratischer und sozialer Bundesstaat („Sozialstaatsgebot“), negative und positive Freiheitsrechte. Dieser vage Bezug auf Demokratie enthält eben jene „strategische Unschärfe“, wie sie von Steinbeis/Leo/Zorn diagnostiziert wurde (Leo/Steinbeis/Zorn 2017: 168). Umgekehrt spricht Sellner immer wieder von der „Demokratiesimulation“ durch die jetzt herrschende Elite.

2. Das „rechte Hauptziel" fasst Sellner so: „Wir müssen unsere ethnokulturelle Identität und Substanz bewahren. Dazu brauchten wir eine radikale Wende der Identitätsbildung- und Bevölkerungspolitik, die den Bevölkerungsaustausch aufhält." (Sellner 2024: 25) In seinem Buch spielt er drei Leitstrategien an: „Parlamentspatriotismus", „Militanz" und „Reconquista". Letztere bewirbt er als Leitstrategie, die beiden ersten hält er für Irrwege. Zudem benennt er neun Nonstrategien, die in der Neuen Rechten als Denkweisen verbreitet seien, aber nicht zum Hauptziel führen könnten (Sellner 2024: 79-105).

3. Die Leitstrategie der „Reconquista" überträgt letztendlich Erkenntnisse aus der Linken auf die Neue Rechte. So bezieht sich Sellner auf den antifaschistischen Theoretiker Antonio Gramsci und Gene Sharp, der sich um den gewaltfreien Aktionismus bemühte und dem es um das Aufbrechen von Diktaturen hin zur Demokratie ging. Sellner plant demnach, den gesellschaftlichen Diskurs nach und nach in Richtung der Neuen Rechten zu verschieben und einer „Kulturrevolution von rechts" (Sellner 2024: 158) den Boden zu bereiten, um sein Hauptziel zu erreichen. Dazu braucht es – ein Begriff Antonio Gramscis – gesellschaftliche Hegemonie, also dass Denkweisen nach und nach zum Mainstream gemacht werden, so lange, bis die Neue Rechte die „neue Mitte"[100] (Sellner 2024: 170) sei. Als Arbeitsmittel benennt Sellner die „Normalisierung" und die „anschlussfähige Provokation" (Sellner 2024: 166f.) zur Erweiterung des Sagbaren; die „Dekonstruktion gegnerischer Begriffe" und „Attacken", um die Gegner:innen zurückzudrängen (Sellner 2024: 179). Es geht also um eine gezielte rechte Begriffsarbeit, in dem Wissen, dass Begriffe Denkweisen und Denkweisen Handlungen vorbereiten können. „Normalisierung" bedeutet gezielt Begriffe zu setzen und sie nach und nach „sagbar" zu machen. „Anschlussfähige Provokation" meint, begrifflich so zu provozieren, dass es zwar Aufmerksamkeit herstellt, aber nah an dem Sagbaren bleibt, um so Grenzen zu verschieben. Rhetorisch wird dies in Teilen durch „Trojaner" erreicht: So wird der Begriff „Remigration" von Björn Höcke während

---

[100] Auch hier handelt es sich um eine begriffliche Landnahme. So hatte Willy Brandt 1972 den Begriff im Bundestagswahlkampf verwandt (Walther 2003) um auf die Erweiterung des Wähler:innen-Potenzials für die SPD hinzuarbeiten. Erst später griff ihn dann Gerhard Schröder wieder auf.

des TV-Duells im Thüringer Landtagswahlkampf provokativ verwendet. Höcke behauptet aber, es gehe um die im Ausland lebenden Deutschen. Die „Begriffshülse" ist platziert, ihr wahrer Inhalt kann später entfaltet werden.

4. Sellners Strategie ist keine parteipolitische, sondern eine kulturelle, aufgrund derer dann Partei(en) mehrheitsfähig rechte Politik vorantreiben können sollen: „Ziel ist also, die politischen Machthaber dazu zu zwingen, entweder unsere Forderungen selbst umzusetzen oder den Platz zu räumen und rechten Politikern die politische Gestaltungsmacht zu übergeben." (Sellner 2024: 160)

5. Sellner annektiert linke Organizing-Konzepte (Sellner 2024: 163) und beschreibt ausführlich, wie die „rechte Gemeinschaft" gestärkt werden kann (Sellner 2024: 198).

Konsequenzen – Auch die strategische Denkweise Sellners fordert Demokrat:innen heraus. Auch hier geht es nicht nur um rhetorische Fragen, sondern um übergreifende politisch-strategische Antworten:

- Zunächst einmal geht es um Haltung: „Die Würde des Menschen ist unantastbar. Sie zu achten und zu schützen ist Auftrag aller staatlichen Gewalt." Alle Demokrat:innen haben diesen Auftrag. Punkt. Das Grundgesetz bezieht sich in seinen Rechten auf Menschen, nicht in erster Linie auf Bürger:innen. Eine irgendwie geartete „ethno-kulturelle Abstammung" ist daraus nicht zu keltern. In diesem Sinne stehen die Identitären nicht auf dem Boden des Grundgesetzes. Im Übrigen werden diese Menschenrechte im Verbund mit der Europäischen Union und all' jenen Ländern zu realisieren sein. Verhandlungen und Kompromisse sind da schwierig, aber eben im Sinne der Humanität notwendig.

- Sellners Strategie der „Reconquista" macht darauf aufmerksam, dass Demokrat:innen gut daran tun, selbst eine klare Begriffsarbeit zu erledigen. Und das heißt: Positive Begriffe für Zusammenhalt, Vielfalt, Demokratie und Sozialstaat setzen. Das Vertrauen in Politik durch konsistente Politik stärken, sodass Reden und Handeln übereinstimmen. Nicht erlauben, dass positive Begriffe gekapert werden. Zugleich werden wir aufklärerisch benennen müssen, woher „rechte Begriffe" kommen und in welches Mindset sie gehören. Zudem verweist das langsame „Durchtränken" mit rechten Begriffen auch noch einmal auf die

Trennung von Personenzuschreibung und Argumentatorik: Extremistische Rhetorik kann eben auch von „Nicht-Extremist:innen" verwendet werden, was sie noch gefährlicher macht.

- Nicht zuletzt: Das Gefühl nach sozialer Sicherheit, Zugehörigkeit, Gemeinschaft haben mit einer „ethno-kulturellen Abstammung" nichts zu tun, sondern vielmehr mit guter Sozial- und Gesellschaftspolitik einerseits und einer solidarischen, aber offenen Bürger:innengesellschaft. Dass andere Menschen anders leben ist an sich kein Problem, soweit sich alle auf gleiche Würde und Respekt beziehen und verlassen können. Das gilt auch im Negativfall: Für jegliche Gewalt, stamme sie nun von Rechtsextrem:innen, Islamist:innen oder wem auch immer, ist das Strafrecht da.

- Und ein Letztes: Hüten wir uns doch besser davor, den Job der Rechtsextremen selbst zu erledigen. Leider deutet jedoch auch in demokratischen Parteien Einiges darauf hin, dass sie aus Angst vor eigenen Verlusten ihre Handlungsfähigkeit demonstrieren wollen und sich ihrerseits „rechte Politik" aneignen. Das „trojanische Pferd" wird auch von unachtsamen Demokrat:innen in die Mitte der Gesellschaft gezogen.

1.1.3. Björn Höcke und die nationalistische Vergemeinschaftungsstrategie

Björn Höcke ist als „Rechtsaußen", ehemaliger „Flügel-Gründer" und Spitzenkandidat der AfD in Thüringen bei der Landtagswahl 2024 einer der bekanntesten Vertreter:innen der AfD. Immer wieder hat sich Höcke gekonnt inszeniert und medial auch durch Tabubrüche (s. weiter unten) bekannt gemacht. Die Medien haben daran durchaus ihren Anteil, so etwa die heute-show, die systematisch versucht, Herrn Höcke mit dem Vornamen „Bernd" zu identifizieren.

Die Bekanntheit Björn Höckes ist allerdings noch kein Grund, sich ihn hier näher anzusehen, sondern seine argumentativ extremistischen Strategien, die wir uns weiter unten noch ansehen werden. Relevanter als einzelne Tabubrüche ist dabei, dass Höckes argumentativ extremistischen Strategien durchdacht und systematisch strategisch von ihm eingesetzt werden.

Die Denkweise Björn Höckes lässt sich in seinem Buch *Nie zweimal in denselben Fluss* nur mit einer vorherigen Einschränkung ablesen. Bei diesem Buch, einem Interview, in dem der Journalist Sebastian Hennig Stichworte gibt, geht es um eine spezifische Selbstinszenierung Björn Höckes. Der Klappentext kündigt denn auch vollmundig an: „Die Berichterstattung zu Björn Höcke besteht überwiegend aus Meinungen *über* ihn. Äußerungen *von* ihm sind den Medien eher selten zu entnehmen. Wenn es dann doch geschieht, werden seine Worte nur ausschnittsweise mit skandalisierender Absicht wiedergegeben.‟ Haben wir es also hier endlich mit dem lang ersehnten Wissen um den wahren Björn Höcke zu tun, der ansonsten nur von boshaften Medien entstellt wird? Zu Ihrer Beruhigung: Das war eine rhetorische Frage. Auch hier haben wir es mit einer weiteren Selbstinszenierung als Opfer zu tun, die gezielt und spezifisch inszeniert den Zugang zu den bildungsbürgerlichen Wohnzimmern verschaffen soll.

Das Buch selbst unterscheidet sich von den üblichen Höcke-Reden durch den Adressat:innen-orientierten Zugang: Ein Buch – so die vermutbare Strategie – wird vor allem von Bildungsbürger:innen gelesen werden. Diese werden weniger durch markige und zugespitzte Formulierungen zu gewinnen sein, denn durch Weltläufigkeit und Andocken an deren Gedankenwelt und einem langsamen Verankern von Denkmustern und Begriffen. Genau diese Fähigkeit Björn Höckes macht ihn aus meiner Sicht so gefährlich: Flexibel unterschiedliche Zielgruppen gezielt durch Inszenierungen anzusprechen.

So geriert sich Björn Höcke in dem Band als Denker und belesener Feingeist. Das Buch ist keine klassische Autobiographie, sondern schließt eher an literarische Vorlagen an. Im Kern soll das Buch seinen Weg als aufrechten Politiker inszenieren, angelehnt an klassische Heldenreisen. Er passt sich damit bildungsbürgerlichen Erzählformen an, weil das Buch Menschen aus dem konservativ-bildungsbürgerliche Milieu überzeugen soll.

Dennoch lassen sich einige Kernpunkte destillieren, die sich dann auch in seiner Rhetorik (dazu mehr bei den beiden extremistischen Hauptstrategien) spiegeln:

1. Die Zuschreibung als „rechtsextrem" weist Björn Höcke als böse Unterstellung, als Diffamierung und bewusstes Missverstehen seiner Person zurück (Höcke 2024: 143f.). Hier spiegelt sich eines der Kerndenkweisen, die er (auch in seinen Reden) verwendet: Er setzt sich (und die „guten Deutschen") gegen die zerstörerischen Denkweisen der Linken und Antifaschist:innen ab, deren Opfer er werde, aber widerstehe (z. B. Höcke 2024: 106; 110; 265). Dabei changiert seine Darstellung „der Linken" zwischen Verachtung (z. B. Höcke 2024: 138) und ausgestelltem Mitleid (ebd.: 135). Strategisch erreicht er dadurch, dass er sich selbst als standhaft inszenieren kann. Zugleich nutzt er den Effekt, dass diejenigen, die angegriffen werden, in der Regel eine Solidarisierung erfahren.

2. Björn Höcke versucht sich immer wieder als „untypischen Politiker" darzustellen, indem er sich von den anderen abzuheben versucht: „Der unglaubliche politische Kindergarten, den wir tagtäglich in unserem Land erleben, muß schnellstens aufgelöst werden und durch eine neue politische Elite abgelöst werden. Wir brauchen weder Hippies noch Kleinkinder an der Spitze unseres Staates, sondern verantwortungsbewußte Politiker, die sich wieder auf die wesentlichen Fragen der Politik besinnen: Was ist das politische Subjekt? Das Volk und sein Nationalstaat."[101] (Höcke 2024: 273) Er behauptet, dass „die" Politiker:innen eine Lücke ließen: „In unseren Parlamenten dominieren dagegen zwei extreme Typen, die ganz anderen Zielen folgen: Auf der einen Seite die naiven Menschheitsträumer, auf der anderen Seite die ,Lobbyvertreter mit Korruptionshintergrund'. Die einen sehen den Wald vor Bäumen nicht und laufen darin irre. Die anderen roden einfach den Wald, um das Stöckchen im Maul vorwärtszubringen. Das normale Volk und das Gemeinwohl fallen dabei unter den Tisch." (Höcke 2024: 150)

---

[101] Wie stark der Bezug zum konservativen Bildungsbürgertum ist, lässt sich schon an Björn Höckes Rechtschreibung erkennen: Er verwendet systematisch die Rechtschreibung, wie sie vor der großen Rechtschreibreform üblich war.

Wir sehen hier, dass Höcke die Idee umdreht: Die anderen sind die Extremen, nicht er. Parteipolitik sei Morast (Höcke 2024: 156)

3. Ein weiteres Denkmuster, das sich durch das Buch, aber auch seine Reden zieht, sind durch Metaphern schicksalschwanger umhüllte Verfallsgeschichten zu erzählen, die einen Kampf und eine Wiederkehr durch „das Volk" ersehnen ließen, quasi ein Phönix aus der Asche. Weil Höcke dieses Denkmuster immer wieder verwendet, seien hier einige Beispiele zitiert. Eine Metapher ist die der „Nachtmeerfahrt"[102]: „Ich bin sicher, daß – egal wie schlimm die Verhältnisse sich auch entwickeln mögen – am Ende noch genug Angehörige unseres Volkes vorhanden sein werden, mit denen wir ein neues Kapitel unserer Geschichte aufgeschlagen können. Auch wenn wir leider ein paar Volksteile verlieren werden, die zu schwach oder nicht willens sind, sich der fortschreitenden Afrikanisierung, Orientalisierung und Islamisierung zu widersetzen. Aber abgesehen von diesem möglichen Aderlaß haben wir Deutschen in der Geschichte nach dramatischen Niedergängen eine außergewöhnliche Renovationskraft gezeigt. Denken Sie an den Dreißigjährigen Krieg oder den Zusammenbruch 1945. Ob wir es noch einmal schaffen werden, ist nicht sicher, aber es gibt berechtigte Hoffung auf eine Erneuerung." (Höcke 2024: 257) An dieser Textstelle lässt sich gut ablesen, wie Höcke verfährt: Was genau „ein paar Volksteile zu verlieren" heißen soll, welche Wertung ein „Zusammenbruch 1945" bedeuten soll, schreibt Höcke nicht, lässt sich aber doch unschwer als nationalistische Drohung im faschistischen Fahrwasser erkennen. So kann er sich fallweise ggf. sowohl als Opfer von Verleumdung darstellen als auch bei Sympathisant:innen als nationalistischen Helden feiern lassen. An einer anderen Stelle variiert

---

[102] Die „Nachtmeerfahrt" ist ein Begriff, der auf den Völkerkundler Leo Viktor Frobenius zurückgeht. Der Begriff fasst Mythen und Erzählungen aus unterschiedlichen Kulturkreisen auf, bei dem Heldenreisen nach dem Sonnenlauf („Sonnenuntergang"/Fahrt ins Dunkle und „Sonnenaufgang"/Wiederkehr) organisiert werden. Der Begriff wird auch psychologisch aufgeladen als das Überwinden von Tabus und Widerständen.

Björn Höcke das Denkmuster, in dem er den Kyffhäuser-Mythos in Dienst nimmt, nachdem Friedrich Barbarossa in einer Höhle des Kyffhäuser-Berges nur schlafe (Höcke 2024: 159). Und Höcke spinnt den Faden weiter: „Man mag sich über das Bild mokieren. Aber die Sehnsucht der Deutschen nach einer geschichtlichen Figur, welche einst die Wunden im Volk wieder heilt, die Zerrissenheit überwindet und die Dinge in Ordnung bringt, ist tief in unserer Seele verankert, davon bin ich überzeugt." (Höcke 2024: 161). Hier wird die Heldenfahrt ergänzt durch den Ruf nach einer „geschichtlichen Figur". Auch hier umschifft Björn Höcke jegliche Begrifflichkeit, die auf den Faschismus hinweisen könnte. Als Referenzgrößen wählt er ausschließlich geschichtliche Mythen und bei Konservativen das durchaus beliebte preußische Kaiserreich, vor allem Otto von Bismarck. Die Aussparungen und Verweise sind also immer genau an den Grenzen des Sagbaren orientiert. In der Arbeitsteilung mit dem Journalisten Sebastian Hennig lässt sich die Grenze noch etwas weiter verschieben: „(Höcke:) Das war aber historisch nicht immer so, es gab auch Zeiten mit einer leidlich intakten politischen Elite. Hieran müssen wir wieder anknüpfen. (Hennig): *Denken Sie da an jene Eliten, die in zwei Kriegen ausgelöscht wurden? Wie könnten wir an die wieder anknüpfen?* (Höcke:) Soweit müßte man nicht einmal zurückgehen". (Höcke 2024: 154) Wenn wir in Rechnung stellen, dass es sich bei dem Buch um eine durchkomponierte Inszenierung handelt, ist das Lob der Nationalsozialisten geschickt platziert und vordergründig dem Journalisten zuzurechen, ohne dass Höcke sich darauf festnageln lassen müsste. Die Rahmung als Verfallsgeschichte mit einer korrupten politischen Elite und einem guten Volk, das aus der Nachtmeerfahrt heraus wieder zur alten Größe zurückgeführt werden müsse, ist unausgesprochen eine Doublette, wie sie die Nationalsozialisten in der Weimarer Republik (gegen die sogenannte „Systemzeit") verwendet haben. Sie soll hier hoffähig gemacht werden.

4. Björn Höcke bleibt nationalistisch, aber er verpackt den Nationalismus argumentativ. Auch hier bleibt er seiner Strategie treu, kritisierte

Begriffe durch neue, scheinbar unbelastete Begriffe zu ersetzen: So spricht er von Patriotismus, nicht von Nationalismus. Er widerspricht auch dem Begriff des „Völkischen" und ersetzt es durch „volksverbunden" und „volksfreundlich" (Höcke 2024: 133). Er lehnt ab, einem biologisch begründeten Rassismus anzuhängen und verwirft explizit einen (einfachen) Biologismus (Höcke 2024: 131f.). Im gleichen Atemzug definiert er den Begriff des „Volkes" aber noch enger, steigert also die rigide Homogenität weiter: „Ein Volk kann als eine dynamische Einheit aus Abstammung, Sprache, Kultur und gemeinsam erlebter Geschichte beschrieben werden." (Höcke 2024: 127) So entgeht er zwar dem Vorwurf des Biologismus, holt ihn aber durch die Ergänzung weiterer Bedingungen wieder ins Boot und schafft zusätzliche Voraussetzungen. Die Ergänzung „dynamisch" erlaubt es, Ergänzungen nicht komplett auszuschließen.

5. Ein Bereich, bei dem Björn Höcke seine argumentative Strategie aufgibt, neue Verpackungen und Begriffe zu verwenden, findet sich bei der Frage der Geschlechterverhältnisse. Hier wartet er mit dumpfen Rollenbildern auf: „Vor allem Männer werden aufwachen und sich ihrer besonderen Verantwortung für das Ganze bewußt werden. Unsere Zukunft hängt auch an der Frage männlicher Ehre und Würde." (Höcke 2024: 111f.) Und weiter: „Wir müssen nur aufpassen, daß die Politik nicht das innere Wesen der Geschlechter deformiert, indem sie Frauen wie Männer jener eigentümlichen Anmut beraubt, auf der die gegenseitige Anziehung und Achtung gründet." (Höcke 2024: 113) Den „deutschen Männern" attestiert Höcke, zu zehn Prozent „verkrampfte Machos" zu achtzig Prozent aus „Weicheiern" zu bestehen. Die Rollenteilung sieht er vorgegeben: „Wehrhaftigkeit, Weisheit und Führung beim Mann – Intuition, Sanftmut und Hingabe bei der Frau, um nur ein paar wenige zu nennen." Da gibt es keinerlei Interpretationsspielraum: Ungleichheit und Unterordnung sind Bestandteile des Weltbilds.

6. Björn Höcke benennt auch eine zentrale Zielgruppe für die politische Arbeit: „Unsere natürlichen Verbündeten sind die ganzen Fach- und Funktionseliten im Mittelbau, die von einer verantwortungslosen

Führung in die falsche Richtung gedrängt werden und zu großen Teilen unzufrieden mit der herrschenden Politik sind. Das sind die, die genauso wie die Polizisten, Lehrer, Richter und Ärzte diesen Staat mit ihrem Dienstethos noch immer tragen, obwohl sie ihr tägliches Tun als immer sinnloser erleben." (Höcke 2024: 287) Zweifelsohne haben wir es in weiten Teilen des Sozialstaates, der Bildungsinstitutionen und der Daseinsvorsorge mit einer jahrzehntelangen Mangelverwaltung zu tun – da sind wir wieder bei den sozialen Fragen, die dem Extremismus Tor und Tür öffnen. Insofern steht zu befürchten, dass es tatsächlich eine bereits identifizierte Lücke gibt, Staatlichkeit von innen trojanisch kapern zu wollen.

Konsequenzen – Auch die Denkmuster und -Folien Björn Höckes machen recht deutlich, dass wir jenseits der rhetorischen Mittel grundlegende Gegenstrategien benötigen. Fünf davon sehe ich:

1. Wir benötigen eine glaubhafte Politik des sozialen Zusammenhalts, die die sozialen Probleme tatsächlich angeht, aus denen auch die AfD ihre Stärke zieht und ihre Verfallsgeschichten ableiten kann. Letztendlich hat neoliberale Politik seit den 1980er Jahren einen wichtigen Nährboden bereitet.
2. Wir benötigen starke und positive Narrative, die nicht ein einfaches „Dagegen" formulieren, sondern eine plurale und „bunte" Demokratie stark machen.
3. Wir brauchen langfristige Strategien, wie Demokratie-Erfahrungen gestärkt werden können, auch um Rufe nach starker demokratischer Gemeinschaft laut und die Rufe nach starker Führung leise werden zu lassen.
4. Wir brauchen eine Strategie, mit der wir diejenigen, die den Staat tragen aus der Verzichtsideologie heraus als positive Gestalter:innen des Gemeinwesens und der Menschenrechte ansprechen. Eine Bildungs- und Bindungsinitiative an die plurale Demokratie, die Menschenrechte wird entscheidend sein.

5. Wir brauchen eine Aufklärungsarbeit, die systematisch erklärt, wie der Ersatz mit sprachlichen Mitteln funktioniert und wie Menschen gegen diese im Kern menschenfeindlichen Gedankenmuster immunisiert werden können.

Erst gemeinsam mit diesen Punkten werden wir auch die Rhetorik erfolgreich angehen können.

1.2. Die Argumentatorik

Neben den Denkfolien gibt es die extremistischen argumentativen Strategien, durch die die Folien perpetuiert und gefestigt werden. Bezogen auf die Argumentatorik unterscheide ich daher nur eine diskursiv-demokratische und eine extremistische Argumentatorik andererseits. Für diese Vorgehensweise sprechen drei Gründe:

- Diskriminierende Argumentatorik hat einen gemeinsamen Ausgangspunkt, den Wilhelm Heitmeyer als „gruppenbezogene Menschenfeindlichkeit" charakterisiert hat. Die Gruppengrenzen werden dabei (Männer/Frauen/andere Geschlechter; Menschen mit und ohne deutschen Pass; Menschen mit und ohne Behinderung; Menschen mit und ohne eine spezifische gesellschaftliche Position etc.) gezogen. Die grundlegende Negativabgrenzung bleibt als Denkfigur bestehen.
- Sowohl, wenn es um politische Parteien und Bewegungen (z. B. AfD, NPD, Pegida), aber auch, wenn es um Stammtischparolen geht, bedienen sich Extremist:innen nicht nur einer Diskriminierungsform, sondern verschiedener. Verschiedenste „andere Gruppen" werden von der eigenen Gruppe (her)abgesetzt.
- Diskriminierende Argumentatorik bedient sich aus dem gleichen Arsenal an Argumenmtationsmitteln.

Daher gehe ich von vielen Diskriminierungsformen und vielen unterschiedlichen Spielarten „gruppenbezogener Menschenfeindlichkeit" aus, werde sie aber doch bezogen auf die Argumentatorik als „extremistische Argumentatorik" zusammenfassen.

2. Zwei Strategien extremistischen Argumentierens

Rechtsextremismus und -populismus bauen auf zwei argumentatorischen Hauptstrategien auf. Die eine ist, den Vergemeinschaftungsraum (vgl. **Teil I.2.**) mit einer Negativabgrenzung zu „Gegner:innen" dynamisch zu nutzen. Die zweite Strategie ist, extremistische Mimikrys zu verwenden.

2.1. Vergemeinschaftungsstrategie mit Negativabgrenzung

Reden oder Argumentationen, die diese Strategie wählen, zeichnen sich dadurch aus, dass sie keine überprüfbaren Ansprüche auf Wahrheit stellen können oder wollen. So findet man wenig oder keine Argumente, wohl aber den Versuch der Vergemeinschaftung einer Bewegung.[103]

Die Vergemeinschaftungsstrategie befreit sich dazu des Anspruchs auf Faktizität: „Postfaktizität" (…) meint in dieser Hinsicht das Pochen darauf, dass die eigene Meinung, das eigene Gefühl das gleiche Gewicht in der Bewertung einer Situation haben soll wie wissenschaftliche Evidenz. (…) In diesen Konflikten validieren libertäre Autoritäre ihre Ansichten mit protowissenschaftlicher Evidenz, Gerüchten auf Telegram oder schlichten Fake News." (Amlinger/Nachtwey 2022: 347) Das (gemeinschaftliche) Meinen reicht als Begründung aus und wird als Schibboleth-Frage reformuliert.[104]

Jürgen Habermas macht dabei auf das (allerdings problematische!) Denkmuster aufmerksam, das als Einfallstor verwendet wird: „Abgesehen von der gemeinsamen Verkehrssprache kristallisiert sich das, was alle Bürger eines politischen Gemeinwesens teilen sollen, immer stärker um den

---

[103] Mustergültig lässt sich das an der Rede Björn Höckes auf einer Demonstration im Januar 2017 ablesen (vgl. Teil **II.6.**).

[104] „Schibboleth" ist das hebräische Wort für „Getreideähre". Im Buch der Richter (im alten Testament) wird berichtet, dass die Gileaditer dieses Wort an der Grenze nachsprechen ließen, um Angehörige des Volksstammes der Ephraimiter aussondern (und töten) zu können. Die Ephraimiter hatten Probleme, dieses Wort richtig auszusprechen (vgl. den Textnachweise bei Emcke 2020: 119).

Staatsbürgerstatuts. Deshalb kann die politische Kultur nicht länger mit der eingeborenen Mehrheitskultur zusammenfallen. Dieser Differenzierungsprozess wird sogar in Einwanderungsgesellschaften wie den USA als schmerzhaft empfunden: Er ruft überall populistische Reaktionen hervor – nicht nur, aber insbesondere unter den sozial Benachteiligten." (Habermas 2022: 83f.) Zwar ist das Denkmuster schon deswegen problematisch oder doch missverständlich formuliert, weil es kontrafaktisch eine „eingeborene Mehrheitskultur"[105] unterstellt, die die in der Geschichte immer wieder neuerlich wechselnden Zusammensetzung von Gruppen, Herrschaftsgebieten etc. einebnet.

So problematisch das Denkmuster ist, verweist es auf eine Lücke, die gesellschaftlich wirkt: Vergemeinschaftungsstrategien sind auch deswegen so anziehend, weil es an Gemeinschaftserfahrungen und positive Rückkopplung an den Staat mit einer aktiven eigenen Rolle der Bürger:innen fehlt. Diese Lücke, die fehlende positive Rückkopplung im und mit dem demokratischen Staat reißt, wird durch die Vergemeinschaftung mit Negativabgrenzung aufgefüllt. An dieser Stelle ist Habermas Hinweis, mangelnder aktiver Inklusion einerseits, aber auch die lange (spaltende) Phase des Neoliberalismus, der das inklusive Versprechen der Demokratie negiert hat, aus meiner Sicht überzeugend (vgl. Habermas 2022: 86f.).

Eine besondere Bedeutung für die Vergemeinschaftsstrategie kommt gesellschaftlichen Triggerpunkten zu (Mau/Lux/Westheuser 2023: 244-278; hier 247): „Werden Triggerpunkte berührt, so unser Verständnis, überwiegt die affektive gegenüber der kognitiven Komponente von Einstellungen." Damit bilden Triggerpunkte eine Umleitung weg von dem demokratisch-diskursiven Raum hin zum Vergemeinschaftungsraum.

---

[105] Als Beispiel: Teile meiner Familie waren Hugenotten und sind im 18. Jahrhundert in Richtung Hessen (einem Kleinstaat) geflüchtet, ein anderer Teil lebte in der Freien und Hansestadt Hamburg. Gehöre ich nun zu einer „eingeborenen Mehrheitskultur" dazu oder nicht? Ab wann zählten eingebrachte Bräuche als mehrheitskulturell integriert und damit „eingeboren"?

In ihrer Untersuchung haben die drei Wissenschaftler moderierte Gesprächsgruppen beobachtet. Dabei zeigte sich, dass bei gewissen Triggerpunkten starke emotionale Reaktionen (und mit ihr entweder Streitpunkte oder Solidarisierung/Zustimmung) zustande kamen. Mau/Lux/Westheuser haben die Triggerpunkte nicht nur thematisch ausgewertet, sondern auch typologisiert. Sie haben dabei insgesamt vier Triggerpunkte-Typen identifiziert: Ungleichbehandlungen, Normalitätsverstöße, Entgrenzungsbefürchtungen und Verhaltenszumutungen (vgl. ebd.: 248). Diese Triggerpunkte werden durch Extremist:innen strategisch als Umleitung in den Vergemeinschaftsraum genutzt:

Typ	Verletzte Erwartung	Extremistische Angriffspunkte
Ungleichbehandlungen	**Egalität** formale Gleichheit, Verdientheit, Reziprozität	Scheinbare Besserstellung von Geflüchteten, Arbeitssuchenden ggü. Geringsverdiener:innen etc.
Normalitätsverstöße	**Normalität** Regeln, Gewohnheiten, geteilter Common Sense	Ausbrechen aus binären Geschlechterverhältnissen; Kriminalität von Ausländer:innen; Lebensstil von Reichen oder auch von „Woken Großstädter:innen"
Entgrenzungsbefürchtungen	**Kontrolle** Stabilität, Steuer- und Berechenbarkeit	z.B.: Einschränkungen durch die ökologische Krise; Ansprüche von Minderheiten
Verhaltenszumutungen	**Autonomie** (private) Selbstbestimmung, Freiheit von Vorgaben	Sprechverbote, „Gendersternchen", Cancel culture, Fleischkonsum etc.

Abb. 24: Triggerpunkt-Typen nach Mau/Lux/Westheuser und Nutzung durch Extremist:innen[106]

---

[106] Die ersten beiden Spalten sind von Mau/Lux/Westheuser (2023: 276) zitiert. Die dritte Spalte habe ich (angelehnt an die drei Autoren) ergänzt.

Wieso handelt es sich bei den Triggerpunkten um eine Umleitung in den Vergemeinschaftsraum? Dies leitet sich aus den von Mau/Lux/Westheuser so genannten „verletzten Erwartungen" her. Bei den Erwartungen von „Egalität", „Normalität", „Kontrolle" und „Autonomie" handelt es sich jeweils um Werte, die die (normativen) Spielregeln in Gemeinschaften betreffen. Sie werden argumentatorisch durch die Geltungsansprüche von Wahrhaftigkeit und Richtigkeit repräsentiert, die den Vergemeinschaftungsraum prägen. Die konkreten Themen sind dabei durchaus auswechselbar. Entscheidend ist, dass eine entsprechende Emotionalisierbarkeit genutzt werden kann.

Die Nutzung des Vergemeinschaftungsraums wirkt zudem durch drei Anziehungspunkte oder Beweggründe, die man aus einer Studie von Forschenden der Universitäten Kent, Oxford und Miami ableiten kann (vgl. Douglas u.a. 2019, zusammenfassend: Brodnig 2023: 44-46). Die Forschenden benennen die Einfallstore für Verschwörungserzählungen. Ich gehe davon aus, dass es sich um die gleichen Gründe handelt, mit denen auch die extremistische Vergemeinschaftungsstrategie mit Negativabgrenzung funktioniert:

Der **erste Anziehungspunkt** ist **erkenntnistheoretisch**, der auf dem Bedürfnis nach schlüssiger und umfassender Welterklärung beruht. Der Unsicherheit einer wissenschaftlichen Welt, die nicht durch Gewissheiten, sondern nur mit Wahrscheinlichkeiten, mit Unsicherheiten und der häufigen Revisionen von Erkenntnissen geprägt ist, soll eine eindeutige, „sichere Welt" entgegengestellt werden.

Der **zweite Anknüpfungspunkt** beinhaltet **existenzielle Beweggründe**, die durch das Gefühl eigener Machtlosigkeit entstehen können. Verschwörungstheorien und Vergemeinschaftungsstrategie mit Negativabgrenzung ermöglichen, selbst wieder Kontrolle zu übernehmen und sich nicht ausgeliefert zu sehen.

Der **dritte Anknüpfungspunkt** ist die eigene Aufwertung, bei der man sich innerhalb der eigenen Gruppe als wertvoll empfinden kann.

Eine besondere Bedeutung kommt für die Vergemeinschaftungsraumsstrategie der Emotionalisierung zu. Die Abgrenzung wird dadurch geschärft und das Gemeinschaftsgefühl auf Dauer gestellt.

Ich persönlich verwende für diese wichtige Funktion der Emotionalisierung den Begriff der „Emotionsschaukel" (vgl. dazu Abbildung 25[107]). Dazu wird eine Emotion, die auf ein unerfülltes Bedürfnis hinweist (Wut, Hass, Abscheu) angetriggert, um damit (ggf. autosuggestiv) zu einer Emotion zu kommen, die auf ein erfülltes Bedürfnis hindeutet.

Wer schaukelt verlässt – bildlich gesprochen – den Boden der Tatsachen. Emotionalisierung führt weg von der Logik hin zum Gemeinschaftsgefühl und in den Vergemeinschaftungsraum mit Negativabgrenzung.

Ein prägnantes Beispiel von Donald Trump beschreibt Marcel Lewandowsky: „Im Wahlkampf um das US-Präsidentenamt teilte Amtsinhaber Trump 2019 ein düsteres Schwarz-Weiß-Bild seiner selbst auf Twitter. ‚Sie sind nicht hinter mir her, sondern hinter euch. Ich bin nur im Weg.'" (Lewandowsky 2024: 24)

---

[107] Die Abbildung 25 entlehne ich von Josef Klein (Klein 2019a: 334). Ich wandle sie an drei Stellen ab. In Anlehnung an Marshall Rosenberg gehe ich davon aus, dass Emotionen immer hilfreich sind und auf erfüllte oder unerfüllte Bedürfnisse hinweisen. Insofern halte ich die Bewertung von Emotionen als „positiv" oder „negativ" für problematisch. Zudem ändere ich die Anordnung der Spalten. Zuletzt habe ich die Emotionsschaukel ergänzt, die also nicht von Josef Klein stammt.

Bezug	Emotionen, die auf erfüllte Bedürfnisse hinweisen.			Emotionen, die auf unerfüllte Bedürfnisse hinweisen.		
	Stark	moderat	schwach	schwach	moderat	stark
Situation/ Objekt	Euphorie Begeisterung	Hoffnung, Zuversicht Freude	Erleichterung Zufriedenheit	Unbehagen, Skepsis Deprimiertheit	Sorge Traurigkeit	Angst, Furcht Verzweifelung
Selbst	Selbstvertrauen, Selbstbewusstsein	Stolz	Selbst-zufriedenheit	Gewissensbisse	Schuldgefühl Minderwertigkeits-gefühl	Scham
Andere	Enthusiasmus Liebe Identifikation	Vertrauen Sympathie Mitgefühl Gemeinschafts-gefühl	Achtung Wohlwollen Zuneigung	Unmut Abneigung	Ärger Misstrauen Antipathie Neid Verachtung	Wut Abscheu Hass

Abb. 25: Emotionsschaukel als Weg der extremistischen Vergemeinschaftungsstrategie (angelehnt an Klein 2019a:|334)

2.2. Extremistische Mimikrys

Die zweite Strategie ist die Verwendung extremistischer Mimikrys. Kennen Sie Mimikrys? Das sind Tierarten, die einer anderen sehr stark ähneln und sich dadurch zu tarnen versuchen. Ein bekanntes Beispiel sind die Schwebfliegen, die eine ähnliche Färbung wie die Wespen tragen und dadurch zum eigenen Schutz Gefahr simulieren.

Ein anderes (hier wohl passenderes) Beispiel ist der Säbelzahn-Schleimfisch, der den Putzerlippfisch mit seinem „Putzertanz" und seinem Aussehen imitiert. Größere Fische halten den bissigen Säbelzahn-Schleimfisch so für den hilfreichen Putzerlippfisch und lassen ihn nahe an sich heran. Der Säbelzahn-Schleimfisch beißt aus dem großen Fisch Fleischbrocken heraus, anstatt die Schuppen zu reinigen.

Diese Art von Mimikrys gibt es auch in der Argumentatorik: Es handelt sich dabei um Argumente, die nur scheinbar logisch aufgebaut sind. Beim näheren Hinsehen sind sie aber nicht „valide" oder „stichhaltig", sondern beinhalten Denkfehler. Sie erwecken damit den Eindruck, im deliberativ-demokratischen Diskursraum auch den Geltungsanspruch der „Wahrheit" einlösen zu können (vgl. zu den theoretischen Hintergründen Teil **I**).

Denkfehler können jeder Person unterlaufen. Doch gerade bei extremistischen Argumentationen gibt es dafür häufig verwendete Muster mit dem Ziel, logisch zu klingen.

Um das auch gleich zu sagen: Ich verwende hier eine von Fachwissenschaftler:innen vermutlich kaum unterstützte Klassifizierung und ordne sexistische, rassistische, nationalistische, verschwörungstheoretische, homophobe, antiwissenschaftliche Argumentationen dem Oberbegriff „extremistisch" zu. Dies geschieht nicht aus einer wissenschaftlichen, sondern einer pragmatischen Begründung heraus. Alle diese „extremistischen" Denkrichtungen bedienen sich regelmäßig argumentatorischer Mimikrys. Diese

Muster zu erkennen ist der Ausgangspunkt dafür, Gegenargumente zu formulieren.

Der Instrumentenkasten der extremistischen Mimikrys ist vielfältig und auch nicht auf Extremist:innen beschränkt. Ich möchte Ihnen im Folgenden 12 extremistische Mimikrys vorstellen: Umkehrung der Beweislast, Generalisierungsfehler, induktive Fehlschlüsse mit „Ausnahme-von-der-Regel-Trick", Verwendung irrelevanter Daten, biologistische Fehlschlüsse, Verwendung von Kakophemismen, Bezug auf Autoritäten, Link zu Verschwörungstheorien, falsche Intentionen unterstellen, falsche Identitäten bilden, das Spiel mit Tabus und die Rollenumkehr.

Bevor wir uns die einzelnen Instrumente extremistischer Argumentationen ansehen, will ich aber zunächst eine **wichtige Differenzierung** vornehmen und eine **vorgängige Frage** klären.

Die wichtige Differenzierung: Verwechseln Sie bitte nicht Extremismen mit Extremist:innen.

Extremismen sind Argumente und Instrumente, die nicht nur von Extremist:innen genutzt werden. Das macht es notwendig, zwischen Personen einerseits und Argumenten andererseits achtsam zu unterscheiden. Extremismen hängen im Übrigen auch nicht davon ab, ob Personen sie bewusst/intentional oder unbewusst verwenden.

Natürlich liegt es dennoch bei Extremist:innen nahe, dass sie mit klaren Zielen auf der Klaviatur der Extremismen spielen.

Und: Auch Extremist:innen müssen nicht durchgängig Extremismen verwenden. Es wäre daher ein Denkfehler (Generalisierungsfehler), jedes Argument einer Person, die Sie für eine:n Extremist:in halten, pauschal abzulehnen.

Sobald Argumentationen für sich beanspruchen können, Geltungsansprüche auch auf Wahrheit zu stellen (s. Teil **I**) und sich damit im diskursiv-demokratischen Raum bewegen zu wollen, sind sie auch argumentativ zu behandeln. Ich möchte dies gern an zwei Beispielen zur Corona-Politik der AfD näher beleuchten (vgl. **II.7.10.** und **II.8.**). In einem Fall wird eine extremistische Argumentatorik verwendet. Im zweiten Fall kann man durchaus in Teilen von einer politischen Argumentation sprechen, die im diskursiv-demokratischen Raum erörtert und bearbeiten werden kann.

Die vorgängige Frage vergessen viele Menschen, im Eifer des (Wort-)Gefechts zu klären. Sie lautet einfach: Wann bietet es sich an, gegen Extremismen oder auch gegen Extremist:innen zu argumentieren? Wann sind argumentative und wann juristische Mittel geboten? Wie gehen wir als Demokrat:innen mit Extremismen und populistischen Argumentationen um?

3. Demokratischer Umgang mit Extremismen

Die Empfehlungen, wie mit Extremist:innen in der Demokratie umzugehen sei, changieren zwischen strikter Ablehnung einerseits und ‚auch mit diesen Menschen muss man in der Demokratie (leider) reden'. Diese Bandbreite bei den Empfehlungen und die Heftigkeit, mit der sie verfochten werden, kennzeichnet, dass wir es mit einem gesellschaftlichen Dilemma und nicht etwa mit einem einfach zu lösenden Problem zu tun haben.

Dilemmata sind davon geprägt, dass jede Entscheidung Vor- und Nachteile mit sich bringt und in einem Spannungsverhältnis widerstreitender Werte oszilliert. Friedemann Schulz von Thun illustriert Dilemmata anhand von Wertequadraten. Für den demokratischen Umgang mit Extremismus könnte ein solches Dilemma-Quadrat wie in Abbildung 26 gezeigt aussehen.

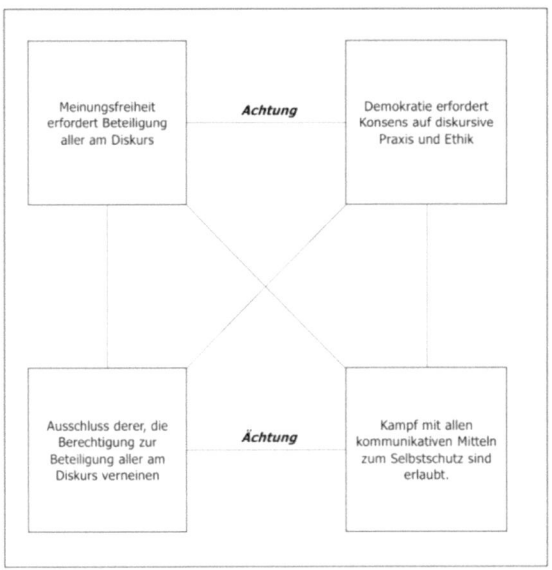

Abb. 26: Dilemmaquadrat: Umgang mit Extremismus (in Anlehnung an Schulz von Thun)

Schulz von Thun fasst dieses Dilemma im Umgang mit Extremismus wie folgt: „Im Umgang mit der neuen Rechten, die in Deutschland eine parlamentarische Bedeutung gewonnen hat, tritt das Dilemma deutlich zu Tage: Wie kann ihnen gegenüber die **Balance von Achtung und Ächtung** gelingen? Wer nur die Ächtung kennt (verwirklicht durch trennscharfe Rhetorik oder durch geflissentliches Ignorieren), trägt zur Dämonisierung bei, verortet die Protagonisten und Sympathisanten der neuen Rechten im Keller der Verworfenheit, erklärt sie für unwürdig, im demokratischen Orchester mit einer hörenswerten Stimme mitzuspielen. Das befördert Polarisierung und Spaltung. Da fehlt die Achtung. Wer hingegen nur die Achtung kennt, den Respekt vor den Menschen ebenso wie vor der Diskussionswürdigkeit seines Standpunktes, läuft Gefahr, wie Biedermann mit den Brandstiftern, faschismusnahe Gedanken und Auftrittsformen hoffähig zu machen und ihnen im demokratischen Diskurs eine Dignität zu verleihen, die sie (ebenfalls) stärken wird. Da fehlt die Ächtung." (Schulz von Thun/Pörksen 2021: 210)

Mit anderen Worten: Demokrat:innen befinden sich in einem Spannungsfeld, das dazu führt, dass jede Reaktionsweise unmittelbar bei anderen Demokrat:innen einerseits, aber auch bei Extremist:innen eine Abwertung erlaubt.

Egal welche situative Mischung aus Achtung und Ächtung Demokrat:innen im Umgang mit Extremismus wählen, sie müssen auch die Kritik an der eigenen Person selbst einpreisen.

Ein weiterer Punkt kommt hinzu: Die Titulierung als rechte Personen, Faschist:innen, Nationalist:innen, Rassist:innen etc. unterstellt nicht selten – Pörksen und Schulz von Thun sind hier sicherlich auszunehmen – eine homogene Gruppe.[108] Das ist aus meiner Sicht eine potenziell schwierige Verallgemeinerung. Für den demokratischen Diskurs ist ja nicht die (mehr oder

---

[108] Diese Verallgemeinerung findet sich aus meiner Sicht in weiten Teilen zum Beispiel bei Leo/Steinbeis/Zorn 2023.

weniger zutreffende) Zugehörigkeit zu einer Gruppe, sondern ein (Diskurs)Verhalten (extremistische Argumentationsweisen oder auch Gewalt gegen Andere) problematisch. Der hier gewählte Ansatz konzentriert sich daher auch auf die Art, wie argumentiert wird (oder werden sollte).

Zweifellos gibt es rechte Organisationen und Parteien, die im Sinne und mit den Mitteln des demokratischen Rechtsstaates bekämpft werden müssen. Das allerdings ist nicht im Kern eine rhetorische, sondern eine juristische Frage. Durch das Thema dieses Buches werde ich mich also auf die argumentativen und rhetorischen Extremismen beziehen und mich mit möglichen Reaktionen und Erwiderungen beschäftigen. Eine gelingende Mischung von „Achtung und Ächtung", von Respekt vor Menschen und diskursiver Abgrenzung ist situativ und individuell kommunikativ passend auszugestalten. Da muss jede:r den eigenen Weg finden.

Extremismus, Faschismus, Sexismus sind im demokratischen Rechtsstaat nicht nur **argumentativ**, sondern ggf. auch **juristisch** zu bekämpfen. Beide Wege sind Bestandteile einer wehrhaften Demokratie. Sie unterscheiden sich aber deutlich an einer Stelle, nämlich der Frage der Beweislast (vgl. zum Thema Beweislast auch **II.5.**).

Argumentativ haben wir diesbezüglich insofern gute Karten als die Beweislast zunächst nicht bei uns, sondern auf der anderen Seite liegt. Wer extremistische (faschistische, sexistische) Behauptungen oder Forderungen aufstellt, hat die Beweislast, und dort gibt es gute argumentative Gegenmittel.

Juristisch gesehen ist die Hürde deutlich höher, weil wir den Beweis für Straftatbestände in einer rechtlich bestandskräftigen Art erbringen müssen. Die Beweislast liegt dann bei uns und orientiert sich an definierten und zu prüfenden Straftatbeständen (z. B. Volksverhetzung, Bedrohung, Nötigung, Beleidigung, Verfassungsfeindlichkeit, Leugnung des Holocausts etc.). Hier spielen dann Fragen der Beweissicherung, der Zeug:innen und des Kontextes eine Rolle. Die juristischen Fragen[109], aber auch für Empfehlungen für Betroffene und Zeug:innen lassen sich sehr gute Handreichungen finden.[110]

Im Übrigen weist Marcel Lewandowsky berechtigt auf die Spannung zwischen Demokratie und Verfassung hin: „Hinter der Auseinandersetzung mit den Gerichten steckt ein realer Widerspruch der Demokratie, der sich nicht recht auflösen lässt. Das Volk in der Demokratie soll souverän sein. Doch wenn die Mehrheit zu jedem Zeitpunkt uneingeschränkt herrschen dürfte, könnte sie die Demokratie abschaffen. Um das zu verhindern, gibt es Verfassungen." (Lewandowsky 2024: 39) Genau dieser Widerspruch spiegelt sich in der Frage, wann wir argumentative und wann wir juristische Mittel einsetzen.

Aber auch in den Fällen, in denen es darum geht, argumentativ rechtsextremistischen, rechtspopulistischen und/oder rassistischen Tendenzen entgegenzutreten, empfehle ich Ihnen, sich vorab die Situation genau anzusehen und immer vorab einige Fragen zu klären.

Die Frage ist einfach, aber nur situativ und nicht immer leicht zu beantworten: In welchen Situationen ist es sinnvoll gegen rechtsextremistische Positionen zu argumentieren? Friedemann Schulz von Thun hat auf die entsprechenden Fragen von Bernhard Pörksen „Kann man mit allen reden? Soll man überhaupt? Und muss der Dialog enden?", wie ich finde, klug geantwortet: „Die Schwierigkeit, diese Fragen zu beantworten, liegt in dem Wörtchen **man** und dem Abstraktionsgrad des Dialogbegriffs. Kann **ich** mit allen reden, können **Sie** es? Und wenn dem so ist: in welcher Situation, in welcher Rolle und mit wem?" (Pörksen/Schulz von Thun 2021: 83)

---

[109] Die juristische Ertüchtigung gegen Rechtsextremist:innen behandeln zum Beispiel Steinbeis (Steinbeis 2024), aber auch Markard und Steinke (Markard/Steinke 2024: 45-81).

[110] Vgl. dazu z. B. VBRG (o. Jahr); Roth 2010; RAA Sachsen e.V. 2021; Mönch 2021; Henßler/Overdieck 2014.

Für mich gibt es fünf Leitsätze bzw. Heuristiken, die ich immer vorab situativ prüfe, bevor ich agiere:

1. „Schlage nur, wenn Du erwarten kannst zu treffen."
2. Versuche diejenigen zu überzeugen, die zugänglich sind. Achte dabei auf den Beziehungs- und Sachaspekt.
3. Bringe Dich nicht selbst in Gefahr, daher prüfe Deine Lage. Im Zweifelsfall prüfe lieber rechtsstaatliche Mittel.
4. Bin ich bereit, positive Interessen hinter den extremistischen Positionen verstehen zu wollen?
5. Sei solidarisch und organisiere Hilfe, wenn Betroffene dabei sind.

Der **erste Leitsatz** ist ein Zitat, das ich bei der strategisch brillanten SPD-Bundesgeschäftsführerin Jessika Wischmeier kennen gelernt habe. Im Kern nehme ich mir seitdem immer ausreichend Zeit, die Lage zu sondieren. Wenn ich dann feststelle, dass ich allein unter Extremist:innen bin und ich mutmaßlich kaum eine Person von ihnen überzeugen kann, dann bringt es meiner Erfahrung nur wenig, argumentativ gegenzuhalten. In diesen Fällen verabschiede ich mich in der Regel schnell und grenze mich mit der Verabschiedung deutlich ab. In manchen Fällen kann es dann sogar eher Sinn machen, Menschen, die man noch als argumentativ zugänglich erlebt, in einer Einzelsituation herauszugreifen. Ist das Feld durchmischter und ich kann darauf hoffen, durch Argumentieren bei einigen etwas zu erreichen, dann nehme ich mir auch die Zeit – ich kann dann erwarten, zu schlagen und zu treffen. Andere werden das vielleicht als feige betrachten, aber für mich geht es um die Wirkung.

Der **zweite Leitsatz** bezieht sich auf diejenigen, die ich im Blick habe. Meine persönliche Erfahrung ist, dass ich kaum die Rädelsführer:innen erreichen kann. Meine Argumentation richtet sich daher auf diejenigen, die noch für Argumente zugänglich sind. Dabei ist mir wichtig, durch Beziehungs- und Sachaspekt zu überzeugen. Dies erreiche ich am besten durch den Leitsatz der Verhandlungsführung nach dem Harvard-Konzept der Verhandlungsführung:

„Hart in der Sache, aber weich zu den Menschen". (Fisher/Ury/Patton 2018: 37) Auch dies richtet sich nicht so sehr an die Rädelsführer:innen (wobei diese, wie alle anderen, auch als Menschen zu behandeln sind), sondern zuvorderst an die argumentativ Zugänglichen.

Der **dritte Leitsatz** schließt an den ersten an: Ich setze mich nicht offen einer Gefahr aus, wenn ich nicht dadurch mich oder andere Betroffene schützen muss. Mutig unterscheidet sich für mich persönlich deutlich von tollkühn. Und: Wenn es wirklich gefährlich wird, ist das eine Aufgabe für staatliche Ordnungskräfte. Das schließt Notwehr natürlich nicht aus. Für mich persönlich sind der geordnete Rückzug und das Einbeziehen anderer („Hilfe konkret von Anderen einfordern", also sie direkt ansprechen) mögliche Optionen.

Wenn ich für mich feststelle, dass weder eine Gefahr für Leib und Leben existiert, ich durch Argumentieren tatsächlich Personen überzeugen kann, dann diskutiere oder debattiere ich.[111] In den anderen Fällen bleibt ein geordneter Rückzug, Einschalten der Polizei oder im Eskalationsfall die Notwehr mit Einbeziehen anderer als Optionen.

Der **vierte Leitsatz** ist für mich der herausforderndste und kraftraubendste. Wenn ich argumentieren will, so werden Argumente immer dann besonders wirksam sein können, wenn ich nicht so sehr die (extremistische) Position, sondern auch die dahinter liegenden Interessen[112] zu verstehen versuche, um sie für die eigene Argumentation einbeziehen zu können. Dies setzt aber voraus, dass ich die eigene Verärgerung, Empörung oder auch Erschütterung in das Wartezimmer setzen kann. Das kann ich persönlich nicht immer. Manchmal will ich die Verärgerung auch loswerden, mich nicht einfühlen oder versuchen, jemanden zu überzeugen. Im Übrigen: Hartgesottene werden Sie

---

[111] **Diskutieren** unterstellt dann, direkt mit der anderen Person eine Klärung herbeiführen zu können. **Debattieren** ist der Schlagabtausch, mit dem wir versuchen können, Zuhörer:innen (nicht aber den direkten Konterpart) von unserer Meinung zu überzeugen.

[112] Die Unterscheidung stammt aus dem Harvard Konzept der Verhandlungsführung (Fisher/Ury/Patton 2018: 75-94).

auch damit nicht überzeugen, aber vielleicht überzeugt es andere Zuhörer:innen.

Der **fünfte Leitsatz** bezieht sich auf Situationen, in denen Betroffene dabei sind und Rassismus, Ausländer:innen-, Behindertenfeindlichkeit, Antisemitismus oder Sexismus ausgesetzt sind. Gerade bei rassistischen Übergriffen geschieht dies häufig. Dann ist es besonders wichtig zu widersprechen und „Flagge zu zeigen" und von sich aus den Rassismus anzusprechen. Soweit es möglich ist, sollte man die schweigende Masse einbeziehen und gezielt ansprechen.

Dazu möchte ich Ihnen ein praktisches Beispiel erzählen, das sich in der Parallelklasse meiner Tochter ereignet hat, das allerdings mit Mobbing als Diskriminierungsform zu tun hat: Ein Mädchen aus der ersten Klasse wurde von einem älteren Jungen schikaniert. Daraufhin haben alle Mädchen der Klasse den Jungen in einem Kreis eingeschlossen und ihm deutlich gemacht, dass er es mit ihnen allen zu tun bekommt, wenn er weitermacht. Das war sehr wirksam.

Zweifelsohne handelt es sich im Umgang mit Extremismus nicht um ein einfach zu lösendes Problem, sondern um ein Dilemma. Dilemmata haben es an sich, dass jeder Lösungsversuch positive **und** negative Wirkungen zugleich haben wird, es also keine eindeutige oder „richtige" Lösung gibt, sondern nur mehr oder weniger gelingende Handlungsoptionen.

Stellen Sie sich beispielsweise vor, dass Sie auf eine Podiumsdiskussion eingeladen sind, bei der auch ein:e Rechtsextremist:in dabei sein soll. Werten Sie die Person nicht durch Ihre Teilnahme auf? Ist es also richtig, öffentlichkeitswirksam abzulehnen? Müssen Sie nicht aber eigentlich Flagge zeigen und jede Chance nutzen, gegenzuargumentieren? Ist es dann also richtig, Mut zu zeigen und die Demokratie zu verteidigen? Haben Sie eine Chance, dass Ihre Position durchdringt?

Ein einfaches „Richtig" oder „Falsch" kann es in dieser Situation kaum geben. Ein weiteres kommt hinzu: Podiumsdebatten setzen auf den Schlagabtausch und nicht darauf, Klärungsversuche bzw. Verstehen als ersten Schritt einer Auseinandersetzung zu initialisieren. Geht es also ausschließlich um ein konfrontatives Setting? Oder ist eine Mischung aus Achtung (Unterstellung, dass es hinter den abzulehnenden Positionen auch ein berechtigtes Interesse geben kann) und Ächtung (Abgrenzung von falschen Positionen) die richtige und auch im Setting machbare Handlungsoption?

Wenn Sie an einer Podiumsdebatte teilnehmen, sind Sie nolens volens im Dilemma von Akteptanz und Konfrontation. Es gehört zum demokratischen Umgang, Menschen gegenüber Respekt zu zeigen, um überhaupt ein (Streit-)Gespräch führen zu können. Andererseits müssen Sie sicherstellen, dass Sie nicht als Sympathisant:in interpretiert werden. Schulz von Thun schlägt dazu vor, zu Beginn ein klärendes Statement abzugeben: „Bevor ich Ihnen wahrscheinlich heftig widersprechen muss, würde mich doch interessieren, wofür und wogegen Sie eintreten und von welchen Argumenten Ihre Haltung getragen ist." (Pörksen/Schulz von Thun 2021: 104) Wem das zu nachsichtig ist: Ja, es ist ein Dilemma. Aber beziehen Sie auch bei einer härteren Gangart immer in Ihre Überlegungen mit ein, dass Rechtsextremist:innen und Populist:innen gern die Opferrolle nutzen, um Sympathie zu gewinnen. Diesen Solidarisierungseffekt mit den Angegriffenen sollten Sie im Auge behalten.

Auch hier gibt es also keine pauschale, sondern nur passende individuelle Lösungen, in dem Wissen, dass jede:r auch negative Folgen wird tragen müssen. Zweifelsohne wäre es hilfreich, wenn sich zumindestens die Demokrat:innen darauf einigen könnten, Dilemma-Entscheidungen zwar zu kritisieren, aber nicht zu skandalisieren.

Nicht zuletzt kann ein populistisches, verschwörungstheoretisches Argument immer auch einen verständlichen und diskutablen Anknüpfungspunkt enthalten. Ein gutes Beispiel nennt Ingrid Brodnig: Bill Gates wurde im Rahmen der Corona-Impf-Kampagne fälschlich unterstellt, er habe Mikrochips durch die

Impfungen verbreiten wollen. Das ist natürlich Quatsch. Aber: Die inbegriffene Frage ist durchaus nachvollziehbar: Wieso muss eine private Stiftung so eine große Rolle bei lebenswichtigem Impfstoff spielen? Müsste nicht die Staatengemeinschaft finanziell und organisationell in der Lage sein, eine gerechte Verteilung von Impfstoff zu gewährleisten? (vgl. Brodnig 2023: 25f.)

Alle weiteren Tipps und Instrumente setzen eine Lage voraus, die Argumentieren sinnvoll werden lässt.

4. Kühe auf dem Glatteis? – Die Beweislast klären

Ein sehr einfaches Mittel von Extremist:innen ist es, mit abwegigen Behauptungen Aufmerksamkeit zu erzeugen. Ein prominentes Beispiel aus den USA ist der InfoWars-Gründer Alex Jones, der im August 2022 zu einer Geldbuße von 45,2 Millionen Euro Schadensersatz verurteilt worden war, weil er ein Schulmassaker als Verschwörung dargestellt und geleugnet hatte.[113]

Auch wenn Jones in diesem Fall verurteilt worden ist, hat er – bedauerlicherweise – doch immer wieder Erfolg. Das Gerichtsurteil war in diesem Fall in der Hauptsache durch einen Fehler seiner Verteidiger zu Stande gekommen, die versehentlich umfangreichen Mailverkehr an die Anklagebehörde weitergeleitet hatten.[114]

Es zeigt aber ein Dilemma, dem wir in einem demokratischen Rechtsstaat ausgesetzt sind. **Argumentativ** gesehen ist es eindeutig: Diejenige Person, die eine weitgehende Behauptung aufstellt, muss diese belegen. **Juristisch** gesehen muss aber umgekehrt die Falschheit einer Argumentation und ihre Wirkung auf andere, also der entstandene Schaden, nachgewiesen werden.

Genau in diese Lücke stößt Alex Jones mit seinem Millionen-Geschäft wie tausende andere Extremist:innen. Das ist der Preis der Meinungsfreiheit. Auch wenn er hoch ist, ist er doch unveräußerlicher Bestandteil der Demokratie, den

---

[113] Vgl. stellvertretend für die Berichte den Artikel in Zeit online v. 06.08.2022, https://www.zeit.de/politik/ausland/2022-08/alex-jones-usa-schadenersatz-sandy-hook-grundschule, Abrufdatum: 10.08.2022.

[114] Vgl. Jürgen Schmieder, Und er sendet einfach weiter, Artikel in der Süddeutschen Zeitung, 07.08.2022, https://www.sueddeutsche.de/politik/alex-jones-verschwoerungen-urteil-strafe-49-millionen-1.5635102?reduced=true, Abrufdatum: 10.08.2022.

Evelyn B. Hall einmal so auf den Punkt gebracht hat: „I disapprove of what you say, but I will defend to the death your right to say it."[115]

Wenn wir also gegen Extremist:innen, Rassist:innen, Faschist:innen etwas tun wollen, so können und müssen wir das auf beiden Wegen angehen: Argumentativ **und** juristisch.

Erachtet man Argumentieren als geeignetes Vorgehen hilft es an dieser Stelle ein klares Signal zu setzen: „Das ist eine sehr extreme, abwegige Behauptung. Das muss sehr gut begründet und nachgewiesen werden. Wie also begründen Sie das?"

Für das folgende Streitgespräch kann vor allem „Ockhams Rasiermesser" (vgl. Teil **I.7.2.**) ein gutes Mittel sein. Wenn Sie dann die abstruse Suppe in aller Kürze zusammenfassen und dann die einfachere Erklärung dagegensetzen, kann das auf andere Menschen, die Argumenten zugänglich sind, überzeugend wirken.

Im Übrigen können solch abwegigen Argumente auch eine kommunikative (weniger argumentative) Funktion haben: Es geht in der Hauptsache um Vergemeinschaftung, die darüber gestärkt werden kann, dass man sich vom „Mainstream" absetzt. Die Konsistenz von Argumenten, selbst das Thema sind nicht so entscheidend. Dies legt auch die Studie von Kumkar (Kumkar 2022) nahe, die er anhand von drei Diskursen um „alternativen Fakten" entwickelt hat.

Im Folgenden sehen wir uns nun intensiv die zwei extremistischen Hauptstrategien an: Die Nutzung des Vergemeinschaftungsraum mit gruppenbezogener Negativabgrenzung einerseits und der Einsatz von extremistischen Mimikrys andererseits.

---

[115] E. B. Hall, The Friends of Voltaire, London 1906: 199, hier zit. n. Mukerji 2017: 271.

5. Strategie 1: Gruppenbezogene Negativ-Abgrenzungen als Nutzung des Vergemeinschaftungsraums

Ein häufig eingesetztes Mittel extremistischer Argumentationen ist, die Zugehörigkeit zu einer Gruppe als Argumentationsmittel zu verwenden. So verwenden Verschwörungstheorien (und auch Glaubensgemeinschaften) häufig das Argument, dass nur besonders Begabte, Wissende oder Gläubige einen Sachverhalt nachvollziehen könnten.

Häufig existiert dabei ein exklusiver Bezug zu (behaupteten) primären Identitätszuschreibungen („Rasse", „Geschlecht", „Nationalität", „Volk"). Im Internet werden diese als Zugang zu Gruppen definiert, die – ohne Kontrolle und kritischen Widerspruch – die Denkmuster reproduzieren und damit als „Radikalisierungsmaschinen" fungieren können.[116]

Kraft gewinnen solche Gruppierungen also über zwei Faktoren: Als Erstes eine starke Gruppenidentifikation, die eine behauptete positives Identifikationsmerkmal („Rasse", „Nationalität", „Volk"; „Geschlecht") mit einer negativen Abgrenzung („andere Rasse", „Nationalität" etc.) kombiniert. Der zweite Faktor ist die (ungestörte) Nutzung von Narrativen (z. B. Verschwörungen, „Durchsetzungen" etc.), die sich stetig reproduzieren und dadurch verfestigen, aber auch radikalisieren können.

Gruppenbezogene Negativ-Abgrenzungen zeigen sich auch in generalisierten Entgegensetzungen, z. B. mit „guten Bürger:innen", die sich gegen den Mob wehren.

---

[116] Eine ebenso alarmierende wie bedrückende Darstellung solch exklusiver Kommunikationsblasen, die als „Radikalisierungsmaschinen" fungieren, beschreibt Julia Ebner in ihrem lesenswerten Buch (Ebner 2019).

Die gruppenbezogene Negativabgrenzung ist das entscheidende Argumentationsmittel, wenn der Raum der Vergemeinschaftung extremistisch genutzt werden soll (vgl. zu dem Konzept der Diskursräume **Teil I**).

Bernhard Pörksen und Friedemann Schulz von Thun (Pörksen/Schulz von Thun 2021) haben diese Negativ-Vergemeinschaftung überzeugend mit dem Wertequadrat verbunden, dass sie hier als Abwertungs- und Dilemmaquadrat reformulieren.

Jede Aussage wird dabei in der Beziehung („Wir" – „Andere") so gefasst, dass die eigene positiv auf- und die andere Seite negativ abgewertet wird. Dabei sind Abwertungsquadrate für extremistische Positionen strategisch immer themenübergreifend auf die „Wir"/„Die Anderen"-Linie konstruiert.

Das Abwertungsquadrat läuft daher immer darauf hinaus, die eigene Aufwertung, mit der Kritik der Abwertung durch andere („Opferrolle") zu kombinieren. Dadurch kann die eigene Rolle als „Kämpfer:in in der Sache" überhöht werden. Gemeinschaft lässt sich gegen Feinde dynamischer und fester zusammenschweißen. Diesen Effekt versuchen Extremist:innen über die Vergemeinschaftungsstrategie mit Negativabgrenzung zu erzeugen.

Um zu verstehen, wie das Abwertungsquadrat funktioniert, findet sich in Abb. 27 ein Beispiel.

An dem exemplarischen Abwertungsquadrat lässt sich gut erkennen, dass eine unterstellte positive Absicht („Wir") der Behauptung der Opferrolle („Wir" in der Wertung der „Anderen") zugeordnet wird. In diesem Fall kann durch das Behaupten der Opferrolle zugleich noch unterstellt werden, dass die „Anderen" gegen die eigens proklamierten Regeln („Meinungsfreiheit") verstoßen.

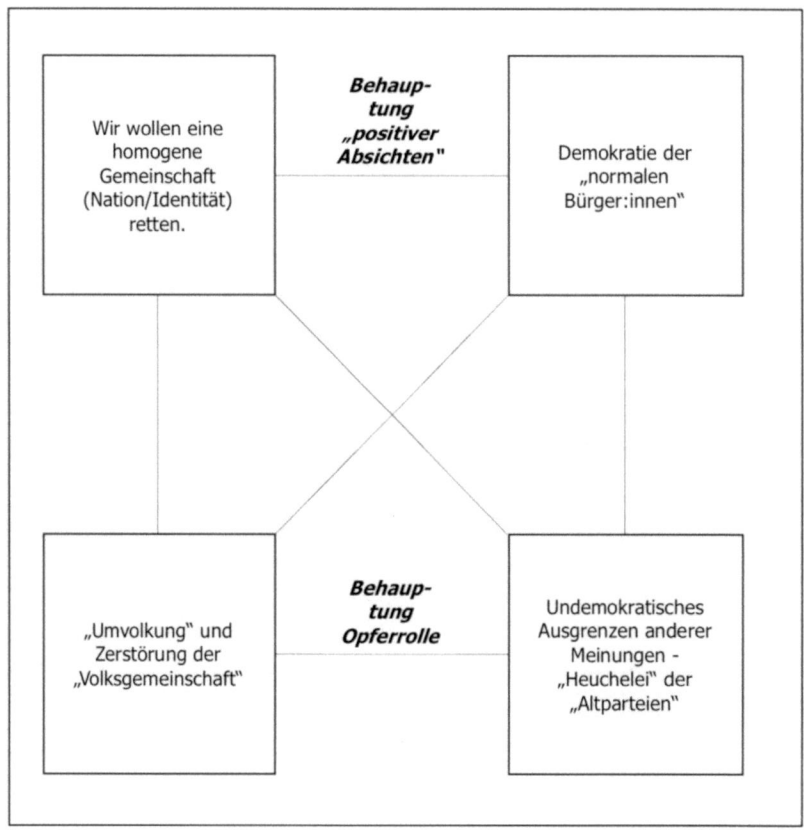

Abb. 27: Extremistische Vergemeinschaftungsstrategie im Abwertungsquadrat

Das Abwertungsquadrat kann durch die scharfe Entgegensetzung gruppendynamisch wirksam inszeniert werden. Den „Anderen" wird zudem unterstellt, dass sie eine „Umvolkung" wollten. Damit wird eine Gefahr heraufbeschworen, gegen die das „Wir" held:innenhaft kämpfen muss.

Auch hier wäre die extremistische Vergemeinschaftungsstrategie nicht erfolgreich, wenn nicht tatsächlich schwierige Fragen angesprochen würden. So sind ja Integrationsprozesse gesellschaftlich zu organisieren gerade für viele ohnehin finanziell belastete Kommunen tatsächlich eine große Herausforderung, von der menschenwürdigen Unterbringung bis hin zur Überwindung von Sprachbarrieren. Auch die soziale Not vieler Menschen (egal welcher Herkunft), die Wirkungen des Neoliberalismus, die Probleme bei der öffentlichen Infrastruktur sind ja keine aus der Luft gegriffenen Punkte. Es gibt also genügend Ansatzpunkte, extremistische Abwertungsquadrate für Vergemeinschaftungsstrategien zu nutzen.

Die gruppenbezogene Negativ-Abgrenzung lässt sich besonders gut an einer Rede verdeutlichen, die Björn Höcke am Dienstag, den 17.01.2017 bei der Jugendorganisation der AfD in Dresden gehalten hat.[117] Ich zitiere diese Rede etwas ausführlicher, weil damit deutlich wird, wie gefährlich der Hass und die Negativabgrenzungen sind:

> „Liebe Freunde, Dresden ist eine ganz besondere Stadt. Ich kann mich noch gut erinnern, wie hier im Oktober 2014 die Straßenproteste begonnen haben und ich kann mich noch sehr gut daran erinnern, wie ich mich kurze Zeit später mit einigen frisch gewählten Abgeordneten des Thüringer Landtages auf den Weg nach Dresden machte, und das [sic!] in Augenschein zu nehmen, was innerhalb von wenigen Wochen und Monaten eine weltweite Aufmerksamkeit erzwungen hatte.

> Wir suchten den Beginn des Pegida-Spazierganges und wir fanden ihn nicht direkt, weil wir etwas ortsunkundig waren. Und ich kann mich noch gut erinnern, wie wir durch mehrere Gruppen von sogenannten Antifaschisten durch mussten...

> [Rufe: „Pfui!"]

> ...damals, damals waren wir noch unbekannt, damals war ich noch unbekannt. Heute wäre das für mich wahrscheinlich eine lebensgefährliche Aktion.

> [Rufe: „Pfui!", Gelächter]

---

[117] Eine Erzählanalyse dieser Rede findet sich auch bei Girnth/Burggraf (2019: 571-575); Auch Detering analysiert die Rede sprachwissenschaftlich (Detering 2019: 21-31). Hier geht es mir allerdings um die Narration, sondern um die damit einhergehende Vergemeinschaftungsstrategie.

Sie können sich vorstellen wie froh ich war, als ich diese wilden Horden verlassen hatte und mit meiner kleinen Thüringer Gruppe dann endlich den Pegida-Spaziergang gefunden hatte.

(...) Wir gingen dann damals nach Dresden und haben uns die Lage vor Ort angeguckt, und was wir sahen bei den Spaziergängern, das waren keine verschrobenen Sonderlinge, das waren keine wirtschaftlich Abgehängten und das waren auch keine grölenden Nazis, die wir dort antrafen. Wir haben uns dann dem Spaziergang angeschlossen. Und während dieses Spaziergangs sind wir an kreischenden, verhetzten, von induziertem Irresein gekennzeichneten jugendlichen Wirrköpfen vorbeigekommen...

[Jubel, Applaus]

...und waren einfach nur erstaunt darüber, dass diese Spaziergänger trotz dieser unflätigen Provokation dieser Wirrköpfe, trotz einer staatsgefährdenden Politik der Altparteien zu Tausenden in so vornehmer und vorbildlicher Art und Weise ihre Bürgerrechte wahrnahmen." (Höcke 2017)

Die ganze Rede Höckes ist von der Negativabgrenzung durchzogen: Auf der einen Seite die ehrbaren Bürger:innen, auf der anderen Seite die „Wirrköpfe" (Gegendemonstrant:innen) und die „Altparteienpolitiker und Apparatschicks".

Die Negativabgrenzung wird in der folgenden Rede zum Ausgangspunkt für einen Kampf von Gut und Böse stilisiert:

„(...) ich habe bis heute kein besseres Bild gefunden. Die alten Kräfte, also die Altparteien, aber nicht nur die Altparteien, auch die Gewerkschaften, vor allen Dingen auch die Angstkirchen, und die immer schneller wachsenden...

[„Pfui!", Applaus]

...und die immer schneller wachsende Sozialindustrie, die an dieser perversen Politik auch noch prächtig verdient; diese alten Kräfte, die ich gerade genannt habe, sie lösen unser liebes deutsches Vaterland auf wie ein Stück Seife unter einem lauwarmen Wasserstrahl. Aber wir, liebe Freunde, wir Patrioten werden diesen Wasserstrahl jetzt zudrehen, wir werden uns unser Deutschland Stück für Stück zurückholen!" (Höcke 2017[118])

---

[118] Höcke-Rede im Wortlaut: „Gemütszustand eines total besiegten Volkes", zit. nach: https://www.tagesspiegel.de/politik/gemutszustand-eines-total-besiegten-volkes-

Höcke greift insofern in der Rede zu einer Mischung extremistischer Mimikrys: Kakophemismen, Bezug auf Autoritäten und falsche Vergleiche. Was aber nicht vorkommt, ist ein einziges Argument. Argumente im strengen Sinne braucht die Rede nicht, denn sie zielt explizit auf den Raum der Vergemeinschaftung und eben nicht auf einen demokratisch-diskursiven Raum. Er stellt insofern die Geltungsansprüche auf Wahrhaftigkeit („guter Deutscher"), auf Verständlichkeit und auf Richtigkeit („rechtschaffenes, richtiges, adäquates Verhalten"). Aus meiner Sicht erfolglos, aus der Sicht derjenigen, die sich mit ihm vergemeinschaften wollen, erfolgreich.

Auch Höckes Rede enthält ein Abwertungsquadrat, in diesem Fall direkt „ad personam", da er direkt die Vergemeinschaftung zum Ziel hat (vgl. Abb. 28). Die Reaktionen des Publikums zeigen, dass in diesem Fall die Vergemeinschaftung über Emotionalisierung funktioniert.

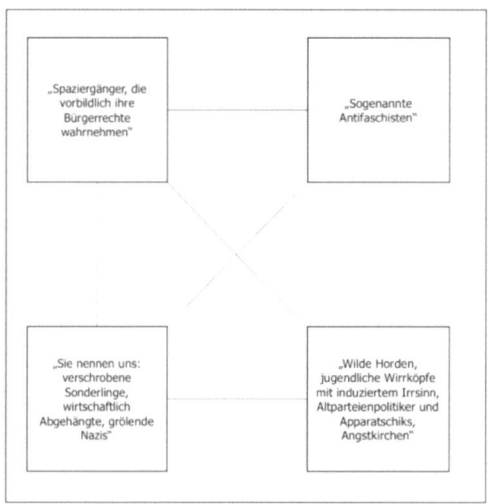

Abb. 28: Abwertungsquadrat in Höckes Rede

5488489.html, Abrufdatum: 08.11.2022. Der Tagesspiegel gibt an, dass der Journalist Konstantin Nowotny die Rede transkribiert habe. Der zugehörige Netzbeleg war zum Zeitpunkt des Abrufs der Rede allerdings nicht mehr validierbar.

Geprägt sind die extremistischen Vergemeinschaftungsräume auch dadurch, dass sie Triggerpunkte verwenden (Mau/Lux/Westheuser 2023) (s. dazu auch weiter oben Abschnitt **II.3.1.**). Die Strategie kann dadurch Emotionen nutzen, um vom Geltungsanspruch auf Wahrheit weg hin zur Vergemeinschaftungsstrategie und dem Geltungsanspruch auf (scheinbare) Wahrhaftigkeit umzulenken.

Ein erschreckendes Beispiel dafür dokumentiert Thomas Laschyk in seinem lesenswerten Buch *Werbung für die Wahrheit*, in dem er sich mit der Wirkung von Fake News und Desinformation auseinandersetzt. Laschyk hat auf der Website der „Volksverpetzer" eine weit verbreitete Desinformation aufgedeckt, bei der unter einem Foto von Angela Merkel mit einem Geflüchteten behauptet wurde, sie übergebe ihm 700,- € Weihnachtsgeld, die die Bundesregierung jedem und jeder Geflüchteten auszahle. Die Nachricht war ursprünglich auf einer Scherzseite entstanden. Laschyks Artikel wurde auch kommentiert. Eine Kommentatorin schrieb zu dem Fakt, dass die Nachricht frei erfunden war: „Ich halte mich nicht m(it) Kleinigkeiten auf!!!" (Laschyk 2024: 24) Mit anderen Worten: Wo man sich vergemeinschaften will und es in die eigene Geschichte und das Framing passt, steht der Wahrheitsanspruch zurück. Entscheidend ist – so zu sagen – die Wahrhaftigkeit, nicht die Frage, ob es sich tatsächlich so verhält.

Die Vergemeinschaftungsstrategie immunisiert gegen kritische Fragen und führt in einen hermetisch abgeriegelten Vergemeinschaftungsraum. Endlich ein Raum, in dem man sich sicher vor einer komplexen, unsicheren Welt verstecken, sich sicher und überlegen fühlen kann. Die emotionale Funktion, das Bedürfnis nach Sicherheit und Größe macht die Vergemeinschaftungsstrategie zu einem starken und gefährlichen extremistischen Mittel.

☞ Hier hilft nur Abgrenzung und Klarheit: Argumente müssen mit gesundem Menschenverstand überprüfbar sein. Seien Sie immer dann vorsichtig, wenn Wissen an der Zugehörigkeit von Gruppen festgemacht werden soll.

☞ Nicht zuletzt ist zu prüfen, wann in der Negativabgrenzung der Tatbestand der Beleidigung, der Verleumdung und/oder der Volksverhetzung erfüllt ist.

☞ Langfristig kann sicherlich helfen, positive und offene Vergemeinschaftsräume selbst gegen die hermetisch abgeriegelten Räume der Extremist:innen zu setzen.

6. Strategie 2: Extremistische Mimikrys – Fehler in der Logik

Die zweite Strategie, die rechtsextremistische Argumentationen nutzen, ist, extremistische Mimikrys zu verwenden, also Argumentationsfiguren, die den Eindruck erwecken, logisch zu sein, diesen Anspruch aber bei näherem Hinsehen nicht erfüllen können.

Im Folgenden möchte ich einige dieser extremistischen Mimikrys anhand von Beispielen darstellen. Ich werde dazu allerdings nicht nur Beispiele aus dem Rechtsextremismus oder -populismus wählen. Extremistische Mimikrys sind viel verbreiteter als nur bei Extremist:innen. Auch thematisch ist der Einsatz von Extremismen nicht beschränkt. Gerade bei der AfD kann man recht deutlich sehen, dass nahezu jedes Thema „gespielt" werden kann, wenn es sich zum Absetzen gegen den Mainstream nutzen lässt.

6.1. Generalisierungsfehler

Ein sehr häufiges extremistisches Mimikry ist es, Generalisierungsfehler zu verwenden. Hier ein Beispiel:

P1: Alle Mörder:innen haben mindestens eine Person getötet.
P2: Soldat:innen im Krieg töten Menschen.
K: Soldat:innen sind Mörder:innen.

Dieses Argument ist ein Denkmuster, das hin und wieder genutzt wird[119], aber gleich an zwei Stellen Denkfehler aufweist: Die zweite Prämisse enthält einen

---

[119] So hatte das Bundesverfassungsgericht genau über diese Meinungsäußerung und die Straffähigkeit der Aussage „Soldaten sind (potenzielle) Mörder" zu entscheiden (vgl.

Generalisierungsfehler. Längst nicht alle Soldat:innen töten im Krieg persönlich andere Menschen.

Auch die Konklusion ist nicht stimmig: Zwar ist die Prämisse 1 in sich stimmig. Aus ihr kann aber die Konklusion nicht folgern, da nicht alle Menschen, die einen Menschen getötet haben juristisch gesehen auch Mörder:innen sein müssen. Tötungsgründe können z. B. auch Notwehr, Unfälle, Selbst- oder eben auch Landesverteidigung sein. Insofern enthält der fehlerhafte Schluss eine zweiten **Generalisierungsfehler** bzw. eine Umkehr des Satzes in „Alle Personen, die jemanden getötet haben, sind Mörder:innen.", die eine falsche Prämisse darstellt.

Im Übrigen mag die Äußerung bei Lichte betrachtet argumentativ zweifelhaft sein. Dennoch sind sie von der Meinungsfreiheit gedeckt, wie das Bundesverfassungsgericht feststellt: „Diese Verfassungsnorm (Art. 5 Abs. 1 Satz 1 GG) gibt jedem das recht, seine Meinung in Wort, Schrift und Bild frei zu äußern und zu verbreiten. Meinungen sind im Unterschied zu Tatsachenbehauptungen durch die subjektive Einstellung des sich Äußernden zum Gegenstand der Äußerung gekennzeichnet (…). Sie enthalten sein Urteil über Sachverhalte, Ideen oder Personen. Auf diese persönliche Stellungnahme bezieht sich der Grundrechtsschutz. Er besteht deswegen unabhängig davon, ob die Äußerung rational oder emotional, begründet oder grundlos ist und ob sie von anderen für nützlich oder schädlich, wertvoll oder wertlos gehalten wird (…). Der Schutz bezieht sich nicht nur auf den Inhalt der Äußerung, sondern auch auf ihre Form. Daß eine Aussage polemisch oder verletzend formuliert ist, entzieht sie nicht schon dem Schutzbereich des Grundrechts (…). Geschützt ist ferner die Wahl des Ortes und der Zeit einer Äußerung. Der sich Äußernde hat nicht nur das Recht, überhaupt seine Meinung kundzutun. Er darf dafür auch diejenigen Umstände wählen, von denen er sich die größte Verbreitung oder die stärkste Wirkung seiner Meinungskundgabe verspricht." (BVerfG, Beschluss

---

BVerfG, Beschluss des Ersten Senats vom 10. Oktober 1995 – 1 BvR 1476/91 -, Rn. 1-191.)

des Ersten Senats vom 10. Oktober 1995 – 1 BvR 1476/91 -, Rn. 1-191, hier: Rn. 108)

Das heißt also keineswegs, dass das Bundesverfassungsgericht die Aussage für richtig erachtet, sondern dass es zwischen einer Tatsachenbehauptung und einer Meinung unterscheidet.[120] Bei der Tatsachenbehauptung würde einer Soldat:in persönlich unterstellt, ein:e Mörder:in zu sein. Dies ist eine juristisch prüfbare Behauptung, die bewiesen oder negiert werden kann.

Bei einer Meinungsäußerung handelt es sich um eine politische Einschätzung, die im demokratisch-diskursiven Raum ihre Geltung erweisen muss.

☞ Wenn Sie also argumentieren wollen, suchen Sie **plausible Gegenbeispiele**, die die Generalisierungsfehler offenlegen. Nehmen Sie sich dann Zeit, Ihre eigene (differenzierte) Argumentation zu entfalten.

☞ Fragen Sie sich zudem: Was ist das dahinterliegende Bedürfnis oder das positive Interesse, wenn Generalisierungen verwendet werden? Häufig dürfte es der Wunsch nach einfachen Erklärungen sein.

---

[120] Schönberger erklärt die Unterscheidung (Schönberger 2023: 132): „Dabei unterscheiden sich Tatsachen von Meinungsäußerungen dadurch, dass sie einer Überprüfung auf ihren Wahrheits- und Richtigkeitsgehalt, mithin dem Beweis zugänglich sind."

6.2. Induktive Fehlschlüsse mit „Ausnahme-bestätigt-die-Regel"-Trick

Generalisierungsfehler liegen auch vor, wenn induktive Logik fehlerhaft angewandt wird. Ein Beispiel:

P1: A ist ein Verbrecher.
P2: A ist ein Ausländer.
K: Ausländer sind Verbrecher.

So dargestellt, werden wohl selbst hartgesottene Rechte diese Argumentation nicht nutzen, da sie zu offensichtlich fehlerhaft ist. Aber: Steter Tropfen höhlt den Stein. Gerade in manchen Social-media-Kanälen wird jedes (echte oder erfundene) Beispiel für Verbrechen aus dem Ausland stammender Menschen wiederholt. Die vielen (echten und erfundenen) Beispiele werden dann als Beleg für die (tendenzielle) Richtigkeit des induktiven Fehlschlusses angeführt. Damit verliert – logisch betrachtet – das Argument seine Kraft, da sie ebenso auf inländische Mitmenschen anzuwenden wäre.

Streng genommen wird jede induktive Argumentation widerlegt, wenn sich nur ein Gegenbeispiel finden lässt.

Daher greifen extremistische Mimikrys zu einem weiteren manipulativen Mittel: Sie schwächen die Argumentation dahingehend ab, dass die „Ausnahme die Regel" bestätige.

Diese Annahme ist allerdings logisch sehr problematisch. Sie wäre nur dann zulässig, wenn die Ausnahme ohne Zweifel zu begründen und damit für alle weiteren Fälle eine weitere regelhafte Annahme begründen könnte. Dies wäre dann nach dem folgenden Muster zu fassen:

Wenn P1 und P2, aber nicht P3 (Ausnahme) zutreffen, dann gilt K.

Die Annahme einer regelhaften Ausnahme ließe sich für die obige Argumentation nicht herleiten oder würde sich selbst ad absurdum führen: ‚Alle Ausländer:innen sind Verbrecher:innen, außer denjenigen, die keine sind.'

Dennoch werden induktive Fehlschlüsse mit „Ausnahme-von-der-Regel"-Annahmen immer wieder genutzt. Die Anzahl der Nennungen (z. B. in sozialen Netzwerken) wird dann als Beleg angeführt.

Dieses extremistische Mimikry nutzt einen sogenannten Bestätigungsfehler („confirmation bias"): Je öfter wir eine Behauptung hören, desto eher sind wir bereit, einer Argumentation (unabhängig von einer Begründung!) zu glauben (vgl. u.a. Brodnig 2023: 112f.). Dieser Bestätigungsfehler wird auch Wahrheitseffekt genannt.

> ☞ Wenn Sie in diesen Fällen argumentieren wollen, kann Ihre Argumentation sein: Entweder die Regel ist Quatsch oder die Ausnahmen können selbst regelhaft begründet werden. Fragen Sie nach der Begründung und Regelhaftigkeit von Ausnahmen. Gibt es wissenschaftliche Daten, die die Ausnahmen erklären können? Wenn ja, welche? Sind sie durch unterschiedliche und seriöse Quellen belegt? Wie sieht es in Vergleichsgruppen aus? Etc.

6.3. Verwendung irrelevanter Daten

Ebenso manipulativ ist es, wenn in einer Argumentation Daten angeführt werden, die keinerlei Relevanz für die Argumentation haben, aber doch mit ihr gekoppelt werden. Auch hier bietet die Berichterstattung oder Nachrichten eine entsprechende Folie:

‚Der südländisch aussehende Täter überfiel eine Filiale der deutschen Bank.´

‚Die arbeitslose und alleinerziehende Mutter vernachlässigte ihr Kind.' etc.

Der Presse-Codex enthält zwar die Regel, dass Herkunftsangaben nur dann genannt werden dürfen, wenn „ein begründetes öffentliches Interesse besteht."[121] Demnach müssen die Redaktionen zwischen dem begründeten öffentlichen Interesse einerseits und der „Gefahr der diskriminierenden Verallgemeinerung" abwägen (ebd.). Entsprechende Entscheidungskriterien werden im zugehörigen Leitfaden benannt. Weder halten sich aber alle Medien daran, noch greifen diese auf die nicht-redaktionell strukturierten Social-Media-Kanäle durch.

Die Verwendung irrelevanter Daten in Argumentationen spielen zumeist Stereotypen an, die als Subtext unbemerkt, aber wirksam mitlaufen können.

 ☞ Wenn Sie argumentieren wollen, sprechen Sie irrelevante Daten an und schließen Sie sie explizit als unwichtig für die Argumentation aus: „Können wir uns darauf einigen, dass das Geschlecht für die Argumentation völlig unerheblich ist und es um Verhalten und nicht Herkunft geht?"

6.4. Biologistische Fehlschlüsse
Gerade in rassistischen, antifeministischen und homophoben Argumentationen wird mit einem biologistischen Fehlschluss gearbeitet. Dieser sieht etwa wie folgt aus:

P1: Gruppe A zeigt VerhaltenX/ Merkmal Y.
P2: Gruppe A ist von der (eigenen) Gruppe B biologisch unterschieden.
K: Verhalten X und Merkmal Y ist biologisch begründet.

---

[121] Richtlinie 12.1 – Berichterstattung über Straftaten (gültig seit 22.03.2017) des Pressekodex, zitiert nach https://www.Presserat.de/pressekodex.html?file=files/ presserat/dokumente/pressekodex/Presse-kodex_Leitsaetze_RL12.1pdf, Abruf: 02.08.2022.

Diese Argumentation ist gleich mehrfach angreifbar: Zunächst fehlt es schon bei **P1** in der Regel an statistisch und damit wissenschaftlich validen Daten. Damit treffen wir erneut auf einen Generalisierungsfehler. Auch **P2** ist in der Regel angreifbar, weil Genetik inzwischen komplexe Erklärungsmodelle aufweist, bei denen Dispositionen, aber auch Verhalten und Umwelteinflüsse eine Rolle spielen[122] – demnach sind Unterscheidungen viel weniger festgeschrieben. Auch sind viele Unterscheidungen – wie z. B. die Frage nach behaupteten „Rassen" – inzwischen genetisch widerlegt. Der biologistische Fehlschluss liegt dann in der Konklusion. Vom Verhalten oder Merkmal auf eine biologische Ausgangslage zu schließen ist logisch nicht zulässig. Eine zulässige Begründung könnte sich lediglich auf ein gezeigtes Merkmal und einzelne Gene oder Gensequenzen beziehen und auch nur dann, wenn ein Gen (oder Kombination) immer gemeinsam mit einem äußeren Merkmal zusammen aufträten. Biologistische Fehlschlüsse bieten für nationalistische, rassistische, aber auch sexistische und homophobe Argumentationen die Hauptbegründungslinie.

Nun werden einige von Ihnen sagen: Ist das nicht sehr holzschnittartig? So vertritt das doch keiner. Tatsächlich wird allerdings in der Neuen Rechten durchaus biologistisch argumentiert. Zwei Stellen stechen besonders ins Auge: Nationalität und Geschlecht. Im Bereich der Nationalität wird zwar behauptet, dass es nicht nur eine Abstammungsfrage sei, ob man zu einem Volk gehöre. Damit verbunden ist aber faktisch, dass es **auch** eine Frage der Abstammung (und damit Biologie) (nicht etwa der Herkunft!) sei[123]. Es treten nur weitere Bedingungen hinzu, was die biologistische Grundstruktur aber nicht aufhebt, sondern lediglich verschärft. Noch radikaler fasst dies Caroline Sommerfeld, wenn sie eine Art Abstufungsraster schafft: Sie unterscheidet zwischen

---

[122] Ich bin in diesem Bereich kein Experte. Dies ist aber doch das, was ich aus seriös recherchiert wirkenden Daten schließe. Stellvertretend seien hier die Forschungsarbeit von Cavalli-Sforza/Cavalli-Sforza 1999 genannt.

[123] So fasst Björn Höcke „Volkszugehörigkeit" etwa als „eine dynamische Einheit aus Abstammung, Sprache, Kultur und gemeinsam erlebter Geschichte". (Höcke 2024: 127)

„Abstammungsdeutschen" (mit Begriffen wie „Blut- und Genlinien" (!)), „Paßdeutschen" und „Volksdeutschen" (vgl. Sommerfeld 2018) usw. Bei den „Volksdeutschen" stimmen dann nicht nur Abstammung und Pass, sondern auch die politische Einstellung („Elite") (vgl. Sommerfeld 2018). In der Umkehr gebe es auch „Fremdkörperdeutsche", die die „deutsche Seele" nicht annähmen und sogar zu „Umvolkungsdeutschen" würden, wenn ihre Masse zu groß werde.

Die zweite biologistische Argumentation findet man bei der Neuen Rechten in der Geschlechterfrage (vgl. stellvertretend Höcke 2024: 111-116; Krah 2024: 37-44). Stellvertretend für diese Art des Biologismus sei Björn Höcke zitiert: „Ich bin überzeugt, daß es wesensmäßige Unterschiede zwischen Mann und Frau gibt, die wir nicht überwinden, sondern kultivieren sollten. (...) Wehrhaftigkeit, Weisheit und Führung beim Mann – Intuition, Sanftmut und Hingabe bei der Frau, um nur ein paar zu nennen." (Höcke 2024: 115) Während der „Abstammungs-Biologismus" etwas unschärfer formuliert wird, tritt er bei der Geschlechterfrage völlig ungeschminkt hervor.

Wie bei allen anderen extremistischen Mimikrys ist natürlich die Frage: Was hilft es Personen, biologistischen Fehlschlüssen aufzusitzen oder sie zu verbreiten? Meine persönliche Vermutung ist recht einfach: Sicher sein zu wollen, selbst anderen gegenüber überlegen zu sein und sich damit gegen Komplexität von Gesellschaften, Geschichte etc. abzusichern. Sicher zu sein, dass die Welt einfach geordnet und verstanden werden kann, in der man selbst auf der behaupteten richtigen Seite stehe und der Selbstwert nicht durch Verhalten, sondern durch „sichere Evidenz" garantiert sei.

☞ Benennen Sie die Grenzen deutlich: Aus biologischen Merkmalen Verhalten ableiten zu wollen, ist falsch. Das Verhalten kann als falsch oder richtig, rechtlich zu- oder unzulässig bewertet werden. Biologie hat da nichts zu suchen.

6.5. Verwendung von Kakophemismen

Die AfD arbeitet als extremistische Partei immer wieder mit gezielten Tabubrüchen, die ihren Redebeiträgen Aufmerksamkeit verschaffen und die eigenen Frames[124] verankern sollen. Unter anderem setzt sie dabei auf Kakophemismen. Das sind Wörter, denen bereits eine negative Wertung eingeschrieben ist.

Ein Beispiel: Dr. Alice Weidel, zu dieser Zeit Vorsitzende der AfD-Bundestagsfraktion, hat am 16.05.2018 im Bundestag Folgendes in ihrer Rede gesagt:

> „Burkas, Kopftuchmädchen und alimentierte Messermänner und sonstige Taugenichtse werden unseren Wohlstand, das Wirtschaftswachstum und vor allem den Sozialstaat nicht sichern."[125]

Der Ordnungsruf des Bundestagspräsidenten Dr. Wolfgang Schäuble wurde – nach Einspruch von Alice Weidel – in einer Abstimmung am nächsten Tag bestätigt. Die Begründung Wolfgang Schäubles war, dass Weidel alle Frauen diskriminiere, die ein Kopftuch trügen (ebd.).

Neben der diskriminierenden Generalisierung setzt Weidel hier mindestens zwei explizite und zwei implizite Kakophemismen ein. Unmittelbar als abwertend lassen sich „alimentierte Messermänner" und „Taugenichtse" identifizieren. Bei „Burkas" und „Kopftuchmädchen" wird durch die Aufzählung ebenso eine negative Wertung impliziert. Bei den „Burkas" wird die Abwertung noch dadurch

---

[124] Frames sind Denkrahmen, die durch die Wahl von Begriffen ausgelöst werden und Bedeutung, aber auch Emotion und Wirkung ansprechen. Durch so genannte konzeptionelle Metaphern werden solche Interpretationen und Wertungen angespielt. Das Konzept stammt aus der Kognitionswissenschaft und wurde in Deutschland vor allem durch Elisabeth Wehling bekannt (Wehling 2016) (vgl. dazu auch Teil **VIII**.2.1.).

[125] Alice Weidel am 16.05.2018 im Bundestag im Rahmen der Beratungen zum Etatentwurf; zitiert nach https://Bundestag.de/Dokumente/textarchiv/2018/kw20-de-Einspruch-Ordnungsruf-555494, Abrufdatum: 02.08.2022.

ausgedrückt, dass Menschen mit einem Kleidungsstück identifiziert werden, unter dem sie (mit ihrer je eigenen Individualität) verschwinden.

Im Übrigen dürfte Frau Dr. Weidel die Wirkung ihrer Rede genau kalkuliert haben: Sie tauchte mit dieser Formulierung in den allermeisten politisch berichtenden Medien auf, erzwang durch den Einspruch gegen den Ordnungsruf noch eine Abstimmung. Auch wenn sie diese verlor, war doch die Aufmerksamkeit erzielt. Allgemein können sowohl Kakophemismen als auch ihr Gegenteil Euphemismen durchschlagende rhetorische Mittel sein. Für Demokrat:innen ist der Einsatz allerdings selten sinnvoll.

☞ Wenn Sie gegen Kakophemismen argumentativ angehen wollen, ersetzen Sie explizit wertende Begriffe durch neutrale. Machen Sie auf Ihre bewusst gewählte und diskriminierungsfreie Sprache andere aufmerksam. Machen Sie auch auf die Gefahren von generalisierenden Begriffen aufmerksam.

6.6. Bezug auf Autoritäten

Der Bezug auf Autoritäten ist beileibe nichts, was Extremist:innen exklusiv als Mittel einsetzen. Das kommt regelmäßig auch bei Demokrat:innen unterschiedlichster Couleur vor. Für CDU-Anhänger:innen darf es dann gern mal das Adenauer- oder Merkel-, für SPD-Anhänger:innen das Willy-Brandt- oder Regine-Hildebrandt- und für Katholik:innen das Papst-Franziskus-Zitat sein. Das ist weder verboten, noch verdammungswürdig.

Einen Fehlschluss darf man allerdings nicht machen: Ein Argument ist nicht gut oder schlecht, weil es eine bestimmte Person verwendet hat. Die Güte oder Zulässigkeit eines Arguments entscheidet sich unabhängig von der Person, die es anführt oder (erstmalig) verwendet hat.

Prüfen Sie in solchen Fällen immer, ob das Argument wirklich so treffend ist und ob Sie es auch dann noch so gut fänden, wenn es jemand gänzlich Unbekanntes oder jemand eingebracht hätte, den sie als Person unsympathisch finden. Noch ein weiteres sollten Sie prüfen: Hat tatsächlich diese Person das genauso gesagt? Nicht immer werden Zitate richtig zugeordnet.

Auch werden scheinbare Autoritäten genutzt („False Experts"). Dazu gibt es ein historisches Beispiel: 1987 begann der Tabakkonzern Philip Morris ein Programm über „Environmental Tobacco Smoke", weil zuvor Forscher:innen das Krebsrisiko von Passivrauchen untersucht hatten. Ziel von Philip Moris war es, Zweifel zu säen und die Forschungsergebnisse in Zweifel zu ziehen. Dabei bezogen sie sich zwar auf Wissenschaftler:innen, die allerdings kaum Expertise in der Sache hatten (vgl. Brodnig 2023: 92-94).

Der gleiche konservative Thinktank organisierte dann auch für die und bezahlt von der Ölindustrie die Argumentation gegen die Begrenzung des CO_2-Ausstoßes im Kyoto-Protokoll. Die sogenannte Oregon-Petition wurde zwischen 1998-2008 von 31.000 Akademiker:innen unterzeichnet. Sie wurde von zwei Wissenschaftlern erstellt (Frederick Seitz und reviewt von Arthur B. Robinson), die beide keine Klimaforscher sind.

Bei näheren Recherchen zeigte sich zusätzlich, dass ein größerer Teil der Unterschriften (12.700) lediglich einen Bachelor-Abschluss hatte und am meisten Unterschriften von Menschen stammte, die aus dem Maschinenbau kamen. Die Meinungsäußerung ist insofern zwar völlig in Ordnung, doch die wissenschaftliche Autorität darf durchaus berechtigt in Zweifel gezogen werden (vgl. zu den Nachweisen Brodnig 2023: 94; 180. Dort finden sich auch weitere Quellen).

☞ Prüfen Sie ein Argument je genauer, desto prominenter die Person ist, deren Zitat verwendet wird. Stellen Sie zudem klar, dass ein Argument nicht zutreffender dadurch wird, dass eine prominente Person es verwendet (hat).

☞ Seien Sie vorsichtig bei wissenschaftlichen Petitionen und Erklärungen, die über Massenunterschriften punkten wollen. Prüfen Sie hier immer auch, ob die entsprechende Forschung valide ist. Ggf. finden sich auf Faktencheck-Seiten Hinweise auf berechtigte Zweifel.

6.7. Link zu Verschwörungstheorien und Nutzung von Fake News

Nicht selten werden in extremistisch geprägten Reden auch Verweise zu Verschwörungstheorien hergestellt oder auch Fake News genutzt. Beispiele für solche Verweise sind in der Regel Markerworte, die ohne ihren (nationalsozialistischen) Kontext verwendet werden.

Beispiele sind Begriffe wie „Überfremdung", „Umvolkung" oder „Bevölkerungsaustausch", die auf nationalsozialistische Politik verweisen und in der Neo-Nazi-Szene verwendet werden.

Ein Beispiel ist ein Statement, dass die AfD von dem damaligen AfD-Vorsitzenden Alexander Gauland auf ihrer Website zitiert:

„Rund 268.000 sogenannte syrische Flüchtlinge haben nach Medienberichten ein Anrecht ihre Familien nach Deutschland nachzuholen. Legt man, vorsichtig geschätzt, den Faktor 4 zu Grunde, können wir uns also nochmal auf über eine Million weiterer Einwanderer allein aus Syrien gefasst machen. Da diese nachziehenden Personen nicht einmal Asylanträge stellen müssen, tauchen sie in der ohnehin katastrophalen Asylstatistik gar nicht erst auf.
Wer den Deutschen weiß machen will, es ginge hier nur um die temporäre Unterbringung von Schutzbedürftigen, betreibt bewusste Augenwischerei. Diese Leute kommen, um zu bleiben. Und sie werden bleiben.
Es ist der helle Wahnsinn. Mit sehenden Augen werden Milliarden und Abermilliarden von Steuergeldern versenkt und der Sozialstaat in den Zusammenbruch gesteuert. Diese Familiennachzugsregelung muss umgehend gekippt werden! Statt das in die Wege zu leiten, setzen die Politiker der Altparteien sogar noch eins drauf. Den Grünen geht das Ganze noch gar nicht schnell genug. Geht es nach ihnen, kann bald jeder, der auch nur vorgibt, in Deutschland arbeiten zu wollen, mit samt seiner Familie einwandern."

Der Bevölkerungsaustausch in Deutschland läuft auf Hochtouren. Die deutschfeindlichen Grünen wollen ihn noch beschleunigen."[126]

Gauland (bzw. AfD) stellt hier eine direkte Verbindungslinie zur Neo-Nazi-Szene her.

Auch die Nutzung von Fake News und Fake-Erzählungen gehört in das Reich der extremistischen Mimikrys. Allein mit diesem Thema kann man Bücher füllen, was einige Autor:innen spannend und lehrreich getan haben (vgl. stellvertretend Jaster/Lanius 2019, Prenzel 2019, Laschyk 2024).

Dabei stehen wir vor einem Problem: Häufig sind Fake News nicht komplett erfunden, aber weitgehend entstellt, aus dem Zusammenhang gerissen oder rund um einen Wahrheitssplitter fabuliert. Thomas Laschyk nennt diese Methode „Fake the Theseus", also die Nutzung des Theseus-Paradox: Schiffsplanken des Theseus-Schiffes werden nach und nach entstellt ersetzt, soweit, dass nichts oder kaum etwas vom ursprünglichen Schiff übrig bleibt. Um dem auf den Grund zu gehen, braucht es gute Recherche und Rekonstruktion. Selbst ein Nachweis, dass es sich um eine Desinformation handelt, kann dann schnell mit dem Hinweis abgetan werden, dass es sich nur um ein Beispiel von vielen handele.

☞ Hier kann nur die Aufgabe sein, Fakten zu überprüfen und die Herkunft von Begriffen transparent zu machen.
☞ Nutzen Sie ggf. Faktenchecker-Angebote (z.B. Faktenfinder der ARD und der Deutschen Presseagentur, die Website der Volksverpetzer und des Correctiv-Netzwerks)

---

[126] Alexander Gauland, Erschreckende Zahlen – Der Bevölkerungsaustausch läuft, Quelle: www.afd.de/alexander-gauland-erschreckende-zahlen-der-bevoelkerungsaustausch-laeuft, Erklärung vom 05. April 2017, Abrufdatum: 16.12.2022.

☞ Ggf. ist auch hier rechtlich zu prüfen, inwieweit Aussagen noch von der Meinungsfreiheit gedeckt sind.

6.8. Falsche Intentionen unterstellen

Ein weiteres extremistisches Mimikry ist, anderen eine negative Intention bei ihren politischen Handlungen zu unterstellen. Damit wird die Glaubwürdigkeit der angegriffenen Person (also der Geltungsanspruch der „Wahrhaftigkeit") angegriffen.

Der Vorteil für extremistische Argumentationen ist, dass der Geltungsanspruch der „Wahrheit" (Sind die Argumente stichhaltig und überzeugend?) durch den Geltungsanspruch der „Wahrhaftigkeit" (Verhält sich und denkt die Person tatsächlich so, wie sie behauptet?) ersetzt wird. Das ist häufig auch ein Wechsel von einem in den anderen Diskursraum (vom diskursiv-demokratischen hin zum Vergemeinschaftungsraum). Dieses extremistische Mimikry wird sehr häufig und nicht selten erfolgreich eingesetzt.

Falsche Intentionen zu unterstellen ist zudem ein Instrument, mit dem auch die Skandalpresse arbeitet. Die Bild-Zeitung ist auf diese Art extremistischer Mimikrys quasi abonniert.[127] Ein eher willkürlich herausgegriffenes Beispiel vom 02.04.2023 findet sich unter dem Titel: „Nach Bild-Bericht: Mutter darf wieder Mutter heißen. Gender-Wende bei der Tagesschau"[128]. In dem Artikel wird von

---

[127] Ein gut recherchiertes Beispiel für ein falsches „Verbotsframing"in der Bild-Zeitung findet sich bei Thomas Laschyk (Laschyk 2024: 116-121): Sehr wirkungsvoll, aber wahrheitswidrig inszeniert die Bild-Zeitung das sogenannte „Heizungsgesetz" als grünen „Verbotsversuch".

[128] https://www.bild.de/politik/inland/politik-inland/nach-bild-bericht-mutter-darf-wieder-mutter-heissen-gender-wende-bei-der-tagessc-83418410.bild.html; Abrufdatum: 11.04.2023.

einer Formulierung der Tagesschau berichtet, die den Begriff Mutter durch „entbindende Person" ersetzt habe.

Dabei spielt keine Rolle, ob der zitierte Satz so tatsächlich in der Tagesschau genannt wurde oder nicht. Entscheidender ist, dass der Tagesschau hier eine (falsche!) Intention unterstellt wird, sie könne und wolle den Begriff „Mutter" verbieten. Es macht allerdings einen großen Unterschied, ob ich selbst eine Formulierung wähle oder ob ich diese Wortwahl zur Norm erheben will. Die falsch unterstellte Intention führt zugleich dazu, dass eine eigene Norm emotionalisierend dagegengesetzt werden kann. (‚Wir verteidigen die Freiheit, Mutter sagen zu dürfen!`). So funktioniert Skandalisierung.

Ein weiteres sehr gutes Beispiel für falsch unterstellte Intentionen beschreibt Luisa Neubauer in ihrem gemeinsam mit ihrer Großmutter Dagmar Reemtsma geschriebenen Buch. Dagmar Reemtsma hatte einen kritischen Leser*innen-Brief an die konservative Tageszeitung „Die Welt kompakt" geschrieben, in dem sie einen Artikel mit einer Lobeshymne auf einen (spritfressenden) Mercedes kritisiert hatte. Im Artikel waren die Umweltbelastung durch den Wagen nicht thematisiert worden. Tatsächlich druckte *Die Welt kompakt* den Leser:innen-Brief – journalistisch honorig – ab, fügte aber eine Anmerkung der Redaktion hinzu: „‚Wir wollen niemanden bevormunden. Die Entscheidung hat immer der Autokäufer.'" (zitiert nach Neubauer/Reemtsma 2022/23: 129)

Journalistisch ist das völlig in Ordnung. Rhetorisch ist es aber das extremistische Mimikry, eine falsche Intention zu unterstellen. *Die Welt kompakt* unterstellt Frau Reemtsma nämlich, dass sie von der Zeitung eine Bevormundung ihrer Leser:innen fordere. Dagmar Reemtsma wehrte sich in einem weiteren abgedruckten Leser:innen-Brief: „Es geht um Aufklärung, nicht um Bevormundung (...) Nur aufgeklärte, gut informierte Menschen können richtige Entscheidungen treffen. Wer aber hat die Verantwortung aufzuklären?" (Neubauer/Reemtsma 2022/23: 130). Sie weist damit auf ein journalistisches Grundprinzip der ausgewogenen Berichterstattung hin.

Falsche Intentionen zu unterstellen, vor allem Verbotsversuche zu behaupten, gegen die man sich nun wehren müsse, ist ein weit verbreitetes populistisches und extremistisches Mimikry. Systematisch wird es von der Bild-Zeitung und der Welt genutzt (vgl. faktenreich Laschyk 2024: 116-121).

☞ Weisen Sie explizit darauf hin, dass Sie es ablehnen, negative Intentionen zu unterstellen. Fragen Sie nach dem Nachweis und bestehen Sie darauf, dass „Wahrheit" und „Wahrhaftigkeit" getrennt voneinander geprüft werden sollten.

6.9. Falsche Identitäten bilden und ‚Othering'

Auch falsche Übereinstimmungen tragen nicht selten zu Extremismen bei. So werden nicht selten „Deutschen" „Muslime" oder „Juden" entgegengesetzt. Eine Frage der Staatsangehörigkeit wird mit einer Glaubensfrage identifiziert. Es gibt aber durchaus viele Menschen, die eine deutsche Staatsangehörigkeit besitzen und muslimischen, jüdischen (oder eben auch christlichen) Glaubens sind. Beides hat miteinander nichts zu tun.

Falsche Identitäten werden zwar extremistisch genutzt, sind aber auch dem konservativen Denken nicht fremd. Ein recht bekannt gewordenes Beispiel bietet die Rede von Dr. Philipp Jenninger am 10.11.1988 zum Gedenken an die Reichsprogromnacht 1938. Hier der Beginn der Rede:

> „Meine Damen und Herren! Die Juden in Deutschland und in aller Welt gedenken heute der Ereignisse vor 50 Jahren. Auch wir Deutschen erinnern uns an das, was sich vor einem halben Jahrhundert in unserem Land zutrug (...)." (Jenninger 1988: 1)

In diesem Fall identifiziert Jenninger die „Juden" nicht mit einer Glaubensgemeinschaft, sondern mit einer Staatsangehörigkeit. Daher kann er zu der Formulierung kommen „Auch wir Deutschen...". Weitergedacht heißen die parallel behaupteten Identitäten dann „deutsch = christlich" und „jüdisch = nicht-deutsch".

Falsche Identitäten sind auch ein Haupteinfallstor für Rassismus. Ogette nennt dies treffend „Othering": „Der Begriff ,Othering' kann übersetzt werden mit ,jemanden zum Anderen machen'. Dahinter verbirgt sich ein relativ einfaches, aber sehr wirksames Prinzip: 1. Ich mache mich selbst zur Norm und werde dadurch zum Standard. 2. Ich mache alle anderen zu ,die Anderen'." (Ogette 2017: 59)

☞ Vermeiden Sie falsche Identitäten. Trennen Sie vor allem immer Zugehörigkeit zu einem Staat und Zugehörigkeit zu einer Glaubensgemeinschaft.

☞ Wenn Ihnen bei anderen eine falsche Identität auffällt, benennen Sie Ihre eigene, differenziertere Sichtweise.

6.10. Das Spiel mit Tabus

Ein weitere Strategie der Extremist:innen ist es, mit Tabus zu spielen. Dabei handelt es sich einerseits um negativ aufgeladene Begriffe (s. oben). Andererseits werden Tabus mit einer Verkehrung von Tatsachen verwendet. Das Ziel ist populistisch, nämlich sich selbst als einzige Bewahrende von Demokratie und Grundwerten darzustellen.

Besonders häufig wird dies bei der Meinungsfreiheit genutzt.

Sehen wir uns für diese Verkehrung das Beispiel von Joana Cotar, zum damaligen Zeitpunkt MdB der AfD, bei ihrer Bundestagsrede in der 228. Sitzung des Bundestages am 07. Mai 2021 an:

„Frau Präsidentin! Werte Kollegen! Es steht schlecht um die Meinungsfreiheit in Deutschland. Sie wird nicht nur nicht geschätzt, nein, sie wird mittlerweile mit Füßen getreten – von der Politik, von den Medien, von den Meinungsmachern in der Gesellschaft.

Die falsche Meinung zu haben und auch noch den Mut zu besitzen, sie offen zu äußern, kann schnell das berufliche und gesellschaftliche Aus bedeuten. 78 Prozent der Deutschen stimmten daher auch in einer Umfrage der Aussage zu, man könne

Meinungen zu bestimmten Themen nicht oder nur mit Vorsicht frei äußern. 78 Prozent! Was für eine Schande für unsere Demokratie, meine Damen und Herren!

(Beifall bei der AfD)

Auch 53 Schauspieler mussten erleben, was es bedeutet, wenn man den Mund aufmacht. Sie wagten es, in ihrer Videoreihe die Coronapolitik der Bundesregierung zu kritisieren. Es dauerte nur wenige Stunden, bis die gesamte Empörungsmaschinerie auf Hochtouren lief,

(Helin Evrim Sommer [DIE LINKE]: Wir leben in einer Demokratie! Da ist doch Kritik erlaubt!)

die darin gipfelte, dass der aktuelle WDR-Rundfunkrat die Beendigung der Zusammenarbeit mit den Schauspielern forderte. „Tatort"-Verbot für Liefers!" (Plenarprotokoll des Dt. Bundestages 19/228: 88)

Das Tabu, dessen Überschreitung Joana Cotar den Anderen hier unterstellt, ist, dass sie die freie Meinungsäußerung einschränken oder gar abschaffen wollten.[129] Bereits, dass sie dies im Bundestag frei und ohne Repression tun kann, beweist, dass sie falsch liegt.

Das Spiel mit dem Tabu beinhaltet aber auch eine Verkehrung: Danach wird jede Kritik an den Kritiker:innen der Corona-Politik pauschal mit einem Verstoß gegen das Recht auf freie Meinungsäußerung gleichgesetzt. Hieße im Umkehrschluss: Kritik darf an Positionen nicht geäußert werden, wenn sie sich nicht mit denen der AfD decken. Die Meinungsfreiheit wird so ad absurdum geführt.[130]

---

[129] Das Muster wird von der AfD häufig genutzt. So plakatierte die AfD in der Europawahlkampagne 2024 auch Plakate mit der Forderung „Zensur verhindern!" Wer allerdings überhaupt eine Zensur einführen wollte, bleibt im Dunkeln.

[130] Nur der Vollständigkeit halber: Cotar legt hier nahe, dass der WDR-Rundfunkrat eine Überlegung angestellt habe, den Vertrag mit Jan Josef Liefers aufgrund einer Aktion einiger Schauspieler:innen gegen die Corona-Politik der Bundesregierung zu lösen.

Dieser verquere Rückbezug ist eine Tendenz, die wissenschaftlich untersucht wurde und zum Mindset des libertären Autoritarismus gezählt wird: „Libertäre Autoritäre kämpfen aus ihrer Sicht gegen eine *Diktatur*, sie sehen sich als Heroen im Namen der Demokratie, unterlaufen jedoch demokratische Normen. Das ist zuweilen verwirrend. Zur Unordnung unserer Tage gehört ein gewisses babylonisches Sprachgewirr: Auch diejenigen, die Demokratie und Freiheit subversiv zersetzen wollen, tun dies im Namen von Demokratie und Freiheit." (Amlinger/Nachwey 2022: 345)

Wer die Meinungsfreiheit selbst in Anspruch nimmt, betritt damit nicht nur den demokratisch-diskursiven Raum mit seinen Geltungsansprüchen, sondern muss sich auch damit abfinden, selbst kritisiert zu werden. Dabei gibt es keinen Unterschied, ob Menschen sich einbringen, die hauptsächlich Politik oder Schauspielerei oder was auch immer betreiben.

☞ Sprechen Sie offen an, dass Sie Meinungsfreiheit vertreten, Meinungsfreiheit aber keine Kritikfreiheit bedeutet.

6.11. Rollenumkehr – Sich zum Opfer machen und verharmlosen

Eine Abwandlung des Spiels mit dem Tabu ist es, sich selbst zum Opfer und das Gegenüber zum/zur Täter:in zu machen. Auch hier lassen sich drei Beispiele von Björn Höcke anführen. Er hatte das Holocaust-Mahnmal ein „Denkmal der Schande" genannt (Vgl. Leo/Steinbeis/Zorn 2017: 96). Offen blieb dabei, ob er das Denkmal als Schande bezeichnen wollte oder ob er meinte, dass das Denkmal an die Schande des Holocausts erinnere. Die Art der Rede legte (natürlich) die erste Interpretation nahe. Als die Kritiker:innen entsprechend

---

Zum Zeitpunkt ihrer Rede war schon klar, dass ein einzelnes Mitglied (Garrelt Duin) einen solchen Vorschlag bei Twitter platziert, ihn aber kurze Zeit später gelöscht hatte (nachzulesen in: „Tatort"-Verbot für Liefers gefordert: Landesweite Kritik an Rundfunkrat Duin, Berliner Zeitung 24.04.2021).

scharf reagierten, stellte sich Höcke als Opfer bösartiger Unterstellungen dar (vgl. ebd.).

Ein weiteres Beispiel findet sich bei Björn Höcke: Der AfD-Spitzenkandidat für die Landtagswahl in Thüringen 2024 wurde von der Staatsanwaltschaft angeklagt, da er die verbotene Losung der SA der Nationalsozialisten „Alles für Deutschland!" am 12. Dezember 2023 bei einer Veranstaltung in Gera wiederholt verwendet hatte. Auch hier liegt ein Spiel mit Tabus vor: Zunächst lief bereits wegen der gleichen Äußerung ein anderes Verfahren gegen ihn, das im Mai 2024 mit einer Geldstrafe abgeschlossen wurde. Im Wiederholungsfall in Gera sprach dann Höcke selbst nur die Worte „Alles für…" und ließ das Publikum „Deutschland" grölen.[131]

Und das letzte Beispiel: Björn Höcke antwortete in einem TV-Duell zur Landtagswahl in Thüringen auf die Frage „Was bedeutet Remigration für Sie?": „Mir geht's vor allen Dingen um die deutschen Staatsangehörigen, die im Ausland leben, weil sie aus Deutschland geflohen sind."[132] Entweder wir haben es mit einem grundlegenden Sinneswandel zu tun oder aber Höcke verwendet hier einen weiteren Trick, in dem er einen Begriff harmloser wirken lässt, als er tatsächlich ist. Zumindestens in seinem Buch definiert er „Remigration" anders: „Ja, allein das gesamteuropäische Remigrationsprojekt, also die geordnete Rückführung der hier nicht integrierbaren Migranten in ihre ursprünglichen Heimatländer, wird eine große Herausforderung sein und viele Jahre in Anspruch nehmen. (…) Ansonsten müssen natürlich alle Länder nach Jahrzehnten der Fehlentwicklung in ihren eigenen Häusern aufräumen und Ordnung schaffen." (Höcke 2024: 284) Wie bei den anderen Beispielen werden

---

[131] Bericht auf www.tagesschau.de vom 03.04.2024, Quelle: www.tagesschau.de/inland/innenpolitik/hoecke-anklage-104.html, Abrufdatum: 03.04.2024.

[132] Quelle: zdfheute vom 12.04.2024: https://amp.zdf.de/nachrichten/politik/deutschland/tv-duell-hoecke-voigt-analyse-100.html, Abrufdatum: 22.08.2024.

so Begriffe zunächst wie trojanische Pferde in den öffentlichen Diskurs eingeschleust, um dann später in ganzer Bandbreite aufgeladen zu werden.

Das Mimikry hat gleich zwei aus Sicht von Extremist:innen günstige Wirkungen: Es verschiebt auf Dauer die Grenzen des Sagbaren, verwendet also einen Gewöhnungseffekt. Zudem eignet sich das Mimikry dazu, die Vergemeinschaftungsstrategie zu stärken.

Dieses extremistische Mimikry spielt also auch deswegen in die Hände von Extremist:innen, weil es vom Feld sachlich-logischer Argumentation hin zur Vergemeinschaftungsstrategie mit Negativabgrenzung überzuleiten vermag.

Zudem kann strategisch mit dem Mimikry Emotion und Dynamik erzeugt und geschürt werden. So veröffentlichte etwa Thor von Waldstein 2015 im Internet einen Text *Zum politischen Recht der Deutschen*, in dem er Angriffe der Bundesregierung auf die Deutschen beschwor und daraus das Widerstandsrecht der Rechten („des deutschen Volkes") ableitete (vgl. Waldstein 2015). Diese Argumentation wiederholt Waldstein in seinen *Zehn Thesen zum politischen Widerstandsrecht* aus dem Jahr 2016. Hier unterstellt Waldstein einen „praktizierten Rassismus gegen das eigene Volk", einen „vorsätzlichen Staatsstreich der Regierung gegen das eigene Volk, einen Putsch von oben" und eine „Invasion von Fremden" (Waldstein 2016: 31). Aus dieser behaupteten Opferrolle heraus leitet er dann das Widerstandsrecht ab. Eine abenteuerliche Argumentation, die das Recht auf „zivilen Ungehorsam" pervertiert (vgl. zur rechtlichen Einordnung des zivilen Ungehorsams auch Akbarian 2024).

☞ Sprechen Sie an, dass es keine Verschwörung gibt und benennen Sie die tatsächlichen Brandstifter:innen.

7. Differenziert gegen extremistische Reden

Nicht alle Reden, die extremistische Mimikrys oder eine extremistische Vergemeinschaftungsstrategie verwenden, erschöpfen sich in Extremismen. Bestandteile extremistischer Reden können durchaus alternative Argumentationsweisen enthalten, die im diskursiv-demokratischen Raum zu bearbeiten sind. Dies macht es erforderlich, differenziert zu argumentieren und nicht etwa pauschal. Argumentationen müssen geprüft, andere Argumentationen vorgeschlagen, Schwachstellen in der Argumentation anderer dargestellt werden. Daneben müssen auch extremistische Strategien (Vergemeinschaftung mit Negativabgrenzung; extremistische Mimikrys) benannt und bekämpft werden.

Es erfordert also, genau hinzusehen und selbst nicht dem Hass zu erliegen: „Demokratiefeindlichkeit lässt sich nur mit demokratischen, rechtsstaatlichen Mitteln bekämpfen. Wenn die liberale, offene Gesellschaft sich verteidigen will, dann kann sie das nur, indem sie liberal und offen bleibt." (Emcke 2020: 206f.)

Ich möchte das an dem Beispiel einer Rede des Bundestagsabgeordneten Martin Sichert, Mitglied der AfD-Fraktion, zeigen. Er hat am 27. Januar 2022 eine Rede in der Plenarsitzung des Bundestags gehalten, die sowohl extremistische Mimikrys verwendet, aber auch eine alternative Argumentation zur Corona-Politik der Bundesregierung versucht.

Aus Gründen der Fairness und Transparenz gebe ich Sicherts Rede hier einmal komplett anhand des Plenarprotokolls des Deutschen Bundestages wieder:

> „Frau Präsidentin! Meine Damen und Herren! Schon vor über einem Jahr hat die Bundesregierung für 400 Millionen Euro Antikörpermedikamente gekauft, die schwere Verläufe bei Corona verhindern können. Obwohl diese Medikamente nur dann ihre Wirkung entfalten, wenn man sie kurz nach der Infektion nimmt, erhalten viele sie erst viel zu spät, wenn sie schon schwer erkrankt sind und ins Krankenhaus kommen. Bis heute werden sie Menschen verwehrt, die geimpft sind und keiner Risikogruppe angehören, diese aber verlangen. Das ist ein riesiger Skandal. Denn geimpft wird an

nahezu jeder Straßenecke; aber Betroffenen werden wirksame Medikamente verwehrt.

(Beifall bei der AfD)

Gäbe es einen Test, der ab dem ersten Tag der Infektion die Schwere des Verlaufs einer Coronainfektion prognostizieren könnte, könnte man die Medikamente zielgerichtet einsetzen. Schwere Verläufe und Todesfälle könnten so im Vorfeld verhindert werden. Sämtliche Maßnahmen wie 2 G, die Spaltung der Gesellschaft durch die Impfpflicht, die massiven Grundrechtseinschränkungen, all das würde seine Grundlage mit solch einem Test verlieren. Selbst die Ängstlichsten könnten zur Normalität zurückkehren; denn Corona hätte seinen Schrecken verloren. Das klingt wunderbar.

(Beifall bei der AfD)

Und es kommt noch besser: Solch einen Test gibt es. Die Proteomanalyse kann mittels Urintest die Schwere des Verlaufs einer Coronainfektion ab dem ersten Tag der Infektion vorhersagen. Seit über einem Jahr ist solch ein Test in Deutschland bereits zugelassen. Seit über einem Jahr könnte er eingesetzt werden, und mit der Nutzung des Tests und der Medikamente könnte Corona beendet werden. Wir könnten schon seit über einem Jahr wieder in Normalität leben.

(Beifall bei der AfD)

Die Bundesregierung weiß das. Sie hat die Entwicklung dieses Tests in Auftrag gegeben und die ganzen Studien zu diesem Test finanziert. Trotzdem hat sie sich bewusst gegen den Einsatz des Tests entschieden. Anstatt alles zu unternehmen, um die Gesundheit der Bevölkerung zu schützen und Corona zu beenden, hieß es immer nur: Impfen, impfen, impfen! Dabei beweist Bremen als Bundesland mit der höchsten Impfquote und zugleich der höchsten Hospitalisierungsinzidenz, dass die Impfung kein Weg aus Corona ist.

(Beifall bei der AfD – Zuruf von der SPD: Was für ein Quatsch!)

Zahllose Menschen mussten einen schweren Verlauf erleiden, weil die Bundesregierung bis heute bewusst auf den Einsatz des Tests verzichtet. Ihre Politik kostet Menschenleben.

(Beifall bei der AfD)

Es ist unfassbar, dass man solch einen Gamechanger nicht einsetzt, nur weil er nicht ins Impfkonzept passt. Es wird allerhöchste Zeit, dass sich das ändert.

(Beifall bei der AfD)

Jedem Bürger, der sich infiziert, sollte solch ein Test angeboten werden, und Medikamente sollten flächendeckend zur Verfügung gestellt werden. Verhindern wir die schweren Verläufe, bevor sie entstehen! Das ist sinnvoller und weit milder, als alle paar Monate 100 Prozent der Bevölkerung zu impfen.

(Beifall bei der AfD)

Statt wirksam die Gesundheit der Menschen zu schützen, wurde mit willkürlichen Maßnahmen Chaos gestiftet. Letzte Sitzungswoche haben Sie alle gegen die Stimmen der AfD eine Website dazu ermächtigt, über elementare Freiheitsrechte der Menschen zu entscheiden. Über Nacht wurde der Genesenenstatus auf drei Monate verkürzt und mit Johnson & Johnson Geimpften der Geimpftenstatus aberkannt. Über Nacht verloren Millionen Menschen in Deutschland elementare Freiheitsrechte. Väter durften nicht mehr bei der Geburt des Kindes dabei sein, Arbeitnehmer an 2-G-Arbeitsplätzen plötzlich nicht mehr arbeiten. So geht es nicht!

(Beifall bei der AfD)

Meine Damen und Herren, setzen wir Tests und Medikamente ein, kehren wir wie Spanien, Schweden, Dänemark und Großbritannien zurück zum normalen Leben, und sorgen wir dafür, dass nie wieder eine Website über die Bürgerrechte von Millionen Menschen in Deutschland entscheidet!

(Beifall bei der AfD)"

Im Folgenden möchte ich mir mit Ihnen gemeinsam die Rede näher ansehen. Wir starten dazu mit den argumentativen Bestandteilen und führen uns zum Schluss die extremistischen Mimikrys zu Gemüte. Zunächst einmal ein Faktencheck.

Tatsächlich hatte die Bundesregierung im Januar 2021 für 400 Millionen Euro 2.000 Dosen eines Medikaments mit monoklonalen Antikörpern bestellt[133]. Richtig ist auch, dass es seit Januar 2021 einen Urintest gibt, der mit hoher Wahrscheinlichkeit von 90 % den Verlauf einer Corona-Infektion

---

[133] Dies melden die großen Zeitungen übereinstimmend – stellvertretend sei der Artikel von Rebecca Beerheide und Nadine Eckert (Beerheide/Eckert 2021) genannt.

prognostizieren kann.[134] Die Kosten wurden im Januar 2021 mit 850,- € pro Test angegeben. Dies ist aber nur eine Momentaufnahme.

Neben diesen korrekten Informationen sind allerdings auch Behauptungen enthalten, die in dieser Form problematisch sind. Lassen Sie uns dazu auf die Argumentationslandkarte sehen, die man für Sicherts Rede rekonstruieren kann (vgl. Abb. 29).

---

[134] Vgl. dazu den Bericht des Deutschen Ärzteblattes am 11. Januar 2021: „Urintest zur Verlaufsprognose bei Covid-19 zugelassen, 11.01.2021, Quelle: https://www.aerzteblatt.de/nachrichten/119977/Urintest-zur-Verlaufsprognose-bei-COVID-19-zugelassen, Abrufdatum: 13.12.2022.

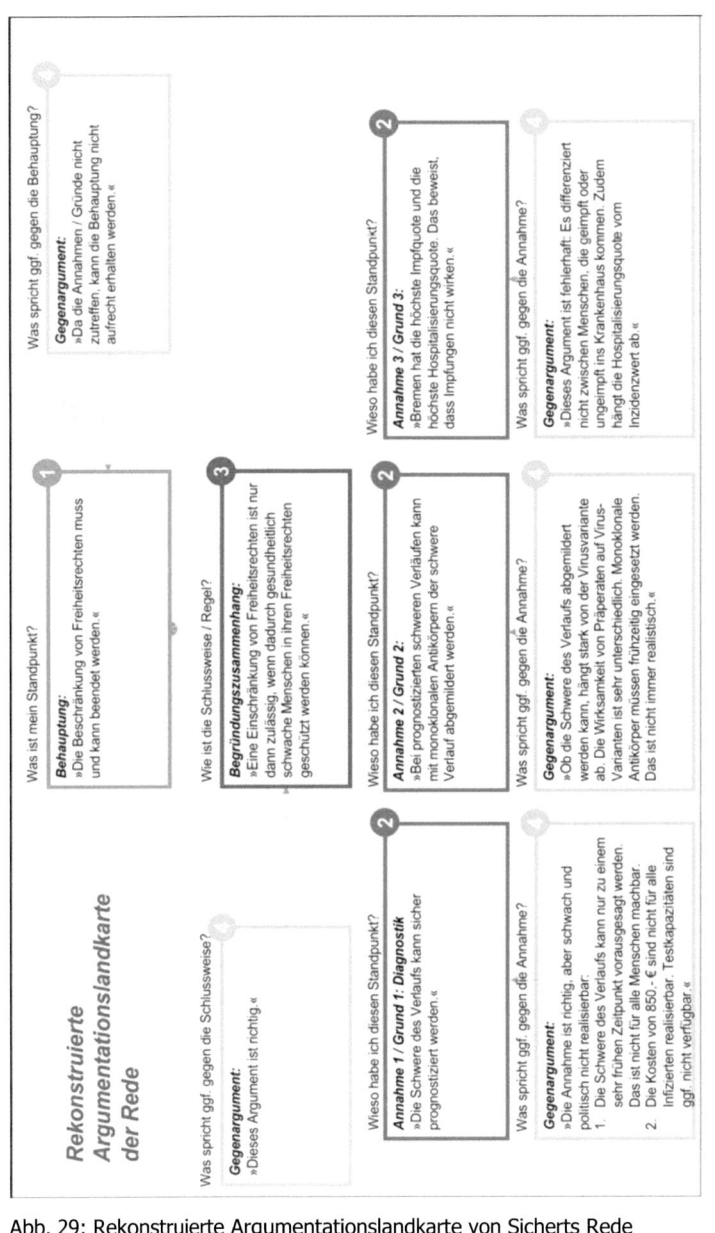

Abb. 29: Rekonstruierte Argumentationslandkarte von Sicherts Rede

Die Rekonstruktion macht recht deutlich, auf welcher Ebene wir ansetzen können. Der Begründungszusammenhang wird zwar (wie in vielen Argumentationen) nicht explizit genannt, ist aber prinzipiell nicht der Angriffspunkt.

Das Kernproblem ist vielmehr, dass die Annahmen, die die Behauptung stützen sollen, schwach oder nicht zutreffend sind und damit die Behauptung nicht aufrecht erhalten werden kann.

Dazu noch etwas näher:

1. Monoklonale Antikörper sind durchaus kein „Gamechanger". Die Wirksamkeit hängt zum einen stark von dem Zeitpunkt der Medikation, aber auch von der Virusvariante ab.[135] Sie setzen immer an **einem** Spikeprotein an, das sich durch Mutationen allerdings schnell ändert.
2. Insofern müsste im Falle der Infektion nicht nur ein Urintest, sondern auch die Virusvariante ermittelt werden, um eine wirksame Medikamententherapie zu ermitteln.
3. Das Covid-19-Virus mutiert recht schnell. Dadurch können monoklonale Antikörper (oder eine Kombination unterschiedliche Antikörper) schnell ihre Wirksamkeit verlieren. Diese Befürchtung scheint sich mit Blick auf jüngere Ergebnisse durchaus zu bestätigen, auch wenn die konkrete Studie, auf die ich mich beziehe, zum Zeitpunkt der Rede noch nicht bekannt war.[136]
4. Das Argument, dass in Bremen zum gleichen Zeitpunkt die höchste Hospitalisierungsquote und die höchste Impfquote geherrscht hat, ist nicht aussagekräftig. Dafür gibt es gleich mehrere Gründe: Dazu müssten differenzierte Daten von geimpften und ungeimpften Menschen

---

[135] Vgl. Fachgruppe Covriin bei RKI 2022. Die hier zitierte Studie ist nach der Rede erschienen. Die Wirksamkeit wurde aber schon zuvor differenziert dargestellt.

[136] So warnt die Europäische Arzneimittel Agentur: ETF warns that monoclonal antibodies may not be effective against emerging strains of SARS-CoV-2, Quelle: https://www.ema.europa.eu/en/news/etf-warns-monoclonal-antibodies-may-not-be-effective-against-emerging-strains-sars-cov-2 , Abrufdatum: 14.12.2022.

angesehen werden. Es müsste nachgewiesen werden können, dass Bremen für das Ganze stehen, also als exemplarisch gelten kann. Es müsste zudem geprüft werden, wie stark die Hospitalisierungsquote durch Menschen aus dem Einzugsgebiet Bremens beeinflusst wird. Zudem müsste berücksichtigt werden, dass es in der Corona-Pandemie immer wieder zu regionalen Wellen gekommen ist.

Entscheidend ist, dass Sichert zwar ein politisch vermutlich konsensuales Ziel angibt („Wiederherstellen der Freiheitsrechte"), aber einen strittigen Weg vorschlägt. Sein Vorschlag ist, durch Tests den Verlauf zu prognostizieren und den Menschen, denen ein schwerer Verlauf droht, monoklonale Antikörper zu geben. Davon weicht eine Argumentationslandkarte ab, wie sie die anderen Parteien vertreten. Ein exemplarisches Beispiel, wie man anders argumentieren kann, findet sich in der Abbildung 30.

Argumentationslandkarte

Was ist mein Standpunkt?

»Die Beschränkung von Freiheitsrechten darf mit Blick auf vulnerable Gruppen noch nicht beendet werden.«

Was spricht ggf. gegen die Behauptung?

Gegenargument:
»Die Annahmen führen nicht zum Erreichen des Ziels. Der Eingriff in die Freiheitsrechte (Schutzmaßnahmen und Impfen) sind durch ein milderes Mittel besser zu erreichen.«

Wie ist die Schlussweise / Regel?

Begründungszusammenhang:
»Eine Einschränkung von Freiheitsrechten ist nur dann zulässig, wenn dadurch gesundheitlich schwache Menschen in ihren Freiheitsrechten geschützt werden können.«

Was spricht ggf. gegen die Schlussweise?

Gegenargument:
»Dieses Argument ist richtig.«

Wieso habe ich diesen Standpunkt?

Annahme 1 / Grund 1: Diagnostik
»Gezielte Schutzmaßnahmen („Freiheitsbeschränkungen") wie Masken, Abstand und Teststrategie können das Infektionsrisiko senken. Dies verschafft Zeit für die Impfstrategie.«

Was spricht ggf. gegen die Annahme?

Gegenargument:
»Wir befinden uns so in einer Spirale, in der Freiheitsbeschränkungen nie aufgehoben werden können, da beständig neu geimpft werden muss.«

Wieso habe ich diesen Standpunkt?

Annahme 2 / Grund 2:
»Impfen reduziert zuverlässig das Risiko bei einer Infektion mit unterschiedlichen Virusvarianten, schwer zu erkranken. Das Immunsystem wird trainiert. Es ist die gegenwärtig verlässlichste Vorsorge.«

Was spricht ggf. gegen die Annahme?

Gegenargument:
»Es muss beständig neu geimpft werden. Dies ist ein größerer Eingriff in den Körper als eine Therapie mit monoklonalen Antikörpern.«

Wieso habe ich diesen Standpunkt?

Annahme 3 / Grund 3:
»Menschen, bei denen eine Impfung kontraindiziert ist oder die besonders anfällig sind, können – soweit medizinisch notwendig – mit monoklonalen Antikörpern behandelt werden.«

Was spricht ggf. gegen die Annahme?

Gegenargument:
»Dieser Weg ist für alle (und nicht nur für vulnerable Gruppen) der beste Weg.«

Abb. 30: Exemplarische Argumentationslandkarte von Impfbefürwortenden

Die beiden Argumentationslandkarten machen deutlich, dass es vor allem darum geht, wie Impfungen eingeschätzt werden. Dazu muss man allerdings sagen, dass monoklonale Antikörper auch eine Impfung (nämlich eine passive Impfung[137]) darstellen. Als Faustregel kann man sagen, dass aktive Impfungen das Immunsystem trainieren, selbst Krankheitserreger bekämpfen zu können. Sie sind daher nachhaltig und versprechen auch, bei neuen Mutationen verlässlicher gegen schwere Verläufe schützen zu können. Die Datenlage für die Aktivimpfungen dürften bezogen auf die mRNA-Vakzine inzwischen ausgesprochen gut sein. Impfschäden sind demnach selten.[138] Zugleich können Spätfolgen – das gehört auch zur Wahrheit – noch nicht abgeschätzt werden.

In der Summe heißt das: Welche Argumentationslandkarte und welcher argumentative Weg überzeugender ist, entscheidet sich qua demokratischer Wirkung. Die Auseinandersetzung darüber ist weder ehrenrührig noch falsch, sondern Bestandteil lebendiger Demokratie. Anders sieht es bei den extremistischen Mimikrys aus, die wir uns im Folgenden bezogen auf die Rede ansehen.

---

[137] Passive Impfungen enthalten die Antikörper, mit denen direkt Erreger bekämpft werden, aktive Impfungen trainieren das Immunsystem (vgl. Stichwort: „Impfstoff", Pychrembel 2017: 862).

[138] So stellt das Paul-Ehrlich-Institut in einer Langzeitstudie bzw. einem Sicherheitsbericht im Zeitraum vom 27.12.2020 bis zum 30.06.2022 fest, dass bei insgesamt 182.717.880 Impfungen folgende Datenlage bekannt ist: „Die Melderate von Verdachtsfällen betrug für alle Impfstoffe zusammen 1,8 Meldungen pro 1.000 Impfdosen, für Verdachtsfälle schwerwiegender Nebenwirkungen und Impfkomplikationen 0,3 Meldungen pro 1.000 Impfdosen." (Paul-Ehrlich-Institut, Sicherheitsbericht zu Verdachtsfällen von Nebenwirkungen und Impfkomplikationen, Quelle: https://www.pei.de/SharedDocs/Downloads/DE/newsroom/dossiers/sicherheitsberichte/sicherheitsbericht-27-12-20-bis-30-06-22.pdf?__blob=publicationFile&v=6, Abrufdatum: 15.12.2022)

Neben den unterschiedlichen Argumentationslandkarten garniert Sichert seine
Rede nämlich auch mit extremistischen Mimikrys und Argumentationsfehlern:

Aussage	Extremistisches Mimikry / Argumentationsfehler
„Anstatt alles zu unternehmen, um die Gesundheit der Bevölkerung zu schützen und Corona zu beenden, hieß es immer nur: Impfen, impfen, impfen!"	**II.6.8.** Falsche Intentionen unterstellen: Hier wird der Eindruck vermittelt, den Kontrahent:innen gehe es nicht um den Gesundheitsschutz.
„Dabei beweist Bremen als Bundesland mit der höchsten Impfquote und zugleich der höchsten Hospitalisierungsinzidenz, dass die Impfung kein Weg aus Corona ist."	**II.6.2.** Induktiver Fehlschluss Begründung s. oben
„Zahllose Menschen mussten einen schweren Verlauf erleiden, weil die Bundesregierung bis heute bewusst auf den Einsatz des Tests verzichtet. Ihre Politik kostet Menschenleben."	Basaler Schlussfehler: Menschen erleiden nicht durch die Bundesregierung einen schweren Verlauf, sondern durch Viren. **II.6.8.** Falsche Intentionen unterstellen Es wird unterstellt, die Bundesregierung nehme bewusst eine Erkrankung in Kauf. **II.6.1.** Generalisierungsfehler Nicht bei jeder Person hätte – selbst bei einem Test – behandelt werden können, weil monoklonale Antikörper bei Virus-Varianten unterschiedlich wirksam sind.
„Es ist unfassbar, dass man einen solchen Gamechanger nicht einsetzt,..."	**II.6.1.** Generalisierungsfehler (s. oben)
„Letzte Sitzungswoche haben Sie alle gegen die Stimmen der AfD eine Website dazu ermächtigt, über elementare Freiheitsrechte zu entscheiden."	**II.6.8.** Falsche Intentionen unterstellen Zunächst einmal unterstellt Sichert den anderen Parteien hier, es gehe nicht um den Gesundheitsschutz, sondern um das Aberkennen von Freiheitsrechten. Zudem behauptet er, eine technische Einrichtung werde ermächtigt. Eine Website kann aber nicht über Freiheitsrechte entscheiden, sondern (und auch das nur begrenzt) Parlamente oder Gerichte.

Abb. 31: Übersicht über die extremistischen Mimikrys

Soweit die Auseinandersetzung mit Sicherts Rede.

Mir ist bewusst, dass diese Art der (demokratischen) Auseinandersetzung zeitintensiv und aufwändig ist. Sie kann nicht für jedes Thema und jede Rede gemacht werden. Aber: Demokratie stärken zu wollen führt meiner Einschätzung nach nur über den Weg, systematisch den diskursiv-demokratischen Raum argumentativ als Arena zu nutzen und zu stärken.

Lassen Sie uns auch unabhängig von dem konkreten Redebeispiel das Thema noch ansehen.

Aus meiner Sicht, die allerdings normativ von einer wehrhaften, deliberativen Demokratie geprägt ist, brauchen wir immer den Widerspruch zu extremistischen und populistischen Vereinfachungen und Verfremdungen. Widersprechen Sie also falschen Narrativen, wo sie Ihnen begegnen.

Thomas Laschyk, der Gründer der Faktencheck-Plattform „Volksverpetzer" hat dabei Tipps gegeben, wie auf Fake-News und -Narrative erwidert werden kann (Laschyk 2024: 142-169; ebenso Brodnig 2023: 110f.). Neben den einzelnen Widersprüchen und Tipps sind diese allgemeinen Hinweise hilfreich, wenn Sie sich demokratisch mit Widersprüchen zu Wort melden wollen. Fünf seiner Hinweise greife ich hier sinngemäß auf:

Tipp 1: Achten Sie bei der Gegendarstellung zu Fake News auf einen Titel, der nicht die Desinformation wiederholt, sondern den eigenen Frame verwendet. Beispiel: Ungünstig ist „Steuerflucht eindämmen", besser wäre: „Kampf gegen Steuerbetrug".

Tipp 2: Verwenden Sie einen „Fakten-Sandwich" (Laschyk 2024: 155-157). Betten Sie also die falsche Nachricht in die richtige Fakten-Darstellung und ihre Interpretation ein. Damit beginnen und enden Sie nicht mit der Falsch-Nachricht.

Tipp 3: Wählen selbst emotionale und eingängige Nachrichten, z.B. Share-Pics mit Ihrer Kernaussage, Gesichter, die Emotionen zeigen, Videos mit Statements.

Tipp 4: Kümmern Sie sich um ein eigenes Framing, das Sie dem Negativ-Framing systematisch entgegensetzen (vgl. dazu **Teil VIII 2.1.**)

Tipp 5: Ordnen Sie die Desinformation denen zu, die sie verbreiten und benennen Sie ggf. die Interessen hinter der Verbreitung.

Bei aller notwendigen Widerrede, bei aller Kritik bleibt es aber auch dabei, dass das „wofür" Sie sich positiv einsetzen immer stärker wirken wird als das „wogegen". Es gibt viele Menschen, die noch nicht verfestigt extremistisch sind. Bei diesen Menschen können wir über Nachfragen, über Geduld und Argumentieren noch viel erreichen.

Sowohl auf der Ebene der Argumente als auch auf der Beziehungsebene haben wir diesbezüglich Ansatzpunkte: Die argumentativen habe ich versucht, in diesem Teil darzustellen. Auf der Ebene der Beziehungsarbeit wissen wir zumindestens, was die Anziehungskraft extremistischer und populistischer Argumentatorik ausmacht. Ein paar Punkte seien noch einmal in Erinnerung gerufen:

Ingrid Brodnig hat für ihr Buch *Einspruch. Verschwörungsmythen und Fake News kontern – in der Familie, im Freundeskreis und online* auch einige Menschen interviewt, die selbst (rechten) Verschwörungstheorien geglaubt hatten und zurück ins Spielfeld der Demokratie gekommen sind. Was hat ihnen dabei geholfen?

Unter anderem war es die Zusicherung von (nahestehenden) Menschen, die ausgestrahlt haben, dass ihnen die abdriftende Person wichtig ist und bleibt, auch wenn sie den extremistischen Weg nicht mitgehen.

Zudem ist auffällig, dass bei vielen der Faktor der „guten Gemeinschaft" eine große Rolle spielt. Sich als Teil einer starken Gemeinschaft fühlen zu können, ist aber für Demokrat:innen ohne Weiteres machbar, sei es in der Nachbarschaft, Vereinen oder Familien. Dazu braucht es nicht der Negativabgrenzung, wohl aber der Solidarität. Dazu zählt auch, dass wir Menschen in einer Gemeinschaft ihre eigene positive Wirksamkeit spüren lassen. Sich selbst als einen wertvollen Teil der Gemeinschaft empfinden zu können und gesehen zu werden ist dafür unerlässlich. Dabei handelt es sich um langfristige und moderativ zu begleitende Prozesse. Ein spannendes und ermutigendes Beispiel bietet das von Marina Weisband und anderen entwickelte aula-Projekt (vgl. Weisband 2024).

Der kritische Journalist Arne Semsrott hat 2024 in einem Buch durchgespielt, was eine Regierungsbeteiligung der AfD in Thüringen oder Sachsen oder auch im Bund bedeuten könnte (Semsrott 2024; mit Blick auf rechtliche Fragen auch Steinbeis 2024). Neben dem Negativszenario zeichnet er auch nach, was Demokrat:innen gesellschaftlich tun können, um das zu verhindern oder auch – im Fall der Fälle – dagegen zu wehren. Auch hier wird deutlich: Zu argumentieren ist wichtig, doch die Demokratie zu stärken geht darüber weit hinaus.

Der vielleicht schwierigste Punkt ist, die einfachen Erklärungen einzufangen und aufzuwiegen, die eine Gewissheit behaupten und die Unsicherheit zerstreuen können. Auch das macht die Anziehungskraft von extremistischen und populistischen Denkweisen aus: Die falsche Sicherheit, die richtigen und einfachen Erklärungen zu haben. Damit kann Demokratie kaum aufwarten. Wir werden uns – noch einmal mehr bei den großen gesellschaftlichen Herausforderungen unserer Gegenwart und Zukunft – auf unsichere Zeiten einstellen müssen. Was können wir da entgegensetzen? Meine noch unsichere, suchende Antwort lautet für den Moment: Wir müssen eine positive Suchkultur entwickeln. Was ich damit meine?

Wir sehen uns erst einmal die Fehlerkultur an, die aus meiner Sicht unsere Gesellschaft prägt: Fehler werden schnell als persönliche Schwäche, Verantwortung mit Schuld gekoppelt. Beides belastet und führt schnell zu einer Kultur der Anschuldigung, zu Ängsten, etwas falsch zu machen. Das ist nicht gesund und führt irgendwann zum Gegenschlag: Dann verhalte ich mich halt falsch und fühle mich gut dabei, weil ich Denkweisen und Gruppen finde, die mich darin bestärken.

Eine positive Suchkultur hieße: Ja, wir sind unsicher und wir werden uns auch täuschen. Aber: Lasst uns zusammenhalten und immer wieder solidarisch nach neuen Lösungen für Probleme suchen. Fehler passieren. Arbeiten wir daran, dass sie zu den Lernerfolgen der Zukunft beitragen. Eine Sicherheit in der Sache können wir nicht geben, aber eine Sicherheit, wie wir damit umgehen. Nämlich solidarisch, integrierend und immer wieder neu abwägend.

Mit einer solchen Kultur im Rücken können wir hoffentlich aushalten, im demokratisch-diskursiven Raum zu argumentieren und um die besten Ideen zu ringen und in der Sache kritisch zu sein, aber in der Haltung offen und zugewandt. Auch das ist eine klare Kante gegen rechtsextremistische und populistische Positionen.

Das wird kein einfacher Weg, auch weil das Gefühl der Ohnmacht wie eine Depression oder auch – wie Weisband es nennt – eine „erlernte Hilflosigkeit" (Weisband 2024: 14) wirkt, die nicht einfach abzustreifen ist.

Geschlechterfragen

1. Gleichwürdigkeit & Empowerment

Um dieses Kapitel habe ich mich längere Zeit herumgedrückt, es immer wieder zur Seite gelegt, im Kopf neuerlich durchgespielt und wieder verworfen. Das Zögern gründete in einem Kampf in meinem Kopf zwischen zwei Denkweisen.

Die erste Denkweise ist der Glaubenssatz, dass ich es ablehne von einer spezifisch weiblichen, männlichen oder diversen Rhetorik auszugehen. Alle in diesem Handbuch vorgestellten Erkenntnisse können von allen Menschen genutzt werden. Es geht also um eine menschliche Rhetorik.

Die zweite Denkweise ist das Wissen darum, dass Menschen anhand unterschiedlicher Geschlechterrollen Diskriminierungen und sozialisierte Beschränkungen erfahren und sich dies auch auf rhetorische Fragen erstreckt. Ich erlebe mit großer Dankbarkeit, dass meine Kollegin Ines Geerling-Schütte ungemein erfolg- und hilfreich Frauen Schutzräume eröffnet, die für rhetorisches Empowerment genutzt werden können.

Die Ausgangssituation für Frauen und diverse Menschen ist ungleich schwieriger als für männlich gelesene Redner, die sich einfach in die Tradition einreihen können – ein Mann, eine Bühne, ein Wort.

Gerade in den letzten Jahrzehnten hat sich da allerdings schon Einiges bewegt. Weiblich gelesene Rollenmodelle gibt es heute deutlich mehr als noch vor oder in den 1970er Jahren. Sie zeigen, was wir eigentlich schon lange wissen sollten: Frauen können genauso ihre individuellen Stärken und Wirkungen in der Rhetorik entfalten und beeindrucken. Und sie tun dies nicht auf eine, sondern sehr viele Arten. Wieso auch nicht?! An der Dokumentation dessen hapert es allerdings noch.

Für den überwiegend amerikanischen Bereich hat Viv Groskop ein ebenso mitreißendes wie warmherziges Buch zu weiblichen rhetorischen Rollenmodellen geschrieben (Groskop 2022). Auch in Deutschland können wir viele inspirierende Beispiele finden. Um nur einige wenige zu nennen: Regine Hildebrandt, Luisa Neubauer, Rosa Luxemburg, Marie Juchacz, Angela Merkel, Annalena Baerbock, Heide Simonis, Jutta Limbach, Elke Büdenbender,

Franziska Drohsel, Jutta Allmendinger, Yasmin Fahimi usw. Die Liste ließe sich mühelos fortsetzen.

Dennoch bleibt (trotz der Kanzlerinnenschaft Angela Merkels) ein riesiger Nachholbedarf in der Repräsentanz, sowohl in Ämtern, als auch in den Sendezeiten, die für Redebeiträge von weiblichen und diversen Politiker:innen zur Verfügung gestellt werden, wobei mir statistisches Material zu diesem Thema nicht bekannt ist.

Noch düsterer sieht es allerdings bei den nicht-binären Geschlechtern aus – hier fehlt es in der Öffentlichkeit an (rhetorischen) Rollenmodellen. Es bleibt zu hoffen, dass die LGBTQIA+-Community diesbezüglich erfolgreich aufholt bzw. Räume dafür erhält.

Wenn wir über eine menschliche Rhetorik sprechen wollen, müssen wir also nolens volens auch über Geschlechterfragen sprechen, nicht weil es rhetorisch relevante natürliche Unterschiede gäbe, sondern weil die Gesellschaft sie macht.

Für eine menschliche Rhetorik müssen wir also über gute Beispiele einerseits sprechen. Wir müssen uns andererseits von beschränkenden Rollenmustern und -klischees befreien.

Ich möchte daher in diesem Teil einige aus meiner Sicht positive rhetorische Rollenmodelle von Frauen ins Rampenlicht stellen. Dabei gilt natürlich wie für alle Redner:innen, dass es immer um individuelle Wirksamkeit von Menschen geht und die Wirkung auf andere unterschiedlich sein kann.

Was meine ich aber mit der Befreiung von beschränkenden Rollenmustern und -klischees? Egal, ob wir uns auf Judith Butler oder Simone die Beauvoir beziehen wollen: Geschlecht ist immer (auch) ein soziales Konstrukt, das herrschaftskritisch betrachtet werden muss. Unsere eintrainierten Verhaltensweisen sind dadurch strukturiert.

Im Übrigen will ich damit nicht sagen, dass es keine Unterschiede zwischen den Geschlechtern gäbe. Das wäre reine Emphase. Es gibt sowohl biologische als auch sozialisierte Unterschiede.[139] Es gibt aber doch zwei wesentliche Einschränkungen: Zugeschriebene Verhaltensweisen werden nicht nach einer „Ja-Nein-Strukturierung", sondern skaliert nach Effektgrößen festgestellt. Effektgrößen meint dabei, dass zugeschriebene Verhaltensweisen bei allen Geschlechtern gezeigt werden, allerdings mit unterschiedlicher Häufigkeit in der Geschlechtsgruppe. Wo sich die einzelne Person bei einer bestimmten Verhaltensweise einordnet, ist daher keinesfalls gesagt. Die zweite Einschränkung liegt in der Entwicklungsfähigkeit des menschlichen Gehirns: Alle menschlichen Gehirne sind entwicklungsfähig („Neuroplastizität") und passen sich den individuellen Anforderungen und dem Lernen(wollen) der Personen an.

Beide Einschränkungen sind für die Rhetorik relevant: Reden werden nicht von Effektgrößen, sondern von Menschen gehalten, die eben eine ganz eigene Mischung zugeschriebener Verhaltensweisen zeigen. Die Entwicklungsfähigkeit des Gehirns spricht dafür, dass wir unser Gehirn trainieren können. Eine menschliche Rhetorik mit großer Bandbreite an Verhaltensweisen ist für alle möglich.

Wenn wir eine menschliche Rhetorik anstreben, müssen wir diese Konstrukte kritisch reflektieren, um uns die ganze Bandbreite zu erschließen. Um das auch klar zu sagen: Es geht nicht darum, das Geschlecht abzulegen oder zu leugnen, sondern darum, freie Entscheidungen treffen zu können, wie wir selbst wirksam werden wollen und dazu unbeschränkt auf der Klaviatur der politischen Rhetorik spielen zu können (und zu dürfen).

In einem weiteren Abschnitt werde ich mir einige dem (sozialen) Geschlecht zugeschriebenen Verhaltensweisen zuwenden, die Einfluss auf die rhetorische Wirkung haben. Dabei zeigt sich, dass weiblich gelesenen Menschen Verhaltensweisen zugeordnet werden, die die rhetorische Wirkung eher schmälern. Das ist nicht weiter erstaunlich: Geschlechterverhältnisse sind tradierte Herrschaftsverhältnisse. Wer das Wort hat, hat die Macht. Es macht

---

[139] In der emotional geführten Diskussion finde ich eine eher nüchterne, wissenschaftliche Herangehensweise hilfreich, wie sie etwa Mai Thi Nguyen-Kim an den Tag legt (Nguyen-Kim 2021: 247-280).

daher Sinn, sich diese zugeordneten Verhaltensweisen anzusehen, damit jede Person für sich überlegen kann, wie sie damit umgehen möchte.

Das unterscheidet meinen Denkansatz durchaus von anderen: Vielfach wird der Spieß eher umzudrehen versucht. Demnach sollen Frauen rhetorische Mittel exklusiv haben und vermuten oder behaupten eine spezifisch weibliche (oder eben auch männliche) Rhetorik. Um im Bild zu bleiben: Ich will nicht den Spieß umdrehen, sondern will nicht, das überhaupt jemand geröstet wird.

2. AUF DER SUCHE NACH ROLLENMODELLEN

Viele Menschen, die damit beginnen, ihre politische Stimme zu erheben, haben politische Vorbilder, die sie besonders motivieren und begeistern. Da wir Politik zumeist über öffentliche Reden wahrnehmen, fällt dabei der Rhetorik eine besondere Bedeutung zu.

Redner:innen suchen gerade zu Beginn Rollenvorbilder. Je mehr Erfahrungen Menschen in der Rhetorik sammeln, kommt irgendwann automatisch der Punkt, an dem sie ganz sie selbst sein wollen. Sie haben dann unterschiedliche (rhetorische) Verhaltensweisen, Gesten, Formulierungsweisen, Kleiderstile individuell kombiniert und für sich angepasst. Das ist ein sehr befreiender und guter Schritt. Genießen Sie ihn!

Zu Beginn macht es aber durchaus Sinn, sich unterschiedliche Redner:innen anzusehen und sich darüber Gedanken zu machen, wer aus welchen Gründen positiv auf eine:n selbst wirkt. Dabei spielt das Geschlecht von Ihnen und dem Vorbild (eigentlich) keine Rolle. Dennoch haben wir in unserer Sozialisation gelernt, uns auch über die Zugehörigkeit zu einem (sozialen) Geschlecht zu definieren.

Weibliche Vorbilder sind dabei sicherlich weit weniger präsent oder bewusst. Daher möchte ich Ihnen im Folgenden einige Frauen und mögliche rhetorische Wirkungen vorstellen. Dazu gebe ich Ihnen in den Fußnoten jeweils die Quellenhinweise, sodass sie die Wirkung auf sich selbst prüfen (und hoffentlich genießen) können. Vielleicht ist ja eine für Sie inspirierende Rednerin dabei?

2.1. Jutta Limbach: Eindringliche Intelligenz & warmherzige Ironie

Jutta Limbach stand als Präsidentin des Bundesverfassungsgerichts, Wissenschaftlerin und Frauenrechtlerin in der Öffentlichkeit. Menschen, die sie in Vorträgen erlebt haben, konnten sich mitreißen lassen von ihrem breiten Wissen, messerscharfen Verstand und einer Mischung aus Warmherzigkeit und (Selbst-)Ironie. Sie ist damit ein Paradebeispiel dafür, wie stark eine ganz persönliche Wirkung reichen kann. Gut ist diese Wirkung in ihrem wissenschaftlich wie politisch spannenden Vortrag „Frauenrechte aus juristischer und historischer Perspektive" auf der Münchener Frauenkonferenz „next_generation" vom 10. Juli 2013 zu sehen.[140]

Was macht – aus meiner Sicht – diese Rede rhetorisch stark?

1. Zu Beginn wählt Jutta Limbach einen selbstironischen und humorvollen Einstieg. Sie macht damit deutlich, dass sie selbstkritisch ist. Da sie in der folgenden Rede auch andere kritisiert, nimmt sie sich dadurch von Kritik nicht aus und wirkt sehr menschlich.
2. Sie spricht immer wieder gekonnt und wertschätzend Anwesende an: Sie bezieht sich positiv auf Vorrednerinnen oder unterstellt positiv ein Vorwissen bei den Zuhörenden („Sie kennen alle die Diskussionen um den § 218...").
3. Sie fasst auch Meinungen, die ihrer eigenen widersprechen, zusammen. Sie macht aber in Formulierungen, Tonfall und mit ihrer Meinung deutlich, wie sie dazu steht. Sie vermeidet dadurch geschickt, falsch verstanden werden zu können.
4. Sie schafft es einen Spannungsbogen aufzubauen, der (mit kleinen Einschüben durchbrochen) immer weiter gespannt wird.
5. Sie spricht zu einem Thema, das sie seit Jahrzehnten bewegt und mit persönlichen Erfahrungen und ihrem Lebensweg verbinden kann. Dadurch schafft sie es, bei einem theoretisch-historischen Thema praktische Tiefenschärfe einzustreuen.
6. Ihre Gestik ist etwas zurückgenommen, aber wenn sehr gezielt. Ihre Hauptwirkung erzielt Jutta Limbach über ihre nuancierte Mimik. Ein intensiver Augenkontakt und das Spiel der Augenbrauen sind besonders ausgeprägt. Die Augenbrauen sind leicht nach oben gezogen und signalisieren genaues Hinsehen und intensive Konzentration auf das Gesagte. Wenn sie etwas kritisch sieht, wandern die Augenbrauen kurzzeitig nach unten. Streut sie Humor oder Ironie ein, werden die Augenbrauen leicht assymetrisch. Gerade der Augensprache und Mimik Jutta Limbachs kann man viel Erfahrung in der Rolle als Professorin und

---

[140] Abrufbar in zwei Teilen: (Teil 1:) https://youtu.be/mSsPDDOGPis?si=y2_yn7tx4nkw2mVP; (Teil 2:) https://youtu.be/a_mvu0qmmXQ?si=CO6pZbRoeUF9aH-X

ehemalige Präsidentin des Bundesverfassungsgerichts abmerken. Formulierungen sind sehr kontrolliert und dosiert. Mimik und Gestik unterstreichen das Gesagte. Zugleich ist sie zum Zeitpunkt des Vortrags bereits freier, da sie nicht mehr am Bundesverfassungsgericht arbeitet und daher nicht mehr zur politischen Zurückhaltung verpflichtet ist.

Was können wir von Jutta Limbach rhetorisch lernen? Sie zeigt, dass die Macht der Sprache und dosiert eingesetzte rhetorische Mittel wirken können. Es braucht also nicht große Gesten, Storytelling oder stimmliche Akrobatik.

Zudem können wir von ihr ein Gespür für das eigene Standing lernen: Selbstkritik gehört ebenso dazu, wie andere (in respektvoller Weise) kritisieren zu dürfen.

Nicht zuletzt können wir lernen, dass rhetorische Wirkung auch über großen Sachverstand und jahrzehntelanges Engagement in der Sache geprägt werden kann.

2.2. Natalie Amiri: Unerschrockene, klare & engagierte Journalistin

Natalie Amiri ist eine Journalistin, die als Weltspiegel-Moderatorin und Leiterin des ARD-Auslandbüros in Teheran bekannt geworden ist. Natalie Amiri wird auch immer wieder als Expertin eingeladen, wenn es um die Lage im Iran geht. In diesen Interviews und Redesituationen strahlt sie eine intensive Präsenz aus. Drei Auftritte in unterschiedlichen Formaten illustrieren gut, wie sie die Settings ausfüllt und Präsenz entfaltet[141], sich dabei aber jeweils dem Setting sehr gut anpasst.

Was macht Natalie Amiris Auftreten aus meiner Sicht stark?

1. Natürlich ist Natalie Amiris Wirkung wesentlich durch ihr inhaltliches Anliegen und journalistische Unerschrockenheit und Brillanz befeuert. Sie verbindet große Expertise mit persönlichem Mut und demokratischer Standhaftigkeit. Das zeigt nicht zuletzt ihre Arbeit als Auslandskorrespondentin. Ihre Wortbeiträge sind davon durchzogen. Trotz der immensen Sachkenntnis schafft sie es, Dinge auf den Punkt zu bringen.
2. Ein riesiges Pfund kann Natalie Amiri durch ihre Stimme einbringen: Tragend, klingend und mit viel individueller Klangfarbe. Dies setzt sich in der Modulation und im guten Timing fort – mit jeder Silbe eine professionell ausgebildete Sprecherin.
3. Amiris Körpersprache ist individuell, aber sehr wirksam. Sie ist ein gutes Beispiel dafür, dass auch Dinge in der Rhetorik funktionieren können, die kein(e) Rhetorik-Trainer:in empfehlen würde. Sie sitzt häufig mit übergeschlagenen Beinen, vorgelagertem Oberkörper und nach vorne fallenden Schultern bzw. zurückgenommener Brust. Das ergibt eine nuancenreiche Wirkung: Vorgebeugte Körperhaltung zeigt das große Engagement in der Sache und hohe Intensität. Durch die dunkle und gut tragende Stimme, die übergeschlagenen Beine als Abgrenzung und einen Blickkontakt, der immer wieder mit nachdenklichen Seitenblicken gewechselt wird, vermeidet sie dennoch aggressiv zu wirken. Das Zusammenspiel der körpersprachlichen Mittel ist genau ausbalanciert.

---

[141] Eine Diskussionsveranstaltung bei der Katholischen Akademie Hamburg: https://youtu.be/tiSEagxz18U?si=iL0XAJUPLPBmKawx. Die Teilnahme an der Talkshow 3 nach 9: https://youtu.be/cgwPEaVfjL0?si=sjopK8yhxnbth9_P Ein Interview bei dem YouTube-Projekt „Jung und naiv" https://www.youtube.com/live/dWZUCPn1rLU?si=YcCoMHNcQkFLLLkV

4. Auch ihre Gestik unterstützt die Wirkung erheblich. Dabei passt sich die Gestik dem jeweiligen Setting an: Bei dem Podcast ist die Gestik dosiert und nur an wenigen Stellen unterstreichend eingesetzt. Dies ist vermutlich zwei Umständen geschuldet: Der Tisch wirkt bei Gestik verstärkend, so dass ein etwas reduzierter Einsatz Sinn macht. Der zweite Grund liegt vermutlich in dem Setting von „Jung und naiv" selbst: Das Konzept des Podcasts ist darauf ausgelegt, die Gäste mit einer (vorgespielten) Naivität zu konfrontieren und provozieren. Natalie Amiris Ruhe signalisiert an dieser Stelle Distanz. Sie lässt so die Provokation ins Leere laufen.

5. In der Talksendung 3 nach 9 passt sie die Gestik der Situation an: Die Gestik ist lebendiger und passt sich dem Plauderton der Sendung an. Auch die Sprachmelodie wirkt lebhafter. Das Mikrofon hält Amiri hier eher locker, wissend, dass sie es mit professionellen Tontechniker:innen im Studio zu tun hat. Die Mikrofonhaltung ist dann auch bei der Katholischen Akademie Hamburg deutlich näher an der Ideallinie. Auch das ist sehr gut gesteuert, da die Tontechnik hier weniger gut ausgestattet sein dürfte. Zudem ist in einem großen Raum die präzise Mikrofonhaltung besonders wichtig.

Was können wir von Natalie Amiri rhetorisch lernen? Zunächst können wir lernen, wie wichtig es ist, die eigene Stimme gut zu trainieren. Von Natalie Amiri können wir aber zudem lernen, dass Rhetorik nicht von einzelnen Tipps abhängt, sondern von einem stimmigen Ensemble körpersprachlicher, stimmlicher und inhaltlicher Faktoren. Haben Sie also den Mut, eine eigene wirksame Rhetorik zu entwickeln. Das kann und das wird von Lehrbüchern abweichen. Dennoch kann es sehr gut wirken. Und letztendlich gilt: Die Wirkung zählt!

2.3. Präsente Wissenschaft – Jutta Allmendinger und Maja Göpel
Auch die beiden nächsten rhetorischen Rollenmodelle sind keine Politikerinnen, vertreten aber doch in unterschiedlichen Themenfeldern eine Wissenschaft, die politisch wirken will. Sowohl Jutta Allmendinger als auch Maja Göpel zeichnet aus, dass sie sich nicht nur an die wissenschaftliche Community, sondern an alle Interessierten wenden wollen und entsprechende Veranstaltungsformate

nutzen.[142] Sie sind jeweils führende Wissenschaftlerinnen in ihren Arbeitsbereichen. Auch hier will ich (so schwer mir das fällt) die Inhalte aus- und die rhetorische Wirkung einblenden.

Beide verwenden eine lebhafte Rhetorik, agieren mit Gestik, suchen aktiv Blickkontakt und Austausch mit ihren Gesprächspartner:innen und den Zuhörenden. Jutta Allmendinger und Maja Göpel präsentieren sich nahbar, wertschätzend und natürlich immens kompetent.

Jutta Allmendinger erzielt diese Wirkung unter anderem durch ihre Augensprache und den Blickkontakt, aber auch über sehr gut getimte Pausen. Im Berliner Disput fällt zudem auf, dass sie wissenschaftliche Differenzen klar und respektvoll anspricht. In einer Sequenz des Disputs spitzt der Moderator Ralf Fuecks Allmendingers Kritik an Heinz Bude als Angriff zu. Sofort interveniert Jutta Allmendinger und stellt klar, dass dies Ralf Fuecks Schlussweise, aber nicht ihre sei. Sie zeigt also Stärke, ohne aggressiv zu sein.

Maja Göpel erzeugt zwar die gleiche Wirkung, aber auf eine andere Art. Bei ihr ist es eine gut gelingende Mischung aus strukturierender Gestik, Artikulation und Satzmelodie. In ihrer Rede auf der OMR-Konferenz verwendet sie zudem raumstrukturierende Gestik und zeichnet Grafiken mit der Gestik nach.

Was wir von Jutta Allmendinger und Maja Göpel rhetorisch lernen können – Präsenz zu entfalten kann auf sehr unterschiedliche Weise erreicht werden. Wir können sehen, dass Augensprache und gut prononcierte Rede mit unterstützender Gestik wirken. Wir können auch lernen, dass wissenschaftlich komplexe Gegenstände verständlich und lebendig erklärt werden können, gerade dann, wenn sie mit Raum-orientierenden Gesten kombiniert werden.

---

[142] Beispielhaft habe ich die folgenden frei zugänglichen Mitschnitte verwendet: „Jutta Allmendinger und Heinz Bude zur ‚Gesellschaft der Angst‘, https://youtu.be/mYo8dnG4dog?si=BMHQN03QZ-CjmYay; Jutta Allmendinger zum Thema „Vertrauen" am 23.10.2020 beim 29. Göttinger Literaturherbst, https://youtu.be/rnd7fS1PEkw?si=qcsbZEzgCjL385mr, Abrufdatum: 28.10.2023; Maja Göpel bei der VE:22, Konferenz für Verantwortungseigentum, https://youtu.be/wHcF0heoNyY?si=Mi6scDJdkeZi927b; Maja Göpel, Vortrag „Wer wollen wir gewesen sein?", https://youtu.be/sV6S3LWhIdA?si=T7PYLgSoco9z_r39, Abrufdatum: 28.10.2023.

2.4. Franziska Drohsel oder: Der Umgang mit alten weißen Männern

Franziska Drohsel ist als ehemalige Juso-Bundesvorsitzende und linke Anwältin inzwischen in der Öffentlichkeit weniger präsent. Insofern mag es verwundern, dass ich sie hier als Rollenmodell aufführe. Es geht mir hier denn auch weniger um ihre Reden (zum Beispiel zum Artikel 14 des Grundgesetzes[143]), sondern um ihre Reaktionen in einer schwierigen Interviewsituation.[144]

Die Interviewsituation: Franziska Drohsel war in ihrer Zeit als Juso-Bundesvorsitzende als politischer Gast in der Harald-Schmidt-Show eingeladen. Für diejenigen von Ihnen, die dieses Sendeformat nicht mehr kennen: Es handelte sich bei dieser Sendung um eine klassische Late-Night-Show, die durch Comedy und Talk mit Gästen geprägt war. Der Moderator Harald Schmidt trug die Sendung vor allem durch seinen galligen Humor, der auch gern mal auf die Kosten seiner Talkgäste ging und bewusst Grenzen überschreiten wollte.

Wie auch in anderen Unterhaltungssendungen stellte sich für Politiker:innen in der Harald-Schmidt-Show ein Grenzüberschreitungsproblem: Politiker:innen mit ernsten Anliegen und Themen fanden sich in einem Rahmen wieder, der auf Comedy ausgerichtet war. Das ist allemal eine herausfordernde Situation: Bleiben Politiker:innen rollengerecht ernst, wirken sie potenziell als Spaßbremse, versuchen Sie selbst mit Comedy zu antworten, können sie fast nur verlieren, denn sie müssen spontan reagieren, während der Moderator (die Moderatorin) durch sein (ihr) Team gezielt vorbereitet wurde. Zudem müssen sich die Politiker:innen dann ggf. kritisch fragen lassen, wieso sie die Sache nicht ernst genommen haben.

Die einfache Formel der Harald-Schmidt-Show lautete: Führe die Politiker:innen vor. Wenn die Politiker:innen sich auf's Glatteis führen lassen, ist die Schadenfreude beim Publikum.

Auch Franziska Drohsel war diesem schwierigen Szenario ausgesetzt. Sie wählt in der Sendung jedoch weder Protest noch Comedy, sondern einen dritten Weg: Schweigen und Einsatz von Mimik.

---

[143] Franziska Drohsel zum Artikel 14 GG bei einer Gedenkfeier zu 60 Jahre Grundgesetz: https://youtu.be/pWsXJvSZIaw?si=LiqjXh7Y9PlZ8El6, Abrufdatum: 27.10.2023

[144] Franziska Drohsel zu linker Politik und Kapitalismus bei der Harald-Schmidt-Show: https://youtu.be/pWsXJvSZIaw?si=LiqjXh7Y9PlZ8El6, Abrufdatum: 27.10.2023.

Harald Schmidt versucht mehrfach Franziska Drohsel zu provozieren (z. B. mit einem ehrverletzenden Plakat zu Andrea Nahles und Sigmar Gabriel, der Beleidigung des damals gerade verstorbenen Peter Struck und mit einem eingespielten Film von Egon Bahr). Franziska Drohsels Mimik spiegelt zweierlei: Ein freundliches Poker-Face einerseits und das Signal, dass sie auf diesem Niveau nicht diskutieren wird. Sie lässt Harald Schmidt auflaufen, kommentiert die Fragen mimisch, lässt sie aber sprachlich unkommentiert. Sie wartet auf ernsthafte Fragen, die sie dann ebenso ernsthaft beantwortet. Da ein stummer Gast letztendlich immer auf den/die Moderator:in zurückfällt, bleibt Harald Schmidt kaum etwas anderes übrig, als zu den politischen Fragen überzugehen und ihnen Raum zu geben.

Mir ist im Übrigen sehr bewusst, dass diese Lesart einer starken Performance nicht von allen geteilt wird, vermutlich im Übrigen gerade von jenen alten Männern nicht, zu denen Harald Schmidt selbst zählt. Diese andere Lesart vermutet dann eine junge, unerfahrene Politikerin, die durch einen erfahrenen Moderator und Gastgeber befragt wurde. Diese Lesart kann dann mit dem Hinweis abgerundet werden, dass Schmidt die Spannung durch witzige Zwischen-Kommentare aufrecht erhalten habe und ansonsten jovial mit dem Gast umgegangen sei.

Ich glaube im Übrigen, dass Franziska Drohsel mit keiner Strategie (Gegenwehr bei Beleidigungen, Comedy-Reaktion, Fokus auf die eigene Agenda) hätte Menschen begeistern können, die diese Art von Denkmustern verwenden. Orientieren Sie sich lieber an denjenigen, die sie überzeugen können.

Allerdings wurde die Harald-Schmidt-Show auch von einem jüngeren (und linken) Publikum gesehen. Mindestens bei diesen ist zu vermuten, dass sie die Angriffe Schmidts eher peinlich und die politischen Themen interessant gefunden haben.

Die „Alte-Männer-Lesart" teile ich also nicht, denn Franziska Drohsel wählt eine Strategie, mit der sie ihre eigene Agenda und politische Inhalte (z. B. zum demokratischen Sozialismus, zur Parteiendemokratie, differenzierte Einschätzung zum Afghanistan-Einsatz, Zielvorstellung für eine künftige Gesellschaft) gut unterbringen kann und die für sie unpassenden Punkte ignoriert, ohne selbst anzugreifen. Tatsächlich bekommt sie dadurch deutlich mehr inhaltliche Botschaften platziert als in vergleichbaren Politiker:innen-Interviews.

Was können wir von Franziska Drohsel rhetorisch lernen? Der Beitrag zeigt, dass es wichtig ist, das eigene Spiel zu spielen und sich auf die eigene Mission zu fokussieren. In manchen Kontexten hilft es dann, Angriffe weder zu bestätigen, noch sprachlich zu kommentieren, sondern ins Leere laufen zu lassen. Für diejenigen, die inhaltlich zuhören wollen, wird dann die angreifende Person selbst zum Störfaktor und sieht ggf. wie ein alter, weißer Mann aus.

2.5. Yasmin Fahimi – klare Analytikerin und starke Gewerkschafterin

Auch wenn sich der DGB und die Einzelgewerkschaften schon lange als emanzipative und gleichberechtigungsorientierte Organisationen verstehen, wurde mit Yasmin Fahimi erst im Jahr 2022 die erste Vorsitzende gewählt. Zuvor hatte sie bereits als SPD-Generalsekretärin gewirkt. In beiden Spitzenämtern gehören politische Reden zum üblichen Tagesprogramm.

Drei sehr unterschiedliche Redesituationen zeigen recht gut die Bandbreite und die Flexibilität Yasmin Fahimis, anlassbezogen zu agieren: Die Rede zum Tag der Arbeit am 1. Mai 2023 auf der zentralen Kundgebung des DGB in Köln. Zum zweiten eine Pressekonferenz aus dem Jahr 2015, bei der Yasmin Fahimi die Haltung der SPD zur Geflüchteten-Politik begründet. Nicht zuletzt ein Redebeitrag auf dem Neujahrsempfang der Hans-Böckler-Stiftung.[145]

Bei der kämpferischen Rede zum Tag der Arbeit setzt Fahimi gekonnt auf

- wenige, aber große Gesten, die auch von weit entfernten Demonstrant:innen noch gesehen werden können.
- eine sich nach und nach steigernde Rede.

---

[145] Rede am 21.09.2015 als SPD-Generalsekretärin: https://www.youtube.com/live/kruQBEndqLA?si=e_xy7VqINwgVDeZR, Rede auf dem Neujahrsempfang der HBS: https://youtu.be/yupc-Qi4v-s?si=OJlckYuTDCD-KVHV
Rede zum Tag der Arbeit am 01. Mai 2023: https://www.youtube.com/live/kruQBEndqLA?si=e_xy7VqINwgVDeZR
Abrufdatum aller Reden: 30.10.2023

- rhetorisch zuspitzende Mittel (z. B. „Das ist keine Strategie. Das ist ein Skandal"; rhetorische Fragen)
- Wechsel in den Satzlängen und zwischen analytischen und persuasiven Redeteilen.
- eine Mischung gebundener und freier Rede.

In der Rede als SPD-Generalsekretärin tritt Yasmin Fahimi weniger kämpferisch, ruhiger, aber doch klar auf. Die Satzmelodie ist gemessener und die Gestik zurückgenommen. Die Anteile gebundener Rede sind etwas größer, sicherlich auch, weil die Formulierungen präzise sein müssen, um von Medien und Öffentlichkeit richtig zitiert werden zu können. Die Kleidung ist formeller gehalten. Alles in allem repräsentiert Yasmin Fahimi Kompetenz, Ruhe und Klarheit.

In der dritten Redesituation kann man Yasmin Fahimi lebendig, lächelnd, freundlich und humorvoll erleben. Die Gestik unterstreicht „malerisch" das Gesagte. Auch die Sprache passt sie dem Publikum an: Eine Mischung aus Wissenschaftler:innen und Gewerkschaftsfunktionär:innen dürfte im Publikum sein. Die Sprache ist insoweit eher akademisch, aber auch nahbar gehalten.

Was können wir von Yasmin Fahimi rhetorisch lernen? Es gibt nicht eine Art wirksam zu reden, sondern viele. Überlegen Sie daher, mit welcher Sprache und Satzmelodie sie welche Zielgruppe erreichen wollen und wie sie es persönlich können. Von Yasmin Fahimi können wir uns die Flexibilität abgucken, aber auch, dass gute Reden nicht davon abhängen, ausschließlich frei, sondern flexibel und abwechselungsreich (gebunden/frei) gehalten zu werden.

3. TRADITIERTES ERKENNEN UND SELBST ENTSCHEIDEN

Wir alle leben von Kindesbeinen an mit Rollenvorbildern und werden in Geschlechtskonstruktionen sozialisiert. Dies schafft uns in unserer Lebenswelt durchaus Vorteile, weil es uns hilft, die Welt um uns herum strukturieren und sie (vermeintlich) „lesen" zu können.

Zugleich gibt es gesellschaftlich tradierte Grenzen, die zurecht hinterfragt werden dürfen und sollen. Denn Rollenvorbilder und soziale Geschlechter schränken auch ein und können zu Instrumenten der Unterdrückung und Ausgrenzung werden.

Jede:r von uns findet da sicherlich ganz persönliche Beispiele. Einige Beispiele aus meiner Geschichte: Mein Vater versuchte beispielsweise als älteres Kind alle Abzüge eines Fotos zu vernichten, auf dem er als sehr kleines Kind mit Kleid zu sehen war. Er schämte sich wohl als älteres Kind für diese „Mädchen-Kleidung". Von sich aus dürfte er wohl auf diese Idee nicht gekommen sein.

Frauen hatten damals nicht nur grade, sondern auch mit übergeschlagenen Beinen zu sitzen, es sei denn der Tisch verdeckte die Beine. Am besten war ohnehin, wir alle saßen mit verschlucktem Stock und stumm wie Fische da. Meine sehr konservative Großmutter erinnerte uns regelmäßig daran, was uns Enkel:innen immer seltsam und fremd vorkam.

Sie können sich vermutlich vorstellen, dass im Jugendalter die Kleidung steter Quell intergenerationeller Debatten wurde...

Vermutlich hätten wir die Zeit des Zusammenseins deutlich harmonischer gestalten können, wenn sich alle Beteiligten darauf hätten einigen können, unterschiedliche Vorstellungen zu akzeptieren, aber nicht zu be- bzw. abzuwerten. Das gilt natürlich nicht nur für meine Familie...

Übertragen auf die Frage von traditierten oder nicht-tradierten Rollenbildern heißt das: Werden Sie mit Ihrem Stil und Leben glücklich und akzeptieren Sie es bei anderen! Entscheidender als das Rollenbild oder die Geschlechtsidentität sind doch allemal die Werte und Ideen, für die wir stehen!

Dennoch gibt es aus meiner Sicht einige geschlechtsspezifisch assoziierte und sozialisierte Stile und Verhaltensweisen, die für die politische Rede eher hinderlich oder schwierig sein können. Dabei geht es nicht darum, dass etwas falsch wäre, sondern dass wir uns der möglichen (negativen) Wirkungen bewusst sein sollten.

3.1. Beinhaltung im Sitzen

Im Sitzen wurde (vor allem für Frauen) früher empfohlen, mit übergeschlagenen Beinen zu sitzen. Dies repräsentierte körpersprachlich eine geschlossene und zurückhaltende, keinesfalls dominante Haltung. Auch wenn viele von uns dies wohl nicht mehr mit dieser Körperhaltung verbinden, schätzen es doch viele Menschen mit übergeschlagenen Beinen zu sitzen. Wenn es für Sie beim Zuhören und im Gespräch bequem und angenehm ist, dann tun sie dies gern.

Wenn Sie allerdings im Sitzen reden sollen, sind übergeschlagene Beine nicht hilfreich. Sie beschneiden damit nämlich Ihren Atemapparat, vor allem die Kosto-Abdominalatmung. Zwar können Sie den Atemraum wieder vergrößern, in dem Sie den Oberkörper nach hinten lehnen, dann wirken sie aber auf das Publikum potenziell gelangweilt oder angeberisch. Wenn Sie in einer rückgelehnten Sitzhaltung Blickkontakt anbieten wollen, werden Sie zudem den Kopf nach vorne neigen müssen, was zusätzlich Ihren Stimmapparat einquetscht. Robustere Stimmen und Atemapparate mögen das mitmachen. Günstig ist es aber keinesfalls.

Wenn Sie also im Sitzen reden, nehmen Sie eine gute Redehaltung ein (vgl. Abschnitt zur Körperhaltung im Teil **V.3.1.**). Wählen Sie dann Kleidung, in der Sie die Sitzhaltung einnehmen können, ohne dass es Ihnen unangenehm wird.

3.2. Schuhe und Stehen beim Reden

Hochhackige Schuhe werden aus modischen Gründen von vielen Menschen, überwiegend von Frauen getragen. Sie schätzen daran zumeist, dass die Bein- und Gesäßform positiv herausgestellt wird und der Körper größer wirkt.

Sowohl orthopädisch als auch für eine gute Nutzung des Atem- und Stimmapparats sind hochhackige Schuhe weniger empfehlenswert. Durch die hohen Absätze wird der Körper nach vorne gezogen. Diese Kraft muss ausgeglichen werden: Die Bein-, Gesäß- und untere Rückenmuskeln werden angespannt. Zwar wird der Oberkörper angeregt, aufrecht zu bleiben, aber die Spannung in Beinen, Beckenboden und Gesäß schränken auch hier die Kosto-Abdominal-Atmung und die Elastizität der Muskulatur ein. Jede Anspannung im Körper kann sich dann auch in die Nacken-, Hals und Stimmmuskulatur fortsetzen. Da der Oberkörper potenziell nach hinten gestreckt ist, kann es bei der Kopfhaltung zu einer Gegenbewegung (leicht nach vorne geneigter Kopf) kommen. Das wiederum kann den Stimmapparat negativ beeinflussen.

Ob Sie Schuhe mit hohen Absätzen bei Reden tragen können oder weglassen sollten, hängt auch davon ab, ob Sie mit dem Atem (Kurzatmigkeit) oder Stimmproblemen (Heiserkeit, zu hohe Stimme) zu kämpfen haben. Wenn ja, ist auch geeignetes Schuhwerk ein Schritt zur Besserung.

Welche Schuhe Sie nun auch immer tragen, versuchen Sie möglichst einem guten Stand nahe zu kommen (vgl. dazu den Abschnitt zur Körperhaltung im Teil **V.3.1.**).

3.3. Stimme nutzen

Auch bei der Stimme sind Sozialisationseffekte mit zweifelhafter Wirkung für das Reden verbunden. So wurde Weiblichkeit in Teilen mit einer hohen („unschuldigen", „engelsgleichen", „kinderähnlichen") Stimme verbunden – eine Reminiszenz an die Herrschaftsverhältnisse zwischen den Geschlechtern. Dieses Ideal führte dazu, dass Frauen nicht mit ihrer natürlichen, leicht tieferen Stimme gesprochen haben, sondern höher. Die sozialisierte Körperhaltung (übergeschlagene Beine im Sitzen, möglichst enger, „grazilier" Stand) und die atemunfreundliche Kleidung (Korsett) unterstützten eine angespannte und damit höhere Stimme.

Glücklicherweise haben wir inzwischen viele weiblich gelesene Rednerinnen, die mit einer eher dunkleren Stimme sprechen (so fast alle Nachrichtensprecherinnen). Auch in Kleidungs- und Körperhaltungsfragen hat sich glücklicherweise vieles gelockert. Dennoch sind die negativen Auswirkungen zwar schwächer, aber dennoch vorhanden.

Im Übrigen heißt es nicht, dass Menschen (egal welchen Geschlechts) so tief sprechen müssten wie nach einer heftig durchzechten Nacht. Aber innerhalb des eigenen Stimmspektrums sollte die Stimmhöhe genutzt werden, die einen guten Klang erzeugt (mehr dazu in den Abschnitten zu Atem und Stimme im Teil **V.3.4.** und **V.3.5.**).

3.4. Sprache

Ein weiteres, überkommenes und glücklicherweise abgeschwächtes Phänomen bezog sich auf die Sprache. Mit Frauen wurde eine eher gefühlsorientierte, „weiche" Sprache assoziiert. „Weiche" Sprache meinte dabei die Verwendung von weichmachenden Adjektiven und Füllwörtern und eine Satzmelodie, die den Frageton imitierte (Satzenden werden stimmlich nach oben gezogen). Umgekehrt wurde mit „Männlichkeit" eine eher sachlich orientierte Sprache, klare Sätze (ohne Weichmacher) und zurückhaltende Emotionalität erwartet, mindestens, wenn es als Zeichen der Schwäche ausgelegt werden konnte.

Sie sehen an diesem Beispiel, dass Rollenbilder nicht nur Frauen und Menschen, die divers gelesen werden wollen, in ihrer Wirksamkeit einschränken können, sondern dass es Männern ebenso gehen kann.

Auch diesen Tendenzen sind heute zum Glück deutlich geringer ausgeprägt, wenn auch nicht ganz verschwunden. Dass die Tendenzen fortwirken, liegt sicherlich darin begriffen, dass Verhaltensweisen an nächste Generationen unbewusst und unreflektiert weitergegeben werden.

Eine variable und möglichst mit allen Schattierungen ausgestattete Sprache sollte also möglichst allen Menschen, gleich welcher Herkunft und welchen Geschlechts zugänglich sein.

3.5. Kleidung

Natürlich werden Geschlechtskonstruktionen stark durch die Kleidung normiert und transportiert. In Silke Frinks Beiträgen können Sie dazu viele Anregungen finden. Daher möchte ich hier nur kurz meine persönlichen Quintessenzen benennen.

Das sind zwei Leitsätze: Binden Sie sich nur an so viel Konvention, wie sie mit ihr frei reden können. Kleidung soll sich nämlich Ihnen hilfreich anpassen und nicht etwa umgekehrt!

Der zweite Leitsatz: Lenken Sie durch Ihr Outfit nicht von Ihrer Rede ab; es sei denn, das Outfit ist Bestandteil Ihres Statements! Das bedeutet für mich im Kern: Ob Sie geschlechtsspezifische oder neutrale Kleidung tragen wollen, sollten Sie (und niemand anders!) entscheiden. Unabhängig davon sollten Passform und Farben abgestimmt sein.

Versuchen Sie also einen Weg zu finden, dass Kleidung für Sie bequem, dem Anlass angemessen und ihre Wirkung unterstützend ist.

4. WAS BLEIBT? MENSCHLICHE RHETORIK STÄRKEN

Lassen Sie mich zum Schluss dieses Abschnitts noch einmal betonen: Es geht für alle Menschen gleich welchen Geschlechts, welcher Herkunft oder Erfahrung darum, die eigene Wirksamkeit beim Reden zu erhöhen.

Die Mittel unterscheiden sich dabei nicht, wohl aber die sozialisierten Zugänge und Beschränkungen, die überwunden werden müssen.

Atmung, Stimme, Körperhaltung, Sprach- und Denkvermögen unterscheiden sich weder nach Geschlechtern, noch Herkunft.

Alle Menschen haben das Potenzial, diese Elemente für wirksames Reden gekonnt zu nutzen.

Was ihnen allerdings an Konventionen und Sozialisationen entgegensteht, erfordert nach wie vor, Ungleichbehandlungen und ungleiche Chancen zu reflektieren und auch in der Rhetorik zu bearbeiten.

IV

Dramaturgie von Reden –
Strukturierungsmodelle

1. Dramaturgischer Aufbau von Reden

Politische Reden kennen sehr unterschiedliche Anlässe und dadurch auch Redemodelle: So können unter anderem Lob-, Trauer-, Gedenk-, Wahlkampf-, Kandidat:innen-, Kundgebungsreden und Grußworte auf dem Programm stehen.

Eine Sonderstellung nehmen die Überzeugungsreden („persuasiven Reden") in Parteigremien, Parlamenten, politischen Räten oder Ausschüssen ein. Sie bilden den eigentlichen Kern politischer Beratungs- und Entscheidungsprozesse.

In diesem Abschnitt sollen zwar die persuasiven Reden im Vordergrund stehen, aber auch jeweils mindestens ein exemplarisches Modell für die anderen Redeanlässe eingebracht werden. Der dramaturgische Aufbau von Reden beruht letztendlich darauf, dass argumentative Ketten so aufeinander aufgebaut werden, dass Kernaussagen und politische Forderungen bei möglichst vielen Zuhörer:innen ankommen und positiv wirken.

Statements und Überzeugungsreden können dazu nach unterschiedlichen Strukturmodellen aufgebaut werden. Welches Sie wählen, hängt stark von der Situation ab: Sind Sie eingeladen, sich als Kandidat:in für ein Mandat vorzustellen? Oder reagieren Sie auf eine Frage oder ein Statement aus dem Publikum? Geben Sie ein Presse-Statement ab? Sind Sie eingeladen, eine programmatische Rede zu halten? Können Sie erwarten, dass das Publikum (mehrheitlich) ähnliche politische Grundwerte vertritt? Wollen Sie Menschen dazu bewegen, selbst in einer Sache aktiv zu werden?

Wie bei dem Aufbau von Argumenten gilt auch für die politische Rede als Ganzes, dass es vielfältige Varianten für den dramaturgischen Rede-Aufbau gibt. Aus diesen Varianten habe ich für Sie einige Modelle ausgewählt, mit denen Sie Statements und kurze Reden vorbereiten können. Der Schwerpunkt liegt dabei auf persuasiven Reden, also Anlässen, bei denen Sie Andere von politischen Positionen oder Aktivitäten überzeugen wollen. Zusätzlich sind auch einige weitere Redeanlässe aufgeführt, die sich für Politiker:innen und Amtsträger:innen hin und wieder ergeben können.

Auch hier konzentrieren wir uns dabei auf einfache und leicht nachvollziehbare Redemodelle. Der Grund dafür liegt auf der Hand: Ein einfacher Aufbau ist nachvollziehbar. Ein nachvollziehbarer Aufbau generiert Zustimmung oder eigenes Handeln.

Sie erleichtern Ihnen als Redner:innen, aber auch den Zuhörenden die Orientierung.

☞ Verwenden Sie als Redner:in lieber einfache und nachvollziehbare Redemodelle. Das erleichtert Menschen die Orientierung.

☞ Überlegen Sie für jede Redesituation neu, was Sie von Ihrem Publikum wissen oder vermuten und wählen Sie einen passenden dramaturgischen Aufbau für Ihre Rede.

🛠 **Arbeitshilfe 8**: Entscheidungshilfe: Welches dramaturgische Redemodell verwende ich? (**X.3.8.**)

1.1. Dreischritt bis zum Zielsatz (nach Wachtel 1999)

Aufbau des Statements:

Vorbereitung des Statements:

Publikumsbezug

Argumente

Zielsatz

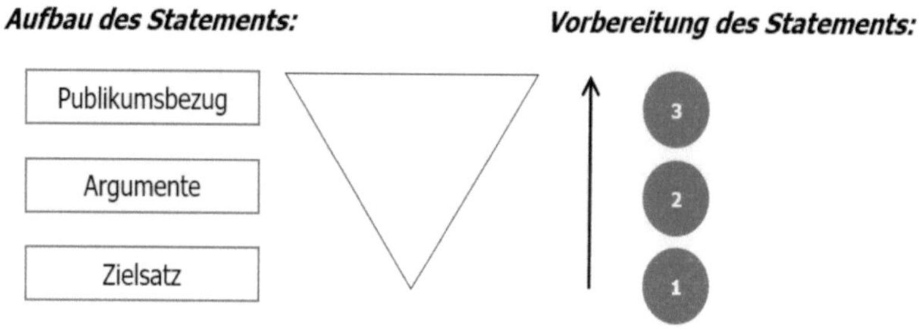

Abb. 32: Dreischritt zum Zielsatz (nach Wachtel 1999)

Der **Zielsatz** sollte möglichst ein einleuchtendes und wichtiges politisches Ziel betreffen, für das Sie sich stark machen wollen. Das Ziel sollte so beschaffen sein, dass die betreffende politische Ebene auch zur Zielerreichung beitragen kann.

Für die Sammlung von **Argumenten** sollten Sie bei den vielen Argumenten, die Sie haben, die wichtigsten heraussuchen. Das ist vor allem eine Frage der Zeit.

Publikumsbezug – Ihr Publikum ist nicht der/die politische Gegner:in, sondern die Interessierten bzw. die Teile des Publikums, die für Ihre Argumente (noch) zugänglich sind. Kernpunkt ist, wie Sie an ihre Motivation und Werte anknüpfen können.

Dieses Modell bietet sich vor allem für Statements an, bei denen Sie kurz zu einem Thema („monothematisch") reden.

1.2. Kurze Überzeugungsreden in (fünf) sechs Schritten

Eine Kurz-Rede sollte klar strukturiert, motivierend und verständlich formuliert sein. Als Strukturierungshilfe können Sie das 5(6)-Schritt-Modell (angelehnt an Fricke 2000; Geißner 1978; Thiele 2022) nutzen:

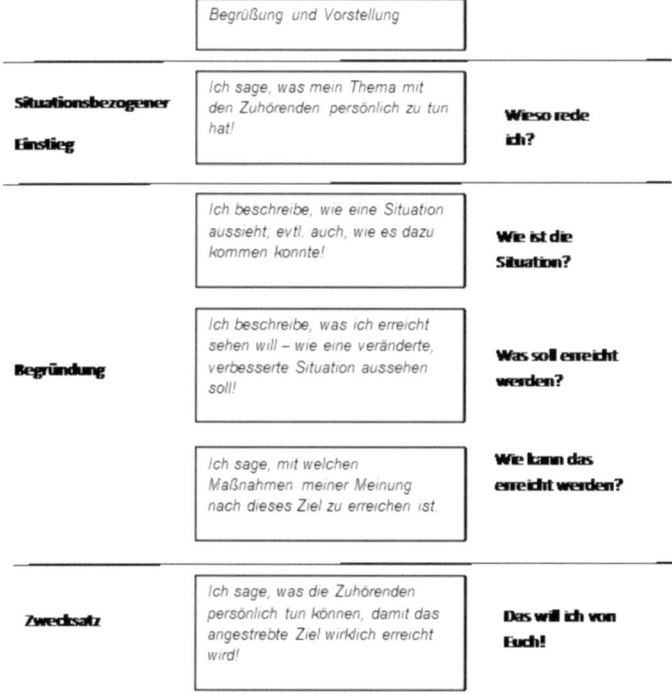

Abb. 33: Überzeugungsrede in 5 Schritten (nach Fricke 2000: 96 (erweitert durch TG))

Dieses Modell eignet sich für vorbereitete Kurzreden, die intensiver ein Thema beleuchten und für die eigene Position werben sollen.

Das Modell bettet eine klassische 3-gliedrige Begründung in einen situationsbezogenen Einstieg und einen Appell zum Schluss ein. Ich selbst spreche eher von einem 6-Schritt-Modell, da eine Begrüßung und Kontaktaufnahme zwar selbstverständlich erscheint, aber doch von

Redner:innen schnell einmal in der Aufregung vergessen wird. Die Fünf-Satz-Technik gibt es in vielen Varianten. Sie ergeben sich aus dem dramaturgischen Aufbau von Argumenten (vgl. Abschnitt zum dramaturgischen Aufbau von Argumenten, **Teil I.6.**).

1.3. Weitere Redemodelle mit der Fünf-Satz-Technik

Weitere Strukturierungen sind beispielsweise (vgl. auch Thiele 2022: 139-142):

Dialektischer Fünf-Satz:	**Standpunktformel:**
1. Thema nennen	1. Standpunkt benennen
2. Argumente dafür	2. Argument(e)
3. Argumente dagegen	3. Beispiel
4. Schlussfolgerung	4. Schlussfolgerung
5. Appell	5. Appell

Überzeugungsformel:	**Subtraktionsmodell:**
1. Ist-Situation mit Defiziten	1. Pol. Problem schildern
2. Ziel benennen	2. Lösungsideen benennen
3. Lösungsvorschlag	3. Ungeeignete Lösungen
4. Nutzen darstellen	4. Nutzen der besten Lösung
5. Appell	5. Appell

Steigerungsmodell:	**Möglichkeitsmodell:**
1. Standpunkt benennen	1. Standpunkt benennen
2. Argument 1(stark)	2. Utopie zeichnen
3. Argument 2(stärker)	3. Realität gegenzeichnen
4. Argument 3(am stärksten)	4. Das Mögliche benennen
5. Appell	5. Appell

Abb. 34: Weitere 5-Schritt-Varianten

1.4. Das spontane Statement

Spontane Statements sind in der Regel davon geprägt, dass Sie als Redner:in ein kleines Zeitfenster der Aufmerksamkeit und keine oder kaum Vorbereitungszeit haben. Sie können dadurch nicht tief in die Thematik einsteigen. Schon deshalb hilft es, einen möglichst einfachen, einleuchtenden Aufbau zu wählen. Ein solcher ist:

Abb. 35: Begründungs-Dreischritt

Es handelt sich um einen Begründungs-Dreischritt: Zunächst stellen Sie (kurz) eine politische These auf. Diese begründen Sie im zweiten Schritt und schließen mit einer Schlussfolgerung ab. Wichtig ist dabei, sauber zwischen Behauptung und Schlussfolgerung zu unterscheiden. Vereinfacht gesagt enthält die Schlussfolgerung immer einen Appell, etwas zu tun (oder zu lassen).

Ein Beispiel:

„Öffentliche Aufträge sollen nur an tarifgebundene Unternehmen vergeben werden." (**Behauptung**) „Tarifgebundene Unternehmen zahlen bessere Löhne und haben bessere Arbeitsbedingungen. Das sorgt auch für einen stabilen Sozialstaat." **(Begründung)** „Wir setzen uns für ein Tariftreuegesetz ein. Unterstützen Sie uns." **(Schlussfolgerung mit Appell)**

Dieses Modell eignet sich besonders für kurze und spontane Statements, bei denen wenig Zeit für eine Positionierung bleibt.

Noch ein Hinweis: Häufig reichen 3-4 Sätze. Das ist zumeist einprägsamer als minutenlange Statements. Gerade wenn Sie Presse-Statements abgeben, können Journalist:innen zudem aus langen Statements das heraussuchen, was ihnen sinnvoll erscheint. Das muss aber nicht das sein, was Ihnen wichtig ist. Daher halten Sie Ihre Statements kurz.

✘ **Übung 1**: Kurzstatements üben (**X.3.22.**)

1.5. Bewegungsrede mit dem AHA-Prinzip

Wenn Reden nicht (nur) überzeugen, sondern (vor allem) Menschen bewegen sollen, sich ebenfalls für ein Thema zu engagieren, bietet sich für den Redeaufbau das AHA-Prinzip an, das aus dem „Organizing-Ansatz" bekannt ist (vgl. IGM Bezirksleitung Baden-Württemberg 2021).

AHA ist ein Akronym, das für „Anger" – „Hope" – „Action" steht. Nach diesem Dreischritt wird die Rede aufgebaut:

Einstieg	Freundliche Begrüßung; Sich vorstellen und Thema benennen.
A (Anger=Ärger/Empörung)	Sprich die Menschen über ihre Emotionen an. Worüber ärgern sie sich? Worin liegen Befürchtungen? Worüber empören sich Menschen? Was muss anders werden?
H (Hope= Hoffnung)	Erzeuge Hoffnung, dass die Situation verbessert werden kann. Gib Beispiele, wo das durch eine gemeinsame Kraftanstrengung erreicht werden konnte. Sag, wer sich (schon) alles dafür einsetzt. Es muss keine fertigen Lösungen, aber den Wunsch geben, etwas zu verbessern.
A (Action= Aktivität)	Sag, was die Zuhörer:innen tun sollen, wenn sie das auch so sehen. Mache konkrete Vorschläge bzw. bitte die Zuhörer:innen bei einer konkreten Aktion mitzumachen. Lade sie am besten ein, an der Lösung mitzuarbeiten.
Abschluss	Appell äußern – Dank für die Bereitschaft, aktiv zu werden.

Abb. 36: Bewegungsrede nach AHA-Prinzip

Das Redemodell ist vor allem hilfreich, um Aktive für politische Vorhaben zu gewinnen. Es unterscheidet sich von Überzeugungsreden durch das Ziel: Bei einer Überzeugungsrede sollen Zuhörer:innen im besten Fall zustimmen, bei Bewegungsreden indes selbst aktiv werden.

Für Reden auf Demonstrationen, Kundgebungen und Wahlkämpfen kann das AHA-Modell ein hilfreiches Modell sein.

1.6. Golden-Circle-Modell (Simon Sinek)

Simon Sinek hat in einem berühmt gewordenen TED-Talk und in einem Buch beschrieben (Sinek 2014), was erfolgreiche Marken in ihrem Werbeauftritt von anderen unterscheidet. Seine These lautet, dass erfolgreiche Marken den Kern ihres Wirkens, das „Warum?" voranstellen und erst danach das „Wie?" und „Was?" erläutern. Dieses Modell kann auch für die politische Rede genutzt werden. Das Modell betont das werteorientierte Handeln in der Politik:

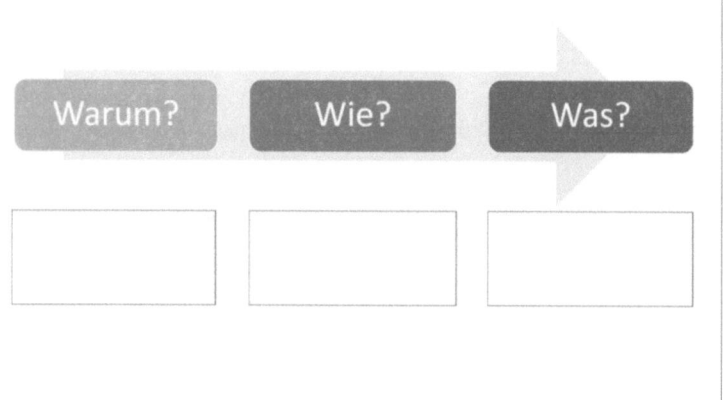

Abb. 37: Golden-Circle-Modell nach Simon Sinek

Ein Beispiel ist: Menschen sollen sich in meiner Organisation willkommen und angenommen fühlen. Sie sollen bereichernd wirken können. (Warum?) Wir setzen Mentor:innen ein, die sie mitnehmen und mit ihnen suchen, wie sie die Organisation bereichern und wirksam werden können. (Wie?) Wir brauchen ein gutes Onboarding. (Was?)

1.7. Sich als Kandidat:in vorstellen

Wenn Sie sich als Kandidat:in vorstellen, kommt es auf einen besonderen Aspekt an: Sie müssen in Ihrer Vorstellung darauf achten, Ihre politischen Ziele und Positionen positiv mit Ihrer Person und Kandidatur zu verbinden und zudem ggf. mehrere Themen, die in Ihrem Wahlkreis oder Repräsentationsraum relevant sind, anzusprechen.

Folgendes Modell kann Ihnen bei der Strukturierung helfen:

Abb. 38: Aufbau einer Bewerbungsrede

1.8. Wahlkampfrede

Eine der bekanntesten Redeformen ist sicherlich die Wahlkampfrede. Sie ist vom Zuschnitt eine Rede, bei der vor allem die eigenen Anhänger:innen und Sympathisant:innen angesprochen und motiviert werden sollen, sich selbst aktiv einzubringen (Mitmachen im Wahlkampf, darüber reden, selbst wählen).

Wahlkampreden sind damit klassische Überzeugungsreden, arbeiten aber noch stärker mit Zuspitzung und Dynamik.

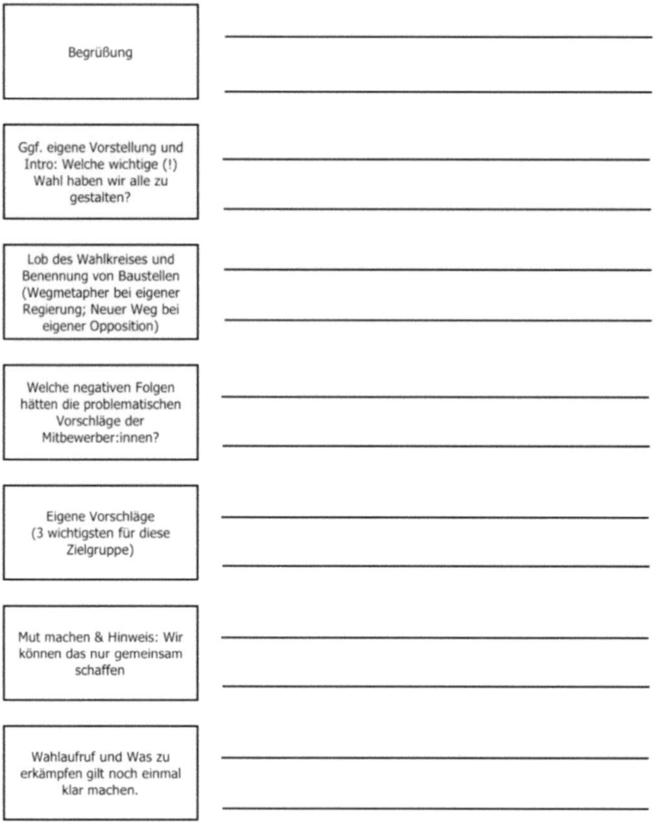

Begrüßung	
Ggf. eigene Vorstellung und Intro: Welche wichtige (!) Wahl haben wir alle zu gestalten?	
Lob des Wahlkreises und Benennung von Baustellen (Wegmetapher bei eigener Regierung; Neuer Weg bei eigener Opposition)	
Welche negativen Folgen hätten die problematischen Vorschläge der Mitbewerber:innen?	
Eigene Vorschläge (3 wichtigsten für diese Zielgruppe)	
Mut machen & Hinweis: Wir können das nur gemeinsam schaffen	
Wahlaufruf und Was zu erkämpfen gilt noch einmal klar machen.	

Abb. 39: Wahlkampfrede

Für einzelne Politikfelder, die im Wahlkampf „bespielt" werden und die in einer Wahlkampfrede erwähnt werden sollten, bietet sich der Aufbau an, den Klein vorschlägt (hier zitiert nach Spieß 2019: 407):

1. Situationsdaten (Datentopos)
2. Situationsbewertung (Valuationstopos)
3. Verweis auf Prinzipien (Prinzipientopos)
4. Zielsetzung (Finaltopos)

Da Wahlkampfreden in der Regel eine positive Vergemeinschaftung durch Emotionalisierung anstrebt, sollte die Situationsbwertung narrativ emotionalisierend aufgeladen werden.

1.9. Klassische Entscheidungsrede

Der Sprachwissenschaftler Uwe Pörksen hat sich in seiner wissenschaftlichen Arbeit viel mit der (klassischen) politischen Rede befasst. Ein Schwerpunkt liegt dabei in der klassischen Entscheidungsrede, bei der die redende Person Zuhörende überzeugen will, einer (schwierigen) politischen Entscheidung zuzustimmen.

Pörksen unterteilt die klassische Entscheidungsrede in sieben Schritte:

Schritt	Worum geht's?	Umsetzung
Einstieg	Aufmerksamkeit mit einer kurzen, einleuchtenden („plausiblen") Formulierung finden.	
These	Behauptung (am besten: in einem Satz), die im Folgenden entwickelt werden soll.	
Erklärung	Die Behauptung wird erklärt: Wieso wird es behauptet? Wieso ist das relevant?	
Erläuternder Seitenblick	Hier können vergleichbare Beispiele aus anderen Bereichen oder die Ausleuchtung von Hintergründen stehen.	
Widerlegung der Einwände – Ausformulierung der Gegenposition	Mögliche Gegenargumente werden zur Stärkung der eigenen Position genutzt. Gegenargumente werden widerlegt. Ggf. werden Interessen hinter den Gegenargumenten benannt.	
Schlussfolgerung und Schlussthese mit Wecken von Emotionen	Die Notwendigkeit zu Handeln wird platziert. Handlungsempfehlungen werden dargestellt. Emotionen werden angesprochen.	
Schluss/Appell	Abschließender Appell	

Abb. 40: Klassische Entscheidungsrede (angelehnt an Pörksen 2016: 219)

1.10. Krisenrede oder besser: Krisenkommunikation

Krisen zu bewältigen gehört zu den schwierigsten Aufgaben in der Politik. Das gilt auch für Reden, die in dieser Zeit gehalten werden müssen. Sie müssen denjenigen, die Angst und Sorge haben oder trauern, trösten, ohne zu viel zu versprechen. Sie muss diejenigen, die zweifeln, um Vertrauen bitten, gerade wenn es um schwierige oder unangenehme Maßnahmen geht. Sie muss denjenigen, die verwirrt oder skeptisch sind, erklären, worum es jetzt eigentlich gehen muss. Sie muss denjenigen, die anderer Meinung sind, deutlich machen, wieso die politischen Entscheidungen sind, wie sie jetzt sind.

Das alles soll gelingen, obwohl Politiker:innen selbst ebenso belastet sind und zweifeln. Ein entlastender Faktor kann sein, dass es menschlich und authentisch ist, zu zeigen, dass es eine schwierige Situation ist und dass Sie als Mensch angefasst sind, aber trotzdem die Verantwortung haben, zu handeln.

Lassen Sie mich ein persönliches Beispiel geben: Im Jahr 2020 brach die Corona-Pandemie über uns alle herein. Das Bildungshaus, in dem ich arbeite, musste zeitweise – behördlich angeordnet – schließen. Ich musste also mit den Kolleg:innen über die ungewisse Situation immer wieder sprechen. Ich habe mich persönlich dafür entschieden, dass ich nicht eine Rede, sondern viele Reden (in diesem Fall online) halten müsste, um die Kolleg:innen auf dem Laufenden zu halten.

Das anfängliche Signal war: Wir wissen nicht, wie die Zukunft aussehen wird, aber wir wissen, wofür wir (die Leitung, der Betriebsrat und hoffentlich alle Kolleg:innen) kämpfen wollen, nämlich, dass wir das Bildungshaus, die Arbeitsplätze retten und das Auskommen aller sichern. Als Sprachbild haben wir den Tunnelbau verwendet: Wir wissen, dass wir uns durch einen Berg graben müssen, um am anderen Ende wieder herauszukommen. Wie lang der Tunnel werden muss, wissen wir noch nicht. Wir müssen daher darauf achten, dass wir ihn so breit machen, dass alle mitkommen, aber nur so breit wird, dass wir auch bis auf die andere Seite kommen können. Ein solcher Tunnelbau geht nur mit Solidarität, Zusammenarbeit und Achtsamkeit gegenüber allen.

In den folgenden fast zwei Jahren haben wir auf dieses Bild als Leitung und Betriebsrat immer wieder Bezug genommen, wenn wir über Kurzarbeiter:innen-Geld und Aufstockung, Hygienepläne, Tests und Impfungen, Wirtschaftshilfen, Kinderbetreuung und Arbeitszeiten, Sorgen um die Gesundheit von Kolleg:innen und ihren Angehörigen gesprochen haben. Wir haben – wenn auch im Angesicht der Anspannung – über die Freude gesprochen, wenn etwas gelungen war und immer wieder für die Solidarität gedankt, die die Kolleg:innen miteinander gezeigt haben. Tatsächlich hat der Tunnelbau dank der Solidarität der Kolleg:innen, aber auch der staatlichen Hilfen funktioniert. Weder Entlassungen noch Insolvenz sind eingetreten.

Wieso erzähle ich Ihnen das so ausführlich? Krisensituationen sind mehr als andere politische Situationen keine Herausforderungen, die wir einfach mit einer Rede erledigen können. Sie setzen im besonderen Maß voraus, dass Vertrauen in der Unsicherheit entstehen kann. Es kommt also auf eine rednerische Begleitung des Krisenmanagements an, nicht auf eine einzelne Rede. Insofern empfehle ich Ihnen in Krisensituationen: Schaffen Sie sich als Verantwortliche:r eine Bühne, mit der Sie die rednerische Begleitung organisieren können. Überlegen Sie sich, welches durchgängige Motiv Sie für die Krisenzeit wählen wollen. Versuchen Sie die emotional heterogene Situation aufzunehmen und zu spiegeln. Seien Sie ehrlich und so offen, wie es in der Situation erlaubt ist, ohne Panik zu verbreiten. Beraten Sie sich über die Ausgestaltung Ihrer rednerischen Bühne mit anderen.

Auch wenn es wie gesagt nicht um die einzelne Krisenrede gehen sollte, gebe ich hier ein Redemodell an, was für die ersten Schritte vielleicht helfen kann.

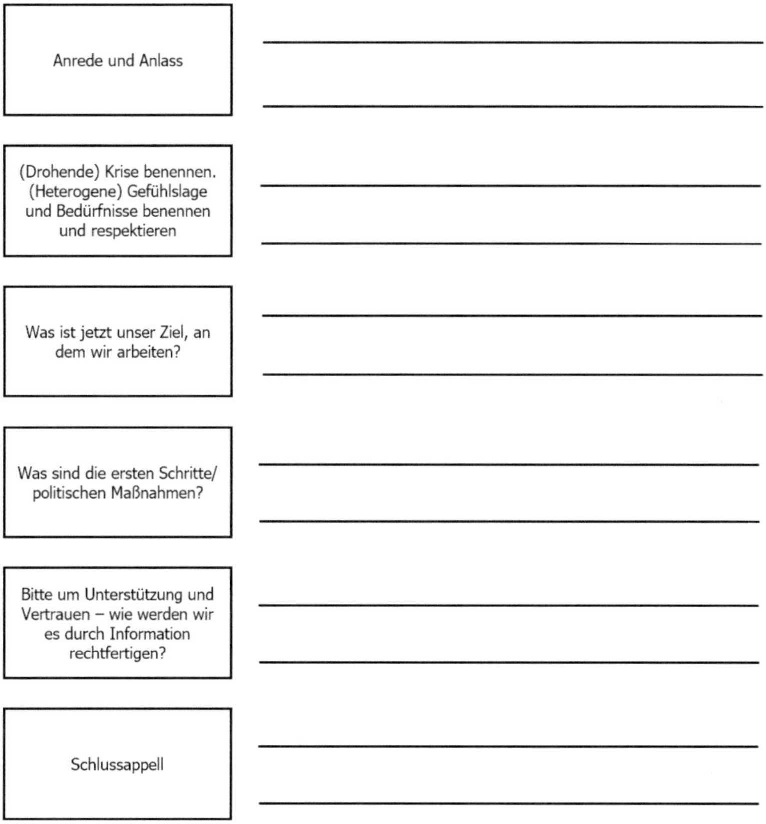

Anrede und Anlass	_____ _____
(Drohende) Krise benennen. (Heterogene) Gefühlslage und Bedürfnisse benennen und respektieren	_____ _____
Was ist jetzt unser Ziel, an dem wir arbeiten?	_____ _____
Was sind die ersten Schritte/ politischen Maßnahmen?	_____ _____
Bitte um Unterstützung und Vertrauen – wie werden wir es durch Information rechtfertigen?	_____ _____
Schlussappell	_____ _____

Abb. 41: Krisenrede

1.11. Kundgebungsrede

Für Reden auf Demonstrationen und Kundgebungen gilt, dass die Teilnehmenden in der Regel für ein gemeinsames politisches Ziel eintreten und Redende die Aufgabe haben, diesen Willen in kämpferische Worte zu kleiden.

Während Entscheidungsreden, aber auch klassische Überzeugungsreden Gegenargumente in der Regel aufgreifen und bearbeiten, ist dies in der Regel bei Kundgebungsreden weniger der Fall, es sei denn als Steigbügelargument. Neben der Bewegungsrede (vgl. **IV. 1.4.**) kann auch das folgende Modell Kundgebungsreden strukturieren helfen:

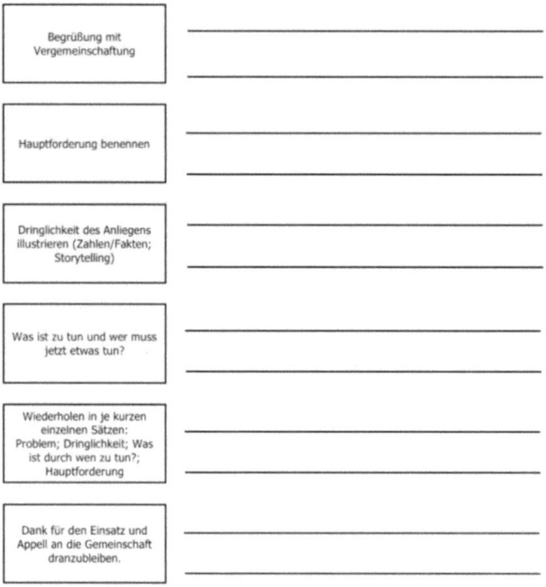

Begrüßung mit Vergemeinschaftung	
Hauptforderung benennen	
Dringlichkeit des Anliegens illustrieren (Zahlen/Fakten; Storytelling)	
Was ist zu tun und wer muss jetzt etwas tun?	
Wiederholen in je kurzen einzelnen Sätzen: Problem; Dringlichkeit; Was ist durch wen zu tun?; Hauptforderung	
Dank für den Einsatz und Appell an die Gemeinschaft dranzubleiben.	

Abb. 42: Kundgebungsreden

Für Reden auf Kundgebungen und Demonstrationen gelten (mindestens) vier Erfolgsregeln:

1. Reden Sie kurz, prägnant und mit einfacher Gedankenführung.
2. Halten Sie engen Bezug zu dem Veranstaltungsziel, das die Demonstrierenden zusammenführt. Vermeiden Sie in der Gruppe umstrittene oder potenziell spaltende Fragen (z. B. starker Bezug zu einer Partei) oder auch sachfremde Inhalte.
3. Nutzen Sie sprachliche Dynamik (auch Pausen!) und Emotionalisierung für Ihre Rede (vgl. **Teil VIII 2.4.**)
4. Achten Sie auf den richtigen und gleichbleibenden Abstand zum Mikrofon.

Gerade bei Kundgebungsreden haben Sie selten länger Zeit als 3-5 Minuten für ein Statement, es sei denn Sie sind die Hauptredner:in. Achten Sie dabei darauf, dass Sie die Redezeit einhalten. Am besten ist, dass Sie die Rede und ihre Länge vorab (mehrfach) testen.

Noch ein Tipp: Applaus und Zustimmung entstehen zumeist nicht von selbst. Wenn Sie mit Dynamik arbeiten wollen, sollten Sie also vorab mit Menschen sprechen, die Sie unterstützen und die Dynamik befeuern können.

1.12. Debattenrede

Die Debattenrede ist das regelmäßig und überwiegend in Parlamenten und kommunalen Räten vorkommende Format. Debattenreden können in der Regel nicht zum Ziel haben, Unentschlossene zu überzeugen, da die parlamentarische Beratung und ggf. ein Fraktionszwang dies kaum ermöglichen. Daher gilt: Je früher im parlamentarischen Prozess eine Rede gehalten wird, desto eher werden Entscheidungsreden, je später, werden Debattenreden eingesetzt. Eine Ausnahme bilden die Debatten, bei denen ein Fraktionszwang aufgehoben worden ist. Diese sind häufig Sternstunden des Parlaments, weil eher argumentativ abwägende Entscheidungsreden gehalten werden.

Ziel von Debattenreden ist eher, der Öffentlichkeit (Bürger:innen, Presse und in Social Media) zu erklären, wieso die eigene Fraktion sich in dieser Weise verhält.

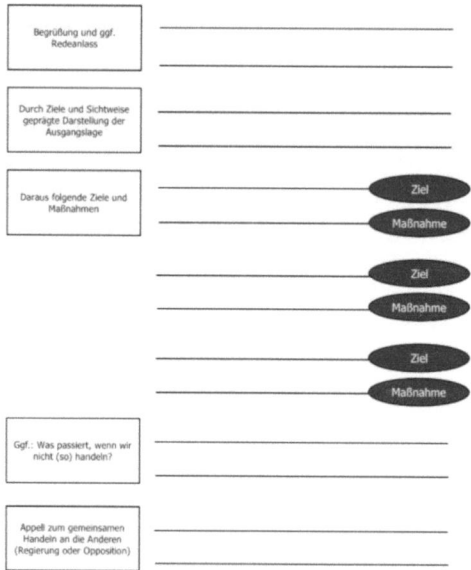

Abb. 43: Debattenrede

320

1.13. Gedenkreden

Politiker:innen sind auch gefragt, Gedenkreden zu halten (vgl. im Überblick auch Schöpe 2019). Das kann die Feier von Einrichtungen oder auch die Reden an Feiertagen sein. In vielen Fällen sind Politiker:innen nicht als Repräsentant:innen einer Partei, sondern als Amtsträger:innen im Einsatz. Das führt dazu, dass politische Äußerungen eher seltener kontrovers, denn grundwertebezogen und am demokratischen Konsens orientiert ausgestaltet werden. Sie können allerdings durchaus einen neuen Blick auf die Geschichte[146] oder eine Wertung der heutigen politischen Lage gemessen an der Geschichte beinhalten. Die Redezeit von Gedenkreden kann stark variieren (15 bis 60 Minuten). Sie sind sehr stark abhängig von dem Veranstaltungssetting.

Begrüßung und Redeanlass benennen; Dank für die Organisation und Einladung	
Wieso macht es Sinn, heute auf die Geschichte zu sehen und dem Anlass zu gedenken? Heutigen Fokus setzen.	
Fokusbezogenes Eintauchen in die Geschichte (ggf. als Storytelling)	
Was wir als Auftrag/Quintessenz heute mitnehmen? Was wirkt fort?	
Appell an die Zuhörer:innen, Gedenkende als Gemeinschaft ansprechen	
Dank und Abschluss	

Abb. 44: Gedenkrede

---

[146] So enthielt etwa die Gedenkrede des damaligen Bundespräsidenten Richard von Weizsäcker 1985 zum Ende des Zweiten Weltkriegs 40 Jahre zuvor erstmalig offiziell die Wertung, dass die Alliierten Deutschland von den Nationalsozialist:innen befreit haben. Dieser Blick besaß viele außenpolitische Implikationen.

1.14. Einweihungs- und Eröffnungsreden

Einweihungs- oder Eröffungsreden sind feierliche und freudige Redeanlässe, zu denen politische Interessenvertreter:innen meist als Amts- und Mandatsträger:innen eingeladen werden. Sie sollten in der Regel keine kontroversen oder strittigen tagespolitischen Themen ansprechen.

Getragen werden sollten Einweihungs- und Eröffnungsreden von dem Respekt vor der bereits geleisteten Arbeit und der Vorfreude über die (gesellschaftlich relevante) Arbeit in der Zukunft. Wie bei der Gedenkrede kann die Redezeit stark variieren und muss – wie das Setting – gut abgestimmt werden.

In eine Einweihungs- und Eröffnungsrede kann der Bezug auf Symbole eingesetzt werden.

Begrüßung und Redeanlass benennen; Dank für die Organisation und Einladung	
Was fehlte bislang? Wieso war es eine Lücke, die durch die Eröffnung nun geschlossen wird?	
Von der Lücke bis heute – geschichtlicher Rückblick (Storytelling)	
Heute stehen wir hier und blicken in die Zukunft, die so aussehen kann. Sinnvolle Arbeit ansprechen.	
Dank für die bisher geleistete Arbeit, stellvertretende Benennung von Beteiligten am Erfolg	
Dank und Abschluss	

Abb. 45: Einweihungs- oder Eröffnungsfeier

1.15. Grußwort

Grußworte sind eine sehr häufig vorkommende und wichtige politische Redeform, weil sie politischen Interessenvertreter:innen bzw. Amtsträger:innen in einen positiven Kontakt mit Menschen bringen kann, die nicht zwingend mit (Kommunal-)Politik zu tun haben müssen.

Das Grußwort bringt durch die einladende Organisation einen Ansprachefokus mit. So kann beispielsweise bei einem Grußwort vor Krankenhaus-Beschäftigten der Respekt und Dank für die wichtige gesellschaftliche Arbeit im Gesundheitsbereich der Fokus sein.

Das Grußwort kann – je nachdem, ob es sich um eine politische Organisation handelt – auch politische Themen ansprechen. Dabei sollte darauf geachtet werden, dass keine konträren Meinungen vertreten werden. Die politischen Themen sollten sich an der Lebensrealität und dem Arbeitsfeld der Organisation orientieren. In eine Falle sollte man nicht tappen: Geben Sie Anwesenden keine Tipps, wie sie ihren Job zu machen oder ihre Interessen zu vertreten haben! Zudem sollten die Grußworte zeigen, dass sich der/die Redner:in mit der Organisation vorab (intensiv) beschäftigt hat. Grußworte sind in der Regel kurz und prägnant (ca. 5 Minuten).

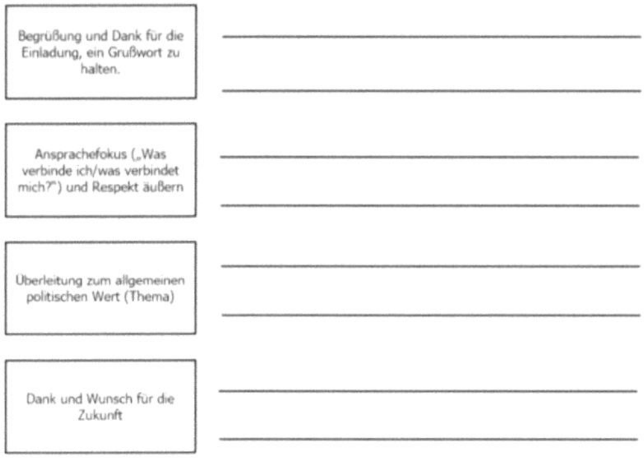

Abb. 46: Grußwort

1.16. Gratulationsrede oder Laudatio

Sei es ein runder Geburtstag, das Dienstjubiläum, die Feier einer jahrelangen Mitgliedschaft: Immer wieder gibt es Gelegenheiten für Politiker:innen, Menschen für Ihr Engagement und die Bereicherung der Gemeinschaft durch sie zu danken.

Gratulationsreden oder die Laudatio ("Ehrenrede") können wesentlich zu einer wertschätzenden Organisationskultur und zu dem "Gesehen-Werden" beitragen.

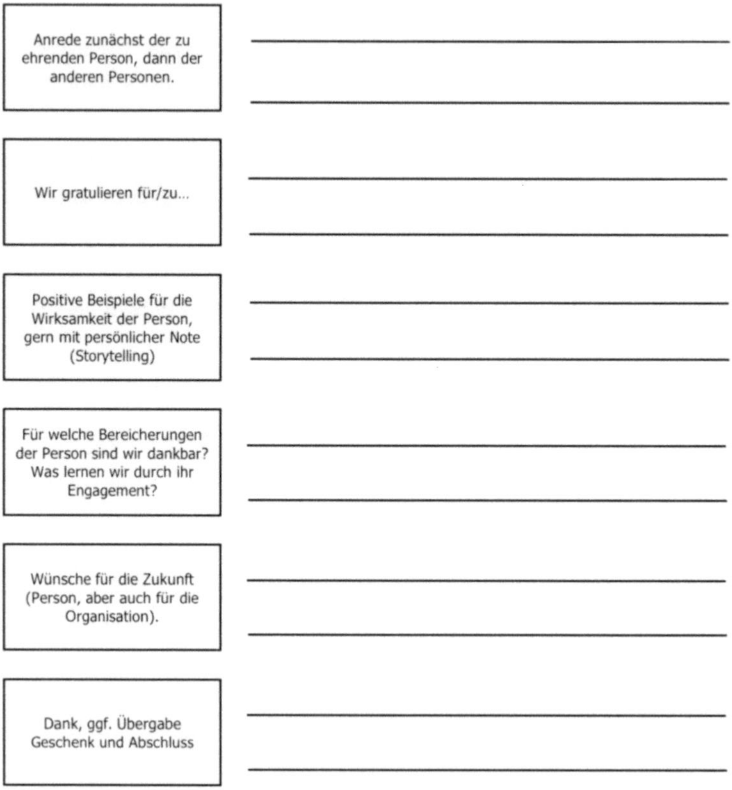

Anrede zunächst der zu ehrenden Person, dann der anderen Personen.	
Wir gratulieren für/zu…	
Positive Beispiele für die Wirksamkeit der Person, gern mit persönlicher Note (Storytelling)	
Für welche Bereicherungen der Person sind wir dankbar? Was lernen wir durch ihr Engagement?	
Wünsche für die Zukunft (Person, aber auch für die Organisation).	
Dank, ggf. Übergabe Geschenk und Abschluss	

Abb. 47: Gratulationsrede oder Laudatio

1.17. Trauerrede

Trauerreden sind für Politiker:innen und Amtsträger:innen naturgemäß schwierig. Sie wollen Hinterbliebenen Trost spenden, die verstorbene Person würdigen, aber auch der Trauer über den Verlust Ausdruck verleihen.

Trauerreden sind daher zwar Reden, die Politiker:innen halten, aber keine politischen Reden. Politisch gesehen gibt es nur eine Botschaft, die vermittelt werden kann: In der Politik geht es darum, menschlich zu sein und zu bleiben. Im Zeichen der existenziellen Fragen geht es nicht um politischen Streit, sondern um Respekt und Mitgefühl.

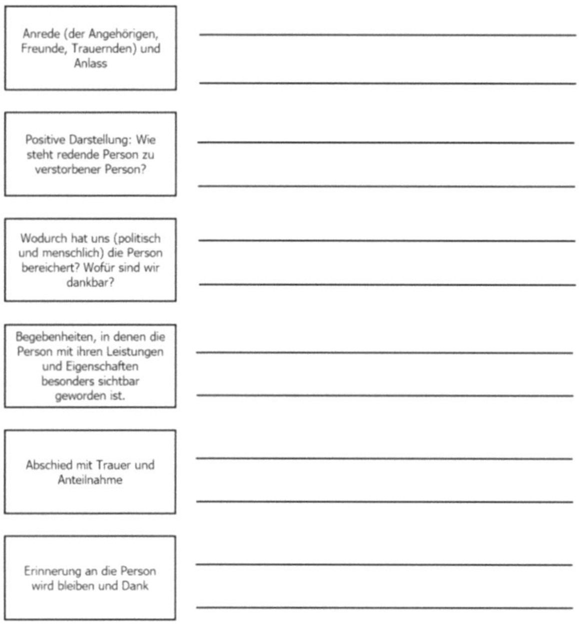

Anrede (der Angehörigen, Freunde, Trauernden) und Anlass	_____ _____
Positive Darstellung: Wie steht redende Person zu verstorbener Person?	_____ _____
Wodurch hat uns (politisch und menschlich) die Person bereichert? Wofür sind wir dankbar?	_____ _____
Begebenheiten, in denen die Person mit ihren Leistungen und Eigenschaften besonders sichtbar geworden ist.	_____ _____
Abschied mit Trauer und Anteilnahme	_____ _____
Erinnerung an die Person wird bleiben und Dank	_____ _____

Abb. 48: Trauerrede

1.18. Antrittsrede

Antrittsreden sind vor allem in herausgehobenen öffentlichen Ämtern[147] üblich. In diesen Reden wird in der Regel eine Einordnung der politischen Ausgangslage sowie Ziel und Politik der Amtsperiode skizziert. Im Bundestag hat sich etabliert, dass zu Beginn einer Amtsperiode und nach erfolgter Wahl des Bundeskanzlers oder der Bundeskanzlerin eine „große Regierungserklärung" als Antrittsrede erfolgt (vgl. dazu Müller/Recknagel 2019, insbesondere S. 441).

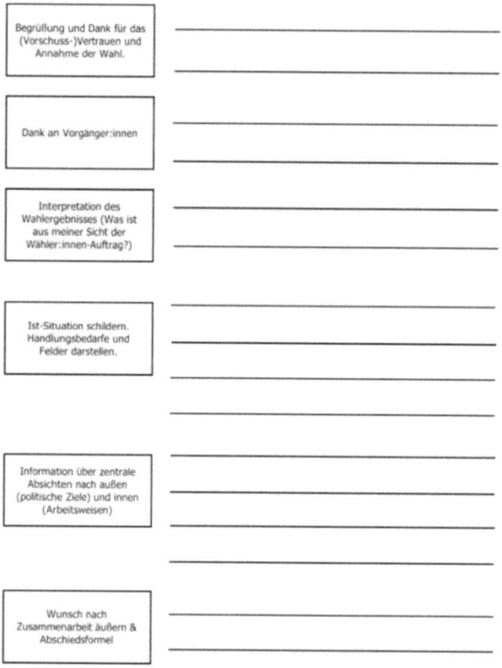

Begrüßung und Dank für das (Vorschuss-)Vertrauen und Annahme der Wahl.

Dank an Vorgänger:innen

Interpretation des Wahlergebnisses (Was ist aus meiner Sicht der Wähler:innen-Auftrag?)

Ist-Situation schildern. Handlungsbedarfe und Felder darstellen.

Information über zentrale Absichten nach außen (politische Ziele) und innen (Arbeitsweisen)

Wunsch nach Zusammenarbeit äußern & Abschiedsformel

Abb. 49: Antrittsrede

---

[147] Bei Wahlämtern von Parteien oder auch in Vereinen werden in der Regel eher Bewerbungsreden vor der Wahl gehalten. Eine thematische Rede nach erfolgter Wahl entfällt dann in diesem Fall in der Regel.

1.19. Rücktritts- bzw. Abschiedsrede

Rücktritts- oder Abschiedsreden sind emotional besonders herausfordernd. Im Fall eines positiven Rücktrittsgrundes überwiegen zwar gegebenenfalls Dankbarkeit und vielleicht sogar Erleichterung. Dennoch wird vielleicht auch ein Quäntchen Wehmut und die Herausforderung mitschwingen, Gestaltungsmacht aufzugeben und sie der nächsten Generation anzuvertrauen. Im Falle eines negativen Rücktrittsgrundes gestaltet sich die Abschiedsrede regelmäßig schwierig, weil man auf dem schmalen Grat zwischen versöhnlichem Abschied und sich ehrlich zu machen wandern muss. Da Abschiedsreden im politischen Leben eine besondere Bedeutung für Redner:innen auch im Nachhinein haben, empfehle ich Ihnen, sie ggf. mit engen Weggefährt:innen vorab durchzugehen.

Begrüßung	_____
Rücktrittserklärung bzw. Abschied; Abschiedsdatum	_____
Begründung des Rücktritts/Abschieds; ggf. Bedauern der Wirkung eigener Handlungen, die zum Rücktritt führen.	_____
Benennen wesentlicher politischer Wegstationen im Amt (ausgewogen und versöhnlich)	_____
Was gebe ich mit für die Zukunft? Was steht in naher Zukunft an?	_____
Dank an Weggefährt:innen. Positive Wünsche für Nachfolger:innen.	_____
Abschiedsformel	_____

Abb. 50: Abschieds- oder Rücktrittsrede (angelehnt an Müller/Recknagel 2019: 450)

2. DER ANFANG KOMMT ZUM SCHLUSS

Inhaltlich gut in seine Rede einzusteigen ist ungemein schwierig. Mit dem Einstieg wird die Tonalität gesetzt. Es entscheidet sich innerhalb weniger Sätze, ob es Ihnen gelingt, Zuhörende für sich und ihr Anliegen zu gewinnen. Daher lautet mein Tipp: Überlegen Sie sich die Einleitung Ihrer Rede zum Schluss – der Anfang kommt zum Schluss.

Für den inhaltlichen Einstieg in Ihre Rede lassen sich Mittel nutzen, wie sie aus dem Journalismus bekannt sind: Einstieg mit

- einem Zitat,
- einer Szene,
- einer Geschichte,
- einem (ggf. symbolhaften) Detail,
- einem Widerspruch,
- einem Bonmot oder einer Sentenz.

Lassen Sie uns die Einstiegsvarianten und einige Beispiele näher ansehen.

2.1. Zitate

Zitate sind ein häufig gewähltes Mittel, um Reden einzuleiten. Es gibt unzählige Bücher, Reden, Hörbelege und journalistische Texte, aus den Zitate entnommen und voran gestellt werden können. Wie wirksam es ist, hängt von folgenden Faktoren ab:

- Zitieren Sie nicht um des Zitierens Willen. Was Sie selbst gut sagen können, sagen Sie selbst.
- Zitate können kaum zu kurz, aber schnell zu lang sein.
- Gute Zitate erweitern den Text um eine Farbe: eine Stimmung, eine Autorität, einen humorvollen oder nachdenklichen Fensterblick.

- Achten Sie darauf, das ein Zitat ihr Publikum und Sie näher zusammenführt.
- Zitate sind vom Text abgesetzt – im Gestus des Vortragens muss sich daher das Zitat von der weiteren Rede deutlich abheben.

Das Zitat ist die vielleicht verbreitetste Art, eine Rede inhaltlich einzuleiten. Gerade deshalb achten Sie darauf, Zitate nicht inflationär, sondern gezielt zu suchen. Seien Sie wählerisch!

2.2. Szene oder Ortsbeschreibung

Alltagssituationen zu erzählen ist ein weiteres beliebtes Mittel in politischen Reden. Wenn Sie mit einer Szene beginnen, versetzen Sie Hörer:innen in eine Stimmung, lassen etwas vor ihrem inneren Auge erstehen. Sie vergemeinschaften damit die Menschen durch eine gemeinsame (vorgestellte) Erfahrung und synchronisieren sie.

Die Szene zu Beginn kann (und sollte) aus dem Alltag gegriffen sein, so dass andere Menschen, sich unmittelbar in die Situation hineinversetzen können. Anders als eine Geschichte braucht die Szene keinen dramaturgischen Bogen und ist damit deutlich einfacher zu finden.

Was ist zu beachten, wenn Sie eine Szene für Ihre politische Rede nutzen wollen:

- Halten Sie sich kurz – je länger Sie die Szene erzählen, desto mehr Inhalt muss sie zur Rede beitragen.
- Achten Sie darauf, dass Sie eine Stimmung erzeugen, die Ihren Redeinhalt stützt.
- Achten Sie auf eine bildreiche und „sinn-"hafte Sprache, um die Wirkung zu erhöhen (vgl. dazu Abschnitt Sprache im Teil **VIII**).

Wenn Sie Szenen erzählen wollen, hilft es, Räume, Bewegungsarten bzw. Sinneseindrücke und Wahrnehmungen zu beschreiben. Neulich habe ich eine Seminargruppe in Arbeitsgruppen gebeten, den Raum in dem wir saßen mit bildreicher und „sinn-"hafter Sprache zu beschreiben. Die Ergebnisse waren erfreulich unterschiedlich. Einige beschrieben den Raum als lichtdurchflutet, hell, warm-holzen, modern. Rote Türen und Stuhlkreis fallen ins Auge. Mit ihrer Darstellung des Raums schlugen sie die Brücke zur vertrauten, „wärmenden" Seminargruppe. Andere beschrieben den Seminarraum in dem Moment als sie ihn erstmalig betreten haben: Grell, geschäftsmäßig, steril. Sie bildeten dann einen Kontrast zum Seminargeschehen.

Die dritte Gruppe beschrieb den (ideellen) Raum, den ihnen das Seminar eröffnete und fassten dies in Bilder: „blühende Blume mit dem Duft des Wissens; Kokon zum Schmetterling der Rhetorik" kamen dabei heraus. Tatsächlich war es ein wunderschöner Tag im Mai, die Tür nach draußen stand offen, Summen und Vogelgezwitscher wehten herein – da passten sich die Bilder gut ein. Natürlich war dies eine Seminargruppe, die sehr gern mit Sprache umging und künstlerisch unterwegs war – eine Fähigkeit, die in politischen Reden eher selten genutzt wird.

Wenn Sie als Politiker:in unterwegs sind, Menschen treffen und dies für Reden nutzen wollen, merken oder notieren Sie sich Details des Raumes. Was haben die Menschen getragen und getan, während Sie mit ihnen gesprochen haben. Wie sah der Raum aus? Was geschah (vielleicht auch Nebensächliches) im Hintergrund?

Es braucht keineswegs immer die brillant gefasste Geschichte – nehmen Sie Menschen mit auf die Reise und beschreiben Sie Orte und Begebenheiten genau, so dass sich alle in die Situation hineinversetzen können.

Sehr gelungene Beispiele für den Einsatz kurzer Szenen findet sich in einer Festrede zum Tag der Deutschen Einheit, die der damalige Bundestagspräsident Norbert Lammert am 3. Oktober 2016 in Dresden gehalten hat.[148] Lammert bezieht sich in der Rede auf die Errungenschaften des Grundgesetzes und kommentiert auch die Frage von Menschenrechten und Flucht – zu einer Zeit also, in der der Umgang mit Geflüchteten ein besonders brisantes Thema war. Dazu streut er eine kurze Szene ein, die er mit den Worten einleitet „Aus einem Brief zum scheinbar immer wiederkehrenden Thema Flucht und Vertreibung":

„Unser Boot ist hoffnungslos überladen. Der Korb schwebt schon über dem Meer, als ich den Arm des Mannes zurückreiße. Ich hebe meine Tochter heraus und wickele sie mir vor die Brust. Sie ist erst zwei Tage alt. Ich habe sie noch in der Hafenstadt geboren, am nächsten Tag ging es auf diesen Kahn. Sie schreit kaum. (…) Ich selbst spüre nichts. Die Erleichterung kommt erst später, als wir in den Baracken der Notunterkunft sitzen. Wir sind davongekommen, mit unserem Leben. Angekommen sind wir noch lange nicht."

Erst im Nachhinein löst Lammert auf, dass es sich nicht etwa um einen aktuellen Brief, sondern um einen Brief von einer Flüchtenden aus Königsberg im Jahr 1945 handelt. Lammert leitet damit bewusst weg von der politischen hin zu einer humanistischen und emotionalen Perspektive auf das Thema „Flucht". Im folgenden Redetext wird ein verwandter Text einer Frau aus Syrien, die kurz vor der Rede nach Deutschland geflüchtet war, zitiert.

---

[148] Vgl. Lammert 2016. Eine gute Interpretation und Narrationsanalyse dieser Rede findet sich bei Girnth/Burggraf 2019: 575-579.

2.3. Geschichten

Geschichten oder Begebenheiten zu schildern vertieft die Wirkung von Szenen noch einmal weiter. Hier tritt neben den Ort und die handelnden Personen eine strukturierte Handlung, deren Quintessenz die Forderungen der politischen Überzeugungsrede stützen. Eine ganze Geschichte oder Begebenheit als inhaltliche Einleitung für einer Rede zu nutzen, bringt aber auch das Risiko mit sich, Menschen zu verlieren, weil sie den Zusammenhang nicht mitbekommen.

Wie Sie Geschichten aufbauen kommen und das Risiko begrenzen, können Sie im Teil „Geschichten erzählen" (vgl. **VIII.2.3.**) nachlesen.

2.4. Einstieg mit (symbolhaften) Detail

Wenn Sie mit einem Detail einsteigen wollen, stellen Sie sich bitte vor, dass Sie in einem Kinosessel sitzen. Die Szene beginnt: Mit einem Teleobjektiv wird ein kleines Detail gezeigt. Irritierend, emotionalisierend (schön, beruhigend, aufrüttelnd, ekelig usw.) brennt es sich auf der Netzhaut ein, bevor der Blickwinkel in die Totale des Raums aufgelöst wird. Wenn Ihnen das Detail gut gelingt, versetzt es Zuhörende in die passende Stimmung und lenkt symbolhaft auf ein Thema hin. Lassen Sie uns das an einem Beispiel ansehen:

> „Wenn Freddy sich verändern will, klettert er vom obersten Stamm Richtung Boden. Er geht von Ast zu Ast, bis er in der Nähe der grünen Bergpalme ist. Dann sitzt er da und wartet darauf, dass sie ihn verschluckt. Langsam werden seine braunen Schuppen grün, erst am Bauch, dann an den Seiten, am Rücken und zum Schluss am Schwanz, bis er vor den grünen Blättern leicht zu übersehen ist.
>
> Bei Freddy, dem Chamäleon, wirkt das so einfach, so natürlich im Vergleich dazu, was vor den Glasscheiben seines Terrariums passiert. Hierhin, in die kleine Box im „Tempel" an der Rosenheimer Straße können Menschen, die sich auch verändern wollen und dabei schimpfen, jammern und betteln, je nachdem, wie empfindlich sie sind." (Schäfer 2013: 162)

Der Einstieg ist einem Porträt des Journalisten Marian Schäfer entnommen. Mit dem symbolhaften Detail des Chamäleons beginnt er sein Porträt über ein Tätowier-Studio in München. Es handelt sich um ein symbolhaftes Detail, weil die Metapher „Chamäleon" symbolhaft für den Wunsch nach (äußerlicher) „Veränderung" steht. Menschen wollen sich (äußerlich) ändern, wenn sie sich tätowieren lassen – ähneln sie Chamäleons? Die Metapher muss nicht näher erklärt werden: Chamäleons und ihre Fähigkeit sind hinlänglich bekannt. Zugleich handelt es sich um ein Sprachbild, das nicht zu ausgelutscht ist, also nicht auf den ersten Blick aufgelöst werden kann. Insofern: Klug gewählt. In diesem Fall wird sogar noch mit zwei Brüchen gekonnt gearbeitet: Was für das Chamäleon mühelos ist, ist für den Menschen schmerzhaft – wieso also tun sich Menschen das an? Chamäleons wollen nicht mehr auffallen und sich damit schützen? Wollen sich Menschen schützen, in dem sie auffallen? Ein Pfad führt in den Text hinein. In ihm wird deutlich, dass es sich nicht um übliche Verdächtige handeln wird, sondern sich gerade ein Mathelehrer und Familienvater tätowieren lässt. Was treibt ihn an? Was ändert ein durch Kleidung verdecktes Tatoo? Der Spannungsraum ist eröffnet.

Symbole, Metaphern und Sprachbilder sind verwandte Arbeitsweisen in der politischen Rhetorik. In all diesen Fällen werden unterschiedliche „konzeptionelle Bereiche" miteinander verknüpft und damit neue/zusätzliche Bedeutungen und Wertungen geschaffen (vgl. dazu im Überblick Meyer/Serbina 2019).

Einstiege mit symbolhaften Details sind nicht leicht zu finden, können aber sehr wirksam sein. Am ehesten kommen Sie auf solche Details, wenn Sie sich mit wachem Blick vor Ort umsehen und sich möglichst verschiedene Details notieren bzw. merken. In vielen Fällen stellt sich erst während der Redevorbereitung heraus, das eines der Details ein Potenzial hat. Wenn Sie sich unsicher sind, ob ein Detail funktioniert, beraten Sie sich mit vertrauten Personen darüber. Wenn Sie sich weiterhin unsicher sind, dann erproben Sie lieber einen anderen Einstieg.

3.5. Beginn mit einem Widerspruch

Wenn sich eine Redner:in selbst widerspricht, kann das nicht gut sein, oder? Immerhin die Aufmerksamkeit ist ihnen gewiss. Genau diese Aufmerksamkeit brauchen Sie aber nicht erst am Ende, sondern zu Beginn Ihrer Rede. Widersprüche sind insoweit gut. Noch besser ist es freilich, wenn sie in der Rede aufgelöst werden.

Ein Beispiel:

> „Der Mensch wird frei geboren, aber überall liegt er in Ketten." (Rousseau 1995: 61)

Mit diesem Satz leitet Rousseau das erste Buch seiner berühmt gewordenen Schrift *Vom Gesellschaftsvertrag oder Prinzipien des Staatsrechtes* ein. Der Widerspruch hat es in sich: Natürliche Freiheit stößt auf gesellschaftlich entwickelte Unfreiheit, die über einen (falschen) Gesellschaftsvertrag der bürgerlichen Gesellschaft erreicht und zementiert wird. Rousseau will zu einem neuen Gesellschaftsvertrag der gleichen Freien kommen. Ein neuer (demokratischer) Gesellschaftsvertrag wird gebraucht. Wie dieser aussehen könnte, erforscht Rousseau in seiner Schrift.

In dem Widerspruch und einem Satz steckt also schon fast der komplette Denkansatz.

3.6. Bonmot oder Sentenz

Bonmots oder Sentenzen sind kurze Sinnsätze, die herausgehoben aus dem sonstigen Text gestellt sind. Sie sollen als besondere Marker im Text wirken. Besonders wirksam (aber auch schwer gut zu setzen) sind Bonmots oder Sentenzen, die überraschen oder humorvoll das Thema einleiten und in der späteren Rede neu gerahmt werden. Sie ähneln damit den Einleitungen mit Widersprüchen.

Als ein erstes Beispiel sehen wir uns die Dankesrede der Schriftstellerin Astrid Lindgren an, die sie 1978 in der Paulskirche gehalten hat. Nach einer kurzen Einleitung und einem Dank für den Friedenspreis des deutschen Buchhandels leitete sie den inhaltlichen Teil ihrer Rede mit folgendem Satz ein:

> „Über den Frieden zu sprechen heißt ja über etwas zu sprechen, was es nicht gibt."
> (Lindgren 1978: 6)

Lindgren verwendet hier ein Bonmot, das viele Hörer:innen zunächst irritieren dürfte. Im weiteren Text schildert sie dann die Friedensbemühungen, aber auch die ständigen Bedrohungen und Kämpfe. Dies gipfelt in dem Schluss:

> „Müssen wir uns nach diesen Jahrtausenden ständiger Kriege nicht fragen, ob der Mensch nicht vielleicht schon in seiner Anlage fehlerhaft ist? Und sind wir unserer Aggressionen wegen zum Untergang verurteilt? Wir alle wollen ja den Frieden. Gibt es denn da keine Möglichkeit, uns zu ändern, ehe es zu spät ist? Könnten wir es nicht vielleicht lernen, auf Gewalt zu verzichten? Könnten wir nicht versuchen, eine ganz neue Art Mensch zu werden? Wie aber sollte das geschehen, und wo sollte man anfangen? Ich glaube, wir müssen von Grund auf beginnen. Bei den Kindern."
> (Lindgren 1978: 6)

In der weiteren Rede entwickelt Lindgren dann eine friedenspädagogische Perspektive auf die Erziehung und den Umgang mit Kindern.

Ein zweites Beispiel findet sich in der Rede des Schriftstellers Uwe Güning. Diese Rede hielt er am 27. Oktober 1989 in Burgscheidungen bei einer Kulturtagung der CDU Ost. Das Datum verweist bereits darauf, dass es kurz vor dem Mauerfall, aber bereits während des Aufruhrs und der friedlichen Revolution gehalten wurde.

> „Meine Damen und Herren! Auf die Frage: Was würden Sie tun, wenn Ihnen die Macht übergeben würde? läßt der Schriftsteller Robert Musil seinen Helden antworten: ‚Es bliebe mir nichts anderes übrig, als die Wirklichkeit abzuschaffen.‘ Ich muß gestehen, daß ich diesen Satz lange Jahre für ein Bonmot gehalten und herzlich über ihn gelacht habe. Das Lachen ist mir vergangen. Denn ich mußte sehen, daß hier Kunst, wie so oft, wieder eine Antizipation der Wirklichkeit war." (Grüning 1989; hier zitiert nach Pörksen 2016: 32f.)

Dieses Bonmot bezieht er im Folgenden auf Erich Honecker und die DDR-Führungsriege, die die Realität bis zur Unkennt- und Lächerlichkeit entstellt und in ein ideologisches Korsett zu zwängen versucht hatten. Ein ebenso brillianter Einstieg wie auch treffend für die zeitgenössische Situation (vgl. zur gesamten Rede und ihrer Interpretation Pörksen 2016: 32-37; 208-220).

3.7. Suggestionen[149]

Während Szenen und Geschichten Zuhörende einladen, sich in eine (fremde) Situationen hineinzuversetzen und sie sich auszumalen, können wir mit Suggestionen die eigenen Erfahrungen ansprechen und damit Menschen auf ein Thema einstimmen.

Um zu verdeutlichen, wie das funktioniert, hier ein Beispiel:

> „Wir alle kennen die Schule. Einige von Ihnen werden vielleicht noch den ersten Schultag in Erinnerung haben, die Aufregung, vielleicht aber auch Vorfreude. Sie erinnern sich vielleicht an Erfolge und Niederlagen in ihrer Schulzeit. Oder an Schulfreunde. Jetzt frage ich Sie nach etwas Anderem: Erinnern Sie sich in ihrer Schulzeit daran, etwas mitbestimmen zu können?"

Dieser Einleitung könnte sich ein Austausch und dann eine Rede zum Thema „Demokratie lernen in der Schule" anschließen.

Wenn wir „suggestiv" vorgehen wollen, geben wir nur wenig vor, sondern wir lassen sich die Menschen etwas aus ihrer eigenen Vergangenheit (oder: Phantasie) gestalten und fokussieren damit auf ein Thema. Die Beschreibungen sind dabei vage und so offen, dass sich möglichst alle wiederfinden und einen Link herstellen können. Entscheidend ist also nicht so sehr, dass alle die gleiche Vorstellung haben (was ohnehin nicht funktionieren wird), sondern dass sie fokussiert auf und verbunden mit einem Thema sind.

Wenn wir mit Suggestionen arbeiten, werden wir

---

[149] Roman Braun hat aufbauend auf den hypno-therapeutischen Erkenntnissen Milton H. Ericksons eine Hypnose-Rhetorik entwickelt, die in diesem Zusammenhang spannend und hilfreich zu lesen ist (vgl. Braun 2018: 141-168).

- zunächst an die Erfahrungswelt der Zuhörenden andocken (sei es eine Vergangenheit oder wie es ihnen aktuell geht, wie sie zu der Veranstaltung gekommen sind etc.)
- in die Zukunft wandern (Was werden Sie hier erlebt haben? Wie gehen Sie aus der Situation wieder heraus? Was wird (hoffentlich) passiert sein?)
- in die Gegenwart wandern: Übergang in die Argumentation Ihres Vortrags.

Mit einem guten Einstieg können Sie vieles und viele gewinnen.

V

Körpersprache und Ausstrahlung

1. KÖRPERSPRACHE UND AUSSTRAHLUNG

(Politische) Reden zu halten ist nicht nur eine Frage des Denkens und Sprechens, sondern es ist auch mit unserem Körper verbunden. Körperlichkeit spielt gleich in dreifacher Weise für gelingende Rede eine entscheidende (häufig unterschätzte) Rolle:

Zunächst einmal sind da die biologischen und physischen Fragen: Wie ist ein guter Stand, eine gute Atmung, eine gelingende Stimmführung zu erreichen?

Gelingende Reden sind aber zweitens auch immer eine Frage der „optischen Rhetorik". In welcher Körperhaltung, mit welcher Gestik und Mimik, mit welchem Auftreten und in welcher Kleidung Menschen Reden halten, beeinflusst auch, wie wir die Redeinhalte auf- und ernstnehmen oder noch weitergehend: Für wie kompetent wir Menschen erachten.

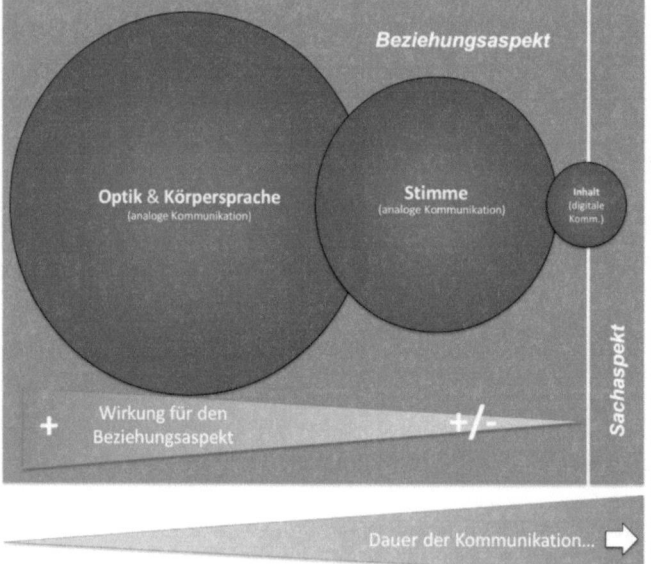

Abb. 51: Wirkungsebenen menschlicher Kommunikation

Nun will ich keinesfalls behaupten, dass wir Menschen nach ihren Äußerlichkeiten beurteilen oder an ihnen orientieren sollten. Fakt ist aber, dass durch die optische Rhetorik ebenso Wirkungen erzielt, wie durch das Gesagte. Nur haben wir es hier – wie Watzlawick es nennt – mit analoger Kommunikation zu tun, die also nicht über digitale sprachliche Zeichen codiert und wieder decodiert wird, sondern es sind Aspekte, die zumeist unbewusst und ungefiltert aufgenommen und unmittelbar wirksam werden.

Die „analoge Kommunikation" ist sowohl in der optischen Rhetorik als auch der Stimme (also wie wir etwas sagen) aufgehoben. Silke Frink weist in ihrem Gastbeitrag (vgl. Teil **VI**.4.) mit Blick auf Merabian zurecht auf die unterschiedlichen Anteile von optischer Rhetorik, Stimme und Inhalt hin. Jenseits dessen, dass konkrete Prozentzahlen kaum sinnvoll sind und auch individuelle Wahrnehmungsheuristiken (vgl. Teil **I**.3.2.) sich unterscheiden, zeigt es doch die Dringlichkeit auch mit der analogen Kommunikation auseinander zu setzen.

Der dritte große Aspekt ist die Frage der Selbstwirksamkeit. Wenn ich mich in meiner Haut wohlfühle, selbstbewusst und zupackend bin, so überträgt sich das auf mich, aber – in zweiter Linie – auch auf mein Publikum. Der spannende Punkt: Das Gefühl regiert nicht einseitig die Körperhaltung. Körperhaltung kann umgekehrt auch autosuggestiv wirken, so dass ich mich zuversichtlicher, zupackender und selbstbewusster fühle.

In diesem Teil möchte ich daher alle drei Aspekte mit Ihnen näher ansehen (mit Ausnahme der Kleidung, deren Wirkweisen im Teil **VI** von Silke Frink bearbeitet werden):

Im **zweiten Abschnitt** geht es um die positive Rückkoppelung von Körperhaltung, Gefühl und Auftritt. Dazu werden zwei sich nicht ausschließende Wege vorgestellt: Die Arbeit über die Körperhaltung einerseits und die

Autosuggestion andererseits. In den letzten Jahren hat dabei Amy Cuddy, eine Professorin an der Harvard Business School, mit ihrer Forschung für Aufsehen gesorgt. Sie setzt dabei an einem sehr wesentlichen Punkt mit ihren Überlegungen an: Wie kommt es dazu, dass manche Menschen große Präsenz und Authentizität ausstrahlen? Diese Frage markiert eine wesentliche Sichtweise: Es geht eben nicht so sehr darum, eine bestimmte Körpersprache zu erlernen, sondern um die Frage, wie wir unsere Stärke präsent machen. Zudem sehen wir uns in einem Exkurs die grundlegendere Frage an: Wie entsteht eigentlich Resilienz, die wir brauchen, um die Redesituationen als Stresstests auch bestehen zu können.

Im **dritten Abschnitt** geht es mir um die physischen Voraussetzungen guten Redens. In diesem Abschnitt sehen wir uns die Körpersprache, Gestik, Mimik und die Atmung, den guten Stand und gute Körperhaltung für das Reden und die Stimmführung an.

2. Empowerment für das Reden – Präsenz und Authentizität

Es gibt Menschen, die einen Raum betreten können und direkt präsent sind. Sie müssen dafür nichts Großartiges tun, sondern sind einfach da und eben präsent. Was macht sie präsent? Ist es ihre Bekanntheit oder die Selbstverständlichkeit, mit der sie auftreten? Ist es Körperhaltung oder Selbstbewusstein?

Die Fragen sind zumeist mit Ursache-Wirkung-Erklärungen verknüpft. Die einen wollen das Selbstbewusstsein autosuggestiv steigern und gehen von einer Übertragung auf Körperhaltung und Verhalten aus. Neuere Forschungen – wie eben jene von Amy Cuddy – beschreiben aber auch den umgekehrten Weg: Eine expansive Körperhaltung stützt das Selbstgefühl und mit ihm das Selbstbewusstsein. Dies wirke sowohl auf die eigene, aber eben auch auf andere Personen.

Diese Perspektive, nämlich dass Körpersprache das Selbstbewusstsein positiv beeinflussen kann, ist inzwischen über Forschung gut gesichert. Sie lässt sich bei Cuddy überzeugend nachlesen. Der Schluss, dass es nur diesen Weg gäbe (von Körpersprache zum Selbstbewusstsein), ist daraus aber keineswegs zu ziehen.

Wir werden uns also beide Wege ansehen: Wie wir uns über Körpersprache und über Autosuggestion empowern können.

Vorab möchte ich aber noch den Hintergrund ausleuchten. Die viel basalere Frage ist nämlich, wie resilient wir mit stressigen Situationen umzugehen vermögen. Das ist eine Frage des Lebens und Wohlfühlens, die stark beeinflusst, ob wir mit Redesituationen zurecht kommen.

2.1. Exkurs: Psychische Resilienz, Stresskreislauf und Körper(sprache)

Zunächst einmal gibt es – soweit scheint mir die Forschung gesichert zu sein – drei unterschiedliche, zusammenspielende Faktoren bei der Frage von Selbstwirksamkeit und Selbstbewusstsein:

- Es gibt zweifelsohne die Ebene des **Empfindens** und der **Selbstwahrnehmung**. Fühlen wir uns sicher, kraftvoll und wirksam? Freuen wir uns, haben wir Angst, sind wir ruhig oder müde? Sind wir psychisch in der Lage, stressige Situationen zu bearbeiten? Haben wir damit positive Erfahrung gemacht, Probleme zu lösen? Können wir auf langsames und schnelles Denken zugreifen?
- Es gibt zudem den Faktor unseres **Körpers** und Körperempfindens. Sind wir gesund oder krank, haben wir Schmerzen, ist unser Körper müde oder ausgeruht? Haben wir eine offene, expansive oder geschlossene, demütige Körperhaltung?
- Es gibt letztens den Faktor des **Hormonhaushalts**. Für die Frage von Stress-Zustand oder kraftvollem, selbstsicheren Zustand sind verschiedene Hormone und ihr Zusammenspiel relevant.

Alle drei Ebenen spielen im besten Fall zusammen: Wenn wir uns wohl und gesund in unserem Körper fühlen und in und mit ihm leben können, wir psychisch stabil sind und unserer hormoneller Stresskreislauf intakt ist, sind wir leistungsfähig und resilient. Wir können also mit Stress, der auch durch Redesituationen entsteht, zurecht kommen. Fehlt ein Faktor werden auch die anderen Bestandteile geschwächt und das systemische Zusammenspiel fällt in sich zusammen oder „läuft nicht rund".

Das Wichtigste zuerst: Stress ist an für sich nichts Negatives, sondern beschreibt die Fähigkeit des Körpers, sich kompetent und verlässlich auf neue Situationen einzustellen und Leistung abzurufen, aber danach auch wieder in Ruhephasen zu kommen.

Wir dürfen uns dabei – soweit wir gesund sind – also darauf verlassen, dass unser Körper uns nicht im Stich lässt. Ich persönlich spreche im Übrigen auch lieber von „Aktivierung", denn von Stress. Denn uns in herausfordernden Situationen selbst zu aktivieren und besondere Leistungen zu erbringen, gehört einfach dazu. Etwas pointiert: Freuen Sie sich, dass sie aufgeregt sind – das macht Sie leistungsfähig, erhöht die Aufmerksamkeit und Fokussierung.

Eine regelmäßige Erfahrung in Rhetorikseminaren aber ist: Das fühlt sich für viele Menschen so nicht an – dann gehen nicht selten Selbst- und Fremdwahrnehmung weit auseinander.

Die Redenden selbst fühlen sich grauenhaft aufgeregt, haben den Eindruck, sich zu verhaspeln, zu schnell zu reden, zu zittern und vieles mehr.

Zuhörende beschreiben häufig die Leistung, Ruhe oder Lebendigkeit, die Fokussierung auf das Thema in den gehaltenen Reden, nehmen die Person in ihrer Präsenz wahr.

Viel hängt also davon ab, ob wir Aufregung negativ mit Stress oder positiv mit Vorfreude assoziieren. Je mehr (positive) Redeerfahrungen wir machen, desto eher werden wir Vorfreude empfinden.

Mir ist bewusst, dass dies in einem Buch geschrieben genauso hilfreich ist, wie von einem leckeren Menü zu erzählen, wenn man hungrig ist. Erfahrungen können wir nicht erlesen, sondern nur machen.

Dennoch haben wir einige Möglichkeiten, unsere Aufregung positiv zu beeinflussen – dazu später mehr. Zunächst ist entscheidend sich das Phänomen „Stress" näher anzusehen.

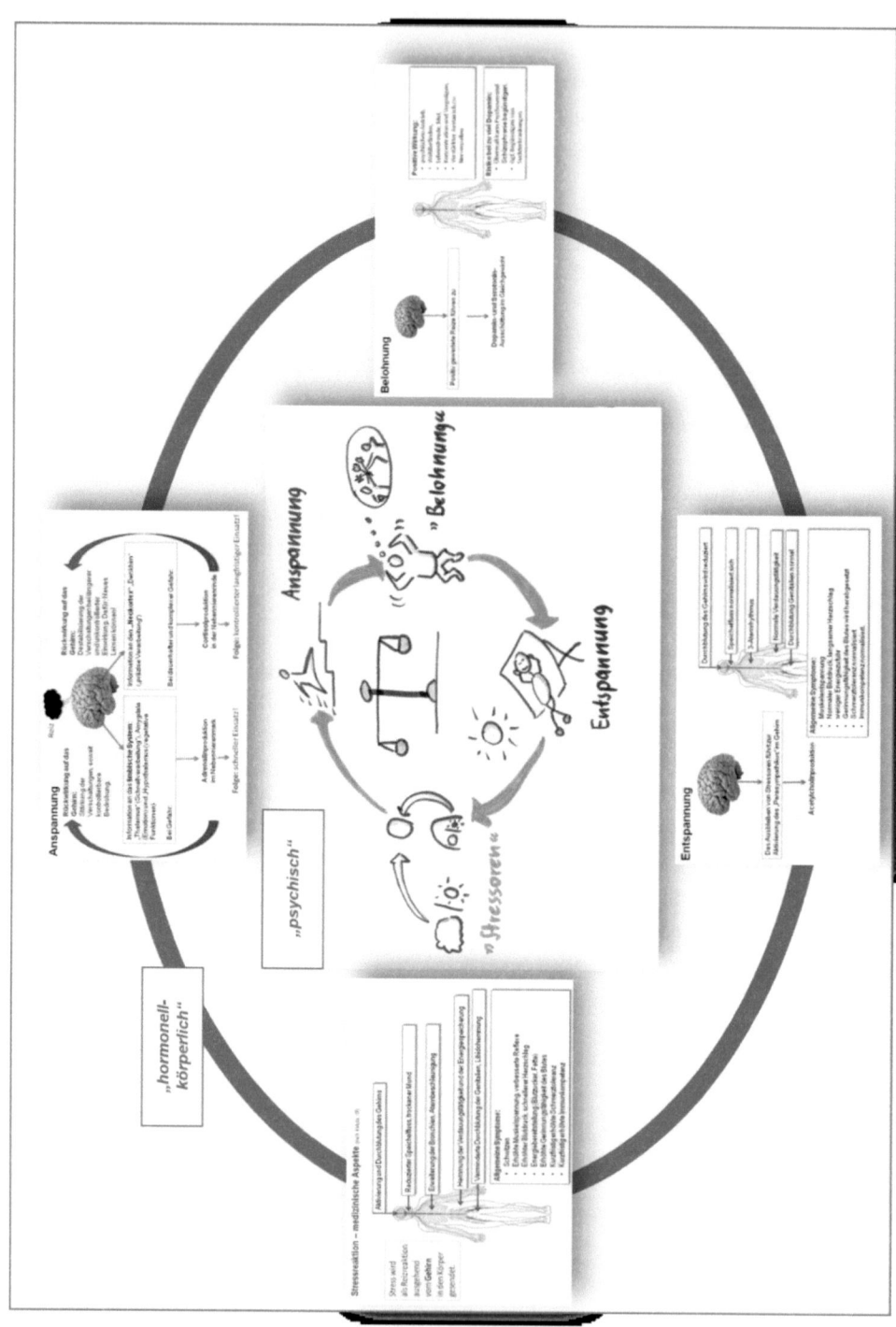

Abb. 52: Stresskreislauf – psychisch & hormonell-körperliche (angel. an Kaluza 2018)

Die Burnout- und Stressprophylaxe-Forschung verknüpft hormonell-körperlichen und psychischen Kreislauf miteinander.

Die Abbildung 50 fasst die beiden Perspektiven zusammen: Der Stresskreislauf, den wir psychisch und den wir hormonell-körperlich durchlaufen. Ich berufe mich dabei auf die Burnout- und Stressforschung (besonders fundiert nachzulesen in Kaluza 2018: 18-34 sowie Linneweh/Heufelder/Flasnoecker 2013: 223f.). Eine entscheidende Erkenntnis ist dabei: Beide Kreisläufe ergänzen sich. Im Falle des Burn-outs sind daher auch beide Faktoren relevant: Ein durcheinander geratener Hormonhaushalt und die psychische Krise (ebd.).

Sehen wir uns einmal an, wie der Stresskreislauf funktioniert:

Stress- oder Aktivierungsphase: Wenn wir in Stress geraten, gibt es zwei Hormone bzw. Botenstoffe, die ausgeschüttet werden: Adrenalin/Noradrenalin und Cortisol. Beide werden von der Amygdala im Gehirn gesteuert.

Das Adrenalin kurbelt – salopp gesprochen – die Lebenserhaltung an und wirkt im sympatho-adrenomedullären System. Es ist innerhalb von Bruchteilen von Sekunden aktiviert. Es erhöht den Blutdruck, stellt (wie das Cortisol) dem Körper weitere Energiereserven zur Verfügung. Das Adrenalin wirkt unmittelbar. Das Adrenalin aktiviert die Möglichkeit von „Flucht" oder „Kampf". Daneben sorgt Adrenalin für körperliche Reaktionen, die Menschen beschreiben, wenn sie vor Reden aufgeregt sind: Trockener Mund, Schwitzen etc.

Etwas weniger schnell wird das zweite Stresshormon aktiviert: das Cortisol. Es wirkt dabei vielschichtig. Es reduziert zugleich den Energieverbrauch und stellt neue Energiereserven zur Verfügung. Es reduziert die Wirkung des körpereigenen Insulins und unterstützt das Adrenalin, es stützt die Schlagkraft des Herzmuskels und es erhöht die Atemfrequenz. Der Körper ist also durch Cortisol und das Zusammenspiel mit anderen Botenstoffen in der Lage, den Körper „einsatzbereit" zu machen. Es erhöht die Aufmerksamkeit und aktiviert die Gehirnverschaltungen.

Zudem wird Cortisol nicht nur anlassbezogen, sondern in rhythmischen Schüben je nach Tagesform abgegeben. Dadurch wird der Körper in Fahrt gebracht oder abgebremst – es stützt damit den Biorhythmus.

Ein „Zuviel" an Cortisol ist im Körper eher selten, weil das Cortisol durch CRH und ACTH angeregt wird. Das Cortisol drosselt die weitere Ausschüttung von CRH und ACTH. Dadurch ist in einem gesunden Körper ein Übermaß an Cortisol unwahrscheinlich.

Bei Menschen, die an Burnout bzw. Stresserkrankungen leiden, entgleist allerdings der Cortisol-Spiegel im Tag- und Nachtmodus – der Stresskreislauf und die betroffenen Menschen geraten aus dem Rhythmus.

Belohnungsphase: Wenn die anspannende Situation beendet wird, setzt – im funktionierenden Stresskreislauf – eine Belohnungsphase ein (Dopamin- und Serotonin-Ausschüttung). Es beflügelt das gute Gefühl, es geschafft zu haben. Natürlich können wir aushalten, wenn die Belohnung ausbleibt. Dennoch kann auch dies für den Stresskreislauf gefährlich werden. Ersatzbelohnungen (Genussmittel) können dann leicht ins Spiel kommen. Hier ist auch häufig ein Einstiegspunkt für Drogenmissbrauch zu suchen.

Ruhephase: In der letzten Phase beginnt (hoffentlich) eine Ruhephase, die mit der Ausschüttung von Melatonin verbunden ist. Die Melatonin-Produktion wird dabei durch Licht gehemmt. In der Nacht bzw. im Dunkeln erhöht sich daher die Melatonin-Produktion. Körper, Geist und Seele können sich erholen und die Pause zum Abspeichern und Aufräumen von Informationen nutzen.

Wir sehen dem Stresskreislauf an: Er ist der Kreislauf des Lebens und wir sind für gewöhnlich mühelos in der Lage, Stress- bzw. besser: Aktivitätsphasen zu durchlaufen. Unser psychisches, hormonelles und körperliches System geht mit stressigen Situation routiniert und gekonnt um.

Probleme können erst entstehen, wenn der Stress zu massiv oder der Stress-Kreislauf dauerhaft gestört wird. Wenn der Stress zu massiv wird, verstärkt sich die Cortisol- und Adrenalin-Produktion soweit, dass das Gehirn auf primäre Lebenserhaltung (das „schnelle Denken") umschaltet.

Wenn der Stress-Kreislauf nachhaltig bzw. dauerhaft gestört wird, liegt eine medizinische und/oder psychische Indikation vor, die wir gemeinhin mit dem „Burnout-Syndrom" beschreiben. Hier ist es so, dass der Kreislauf an einer Stelle durchbrochen wird und damit sowohl die psychische als auch hormonelle, aber auch die körperliche Gesundheit aus dem Tritt gerät. Durchbrochen werden kann zum Beispiel dann, wenn

- nicht mehr belohnt wird. Hier können zum Beispiel ein schlechtes Betriebsklima und schlechte Feedbacksysteme ein Grund sein. Manche Menschen neigen dann zu „Ersatzbelohnungen" (z. B. Alkohol, Süßigkeiten, aber auch übermäßigen Sport, der den Stress noch erhöht, um dann Glücksbotenstoffe doch noch zu erhalten). Das funktioniert zeitweise, führt aber dauerhaft zur Erschöpfung.
- keine Ruhepausen mehr eingehalten werden. Auch das kann unterschiedliche Ursachen haben. Es kann schlichtweg zu viel Arbeit sein, dann dreht sich das Hamsterrad immer schneller. Genauso gut kann sein, dass übersehen wird, dass auch positiver Stress Stress ist.
- Traumatisierungen dazu führen, dass die Stresssituationen eskalieren. Dann wird das psychische System richtigerweise Vermeidungsstrategien wählen.

Wieso schreibe ich dies in einem Buch zur Rhetorik? Das hat zwei Gründe: Zunächst einmal finde ich wichtig zu wissen, dass unser System aus Psyche, Körper und Hormonhaushalt kompetent mit Stress umzugehen vermag.

Dass Sie Stress empfinden zeigt also, dass Sie leben. Das ist eine ungemein gute Nachricht. Versuchen Sie also nicht, Stress zu vermeiden, sondern sehen Sie die positiven Seiten: Das menschliche System reagiert auf Stresssignale so, dass erhöhte Aufmerksamkeit und Denkfähigkeit angeregt werden. Wir dürfen also in aller Regel (Selbst-)Vertrauen haben, dass wir aufmerksam und denkfähig werden und dürfen Aufregung als Vorfreude und Fokussierung interpretieren. Trauen Sie sich und ihrem Körper etwas zu, achten Sie aber auch darauf, dass der Stresskreislauf (mit Belohnung, Ruhephasen) intakt bleibt.

Der zweite Grund ist ein anderer: Burnout-Erkrankungen kommen vermehrt bei Menschen vor, die sehr engagiert für die Gemeinschaft sind und sich politisch für Andere einsetzen. Häufig sind es Menschen, die sich selbst ihren Wert für die Gemeinschaft immer wieder beweisen müssen und einen ungemein hohen Anspruch an sich selbst haben. Darüber können wir gar nicht häufig genug sprechen.

Wenn Sie dieses Buch in die Hand genommen haben, spricht viel dafür, dass Sie eben zu jenen Engagierten gehören. Das ist großartig und zugleich hoffe ich, dass Sie im Sinne des Stresskreislaufs auf sich achten.

Wenn also Menschen erhebliche Probleme mit Redesituationen haben, so hilft weder zu bagatellisieren noch zu dramatisieren wirklich weiter. In diesen Fällen wird genaues Hinsehen und Beratung gebraucht.

Erst dann und damit können wir ansetzen, wo der Schuh tatsächlich drückt. Ob es einfach eine Aufregung ist, die über einen der unten aufgeführten Wege in Schach gehalten werden kann, oder ob es doch andere Hürden aus dem Weg zu räumen gilt, kann immer nur sehr spezifisch für jede Person geklärt werden. Genau dafür gibt es aus meiner Sicht Seminare und Coachings.

Ich will Ihnen dazu ein Beispiel geben, das mir in einem der vielen Rhetorik-Seminare begegnet ist, die ich begleiten durfte.

In diesem Seminar war eine Person dabei, die durch die Schule und Referate stark traumatisiert worden war. Die Person war in einen Rat gewählt worden, war sehr engagiert und anerkannt. Sie überzeugte in Gesprächssituationen und wusste viel über ihre Fachthemen. Sie konnte also überzeugen. Im Rat angekommen stand nun eigentlich an, dass die Person fachpolitische Reden halten sollte. Sie drückte sich aber immer wieder davor und beschloss dann mutig, sich der Rede-Angst zu stellen und unser Rhetorik-Seminar zu besuchen.

Es kam, wie es kommen musste: In der Rede-Situation vor der Gruppe brach die Person fast in Tränen aus, stammelte und war völlig von der Rolle. Die Rede-Situation hatte die Person mit einem Déjà-vu in ein Schulreferat zurückkatapultiert und die seelische Misshandlung wieder aufbrechen lassen, die ein Lehrer der Person zugefügt hatte.

In dieser Situation konnten wir nur zwei Dinge erreichen: Wir konnten ein erstes Erfolgserlebnis dagegensetzen und die Person darin unterstützen, sich psychologische Hilfe zu suchen.

Wie sind wir vorgegangen? In unseren Rhetorikseminaren arbeiten wir immer in einem Trainer:innen-Tandem. In der Situation haben wir mit der Person daher individuell beraten können. Sie war sich bislang der Traumatisierung nicht bewusst gewesen – bislang hatte sie erfolgreich allen „Referatssituationen" ausweichen können. Wir haben dann gemeinsam beraten, ob und wie wir das Seminar als geschützten Raum für sie nutzen können. Die Person sehnte sich natürlich danach, ein produktives Teil der Seminargruppe zu sein, aber auch vor Gruppen Reden halten zu können.

Das erste Erfolgserlebnis haben wir dann so organisiert, dass die Person in einer Gesprächssituation (die kein Problem darstellte) mit Video aufgezeichnet wurde. Dabei waren nur die betreffende und die interviewende Person im Raum und im Video als Bildausschnitt nur die Person (wie in einer Rede) zu sehen. Die Fragen des Interviews haben sich an einem der Redemodelle orientiert, die die Person wie alle anderen vorbereitet hatte. Im Video sah es also nach einer Rede-Situation aus.

Die Person hat sich die Aufnahme dann angesehen und entschieden, dass wir sie dem Plenum zeigen können. Die Gruppe hat dann ebenso ernsthaft wie wertschätzend zu dem gezeigten Video ein Feedback gegeben und die positive Wirkung auf sich geschildert. Im Übrigen: Das Statement der Person war sehr eindrücklich und großartig formuliert. Die Person konnte so für die Zukunft sehen, dass sie sehr kompetent und mitreißend wirkt und wirken können wird. Quasi eine Flaschenpost in die Zukunft, die sie zu einem späteren Zeitpunkt entkorken können wird.

Noch heute empfinde ich große Dankbarkeit und Respekt für die Person, die bereit war, sich ihren Ängsten zu stellen und für die Seminargruppe, die bereit war, wirklich hilfreich für die Person zu sein.

Ja, Traumatisierungen sind Gott sei Dank nicht die Regel, aber sie kommen vor. Und auch hier gilt die Grundregel: Jede Person kann reden. In manchen Fällen müssen allerdings zuvor Barrieren aus dem Weg geräumt werden oder

Redesituationen erprobt werden, die eine Flaschenpost in die Zukunft sein können. Aber: Ein Großteil der Menschen hat – wie gesagt – einen intakten Stress- oder Aktivitätskreislauf, der ihnen auch in Redesituationen verlässlich weiterhilft. Dann geht es darum, für die (neue) Stresssituation des Redens den funktionierenden Stresskreislauf zu bestätigen.

☞ Trauen Sie sich und Ihrem Körper zu, mit Stress kompetent umzugehen. Stress aktiviert und fokussiert Sie. Stress (oder besser: Aufregung) kann hilfreich sein und aktiviert.

☞ Achten Sie darauf, Stress-, Belohnungs- und Erholungsphasen einzubauen. Das gilt auch für Rede-Situationen: Wenn Sie eine Rede gehalten haben, belohnen Sie sich mit einem wertschätzenden Blick auf das von Ihnen Geleistete: Was hat Ihnen gefallen? Worauf sind Sie stolz? Gönnen Sie sich danach Ruhe.

Doch natürlich gibt es auch Menschen, die schlichtweg aufgeregt sind. Und auch dort gibt es gute und erprobte Hilfsmittel. Wenn Sie ihre Leistungsfähigkeit aktivieren und sich fokussieren wollen (oder anders: gekonnt mit der stressenden Situation umgehen wollen), hilft es, sich die Abläufe anzusehen und zu prüfen, an welchen Stellen, wir eine positive Wirkung verstärken können.

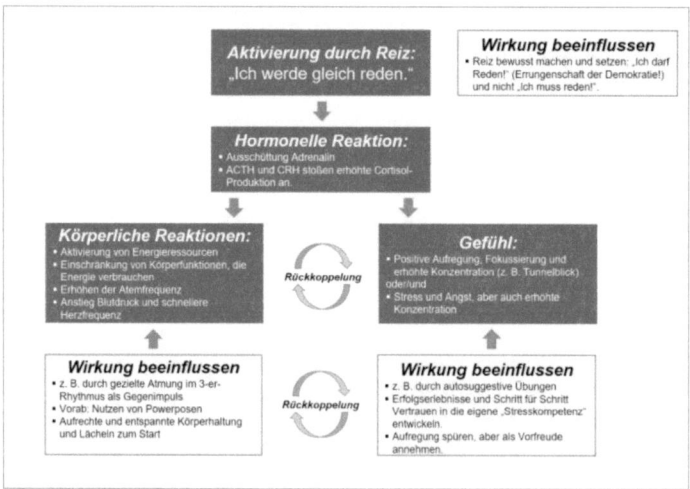

Abb. 53: Aktivierung und Wirkung positiv beeinflussen

In der Abbildung 53 können Sie sehen, dass wir insgesamt drei Ansatzpunkte haben, positiv auf unsere Aufregung einzuwirken: Wir können die Reizwahrnehmung bewusst setzen, wir können körperliche Impulse setzen und wir können über unsere Vorstellungskraft arbeiten. Die körperlichen und psychischen Aspekte und Einwirkungen auf Aufregung bilden dabei eine Rückkopplung, die sowohl die positive Wirkung (Vorfreude, Fokussierung, Kraft), aber auch die negative (Stressempfinden, Angst etc.) verstärken können.

Aus diesen Überlegungen lassen sich einige Tipps für den Umgang mit Lampenfieber ableiten. Erproben Sie am besten selbst, was Ihnen persönlich am besten hilft:

- ☞ Nehmen Sie Lampenfieber als hilfreich an: Es sorgt körperlich dafür, dass Sie einsatzbereit und erhöhte Aufmerksamkeit haben.
- ☞ Machen Sie sich bewusst, dass Sie nicht reden müssen, sondern reden dürfen und können – das ist eine Errungenschaft unserer Demokratie.
- ☞ Achten Sie auf eine gute Atmung und machen Atemübungen, die Sie in einen ruhigen 3-er-Rhythmus atmen lassen (vgl. den Übungsteil).
- ☞ Fokussieren Sie sich auf Ihnen freundlich gesinnte Menschen im Publikum, die Ihnen das Gefühl geben, in einem freundlich-interessierten Gespräch zu sein, ggf. haben Sie vorher mit Ihnen gesprochen, dass Sie sie als positiven Ankerpunkt verwenden. Im Übrigen machen Sie sich klar, dass die meisten Menschen mitfühlend sind und ein Scheitern von Redner:innen nicht wollen.
- ☞ Wenn Sie einen trockenen Mund wegen der Aufregung haben, sorgen Sie dafür, dass etwas zu trinken (am besten Wasser) bereitsteht.
- ☞ Machen Sie im Vorfeld eine Powerpose (vgl. Übung **X.3.24.**).
- ☞ Reisen Sie im Vorfeld an einen sicheren inneren Ort (vgl. Übung **X.3.23.**)

In den weiteren Abschnitten gibt es noch konkrete Tipps, wie wir positiv Einfluss nehmen können.

⚒ **Übung 2**: Der sichere Ort (Autosuggestionsübung) (**X.3.23.**)

2.2. Präsenz entfalten – Körperliche Aspekte

Nun ist die Frage, wie wir uns für Redesituationen empowern können. Ich persönlich gehe auch hier von der Wirkung aus: Erproben Sie für Stresssituationen, was Ihnen weiterhilft. Ob Sie dabei mit autosuggestiven oder körpersprachlichen Mitteln oder einer Kombination arbeiten, ist für mich weniger eine akademische, denn eine sehr praktische Frage: Was wirkt für Sie?

Auf die drei Faktoren Empfinden, Körperlichkeit und Körpersprache und Hormonhaushalt haben Sie dazu unterschiedlich Zugriff: Das Empfinden können Sie mittelbar über Autosuggestion und positive Assoziationen beeinflussen. Mit der Körperlichkeit und Körpersprache können Sie unmittelbar arbeiten.

Körperlichkeit und Körpersprache einerseits und Empfinden andererseits verstärken sich gegenseitig: Wenn ich mich gut fühle, spiegelt sich das in expansiver und entspannter Körperhaltung, aber auch umgekehrt: Wenn ich mich in eine entspannte und expansive Körperhaltung begebe, begünstigt dies Wohlbefinden und das Gefühl persönlicher Stärke und Selbstwirksamkeit.

Eine direkte Beeinflussung des Hormonhaushalts ist nur begrenzt möglich. Dazu später mehr.

Lassen Sie uns dazu zunächst ansehen, wie Sie die Körpersprache positiv nutzen können. Die entsprechenden Erkenntnisse gehen dabei auf Dr. Amy Cuddy zurück, die an der Harvard Business School forscht und lehrt.

Cuddy geht in ihrem Konzept von einem Grundgedanken aus, den sie von dem Psychologen William James übernimmt: „Ich singe nicht, weil ich glücklich bin; ich bin glücklich, weil ich singe." Die Begründung liefert eine Überlegung, die Cuddy zitiert: Es sei „die rationalere Feststellung (...), dass wir traurig sind, weil wir heulen, verärgert, weil wir zuschlagen, und furchtsam, weil wir zittern." (zit. nach Cuddy 2020: 230)

Die These mag überspitzt sein; sie hat aber doch einen Kern: Körper und Handlungen beeinflussen das Empfinden. Aus dieser einfachen, basalen, aber nicht banalen Erkenntnis lässt sich ableiten, dass wir Körpersprache produktiv nutzen können, um unser Wohlbefinden zu steigern.

Cuddy und ihr Team arbeiten mit so genannten „Powerposen", die vor herausfordernden Situationen vorab von den betreffenden Personen eingenommen werden. „Powerposen" sind expansive Körperhaltungen (z. B. Stehen wie Wonderwoman mit schulterbreiten Beinen, aufrechtem Stand, gradem Rücken, in die Seiten gestemmten Armen). Werden sie kurze Zeit vor einer herausfordernden Situation eingenommen, so hat dies positive Wirkung auf die Präsenz und das Selbstbewusstsein der Person. Diese These konnte inzwischen wissenschaftlich gut belegt werden (vgl. Cuddy 2020: 292f.). Selbst sich eine Powerpose nur vorzustellen, erzielt bereits eine positive Wirkung (Cuddy 2020: 300f.)

Cuddy warnt aber zugleich davor, Powerposen in den herausfordernden Situationen selbst anzuwenden, da sie von anderen als Imponiergehabe interpretiert werden können (ebd.).

Neben den überzeugenden wissenschaftlichen Belegen mache ich auch in Rhetorik-Trainings positive Erfahrungen mit der Verwendung von Powerposen. Zudem sind sie eine gute Ausgleichsbewegung für die einseitigen körperlichen Belastungen, die durch Smartphone-Nutzung entstehen (vgl. Cuddy 2020: 295f.)

☞ Nehmen Sie vor Rede-Situationen (am besten in einem geschützten Raum) für einige Minuten eine Powerpose ein. Stellen Sie sich gern eine Situation dabei vor, in der sie besonders erfolgreich bzw. wirksam waren.

☞ Achten Sie während der Rede-Situation auf einen guten Stand bzw. im Stehen und Sitzen auf eine aufrechte Körperhaltung.

✗ **Übung 3**: Powerpose nach Cuddy (**X.3.24.**)

3. KÖRPER, ATMUNG, STIMME – PHYSISCHE ASPEKTE DES REDENS

3.1. Körper(sprache)

Unser Körper spricht beständig – und er wird dabei immer und unmittelbar verstanden. Unsere Körper-Kommunikation läuft dabei völlig automatisch und intuitiv ab. Wie in einem Tanz nehmen wir Bewegungen anderer auf, spiegeln sie oder erwehren uns ihrer, schaffen uns Raum oder ziehen uns zusammen. Diesen unbewussten Tanz üben wir seit unseren ersten Atemzügen und beherrschen ihn – in der Regel. Da es sich um eine so lang eingeübte Kommunikation handelt, ist sie vorgängig: Wir trauen eher der Körpersprache, denn dem Gesagten. Stimmen Körpersprache, Mimik und Gestik nicht mit dem Inhalt der Rede überein, „gewinnt" die Körpersprache (vgl. dazu Detjen 2014: 55).[150]

Was aber geschieht, wenn wir in neue oder ungewohnte Situationen kommen? Dann werden wir unsicher. Das merken wir auch körperlich. Erinnern Sie sich noch an das erste Zusammensein mit Ihrer ersten Liebe? So schön es auch war, war es doch ungewohnt oder auch mit Ängsten verbunden. Halten wir Händchen? Was an körperlicher Nähe ist in Ordnung? Wie kann ich die körperlichen Signale der/des Anderen verstehen?

Jede neue Herausforderung bedarf auch einer Versicherung, wie wir sie körpersprachlich meistern. Das gilt für die erste große Liebe. Das gilt aber auch für Redesituationen.

---

[150] Eine genaue Zahl wie stark die Wirkungsanteile von Körpersprache (und Mimik, Gestik), Sprechtechnik und Inhalt bei Reden wirken, leiten manche Autor:innen (vgl. z. B. Detjen 2014: 56) aus einer Studie des amerikanischen Psychologen Albert Mehrabian ab („55-38-7-Regel"). Ich halte diese präzise Bezifferung für übertrieben und schließe mich da der Kritik Mukerijs an (Mukerij 2017: 87). Klar ist aber auch, dass die Körpersprache einen großen Anteil an einer stützenden oder eben auch schwächenden Kommunikation hat.

Auch in Redesituationen werden wir zunächst neu lernen müssen: Wir fühlen uns nicht mehr wohl in der Haut. Wozu haben wir diese Anhängsel (Hände) und wo lassen wir sie? Wie stehe ich eigentlich da?

Lassen Sie sich bitte davon nicht entmutigen: Das ist eine ganz übliche Reaktion und geht vermutlich den allermeisten Menschen so. Die gute Nachricht ist, dass Sie mit jeder neuen Redesituation schnell sicherer werden werden. Sie müssen nur neue Routinen ergänzen.

Körpersprachlich unterscheiden wir zwischen expansiven und kontraktiven Körperhaltungen.

	Expansive, sendende Körperhaltung...	**Kontraktive Körperhaltung...**
im Stehen	liegt vor, ▪ wenn wir aufrecht stehen, ▪ wenn die Füße schulterbreit stehen und wir unser Gewicht gleichmäßig auf die Beine verteilen. ▪ wenn die Schultern nach hinten fallen, sodass die Brust klar zu sehen ist. ▪ wenn die Knie nicht durchgedrückt, sondern locker sind. ▪ wenn der Kopf aufrecht zwischen den Schultern gehalten wird, als zöge einen ein Faden am höchsten Punkt des Kopfes wie eine Marionette nach oben. ▪ wenn das „Powerhouse" nicht schlaff, sondern federnd gespannt ist.	liegt vor, • wenn wir zusammengesunken stehen. • Wenn die Schultern nach vorne fallen und die Brust möglichst wenig zu sehen ist. • wenn die Beine eng beieinander oder über Kreuz stehen. • Wenn der Kopf zur Seite oder nach vorne gebeugt ist.
im Sitzen	liegt vor, ▪ wenn wir aufrecht, nicht oder nur leicht nach vorne gebeugt sitzen, ▪ die Füße schulterbreit stehen und die Beine ca. im 90 ° Winkel angewinkelt sind. ▪ wenn die Schultern nach hinten fallen, sodass die Brust klar zu sehen ist.	liegt vor, • wenn wir zusammengesunken sitzen. • Wenn die Schultern nach vorne fallen und die Brust möglichst wenig zu sehen ist. • wenn die Beine eng beieinander oder übergeschlagen werden.

	Expansive, sendende Körperhaltung...	Kontraktive Körperhaltung...
	▪ wenn der Kopf aufrecht zwischen den Schultern gehalten wird, als zöge einen ein Faden am höchsten Punkt des Kopfes wie eine Marionette nach oben.	• Wenn der Kopf zur Seite oder nach vorne gebeugt ist.
Wirkung	... wirkt souverän, engagiert und kompetent, aber (mit einem Lächeln) nicht aggressiv.	... wirkt eher passiv oder auch unterwürfig/ängstlich.

Abb. 54: Körperhaltungen und Wirkungen

Für Redesituationen sind körpersprachlich expansive Körperhaltungen geeigneter, weil sie allgemein mit Souveränität, Engagement und Kompetenz verbunden werden. Kontraktive Körperhaltungen spiegeln in der Regel eher Unsicherheit und die Bereitschaft, sich der anderen Person unterzuordnen.

Allerdings müssen wir im Rahmen expansiver Körperhaltungen noch differenzieren: Sie können nämlich nicht nur als „souverän", sondern auch als „aggressiv" oder „dominant" gesehen werden. Aggressivität oder Dominanz widersprechen aber der Idee von Demokratie und Augenhöhe.

Expansive Körperhaltungen wirken...	
aggressiv oder **dominant**, wenn...	• der Kopf drohend nach vorne gebeugt wird. • die Mimik nicht freundlich, sondern drohend ist. • es keinen Unterschied zwischen sendender und empfangender Körperhaltung gibt. • der Sicherheitsbereich anderer Personen gestört wird. • eine frontale Position gegenüber einer anderen Person eingenommen wird („fehlende Fluchtmöglichkeit") • Blickkontakt starr eingefordert wird.
souverän, wenn...	• der Kopf gerade zwischen den Schultern gehalten wird. • die Mimik freundlich ist und aktives Zuhören signalisiert wird.

Expansive Körperhaltungen wirken...

	• ein deutlicher Unterschied zwischen sendender und empfangender Körperhaltung gemacht wird. • der Sicherheitsabstand zu anderen Personen immer gewahrt bleibt. • eine seitliche Position gegenüber anderen Personen gewählt wird („Fluchtmöglichkeit bleibt"). • Blickkontakt angeboten wird.

Abb. 55: Expansive Körperhaltungen mit unterschiedlichen Wirkungen

Abb. 56: Aufrechte Redehaltung im Stehen

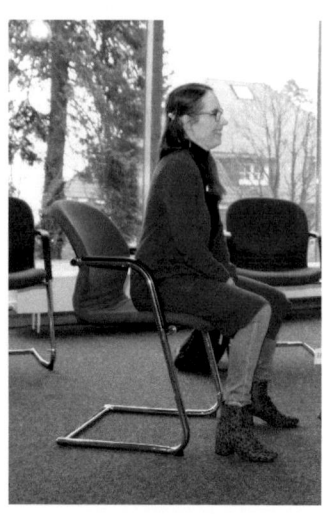

Abb. 57: Aufrechte Redehaltung im Sitzen

In den Abbildungen 56 und 57 sehen wir meine Kollegin Ines in einer guten Redehaltung im Sitzen und Stehen.[151] Die Redehaltungen entsprechen dem, was allgemein als souverän, engagiert, kompetent und sicher wahrgenommen wird. Dabei gibt es nicht selten einen Unterschied von Selbst- und Fremdwahrnehmung: Ob sich die betreffende Person auch sicher und souverän fühlt, steht auf einem anderen Blatt. Aber: Eine gute Körperhaltung kann dabei unterstützen, sich sicherer und souveräner zu fühlen. Auch wenn wir in der Rhetorik nicht von „falsch" und „richtig" sprechen, gibt es doch bei der Körpersprache günstige und ungünstige Passungen. Denn: Unsere Körpersprache korrespondiert mit denen der Anderen.

---

[151] In diesem Fall trägt Ines allerdings hochhackige Schuhe. Dadurch rückt der Körpermittelpunkt nach vorne. Gesäß und Brust müssen ausgleichen. Dies kann im positiven Fall zu einer aufrechten Haltung des Oberkörpers beitragen. Im negativen Fall führt es zu Verspannungen im Rücken und durchgedrückten Beinen. Die Verspannungen übertragen sich dann im schlimmsten Fall bis in Stimme und Atmung.

Im Übrigen korrespondiert eine expansive nicht mit einer kontraktiven Körperhaltung, sondern eine sendende mit einer empfangenden Körperhaltung. Eine **expansiv, empfangende** Körperhaltung zeichnet sich aus durch

- eine **offene**, aber **zurückgenommene** Körperhaltung (Schultern fallen nach hinten. Die Brust wird gezeigt. Der sendenden Person wird Raum angeboten.)
- **angebotenen Blickkontakt**
- **mimisches Mitgehen** als Zeichen des aktiven Zuhörens.

Expansiv empfangende Körperhaltungen signalisieren der sendenden Person Zuhören und Offenheit. Machen wir dazu einen Test. Sehen Sie sich bitte die beiden Abbildungen an und überlegen Sie, wie entspannt oder alarmierend die Situationen für Sie wirken:

Abb. 58 a) Gespräch zw. zwei Personen   Abb. 58 b) Gespräch zw. zwei Personen

Vermutlich werden Sie die erste Abbildung als entspannte und freundliche, die zweite als angespannte und aggressive Situation deuten. Dies liegt – zwangsläufig – an der Körpersprache. Lassen Sie uns die beiden Szenen vergleichen:

Abb. 58 a)

In dieser Abbildung gibt es eine komplementäre Körperhaltung. Meine Kollegin Ines ist in einer sendenden, ich selbst in einer zuhörenden Körperhaltung. Die sendende Körperhaltung zeichnet sich durch eine aufrechte Sitzhaltung aus. Der Blickkontakt wird wechselseitig angeboten und angenommen.

Abb. 58 b)

In dieser Abbildung haben wir beide eine sendende Körperhaltung, was Konfliktpotenzial andeutet. Meine Körperhaltung signalisiert deutlich einen Angriff: der Kopf ist vorgestreckt, hochgezogene Augenbrauen unterstreichen die Kampfstellung. Meine Kollegin Ines hält präsent dagegen, ohne die Aggressivität zu spiegeln.

☞ Achten Sie darauf, vor dem Redebeginn sich in die Redehaltung zu begeben und danach in eine zuhörende Position zu wechseln.
☞ Achten Sie während der Rede-Situation auf einen guten Stand bzw. im Stehen und Sitzen auf eine aufrechte Körperhaltung.

Im Übrigen geht es nicht nur um die Körperhaltung von sendenden und empfangenden Personen, sondern auch um die Frage von Nähe und Distanz. Ihren Standpunkt – auch zum Publikum oder in der Sache – repräsentieren Sie durch Ihre Bewegung im physischen Raum.

Der räumliche Abstand repräsentiert auch Ihren Abstand zum Publikum: Entfernen Sie sich vom Publikum oder schaffen eine Barriere zwischen sich und Ihr Publikum vergrößern Sie damit auch die gefühlte Distanz. Es wird formaler. Sie werden als unnahbarer gesehen werden.

Nähern Sie sich räumlich dem Publikum oder beheben eine Barriere (zum Beispiel, in dem Sie sich neben ein Redepult stellen), so wird es auch als größere Nähe empfunden.

Berücksichtigen Sie bitte aber immer drei Dinge, wenn Sie mit räumlicher Nähe und Distanz arbeiten wollen:

1. Kommen Sie niemals in den persönlichen Bereich einer anderen Person. Der Abstand kann – je nach Ihrer persönlichen Beziehung zu einem Menschen, nach Sympathie oder Antipathie – unterschiedlich sein.

Exakte Zahlen sind insofern kaum möglich. Als Faustformel können zwischen 1,50 und 4,00 Meter genannt werden (vgl. Braun 2024: 179).

2. Stehen Sie so, dass Sie alle Menschen im Publikum im Blick halten können.

3. Wählen Sie sich in Ihrer Bühnenregie feste Orte, die mit Redefunktionen verbunden sind. Wenn Sie auf Fragen eingehen, sollte es dafür einen Ort auf der Bühne geben, den Sie immer ansteuern, wenn Sie etwas darstellen wollen einen anderen, wenn Sie Zuhörenden ins Vertrauen ziehen wollen, einen dritten. Diese Orte sollten Sie in Ihrer Funktion beibehalten. Dann weiß das Publikum bereits anhand des Ortes, was jetzt ansteht. Ggf. macht es Sinn, nicht nur den Ort, sondern auch die Körperhaltung (Sitzen, Stehen etc.) mit dem Ort zu verbinden. Das hilft auch Ihnen, sich selbst ein Signal zu geben: Jetzt beantworte ich Fragen oder diskutiere mit dem Publikum.

3.2. Gestik

Eine weitere Frage rund um die Körpersprache ist: Was mache ich eigentlich mit meinen Händen und meiner Gestik? Zunächst einmal vorab: In der Vergangenheit wurde zum Teil vertreten, dass das Reden „mit Händen und Füßen" störe, sogar, dass es die Wirkung der Rede reduziere. Das ist in zweifacher Hinsicht falsch: Erstens, ist es viel zu pauschal, zweitens werden für die Rückwirkung auf die Rede nur Risiken beschrieben und Vorteile verschwiegen.

Ob Gestik unterstreichend oder ablenkend auf die redende oder zuhörenden Personen wirken, ist sehr individuell und ist letztendlich vom Anlass, Gemeinschaft und individuellen Präferenzen abhängig.

Zunächst zur Beruhigung: Wir alle beherrschen es, gestisch zu kommunizieren. Unsere Gesten werden dabei sozial eingeübt und sind kulturspezifisch. Das gestische Sprechen lernen wir also ganz automatisch.

Dennoch kann es sich um eine zufällige oder reflektierte Geste handeln.

Meine ganz persönliche Erfahrung aus vielen Rhetorik-Trainings und -Coachings lässt sich allerdings in einer Faustregel zusammenfassen: Hören Sie Ihrer Gestik zu, dann wird auch ihre Betonung und Wirkung besser!

Diesbezüglich können wir wiederum auf die Erkenntnisse der Hirnforschung (s. Kapitel zu den Merktechniken und zur Kognitionsforschung) zurückgreifen: Unser Bewegungsgedächtnis ist eng mit der sprachlichen Darstellung verknüpft.

Unsere Sprache ist durch sinnliches „Begreifen" durchzogen – wir verknüpfen sprachlich durch konzeptionelle Metaphern und Frames abstrakte Begriffe mit Sinneseindrücken. Nichts Anderes machen wir mit unserer Körpersprache: Wir nutzen körpersprachliche konzeptionelle Metaphern.

Je eher wir unsere Gestik verstanden haben, können wir auch konzeptionelle Metaphern sprachlich klären. Wir können also natürliche konzeptionelle Metaphern unseres Körpers reflektieren und dann bewusst nutzen.[152]

Die Wirkungsverstärkung beruht dabei auch auf der Funktionsweise unseres Gehirns. Hirnareale der Bewegung werden schon dann aktiviert, wenn wir nur von einer Bewegung erzählen. Umgekehrt heißt das auch: Unser Körper spricht mit. Wenn Sie eine Bewegung machen, so vertieft das Ihre Rekognition und macht das Erzählte und Gesprochene eindrücklicher für andere. Ihre Betonung und Satzmelodie wird gewinnen. Da wir es mit körpersprachlichen

---

[152] Joachim Detjen vertritt durchaus nachvollziehbar, dass die Gestik (und auch die Mimik) nicht trainiert werden sollte (Detjen 2014: 61); ähnlich argumentiert auch Maryna Cherednyk (Cherednyk 2019: 793). Tatsächlich empfehle ich, nur natürlich auftretende gestische Impulse aufzugreifen und in gerichtete Gesten zu verwandeln. Und das sollte auch nur an „Gelenkstellen" des Textes und bei natürlichen Impulsen der Fall sein. Wo Gestik ohnehin funktioniert, sollten wir auch nicht eingreifen, sondern der intuitiven Gestik ihren Raum lassen. Bei der Frage der Mimik bin ich bei Joachim Detjen (vgl. **VI.3.3.**)

konzeptionellen Metaphern zu tun haben, lassen sich diese üblichen Sinneseindrücken zuordnen.

Ordnende Sinneswahrnehmung/ konzeptionelle Metapher	Gestische Umsetzung (Beispiele)
Nähe-Distanz	• Abstände zeigen • „Nachmessen" des Umfangs mit den Händen • Bewegung nachzeichnen (mit Darstellung des Krafteinsatzes)
Spannung und Entspannung	• Angespannte Hände; Aneinanderreiben von Fäusten. • Entspannen von Händen; Auffangende Hände etc.
Größe	• Größe nachzeichnen. Größenverhältnisse horizontal oder vertikal vergleichend darstellen.
Gewicht	• Abwägen als Abwiegen von Argumenten zeigen.
Bewegung	• Bewegungen nachzeichnen (langsam/schnell); mit oder ohne Widerstand
Temperatur	• Offenere, entspannte („warme") und geschlossenere, angespannte („kalte") Körperhaltung
Im Raum (an)ordnen	• Aufzählungszeichen • Etwas im Raum hinter-, vor- oder übereinander anzeigen.
Zu sich ins Verhältnis setzen	• Aus mir heraus, auf mich zu zeigen.

Abb. 59: Konzeptionelle Metaphern und gestische Umsetzung

Neben dem „Begreifen" und Verknüpfen von Körpersprache und sinnlichen Frames werden wissenschaftlich verschiedene Funktionen von Gesten unterschieden (vgl. zur wissenschaftlichen Forschung stellvertretend Cherednyk 2019: 795). Cherednyk hebt die Wiederholungs-, die Ergänzungs-, die Ersatz- und die Widerspruchsfunktion hervor.

Daneben werden wissenschaftlich unterschiedliche Typen von Gesten unterschieden (Zeigegesten, bildgebende, verbindende und taktstockartige Gesten) (vgl. Cherednyk 2019: 796).

Eine bessere Gestik zu erreichen, ist eine Frage des „Sich-Zutrauens", Reflektierens und Übens. Zuerst sind wir in ungewohnten Situationen befangen und hören unserer Gestik dann nicht richtig zu.

☞ Üben Sie Ihre Rede zu halten und achten darauf, ob sich Ihre Hände bewegen (wollen). Überlegen Sie dann, wie sie die Geste ausweiten bzw. gerichteter verwenden können.

☞ Sehen Sie sich an, welche Sinneseindrücke sie sprachlich verwenden und überlegen Sie, welche gestische Umsetzung Ihnen helfen kann.

☞ Üben Sie vor der Kamera. Machen Sie dies zunächst, ohne auf die Gestik zu achten. Machen Sie noch eine Aufzeichnung, nachdem Sie Ihre Gestik reflektiert haben und einsetzen. Hören Sie sich beide Aufnahmen (ohne Bild!) an und vergleichen, welche der Aufnahmen besser betont ist.

3.3. Mimik

Die Mimik ist tatsächlich einer der körpersprachlichen Aspekte, die ich Ihnen empfehle nicht gesondert für Reden zu trainieren. Dafür gibt es aus meiner Sicht zwei Gründe:

1. Die natürlichen Impulse und individuellen Mimiken sind in aller Regel ausreichend, um authentisch zu wirken. Schnell entstehen sonst Grimassen. Auch Schauspieler:innen lernen in der Regel, sich in ihre Rollen, in deren Gefühls- und Lebenslage einzufühlen, wodurch die Mimik unterbewusst dirigiert wird. Ausnahme davon sind lediglich Clowns, die Mimik und Gestik überzeichnen oder Stummfilm-Schauspieler:innen.

2. Den zweiten Grund benennt Joachim Detjen: „Für die Redevorbereitung gilt, dass Mimik und Gestik nicht gesondert einstudiert werden sollten. Hierfür gibt es einen Grund, der mit dem Sprechdenken zusammenhängt. Gesichts- und Körperbewegungen sind nämlich spontane Reflexe auf Gedanken und Empfindungen, die im Kopf vorgehen. Sie stellen gewissermaßen einen Vorentwurf der nächsten

Formulierung dar. Deshalb gehen sie dem gesprochenen Wort um Bruchteilen von Sekunden voraus." (Detjen 2014: 61)

Insofern empfehle ich Ihnen, sich in die Gefühlslage Ihrer Rede einzufühlen und ihre Mimik natürlich wirken zu lassen.

Eine Ausnahme von dieser Regel sehe ich dann aber auch: Ein freundliches und offenes Lächeln zu Beginn Ihrer Rede kann für Sie, aber auch die Zuhörer:innen ein Signal der Entspannung und Freundlichkeit aussenden.

3.4. Atmung

Atmen ist Leben – durchschnittlich atmen Menschen ungefähr achtzehn Mal die Minute (Nakamura 1987: 30). Wie wir atmen – aufgeregt oder ruhig, stoßweise oder fließend, angespannt oder entspannt, schluchzend oder lustvoll – entscheidet sich nach der Situation, in der wir uns gerade befinden. Die Atmung ist also ein Spiegel für unser Befinden. Durch den flexiblen Atem sind wir in der Lage, Körper und Geist passend mit Sauerstoff zu versorgen und Aktivität oder Erholung anzustoßen.

Atmen und Stimme wirken dabei systemisch: Die Atmung steht in Wechselwirkung mit Verdauung, Blutdruck, Hormonhaushalt, Muskeltonus, Zellregeneration und vielem Anderen. In der Wachstumsphase bei Kindern beeinflusst das Atmen das Wachstum des Kopfes. Umgekehrt nimmt das Atemvolumen und die Atemmuskulatur im Alter ab, auch weil wir viel sitzen und die Muskulatur nicht entsprechend nutzen (vgl. dazu Bracht/Liebscher-Bracht 2022: 182-184).

Die Stimme versetzt den Körper (vor allem den Kopf) in stimulierende Schwingungen, sorgt für Entspannung und unterstützt den Hormonhaushalt.

Atmen ist aber nicht nur Spiegel, sondern auch Katalysator und Regulativ für unser (Wohl-)Befinden. Wir können durch gezielte Atmung nämlich auch unser Befinden beeinflussen und gezielt Ressourcen aktivieren.

Gerade für herausfordernde oder aufregende Redesituationen, kann eine gute Atmung zu mehr Ruhe, Fokussierung und Konzentration beitragen.

Es macht also Sinn, sich einige grundlegende Aspekte gesunder Atmung vorab anzusehen.

Atmung ist nicht einfach Mechanik: Atmen und Atembewegung sind insofern zwar beeinflussbar, sollte aber keinesfalls wie ein „Muskeltraining" angesehen werden. Atmen ist mehr, als den Körper mit Sauerstoff zu versorgen – wie oben ersichtlich ist.

Für ein gelingendes, lebendiges und individuell passendes Atmen müssen Menschen insofern auf die Suche gehen und den eigenen Körper, die Atembewegung und die eigene Stimme kennen lernen und wirksam werden lassen. So kann jeder Mensch nach und nach die eigenen Möglichkeiten erweitern.

Insofern kann ich Ihnen nur raten, diese Suche aufzunehmen und erfahrungsorientiert (am besten in Seminaren, Workshops, Chören und in der Gruppe) sich neu zu erfahren.

Einige Übungen zur Atmung, die einen ersten Einstieg bieten, finden Sie im Anhang. Sie können einen gesunden Atem stärken, aber nicht Blockaden oder manifeste Probleme mit Atmung und Stimme lösen. Dazu braucht es eine individuelle Analyse und eine gezielte therapeutische Begleitung. Aus eigener Erfahrung kann ich aber auch sagen, dass es die Lebensqualität nachhaltig stärken kann.

Lassen Sie uns aber nun auf einige Grundlagen von „Atmung" und „Stimme" sehen. Gerade in der Atem- und Stimmtherapie gibt es sehr unterschiedliche

Konzepte: Da gibt es die fernöstliche Atemtherapie (z. B. Nakamura 1987). Sie bezieht sich im Kern auf eine Mischung aus Kontemplation und Training der Atembewegungs-Fähigkeit. Als zweite Quelle lässt sich die reichhaltige Atemtherapie nach Schlaffhorst-Andersen angeben. Sie kombiniert grundlegende medizinische Kenntnisse mit einem ganzheitlichen Denken, der sowohl Atembewegung, Muskulatur, Stimmgebung und vieles Andere in ein umfassendes Trainingsprogramm übersetzt. Der dritte Zweig ist eine körperorientierte Atemtherapie, wie sie etwa von Faller (2019), Middendorf und Höller-Zangenfeind (2004) entwickelt worden ist. Auch dieser Ansatz ist ganzheitlich gedacht.

Alle diese theoretischen Ansätze haben nachvollziehbare Konzepte und Übungen. Ziel in diesem Handbuch ist nicht die Darstellung von Gemeinsamkeiten und Unterschieden, sondern einen gedrungenen Überblick über die Grundlagen (bei denen sich die Ansätze nur in Nuancen unterscheiden) und einige Übungen zu geben, die gesunde Atmung und gesunde Stimmen für das Reden stärken können.

Für eine flexible und situativ angepasste Atmung haben wir drei miteinander verbundene Stellschrauben: **Atemphysik, Muskeltonus** und **Atemmodus**.

Die Atemphysik beschreibt, wie physisch Luft ein- und ausströmt. Dabei unterscheiden wir zwischen **äußerer Atmung**, also dem Luftstrom wie er durch Luftröhre und Kehlkopf in die Bronchien, Bronchiolen und Lungenbläschen ein- und ausströmt. Andererseits gibt es die **innere Atmung**, bei der Sauerstoff und Kohlenstoffdioxid verstoffwechselt werden. Beide Stellschrauben ergänzen sich.

Der **Muskeltonus** beschreibt die Elastizität (Spannkraft, Abwechseln von An- und Entspannung) der Muskelgruppen. Ein guter Tonus führt dazu, dass wir weder schlaff noch verspannt sind, sondern Atmung sich flexibel federnd der Redesituation anpassen kann (vgl. Höller-Zangenfeind 2020: 54-73). Auch der

Begriff der Atemspannung (Lang/Saatweber 2020: 87) verweist auf eine elastische und flexible An- und Entspannung von Muskulatur.

Äußere Atmung und **Muskeltonus** passen sich situativ den Atemmodi an. So werden unterschiedliche Muskeln und Muskelgruppen je nach den Anforderungen eingesetzt. Es gibt drei unterschiedliche **Atemmodi: Ruhe-, Aktiv-** und **Stimmatmung**.

Ruheatmung – Wenn wir die Ruheatmung verwenden, wird die Atemmuskulatur in einem fließenden Dreier-Rhythmus bewegt: Einatmen lassen, Ausatmen, Ruhepause. Die Ruhe-Atmung ist in der Regel langsam und entspannt. Zwar sind viele Muskeln im Einsatz. Vor allem sorgt aber das Zwerchfell (ein großer kuppelförmiger Muskel) für den Luftaustausch.

Die Ruheatmung leistet Entscheidendes. Sie versorgt den Körper mit ausreichend Sauerstoff. Der Luftaustausch ist dabei vergleichsweise hoch, sodass der Sauerstoff/Kohlenstoffdioxid-Austausch besonders gut gelingen kann. Die Tiefenatmung unterstützt zudem den Verdauungstrakt, reguliert den Blutdruck und Herzschlag. Die Einlagerung von Energie, Abtransport von Giftstoffen etc. werden gestützt. Die Ruheatmung unterstützt insofern im Stress- und Aktivitätszyklus die Erholungsphase.

Ruheatmung ist für die Zeit vor Redesituationen relevant: Kurz vor einem Redebeitrag macht es Sinn ruhig, tief und fließend zu atmen. Dies bereitet den Körper auf die nachfolgende Aktivität vor.

Zudem wirkt der 3-er-Rhythmus positiv auf das emotionale Wohlbefinden ein. Ruheatmung verhindert Panik.

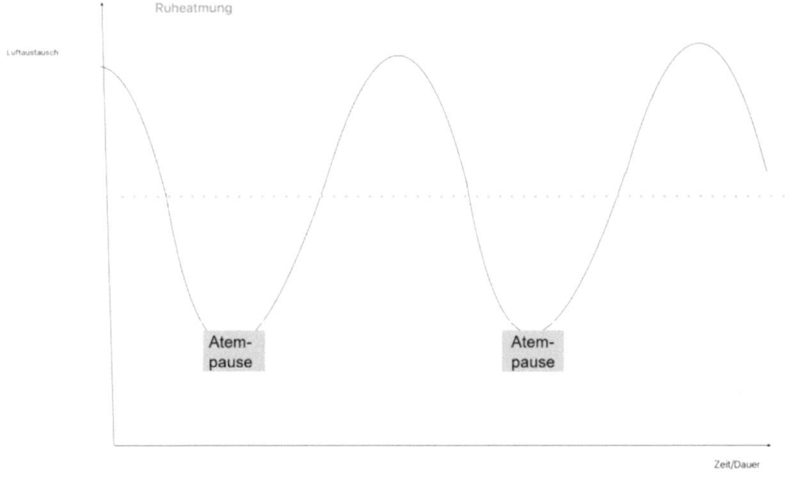

Abb. 60: Atemkurve in der Ruheatmung

Aber wie kommen Sie, wenn Sie aufgeregt sind, in Ruheatmung hinein? Die Antwort: Konzentrieren Sie sich auf das Ausatmen! Der Einstieg in die ruhige Atmung: Gutes Ausatmen, Abwarten bis der Lufthunger einsetzt und den Körper automatisch einatmen lassen. Dann sollten Sie in einen ruhig-fließenden Atem kommen, sodass sich Ausatmen – Ruhepause – Einatmen von allein ablösen.

🛠 **Übung 5**: Ruhe und Atemvolumen erhalten (**X.3.26**)

Stimmatmung – Wenn wir mit der Stimme arbeiten, passt sich die Atmung an. Das Einatmen sollte weiterhin einen großen Luftaustausch bringen, wird aber federnd und schneller, die Atempause entfällt, damit das stimmliche Ausatmen verlängert werden kann und tragfähig ist.

Die Stimmatmung – die in Redesituationen genutzt wird – kann durch verschiedenste (individuell abgestimmte) Trainingsmöglichkeiten verbessert werden. Die individuelle Abstimmung ist eine Frage von Stimm-, Sprech- und Atemtherapeut:innen, gerade dann, wenn Menschen Probleme mit Stimme und/oder Atmung haben.

Im Kern gilt für die Stimmatmung, dass das Atmen durch Einsatz vor allem der Bauch- und Flankenmuskulatur verlangsamt und kontrolliert abgegeben wird. Sänger:innen kennen dafür den Begriff der „Stütze". Um einen gleichmäßigen und langanhaltenden Atem zu erreichen, bieten sich Atemübungen an. Vor allem soll dadurch vermieden werden, dass die Atemregulation im Kehlkopf gesteuert wird.

Bei der Stimmatmung geht es sowohl um das (zu trainierende) Atemvolumen als auch darum, den Aus-Atem nach und nach auf längere Dauer (und flexibel) einteilen zu können.

Für das Training ist wichtig, dass wir in der Hauptsache das gezielte und langsame Ausatmen mit gezieltem Einsatz der Bauch- und Flankenmuskulatur trainieren. Einatmen funktioniert ganz automatisch. Wichtig ist hier nur, das Einatmen auch hier wieder in den Bauch und die Flanken (und nicht etwa in Brust oder Schultern) fließen zu lassen.

Stimmatmung

Zeitdauer

Abb. 61: Atemkurve in der Stimmatmung

�֎ **Übungen 8 und 9**: Stimmatmung trainieren (**X.3.29** und **X.3.30**)

Aktivatmung – Die Aktivatmung soll dafür sorgen, dass wir in Stresssituationen oder Gefahren gut reagieren können. Der Körper stellt seine Atmung dann auf einen 2-er Rhythmus von Ein- und Ausatmen um. Die Atemamplitude wird geringer, der Atemrhythmus schneller. Dies sorgt dafür, dass die lebenserhaltenden Systeme gesichert werden und Energie abgerufen werden kann. Andere körperliche Funktionen (wie die Verdauung und das Einspeichern neuer Energie) werden zurückgefahren. Die größeren Muskeln (z. B. das Zwerchfell) kommen weniger zum Einsatz, sondern die feinere und schnellere Zwischenrippenmuskulatur („Brustatmung"). Dies macht die Energienutzung anderer Muskeln (z. B. Beinmuskulatur zur Flucht) besser möglich.

Die Aktivatmung setzen wir beispielsweise ein, wenn wir Sport treiben. Auch Reize, die wir als Gefahr interpretieren, lösen die Aktivatmung aus. Bei einer unerwarteten Gefahr erschrecken wir: Wir atmen dann ruckartig viel Luft ein. Sogar der Mund wird dann aufgerissen, um möglichst viel Luft zur Verfügung zu haben. Danach gehen wir unmittelbar in die schnelle und flachere Aktivatmung über. Die Wirkung wird bei Erschrecken noch potenziert: Die Lungen sind dann schnell mit verbrauchter Luft gefüllt, die nicht mehr komplett (wie in der Ruhe- oder Stimmatmung) ausströmt, sondern in der Lunge verbleibt. Die verbrauchte Luft vermindert den O_2-CO_2-Austausch. Das Gehirn erhält die Rückmeldung, dass der CO_2-Gehalt des Blutes zu hoch ist. Dadurch wird die Atemsteuerung zum Einatmen animiert. Wir werden bei dieser Form der Aufregung kurzatmig und haben zu viel (verbrauchte) Luft.

Für politische Redesituation ist die Aktivatmung nicht hilfreich. Wir brauchen ja viel Luft: Einerseits um die Stimmbänder schwingen zu lassen, andererseits um unseren Körper und dort vor allem das Gehirn mit Sauerstoff zu versorgen. Dafür ist die Aktivatmung ungeeignet.

Allerdings verfallen wir, wenn wir aufgeregt sind, schnell in die Aktivatmung und müssen dann sehen, dass wir zunächst in die Ruhe- und danach in die Stimmatmung kommen.

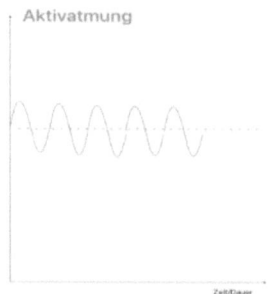

Abb. 62: Atemkurve in Anspannung/Aktivität

Wenn wir uns vor Auftritten aufregen, geht es daher darum, **vor der Redesituation** in die **Ruheatmung** und **während** des Auftritts in die **Stimmatmung** wechseln zu können.

Um sich für Redesituationen vorzubereiten geht es also darum, den Übergang hin zu einer guten Stimmatmung zu finden (s. Abb. 63).

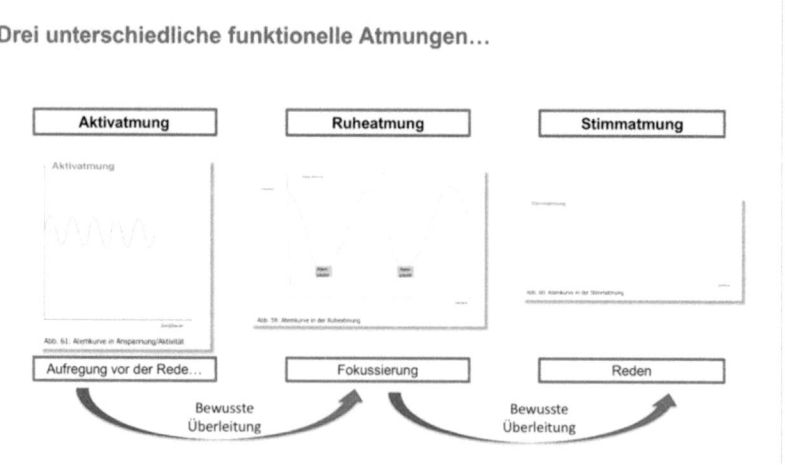

Abb. 63: Bewusste Überleitung funktioneller Atmungstypen

Zudem unterscheiden wir bei der Atemtechnik den **physischen Aspekt**, also welche Muskeln die Atemarbeit übernehmen. Das Atmen funktioniert darüber, dass die Lunge beim Ausatmen zusammengepresst wird, wodurch die Luft aus der Lunge entweicht. Beim Einatmen werden die Muskeln so angespannt, dass der Brustraum gedehnt wird. So entsteht ein Unterdruck, der durch einströmende Luft gefüllt wird. Für diese Atembewegungen ist nicht ein Muskel (mit Gegenmuskel), sondern sind koordinierte Muskel- und Komplimentärmuskelgruppen verantwortlich.

Für unseren Zusammenhang reicht es zwischen zwei physischen Atemarten zu unterscheiden. Diese beiden unterscheiden sich darin, wohin die Lunge beim Einatmen gedehnt wird (vgl. Abb. 64):

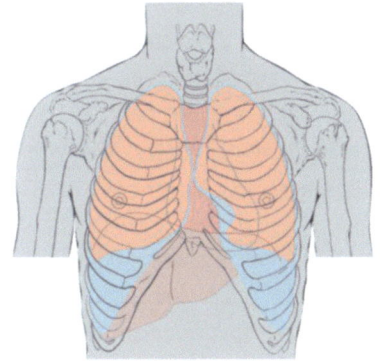

Abb. 64: Lunge beim Einatmen (blau) und Ausatmen (rot)[153]

Mit der

1. **Kosto-Abdominalatmung** bewegen sich beim Einatmen Bauch und Flanken nach außen, das kuppelartige Zwerchfell („Diaphragma") wird

---

[153] Die Abbildung stammt von Patrick J. Lynch und Dr. C. Carl Joffe (Quelle: File:Thoracic landmarks anterior view.svg - Wikimedia Commons, Abrufdatum: 18.06.2023).

nach unten zusammengezogen. Beim Ausatmen werden die Bauch- und Flankenmuskeln nach innen und oben gezogen. Das Zwerchfell wird wieder kuppelartig. Die Kosto-Abdominalatmung ist für die Ruhe- und die Stimmatmung besonders entscheidend. Bei der Stimmatmung ist vor allem ein langsamer und kontrollierte Ausatemfluss mit elastisch angespannter Bauch- und Flankenmuskulatur entscheidend.

2. sogenannten **Brustatmung** wird durch unterschiedliche Muskeln der Brustkorb geweitet (Einatmen) oder zusammengezogen (Ausatmen). Da die Dehnungsmöglichkeit des Brustkorbs physisch begrenzt ist, ist der Luftaustausch geringer. Die beteiligten Muskeln können allerdings schneller arbeiten und verbrauchen selbst weniger Energie. Dadurch bietet sich die Brustatmung kurzzeitig für die Aktivitätsatmung an. Wird die Brustatmung zu lang und intensiv angewendet, entwickelt sich potenziell ein Nach-Luft-Ringen. Die Schultern werden in die Atmung einbezogen, um den wenigen Raum, den die Brustatmung für die Entfaltung der Lunge lässt, nach oben zu vergrößern. Dies ist für die Stimmführung extrem ungünstig, da sich Verspannungen der Schulter-Partie automatisch auf den Stimmapparat übertragen. Bei extremer und schneller Brustatmung kann es zur Hyperventilation kommen.

Die Stimm- und Atemtherapie setzt zentral bei der Stärkung der Kosto-Abdominal-Atmung an. Diese wird sowohl für die Ruhe- als auch für die Stimmatmung benötigt. Die Atemübungen zur Ruhe- und Stimmatmung sind (richtig ausgeführt) eine Stärkung der Kosto-Abdominal-Atmung.

Wechselwirkungen – Atmung, Körperhaltung, Muskelspannung und Stimme sind miteinander systemisch verbundene Größen, die also Wechselwirkungen erzeugen. Aus Sicht des Redens mit guter Stimme sind Körperhaltung, Atmung und Muskelan-/entspannung allerdings vorgängig.

Für eine tragende Stimme sind eine zuträgliche Körperhaltung, geeignete Muskelanspannung- und -entspannung und eine unterstützende Atmung Voraussetzung. Stimmprobleme sind insoweit nur systemisch änderbar.

3.5. Stimme und Modulation

„Wir müssen die Stimme erheben...", „Wir geben unsere Stimme ab...", „Menschen eine Stimme geben...", „Wir hatten einen stimmungsvollen Abend..." – Viele Redewendungen verweisen auf unsere Stimme. Sie ist eine Brücke zur Welt, verschafft uns Gehör und transportiert zugleich analoge wie auch digitale Informationen.

Zugleich ist unsere Stimme ein komplexes natürliches Instrument, dessen Klang und Wirkung von vielen Faktoren abhängt. Die Stimme ist tönender Ausatem und hängt deswegen unmittelbar an Körperhaltung und Atmung.

Dieser Abschnitt wird allerdings nur einen vereinfachten Überblick geben. Das hat zwei Gründe. Der erste Grund ist, dass eine ausführliche und „tiefenscharfe" Bearbeitung den Rahmen notgedrungen sprengen würde. Der zweite, wichtigere Grund liegt an der Frage des Wirkens: Wenn Menschen Stimmprobleme haben, so helfen nicht Bücher, sondern entsprechend ausgebildete Therapeut:innen. Diese werden sich Stimme, Atmung, Körperhaltung und vieles andere in dem Zusammenspiel ansehen und dann entsprechend mit den Klient:innen arbeiten. Das kann und soll ein Buch nicht ersetzen.

Aber: Atem- und Stimmübungen und einige grundlegende Kenntnisse helfen auch Menschen, die ihre Stimme, Atmung und Körperhaltung weiter verbessern wollen.

Auch hier kann ich allen, die sich tiefer mit der Materie beschäftigen wollen, empfehlen zu entsprechenden Fachbüchern zu greifen. Aus meiner Sicht sind zwei Standardwerke dabei besonders hilfreich: Antoni Lang und Margarete Saatwebers *Stimme und Atmung* (Lang/Saatweber 2020) und Norbert Fallers *Atem und Bewegung* (Faller 2019).

Unser Stimmapparat ist im Kehlkopf (einem komplex aufgebauten Knorpel) untergebracht. Die Kernbestandteile sind die **Stimmritze**, durch die die

Ausatemluft strömen kann, der **Kehldeckel**, der – wenn wir nicht sprechen – unseren Stimmapparat schützt, und die seitlich an der Stimmritze auf beiden Seiten befestigten **Stimmbänder**, die durch die vorbeifließende Luft schwingen und dadurch hörbare Töne produzieren.

Der **Rachen-**, aber auch **Brust-** und **Kopfbereich**[154] bilden dabei einen Resonanzkörper ähnlich dem Korpus eines Streichinstruments. Gerade der Resonanzkörper verleiht jedem Mensch eine ganz unverwechselbare Stimme.

Vielleicht kennen Sie das von Filmen, bei denen ein:e bekannte:r Schauspieler:in plötzlich eine neue Synchronstimme erhält. Das kann sehr irritierend sein. Oder: Haben Sie schon einmal Captain Piccard einen Naturfilm sprechen hören? Wie die eigene Stimme tönt, hängt vor allem davon ab, wo und wie groß der mitschwingende Resonanzkörper ist. Je tiefer ein Ton, desto stärker schwingen Brust-, je höher wir sprechen, der Kopfresonanzraum mit.

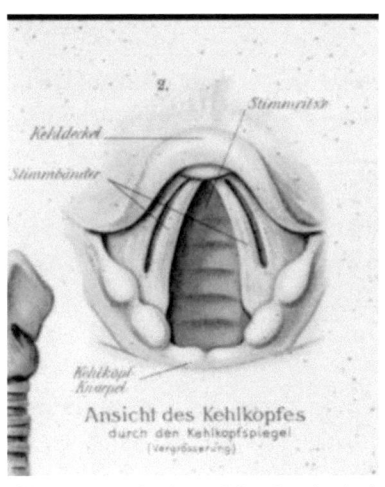

Abb. 65: Ansicht des Kehlkopfes durch den Kehlkopfspiegel (mit Beschriftungen)[155]

---

[154] In Studien wurde nachgewiesen, dass sowohl Knochen im Kopf als auch die Brust als Resonanzkörper in Schwingung geraten (vgl. dazu Höller-Zangenfeind 2020: 74).
[155] Fischer-Dückelmann (1911: 31); hier entnommen aus: https://archive.org/details/ diefraualshaus00fiscuoft/page/n55/mode/2up; Abrufdatum: 18.06.2023

Die Stimme selbst ist nicht statisch, sondern passt sich der (emotionalen) Situation an. Dafür gibt es verschiedene Hebel:

Die Stärke der vorbeiströmenden Luft beeinflusst die Lautstärke des Klangs. Je mehr Luft vorbeistreicht, desto größer die Schwingung der Stimmbänder, desto lauter auch der Ton.

Die **An- und Entspannung der Stimmbänder** reguliert die Stimmhöhe. Diese Muskeln erlernen wir nach und nach gezielt zu bewegen und die Tonhöhe zu beeinflussen. So erlernen wir es zu singen und mit unterschiedlichen Stimmen (beispielsweise beim Vorlesen) zu sprechen. Durch einen elastischen, unverkrampften Stand erreichen wir, dass Kopf- und Brustraum als Resonanzkörper schwingen und tönen können.

Durch **Muskelregulation in Mund-, Rachen- und Nasenraum** können wir die Klangfarbe und das Stimmvolumen beeinflussen.

Die **Lage des Kehlkopfes** im Hals führt entweder zu einer offenen Stimme mit viel Klangvolumen (untere Kehlkopfstellung) oder einer eher gequetschten, kehligen Stimme (obere Kehlkopfstellung).

Durch **Zungenstellung und -bewegung** sowie **Lippenstellung und -bewegung** bilden wir die unterschiedlichen Laute. Vier Lautgruppen sind dabei voneinander unterschieden: Die Vokale, Die Plosive, die Frikative und die Nasale.

Vokale sind die so genannten Selbstklinger, bei denen die Luft ungehindert ausströmen kann. Allerdings wird durch die Stellung von Zunge und Lippen der Klangraum größer („dunkler/offener" klingend) oder heller („heller" klingend), also „a, e, i, o, u, ü, ö, ä, eu, äu". Bei den Vokalen ist ein guter und durchgehender Luftstrom entscheidend, der von der Stütze (nicht etwa vom Kehlkopf) reguliert wird.

Plosive sind „Knalllaute", bei denen Luft plötzlich entweicht, also „P, B; K, G; T, D". Auch hier sollte der Luftdruck von Bauch- und Flankenmuskulatur aufgebaut werden. Zusätzlich sind sie in stimmhafte (B, G, D) und stimmlose (P, T, K) Plosive unterteilt.

Frikative sind Reibelaute, bei denen die Luft an einem Widerstand vorbeifließen, also „F; S, Z; R; L; W".

Nasale sind Laute, die den Nasen- und Stimmraum als Klangkörper verwenden: „M, N".

Wenn wir uns diese Stellschrauben für die Stimme ansehen, können wir eine gute Stimme erkennen an:

„Stimmliche Stellschrauben"	arbeitet gut, wenn	und wirkt dann...
Luftstrom	die Atemmuskulatur trainiert ist, Kosto-Abdominal-Atmung eingesetzt wird, ein guter aufrechter Stand mit einem regulierbaren Muskeleinsatz kombiniert wird.	so, dass der Stimmapparat ohne Verspannung Klang entfalten kann und ausreichend Luft für Denken und Sprechen vorhanden sind.
An- und Entspannung der Simmbänder	eine Stimmhöhe als Basis genutzt wird, bei der die Stimmbänder ohne große Anstrengung schwingen können und die Schwingung in den Klangcorpus des Mund-, Nasen- und Rachenraums und Brust- und Kopfresonanzraum fließen kann. Die Stimmhöhe kann zeitweise angehoben oder gesenkt werden,	so, dass Hörer:innen die Stimme als angenehm und die Stimmung als entspannt und kraftvoll wahrgenommen wird. so, dass die redende Person länger sprechen kann, ohne heiser zu werden.

„Stimmliche Stellschrauben"	arbeitet gut, wenn	und wirkt dann...
	kehrt aber zur Basis-Stimmhöhe zurück.	
Elastischer, entspannter Resonanzkörper	ein aufrechter Stand (oder aufrechter Sitz) mit gedehnten, elastischen Muskeln genutzt wird.	so, dass die Töne natürlich schwingen können.
Muskelregulation in Mund-, Rachen- und Nasenraum	Kiefer-, Mund- und Wangen-Muskulatur sind entspannt. Dadurch weiten sich die Klangräume.	so, dass die Stimme besser trägt und voluminöser wirkt. Die Stimme und Stimmung wirken entspannter.
Lage des Kehlkopfes	der Kehlkopf in der Tiefstellung sitzt. Dadurch wird der Klangraum erweitert und ein ungestörter Luftfluss ermöglicht.	so, dass die Stimme nicht gepresst oder kehlig, sondern tragender, offener und voluminöser wirkt.
Zungenstellung und -bewegung

Lippenstellung und -bewegung | sie eine klare und deutliche Aussprache der Laute ermöglichen.

die Lippen locker sind, aber zwischen Oberlippe und Nase eine leichte Anspannung der Muskeln („leichtes Lächeln") („Stimmsitz") ermöglichen. | so, dass die Person gut zu verstehen ist, ohne dass sie übermäßig laut sprechen muss. |

Abb. 66: Stimmliche Stellschrauben nutzen

Für alle Stellschrauben gibt es spezifische Übungsmöglichkeiten, die die stimmliche Präsenz und Gesundheit stärken können.

Meine persönliche Empfehlung ist, sich – gerade wenn man sich erstmalig mit der eigenen Stimme auseinandersetzt – immer zunächst mit Körperhaltung (und -Entspannung), dann mit der Atmung und erst darauf aufbauend mit Stimmübungen zu befassen. Auch eigene Übungsprogramme sollten – meiner Erfahrung nach – so aufgebaut werden.

✂ **Ü 10**: Stimmübungen (**X.3.31**)

Der zweite Erfolgsfaktor ist die Stimmmodulation. Mit ihr können wir komplex und fein schattiert Stimmungen transportieren und damit Wirkungen erzielen. Weil Modulation so komplex ist, funktioniert sie intuitiv, sowohl für Sprechende als auch Hörende. Wir nehmen intuitiv anhand der Stimme war, ob das, was wir sagen, mit dem zusammenpasst, wie wir es sagen. Wir können in Bruchteilen von Sekunden mit relativ hoher Trefferquote sagen, ob wir Aufregung, Wut, Freude oder Trauer empfinden. Dieser Wahrnehmungen können wir uns ebenso wenig entziehen wie der intuitiven Zuordung zu einer Emotion.

Allerdings gelingt uns dies desto sicherer, je besser wir Redende kennen.

Dies hat damit zu tun, dass wir Stimmung in der Stimme und Modulation **relativ wahrnehmen**: Wir erkennen vor allem die Abweichung. Es gibt also eine „Normal-Stimme", mit der wir sprechen und von der wir durch vier unterschiedliche Modulationskalen (in Kombination) abwandeln können:

1. Die Lautstärke (laut bis leise)
2. Die Aussprache-Intensität (deutlich bis undeutlich)
3. Geschwindigkeit (schnell bis langsam)
4. Stimmhöhe (hoch bis tief)

Sie können sich diese Modulationsskalen etwa wie ein Mischpult vorstellen, mit der Ihr individueller Ton gemischt wird. Alle vier Modulationsskalen können Sie prinzipiell unabhängig voneinander bewegen, wenn Ihr Stimme gut trainiert und flexibel ist. Aber auch auf der anderen Seite: Auch die Ohren der Zuhörenden müssen dafür gut geschult sein.

Erst die Kombination der vier Modulationsskalen in der Relation zur Normalstimme entfalten die ganze Breite unserer stimmlichen Zugänge zu anderen Menschen – ein unglaublich flexibles und komplexes Instrumentarium. Die Änderung einer einzigen Modulationsskala führt bereits zu einem anderen Eindruck, den wir vermitteln.

Die modulatorischen Varianten lassen sich (bei vier miteinander kombinierten Skalen) nur schwer in ein Darstellungssystem fassen. Ich zeige daher hier nur beispielhaft einige Kombinationen im Vergleich, die aus meiner Sicht spannend sind, für die eigene Steuerung zu kennen. Die feinen Unterschiede in der Skalenmischung legen bei Zuhörenden verschiedene Wirkungen nahe.

Abweichung von der Normalstimme		
Lautstärke	++	+(+)
Aussprache-Intensität	+	+
Geschwindigkeit	0	0/-
Stimmhöhe	+	0
Mögliche Wirkung	Wut, Agressivität	entschlossen, kämpferisch

Abb. 67a): Wütend/aggressiv vs. kämpferisch entschlossen

Abweichung von der Normalstimme		
Lautstärke	-(- -)	-
Aussprache-Intensität	-	0/+
Geschwindigkeit	+	-
Stimmhöhe	+	0/-
Mögliche Wirkung	Nervös	Nachdenklich

Abb. 67b): nervös vs. nachdenklich

Abweichung von der Normalstimme		
Lautstärke	+	0
Aussprache-Intensität	+	+
Geschwindigkeit	0/+	- (- -)
Stimmhöhe	+	0
Mögliche Wirkung	Aufdringlich	Eindringlich

Abb. 67c): aufdringlich vs. eindringlich

Abweichung von der Normalstimme		
Lautstärke	+	+ (0)
Aussprache-Intensität	+	+
Geschwindigkeit	++	+
Stimmhöhe	+	0 (+)
Mögliche Wirkung	Unruhig bis hin zu panisch	Lebendig

Abb. 67d): unruhig (panisch) vs. lebendig

Irritationen können auch dadurch zustande kommen, dass an einem falschen Regler gedreht oder aber zeitgleich ein anderer Regler mitbedient wird. Klassisch geschieht das zum Beispiel, wenn wir ‚die Stimme erheben‘, also lauter werden wollen. Zugleich wirkt sich aber die Anspannung in der Stimme so aus, dass die Stimme auch ‚höher‘ (und damit potenziell angespannter oder auch aggressiver) wird.

Auch der Wunsch, dass jemand lauter sprechen solle, kann durchaus zutreffend sein. In vielen Fällen wird es aber auch (oder stattdessen) einer deutlicheren Aussprache (‚Ausspracheintensität‘) bedürfen.

Und eine letzte, vielleicht die mächtigste Stellschraube in der Stimmmelodie sei zum Schluss benannt: Die Pause. Gekonnt und dramaturgisch geschickt Pausen setzen zu können, ist eine wahre Kunst.

Schon diese wenigen Beispiele zeigen: Das Abmischen der Stimme ist eines der mächtigsten Instrumente für die redende Person, aber erfordert, die eigene Wirkung einschätzen zu können. Das erreichen wir durch häufiges Training, Feedback, Erproben oder auch einfach: Üben, üben, üben.

- ☞ Erproben Sie Ihre Stimme bewusst und lernen Sie sie kennen. Lassen Sie sich immer wieder Feedback geben, welche Assoziationen Ihre Stimme und welche Stimmung Sie ausgelöst haben.
- ☞ Eine gute Übungsmöglichkeit ist es, Gedichte zu rezitieren. Fragen Sie sich dabei, welche Emotionen passend sind und erproben Sie Ihre Stimme.
- ☞ Achten Sie darauf, Pausen zu machen und diese auszuhalten.
- ☞ Machen Sie Tonaufnahmen und hören Sie sich (auch mit Menschen, die sie gut kennen) an und geben Sie sich Feedback.

VI

Optische Rhetorik

Ein Gastbeitrag von Silke Frink

1. Zeitgeist im Wandel – Vom DressCode zum Selbstverständnis

In dem Maße, wie der einst formelle DressCode im Geschäftsleben immer mehr einem informellerem weicht, verändert sich auch das Verständnis, was als angemessen erscheint und was nicht. Schick bedeutet für jeden etwas anderes, lässig auch und korrekt erst recht. Auf Einladungen steht immer häufiger Smart Business oder Smart Casual geschrieben, was dasselbe meint oder auch nicht, und ziemlich viel Platz für eigene Vorstellungen lässt.

Zeitgeist ist immer im Wandel. Was ihn genau ausmacht, weiß man in der Retrospektive besser als in der Gegenwart oder man weiß es überhaupt erst. Der heutige Zeitgeist suggeriert, dass ein gelungenes Aussehen ein natürliches Aussehen ist und dass dies keine Stylingarbeit mache. Aktuelle Mode-Trends werden stets damit beworben, dass sie sagenhaft gut kombinierbar, traumhaft langlebig und total bequem zu pflegen sind. Frisuren werden angepriesen, die allein mit Kopfschütteln toll liegen – wenn man denn zuvor das Produkt XY aufgetragen hat. Ein noch recht junger Trend ist, dass Stylingarbeit einmalig von anderen erledigt werden kann: Permanent-Make-up der Brauen und Lippen, Extensions der Wimpern verdrängen das abwaschbare Make-up. Tätowieren und kleben statt selber malen. Naja, ewig hält das auch nicht, aber doch eben länger als einen Tag.

Dieses produktbasierte Styling trägt auch immer ein Komfortversprechen in sich. Man wird nicht nur schöner, sondern das Leben wird auch einfacher und bequemer. Das Versprechen guten Aussehens liegt demnach in den einzelnen Produkten selbst, nicht in Erkenntnissen über sich selbst. Und längst nicht in dem Wissen um Stoffe, Schnitte und Kleidungskultur.

Dieser Zeitgeist des frühen 21. Jahrhunderts lässt die Umsätze von klassischen Businessanzügen und -kostümen seit gut zwei Jahrzehnten wie Butter in der Sonne schmelzen. Die Auswahl von Krawatten hat sich merklich reduziert; sie ist auch mehr zum Stil-Attribut geworden, denn als Rangordnungssignal zu verstehen. Sogenannte Businesshemden bringen freizeitliche Merkmale wie z.B. den weicheren Kragen und bunten Ausputz mit. Auch der Businessschuh, früher ein klassischer Oxford für den Herrn und ein Pumps für die Dame, existiert als must have kaum noch. Für beide Geschlechter ist der Sneaker gekommen.

Deshalb zu glauben, dass die Garderobe samt Frisur und ggf. Make-up unbedeutend seien oder privater Geschmack überall willkommen wäre, ist ein Fehler. Denn anstelle eines klaren gesellschaftlichen Überbaus ist ein subtiles Regelwerk getreten, in dem es rein in Ihrer persönlichen Verantwortung liegt, wie Sie auf den ersten Blick verstanden werden wollen.

Ein allgemeinverbindlicher DressCode existiert nicht mehr flächendeckend. Was man bei welcher Gelegenheit unbedingt tun oder auf jeden Fall lassen sollte und wann das Private eigentlich genau anfängt, ist nicht klar zu erkennen. Ein DressCode ist weniger als eine Kleidervorschrift und mehr als eine Empfehlung. Es ist eher eine **Ordnung**, die aufgrund von gesellschaftlichen Konventionen entstanden ist. Dahinter steckt das menschliche Bedürfnis nach Konformität: lieber dazugehören zu wollen als unangenehm aufzufallen.

Das also löst sich mehr und mehr auf zugunsten individueller Vorlieben, genauer formuliert: zugunsten des ganz persönlichen Selbstverständnisses. Interessant ist, dass der Businesslook in demselben Maße verschwindet wie sich höhere Bildungsabschlüsse verbreitet haben. Müsste es nicht genau umgekehrt sein? Mehr Akademiker müssten doch mehr Anzugträger und noch mehr Konventionen hervorbringen? Es gibt darauf nicht nur die eine Antwort, vor allem keine abschließende. Meines Erachtens geht es damit einher, dass die höheren Bildungsabschlüsse glücklicherweise immer häufiger auch von denen erworben werden können, die aus nichtakademischen Verhältnissen stammen; sie bringen ein anderes, ein non-konformes Verständnis mit.

Amüsant und aufgeweckt beschreibt das David Brooks in seinem Buch *Die Bobos – der Lebensstil der neuen Elite* aus dem Jahr 1999. „Die Welt der **Bo**urgeoisie und die der **Bo**hemiens finden zu einem neuen gesellschaftlichen

Typus zueinander. Die Bobos im Informationszeitalter sind sowohl Hippie als auch Yuppie. Sie vereinen das Beste aus zwei Welten – sie sind ehrgeizig im Beruf, liberal in ihren Anschauungen und souverän im Konsumverhalten", so der Klappentext. Der Typus des BoBo ist ein Vierteljahrhundert nach Erscheinen des Buches längst im Mainstream angekommen – wir sind alle etwas BoBo – und das hat unseren Blick auf Luxus und Ansehen nachhaltig verändert.

Zum anderen gilt der westliche Anzug in vielen Teilen der Welt noch immer als das äußerliche Merkmal des Kapitalismus schlechthin. Die Mächtigen aus aller Welt tragen ihn, besonders wenn sie im Rahmen von Konferenzen und Gipfeln auf andere Mächtige treffen, nach wie vor. Dabei befolgen sie auch akribisch die Regeln der klassischen Anzugkultur. Es ist also nicht richtig zu sagen, dass der Anzug **verschwindet**. Der verbindliche DressCode dafür hat sich hierarchisch nur stark nach oben verschoben.

Für den Mann ist es heute gut möglich, viele Sprossen der Karriereleiter ohne Krawatte zu nehmen, für die Frau ohne knielangen Bleistiftrock, Nylonstrumpf und Pumps. Doch allein das Weglassen des einstigen Rangordnungssignals Krawatte schafft noch keine Coolness, sondern gräbt stark an der Autorität, wenn übersehen wird, dass der Hemdkragen nun mehr leisten, nämlich auch ohne Krawatte gut sitzen muss. Das klingt einfach und ist in der Umsetzung komplex. Die für die Krawatte gebauten gesteiften Kragen stehen ohne ungünstig ab, der eine ganze Weile so beliebte Haifischkragen wirkt ohne sie pastoral. Mitunter wird nicht kritisch geprüft, ob einem die geöffnete Knopfleiste ernsthaft gut steht. Auch stellt sich nicht jeder Hemdenstoff ohne Krawatte vorteilhaft dar. Das feine weiße Oberhemd, im Trio wunderbar strahlend unter einem dunklen Anzug mit Krawatte, ist als Solitär verloren.

Bei der Frau ist die Frage nach der Alternative und damit eine komplexe Freiheit entstanden. Sie kann nicht nur weglassen, sie muss ersetzen. Was also tragen, wenn es das Trio Rock, Nylons und Pumps nicht mehr sein soll? Erst war es die Tuchhose als weibliche Kopie der Männerhose, die nur die chemische Reinigung verträgt. Sie wurde mehr und mehr ersetzt durch die legeren, waschmaschinentauglichen Baumwollhosen, dann durch Jeans, die früher ausschließlich in der Freizeit getragen werden durften. Bei der Frau ist die **Casualisierung** des öffentlichen Auftritts viel länger im Gange als beim Mann. Erst seit wenigen Jahren hängen auch Gummibundhosen für ihn im Kleiderbügelwald.

Die Jeans ist überhaupt ein besonders Phänomen. Durch Köperbindung und Nieten hatte die Jeans die nötige Robustheit für die schwere Arbeit der amerikanischen Goldsucher. In den 60ern des 20. Jahrhunderts wurde sie bei Jugendlichen zum Symbol für Rebellion und Freiheit bis sie in den 80ern von Journalisten zum Sakko kombiniert wurde und damit die geschäftliche Bühne betrat. Die Jeans ist das erste Kleidungsstück, das es gesellschaftlich von unten nach oben geschafft hat. Heute werden sie im Topmanagement ganz selbstverständlich getragen. Und wenn die Jeans in der Diskussion um den Umweltschutz nicht so wahnsinnig schlecht abschneiden würde, könnte man gar nicht genug davon im Schrank haben. Doch so ist eine übliche Jeans kaum noch ohne schlechtes Gewissen zu tragen. Es sei denn, sie wird mit den neuen, um 99% wasserreduzierten Verfahren von C&A in Mönchengladbach quasi vollautomatisch produziert. Oder man greift zu einem Modell aus der Eco-Fashion-Welt, in der der Denim so hochwertig produziert wird wie ganz zu Beginn, aber unter strenger Beachtung aller Umweltschutzstandards.

Möglicherweise auch deshalb ist ein kulturell optischer Rückwärtsgang zu beobachten, der durch das angekratzte Image der Jeans nötig und durch textiltechnische Innovationen möglich geworden ist. Es werden wieder mehr Stoffhosen getragen, die aber keine echten Tuchhosen sind, sondern hochentwickelte und maschinenwaschbare Kunstfasern.

Die Jeans ist beispielhaft für eine gelungene Demokratisierung von Mode und zwar nahezu in der ganzen Welt. Erschwinglich und universal einsetzbar. Was Coco Chanel mit ihren Kunstperlen vorhatte, die sich jeder leisten können sollte, und der besonderen Kreation des Kostüms, das tatsächlich junge wie alte, große wie kleine und dicke wie dünne Frauen gut kleidet, hat sich anders entwickelt. Original Chanel-Mode bleibt etwas nur für reiche Leute. Erst die aus

Urheberrechtsgründen nicht ganz originalgetreuen Kopien der Fast-Fashion-Anbieter lösten lange nach ihrem Tod das Versprechen ein.

Das persönliche Ansehen hängt trotz aller Verbreitung von Casualwear im Businessbereich immer noch auch mit dem Aussehen zusammen. ‚Wir lieben die inneren Werte, solange wir sie auf dem Bildschirm sehen können‘, lautet ein Spruch aus der Medienbranche. Nur, dass jetzt nicht mehr ein gesellschaftlicher Überbau den Takt vorgibt, sondern jeder für sich selbst in der Verantwortung steht. Aus Konventionen ist ein soziales Bildungsspiel geworden mit Regeln, die nicht sofort zu durchschauen sind und mitunter paradox erscheinen. Ein informeller Look kann dem Träger auch genügend Autorität spenden, wenn er bestimmte Merkmale aufweist und der Träger weiß, worauf es sich zu achten lohnt. Aus *Kleider machen Leute* ist *Leute machen Kleider* geworden. Entscheidender, als dass eine Krawatte oder ein Pumps getragen werden, ist, **wie** es getragen wird. Stimmen die Proportionen, stimmt die Passform? Harmonieren die Farben und glückt die Kombination? Dahinter steckt das soziale Ansehen, ob jemand doch etwas von Kleidungskultur versteht, deshalb auch die modische Adaption verstanden hat und sich ehrlich mit sich selbst auseinandergesetzt hat. Steht die momentane Befindlichkeit im Vordergrund, gar Bequemlichkeit, die rein auf das Praktische abzielt, wirkt ein Look beliebig und sein Träger mitunter ignorant. Oder ist eine Sensibilität für den Anlass wie ein Gespür für sich selbst erkennbar, was dem Träger Empathie verleiht? Attraktiv ist nicht, wer interessant erscheinen möchte, sondern wer interessiert ist – was natürlich nichts mit der Optik zu tun hat.

Doch bitte nicht bluffen lassen: Am Ende ist ein vermeintlich unkomplizierter Look, der Autorität und Kompetenz innehat, **natürlich inszeniert**. Die Betonung liegt auf beiden Worten. Der natürliche Look ist **inszeniert**, und die Inszenierung soll **natürlich** sein.

Einen gravierenden Unterschied gibt es doch zwischen den Geschlechtern. **Männer brauchen Anzüge, Frauen Aufzüge**. Denn die Herrenkleidungskultur leitet sich von der Kleiderordnung ab, während die Frauen von der Etikette kommen, wo es um Sitte und Anstand geht. Wie es sich mit queeren Persönlichkeiten verhält, ist in einer dynamischen Entwicklung und tatsächlich neu für alle.

Und: Welcher Körper steckt in der Kleidung? Ein junger, ein trainierter? Dann hat man Glück und viel Auswahl, denn der Großteil der Mode ist genau dafür gemacht. Weichfließende Stoffe mit Stretchanteil, die ihre Ursprünge in der Sportbekleidung hatten, dominieren den Markt in der gesamten Oberbekleidung. Das ist vorteilhaft auf Muskeln, nicht aber auf Speckröllchen. Transparente Stoffe schmücken die junge Haut, nicht die faltige. Diese Artikel findet man auch im gehobenen Preissegment in den Design-Abteilungen der Kaufhäuser. Diese Mode kann sich nur die wohlhabende Schicht leisten und die ist in der Regel älter.

Letzthin bat mich eine 89jährige Lady, sie bei der Suche nach einem Kostüm zu unterstützen. In der Konfektion wurden wir nicht fündig, da an ihrem knochigen Körper die Stoffe nur formlos herabhingen. Wir gingen zur gehobenen Maßkonfektion (nicht zum Schneider!), die das klassische Segment wunderbar bedienen. Die Maßkonfektion ist eine glückliche Alternative für alle Personen, die mit Konfektion nur schlecht zurechtkommen. Maßkonfektion ist die individuelle Massenproduktion, im englischen unter **made to measure** (MTM) bekannt, bei der das Schnittmodell vorgegeben ist, aber auf das Körpermaß individuell abgestimmt wird. Einige Maßkonfektionäre bieten auch das Vollmaß an, bei der das gesamte Kleidungsstück nach den Körpermaßen handgefertigt wird.

Es geht sicher zu weit, von **Mode-Diskriminierung** gegenüber älteren und nicht ganz konfektionstauglichen Menschen zu sprechen, doch der Umstand, dass jedes Jahr viel Neuware nicht verkauft, sondern vernichtet wird, könnte ein Indiz sein, dass nicht nur überproduziert, sondern auch am Bedarf vorbei produziert wird. Zumal sich die angebotene Ware unterschiedlicher Hersteller in Form, Farbe und Schnitt stärker ähnelt als früher, weil das Design eher durch Algorithmen denn durch Kreativköpfe entstanden ist. Was hat sich wie gut verkauft? Gute Abverkäufe werden verstärkt, erscheinen in der nächsten Saison in leicht adaptierter Form noch einmal. Schlechte Abverkäufe verschwinden vom Markt. Der Minirock, der von Mary Quant bereits in den 50er Jahren kreiert und erst Jahre später mit dem Erfolg der Beatles populär wurde, hätte es so wohl nie auf den Markt geschafft.

Eine weitere Alternative, um nicht nur mit *more-of-the-same* Konfektionsware konfrontiert zu sein, sind Secondhand-Geschäfte mit Designschätzen in unterschiedlichsten Schnitten aus vergangenen Jahren zu nun günstigen Preisen. Aber man muss erstmal einen guten in der Nähe haben oder man muss Hersteller wie seine eigenen Maße gut kennen, um Secondhand-Ware ohne allzugroße Enttäuschung online zu bestellen. Rückgabemöglichkeiten sind dann ausgeschlossen, wenn der Verkauf durch einen privaten Anbieter geschieht.

Die natürliche Inszenierung steht vornehmlich dem jungen, gesunden und sportlichen Körper gut. Der ältere Körper sollte aber nach unserem westlichen Verständnis immer noch trainiert sein, um attraktiv zu wirken. Das setzt regelmäßige Bewegung und eine gesunde Ernährung voraus. Das klingt harmlos und vor allem vernünftig, doch daraus wird mitunter eine extreme Sportaktivität und das Lobpreisen von Superfood gemacht. Das eine kostet Zeit und das andere Geld – zur perfekten Optimierung haben wohlhabendere Menschen den deutlich besseren Zugang.

Klassenunterschiede sind demnach da. Sie sind nicht offensichtlich, aber sichtbar für diejenigen, die die optischen Signale zu decodieren wissen.

- ☞ Ein persönliches Selbstverständnis zu entwickeln ist für alle Geschlechter gleichermaßen wichtig.
- ☞ Jedoch: Männer brauchen Anzüge, Frauen Aufzüge. Denn die Herrenkleidungskultur leitet sich von der Kleiderordnung ab, während die Frauen von der Etikette kommen, wo es um Sitte und Anstand geht.
- ☞ Die natürliche Inszenierung ist das Leitbild des heutigen Zeitgeistes.
- ☞ Und aber: Männer brauchen Anzüge, Frauen Aufzüge. Denn die Herrenkleidungskultur leitet sich von der Kleiderordnung ab, während die Frauen von der Etikette kommen, wo es um Sitte und Anstand geht.

☞ Das Selbstverständnis queerer Persönlichkeiten ist in einer dynamischen Entwicklung.

2. Großer Unterschied: Seriosität und Autorität

Während Seriosität mit **Ernsthaftigkeit** zu übersetzen ist, bedeutet Autorität, eine **übergeordnete soziale oder weisungsbefugte Stellung** innezuhaben. Das ist bei Berufen in Uniform wie der Bundeswehr und der Polizei, der Feuerwehr und den Notfallsanitätern sowie den Justizvollzugsbeamten von weitem sichtbar. Juristen bei Gericht tragen eine Robe und Krankenschwestern früher Tracht. Der weiße **Arztkittel** ist unverändert geblieben und ist bei der sozialen Stellung, die Ärzte genießen, eher ein niedlicher Widerspruch. Die Berufskleidung des Bahnschaffners war mal eine Uniform und ist heute lediglich Teil eines Corporate Designs; es sind ja auch keine Beamte mehr. Als Uniform der zivilen Geschäftswelt galt der feine Zwirn – der Anzug bzw. das Kostüm.

Jedwede Uniform oder berufspezifische Kleidung spendet Autorität und gilt stets als seriös; es würde die Rolle ja auch konterkarieren, wenn nicht. Denn es geht dabei um Verlässlichkeit, um Ordnung und schließlich um Vertrauen – die härteste Währung der Welt. Denn Vertrauen ist die Reduktion von Komplexität: Wem ich vertraue, den muss ich nicht kontrollieren. Das erleichtert nicht nur das Leben, sondern macht es ungleich schöner.

In der informelleren Businesswelt ist nun die Herausforderung entstanden, mit nicht klassisch seriösen Kleidungsstücken genügend Autorität zu behalten. Wie gelingt das also im Hemd oder in der Bluse? Und funktioniert das auch im kragenlosen Pullover oder Shirt? Ja, es kann funktionieren. Sehr gut sogar, wenn ein paar Dinge erfüllt sind und beachtet werden.

Dazu zunächst ein kleiner Exkurs über den feinen Unterschied zwischen Schönheit und Attraktivität, bevor es mit dem Verständnis von Bildschirmkommunikation und öffentlicher Kommunikation weitergeht und schließlich die Drei Telegenen Gebote einen Einblick geben, worauf es sich zu achten lohnt. Es folgen vier Übungen sich auszuprobieren. Und zu guter Letzt wichtige Gedanken zur Nachhaltigkeit, die mehr und mehr selbstverständlicher Teil unseres Alltags werden sollte und Freude wie Wertschöpfung in unseren Look bringt, wenn man das Moralisierende weglässt, was hier der Fall ist.

3. Mess- und fühlbar: Schönheit und Attraktivität

‚Schönheit liegt im Auge des Betrachters'. Ein wunderbarer Satz. Er besagt im Prinzip, dass wir schön finden können, was immer wir wollen. Schönheit sei quasi nur eine Frage der Perspektive. Und genau aus diesem Grund brauchen weitere Erklärungsversuche gar nicht erst unternommen zu werden. Richtig? Falsch! Sagen zumindest Evolutionsbiologen, Philosophen, Etho- und Ethnologen. Denn innerhalb jeder Gesellschaft besteht unausgesprochener Konsens darüber, wer als schön empfunden wird und wer nicht – und nur ein ganz bestimmtes Schönheitsideal stößt auf breite Zustimmung.

Schöne Menschen sind – nach arithmetischen Gesichtspunkten – erstaunlich leicht zu berechnen, aber ungemein schwer zu beschreiben. „Ich weiß nicht, was Schönheit ist, aber ich erkenne sie, wenn sie den Raum betritt", sagte Aaron Spelling, der 2005 verstorbene, kreative Produzent erfolgreicher Fernsehserien wie „Melrose Place" und „Starsky & Hutch", und trifft damit den Nagel voll auf den Kopf.

Das nur schwer zu ergründende Geheimnis schöner Menschen jedenfalls liegt in ihren symmetrischen Maßen, die man errechnen kann. Sie sind im Prinzip fast ebenmäßig gebaut – nur mit einem winzigen Schuss Asymmetrie versehen. Die Abstände zwischen Brauen, Augen, Nase und Mund folgen der Harmonie des „Goldenen Schnittes", jener harmonischen Teilung einer Strecke, die Leonardo da Vinci in seiner berühmten Zeichnung des menschlichen Körpers dargestellt hat. Die Idee zu dieser Skizze stammt allerdings nicht von ihm, sondern geht schon auf den römischen Architekten Marcus Vitruvius Pollio zurück, der bereits 84 v. Chr. geboren wurde.

Der Wunsch, die Schönheiten dieser Welt verstehen zu wollen, ist uralt. Und die Suche nach Antworten beginnt jedes Mal auf die gleiche Weise: Es wird gemessen und verglichen, wie immer, wenn man nicht genau weiß, wonach eigentlich gesucht wird.

Aber schließlich wurde man doch fündig: Des Rätsels Lösung – eine immergleiche Proportion, die Verhältniszahl **Pi**. Diese transzendente, reelle Zahl beschreibt Folgendes: Das Verhältnis eines kleineren Abschnitts zum größeren verhält sich wie das des größeren Abschnitts zu einer Gesamtstrecke. Oder: Das Verhältnis des kleineren zum größeren Abschnitt ist gleich dem Verhältnis des größeren Teils zum kleineren. Verwirrt? Gut, dann noch mal anders erklärt: In Zahlen ausgedrückt bedeutet das ein Verhältnis von 1:1,618 oder noch einfacher als Bruchrechnung ein Verhältnis von 5:3.

Aus meinem Beruf weiß ich, dass Menschen mit einem sehr symmetrischen Gesicht vor der Kamera tatsächlich eher fad erscheinen. Moderatorinnen bekommen zu hören, dass sie ja im wirklichen Leben viel schöner seien. Jedes Gesicht wird von der Kamera auf die zweidimensionale Ebene heruntergebrochen, allzu große Symmetrie wirkt da schnell langweilig. Es gibt nichts zu entdecken in einem solchen Gesicht, es wirkt leer. Visagisten sind gefordert, um künstliche Asymmetrien herzustellen. Am besten lernt man das, wenn man statt vor dem Spiegel vor der Kamera schminkt.

4. Bildschirm-Kommunikation und öffentliche Kommunikation – die 7-38-55-Regel

Die Medienforschung hat sich vergleichsweise spät mit dem einzelnen Auftritt von Moderatoren in Informationsformaten beschäftigt. Erst in den Nullerjahren begannen ARD & ZDF mit frisch entwickelten Tools von Programmbewertungsverfahren auch die Sprache, Gestik und Optik der Presenter und auch das Studioambiente stärker als zuvor im Monitoring zu berücksichtigen. Die gewonnenen Erkenntnisse lassen sich durchaus auch auf öffentliche Auftritte ohne Kamera übertragen und lösen vor allem das richtige, aber missverstandene Ergebnis des US-Psychologen Albert Mehrabian (*1939) aus dem Jahr 1967 zur zwischenmenschlichen Kommunikation auf. Albert Mehrabian zeigte auf, dass sich Kommunikation nur zu 7% aus Worten, zu 38% aus der Stimme und zu 55% aus der Körpersprache zusammensetzt; zur Körpersprache zählt auch die Gesamtoptik der Person, die diese konterkariert oder unterstützt, aber stets begleitet (vgl. Mehrabian 1981).

Das war besonders für Fernsehvolontäre ein Schock, die in ihrer Ausbildung und etlichen Fortbildungsseminaren damit als 7-38-55-Regel konfrontiert wurden. Nur 7% eines Fernsehauftritts zahlte auf den Inhalt ein? Dann doch besser gleich zum Radio, oder? Die Spannbreite der Schlussfolgerungen ist auch heute noch groß: Es wird entweder geraten, optisch bloß nicht aufzufallen, denn das würde bedeuten anzuecken bzw. abzulenken. Oder es wird das Gegenteil geraten, nämlich optisch besonders aufzufallen, was gleichgesetzt wird mit **Markenzeichen** entwickeln.

Meiner Erfahrung nach macht beides den künftigen Presentern das Fernsehleben schwer und verunsichert sie. Aufzulösen ist die 7-55-38-Regel anders. Jeder Zuschauer stellt sich innerlich zwei Fragen, wenn er jemanden sprechen hört und dabei sieht in dieser Reihenfolge: **Vertraue ich der Person?** Das ist die Frage nach der Sympathie. Und: **Traue ich es der Person zu?** Das ist die Frage nach der Kompetenz.

Mit der ersten Frage, der Frage nach Sympathie wird die Beziehungsebene geklärt. Dabei ist Sympathie ein Mischgewürz. Es setzt sich zusammen aus Körpersprache/Optik und Stimme. Also 93% (55% + 38%) der Aufmerksamkeit, die ein Empfänger aufbringt, gelten der Klärung der Beziehungsebene. Erst wenn sie positiv beantwortet wird, öffnet man sich für den Inhalt. Noch besser: Man wechselt auf die Inhaltsebene zu 100%.

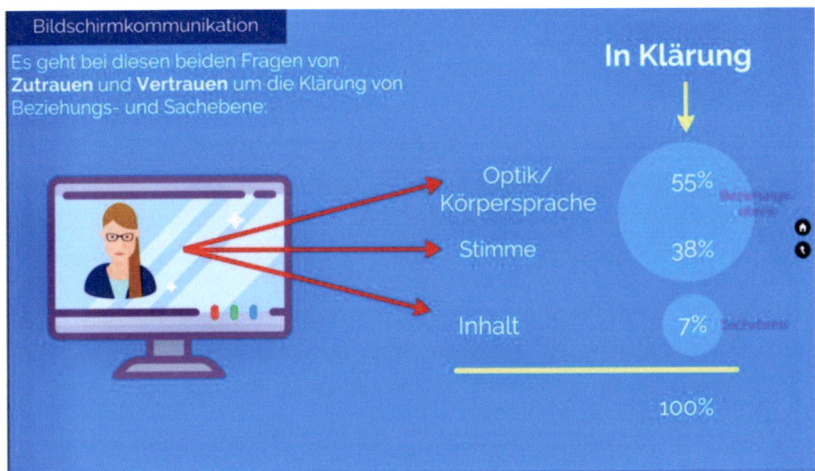

Abb. 68: Zutrauen und Vertrauen in der Bildschirmkommunikation

Die Herausforderung für jeden, der Information übertragen möchte, sei es vor einer Kamera oder vor Publikum ist, auf die Inhaltsebene zu kommen. Optisch ist das gelungen, wenn der Eindruck in sich stimmig ist. Doch was bedeutet **stimmig** genau? Und was kann die Optik dazu beitragen? Die Herleitung beschreibt das nächste Kapitel der Drei Telegenen Gebote.

- ☞ Vor Informationsübertragung einer Person vor der Kamera und/oder vor Publikum braucht es die Klärung der Beziehungsebene.
- ☞ Die Beziehungsebene wird vom Publikum positiv beurteilt, wenn der optische Eindruck in sich stimmig ist.
- ☞ Was diese Stimmigkeit bedeutet, beschreiben die Drei Telegenen Gebote im nächsten Kapitel.

5. Drei telegene Gebote

Durch viele Sichtungen von Presenterauftritten, die bei der Gefallens- und Kompetenzskala im Monitoring besonders gut abgeschnitten haben, konnte ich ein Muster erkennen und daraus die Drei Telegenen Gebote ableiten: Auf die Farbhierarchie, die Passform und die Konsequenz kommt es an.

Die sehr gut bewerteten Presenter zeigten in ihrem Stil ein hohes Maß an Autorität und maßen ihrem Look eine Bedeutung bei, ohne dass man merkte, dass sie es taten. Es strahlt eine faszinierende Beiläufigkeit aus und sendet das Signal: Ich beherrsche die Lage. Mit ihnen gesprochen, wurde deutlich, dass sie sich intensiv mit ihren Proportionen, ihrer Anmutung und der neuzeitlichen Kleidungskultur auseinandergesetzt hatten. Es war also vor allem Kopfarbeit.

Die Presenter, die weniger gut abschnitten, hatten keine klare Vorstellung von sich. Sie unterschätzten entweder die Bedeutung des Themas oder überschätzten es. Im ersten Fall wirkten die Looks beliebig, im zweiten Fall hatte sich ihr Style verselbständigt; es wirkte übereilt.

Und darauf kommt es an:

1. Farbhierarchie
2. Passform
3. Konsequenz

5.1. Farbhierarchie

Bei der Einordnung von Farbhierarchien ist es wichtig zu wissen, dass uns helle Farben näher erscheinen und dunklere weiter weg. Bei einer roten Blüte auf grüner Wiese unter blauen Himmel erscheint uns die rote Blüte sehr nah, die Wiese weiter und der Himmel ganz weit weg. Diese Hierarchie der Eindrücke unterstützt die plastische dreidimensionale Wahrnehmung unseres Gehirns.

Das helle Hemd unter dunklem Anzug tritt optisch nach vorn, die dunkle Silhouette zurück. So entsteht eine Autorität und Kompetenz stärkender Tiefeneindruck. Ein schöner Nebeneffekt ist auch, dass das helle Hemd oder die Bluse einfallendes Licht einfängt und ins Gesicht abstrahlt.

Abb. 69: Klassische Vorstellung von Geschäftsleuten (Quelle: iStock/VolHa)

Die Abbildung 69 zeigt unsere klassische Vorstellung von Geschäftsleuten: Innen hell, außen dunkel in sogenannten umbunden Tönen. Bunte Töne kommen allenfalls als Akzent vor. Bei ihm traditionell als Krawatte – später auch Brille. Bei ihr als Brille, Tuch, Schmuck oder Schuh.

Die Farbhierarchie ist ein Spiel mit Kontrasten. Die Abstufung ins Informelle geschieht durch die Verringerung der Hell-Dunkel-Kontraste. Je mehr der offizielle Schwarz-Weiß-Kontrast aufgehoben und je farbiger es wird, desto informeller wirkt der Look. Die klassische Businesswelt war schwarz-weiß. In unseren Köpfen ist sie das mitunter auch heute noch. Aber nur dort. In der Praxis geht es um eine große Bandbreite von Hell-Dunkel-Kontrasten und immer um deren hochwertigen Eindruck, der durch weiche Schatten und Falten an den richtigen Stellen entsteht. Das wird besonders vor der Kamera deutlich.

Bewegungsfalten mit sichtbar weichen Schatten erhöhen die Hochwertigkeit, Zug- und Quetschfalten mit harten Schatten verringern ihn. Je heller ein Kleidungsstück, desto stärker wird es sichtbar. Und auch das Material spielt eine Rolle: Feine Schurwolle kann fließen und erscheint weich, Baumwolle kann das nicht und erscheint hart.

Abb. 70: Heutige Businesswelt (Quelle: iStock/robuart)

Die Abbildung 70 zeigt: Die Businesswelt ist bunter und weniger offiziell geworden. Die Vorlieben und Befindlichkeiten des Einzelnen lösen den gesellschaftlichen verbindlichen Dresscode nach und nach ab. Das Aussehen von Chefs und Arbeitnehmern hat sich immer mehr angeglichen. Ob das so bleiben wird? Unmöglich, das vorherzusehen.

5.1.1. Farbhierarchische Brain Scripte

Eine Besonderheit in der Farbhierarchie sind **Brain Scripte**. Das sind sozio-kulturell verankerte Vorstellungen, die in einer Gesellschaft fest etabliert sind. Bei Farben gelten die Kombinationen Rot, Weiß und Blau (Maritime Anmutung), Rot und Schwarz (Palomo-Picasso-Farben), Beige/Camel und Blau, Weiß und Beige (bes. im Sommer, Wüstenanmutung) als etabliert jenseits des hoch offiziellen Schwarz-Weiß. Etabliert bedeutet, dass sich der Betrachter keine Gedanken macht, ob ihm das gefällt oder nicht; er geht nicht in die Bewertung. BrainScript-Kombinationen erhalten die Autorität und bauen eine Brücke ins Informellere.

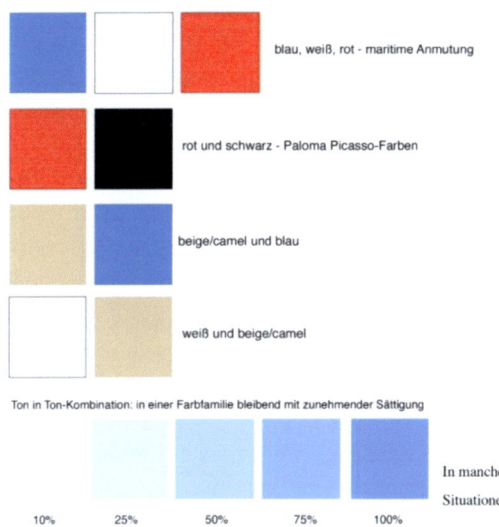

Abb. 71: Farbhierarchische Brain Scripte

Eine Besonderheit in der Farbhierarchie sind Brain Scripte. Das sind sozio-kulturell verankerte Vorstellungen, die in einer Gesellschaft fest etabliert sind. In manchen Situationen kann es vorteilhaft sein, den Betrachter nicht in die Bewertung zu zwingen. Zum Beispiel, wenn man erst in den Beruf startet oder als politischer Kandidat bzw. in einer neuen Rolle noch nicht besonders erfahren ist und überdies nicht so viel privaten Geschmack preisgeben möchte. Der Wechsel von der Beziehungs- auf die Sachebene funktioniert mit BrainScript-Kombinationen schneller als mit rein privat geschmacklichen Farbzusammenstellungen.

☞ Sich der klassischen Farbhierarchie bewusst zu sein, unterstützt bei der jeweiligen Entscheidung, wie viel Autorität man bei dem jeweiligen Anlass zum Vorschein bringen möchte. Anders gesagt: wieviel Autorität der Anlass **braucht**.

☞ Farbkombinatorische BrainScripte sind soziokulturell verankerte Farbkombinationen, die gesellschaftlich etabliert sind.

☞ BrainScript-Kombinationen erhalten die Autorität und bauen die Brücke ins Informellere.

☞ Besonders hilfreich sind BrainScript-Lösungen, wenn man sich auf noch unsicherem Terrain bewegt.

5.2. Passform

Mit der Passform verhält es sich in der Wahrnehmung analog zur Schönheit: Eine gelungene Passform wird von der Umwelt immer positiv wahrgenommen, auch wenn der Betrachter sie für sich selbst nicht herstellen kann. Es hat mit Proportionen zu tun, die ausgewogen als harmonisch oder nicht ausgewogen als disharmonisch wahrgenommen werden.

Die öffentliche Kritik über Frisur und Kleidung, die Angela Merkel in den 90er Jahren von allen möglichen Medienblättern erfuhr und die selbst sicherlich sehr kritikwürdig ist, bezog sich bei der Garderobe nie auf die Labels, die sie trug, aber auf die Kombination. Die heute älteren Leser erinnern sich sicher noch an ihre wadenlangen Röcke, die brav am U-Boot-Kragen gerafften Blusen oder Rollkragen und längeren Longblazer. Dazu ein wenig eleganter Schnürschuh ohne oder mit nur wenig Absatz. Ein Ensemble, das in den Proportionen nur selten zueinander passte.

Ein anderes Beispiel für die Bedeutung eines passgenauen Sitzes findet sich in militärischen Uniformen. Eine Uniform, die nicht passt, hat keine autoritative Strahlkraft. Und das steckt dahinter: Wer für sich eine stimmige Passform herstellen kann, zeigt, dass man sich mit sich selbst auseinandergesetzt hat und sich selbst gut kennt. Man hat also Verantwortung für sich übernommen. Wer das für sich kann, kann das auch für andere übernehmen – sehr wichtig für alle, die tatsächlich Führungsverantwortung übernehmen wollen. In der Umsetzung ist es komplexer, als es klingt und braucht Übung.

Es lohnt sich also, seine eigenen Proportionen sehr gut zu kennen. So kann man es herausfinden:

- Man kann sich mit dem Maßband ausmessen: Schulter, Brust, Taille, Hüfte, Schritt und Bein- und Armlänge.
- Man stellt sich in enganliegender schwarzer Kleidung frontal vor eine helle Wand und macht ein Bild von sich oder gleich ein Video. Dann kann man sich mit leicht abgespreizten Armen langsam um die eigene Achse drehen. Anschließend kann man Screenshots aus dem Video erstellen. Hilfreich ist auch, die Screenshots auszudrucken und abzupausen. Wer mit seinem Tablet versiert ist, kann auch digital zeichnen. (Es gibt auch Scanner-Apps, die aber in aller Regel kostenpflichtig sind.)

Im Seminar sorgt diese Übung für überraschende Erkenntnisse bei Frauen. Im Kopf sehen sie sich als dicker, runder und insgesamt unvorteilhafter, als sie es eigentlich sind. Männer wissen um ihre Vorzüge und können ihre optischen Problemzonen mental deutlich besser wegstecken.

Kleidung, die Autorität spenden und Kompetenz ausstrahlen soll, hat die Aufgabe auszugleichen. Grob gesprochen bedeutet das: Was am Körper relativ zu dünn geraten ist, sollte mit Stoff umspielt, was eher zu groß oder zu dick,

sollte mit festerem Stoff passgenau abgeformt werden. Madeleine Albright (†
2022), die erste Außenministerin der USA und ein prominentes Beispiel für zwei
Größen an einem Körper, war eine Meisterin darin, ihre Figur zu feiern. Es war
das Gegenteil von wallenden Fließgewändern und deshalb von souveräner
Lässigkeit – sie beherrschte die Kür feiner Autorität.

Die Passform erhöht die Autorität, wenn

- die Schulter passgenau abgeformt ist (in Analogie zur Uniform).
- die Kragenlinien aufgeräumt sind: eher Revers statt Tuch.
- der Armausschnitt eng geschnitten ist und dennoch große
  Bewegungsfreiheit zulässt.
- der Stoff an Po und Brust eher fest aufliegt, an Taille und Bein dafür
  fließend ist – und niemals hauteng.
- die Gesamtproportionen stimmen: Annäherung an den Goldenen
  Schnitt.

- ☞ Passgenauigkeit ist in der Umsetzung anspruchsvoller, als es klingt. Es
  braucht Übung, bevor es Spaß macht.
- ☞ Passgenauigkeit setzt voraus, dass man sich selbst gut kennt und in dem
  Ausgleich nicht optimaler Proportionen **Verantwortung für sich**
  übernimmt.
- ☞ Kompetenz sitzt in der Schulter – in Analogie zur Uniform.
- ☞ ein optimal enger Armausschnitt, der trotzdem Bewegungsfreiheit
  zulässt, zeugt von einem guten Schnitt.

5.3. Konsequenz

Konsequenz heißt, den Look zu Ende zu denken und in ein größeres Bild zu setzen. Es geht nicht nur um dich als Person, sondern du als Person inmitten einer Szene, einer Situation, in einer Rolle.

Auch das klingt – wie die Passformgenauigkeit – einfach, bedarf aber vorheriger Kopfarbeit. Dieses dritte und letzte Gebot zeigt, dass der Look Teil eines Gesamtplans von sich selbst ist. Es bekräftigt Gebot eins und zwei.

Konsequenz wird vom Betrachter – genau wie Schönheit – immer erkannt. Eine konsequente Umsetzung einer Lookidee verschafft den großen Vorteil sofortiger Akzeptanz. Am Beispiel des **Dirndl** wird das deutlich. Diese alpenländische Tracht war einst die Kleidung einer jungen Frau (oberdeutsch *Dirn*) niederen Standes, einer Magd, einer Dienstbotin. Heute ist es eine der Mode stark unterworfene Festtracht mit einigen feststehenden Elementen, die nicht mehr nur auf der Münchner Wiesn, dem Original Oktoberfest, sondern auf allen von dort exportierten Oktoberfesten im In- und Ausland getragen wird und bei anderen Festlichkeiten des Alpenlandes. Dabei käme keine Frau auf die Idee, ein Dirndl zu tragen, dass nicht perfekt passt und ihre Silhouette im Stile eines Dior-Cocktailkleides eng abformt. Mit einem Mieder, dass eine jede in weibliche Formen packt, dem Balkonette-BH, das ein schönes Dekolleté formt, einem *Bscheißerl*, dem sichtbaren Teil der Dirndlbluse und einer Schmuckschürze, deren Ausgestaltung schon wieder eine eigene Wissenschaft ist. Auswahl und Kombination mit den typisch kräftigen Schuhen, der kleinen Umhängetasche und dem Schmuck, bevorzugt der Charivari, folgen dem Dirndl konsequent.

Zum Oktoberfest tragen auch die Frauen das Dirndl, die ansonsten mit Tradition nicht viel und mit tradierten Rollen schon gar nichts anfangen können. Doch niemand würde die Trägerin darin geschmacklich bewerten, denn das Dirndl ist ein modernes Kostüm und das Oktoberfest ein modernes Märchen. Es sind Rollen, konsequent umgesetzt. Und das schafft Anerkennung, auch von den Frauen, die selbst nie ein Dirndl tragen würden und den Männern, die weder mit Bayern verbunden noch dem Brauchtum Oktoberfest etwas abgewinnen können. Konsequenz gilt als ein Wert an sich.

Ähnlich verhielt es sich mit Anzug und Kostüm als klassische Businessgarderobe. Die war genauso etabliert und wurde entsprechend nicht infrage gestellt. Bis dann die Regeln, es zu tragen, als zu streng vor allem als zu spießig empfunden und sukzessive aufgeweicht wurden. Dadurch entstand Freiheit für den Einzelnen und viel Beliebigkeit für das Umfeld. Heute sind wir weit vorangeschritten auf dem Weg ins Informelle, das vom Privaten kaum noch zu unterscheiden ist. Zur Freiheit gesellt sich deshalb auch Unsicherheit. Nicht darüber, was man tun **darf**, sondern was man tun **könnte**.

Es ist also wichtig nicht nur sich in einem bestimmten Kleidungsstück zu sehen, sondern im Gesamtlook, Schuhe, Accessoires, Schmuck, die Frisur, ggf. ein Make-up, das entsprechend stärker oder natürlicher ausfallen sollte. Und es ist wichtig, sich die Situation vorzustellen, in der man sich bewegt. Anders herum formuliert bedeutet das: Nein, Sneaker passen nicht immer, Jeans auch nicht. Und: Ein schönes Kleidungsstück allein macht noch keinen Sommer.

Eine konsequente Umsetzung

- ☞ heißt, den Look zu Ende zu denken.
- ☞ setzt die persönliche Gesamterscheinung in ein größeres Bild.
- ☞ schafft immer Anerkennung.
- ☞ ist niemals beliebig.
- ☞ ist ein Wert an sich.

6. Übungen – Nachmachen und mitmachen

6.1. Übung 1: Stelle einen offiziellen Auftritt her!

In dieser komplexen Gemengelage, wo fast alles erlaubt, aber nur weniges hilfreich ist, stehen Sie als öffentliche Person mit Führungsanspruch und kommen nicht umhin, sich mit dem Thema Kleidungskultur auseinanderzusetzen. So ist es empfehlenswert, von oben zu beginnen: Nur wenn Sie den offiziellen Auftritt beherrschen und ein paar traditionelle Regeln kennen, können Sie Ihre Wirkung steuern und Ihren Look bei Bedarf gekonnt herunterbrechen.

Die folgende Beschreibung des offiziellen Auftritts für sie und ihn liest sich wie eine Vorschrift im Stile von Erika Pappritz *Der Gute Ton* aus den 1950er Jahren; es mag überkommen erscheinen. Das ist es mitnichten. Diese über Jahrzehnte etablierte und bewusst emotionslos angelegte Garderobe mutet im Gegenteil auch heute noch durchaus attraktiv an, vorausgesetzt, die Umsetzung ist gelungen. Nur die Situationen, in denen Sie den offiziellen Auftritt tatsächlich brauchen, sind seltener geworden, weshalb es umso wichtiger geworden ist, ihn zu beherrschen. Ein Widerspruch? Nein, denn zum einen zeigen Sie zu gegebenem Anlass, dass Sie von Kleidungskultur etwas verstehen und zum anderen ist es der Archetypus, den man kennen muss, um einen gekonnten Bruch zur informelleren Garderobe überhaupt erst möglich zu machen.

Sie – Knielanges, dunkles Schurwollkostüm (mind. 120s) mit hüftkurzer Jacke im Chanel-Stil oder klassischem Jackett | weiße Bluse mit Kragen | 20 DEN Strümpfe | dezenter Schmuck | geschlossene, schwarze Pumps mit 4-5 cm Absatz |

Er – Dunkler 2 oder 3Knopf Anzug aus Schurwolltuch (mind. 120s) | weißes Hemd mit Kentkragen | perfekt gebundene Krawatte | schwarze Schuhe |

Divers – dazu gibt es noch kein etabliertes Regelwerk

Kleide dich mal genau so. Falls es so beschrieben in deinem Kleiderschrank nicht parat liegt, greife zu den klassischsten Teilen, die du hast. Es gibt keine? Dazu passt das Zitat von Henry David Thoreau: „Hütet Euch vor allen Beschäftigungen, die neue Kleider und nicht einen neuen Träger der Kleider verlangen." (Thoreau 1905: 21) Wenn nichts dergleichen in deinem Schrank zu finden ist, heißt das, dass du anlassbezogen kaufst und es bisher noch keinen Anlass für offizielle Kleidung gab. Oder dass das lange her ist und dir die Sachen nicht mehr passen. Oder du bist extrem jung und fängst grad erst an. Wenn also nix da ist, nutze die Umkleide im Geschäft dazu, am besten, wenn du ohnehin Kaufabsichten hast. Was siehst du im Spiegel?

Höchstwahrscheinlich eine ziemlich veränderte Silhouette, eine mit klaren Schultern- und Kragenlinien und gradem Bein. Es wirkt in jedem Fall: Reduziert und schnörkellos. Nun kennst du deine Kompetenz und Autorität spendende Silhouette.

6.2. Übung 2: Kleide dich unvorteilhaft und fühle dich schön!

Bluse oder Hemd sind ein Hauch zu eng, Hose oder Rock knittern nach nur zehn Minuten Autofahrt unermesslich, Jackett oder Mantel verraten durch Schnitt und Abnutzung ihr stattliches Alter. Und dann ist da noch das Oberteil, für das dir partout nichts einfällt, es zu kombinieren. Es gibt viele Gründe, warum ein Kleidungsstück nicht mehr (oft) getragen wird. Solange es aber noch den Kleiderschrank belastet, kannst du es nutzen, um den Widerspruch zwischen innen und außen zu trainieren: Zeig' dich damit und rede dir ein, es sei das schönste auf der Welt. Du solltest das zuvor vor dem Spiegel üben. Geh' in verschiedene Posen, drehe und setze dich einmal damit. Ein Hilfsgedanke ist, es gäbe keine Alternative dazu und du kannst den Anlass auf keinen Fall absagen.

Du kannst nun mehrere Überwindungsstufen gehen: Die unterste ist die der unbekannten Öffentlichkeit z.B. sich in der Straßenbahn, im Zug/Bus oder in der Fußgängerzone bewegen. Die nächste Stufe ist die unbekannte

Öffentlichkeit mit Ansprache z.b. beim Bäcker Brötchen kaufen gehen. Dann folgen die dir nicht besonders nahestehenden Bekannte, dann die dir besser Bekannten, dann lockere und enge Freunde und schließlich dir Höherstehende wie dein Chef oder öffentliche Personen z.b. der Bürgermeister.

Beobachte deine Betrachter genau. Wirst du **seltsam** angeschaut? Wirst du von deinen Bekannten sogar angesprochen? Von deinen Freunden, von denen man das noch am ehesten erwarten dürfte? Anders angeschaut ja, angesprochen nein. Registriert werden vor allem eine unvorteilhafte Passform und zwar deutlich stärker als ein aus der Mode gekommener Schnitt oder eine unglücklich gewählte Farbkombination. Für eine nicht optimale Passform sind alle Menschen gleichermaßen sensibel, auch – und manch einer meint sogar ganz besonders die –, die es für sich selbst nicht herstellen können. Das hat mit der in Abschnitt **VI**.2. beschrieben Autorität zu tun. Ungünstige Farbkombination oder Abnutzungserscheinungen hingegen werden vom Träger in der Wahrnehmung der anderen oft überschätzt. Wenn es nicht ganz besonders extrem ist, weiß kaum noch jemand, was du tatsächlich getragen hast. Doch angesprochen wirst du in den seltensten Fällen, denn es ist ein gesellschaftliches Tabu äußere Makel offenzulegen. Es gilt als absolut unhöflich, Äußerlichkeiten zu kritisieren, denn dann – so die deutsche Lesart – gilt man selbst als oberflächlich.

Die Übung dient Dir, die Spannung zwischen Deiner inneren Vorstellung und der tatsächlichen Wahrnehmung Deiner äußeren Umwelt auszuhalten. Damit lehrt sie Dir das Bluffen. Wenn innen und außen nicht zusammenpassen, so kannst Du doch eine gute Performance abliefern. Je stärker Du Dein äußeres Defizit ignorieren kannst, desto mehr wirst Du beeindrucken.

6.3. Übung 3: Rette das Outfit

Die Übung bietet sich direkt im Anschluss an die **Unvorteilhaft-kleiden-Übung** an. Allerdings kann man sie nicht allein machen. Es braucht mindestens einen oder – fast noch besser – eine kleine, vertrauensvolle Gruppe Beobachter.

Es ist im Seminar immer die Übung, die alle fürchten, aber im Anschluss sehr froh sind, sie gemacht zu haben. Denn die Ergebnisse sind überraschend.

Und so geht's: Man wählt ein Outfit, dass aus irgendeinem Grund kaum getragen wird, vielleicht noch nie wirklich getragen wurde und stellt sich damit in die Mitte. Die Gruppe schaut eine Minute lang darauf und dann gibt es der Reihe nach eine Rückmeldung. Die häufigsten Rückmeldungen bei Frauen sind:

- Der Übergang von Bluse zu Rock oder Hose ist nicht gelungen; kein schöner Bund vorhanden.
- Taille sitzt nicht da, wo sie sitzen soll; die Proportionen stimmen nicht.
- Die Länge ist zu kurz oder zu lang; die Proportionen stimmen nicht.
- Der Stoff hat keine **Betriebsspannung**, hängt zwar knitterfrei, aber schlaff am Körper.
- Der Ärmelausschnitt ist zu schmal, es entstehen ungünstige Zugfalten.
- Das Teil lässt sich nur schwer kombinieren, es ist ein Solitär.

Im zweiten Teil werden Längen und kreative Falten gesteckt oder umgekehrt Schlitze in das Outfit reingedacht, mit Gürteln, Tüchern und Broschen wird die Silhouette ins Vorteilhaftere gesetzt. Zugegeben: Zu enge Kleidungsstücke können kaum gerettet werden. Ich entfache bei den Teilnehmerinnen Mut und Kreativität, wenn ich erzähle, dass Coco Chanel weder großartig zeichnen noch gut nähen konnte. Sie hat alles am Körper gesteckt. Ihre Models mussten dabei stundenlang stehen.

In Bezug auf Farbe ist zu beachten, ob das Outfit eher unter Tageslicht- oder Kunstlichteinfluss getragen wird. Viele Gute Tuche zum Beispiel funktionieren unter wärmeren Kunstlichteinfluss viel besser als unter dem eher kühlen Tageslicht. Bei einer für den ungeschminkten Teint ungünstigen Farbwahl ist tatsächlich nicht viel zu machen. Auch ein Make-up wird das nicht vollständig ausgleichen können. Da ist es besser, den Kauf abzuhaken. Und wir schieben die Rettungsdecken-Übung ein, die ein farbsicheres Urteilsvermögen schafft: Eine im Handel erhältliche Rettungsdecke besteht aus einer silbernen und einer goldenen Folienseite. Unter Tageslicht legt man abwechselnd beide Seiten wie einen Frisierumhang um. Es ist sehr schnell zu erkennen, ob die warmgetönte Seite oder die kühl unterlegte dem Teint schmeichelt. Die Ableitung auf Farben ergibt sich daraus.

Es gibt mindestens genauso oft diese Rückmeldung: Dass es nichts zu verbessern gibt, dass das Kleidungsstück der Trägerin ausnehmend gut steht. Es gibt nur Staunen darüber, warum es nicht oft getragen wird. Häufigste Antwort: Man hat sich nicht getraut. Oft handelt es sich um figurbetonte Teile, tiefer dekolletiert und mit auffälligerem Muster. Bei der Anprobe im Geschäft ist man noch beschwingt und mutig, vor dem heimischen Kleiderschrank wird einem bewusst, dass dazu anders frisierte Haare, ein stärkeres Make-up und hohe Schuhe gehören.

Auf Wunsch fotografiere ich das Ergebnis. Am Ende bleibt für die Runde unklar, ob das Outfit nun häufiger getragen werden wird. Die Trägerin weiß das in dem Moment auch noch nicht. Klar aber ist, dass man eine Menge über sich erfahren und gelernt hat.

Bei Männern funktioniert die Übung etwas anders. Da geht es auch um ihre klassische Businessgarderobe, um Anzug oder Sakko und Hose. Und zunehmend auch um ihre Smart-Casual-Garderobe, also die Kombination mit freizeitlichen Schuhen, Shirts und Pullovern. Aber bei Männermode helfen keine praktischen Vorschläge, wie man stecken, binden und knoten könnte. Damit diese Übung in einer Männerrunde klappt, braucht es jemanden, der affin für das Schneiderhandwerk ist und weiß, wie ein klassisches Sakko/ Jackett sitzen sollte.

6.4. Übung 4: Lerne Dein Kamerabild kennen und steuern!

Das Spiegelbild zeigt, wie man sich selbst sieht, das Kamerabild wie einen die anderen sehen. Und die Filter wie die anderen einen sehen sollen. Sein Kamerabild zu mögen braucht Gewöhnung. Und das bedeutet: Übung. Ganz so, wie es Übung braucht, sich an die eigene Stimme zu gewöhnen, wenn sie aus einem Mikrofon kommt. Es wäre nicht gut, wenn es anders wäre. Denn wären wir nur allzu verliebt in unser Konterfei und unsere Stimme, wir würden uns den ganzen Tag nur selbst zuhören und uns betrachten. Letzterem Punkt kommen wir schon recht nahe, heißt es als Kritik zum Social-Media-Konsum.

Dass die Photo-Sharing App Instagram mal zur digitalen Litfaßsäule der eigenen Person und deren Mahlzeiten wird, hat niemand vorausgesehen. Die Entwickler Kevin Systron und Mike Krieger, die 2010 mit Instagram an den Start gingen, dachten eher daran, dass es doch gewiss vielen Spaß machen würde, vornehmlich Landschaftsaufnahmen durch den Einsatz von Filtern kreativ künstlerisch zu verändern und in einer riesigen Photo-Community zu teilen. Dabei dachten sie sowohl an bekannte als auch unbekannte Orte und Sehenswürdigkeiten.

Die Kardashians und Justin Bieber waren die ersten, die anstatt Landschaften sich selbst in Alltagssituationen ablichteten. Das Interesse daran war sofort riesig und so beförderte Instagram die Popularität der Kardashians und Justin Biebers und machte auch Instagram populär. Im Jahr 2012 kaufte Facebook-Chef Mark Zuckerberg Instagram und begann mit der Übertragung von Hochglanzwerbung ins Digitale. Doch viel erfolgreicher als anonyme Models aus Printprodukten eins zu eins auf diese App zu übertragen, war es, die Produkte von charismatischen Nobodies mit Sprechtext bewerben zu lassen. Personen, die niemand kannte, aber die sich sehr schnell wie Freunde anfühlten – der Influencer war geboren.

Nun wurde es rasch zur Normalität, dass ein jeder, der will, sich zeigen und über das sprechen kann, was man von Belang hält – das eigene Kamerabild kann so omnipräsent werden. Und obwohl wir uns selbst so viel häufiger selber sehen als früher, führt das nicht dazu, dass wir uns sehen wollen, wie wir sind. Im Gegenteil. Kein Bild geht raus, ohne bearbeitet worden zu sein, kein Clip wird aufgenommen, ohne entsprechende Filter eingesetzt zu haben.

Bei der Webcam im Home-Office machen wir allerdings eine Ausnahme. Vor dieser Kamera verhalten wir uns mitunter, als sei sie nicht da. Da filmen wir ungeniert auch nur mal unsere Nasenlöcher in Übergröße ab, wenn die Kamera eben von schräg unten schießt. Oder wir stören uns nicht an Unschärfe, schlechter Farbtontreue, ungünstigen Schatten, Über- und Unterbelichtung. Woran es genau liegt? Unklar. Manchmal wird das Phänomen mit dem Verhalten im Auto verglichen. Obwohl jeder weiß, dass man hineinschauen kann, verhalten wir uns, als würde man uns nicht sehen können und tun zwischendurch die Dinge, die man nur tut, wenn man sich unbeobachtet fühlt. Top eins der Liste: in der Nase bohren.

Doch sehen wir uns mit einer anonymen und unkontrollierbaren Öffentlichkeit konfrontiert, wollen wir nur das Beste von uns zeigen. Damit das natürlich wirkt, braucht es wie eingangs erwähnt Gewöhnung. Und die entsteht durch Übung. Und das bedeutet in erster Linie aushalten und machen.

Und so tastet man sich am besten heran. Man erstellt einen Make-up-Chart von sich. Das funktioniert genauso, wie man seine eigenen Silhouette gescannt hat (beschrieben im Abschnitt „Passform" (**VI**.5.2.).

7. Das Make-up

7.1. Schritt 1: Das Make-up-Chart

Make-up-Charts entstammen dem Filmhandwerk. Heute nutzen ihn auch die OnAirStylisten beim Fernsehen, die auf das gute Aussehen in Informationsformaten spezialisiert sind. Sie reichern den Chart auch um Bemerkungen und Produktinformationen an. So dient ihnen das Chart als Erinnerungsstütze, aber auch um die Information, was genau gemacht wurde, an die Teamkollegen weiterzugeben. So wird eine wertvolle Stylingakte angelegt, die natürlich mit professioneller Verschwiegenheit verwendet wird. Übrigens: Auf Papier lässt sich mit pudrigen Schminkprodukten und -pinseln wunderbar zeichnen. Hier wird das Make-up-Chart vorgestellt, weil es auch hilft, die Grundlagen des telegenen Make-up zu verstehen.

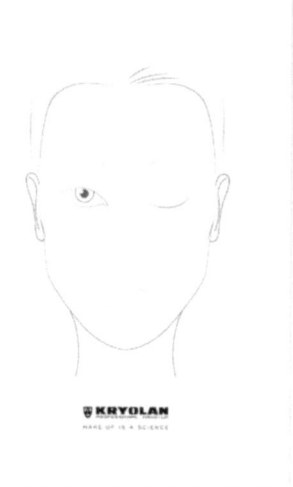

Abb. 72: Make-up-Chart[156]

---

[156] Vorlage eines Make-up-Charts, das das Berliner Familienunternehmen KRYOLAN auf seiner website zum Download bereitstellt. Mit Filmblut sind sie groß geworden, heute stellen sie ein Vollsortiment an dekorativer Kosmetik her, das weltweit vertrieben

Es kann für alle Geschlechter gleichermaßen angewendet werden. Die Ausführungsstärke des Make-ups obliegt der eigenen Vorstellung. Zur Anschauung stelle ich einen klassischen Chart für eine Frau vor. Charts für Männer im klassischen Sinne dienen dem Ausgleich eventuell ungünstiger Schatten (Augen, Nasolabialfalte), aber auch das Konturieren kann für sie vor der Kamera wichtig sein.

1. Grundierung: Grundiert wird mit sogenannter **Foundation**. Das ist das mehr oder weniger flüssige Produkt, das auf die gereinigte und mit Tagespflege (mind. 10 Min einwirken lassen!) versorgte Haut aufgetragen wird. In Deutschland nennt man Foundation Make-up, was zwar jeder versteht, aber im Grunde verwirrend ist. Denn unter **Make-up** versteht man korrekterweise das ganze Werk. Eine Foundation schafft **die Leinwand**: Sie verwandelt den Teint in ein schmeichelndes Hautbild.

Foundations sind High-Tech-Produkte, die, so sage ich es in Seminaren durchaus ernst gemeint, gar nicht teuer genug sein können. Denn eine hochwertige Foundation kann eine Menge:

- Sie glättet die Haut optisch, ohne vollständig abzudecken. Das macht sich mit bloßem Auge, aber vor allem vor der Kamera bemerkbar. Möglich wird das durch kleine Prismen, die das einfallende Licht umlenken.
- Sie schützt die Haut, denn es ist zumeist einen hoher Lichtschutzfaktor (LSF) integriert.
- Sie hält was aus und den ganzen Tag. Kein Verschmieren, kein ständiges Kontrollieren ist nötig.
- das Gefühl auf der Haut ist sehr angenehm

2. Konturieren (optional): Das Konturieren schafft ausdruckgebende Höhen und Tiefen in das Gesicht. Konturieren kann man mit flüssigen und/oder cremigen Sticks als auch mit Puderprodukten in hellen und dunklen

---

wird. Mit ihrer Camouflage sind sie nicht nur im Theater und Film vertreten, sondern auch im medizinisch-kosmetischen Bereich. (Quelle: Kryolan)

Schattierungen. Der Gesichtskontur (Schläfe, Wangen und Kinn) und dem Nasenbereich wird Ausdruck verliehen. Doch Achtung: Konturieren ist etwas für Fortgeschrittene! (Abbildung)

3. Rougieren: Das Rougieren ist das Konturieren für den Tag und bringt zudem Frische ins Gesicht. Auch das Rouge kann mit flüssigen als auch Puderprodukten gesetzt werden. Rougetöne sind aus der Farbfamilie rosé und/oder lachs/bronze.

4. Augen und Lippen: Auch hier gilt das Setzen von Höhen und Tiefen im

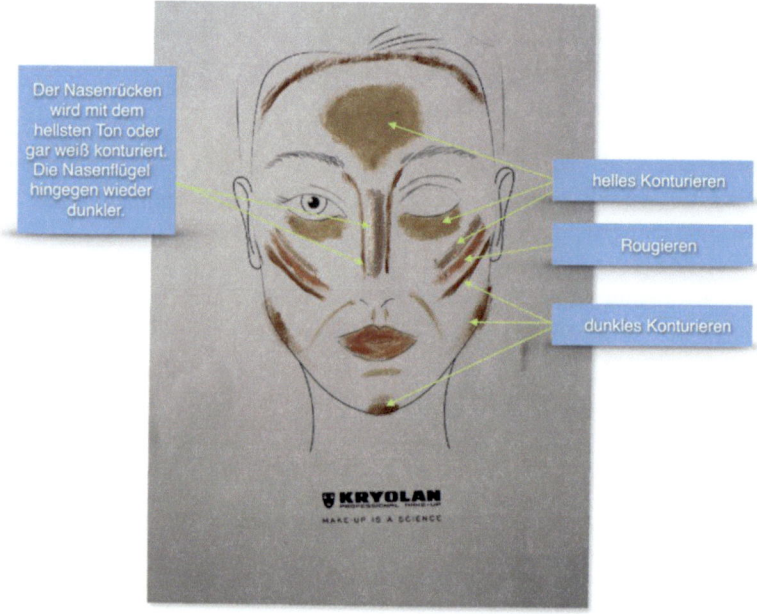

Abb. 73: Grundiert, konturiert rougiert und Augen und Lippen

Das Konturieren kommt aus dem Theater. Es unterstützt den den Charakter der Rolle. Es gilt: Dunkle Partien treten zurück, helle(re) treten nach vorn. In der Abbildung sind die Hell- und Dunkelplatzierungen grob markiert. Konturieren ist nicht einfach und muss geübt werden. Auf dem Papier und im Gesicht.

7.2. Schritt 2: Make-up-Chart personalisieren

Wenn man ein paar Charts gezeichnet und Gefühl für die Schattierungen bekommen hat, kann man im zweiten Schritt ein abgepaustes Foto von sich schattieren. Das Foto sollte frontal und schattenfrei aufgenommen sein wie in der Abbildung 72 zu sehen.

Abb. 74: Beispiel für ein schattenfreies, frontales Foto (Quelle: iStock/Prostock-Studio)

Auf der Abbildung 75 sieht man die Werkzeuge für die Foundation, Konturieren und Rougieren: Verschiedene Pinsel und eine Bürste.

Werkzeug für die Foundation,
Konturieren und Rougieren:
verschiedene Pinsel und eine Bürste

Make-up-Pinsel

Rouge-Pinsel

Pinsel für
Lidfaltenbetonung

Pinsel für
Lidschatten und
zum Verblenden

Pinsel für Unterlid
oder Lippe

Wimpernbürste

Abb. 75: Werkzeuge für die Foundation (bearbeitet von SF)

424

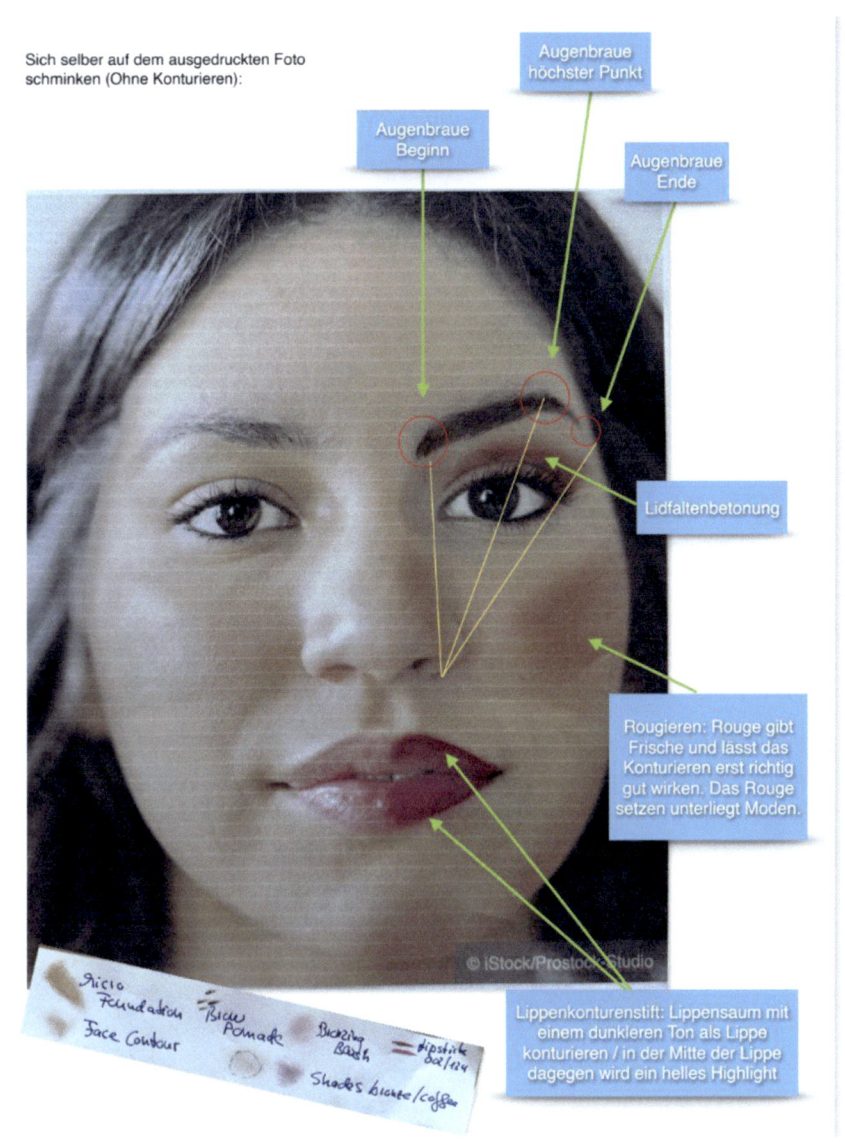

Abb. 76: Teil-schattiertes Foto (bearbeitet von SF)

Die Abbildung 76 zeigt ein Beispiel für einen personalisierten Chart, hälftig geschminkt mit Anmerkungen der Produktwahl zur Erinnerung. Was hier auf der rechten Seite schon deutlich konturiert wirkt, schaut auf Papier mit bloßem Auge betrachtet nicht so aus. Heißt: Unter Tageslichteinfluss verstärken sich vor der Kamera die Kontraste. Lidfaltenbetonung, Rouge und Lippen müssten für einen natürlicheren Eindruck noch stärker verblendet (= verwischt) werden. Zur Anschauung aber ist es einfacher, wenn man es klar erkennt.

Mit dem Auftragen, Verblenden und Schattieren kommt die Lust auf mehr und die Lust auf den Übertrag in das eigene Gesicht. Einfach machen, lautet die Devise!

7.3. Schritt 3: Grimassieren & Posen

Nun heißt es, sich mit geschminktem Gesicht unterschiedliche Stimmungen zu simulieren und aufzunehmen. Wie ist es, wenn ich meine Mimik in eine nachdenkliche, traurige, gedanklich abwesende (leerer Blick), schüchterne, verschmitzte, heitere und fröhlich ausgelassene Stimmung versetze?

Das sollte im ersten Schritt als Portrait und im zweiten Schritt als Ganzkörperpose aufgenommen werden. Garantiert erlebt man sich in der Übung als affig und peinlich. Diese Gefühle gilt es zu ignorieren! Dabei kann nichts affig oder peinlich genug sein, denn der Übertrag in einer realen Situation wird zeigen, dass man gelernt hat, sein Selbstbild auszuhalten. Gut zu wissen: Das Grimassieren & Posen sind keine übertriebene Eitelkeiten, sondern professionelle Übungen aus dem Schauspielerhandwerk.

Und wenn der Eindruck auf dem Bild nicht so ist, wie man es eigentlich beabsichtigt hatte, das eigene Gefühl mit der Bildwirkung nicht übereinstimmt, hilft die längere Betrachtung des Gesamtbildes und Analyse im Detail. Anfangs ist es in aller Regel so, dass man in der Situation doch zu sehr damit beschäftigt war, sich selbst zu kontrollieren, als sich auf die gewünschte Stimmung zu konzentrieren. Man war noch zu sehr in der **Beweisrolle**, es gut machen zu wollen, denn in der eigentlichen **Handlungsrolle**. Was dahinter steckt, ist im vierten und letzten Schritt beschrieben.

7.4. Schritt 4: Von der Beweisrolle zurück in die Handlungsrolle

„Das menschliche Gehirn ist eine großartige Sache. Es funktioniert bis zu dem Zeitpunkt, wo du aufstehst, um eine Rede zu halten." Das Zitat wird Mark Twain zugeschrieben, der um 1862 herum auch als Klatschreporter in der Goldgräberstadt Nevada gearbeitet hatte, weil die Goldgräberei nicht besonders einträglich war. Er beschreibt es mit diesem Satz trefflich: Miteinander reden und reden vor Publikum sind zwei grundsätzlich verschiedene Dinge. Im Miteinander reden ist es leicht, sich auf die Inhalte zu konzentrieren. Man ist in der Handlungsrolle, in der es nur um Verstehen, merken und weitererzählen geht. Bei der Rede vor Publikum schlüpfen wir aber in die Beweisrolle. Jetzt geht es vornehmlich darum zu zeigen, dass man seine Sache auch besonders gut kann. Man ist sich selbst sein schärfster Kritiker, aber auch härtester Freund. Viel Energie geht dahin, sich selbst zu beobachten und zumeist kritisch zu hinterfragen. Vor allem die eigene Optik! Bin ich tatsächlich schön genug, bin ich richtig angezogen, so dass ich klug und sympathisch genug erscheine? Die Antworten werden unterschiedlich, aber zumeist tiefstapelnd ausfallen. Nur durch Übung gelingt es, sich selbst an sich zu gewöhnen und von der Beweisrolle wieder in die Handlungsrolle zu kommen.

Jeder, der sagt, er habe nie geübt, weil natürlich talentiert, flunkert. Man mag eben nicht gern zugeben, wieviel Mühe in einem natürlichen Auftritt steckt. Doch der Aufwand lohnt sich, denn der Dank der inneren Mühe ist die Leichtfüßigkeit in der realen Situation.

☞ Sein persönliches Make-up-Chart zu erstellen, hilft, sich genauer kennenzulernen.

☞ Frauen können sich aus Kameraperspektive schminken, Männer ihre tatsächlichen Linien und Konturen mit dem Stift **nachfahren**.

☞ Grimassieren & Posen sind keine übertriebenen Eitelkeiten, sondern professionelle Übungen aus dem Schauspielerhandwerk.

☞ Sein Kamerabild steuern zu können, heißt, von der Beweisebene zurück auf die Handlungsebene zu kommen.

☞ Es ist der Mühe wert, denn öffentliche Auftritte und Auftritte vor der Kamera werden enorm viel einfacher.

8. Nachhaltigkeit

Der Text zur Nachhaltigkeit findet sich bewusst am Ende der Ausführungen zur optischen Rhetorik und nicht zu Beginn. Dabei sind Ressourcenschonung und Langlebigkeit unbestritten wichtige Aspekte. Doch eine zu starke Betonung führt dazu, dass das Konsumverhalten mit schlechtem Gewissen und Scham besetzt wird. Bei der Entwicklung eines eigenen Selbstverständnisses ist das aber hinderlich und zudem – davon bin ich vollkommen überzeugt – entwickeln sich Konsum und Pflegemanagement automatisch in eine nachhaltige Richtung, wenn das Selbstverständnis schließlich gelungen ist. Zuvor ist der Großteil der Käufe affektgetrieben statt strategischer Baustein zu sein. Neues ist dann willkommener als Gebrauchtes.

Grundsätzlich ist zwischen der Kosmetik- und Textilindustrie zu unterscheiden: Die Kosmetikindustrie, zu der auch alle dekorativen Produkte wie Foundation, Lippenstift und Wimperntusche zählen, unterliegt dem Lebensmittelgesetz und wird streng reguliert. Da geht es um Grenzwerte von Inhaltsstoffen. Zum Beispiel von Benzophenonen, die als synthetische UV-Filter in Foundation vorkommen können und hormonell wirksam sind. Oder die Nanopartikel des Lippenstiftes, die ins Blut gelangen können, und das Erdölprodukt Paraffin, ebenfalls in Lippenstiften enthalten, gilt als krebserregend. Und schließlich die Polyethylene, die unter anderem in Haarsprays, Gloss und Lidschatten zu finden sind und uns als Mikroplastik in Wasser und Boden zu schaffen machen. Und schließlich die wunderschönen, aber nicht wirklich nötigen Verpackungen, die ohne weitere Verwendung ganz schnell im Mülleimer landen.

Gänzlich anders verhält es sich mit der Textilindustrie. Textilien sind nach Lebensmitteln, Bauen/Wohnen und der Mobilität der viertgrößte Ressourcenverbraucher. Jeder Europäer verbraucht 15 kg Kleidung pro Jahr. Das sind 391 kg Rohstoffe, 9 qqm Wasser und 400 qm Land. (Quelle: European Environment Agency (EEA), Feb. 2022)

An die Verbraucher richtet sich die Anforderung nach einem Paradigmenwechsel. Weg vom Modetrend, hin zum langlebigen Design. Dazu weniger neu kaufen, weniger wegwerfen. **Weniger** und **länger** sind aber nicht die Lieblingsvokabeln einer Industrie, die besser davon lebt, immer mehr für immer kürzere Lebenszyklen zu produzieren. So ist eine unübersichtliche Vielzahl an Textilsiegeln entstanden, die dafür sorgen sollen, die Shoppinglust der Konsumenten nicht abebben zu lassen, aber immerhin in eine ökologisch vertretbarere Richtung zu lenken. Darunter waren gute Ansätze und noch mehr Greenwashing.

Seit 2019 nimmt die Bundesregierung mit dem **Grünen Knopf** diese Industrie ins Visier. Der Grüne Knopf ist das erste staatliche Textilsiegel überhaupt, und es ist auch das erste Siegel, das sich in der Lieferkette auf alle vier Nachhaltigkeitsbereiche bezieht: den Anbau, die Chemikalientransparenz, die Rezyclierfähigkeit und die sozialen Standards der Arbeiter.

Die Regeln, denen die Unternehmen unterliegen, werden Jahr für Jahr strenger, die Menge der Unternehmen, die es betrifft, stetig größer. Ab 2025 wird die Dokumentationspflicht für Unternehmen bereits ab 500 Mitarbeiter:innen gelten und gilt auch für Körperschaften des Öffentlichen Rechts wie z.B. Kommunen und den öffentlichrechtlichen Fernsehanstalten. Bei der neuesten Standardversion, dem Grünen Knopf 2.0, müssen zudem Anforderungen an die verwendeten Fasern und Materialien erfüllt werden. So ist es auf der Internetseite des Grünen Knopfes zu lesen.

So werden freiwillige Selbstverpflichtungen von Unternehmen durch ein staatliches Kontrollsiegel sukzessive abgelöst. Damit steht nicht mehr nur der Verbraucher im Fokus, der sich trotz aller Werbeverlockungen und attraktiven bis aggressiven Preisreduktionen im Konsumverhalten mäßigen und auf diverse Textilsiegel vertrauen soll, für die er dann selbstredend auch gern bereit sein soll, mehr zu bezahlen.

So wird es ganz allmählich besser mit der Ökobilanz, und trotzdem liegt das emissionsneutrale Shoppen noch in weiter Ferne. Hauptgrund dafür ist, dass es noch nicht gelingt, das nahezu allgegenwärtige Mischfasergewebe wieder zu trennen und eine ernstzunehmende Kreislaufwirtschaft herzustellen. Das ist vor allem dann ein Problem, wenn das Gewebe aus Natur- und erdölbasierten Chemiefasern besteht. Sprich: Baumwolle und Elasthan bekommt man nicht wieder auseinander. Weniger als 1% aller Textilien werden Stand 2024 (Quelle: EPEA.com) wieder zu Textilien verarbeitet. Dennoch lösen sich die Mikrofasern in der Waschmaschine und gelangen auch als Mikroplastik in das Abwasser. Das ist ein großes Dilemma, das eines Tages nur durch innovative Technologie gelöst werden kann. Bis dahin wird auch das schönste, teuerste und coolste Lieblingsstück am Ende zu Abfall.

VII

Merktechniken für freieres Reden

1. FREIES REDEN – DAS IDEAL?!

Vielen Menschen gilt das freie Reden als Ideal und Indikator einer guten und gelingenden Rede.[157] Diese Sichtweise halte ich persönlich für problematisch, weil sie Ziel und ein (!) Mittel vertauscht.

Ziel ist ja zunächst, eine Rede zu halten, bei der die Zuhörer:innen mitgehen, aufmerksam sind und mitdenken. Dies erreichen Redner:innen nicht allein durch freies Reden, sondern über abwechselungsreiches, flexibles, zugewandtes, klar strukturiertes und verständliches Reden.

Ob Sie eine Rede frei, textgebunden oder in einer Mischung von beidem halten, hat mit der Wirkung auf die Zuhörer:innen also zunächst einmal nichts zu tun. Eine monoton gehaltene, freie Rede kann schlechter wirken als eine gut vorgetragene gebundene Rede.

Dennoch: Eine gelingende Rede verbindet in der Regel möglichst verschiedene Farben und ist variabel. Dadurch bleibt die Aufmerksamkeit besser erhalten.

Insofern geht es für Redner:innen darum, freier (also flexibler) Reden halten zu können und sich von einem Redemanuskript (zeitweise) lösen zu können. Insofern macht es Sinn, sich über Merk- und Notationstechniken Gedanken zu machen. Im besten Fall trägt ein für Sie passendes System dazu bei, dass das Manuskript für Sie (und nicht etwa umgekehrt!) da ist.

Es geht aus meiner Erfahrung nach nicht darum, komplett ohne Manuskript zu reden – das ist nur eine Option –, sondern sich vom sklavischen Ablesen einzelner Sätze und Formulierungen zu befreien und variabler zu werden. So

---

[157] Von Detjen wird das freie Reden sogar als Kennzeichen einer freien Gesellschaft gefeiert: „Die frei gehaltene Rede ist angenehmer anzuhören als eine abgelesene. Mit der gebotenen Vorsicht kann man darüber hinaus sagen, dass die frei gehaltene Rede kennzeichnend für feiheitliche Gemeinwesen ist, während abgelesene Reden eher zu ideologisch geprägten Diktaturen passen." (Detjen 2014: 30) Die Art, wie eine Rede gehalten wird (frei oder textgebunden) sagt aber nichts über ihren Inhalt aus.

können Erzählinseln als Phasen des freien Formulierens entstehen, wenn wir sie üben, nach und nach ausweiten und weiterentwickeln.

Was in der politischen Rede allgemein gilt, gilt auch für ein Merk- und Notationstechniken im Speziellen: Es gibt kein richtig oder falsch, sondern nur passend und wirkungsvoll (oder eben nicht). Was also für Sie passend und hilfreich ist, müssen Sie selbst erproben. Insofern werde ich unterschiedliche Methoden und Instrumente vorstellen, die Sie für sich nutzen und anpassen können.

Damit Sie zielgenau in diesem Buchteil navigieren können, hier zunächst ein Überblick:

Im **ersten Abschnitt** werde ich ein paar theoretische Hintergründe aufbereiten, wie das Gedächtnis funktioniert und was wir aus der Kognitionsforschung mitnehmen können. Hier werde ich auf entsprechende Fachliteratur zurückgreifen, da ich selbst weder Gehirn- noch Kognitionsforscher bin. Dennoch halte ich es für sinnvoll, sich die Erkenntnisse anzusehen. Im Übrigen ist es ja sowohl aus Sicht von redenden Personen, aber auch aus der Perspektive der Zuhörenden wichtig zu wissen, wie Informationen wirkungsvoll platziert und gemerkt werden können. Nicht alle praktischen Tipps lassen sich wissenschaftlich absichern, sondern beruhen auf Erfahrungswissen. In diesen Fällen will ich die praktischen Erfahrungen durchaus schildern, muss aber auch darauf verweisen, dass nicht alles wissenschaftlich abgesichert ist.[158]

Im **zweiten Abschnitt** werde ich aus der Praxis heraus verschiedene Merkpräferenzen vorstellen. Diese leiten sich in erster Linie aus der eigenen Praxis her. In vielen Seminaren und Coachings habe ich mich mit

---

[158] So sind beispielsweise „Merkpräferenzen" anhand von unterschiedlichen Wahrnehmungskanälen zu ordnen, wissenschaftlich nicht erwiesen. Das gilt insbesondere für die Annahme unterschiedlicher Lerntypen, wie sie in den 1970er in die Diskussion eingebracht wurden (Vester 2014).

Teilnehmenden auf die Suche nach einem für sie geeigneten System gemacht. Darauf beruhen meine Ausführungen.

Im **dritten Abschnitt** gebe ich Ihnen – unterteilt nach den Merkpräferenzen – praktische Hilfsmittel an die Hand, die Sie erproben und für sich anpassen können.

Bevor wir genauer in die Themen der Abschnitte eintauchen, lassen Sie mich noch einen letzten allgemeinen Gedanken loswerden.

Im Kern geht es beim freieren Reden nicht um (passende) Technik, sondern um Vertrauen in uns selbst. Dieses (Selbst-)Vertrauen wächst immer weiter, wenn man Techniken erprobt, anwendet und sich bewusst wird, was für die eigene Person wirkungsvoll ist. Es entspricht – so die Quintessenz aus der Gehirn- und Kognitionsforschung – dem Wunder des menschlichen Gehirns, lernen zu können und – noch besser – das Lernen lernen zu können.

Vertrauen aufzubauen funktioniert (wie in zwischenmenschlichen Beziehungen auch) immer dann, wenn es langsam wachsen kann, keine Wunder erwartet, aber kleine Erfolge gefeiert werden.

1.1. Blick in die Gedächtnis- und Kognitionsforschung
Sich Redeinhalte merken und dann abrufen zu können ist eine Aufgabe, die mit einem Wunderwerk der Natur zu tun hat: Dem menschlichen Gehirn und dem Gedächtnis.

Das menschliche Gehirn zeichnet sich vor allem dadurch aus, dass es ein Leben lang lernt und sich den Aufgaben anpassen kann, die man ihm stellt. Das ist unter anderem die Quintessenz des Hirnforschers Gerald Hüther: Das Gehirn von Menschen „wird allein dadurch, daß er es künftig nur noch dafür benutzt, wofür er sich einmal entschieden hat, in seiner inneren Organisation immer besser an die von ihm verlangten Leistungen angepaßt. Wo ein Wille ist, ist auch ein Weg, und wenn der Wille stark genug ist und derselbe Weg immer wieder benutzt wird, entsteht daraus allmählich eine Straße und irgendwann sogar eine Autobahn, auch im Hirn." (Hüther 2010: 98)

Wir können also darauf vertrauen, dass wir – mit entsprechendem Training – auch freieres Sprechen ohne Probleme (nach und nach) lernen und Redemodelle (vgl. dazu den **Teil I**) immer schneller abspeichern und auf Themen bezogen abrufen können.

Bevor wir uns den praktischen Fragen widmen, möchte ich daher auch hier auf einige wissenschaftliche Aspekte sehen, mit deren Hilfe die Praxis des freieren Sprechens gelingen kann. Da ich weder Biologe noch Hirnforscher bin, muss ich mich dazu auf wissenschaftliche Lehrbücher verlassen[159].

Drei Fragen interessieren uns aus dem deutlich breiteren Forschungsgebiet der Gehirn- und Kognitionsforschung besonders:

1. Wie funktioniert die Speicherung von Daten in unserem Gehirn (besser)?
2. Wie können wir die gespeicherten Daten gut abrufen?
3. Welche Tricks und Tipps können aus der Gehirn- und Kognitionsforschung für die politische Rede abgeleitet werden?

---

[159] Als Grundlage habe ich die einführenden Bände von Gruber (2018), Zimbardo/Johnson/McCann (2016), Hüther (2010) und Spitzer (2006) gewählt. Alle vier Bände lassen sich als wissenschaftlich fundierte Literatur erkennen und versprechen mit hinreichender Wahrscheinlichkeit, dass die Grundlagen stimmig dargestellt werden.

1.2. Speicherung von Daten – wie das Gehirn arbeitet

In der Hirnforschung wird in sehr unterschiedlichen Bereichen seit Jahrzehnten geforscht. Immer neue Theorien werden dabei behauptet, überprüft, bestätigt oder verworfen (vgl. zum Überblick Gruber 2018). Besonders auffällig scheint mir zu sein, dass dabei immer wieder versucht wird, Modelle zu entwerfen, wie genau die Arbeitsweise und -teilung im Gehirn funktioniert.

Die Modelle beziehen sich dabei auf zwei (miteinander verbundene) Fragen: Wie nämlich das Gehirn **aufgebaut** ist und wie es seinen **Arbeitsprozess** organisiert.

Für den **Aufbau** werden inzwischen verschiedene Modelle diskutiert, bei denen eine Art Wissensnetzwerk (Gruber 2018: 47) im Langzeitgedächtnis (verortet im Neokortex des Gehirns) kombiniert ist mit einem Arbeitsgedächtnis („Kurzzeitgedächtnis"), das sich im medialen Temporallappen (MTL) befindet.

Das Arbeitsgedächtnis übernimmt dabei (wie in einem Computer) gleich zwei Aufgaben: Die grundlegende Verarbeitung von Reizen einerseits und die gesteuerte (!) Weitergabe an das bzw. Verortung im Langzeitgedächtnis andererseits. Das Arbeitsgedächtnis arbeitet dabei schnell, speichert aber nur kurzzeitig. Das Langzeitgedächtnis speichert langfristig, aber auch langsamer.

Während in den früheren Modellen (wie das Mehrspeichermodell von Atkinson und Shiffrin) von drei Speichern (sensorisches Gedächtnis (oder Ultrakurzzeitgedächtnis), dem Kurzzeit- und dem Langzeitgedächtnis) ausgegangen wurden, sind spätere Modelle (wie die Arbeitsgedächtnismodelle von Baddeley und Cowan) stärker an dem konstruktiven und steuernden Aspekt des Gedächtnisses orientiert (Gruber 2018: 28-38).

Um es etwas einfacher zu sagen: Ich persönlich stelle mir das Arbeitsgedächtnis als eine Art Navigationssystem vor, das die aktuelle Lage im Kartenmaterial[160] („Langzeitgedächtnis"), aber auch die Fahrwege feststellt. Dabei sind im Kartenmaterial viel mehr Daten enthalten als auf dem Navigationssystem erkennbar sind. Die Darstellung im Navigationssystem hängt davon ab, wie der Fokus gewählt wird. Viele Programmierungen sind zudem nicht bewusst erkennbar.

Das ungemein Spannende dabei ist, dass es sich um ein lernendes System handelt: Bislang unbekannte Wege werden in das Kartenmaterial aufgenommen. Damit sind wir beim **Arbeitsprozess** angekommen.

Das Kartenmaterial kombiniert dabei unterschiedlichste Informationen als ein Netzwerk. Es fließen sowohl die eigenen Erfahrungen und persönliche Ereignisse („episodisches Gedächtnis") als auch erschlossenes oder gelerntes Wissen über die Welt („semantisches Gedächtnis") ein.[161] Das semantische Netzwerk enthält dabei auch Konzepte, mit deren Hilfe, Wahrnehmungen eingeordnet werden.

Wie aussagekräftig das Kartenmaterial für bestimmte Bereiche ist, hängt davon ab, wie oft, intensiv und gezielt das Gebiet angesteuert wird, wie und wozu wir also unser Gehirn nutzen (vgl. dazu das Zitat von Hüther **VII.1.1.**). Wird ein Bereich besonders stark ausgeleuchtet, so findet eine Konsolidierung des Kartenmaterials statt. Gruber illustriert das anhand eines Modells:

---

[160] Wobei hier wohl der Leitsatz von Alfred Korzybski gilt: „A map *is not* the territory it represents, but if correct, it has a *similar structure* to the territory, which accounts for ist usefulness." (Korzybski 1994: 58)

[161] Die Unterscheidung zwischen episodischem und semantischem Gedächtnis stammt von Endel Tulving (vgl. dazu Gruber 2018: 41).

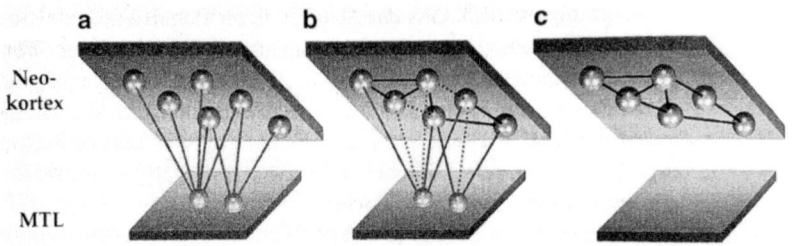

Abb. 4.6 a–c Standardmodell der Konsolidierung. (Nach Squire und Alvarez 1995)

Abb. 77: Standardmodell der Konsolidierung (entnommen aus Gruber 2018: 74)

In der von Gruber übernommenen Abbildung 77 lässt sich recht gut erkennen, dass die einzelnen Informationen, zu einem semantischen Netz verknüpft werden. Dieses Netzwerk kann aus unterschiedlichsten Informationen und zugeordneten Sinneseindrücken bestehen.

Viele eher praktisch orientierte Konzepte gehen dabei davon aus, dass Gehirnhälften-übergreifende Netzwerke zu einem besseren Speicher- und Abrufgedächtnis führe. Hier werden dann Übungen vorgeschlagen, die die Vernetzung der Gehirnhälften unterstützen sollen (vgl. z. B. Tiefenbacher 2011; Novak 2011). Das so konsolidierte Wissen kann dann entsprechend abgerufen (um im Bild zu bleiben: annavigiert) werden.

Für das Abspeichern von Redekonzepten lässt sich meiner Einschätzung nach aus dieser sehr groben Darstellung mitnehmen, dass

☞ wir uns zunächst im „semantischen Gedächtnis" ein sicheres Netzwerk aus Informationen schaffen müssen. Dazu bietet uns die Argumentatorik gute Ansatzpunkte, da sie für politische Zusammenhänge Wege und Modelle der Konsolidierung beschreibt. Je tiefer und häufiger wir uns mit Themen beschäftigen, wird sich auch die Argumentationslandkarte entwickeln.

☞ wir das Arbeitsgedächtnis so nutzen können müssen, dass wir schnell und zuverlässig auf die Knotenpunkte des „semantischen Netzwerks" zugreifen können.

1.3. Wie können wir die gespeicherten Daten gut abrufen?

Soweit so gut. Doch das Abspeichern von Daten ist ja nur die halbe Miete. Mindestens ebenso entscheidend wie das Abspeichern ist ja, dass die Daten auch zielgenau und zeitlich auf den Punkt abgerufen werden können.

Beim Abruf von gespeicherten Daten werden zwei unterschiedliche Wege unterschieden: Die **Reproduktion** und die **Rekognition** (vgl. Gruber 2018: 79).

Im Fall der Reproduktion handelt es sich um das Wiederholen von abgespeicherten Inhalten. Hier sind zum Beispiel vorab geplante Redeinhalte, Sätze etc. einzuordnen, die wiedergegeben werden.

Bei der Rekognition wird Bekanntes in einem neuen Umfeld wiedererkannt. Ein Beispiel hierfür ist, dass ich eine Person wiedererkenne, auch wenn ich sie in einem anderen Umfeld als zuvor treffe.

Beides – Reproduktion und Rekognition – sind wesentliche Bestandteile in politischen Redesituationen.

Auf den ersten Blick scheint es sich dabei viel um reine Reproduktion zu handeln.

Vor allem mit dem Blick auf das freiere Reden erhält aber die Rekognition eine wesentlichere Bedeutung. Lassen Sie sie uns daher die zwei Prozesse näher betrachten, die mit der Rekognition in unserem Gehirn ablaufen: Gemäß der Zwei-Prozess-Theorie „lässt sich der Rekognitionsprozess in zwei unabhängige Subprozesse unterteilen: Familiarität und Rekollektion. Unter Familiarität (…)

versteht man das subjektive Gefühl einen Stimulus schon einmal erlebt zu haben (die Person im Bus kommt einem bekannt vor). Rekollektion (...) ist das bewusste Erinnern von früheren Ereignissen, das mit dem Abruf zusätzlicher episodischer Informationen einhergeht (die bekannte Person ist mein Metzger und ich erinnere mich an meinen letzten Besuch in der Metzgerei)." (Gruber 2018: 86)

Das lässt sich auch auf die Situation von freier gehaltenen Reden übertragen: Die Familiarität erreichen wir in der politischen Rede darüber, dass wir uns Reize („Stimuli") vorab zurechtlegen (also über eine für uns passende Art der Notation). Die Rekollektion erreichen wir in der politischen Rede dann, wenn ein Reiz eindeutig einem bestimmten Ort in der Argumentationslandkarte zuzuordnen und zu verwenden ist. Die konkrete Ausformulierung und Beschreibung sollte dann im besten Fall frei gelingen, bis der nächste Reiz die Rekognition anschiebt.

Entscheidend ist dann, dass Familiarität und Rekollektion schnell und fehlerfrei funktionieren. Rekognition spielt aber auch in Diskussionen eine zentrale Rolle: So werden wir bei politischen Redebeiträgen anderer immer darauf setzen, dass wir Argumentationsmuster erkennen und mit unserer eigenen Argumentation abgleichen, also den „Andockpunkt" in unserer eigenen Landkarte finden können. Wir müssen also den richtigen Knotenpunkt und Dreh finden, mit dem wir auf die Argumente einer anderen Person reagieren können.

Rekognition ermöglicht es damit, dass wir bestimmte Reize dafür nutzen, keine festgelegten und auswendig gelernten, sondern spontan entstehende Formulierungen zu verwenden. Diese Fähigkeit entwickeln und trainieren wir beständig, wenn wir in themenzentrierten Gesprächen unterwegs sind. Es geht also darum, eine bereits entwickelte Fähigkeit auf eine neue (Rede-)Situation zu übertragen.

☞ Die Faustformel lautet daher: Für freieres Reden braucht es mehr Rekognition und weniger Reproduktion. Für die Rekognition ist entscheidend, dass wir die Reize/ Stimuli klar strukturiert haben.

1.4. Tipps und Tricks aus der Gehirn- und Kognitionsforschung

Auch die Gehirn- und Kognitionsforschung und Praktiker:innen geben Tipps, wie ein besserer Zugriff auf abgespeicherte Informationen gelingen kann. Diese allgemeineren Tipps decken sich mit meinen eigenen Erfahrungen und auch mit den hier vorgestellten Arbeitshilfen.

Einige Tipps aus der entsprechenden Literatur (Gruber 2018: 111-117; Zimbardo/Johnson/McCann 2016; Possin 2013; Boos 2020) möchte ich Ihnen dann hier auch noch einmal gesammelt wiedergeben und zeigen, wo Sie in diesem Buch bezogen auf politische Rhetorik verarbeitet sind:

Der **erste Tipp**. Das so genannte „**Chunking**" fügt Informationen zu sinnvollen Einheiten zusammen. Vergleichbar ist die Nutzung fester Schemata, in die die Informationen gefasst werden (Zimbardo/Johnson/McCann 2016: 251). Die Redemodelle und Argumentationsmuster (vgl. dazu den Teil „Argumentatorik", dort vor allem die Redemodelle und die Argumentationslandkarte) ordnen Informationen an. Ggf. können dann Regieanweisungen (oder aber auch rhetorische Fragen) den Übergang zu einem neuen „Chunk" („Klumpen") herstellen, also zum Beispiel:

Wie ist die Situation? Wie sollte sie sein? Und was müssen wir tun, um dahin zu kommen? Lassen Sie uns ansehen, wie es gerade aussieht…. Wie könnte es in 10 Jahren sein? … Was wir dafür tun müssen…

Ein **zweiter Tipp** ist, dass die „**Verarbeitungstiefe**" (Gruber 2018: 113; Zimbardo/Johnson/McCann 2016: 247) zur besseren Erinnerung beitrage. Dies kann durch eine gute Vorbereitung und das Durchdenken der eigenen

Argumentation, aber auch der Gegenargumentation erreicht werden (vgl. den Teil **I**).

Der **dritte Tipp** ist, Assoziation (Verknüpfung) und Situationsauslöser von neuem mit altem Wissen herzustellen, also zum Beispiel ein Argument oder einen zentralen Satz mit einem Bild, einer Bewegung oder einer Geste zu verknüpfen (Gruber 2018: 113; Possin 2013: 14-20). Dabei geht es auch um ungewöhnliche Verknüpfungen. Wenn Sie beispielsweise die Sparpolitik in der Kommune ansprechen wollen, verknüpfen Sie dies mit dem (Rot-)Stift des Kämmerers oder der Kämmererin. Stellen Sie sich dann bildhaft vor, wo die Person sitzen wird und wie sie den Rotstift zückt, ansetzt und mit Schwung Streichungen vornimmt.

Der **vierte Tipp** ist, dass im Rahmen der Loci-Technik, für jeden Argumentationsschritt oder jedes Element ein „Platz" in einer festen Struktur (Wohnzimmerschrank, Zimmer, Regal, Arbeitsweg etc.) verankert und abgerufen werden kann (Gruber 2018: 113f.; Zimbardo/Johnson/McCann 2016: 247; Possin 2013: 75-112). Die Loci-Technik geht bereits auf die griechische Antike zurück. Als ihr Erfinder gilt der Dichter Simonides von Keos (556/57-468/67 v. Chr.). Eine Variante der Loci-Technik ist die Symbol-Technik, bei der jedes Argument mit einem Symbol visualisiert und so gemerkt wird.

Der **fünfte Tipp** ist, so genannte Kontexteffekte auszuschließen (Gruber 2018: 114), die sich ergeben, wenn wir immer nur an einem Ort arbeiten. Durchdenken Sie also ihre Rede nicht nur Zuhause, sondern auch an anderen und flexiblen Orten.

Der **sechste Tipp** ist, Interferenzeffekte zu vermeiden (Gruber 2018: 114). Diese können entstehen, wenn zu viele ähnliche Dinge gleichzeitig gemerkt werden sollen (also zum Beispiel zwei Reden). Dann kann es zu einem „Überschreiben" von Informationen kommen.

2. MERK- UND NOTATIONSPRÄFERENZEN

Viele Menschen haben in der Schule schriftorientierte Lern- und Merkstrategien gelernt: Texte wurden geschrieben, gelesen und ggf. auswendig gelernt.[162]

Dies mag für einige Menschen ein hilfreiches Verfahren sein, um sich Dinge zu merken, doch können wir aus der Forschung ableiten, dass dies für die Rhetorik unterkomplex gedacht ist. Es kommen eigentlich zwei unterschiedliche Dinge zum Zuge: Speicherung und Abruf. Informationen müssen dazu im Langzeitgedächtnis (Neokortex) netzwerkartig gespeichert werden und es muss während der Rede (mindestens) ein Reiz (zumeist mehrere Reize) gesetzt werden, der im Arbeitsgedächtnis eine Verbindung zum abgespeicherten Wissen herstellt (vgl. **VII.1.**). Wir sprechen dann von einer (erfolgreichen) Rekognition.

Neben den bereits vorgestellten Techniken scheint mir persönlich aber entscheidender zu sein, sich die eigene Argumentation soweit aufzubereiten, dass man sich darin – wie in einem Netzwerk – frei bewegen kann. Die eigene Argumentationslandkarte (vgl. **I.5.** und **I.6.**) zu erstellen, Gegenargumente (auch graphisch) aufzubereiten, Argumentationswege (und -abwege) zu durchdenken und sich intensiv damit auseinander zu setzen sind also die grundlegenden Schritte. Dies kann dazu beitragen, dass eine Netzwerkstruktur, eine Art Landkarte, im Kopf entsteht. Je besser das Argumentations-Netzwerk durchdacht und abgespeichert ist, desto flexibler werden wir in der Rede darauf zurückgreifen können. Dadurch wird das Langzeitgedächtnis trainiert und das Wissen gespeichert.

Merk- und Notationstechniken beziehen sich aus meiner Sicht dann nicht auf das Langzeitgedächtnis, sondern auf eine gute Steuerung durch das Arbeitsgedächtnis während des Abrufens, also auf die Frage, ob wir gezielte

---

[162] Damit hier kein falscher Eindruck entsteht: Mir ist bewusst, dass heute in vielen Schulen bereits deutlich differenzierter vorgegangen wird.

Links hin zu den jeweiligen Informations-Knotenpunkten des Netzwerks herstellen können, von dem aus die Rede gehalten werden kann.

Bei Merk- und Notationstechniken handelt es sich also um geordnete Anreize und Abrufhilfen. Sie können und sollten dazu „kurz" und „eindeutig" sein und nicht (wie etwa ein schriftlicher Text) das Langzeitgedächtnis ersetzen.

Lassen Sie uns daher im Folgenden ansehen, welche Möglichkeiten es gibt, sich Reize zu organisieren, die schnell und eindeutig wahrgenommen werden und als Link hin zum richtigen Knotenpunkt des Langzeitgedächtnisses geführt werden kann. Hier geht es also letztendlich auch um Wahrnehmung und Verarbeitung von Reizen.

In den 1970er Jahren war es üblich von Wahrnehmungstypen[163] oder aber doch von bestimmten Präferenzen und besseren Speicherergebnissen bezogen auf Wahrnehmungen auszugehen („Lerntypen"). Die Idee von starren Lerntypen wird in der Kognitions- und Hirnforschung so nicht gestützt (vgl. Schäfer 2017). Inzwischen wird eher die Verarbeitungstiefe und ein breites Netzwerk als Erfolgsgarant für eine erfolgreiche Rekognition gesehen.

In der Praxis kann es aber – meiner Einschätzung nach – hilfreich sein, sich die Stimuli, um gezielt das Langzeitgedächtnis anzusteuern, nach den eigenen Notationspräferenzen zu organisieren. **Es geht also nicht um das bessere Abspeichern, aber doch um das gezieltere Abrufen von gespeichertem Wissen.**

---

[163] So hatte Vester (Vester 1978) Lerntypen anhand der Wahrnehmungskanäle angenommen. Auch heute wird das – vor allem im Rahmen des Neurolinguistischen Programmierens – noch so vertreten. Von der Hirn- und Kognitionsforschung wird diese Typologie aber abgelehnt. Fakt ist, dass sowohl visuelle, auditorische, taktile, olfaktorische und gustatorische Stimulation in das Arbeitsgedächtnis einfließen (Zimbardo/Johnson/McCann 2016: 241), ohne dass eine typbezogen bevorzugte Abspeicherung im Neokortex nachweisbar wäre.

Diese Abrufstrategien lassen sich recht gut nach den Wahrnehmungskanälen ordnen, wobei damit explizit nicht gemeint ist, dass nur ein Weg für die eigene Person geeignet wäre. Vielmehr hilft es eine eigene passende Strategie zu finden.

Wie bei allen Entwicklungen unseres Gehirns ist es vielmehr eine Frage der Übung: Auch Stimuli sind Knotenpunkte eines Netzwerks. Ob nun eine Kombination aus Techniken oder eine einzige genutzt wird, sollte jede Person selbst erproben und einen guten (eigenen) Weg finden.

- Es gibt Menschen, die sich gern **visuell** orientieren. Wenn Sie Menschen mit dieser Präferenz glücklich machen wollen: Sorgen Sie für Grafiken, Schaubilder und illustrierende Bilder. Für Sie als Redner:in sollten Sie besonders auf gut gestaltete Merkzettel achten. Bilder und Metaphern können Ihnen zudem während der Rede helfen.
- Andere Menschen haben **auditive** Präferenzen. Achten Sie darauf, dass Ihre Sätze einen guten Klang und einen guten Rhythmus haben. Auch der auditive Spannungsbogen und die Lautstärke und Intensität sind für Sie gute Ankerpunkte, um gezielt auf Informationen zugreifen zu können. Pausen und Impulse sind dann besonders hilfreich.
- Es gibt Menschen, die besonders gut über **sensorische oder körperliche** Marker arbeiten können. Hier sind besondere gestische Merksysteme hilfreich.
- Und schließlich gibt es Menschen, die über eine Präferenz der **Verortung** arbeiten können, die also örtliche Assoziationen verwenden können. Im Übrigen hilft es Ihnen dann weiter, wenn Sie sich allgemein mit Situationen und Orten assoziieren können.[164]

---

[164] Ich unterscheide hier – in Anlehnung an Konzepte des Neurolinguistischen Programmierens – zwischen Assoziation und Dissoziation. Wenn Sie mit einer Situation „assoziiert" sind, ist es für Sie (nahezu) so, als wären Sie tatsächlich an diesem Ort zu dieser Zeit. Wenn Sie sich dissoziieren, so sehen sie **auf** eine Situation, befinden sich aber nicht in ihr.

Auch eine Mischung aus Präferenzen ist natürlich möglich. Wieso also zum Beispiel nicht Ortsgedächtnis und visuelle Merktechnik kombinieren?

Denn es geht ja eben nicht darum, einen Spickzettel zu haben, wenn das Auswendig-Gelernte nicht sitzt, sondern darum, sich Notationen so zu gestalten, dass sie freier genutzt werden können und einen richtigen Link zur Argumentationslandkarte hin zu setzen. Die Notation soll dann im besten Fall dafür sorgen, dass ich schnell und zuverlässig einen Stimulus aufnehmen und die Rekognition beginnen kann.

Merktechniken sind im Übrigen nicht dafür da, sich besser jede einzelne Formulierung zu merken. Sie stellen eher ein Geländer da, an dem entlang man frei gehen kann. Mit anderen Worten: Die einzelne Formulierung entsteht im besten Fall frei, die Merktechnik funktioniert nur als Stütze und Absicherung.

3. Praktische Hilfsmittel für Ihre Merkpräferenz

Ich möchte Ihnen jetzt einige Tipps bzw. einige Modelle an die Hand geben, wie Sie Ihre persönliche Wahrnehmungs-Präferenz oder Präferenzkombination nutzen können, wobei sich auditive, örtliche und gestische Merktechniken nur begrenzt in einem Buch darstellen lassen – wir behelfen uns an dieser Stelle mit Beschreibungen und grafischer Übersetzung.

3.1. Visuelle Abruftechniken

Gerade diejenigen von Ihnen, die eine visuelle Wahrnehmung vorziehen, können mit Stichwortzetteln viel erreichen. Dies ist auch die verbreitetste Merk- und Erinnerungstechnik, die Redner:innen verwenden.

Meine persönliche Erfahrung ist aber, dass dabei viele Menschen nicht das gesamte Potenzial ihrer Präferenz und Fähigkeiten ausschöpfen. So verwenden viele ausschließlich schriftlichen Text oder Stichpunkte.

Das ist nicht wirklich optimal. Aus meiner Sicht sprechen drei Gründe gegen vor- bzw. ausformulierten Text:

- Die Decodierung von Schriftzeichen und die Umsetzung in gesprochene Rede benötigt recht viel Zeit.
- Ausformulierte Sätze animieren dazu, dem Geschriebenen gerecht werden zu wollen und Abweichungen davon als Störung wahrzunehmen.
- Wir vergessen schnell, das Geschriebenes und Gesprochenes voneinander abweichen[165]: Das Mündliche hat in der Regel kürzere, weniger komplexe Sätze, umschreibt häufiger, lässt auch den ein oder

---

[165] Besonders augenfällig wird das, wenn man es mit Wissenschaftler:innen zu tun hat, die „druckreif" sprechen. Das kann ebenso beeindruckend wie unverständlich wirken.

anderen Satz unvollendet. Im Schriftlichen aber sind wir seit Schultagen darauf trainiert, dass es grammatikalisch korrekte, abwechselungsreiche und durchaus auch komplexere Sätze geben sollte. Wenn Sie aber Wirkung erzeugen wollen, ist nicht entscheidend, was Sie Sinnhaftes gesagt haben, sondern was die Zuhörer:innen in der Wirkung mitnehmen konnten. Das Gesprochene hat andere (Vergemeinschaftungs-)Qualitäten als das Schriftliche.

Eine graphische Notation sollte die visuelle Präferenz durch gut gewählte Bilder, schnell zu erkennende und kurze Formulierungen und klare Strukturierung ausfüllen. Eine Notationsmöglichkeit besteht in einem graphisch und bildlich gestalteten Sprechzettel. Anbei findet sich ein Beispiel (s. Abb. 78):

Abb. 78: Beispiel für einen graphisch und bildlich gestalteten Sprechzettel[166]

---

[166] Das Foto von Frank-Walter Steinmeier stammt von Christian Bueltemann (Quelle: pixabay). Das Foto von Bärbel Bas ist den Pressefotos auf ihrer Website (www.baerbelbas.de) entnommen. Die anderen Bilder sind mit freier Nutzung ohne Namensnennung gekennzeichnet worden.

Am linken Rand werden im Beispiel Embleme verwendet, die an Gesten oder Mimik oder den Redegestus erinnern. Sie können so standardisiert verwendet werden, dass die redende Person sie direkt wahrnehmen und umsetzen kann.

In diesem Fall wird der Text dann mit Fotos (oder Bildern) übersetzt. Dies transportiert zwar nicht einzelne Formulierungen, ermöglicht es aber der redenden Person in freien Worten eine Begrüßung zu platzieren.

Der inhaltliche Einstieg wird hier durch einen einfachen Satz („Sentenz") umgesetzt. Solche „Markersätze" sind im Übrigen für alle Redner:innen unabhängig von ihrer Merkpräferenz hilfreich. In diesem Fall wird ein weiteres Foto als „Merkanker" eingesetzt.

3.2. Auditive Abruftechnik

Menschen, die eine auditive Präferenz haben, müssen einen Umweg nehmen, wenn es um die Notation bzw. die Merktechnik geht. Drei Tipps haben sich für mich besonders bewährt: Vorsprechen und anhören, „Merkanker" und dramaturgische Bögen.

Für Menschen, die auditiv unterwegs sind, hilft es besonders, wenn Sie selbst (laut) die Rede immer wieder halten und sich selbst dabei zuhören. Bei wichtigen Reden kann es Sinn machen, die Rede aufzunehmen und sich dann immer wieder anzuhören.

Auch die Verwendung von „Merkankern" kann helfen. „Merkanker" sind Sätze, die einen besonderen Klang, Satzmelodie und Dynamik mitbringen und die sich für die Person gut sprechen und merken lassen. Wenn man es häufiger trainiert, reicht es dann, die Merkanker zu verwenden und dazwischen frei zu erzählen.

Und zum Schluss hilft es, sich nicht nur einzelne Sätze, sondern die Dramaturgie einer Rede (mit ihrem sprachlichen Klang) zu vergegenwärtigen und zu merken. In der Abbildung 79 finden Sie ein Beispiel in einer „graphischen Übersetzung".

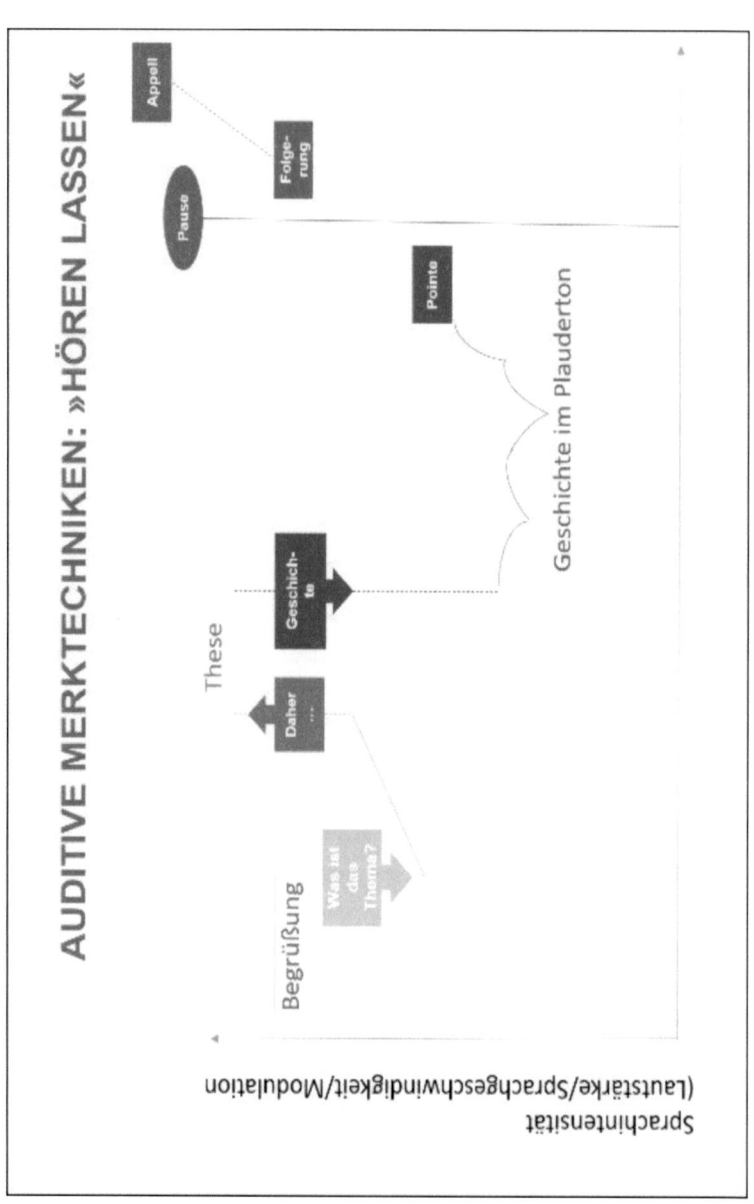

Abb. 79: Auditive Merktechniken mit Dramaturgie

452

3.3. Körperliches oder sensitives Abrufen

Jeder Mensch hat ein (häufig übersehenes) Potenzial: Die Gestik. Die Gestik unterstützt nicht nur, was wir sagen, sondern hilft uns auch dabei, wie wir es sagen. So trägt eine gute Gestik zu einer besseren Betonung, Satzmelodie und Aussprache bei.

Doch die Gestik oder besser: Bewegungen oder sogar nur ihre Vorstellung helfen beim Merken und Abrufen von Sprache weiter. Auch dafür liefert die Kognitionsforschung Hinweise: „Man instruierte Probanden einen Hebel vom eigenen Körper weg zu bewegen. Zeitgleich wurde ihnen über Kopfhörer ein Satz vorgelesen. Soweit die Probanden im Bilde waren, hingen die beiden Dinge nicht weiter miteinander zusammen. Und nun passierte Folgendes: Spielte man den Probanden den Satz ‚Du gibst Andy eine Pizza‘ vor, so führten sie die angewiesene Bewegung weg vom eigenen Körper problemlos aus. Spielte man ihnen hingegen den Satz ‚Andy gibt Dir eine Pizza‘ vor, so geriet die Bewegung ins Stocken (Glenberg/Kaschak 2002)." (Wehling 2016: 24)

(Gerichtete[167]) Gesten eignen sich aber auch als Merk- bzw. Rekognitionshilfe. So können die Redeteile anhand der Gesten eingeprägt und gehalten werden. Dadurch kann die redende Person die Reihenfolge der Redegesten als Strukturierung nutzen. Ganze Reden lassen sich dadurch einprägen. Ein Beispiel findet sich in der Abbildung 80.

---

[167] Ich unterscheide zwischen „gerichteten" Gesten (auch „Zeigegesten") und weichen („emotionalen") Gesten. Zeigegesten unterstreichen bildlich die (sachlichen) Inhalte des Gesagten (z. B. Aufzählung, Abwiegen von Argumenten etc.). Sie werden in der Regel mit deutlicher begrenzten Bewegungen und mit gespannten Händen verwendet. Weiche („emotionale") Gesten unterstreichen die emotionale Seite des Gesagten (z. B. ausgebreitete Arme als Willkommensgeste). Diese Gesten werden in der Regel mit eher entspannten Händen ausgeführt. Eine grundlegende Einführung in die Gestik findet sich bei Bischoff 2007: 62-152.

GESTISCHE MERKTECHNIK

Herzlich willkommen!

Unsere Gesellschaft
Steht unter Spannung…

Was ist zu tun?….

3 Vorschläge…

Abb. 80: Reden merken durch Gestik[168]

Bei der gestischen Merktechnik kann natürlich nicht jeder einzelne Satz nachvollzogen oder gestisch umgesetzt werden. Auch hier geht es darum, die wesentlichen Weggabelungen zu finden und zu nutzen.

---

[168] Danke an meine Kollegin Ines Geerling-Schütte, dass sie sich als Rednerin für die Fotos zur Verfügung gestellt hat.

3.4. Assoziatives Verorten als Abruftechnik

Stellen Sie sich bitte einen Moment bei geschlossenen Augen bildlich vor, wie Sie sich morgens die Zähne putzen. Wie sehen Sie sich da?

Wenn ich diese Frage in Seminaren stelle, erhalte ich nach dem Abklingen der ersten Verwirrung drei unterschiedliche Antworten: Die erste Gruppe kann es sich nicht bildlich vorstellen. Die zweite erzählt mir, dass sie sich selbst dabei zusehen, wie sie die Zähne putzen. Die dritte Gruppe erzählt, dass sie sich selbst im Spiegel sehen und die Wahrnehmung haben, als seien sie wirklich in der Situation.

Die letzte Gruppe assoziiert sich also komplett mit der Situation. Die anderen beiden Gruppen können sich zwar die Situation (bildlich oder abstrakt) vorstellen, springen aber nicht in sie hinein.

Die Fähigkeit und Bereitschaft, assoziativ oder dissoziativ zu denken oder auch zwischen den beiden Denk- (oder Bewusstseins-)Zuständen hin und her zu springen, ist bei Menschen unterschiedlich ausgeprägt.

Wenn ich eine Präferenz habe, mich mit Situationen und Orten zu assoziieren, so kann dies eine Ressource als Merktechnik sein. In diesem Fall legen Sie Gedanken im Raum, in dem Sie die Rede halten, oder auch in einem virtuellen Raum ab. Sie können sich dann mit der Stelle im (realen oder virtuellen) Raum assoziieren und den Redeteil dort abrufen.

Dazu ein Beispiel: Ich arbeite selbst in einem Bildungshaus. Bei einer Rede, bei der ich dem Team für die hervorragende Arbeit des Jahres danken wollte, bin ich (virtuell) durch das Bildungshaus gegangen und habe die Kolleg:innen an ihrem Arbeitsplatz besucht.

Eine Spielart der assoziativen Merktechnik ist die Arbeit mit der Timeline[169]. Dazu werden Vergangenheit – Gegenwart – Zukunft auf einer Linie vorgestellt, die quasi „abgewandert" werden kann (vgl. Abb. 81).

Abb. 81: Assoziative Raumverankerung

---

[169] Die Timeline stammt ursprünglich aus dem Neurolinguistischen Programmieren (NLP). Dabei wird angenommen, dass unser Denken mit der Augenbewegung und Räumlichkeit verknüpft ist. Wir sind es also gewohnt, Vergangenheit, Gegenwart und Zukunft mit einer Linie von links nach rechts zu verknüpfen („Timeline") oder aber auch mit der vertikalen Blickrichtung: Nach unten = Vergangenheit und Reflexion; geradeaus = Gegenwart und Analyse; nach oben = Zukunft und Phantasie. Im Übrigen: Wissenschaftlich ist die „Timeline" sehr umstritten. Ich vertrete hier aber auch nicht die Behauptung, dass es die Timeline bei allen Menschen gäbe. Mir geht es um etwas anderes. Ich kann mir eine Timeline als hilfreiche Vorstellung wählen, um einen Redebeitrag zu strukturieren. Es handelt sich dann um einen konstruktiven Akt.

4. Vertrauensaufbau und flexibleres Sprechen

Das freiere und flexiblere Sprechen hängt von zwei grundlegenden Fragen ab, die Sie für sich klären müssen:

- Haben Sie genug Vertrauen in sich selbst, dass die Sätze in Ordnung sind, die Sie frei kreieren?
- Sind Sie bereit, verschiedene Hilfsmittel zu erproben und eine eigene Abrufstrategie zu entwickeln?

Wenn Sie beide Fragen mit „Ja" beantworten können, ist es im Grunde nur eine Frage der Übung und des Trainings. Im Übrigen gilt das Üben sowohl für die technische Seite, aber eben auch für die Frage des Vertrauens. Meiner persönlichen Erfahrung nach geht dies allen Redner:innen so.

Vertrauen trainieren? Das klingt seltsam. Was ich meine: Da viele Redner:innen sich (im Nachhinein) unsicher sind, ob das Gesagte wirklich sinnvoll und gut war, geht es darum, Sicherheit durch andere Quellen aufzubauen. Eine gute Möglichkeit ist, das Feedback einer (wohl-gesonnenen) Testgruppe einzuholen oder aber Aufnahmen von der Rede zu machen und anzusehen.

Vergessen Sie bitte bei der freieren Rede nicht, dass es sich um eine wachsende Fähigkeit handelt. So sollten Sie zunächst wenige Teile frei(er) Rede einbauen und es danach – je nach eigener Präferenz – nach und nach ausweiten. Gehen Sie dabei achtsam mit sich selbst um und organisieren Sie sich so Erfolgserlebnisse.

Und nicht zuletzt: Ihre lebendige mündliche Sprache ist nicht schlechter, sondern anders als das Schriftliche. Eifern Sie also nicht danach „druckreif" zu sprechen, sondern lebendig zu sprechen.

VIII

Sprache schafft Wirklichkeiten – das Instrument richtig nutzen

1. SPRACHE SCHAFFT WIRKLICHKEITEN

Jüngst ging die Künstliche Intelligenz „ChatPGT" durch die Medien. Diese KI schafft es, mit einigen vorgegebenen Parametern sinnvolle Texte zu erstellen, die nicht selten soweit ausgereift sind, dass sie nicht mehr zweifelsfrei von durch Menschen geschriebenen Texten unterschieden werden können.

Seitdem gibt es – gerade an den Schulen und Universitäten – eine intensive Diskussion darüber, wie mit den Gefahren (und dem Nutzen) solcher KI umgegangen werden kann. Wie wahrscheinlich ist es, dass Texte prüfungsrelevant erstellt werden können, die nicht mehr der Feder der zu prüfenden Person entstammen? Werden wir bald Texte nicht mehr selbst schreiben, sondern schreiben lassen? Werden bald also schon Formulierungstipps in Algorithmen aufgelöst?

Jenseits der Zeitersparnis durch solche (und andere Hilfsmittel) sollte uns zumindestens klar sein, welche Verantwortung und Macht in passenden Formulierungen und unserer Sprache liegt. Sprache ist immens mächtig. Sie ist nicht nur (mehr oder weniger gelungene) Verpackung, sondern schafft selbst Realitäten. Das meine ich viel weniger philosophisch, denn ganz praktisch: Wer sich schon einmal verliebt und sich mit zitternden Knien und trockenem Mund der betreffenden Person offenbart hat, weiß, – unabhängig vom Ergebnis – was ich meine. Dabei beeinflusst das, wie wir etwas sagen auch, welche Realität wir da (mit)erschaffen. Zugespitzt: Sprache entscheidet wesentlich über Wirkung.

Auch bei Sprache können wir nur begrenzt über Standards sprechen: Unsere Sprache prägt uns, wie wir die Sprache prägen. Auch der Kontext, in dem etwas gesagt wird, konstituiert Wirklichkeiten und sprachliche Passungen. Dennoch gibt es auch hier Erfahrungswerte, mit denen wir an Reden arbeiten können.

Wir wollen uns dem Thema der „Sprache" in drei größeren Abschnitten widmen.

Im **ersten Abschnitt** wollen wir den wissenschaftlichen Hintergrund in einigen Schlaglichtern beleuchten. Diese beziehen sich auf zwei sehr unterschiedliche Perspektiven, die Sprache und Politik beeinflussen: Kognition einerseits, sozial gebundene Diskurse andererseits. Beide miteinander verbundenen Perspektiven werden wir uns in Bezug auf die politische Rede ansehen.

Im **zweiten Abschnitt** geht es um ein Argumentationsmittel, das wie kaum ein anderes die Wirkung von persuasiven Reden („Überzeugungsreden") erhöhen kann: Das Storytelling. Dabei kommt es – wie bei Autor:innen – darauf an, dramaturgische Bauweisen und Erzählgesten gekonnt einzusetzen.

Der Teil schließt mit dem **dritten Abschnitt** ab, der die Sprachverwendung im engeren Sinne beleuchtet: Wie komme ich von einem ersten Text hin zu einem ausdrucksstarken Redemanuskript oder auch geschriebenen Text?

2. Wirkweisen von Sprache – Inhalt, Kommunikationen, Kognitionen und Diskurse

Sprache ist bereits seit jeher ein Arbeitsfeld wissenschaftlicher Auseinandersetzung gewesen. Neben sprachwissenschaftlicher Forschung im engeren Sinne (also zum Beispiel der Morphologie (wie Wörter gebaut werden), der Grammatik (wie zulässige Bauweisen in Sätzen ausgestaltet werden), der historischen Sprachstufen (also zum Beispiel das Alt-, Mittel- und Frühneuhochdeutsche), macht auch die Sprachphilosophie Angebote, was Sprache ist und wie sie wirkt.

So wurde bis in die 1970er Jahre stark auf die Systematik in der Zeichenhaftigkeit von Sprache einerseits und die Logik andererseits gesehen. Wenn man so will, ging es dabei um einen dem Geltungsanspruch der Wahrheit verpflichteten Diskurs (vgl. Teil I). Oder einfacher: Der Inhalt und die Form des Gesagten mussten stimmen.

Mit den 1970er Jahren führte die Pragmatik zu einem neuen Blickwinkel. Jetzt trat die Frage hinzu, wie sich Menschen als Kommunizierende mit ihren Sprachinhalten zueinander verhalten, wie also „kommunikative Akte" einzuordnen waren. Die Kernfrage lautete: Wie können wir uns vermittels Sprache verständigen / vergemeinschaften?

Die pragmatische Wende ist aber nicht nur mit dem Blick auf die Kommunikationssituation und die kommunizierenden Personen verbunden, sondern politische Rhetorik wird von zwei weiteren relevanten wissenschaftlichen Entwicklungen Mitte des 20. Jahrhunderts beeinflusst:

1. Da ist zunächst die Hirn- und Kognitionsforschung, die sich damit befasst, wie Daten abgespeichert und verknüpft werden, aber auch wie sprachliche Frames (unbewusst) zu Wertungen und Emotionalisierung beitragen. Wertvorstellungen sind dabei für die Entscheidungsfindung von Menschen vorgängig vor rationalen Erwägungen.

2. Auch die kritische Diskursanalyse hat in Verbindung mit der Milieuforschung herausgearbeitet, dass Diskurse an soziale Milieus als Deutungsangebote gebunden sind. Mikfeld und Turowski haben dies in einer strategie-orientierten Diskursanalyse zusammengebunden. Diese Erkenntnisse zeigen, dass Wertvorstellungen nicht individuell, sondern gesellschaftlich vermittelt und bedingt sind.

Beide Stränge bilden gemeinsam einen Korridor, in dem sich politische Rhetorik wirksam bewegen kann. Wir werden uns beide im Folgenden näher ansehen.

2.1. Sprache und Kognitionsforschung

Die pragmatische Wende ist noch mit einem weiteren Aspekt verknüpft, nämlich der Frage nach der Verarbeitung, Speicherung und Organisation von Daten. Das war und ist die Frage der (interdisziplinären) Kognitionswissenschaft, die seit den späten 1950er Jahren begründet wurde.

Der Kerngedanke war dabei (stark vereinfacht), den menschlichen Geist als „Computermodell" zu begreifen, bei dem also (biologische) Hard- und Software, Codierungsformen, Grammatik und Sprache, Speicherung als komplexes System und Zusammenspiel zu verstehen sind. Erkenntnisse der Systemtheorie flossen ebenso ein wie die moderne Hirnforschung oder die universelle Transformationsgrammatik Noam Chomskys.

Die vernetzt und übergreifend argumentierende Kognitionswissenschaft hat auch für die politische Rhetorik mindestens zwei entscheidende Schätze gehoben: Einerseits hat sie uns über die Hirnforschung Impulse für Merktechniken (vgl. dazu den Teil **VII**) und Speicherung von Daten gegeben, andererseits aber auch für die Bedeutung von Sprache und Deutungsrahmen verschafft.

Durch Sprache wird nicht nur – wie man meinen könnte – das Sprachzentrum aktiviert, sondern Begriffe auch mit körperlichen Vorgängen und Erfahrungen verknüpft. Dieses Phänomen wird auch „Embodied Cognition" genannt (vgl. dazu mit den wissenschaftlichen Quellenangaben Wehling 2016: 21).

Wenn „Manuela einen Ball tritt", so wird damit auch unser Bewegungsgedächtnis und das für Füße zuständige Hirnareal aktiviert. Die Hirnforschung stützt diese Annahme: „Mithilfe von Hirnschichtaufnahmen über PET, NMRT und fMRT haben Neurowissenschaftler Hirnregionen ausgemacht, die bei verschiedenen geistigen Aufgaben aktiv werden. Zwei weitgehende Schlussfolgerungen haben sich aus dieser Arbeit ergeben. Erstens: Denken ist eine Aktivität, an der Hirnareale beteiligt sind, die weit über das Gehirn verteilt sind – nicht nur ein einziges ‚Denkzentrum'. Zweitens: Neurowissenschaftler verstehen das Gehirn heute als eine Gemeinschaft hoch spezialisierter Module, von denen jedes Einzelne mit unterschiedlichen Komponenten des Denkens befasst ist (...)." (Zimbardo/Johnson/McCann 2016: 295)

So hat die Kognitionsforschung neue Erkenntnisse gebracht, wie Menschen denken und wie sie Wirkungen und Wertungen vornehmen.

Auch die emotionale Einbettung des Gedächtnisses und der Entscheidungsfindung ist dabei eine noch jüngere Erkenntnis. Einer der ersten, der die Bedeutung von Gefühlen für die Vernunft und Entscheidungsfindung wissenschaftlich nachgewiesen hat, war der Neurologe Antonio R. Damasio (vgl. Damasio 1997).

Inzwischen setzt sich zunehmend im wissenschaftlichen Diskurs rund um das politische Denken und Entscheiden durch, dass nicht ein kühl berechnender und nur auf Logik ausgerichteter Mensch existiert, sondern Entscheidungen an unbewusste und emotionale Faktoren geknüpft sind. So gehen "Dual Processing-Theorien" von zwei unterschiedlichen Denksystemen aus, in denen die Entscheidungen in der Regel nicht über das langsam reflektierende, sondern das schnelle und automatische Denken stattfindet (vgl. z. B. Kahneman 2012).

Das dem langsamen oder reflektierenden Denken vorgelagerte schnelle, automatische Denken funktioniert dabei als eine Art Filter, der die Komplexität und Menge von Informationen reduziert und uns (schnell) handlungsfähig macht. Der Filter führt dazu, dass wir „Daten und Informationen (...) überhaupt zulassen oder welchen wir Glauben schenken. Da Inhalte stets an Emotionen geknüpft sind, glauben die Menschen bestimmten Daten, während sie andere ausblenden. Das Gehirn neigt zu Entscheidungen, die zu unseren Emotionen passen." (Mikfeld/Turowski 2014: 21; vgl. dazu auch Mukerij 2017: 202-219)

Elisabeth Wehling bringt die Tragweite dieser Erkenntnisse auf den Punkt: „Politisches Denken ist jedoch weder 'rational' im klassischen Sinne noch ist es primär interessengeleitet. (...) Vielmehr ergeben sie [politische Entscheidungen, tg] sich (...) zu einem erheblichen Teil aus dem alltäglichen Werteverständnis der Menschen, das ihnen gleichsam als übergeordneter Deutungsrahmen dient. Und Menschen unterscheiden sich in ihrem Denken darüber, was moralisch richtig oder falsch ist. Wann immer Bürger einen klaren Zusammenhang zwischen ihren Werten und politischen Themen erkennen, steigt nicht nur ihr Bedürfnis, bestimmte politische Maßnahmen gegen alternative Vorschläge zu verfechten und politisch durchzusetzen, es steigt auch ihr genereller Wille zur politischen Beteiligung." (Wehling 2014: 165f.)

Sigrid Baringhorst hatte in einem programmatischen Aufsatz zum strategischen Framing bereits zuvor davon gesprochen, dass drei Deutungsdimensionen durch gut gewähltes Framing abgedeckt werden sollten: Eine gelingende Beschreibung und Fokussierung des Problems („diagnostic framing"), in der Dimension der Lösungsvorschläge („prognostic framing") und bei der Handlungsmotivation für die Zielgruppen („motivational frames") (vgl. Baringhorst 2004: 77f.).

So könnte – aus Sicht der Zigarettenindustrie – ein Verbot von Tabakwerbung etwa wie folgt geframt werden:

„Diagnostic framing": Es geht nicht um die Frage, ob Tabakwerbung zum Rauchen verführt, sondern darum, dass uns der Staat abhalten will, selbst entscheiden zu können. Das beruht auf einem Misstrauen der Vernunft den Bürger:innen gegenüber.

„Prognostic framing": Entscheidungsfreiheit der Menschen soll gestärkt werden. Aufklärungsarbeit soll und kann von allen Seiten gemacht werden. Die persönliche Gesundheit liegt aber auch in der persönlichen Verantwortung.

„Motivational frames": Zur Befreiung von Bevormundung können alle etwas beitragen.[170]

Sigrid Baringhorst formuliert zudem drei zentrale Bestandteile einer erfolgreichen Kommunikation: „Wesentlich für den Erfolg politischer Kommunikation ist demnach eine gelungene **kommunikative Fokussierung, Problematisierung** und **zielgerichtete Kausalattribuierung** sozialer, politisch-rechtlicher, ökonomischer oder ökologischer Probleme." (Baringhorst 2004: 78)

Die **Fokussierung** bezieht sich darauf, dass komplexe Themen auf prägnante Begriffe und Schlagworte enggeführt werden müssen. Dies bezieht sich ggf. auch auf passende Symbole (z. B. die Regenbogenfahne für die LBTQIA+-Community) (vgl. Baringhorst 2004: 78f.).

Die **Problematisierung** hängt mit dem werteorientierten Rahmen zusammen, in denen ein Ist- und Sollzustand in ein Spannungsverhältnis gesetzt werden können. Diese Differenz zwischen Ist- und Soll-Zustand kann emotional aufgeladen werden, wenn der Soll-Zustand mit dem Wertesystem der Zielgruppen aufgeladen werden kann (vgl. Baringhorst 2004: 79). Wichtig ist, dass die Probleme dabei so dargestellt werden, dass sie durch Menschen lösbar sind.

Die **„zielgerichtete Kausalattribuierung"** weist die Verantwortung für ein (politisches) Problem zu (vgl. Baringhorst 2004: 80) und macht sie für eine Lösung verantwortlich. So können beispielsweise Probleme von Schüler:innen

---

[170] Gekonnt wird dieses Framing in dem Film „Thank you for Smoking" umgesetzt.

ebenso der Bildungspolitik als auch den Elternhäusern attribuiert, also zugeschrieben werden.

Gerade in der politischen Rhetorik müssen wir wissen, wie wir diese Wertungen ansprechen und ja, auch für uns im Sinne einer besseren Wirkung nutzen können.

Menschen denken nicht in abstrakten Begriffen und Inhalten, sondern kombinieren sie mit Wahrnehmungen und aus der konkreten Erfahrung genommenen Denkmustern. Sie werden dadurch begreifbar und emotional verknüpft.

Im politischen Raum ist die Fragen des Framings in Deutschland besonders stark durch Elisabeth Wehling in den Fokus gerückt worden.[171] In ihrem Buch *Politisches Framing. Wie eine Nation sich ihr Denken einredet und daraus Politik macht* begründet sie, wie stark politische Deutungsrahmen nicht nur unsere Wahrnehmung, sondern auch unsere politischen Wertungen beeinflussen.

Folgende Begriffe führt sie dabei ein:

Frames sind **Deutungsrahmen**, in die wir (politische) Begriffe automatisch konzeptionell eingliedern. Die Deutungsrahmen werden dabei durch Erfahrungen und Wahrnehmungsarten geprägt, also zum Beispiel „Temperatur", „Entfernungen", „Bewegung", „Raumempfinden", „Körperlichkeit" etc. Als Menschen denken wir dabei nicht abstrakt, sondern verbinden notgedrungen, abstrakte/theoretische Konstrukte mit konkreten Frames.

---

[171] Die wissenschaftliche Diskussion ist allerdings deutlich breiter. Sehr gute Zusammenfassungen dieser Quellen bieten auch Jakobs/Schwab 2023: 140-144 und Kegel 2019: 513-516.

Entscheidend ist: Frames werden automatisch in unserem Gehirn angesteuert und ausgelöst – das können wir nicht vermeiden. So werden Begriffe immer auch mit der Erfahrungswelt verknüpft.

So kann der abstrakte Begriff der Liebe mit unterschiedlichen Erfahrungen und ordnenden Frames verbunden werden: So werden Beziehungsthemen mit „Nähe-Distanz-"Erfahrungen („Wir haben uns auseinandergelebt."; „Wir sind uns ganz nah!") übersetzt oder aber mit „Temperatur-"Empfinden („Heiße Liebe"; „Die Liebe ist erkaltet."; „Meine neue Flamme.") kombiniert oder aber auch mit Jagd und Spiel verbunden („Meine neueste Eroberung."; „Ich habe die Person gewonnen/verloren.") werden.

Alle diese Deutungsrahmen führen zu einem emotionalen Begreifen und auch einer persönlichen Haltung. So werden Menschen, die nach ernsthaften und langfristigen Beziehungen streben eher abgestoßen sein von dem Deutungsrahmen Jagd/Spiel und wenn eine Person diesen Deutungsrahmen für sich verwendet.

Was hier schon ersichtlich ist: Die sprachliche Verpackung transportiert mehr als den Begriff an sich. Dieses „Mehr" entsteht automatisch und wird zu entsprechenden Wertungen bei den Zuhörenden beitragen.

Frames sind daher extrem wirkungsvoll: „Frames werden durch Sprache im Gehirn aktiviert. Sie sind es, die Fakten erst eine Bedeutung verleihen, und zwar, indem sie Informationen im Verhältnis zu unseren körperlichen Erfahrungen und unserem abgespeicherten Wissen über die Welt ordnen. Dabei sind Frames immer selektiv. Sie heben bestimmte Fakten und Realitäten hervor und lassen andere unter den Tisch fallen. Frames bewerten und interpretieren also. Und sie sind sie erst einmal über Sprache – etwa jener in öffentlichen Debatten – in unseren Köpfen aktiviert, so leiten sie unser Denken und Handeln an, und zwar ohne dass wir es merkten." (Wehling 2016: 17f.)

Konzeptionelle Metaphern können einen abstrakten Begriff mit einem politisch hilfreichen Deutungsrahmen verbinden. Das hilft – vor aller politischer Abwägung – dabei, gezielt Emotionen und Grundstimmungen zu erzeugen oder begünstigen, aber sich auch deutlich zu machen, wo Begriffe und Sprache Deutungsrahmen verwenden, die den eigenen Zielen, Haltungen und Positionen widersprechen und damit die eigene Argumentation schwächen.[172]

Frames und konzeptionelle Metaphern und ob sie unserem jeweiligen Werten entsprechen, entscheiden darüber, ob wir einer Sache zustimmen oder nicht. Zwei Beispiele, die Wehling darstellt, möchte ich hier zitieren.

Wehling berichtet von einer wissenschaftlichen Studie von Thibodeau und Boroditsky: „Zwei Gruppen wurde je ein Text über ansteigende Kriminalitätsraten vorgelegt. Beide Texte beinhalteten dieselben Statistiken und Fakten. Während jedoch der erste Text Kriminalität sprachlich als Viruskrankheit begreifbar machte, machte der zweite sie als gefährliches Untier begreifbar. Teilnehmer, die den ersten Text lasen, sprachen sich für präventive Verbrechensbekämpfung aus. Teilnehmer, die den zweiten Text lasen, sprachen sich für ein härteres Strafsystem und das ‚Wegsperren' Krimineller aus." (Wehling 2014: 164) Alle Testpersonen beriefen sich im Übrigen auf die Statistiken und nicht etwa auf die verwendeten Frames, so Wehling weiter. Wir berufen uns also auf Zahlen, Daten und Fakten und unterschätzen die Wirkung der Frames.

Das zweite Beispiel: Wehling weist darauf hin, dass im Bereich der Steuerpolitik sowohl progressive, liberale als auch konservativ Argumentierende auf konzeptionelle Metaphern zurückgreifen, die aus dem libertären Kontext kommen: „Steuer**lasten**, (...) Steuer**flucht**, Steuer**oasen** und -**paradiese**" – alle diese Begriffe stellen Steuern als etwas Negatives dar, von dem sich zu befreien oder entlasten wichtig und berechtigt ist: „Alle drei Geschichten sind

---

[172] Die Erforschung von Metaphern ist stark diversifiziert. Einen ersten Überblick mit weiteren Literaturhinweisen findet sich bei Meyer/Serbina 2019.

im Kern moralische Geschichten, die von Gut und Böse erzählen: Geringe Besteuerung ist moralisch gut, hohe Besteuerung ist moralisch verwerflich. Und alle drei Geschichten beinhalten einen moralischen Handlungsauftrag an die Politik, nämlich die Rettung und Erlösung der Bürger durch niedrigere Steuern. Innerhalb dieser drei Frames ergibt also nur eine politische Position Sinn, und zwar der Ruf nach möglichst geringen Steuern." (Wehling 2014: 162). Es bilden sich dann so genannte „kognitive Schemata", die immer weiter vertieft werden, je häufiger die Frames durch konzeptionelle Metaphern aktiviert werden.

Die Quintessenz daraus: Der Gedanke, dass Steuern kritisch zu sehen und am besten zu senken seien, wird vorherrschend, selbst wenn progressive Politiker:innen im Kern eine andere Politik verfolgen.

Die Frage aus Sicht progressiver Politik ist also: Welche konzeptionellen Metaphern und welche Frames bieten eine Alternative an?

Es fängt – wie Wehling zurecht festhält – bei den eigenen Werten an: „Es ist von besonderer Bedeutung für den Bürger, über Steuern zum gemeinschaftlichen System beizutragen. Es ist Ausdruck seiner Identität und seines moralischen Selbstverständnisses. Denn auch über Steuern drückt sich aus, nach welchen moralischen Grundsätzen wir im Leben handeln und welche Werte wir in unserer Gemeinschaft wahren wollen. Der Anspruch, über Steuern gemeinsam ein System zu finanzieren, das uns Bürger schützt und ermächtigt, ist für jeden Einzelnen immer auch Ausdruck der Verantwortung sich selbst, seiner Familien und seinen Mitbürgern gegenüber, Ausdruck eines unverrückbaren Anspruchs an Moral und Menschlichkeit in der Gemeinschaft, der er angehört und welche die Heimat seiner Werte und Identität ist. Denn nicht zuletzt beschließen wir die Steuergesetze ja demokratisch – wir entrichten unseren Steuerbeitrag, weil wir so entschieden haben." (Wehling 2016: 99f.) Die Formulierungen zeigen dann, dass andere Begriffe (Steuerbeiträge, Gemeinschaftsaufgaben, Schutz von Bürger:innen, öffentliche Daseinsvorsorge) einen anderen Wertungsrahmen ansprechen.

Framing-Strategien (seien sie politisch oder auch in der Werbung) sprechen insofern immer die „inneren Wert- und Glaubenssysteme der Zielgruppe" an (Baringhorst 2004: 79).

Inzwischen ist auch gut ausgeleuchtet, wie Populist:innen und Rechtsextreme Framings für sich nutzen (vgl. z. B. Laschyk 2024).

Die Kognitionsforschung gibt uns darüber Aufschluss, dass wir zwangsläufig in und mit Frames denken. Darüber können wir nicht selbst entscheiden. Worüber wir politisch entscheiden können, sind die konzeptionelle Metaphern, mit denen wir arbeiten und die selbst bestimmte Frames ansprechen und damit in der Gesellschaft stark machen.

Neben dem Werte-Framing ergänzt Oswald zudem das Emotions-Framing und das Counter-Framing (vgl. Oswald 2022; eine gute Zusammenfassung auch bei Jakobs/Schwab 2023).

Das Emotions-Framing zielt bewusst darauf ab, Emotionen (Mitgefühl, Wut, Nähe) anzusprechen und damit Bedürfnisse zu wecken. So werden in der Werbung für Tierschutzorganisationen zum Beispiel Hunde gezeigt, die mit treuem Hundeblick in die Kamera-Linse schauen. Das Mitgefühl wird angesprochen und der Wunsch geweckt, Tieren zu helfen.

Das Counter-Framing zielt darauf ab, das Framing der gegenteiligen Meinung streitig zu machen. Zum Beispiel wurde der Wert der Sicherheit zunächst von denjenigen genutzt, die aus der Atomenergie aussteigen wollen („Atomkraft ist unkontrollierbar"). Die Atomkraft-Befürworter:innen haben dann den Wert in Form der „Energieversorgungssicherheit" streitig gestellt. Das Counter-Framing birgt allerdings zwei Risiken: Zunächst verleitet es dazu, nicht für, sondern nur gegen etwas zu argumentieren. Das zweite Risiko ist, dass der Wert bereits verankert worden ist und damit ungewollt der Frame der Gegner:innen aktiviert wird.

Meine persönliche Erfahrung ist im Übrigen, dass Framings dann besonders gut wirken, wenn sie schlüssig Wert, Sprachbild, Emotion, Bedürfnis[173] und Bedürfniserfüllung durch politische Lösungen kombinieren können. Ein Beispiel dafür:

Wert: Sicherheit für uns und nachfolgende Generationen

Sprachbild: Geschenk übergeben an geliebte Menschen

Emotion: Angst/Sorge vor Atommüll, GAU und Klimakrise

Bedürfnis: Beitrag zur Sicherheit leisten

Bedürfniserfüllung: Energiewende und Ausstieg aus der Atomenergie

Auch hier gilt: Je durchdachter und stimmiger ein Framing ist, desto besser kann es wirken. Nehmen Sie sich also Zeit dafür, ein passendes Framing zu durchdenken.

Noch ein letzter Hinweis: Framings brauchen als Denkmuster Zeit und die Wiederholung, um einwirken zu können. Wenn Sie ein Thema bearbeiten und ein Framing nutzen, wechseln sie nicht ständig die Pferde.

☞ Auftrag in der politischen Rhetorik ist demnach, sich die konzeptionellen Metaphern zu vergegenwärtigen und Begriffe dem eigenen politischen Wertungsrahmen entsprechend zu verwenden.

✘ **Arbeitshilfe 20**: Framings finden (**X.3.20.**)

---

[173] Der Zusammenhang von Gefühl, Bedürfnis und Wunsch ist ein Dreischritt, der eine entscheidende Grundlage für die gewaltfreie Kommunikation ist. Gefühle sind dabei eine Art Hinweisschilder auf bereits erfüllte oder nicht erfüllte Bedürfnisse. Auch für die politische Kommunikation ist dieses Modell ungemein hilfreich. Zunächst, um selbst achtsam und transparent zu argumentieren. Weiterführend aber auch, um eine gute Ansprache zu finden. Das Konzept der gewaltfreien Kommunikation wurde von Marshall Rosenberg entwickelt (Rosenberg 2016).

2.2. Die Macht der Diskurse

Der Begriff „Diskurs" ist in der wissenschaftlichen Diskussion mit sehr unterschiedlichen normativen Deutungen aufgeladen: Einerseits wird in der Diskursethik – prominent vertreten durch Jürgen Habermas – darüber gesprochen, wie Diskurse für eine deliberative Demokratie ausgestaltet werden (müssen). Hier sind die Fragen aufgehoben, welche Beratungs- und Entscheidungsverfahren sinnvoll sind, um verschiedene Interessen(gruppen) demokratisch so einzubinden, dass sie möglichst adäquate gesellschaftliche Problemlösungen erreichen können. Die Diskursethik fragt damit auch, wann politische Entscheidungen normativ als legitim betrachtet werden können, aber auch mit welchen Geltungsansprüchen argumentiert werden kann und sollte.[174]

Andererseits werden Diskurse in der kritischen Diskursanalyse als herrschaftskonstituierende bzw. zementierende gesellschaftliche Phänomene analysiert und diskutiert, die damit Machtverhältnisse repräsentieren. Foucault hat dies in einem Interview einmal so gefasst, dass es – auch wissenschaftlich – nicht darum gehe, Wahrheit als „Ensemble der wahren Dinge, die zu entdecken oder zu akzeptieren sind", sondern „das Ensemble der Regeln, nach denen das Wahre vom Falschen geschieden und das Wahre mit spezifischen Machtwirkungen ausgestattet wird" (Foucault 1978, zit. Nach Jäger 2015: 11).

Allerdings wird man weder den einen noch den anderen vorwerfen können, dass sie die andere normative Ladung nicht in ihre Überlegungen einbeziehen: Jürgen Habermas dürfte die hegemoniale und herrschaftsstabilisierende Funktion von Diskursen ebenso bewusst sein wie Wissenschaftler:innen, die sich auf kritische Diskursanalyse fokussieren (wie etwas Siegfried Jäger), dass eine normative Demokratievorstellung zwingend von einer (anderen!) Gestaltung von Diskursen abhängt.

---

[174] Für die hier beschriebene demokratische Argumentatorik hat die Diskursethik normativ eine entscheidende Bedeutung (vgl. **Teil I**).

Die deutliche Abgrenzung zwischen Vertreter:innen der (kritischen) Diskursanalyse und denen einer Diskursethik beruht auf unterschiedlichen Blickwinkeln und Forschungsinteressen.[175] Es sind also Blickwinkel auf die Erklärung des Faktischen einerseits und des Normativen andererseits. Jenseits dieser Abgrenzung handelt es sich in der Praxis nicht um ein Entweder-Oder, sondern um ein Sowohl-als-auch. Normativ müssen sich Demokrat:innen mit ihren Reden nämlich an beidem orientieren: Sie müssen die Spielregeln der Diskursethik anwenden (oder sie doch strategisch in ihr kommunikatives Handeln einbeziehen), andererseits aber auch die für ihr Thema entscheidenden Diskurslinien kennen.[176] Diese Verquickung beider Diskursperspektiven wird auch von Mikfeld/Turowski mit ihrer strategischen Diskursanalyse adressiert.

Diskurse definieren herrschaftskritisch betrachtet, was in Gemeinschaften und Gesellschaften sagbar oder unsagbar ist. Sie strukturieren und limitieren damit auch, welche Frames und konzeptionelle Metaphern üblicherweise verwendet werden. So fassen Mikfeld und Turowski mit Blick auf Foucault zusammen: „Durch Festsetzung von Regeln und Begriffsdeutungen, durch die Definition von Normalität und Abweichung, die Institutionalisierung kollektiv verbindlicher Wissens- und Moralsysteme und schließlich durch die Nichtthematisierung des

---

[175] So grenzt dann auch Jäger die Diskursbegriffe strikt voneinander ab (Jäger 2015: 25). Zugleich geht damit tendenziell auch ein Potenzial verloren, nämlich, dass sich zwar Menschen (zwangsläufig) durch Diskurse bewegen, aber diese doch selbst auch mitbeeinflussen können. An anderer Stelle bestätigt er dann auch, dass „Räume und Zeit" durchaus kollektiv geteilte (und damit änder- oder ergänzbare) „ ,Produkte des kollektiven Denkens'" (Jäger 2015: 28) seien. Das eröffnet durchaus die Chance Diskursgrenzen kollektiv zu verschieben und auch normativ aufgeladene Diskursräume mit Leben zu füllen.

[176] Jürgen Link hat die weiterbringende kritische Frage gestellt: „Legt" der Diskursbegriff bei Habermas „nicht die Annahme nahe, daß der rational argumentierende mensch sozusagen aus allen Diskursen heraustreten kann in eine ,rein menschliche Rede'?" (Link 1986: 5, zit. nach Jäger 1985: 25f.) Meine persönliche Antwort ist: Menschen können zwar nicht aus ihrer diskursiven Haut heraustreten, wohl aber unterschiedlich strukturierte Diskursräume mit ihr betreten, sich dort ihrer Haut erwehren, aber eben auch ihre Positionen reflektieren. Wir können durchaus kompetent in unterschiedlichen Diskursen flexibel bestehen.

Undenk- und Unsagbaren, ist der Diskurs für Foucault eine notwendige Konstitutionsbedingung von Macht (und durch Veränderung des Diskurses auch die ihrer Transformation)." (Mikfeld/Turowski 2014: 23)

Diskurse sind für die Frage, was und wie es gesagt werden kann, entscheidend. Sie bilden sozusagen den Rahmen, in denen sich wiederum die Frames und konzeptionellen Metaphern zuordnen und einbetten lassen. Je stimmiger dies gelingt, desto wahrscheinlicher, dass eine Argumentation als stimmiges Deutungsangebot wahrgenommen werden kann.

Mikfeld hatte bereits 2012 eine Landkarte der damals aktuellen politischen Diskurse über die Zukunft von Wirtschaft, Wachstum und Gesellschaft vorgelegt, in dem er sieben Diskurse als Deutungsangebote voneinander unterschied.

In der Abbildung 82 greife ich diese Diskurse mit ihren Glaubenssätzen von Mikfeld auf und ergänze sie durch Überlegungen zu den jeweiligen Frames oder konzeptionellen Metaphern, die stimmig ergänzt werden könnten:

Diskurs*	Glaubenssatz bzw. "zentrales Versprechen"*	Mögliches Framing und konzeptionelle Metaphern
Marktfreiheit und schlanker Staat	„Mehr Marktfreiheit ermöglicht mehr Wachstum und mehr Chancen für jeden Einzelnen."	Begriffe des Wachsens und Entwickelns; offen bleiben für neue Ideen ("Technologie-Offenheit"). Luft zum Atmen haben. „Technologieoffenheit" und keine vorschnellen Vorfestlegungen.
Made in Germany	„Geht es der deutschen Wirtschaft (Industrie) gut, geht es der Gesellschaft gut."	Schutz durch die starke Wirtschaft. Kampf mit gerechter Schutzmacht. Familie, wo die Kinder ("Wir"), geschützt werden.
Marktwirtschaft mit gesellschaftlicher Verantwortung	„Wir müssen Regeln finden und vor allem Werte stärken, die unsere Marktwirtschaft	In Bahnen lenken. Arbeit an gemeinsamen Lebensgrundlagen. Gemeinschaft/Gesellschaft legt fest,

Diskurs*	Glaubenssatz bzw. "zentrales Versprechen"*	Mögliches Framing und konzeptionelle Metaphern
	wieder auf gesellschaftliche Verantwortung verpflichten."	wie das Zusammenleben funktioniert. Zusammenhalt und Helfen sind wichtig.
Grünes Wachstum	„Grünes Wachstum ermöglicht eine ‚doppelte Dividende' und damit die Versöhnung der sozialen und ökologischen Frage."	Weg aufeinander zu. Spannungen aushalten. Eins mit der Natur sein. Nähe-Distanz-Strukturierungen.
Soziale Regulierung und gerechte Verteilung	„Wohlstand für alle ist möglich. Aber dafür brauchen wir das Primat demokratischer Politik über die Märkte, einen starken Staat und gerechte Verteilung der Einkommen und Vermögen."	Beiträge zur Gesellschaft leisten. Überwinden und gemeinsam auf ein Ziel zugehen.
Maßvoller Wohlstand	„Mehr Lebensglück ist möglich, wenn wir unsere Maßstäbe verändern und mit dem Wachstumswahn brechen."	Sich beschränken können. Orientierung an immateriellem Glück und Bildung.
Alternatives Wirtschaften und Postwachstum	„Ein gutes Leben für alle Menschen auf der Welt ist nur möglich, wenn wir das gegenwärtige Wirtschaft- und Konsummodell überwinden."	Alternative Lebensformen finden. Ausstieg aus der beklemmenden Situation. Befreiungsschlag

Abb. 82: Diskurse, zentrale Versprechen und Frames (* = Spalten sind von Mikfeld 2012 übernommen)

Diese Diskurse beziehen sich zweifelsohne nur auf ein Themenfeld und sind auch nicht mehr auf dem aktuellen Stand. Hier geht es aber exemplarisch um eine Denkweise.

Wenn ich ein Themenfeld bearbeiten und eine überzeugende Argumentation erstellen möchte, so macht es Sinn, vorherrschende gesellschaftliche Diskurs- und Deutungsangebote und Frames herauszufiltern. Danach sind passende Formulierungen (angepasst an die konzeptionellen Metaphern) gezielter zu wählen.

Die unterschiedlichen Diskurse weisen eine für sich stimmige Sprache auf, in der Begriffe in einer spezifischen Bedeutung und in Konkurrenz zu anderen Diskursen verwendet werden (z. B. Freiheit vom Staat vs. ermöglichende Freiheit, sich in und mithilfe der Gesellschaft entwickeln zu dürfen). Diese Diskurse verwenden eigene Frames, Signalwörter, Kampfbegriffe und Metaphern.

2.3. Geschichten erzählen

„Erzählen heißt ja: etwas Besonderes zu sagen haben". (Adorno 1979: 77)

„Ihre Geschichte sei unterhaltend, solange wir sie hören, befriedigend, wenn sie zu Ende ist, und hinterlasse uns einen stillen Reiz, weiter nachzudenken." (Goethe 1998: 167)

Menschen erzählen und hören gern Geschichten. Dies gilt nicht nur im Alltag, beim Kaffeeklatsch, der Party oder dem Grillfest, sondern auch in der Politik. Wenn wir noch einmal auf den Kernpunkt gelingenden Argumentierens sehen, nämlich „etwas einleuchten zu machen", so ist Storytelling eines der Hauptinstrumente.

Aus meiner Sicht sprechen mindestens fünf Gründe dafür, das Storytelling auch für politische Reden zu nutzen:

1. Geschichten aktivieren das Mitdenken und -fühlen. Sie tragen so dazu bei, dass sich Menschen in ein Thema besonders gut einfinden können. Durch Geschichten werden viele unterschiedliche Hirnareale (Bewegung, Emotionen, Sinneswahrnehmungen etc.) angesprochen. Die Hirnareale werden dabei auch angesprochen, wenn wir uns nicht selbst in der Situation befinden, sondern auch (sicherlich weniger stark),

wenn wir uns nur in eine Situation hineinversetzen (vgl. Girnth/Burggraf 2019: 569).

2. Geschichten machen politische Reden und Forderungen eindrücklicher und nutzen dabei emotionale Zugänge zu Menschen. Wie bereits im Abschnitt zur Kognitionsforschung beschrieben verknüpfen sie Werte, Emotionen und politische Inhalte miteinander. Das Gesagte wird so eindrücklicher (vgl. dazu auch Girnth/Burggraf 2019: 569).

3. Schließlich und endlich können Geschichten einen Beitrag dazu leisten, Hürden abzubauen, die die politische Sprache nahezu automatisch reproduziert.[177] Vor allem der Soziologe Pierre Bourdieu hat in seinen Untersuchungen zu Sprache und Macht darauf hingewiesen, dass das politische Feld exklusiv und ausschließend wirkt (vgl. Bourdieu 2015: 13). Bremer hat dies mit Bezug auf Bourdieu einmal so formuliert: „Wer bei diesem ‚Spiel' mitspielen will, benötigt eine Art Eintrittskarte, denn sich in dieser Weise an Politik zu beteiligen, über Politik zu sprechen, setzt eine ‚politische Kompetenz' (...) voraus." (Bremer 2011: 186) Diese Kompetenz beruht einerseits darauf, in abstrakten Begriffen von konkreten Alltagsproblemen sprechen zu können, andererseits aber auch darauf, dass Menschen das Gefühl haben, dass ihnen zugestanden wird, sich zu beteiligen. Dies führt dazu, dass „gerade die Gruppen und Milieus, die aufgrund ihrer Benachteiligung am stärksten daran interessiert sein müssten, dass die allgemeinen Angelegenheiten anders geregelt sind, (...) sich dazu gesellschaftlich am wenigsten legitimiert" sehen (Bremer 2011: 187).

Storytelling kann daher im besten Fall in politischen Reden dafür sorgen, dass nachfühlbare und konkrete politische Probleme angesprochen werden, für die – das bleibt nicht aus – abstrakte politische Begriffe und Lösungen beschrieben werden können. Sie können auch zum Prüfstein werden, ob abstrakte Begriffe und Lösungen die konkrete Problemsituation tatsächlich zum Besseren wenden können. Dieses

---

[177] Dies ist ein Vorteil, der insbesondere für das Storytelling in der Politik (und nicht etwa in der Wirtschaft) zum Tragen kommt.

Potenzial einer persönlichen politischen Sprache benennt auch Pierre Bourdieu in dem bereits zitierten Interview: „Ich denke, dass Politik etwas Anderes wäre und politische Aktionen eine ganz andere Wirksamkeit gewännen, wenn jedermann davon überzeugt wäre, dass es an ihm selbst liegt, seine eigenen politischen Angelegenheiten in die Hände zu nehmen und dass niemand kompetenter ist als er selbst, um seine persönlichen Interessen wahrzunehmen. (...) Man sollte jede Mühe daransetzen, um allen fühlbar zu machen, wie sehr politische Angelegenheiten jeden einzelnen persönlich angehen und dass es darum geht, in diese scheinbar abstrakten politischen Angelegenheiten sich selbst mit allen lebenspraktischen Problemen wiederzuerkennen." (Bourdieu 2015: 17) Insoweit ist Storytelling nicht einfach, Geschichten der besseren Wirkung halber zu verwenden, sondern ermöglichen in einer persönlichen Sprache Pfade, sich gemeinsam mit anderen Menschen über bessere Politik Gedanken zu machen.[178]

4. Das Auflösen klassischer Parteienbindungen und das Aufweichen klassischer Milieugrenzen sind viel beschriebene Tendenzen, gleichwohl die Milieus viel stabiler sind, als es zunächst den Anschein macht (vgl. dazu Vester/ Kadritzke/ Graf 2019). Einige Autoren schließen aus den empirischen Befunden, dass die Zeiten von Klassenparteien zugunsten von Werteparteien abgelöst würden (vgl. dazu Jobelius/Schulze/Vössing 2022). Nun sollte man dabei nicht unterschlagen, dass Werte nicht unmittelbar zu einer Befriedung im politischen Feld beitragen müssen. Unterschiedliche politische Sichtweisen lassen sich jeweils wertebezogen reformulieren und unterscheiden sich in unterschiedlichen gesellschaftlichen Gruppen erheblich. Dennoch steckt in einer Argumentation, die ihre Werteorientierung transparent macht, ein großes Wirkungspotenzial, allein schon deswegen, weil dadurch die Befunde der Kognitionsforschung berücksichtigt werden, dass

---

[178] Allerdings hat das Storytelling die Herausforderung zu meistern, die in induktiven Argumentationsweisen inbegriffen sind: Die Frage wird immer sein, inwieweit das erzählte Besondere für das Allgemeine beispielhaft stehen kann (vgl. dazu auch den Teil **I**).

Entscheidungen nur selten allein rational, sondern basierend auf emotionalen und wertgebundenen (Vor-)Urteilen getroffen werden. Beides – eine Ansprache über Wertehaltung wie die emotionale Ansprache – ist aber eine Stärke des Storytellings.

5. Politiker:innen sind Menschen. Erstaunlich, oder?! Nicht selten werden aber verzerrte Bilder von ihnen transportiert. So werden Vexierbilder von Tugendhaftigkeit oder Skrupellosigkeit, Perfektion oder Fehlbarkeit, Altruismus oder selbstsüchtiger Herrschsucht, Expert:innen-Dasein oder Dilettantismus verbreitet. Diese (Selbst-)Zuschreibungen mögen bequeme und ausgetretene Wege sein, die sich in der politischen Öffentlichkeit zementieren, doch sie zeigen damit nicht Menschen mit all' ihren Vorzügen, Schwächen, Lernerfolgen, Zweifeln usw. Das Storytelling ist ein (!) Mittel, diese Zuschreibungen zu durchbrechen. Mit Geschichten können Politiker:innen andere Realitäten beleuchten, ihren Respekt vor anderen Menschen zeigen, das präsentieren, was sie von und mit anderen über gesellschaftliche Probleme und Potenziale gelernt haben. Die Politiker:innen werden – im besten Fall – nahbarer.

Es gibt also gute Gründe, sich das Storytelling als Instrument der Argumentatorik anzusehen. Neben diesen guten Gründen gibt es allerdings auch acht Punkte zu beachten:

1. Bei allen Vorteilen, die durch das Storytelling in der politischen Rhetorik erreicht werden können, gilt auch hier: Die Menge macht das Gift. Selbst gut Erzähltes nutzt sich bei zuviel des Guten ab oder kann die intendierte Wirkung in ihr Gegenteil verkehren. In der Regel wird eine Geschichte in einer Überzeugungsrede reichen.

2. Auf die gelingende Einbettung kommt es an. So sollte die „Lehre der Geschichte" oder die Quintessenz die Hauptaussage Ihrer Überzeugungsrede stützen. Gerade wenn wir von einer Geschichte selbst überzeugt sind, kann es leicht passieren, dass der Zusammenhang eher lose ist. Wir wollen halt die Geschichte gern erzählen. Das ist nachvollziehbar, aber nicht hilfreich. Hier hilft ein Test:

Erzählen Sie Ihre Geschichte vorab Freund:innen und bitten Sie sie, eine politische Forderung daraus abzuleiten. Wenn diese mit der Hauptforderung ihrer Rede übereinstimmt, wissen Sie, dass Ihre Rede ausreichend eingebettet ist. Die kritische Frage für jede Geschichte sollte also sein: „Wie handelt man, wenn man Euch glaubt, was Ihr sagt?" (Brecht 1998: 376).

3. Die gelingende Einbettung hängt nicht zuletzt am Erzählgestus. Hier empfehle ich Ihnen – zumindestens in der politischen Rede – sich auf die auktoriale Erzählweise zu fokussieren (vgl. dazu den Abschnitt „Falsche Identitäten bilden" im **Teil II**).

4. Erarbeiten Sie sich Ihre Geschichte gründlich. Auch Schriftsteller:innen können ein Lied davon singen: Erzählen ist ein Handwerk, das Arbeitszeit, Techniken und Geduld benötigt. Natürlich mag es auch Naturtalente geben, aber das sollte nicht verdecken, dass handwerkliches Können unumgänglich für diejenigen ist, die wirksam erzählen wollen. Sonst geschieht es schnell, dass Sie das Potenzial einer Geschichte vorschnell verschenken, gleich so, als würden Sie bei einem Witz als erstes die Pointe erzählen.

5. Die Freiheit des Erzählens ist bei Schriftsteller:innen deutlich größer als in der politischen Rede – das gilt sowohl für die stärkere Bindung an den Redezweck als auch für Erzählform und eigene Zusätze. Damit verbunden ist, dass Sie – wie es etwa auch Journalist:innen tun sollten – achtsamer recherchieren müssen.

6. Machen Sie sich selbst nicht zum Helden oder zur Heldin ihrer Geschichte (zumindestens, wenn es von Held:innen handeln soll). Dazu gibt es ein klassisches Beispiel in Ovids Metamorphosen: Odysseus und Ajax beanspruchen beide in einem Redekampf die Waffen des toten Achill für sich. Ajax beschreibt wortreich seine tapferen Kämpfe und Heldentaten (Ovid, Vers. 1-122). Odysseus aber obsiegt, in dem er die Liebe zu den Mitbürgern und auf gemeinsam Vollbrachtes verweist (Ovid, Verse 123-381) (vgl. dazu auch Detjen 2014: 99).

7. Seien Sie vorsichtig, keine Falscherzählungen (weiter) zu verbreiten. Storytelling gibt Fakten eine Richtung, einen wertenden und

emotionalen Rahmen. Gerade das macht sie zum beliebten Mittel von Populismus und Extremismus (vgl. dazu z. B. Laschyk 2024). Fragen Sie sich also immer, welche wertende und emotionale Rahmung ihre Geschichte enthält und überprüfen Sie die Fakten. Dies ist besonders wichtig, weil Storytelling bei Rezipient:innen eher dazu führen, dass „persuasiven Appelle" schwerer erkannt und kritisch überprüft werden können (vgl. Girnth/Burggraf 2019: 571).

8. Neben dem Storytelling gibt es auch Suggestionen als erzählerisches Mittel (vgl. dazu **IV.2.7.**). Die Wirkung ist ähnlich: Auch hier werden Emotionen und innere Bilder angesprochen. Allerdings werden dazu keine präzise umrissenen Szenen und Abläufe entwickelt, sondern eigene Erfahrungen angesprochen, die eine Fokussierung auf das Redethema ermöglichen. Die Arbeit mit Suggestionen ist in der Regel deutlich weniger aufwändig und kann insofern eine gute Alternative sein.

Soweit zunächst einmal das Potenzial und die Punkte, die Sie beachten sollten, wenn Sie Storytelling in der politischen Rede betreiben wollen. Im Folgenden werden wir uns einige grundlegenden Techniken des Erzählhandwerks näher ansehen. Wer sich näher damit befassen möchte, empfehle ich das Buch von Thomas Pyczak *Tell me!* (Pyczak 2021) oder (leider kaum erhältlich) die *Große Schule des Schreibens*, die von durchaus bekannten Autor:innen in den 1970er Jahren als Fernstudienkurs entwickelt wurde.

2.3.1. Der einfache Grundaufbau
Der Grundaufbau von Geschichten ist in der Regel einfach und fast immer gleich: Situation, Komplikation und Auflösung. Gerade für die politische Rede haben Sie es mit dieser Grundform zu tun, weil Sie ohnehin nicht mehr Zeit als für eine Anekdote oder (kurze!) Geschichte haben.

Die **Situation** umfasst in der Regel wenige Sätze, mit denen handelnde Personen an dem Ort des Geschehens in einer Ausgangssituation vorgestellt werden. Im Film (der auch Formen des Storytellings nutzt) würden wir von einem Setting sprechen. Im Kern soll durch die Darstellung der Situation zu Beginn sichergestellt werden, dass sich die Hörer:innen mit der Geschichte assoziieren, sich also andocken oder in sie einfinden können. Dies erreichen Sie durch Beschreibung von Sinneseindrücken und über eine Figurenzeichnung, die die Personen so ausgestaltet, dass man sich in sie hineinversetzen kann. Sie können die Situation als eine Art Momentaufnahme oder Foto, das Sie in die Hand nehmen, betrachten.

Nach diesen wenigen Sätzen beginnt die Handlung („**Komplikation**"). Die Personen müssen sich herausfordernden Geschehnissen stellen, werden überrascht, erleben eine lustige oder traurige Begebenheit, müssen erstmalig in ihrem Alltag etwas bewältigen usw. Die Handlung spitzt sich weiter zu. Spannung wird entweder darüber erzeugt, dass wir (anders als die handelnden Personen) sehr genau wissen, worauf die Situation zulaufen wird oder aber mitfiebern können, weil wir eben nicht wissen, worauf das alles hinausläuft.

In der „**Auflösung**" wird mit einem letzen Schritt die Spannung mit einem Kniff aufgelöst. Die Auflösung braucht dabei in der Regel nur einen Satz.

Im Kontext von politischen Reden bietet es sich an, sich stark auf einfache Grundformen zu fokussieren. In manchen Fällen wird es dabei sogar schon ausreichen, lediglich die Situation zu erzählen, also lediglich eine Art Bildbeschreibung in Ihre Rede einzubauen. Machen Sie das Erzählen also nicht zu kompliziert – Ihre Hörer:innen erwarten schließlich keine:n Literaturnobelpreisträger:in.

☞ Schärfen Sie den Grundaufbau Ihrer Geschichte. Üben Sie anhand von Alltagssituationen diesen Grundaufbau in wenigen Sätzen strukturiert darzustellen, so dass es in Fleisch und Blut übergeht. Wenn Sie Berichte hören, können Sie gut den Dreischritt versuchen nachzuvollziehen. Sie werden überrascht sein, wie häufig der Grundaufbau in unserem alltäglichen Leben vorkommt.

2.3.2. Bauformen von Geschichten

Innerhalb dieses Grundaufbaus (Situation, Komplikation, Auflösung) werden verschiedene bekannte Plots oder Baupläne verwendet, die uns immer wieder in Variationen und neuen Situationen begegnen. Es geht also in den allermeisten Fällen nicht darum, einen gänzlichen neuen Bauplan zu kreieren, sondern bereits bekannte Plots gekonnt mit (neuem) Leben zu füllen. Man kann sich über die Anzahl und die Betitelung der Plots sicherlich streiten. Ich lehne die Liste und den Zuschnitt der Grundbaupläne an die insgesamt 7 Plots an, die Thomas Pyczak mit Blick auf den Journalisten Christopher Booker darstellt (vgl. Pyczak 2021: 22-25), und dampfe sie auf 6 Baupläne zusammen:

1. „Das Monster überwinden"
2. „Vom Tellerwäscher zum Millionär"
3. „Die Suche" und „Reise und Rückkehr"
4. „Komödie"
5. „Tragödie"
6. „Wiedergeburt"

Im Folgenden werde ich – angelehnt an Pyczak – die Plots kurz zusammenfassen, aber auch jeweils ergänzen, ob und ggf. wann ich die Plots für politische Reden geeignet halte bzw. worauf Sie meiner Einschätzung nach achten sollten, wenn sie sie einsetzen wollen.

„Das Monster überwinden"/ „Den übermächtigen Feind überwinden" (Beispiele: Harry Potter, James Bond, David und Goliath): Ein Schurke oder ein Monster stellt die gewohnte Welt in Frage. Ein:e Held:in wird gefunden, der/die nach Anfangserfolgen, Rückschlägen, sich zuspitzenden Gefahren und Erkenntnisgewinnen den/die Gegner:in bezwingt. **Übertrag in die Politik?**

Dieses Modell wird in der Politik sehr häufig genutzt, gerade in Kriegen und Konflikten kommt es häufig zum Einsatz. Feinde werden dämonisiert, um den Kampf gegen jemanden (oder etwas) zu legitimieren und Hörer:innen zu motivieren mitzumachen. Es mag Sie kaum überraschen, dass ich diese Anwendungsart ungemein problematisch und gefährlich finde. Dieser Bauplan oder Plot verstellt den Blick darauf, Interessen zu verstehen, Situationen zu begreifen und für Verhandlungen zu nutzen. Schnell schlägt also dieser dynamische Plot in Propaganda um. Wenn Sie überhaupt diesen Geschichtsplot verwenden wollen, empfehle ich, nicht Menschen oder Lebewesen als Bösewicht:in zu stilisieren, sondern – auch wenn Ihnen das vielleicht langweiliger vorkommt – Situationen. So könnten Überschriften für Geschichten, die diesen Plot verwenden ja auch lauten „Menschheit kämpft gegen Klimakatastrophe"[179] oder „Bundesregierung kämpft unerschrocken gegen die Armut". Ein positives Beispiel – auf das sich auch viele Protestbewegungen beziehen – ist politisch bei Mahatma Gandhi zu suchen. Gerade die Entgegensetzung eines selbst friedlichen, freundlichen, aber zähen Menschen führte dazu, dass die Gewalt bewaffneter englischer Truppen die Ungerechtigkeit besonders deutlich hervortreten ließ.

Vom Tellerwäscher zum Millionär (Beispiele: Aladin und die Wunderlampe; Charlie Chaplin): Ein gewöhnlicher Mensch, der zunächst etwas unscheinbar wirkt, verwandelt sich nach und nach in eine ganz besondere Persönlichkeit: Dazu wird die Person zunächst in ihrem normalen (eher unglücklichen oder unerfüllten) Leben gezeigt. In dieser Situation erhält die Person eine Mission oder wird durch ein Ereignis „aufgeweckt". Die Person nimmt den Auftrag

---

[179] So entspannt sich in der letzten Zeit ein Kampf um öffentlichkeitswirksame Geschichtserzählung rund um die Klima-Aktivist:innen der „Letzten Generation". Auf beiden Seiten (Aktivist:innen einerseits; konservativ-liberale Politiker:innen andererseits) spielen dazu auf diesen Plot an: Während die Aktivist:innen eine Geschichte von Notwehr im Kampf gegen einen übermächtigen Feind („Klimakatastrophe") und zivilen Ungehorsam zu platzieren versuchen, wird auf der politischen Seite bis hin zu gefährlichen „Klima-Terrorist:innen" erzählt. Bis in die Bildsprache hinein (immer orange Westen, Schneidersitz (Reminiszenz an Mahatma Gandhi?) wird diese Geschichte angespielt.

ängstlich, besorgt, aber entschlossen an. Während die Person den Auftrag nach und nach erfüllt, wird das Potenzial, das in der Person geschlummert hat, entfaltet. Sie muss schwierige Situationen meistern, die Geschichte spitzt sich dynamisch zu, eine entscheidende Prüfung, dann: Geschafft! Die Person ist aus ihrem eigenen Schatten getreten und kehrt in den veränderten oder ganz neuen Alltag zurück, in dem sie ihren Platz gefunden hat. **Übertrag in die Politik?** Auch diesen Plot finden wir in der Politik als übliche Bauweise. Biographien von Politiker:innen, aber auch Erfolgsgeschichten von Alltags-Held:innen (z. B. von Pflege- und Rettungskräften etc.) werden in dieser Form erzählt. Wichtig ist: Erzählen Sie nicht ihren eigenen Werdegang oder ihre eigene Geschichte mit Hilfe dieses Plots. Das wirkt leicht überheblich und selbstverliebt. Ein auktoriales Erzählen, das die Hauptperson respektvoll beleuchtet, macht indes Sinn.

Die Suche oder Reise und Rückkehr (Beispiele: Odyssee, Die unendliche Geschichte, Herr der Ringe): Eine Person erhält einen (scheinbar unlösbaren) Auftrag, der sie weit von Zuhause wegführt. Gefahren, Prüfungen und Überraschungen (ggf. auch mit dazu stoßenden Weggefährt:innen) sind zu überstehen. Die Situation spitzt sich zu (z. B. Streit oder Zerwürfnis der Weggefährt:innen, Verluste etc.). Am Ende kehrt die Person mit erfolgreich bestandener Prüfung zurück. Dieser Plot ist dem Plot „**Vom Tellerwäscher zum Millionär**" verwandt, die sich allerdings mehr auf die Entwicklung der Person bezieht. Die Suche oder Reise stellt eher den Erfolg in der Sache in den Vordergrund. **Übertrag in die Politik?** Dieser Plot ist eine übliche Strukturierung in der politischen Rhetorik und lässt sich recht einfach anwenden. Auch hier gilt der gleiche Tipp: Wählen Sie nicht sich selbst zur Hauptfigur oder Held:in aus. Maximal können Sie als (weniger entscheidender Teil) des Teams auftreten. Ansonsten ist das Risiko hoch, dass Sie als überheblich oder selbstverliebt wahrgenommen werden könnten.

Komödie: Eine funktionierende und in der Regel überschaubare Welt gerät durch ein Missverständnis oder Ereignis durcheinander. Verirrungen, Verwirrungen, unpassende Situationen reihen sich aneinander. Das Missverständnis wird ggf. mehrfach fast aufgeklärt, doch die Verwicklungen steigern sich ins schier Unermessliche oder auch Absurde, bevor der Irrtum aufgeklärt und die Ordnung wieder (ggf. besser) hergestellt wird. **Übertrag in die Politik?** Natürlich gibt es gesellige Abende, Jubiläen, Feste im politischen Rahmen, die Aschermittwochs- oder auch Büttenrede. Dann mag sich dieser Plot anbieten. Für politische Diskussionen und Debatten und Redebeiträge rate ich persönlich von diesem Plot aus zwei Gründen ab: Der erste Grund ist, dass Humor sehr unterschiedlich (miss)verstanden und aufgenommen wird. Damit besteht das Risiko, dass man auf einen Teil der Zuhörer:innen peinlich wirkt. Der zweite Grund ist, dass sich Menschen potenziell mit ihren Interessen und politischen Anliegen nicht ernst genommen fühlen. Wenn Sie für einen Anlass dennoch mit dem Plot arbeiten wollen, wählen Sie am besten einen Plot bei dem Sie sich selbst geirrt haben, der Witz also ggf. auf Ihre Kosten geht. Der Vorteil ist, dass keine andere Person Ihnen böse sein kann, weil der Humor auf ihre Kosten zustande kommt.

Tragödie (z. B. Goethes Faust) Der Person fehlt etwas. Sie ist unzufrieden oder unausgefüllt. Sie entscheidet sich für eine Lösung, die sie des Problems entheben soll, sie aber in Wahrheit viel tiefer in die Probleme hineinführt (z. B. der Teufelspakt im Faust). Zunächst stellen sich die befürchteten Probleme nicht ein, die Person scheint glücklich zu sein. Doch schon bald tauchen Risse in der heilen Welt auf. Die Tragödie nimmt ihren Lauf und das Leben bricht wie ein Kartenhaus in sich zusammen. Dunkle Vorahnungen, Schuldgefühle, Belastungen, Verluste säumen den Weg zum tragischen Höhepunkt der Handlung (ggf. Tod der Heldin/ des Helden). Ggf. kann der/die Held:in auch noch knapp der Verdammnis entkommen. **Übertrag in die Politik?** Wenn Sie die Tragödie als Plot in der politischen Rede nutzen, kann sie im besten Fall Betroffenheit, Gemeinschaft und den Wunsch nach Änderung stärken. Zugleich ist das Risiko sehr hoch, nicht den richtigen Zungenschlag und eine passende Mischung zwischen sachlichem Inhalt und emotionalisierender Erzählung zu finden. Dieser Plot kommt – aus guten Gründen – deswegen eher selten in politischen Reden vor. Wenn Sie ihn nach reiflicher Überlegung doch wählen, empfehle ich Ihnen, ihre Rede mehrfach vor Testpersonen zu halten und sich ein ernsthaftes Feedback einzuholen. Wenn Sie dann unsicher sind, sollten Sie diese Geschichte eher nicht in ihre politische Rede aufnehmen. Sie können dann immer noch die Situationsbeschreibung sachlich, aber klar darstellen.

Wiedergeburt (z. B. Vom Saulus zum Paulus, Schneewittchen, Phönix aus der Asche): Eine Person wird (nach einem längeren Kampf) scheinbar vernichtet, kehrt aber gestärkt zurück. Ggf. wird Spannung darüber erzeugt, dass erst zum Schluss aufgelöst wird, was während der Abwesenheit der Person mit ihr geschehen ist. **Übertrag in die Politik?** Weniger metaphysisch als vielmehr in der Form von Befreiungsgeschichten lässt sich dieser Plot auch in der Politik verwenden. Häufig wird es dabei darum gehen, die Entwicklung von Menschen, Stadtteilen oder Gemeinschaften zu unterschiedlichen Zeitpunkten zu kontrastieren und danach aufzulösen, wie es zu der „Wiedergeburt" kommen konnte oder was für sie getan werden kann.

In vielen Fällen dürfte in politischen Reden nicht ein kompletter Plot ausgerollt werden. Es geht dann eher um kleine Episoden, Lebenseindrücke und Situationen. Auch das kann politische Reden beleben, weil Sie von der Ebene abstrakter Begriffe in das konkrete Leben eintauchen und sich mit ihm assoziieren.

2.3.3. Bauelemente des Erzählens
Nachdem wir uns die Grund- und Bauformen des Erzählens angesehen haben, fehlen noch die Bauelemente, mit denen Sie arbeiten können:

Personen: Wählen Sie ein übersichtliches Tableau an Personen und nur diejenigen, die Sie zwingend für Ihre Geschichte benötigen. Hauptfiguren sollten so dargestellt werden, dass Sie realistisch (nicht schwarz/weiß) und so gezeichnet werden, dass sich andere mit ihnen identifizieren können. Anders als in der Literatur geht es hier nicht darum, ihre Besonderheit und Einzigartigkeit als Mensch hervorzuheben, sondern umgekehrt, sie als stellvertretend für Menschen zu setzen, denen ein politisches Problem zu schaffen macht.

Ort und Situation: Ort und Situation werden sowohl in Kurzgeschichten als auch im politischen Storytelling nur so weit geschildert, dass sich die Menschen hineinversetzen („assoziieren") können. Achten Sie bei der kurzen Schilderung des Ortes darauf, Sinneswahrnehmungen anzusprechen (z. B. „Schritte knirschen auf dem Kiesweg" „gleißender Sonnenschein und flirrende Luft" etc.).

Anlass oder Thema: Der Anlass, wieso Sie diese Geschichte oder Begebenheit erzählen, was also das Ziel im Rahmen der Rede sein soll, ist in der politischen Rede besonders wichtig. Literarisches Erzählen bietet Leser:innen oder Hörer:innen klar definierte Arbeitsbündnisse an („Ich will in eine andere Realität eintauchen und eine andere Perspektive/Lebenssituation kennen lernen..." oder „Ich will etwas lernen..." oder „Ich will mich vergnügen..." oder „Ich will mich gruseln..."), die in der Regel bereits über Klappentexte klar definiert sind. Diese Klarheit fehlt dem Storytelling im politischen Kontext – es muss daher explizit hergestellt werden. Sie müssen also besonders darauf achten, dass durch Ihre Geschichte auch das Argument gestärkt wird, das Sie durch die Erzählung einleuchtend machen wollen. Eine gute Testmöglichkeit ist, die Geschichte oder Situation anderen Personen unabhängig und ohne Einbettung zu erzählen und die Zuhörer:innen dann zu bitten, die politische Forderung zu benennen, die sich aus ihrer Sicht daraus ableiten lässt. Stimmt dies mit Ihrer eigenen Argumentation oder Forderung überein, sollte die Geschichte ihre Rede stärken und nicht schwächen.

☞ Wenn Sie eine Geschichte vorbereiten, beginnen Sie zunächst, sich ein Gerüst zu erarbeiten. Erst wenn Sie dort alles soweit geklärt haben, sollten Sie die Geschichte selbst zu schreiben angehen.

⚒ **Arbeitshilfe 21**: Storytelling-Gerüst (**X.3.21.**)

2.3.4. Wahrheit und Wirklichkeit – Was ist in der politischen Rede erlaubt?

„ ‚Verraten Sie mir noch ein Letztes‘, sagte Harry. ‚Ist das hier wirklich? Oder findet es in meinem Kopf statt?‘ (...) ‚Natürlich passiert es in deinem Kopf, Harry, aber warum um alles in der Welt sollte das bedeuten, dass es nicht wirklich ist?‘“ (Rowling 2007: 731)

Ein häufiger Hinweis im Abspann von Spielfilmen ist: „beruht auf einer wahren Begebenheit". Dadurch ist uns klar, dass die generelle Handlung sich vergleichbar (aber eben nicht genau so) zugetragen hat. Für Filme, Romane und allgemeine Literatur ist die Freiheit dazu erfreulich groß. Auch Handlungen, die fiktional sind, sind uns willkommen. Sie sind für uns ggf. genauso „wirklich", haben nur den immensen Vorteil und Charme, dass sie abgetrennt von unserer sonstigen Realität existieren. Wir benötigen zwar valide („logisch") erzählte Geschichten, akzeptieren aber durchaus, wenn die Annahmen nicht stichhaltig sind (vgl. den Abschnitt „Aufbau einzelner Argumente" **I.4.3.**). So müssen wir bei Harry Potter der Annahme zustimmen, dass es Zauberer und Hexen in einer Wirklichkeit mit ganz eigenen Regeln gäbe. Die Trennung zwischen Realität im Kopf und Realität in der äußeren Welt fällt Kindern in einem bestimmten Alter schwerer, ist aber für Erwachsene in der Regel normal.

Für die Politik gelten andere Regeln: Hier müssen auch die Annahmen (und Rahmendaten) stichhaltig sein, also mit der Realität übereinstimmen. Behauptete Fakten müssen stimmen und müssen allgemein (wenn auch nicht zwingend bezogen auf einzelne Personen) überprüfbar sein. Wenn die Situation oder Geschichte, die sie erzählen, nicht selbst erlebt wurde, sollten sie sich die journalistische Faustregel zu Herzen nehmen: Achten Sie darauf – soweit eben möglich –, dass mindestens zwei verlässliche Quellen unabhängig voneinander die Situation und Fakten so bestätigen. Wenn Sie etwas hinzufügen, machen Sie es transparent („Ich stelle mir vor, dass...").

Bei der Überprüfbarkeit gibt es – auch das ist aus dem Journalismus bekannt – eine Spannung zwischen Überprüfbarkeit einerseits und Quellenschutz andererseits. Diese Spannung oder auch Lücke lässt sich letztendlich nur über das Vertrauen in Ihre Person überbrücken und einem besonders achtsamen Umgang mit dem Storytelling. Lassen Sie mich das an einem Beispiel erklären:

> „Neulich war ich auf einer Veranstaltung unserer Grundschule. Eine Mutter, die in einem Vorort wohnt, deren Kinder also auf den Bus angewiesen sind, berichtete dort sehr verärgert und emotional, wie schlimm die Situation mit den Schulbussen sei. Die Busse seien völlig überfüllt. Zwei Mal seien sogar Grundschulkinder mittags nicht mehr mitgenommen worden, weil sie nicht in den Bus gepasst hätten. Sitzplätze gibt es längst nicht für alle – Verkehrssicherheit ist da Makulatur. Im Bus ist eine Luft zum Schneiden. Schüler:innen aus weiterführenden Schulen ärgern und drangsalieren die kleineren, weil keine Aufsicht stattfindet. Die Kinder kommen mit Kopfschmerzen zuhause an. Dennoch – so berichtete die Mutter – behaupteten die städtischen Verkehrsbetriebe, das ausreichend Busse eingesetzt würden und kein Handlungsbedarf bestehe."

Diesen Bericht gab es tatsächlich. Ich habe ihn, als er aktuell war, an zwei Mitglieder des Stadtrates weitergegeben und stand dabei – ähnlich wie in diesem Buch – vor dem Dilemma zwischen Quellenschutz und Überprüfbarkeit. Für die konkrete Situation habe ich die Mutter gebeten, mir die Punkte noch einmal aufzuschreiben und sie gefragt, ob ich sie namentlich nennen darf. Wenn ich diese Begebenheit in einer öffentlichen Ratssitzung erzählt hätte, wäre wichtig gewesen, verschiedene weitere Eltern von busfahrenden Kindern zu fragen und dann auf dieser Grundlage allgemeiner berichten zu können. In diesem Buch wiederum nenne ich keine Einzelheiten (z. B. Namen oder Ortsteile, konkrete Schulen etc.), die einen Rückschluss auf handelnde Personen zulassen würden. Für solche (und vergleichbare) Situationen achte ich also auf einen achtsamen und sauberen Umgang:

1. Ich weise daraufhin, ob ich selbst dabei war, wie viele Berichte mir vorliegen und für wie glaubwürdig ich sie halte.
2. In dieser Situation muss nicht überprüfbar sein, ob diese konkrete Person es bei dieser speziellen Veranstaltung erzählt hat, sondern ob sich die Bussituation für die Kinder so tatsächlich darstellt, wie sie berichtet. Der Name tut also wenig zur Sache, meine Glaubwürdigkeit und Transparenz zur Prüfung des Wahrheitsgehalts aber schon.

3. Achten Sie auf einen geeigneten Grad an Verallgemeinerung bzw. von Weglassen von Informationen. Hier zum Beispiel habe ich Ihnen einige (für unseren Zusammenhang nicht relevanten) Daten vorenthalten: Die genaue Veranstaltung, das Datum der Beschwerde, Schulnamen, Namen der Mutter, Stadtteil und Ort). Es dürfte vermutlich also eher unwahrscheinlich sein, dass auf die konkreten Personen rückgeschlossen werden kann. Umgekehrt stimmen aber die konkreten Fakten, die ich Ihnen berichtet habe: Es war zum Beispiel eine Mutter und kein Vater… Die Daten, die genannt werden, müssen also stichhaltig sein.

Da verletztes Vertrauen großen Schaden für Sie als Politiker:in, aber auch für diejenigen bedeuten kann, die Ihnen ein politisches Problem erzählt haben, kann die Vorsicht und Achtsamkeit fast gar nicht groß genug sein. Letzten Endes hängt davon auch ab, ob Menschen sich benutzt fühlen oder Zutrauen haben, dass in der Demokratie das Lösen von gesellschaftlichen Problemen gut aufgehoben ist.

Storytelling ist mächtig – umso verantwortlicher sollte der Umgang sein. Ich möchte Ihnen das anhand eines (aus meiner Sicht schlechten) journalistischen Beispiels zeigen und anhand einer Geschichte erzählen, die im Rahmen von Fake News und falschen Narrativen verwendet wurde.

Zur ersten Situation: Damit Sie um die Situation wissen, kurz die Fakten: Der Staatssekretär im Ministerium für Wirtschaft und Klimaschutz Herr Graichen hatte selbst innerhalb des Ministeriums bekannt gemacht, dass er in einer Auswahl-Jury mitgewirkt hatte, die seinen Trauzeugen als neuen Geschäftsführer der Dena gekürt hatte. Nun hatte Minister Robert Habeck eine Überprüfung angekündigt.

In der Rubrik „Die Lage am Morgen" hatte die Journalistin Melanie Amann am 29.04.2023 Folgendes dazu geschrieben:

„Kommt dein Trauzeuge zum Vorstellungsgespräch
Für dich immer noch Sie

Tolle Tage im Bundesklimaministerium. Gerade konnte man im Haus von Vizekanzler Robert Habeck ein wenig verschnaufen nach der Aufregung über das Heizungsthema, da geht der Wahnsinn wieder los. Aber jetzt steht nicht der Minister im Feuer, sondern sein beamteter Staatssekretär, Patrick Graichen. Dass dieser gefühlt mit der halben Öko-NGO-Szene Berlins verwandt oder verschwägert ist, war zwar kein Geheimnis – wenn drei Leute mit Fachgebiet Energiewende Graichen heißen, spricht viel dafür.

Aber nicht nur ist eine Graichen-Schwester (die Verena) verheiratet mit einem Parlamentarischen Staatssekretär von Habeck. Sondern es gibt noch einen Vorgang, der leider, so eine Ministeriumssprecherin, ‚**den Anschein einer Befangenheit auslösen**‘ könne: Graichen (also der Staatssekretär) war beteiligt an der Suche nach einem Chef für die bundeseigene Deutsche Energieagentur Dena. Er wählte **einen sehr qualifizierten Mann** namens Michael Schäfer aus, ohne zu erwähnen, dass dieser Schäfer zwar nicht mit einer Frau Graichen verheiratet ist, aber dafür **sein eigener Trauzeuge** war.

Trauzeugen sind ‚unter normalen Umständen‘ (R. D. Precht) Leute, die einem sehr nahe stehen, die engste Freundin vielleicht oder dein Bruder (Jakob Graichen!). Wie ist wohl jemand gestrickt, der kein Problem darin sieht, seinen besten Kumpel **auf den Topjob in einer staatlich finanzierten Agentur zu setzen**?

Und wie muss man sich bitte diese Auswahl vorstellen? Da sitzt du als Staatssekretär mit **nur zwei anderen Juroren** in einem Raum, und als nächster Bewerber kommt der Michael rein, mit dem du damals auf dem Junggesellenabschied vielleicht besoffen und nackt in diesen See gesprungen bist. Aber du weißt ja, **wie fit der fachlich ist**, also führst du ein einstündiges Vorstellungsgespräch mit deinem Kumpel:»Wo sehen Sie die Dena in fünf Jahren, Herr Schäfer?«

Vielleicht fahrt ihr dann alle im Aufzug runter, du, Michael, und die Juroren, und keiner verzieht eine Miene, aber du schreibst ihm gleich aus der Tiefgarage eine **SMS nur mit einem Emoji**: Daumen hoch! Läuft.

Dieser ‚bedauerliche Fehler‘ sei ‚heilbar‘, versichert Habecks Sprecherin. Man prüfe die Auswahl. Soll das wirklich alles gewesen sein?" (Quelle: www.Spiegel.de; Abrufdatum: 29.04.2023)"

Zunächst einmal: Frau Amann macht hier nichts Verbotenes. Im Rahmen eines Kommentars ist es üblich, die eigene Meinung darzustellen. Sie muss auch nicht alle Fakten benennen. Zudem macht sie mit der rhetorischen Frage „Und wie muss man sich diese Auswahl bitte vorstellen?"[180] darauf aufmerksam, dass es sich um ihre Phantasie handelt, mit der wir es im Folgenden zu tun bekommen. Danach erzählt sie – frei erfunden – wie es sich zugetragen haben könnte. Das Ganze läuft auf die zweite rhetorische Frage hinaus: „Soll das wirklich alles gewesen sein?". Es wird also ein Spannungsbogen geschickt aufgebaut.

Dennoch halte ich den Kommentar für journalistisch unsauber und ein Negativ-Beispiel von Storytelling. Zur Frage des Journalistischen: Alle Fakten, die Herrn Graichen entlasten könnten, werden im Kommentar nicht angemerkt. Dazu zählt, dass Herr Graichen selbst im Ministerium seinen Fehler eingeräumt hat. In einem Pressestatement hatte er sich entschuldigt und ebenso Fehler eingeräumt.[181] Natürlich darf und soll die Presse kritisch sein, aber eben auch ausgewogen.

Zur Frage des Storytellings: Amann verwendet hier einen bekannten Topos, den man salopp nennen kann: (Viele/Alle) Politiker:innen sind korrupt. Soweit, so gewöhnlich.

Mit der ausgedachten Begebenheit – denn einen Beleg bleibt die Kommentatorin schuldig – fabuliert Amann eine bewusste moralische Abgebrühtheit oder Verdorbenheit herbei, die dann ihre „berechtigte" Entrüstung begründet und in einer anklagenden Frage gipfelt. Das kann so sein. Es kann aber eben auch anders sein. Näheres dürfte sie genauso wenig wissen wie wir.

Nur damit das auch klar ist: Ich will und werde Herrn Graichen weder verteidigen noch verdammen. Er wurde noch im Mai 2023 von Minister Habeck

---

[180] Auch diese rhetorische Frage enthält eine falsche Unterstellung: Nein, wir müssen uns das so nicht vorstellen, sondern Frau Amann will es sich so vorstellen.

[181] So zitiert beispielsweise die Frankfurter Rundschau das Statements Graichens, ohne deshalb unkritisch zu sein (vgl. den Artikel „Vetternwirtschaft? Staatssekretär von Habeck unter Druck, 28.04.2023, 11:08, Abrufdatum: 30.04.2023).

in den einstweiligen Ruhestand versetzt. Es geht mir hier um die ethische Fragestellung, wie wir mit Storytelling in journalistischen oder politischen Texten arbeiten.

Einige werden vielleicht den unerschrockenen journalistischen Blick goutieren, andere aber werden sich fragen, wieviel Unterstellung und Lust am Skandal die Feder geführt hat.

Mein Tipp ist also: Negative Unterstellungen sind im Kabarett in Ordnung, sollten im Journalismus und der Politik aber vermieden werden. Wenn Sie selbst politisch arbeiten, sollten Sie zudem immer sicher sein, dass Sie unfallfrei vom hohen Ross absteigen können, auf das Sie sich gesetzt haben.

Nun zum zweiten Beispiel, das ich von Thomas Laschyk übernehme, der es anhand verschiedener Quellen recherchiert und aufbereitet hat (vgl. Laschyk 2024: 34-36; 182f.). Die Krankenschwester Tiffany Dover wurde als einer der ersten Personen in den USA im Dezember 2020 gegen Covid-19 geimpft. Das Medieninteresse war groß, die Impfung geschah also vor laufender Kamera. Nervosität und leerer Magen führten dazu, dass sie direkt nach der Impfung einen Schwächeanfall erlitt, den sie allerdings schon kurze Zeit danach erfolgreich überwunden hatte. Es ging ihr – nach eigenen Angaben – gut. Also eigentlich eine kleine, kaum erwähnenswerte Episode.

Doch dann begann die Desinformationskampagne: Impfgegner:innen unterstellten, dass Tiffany Dover durch die „Todesspritze"/Impfung gestorben sei. Gegen ihren Widerspruch, sie befinde sich wohlauf, wurde sie angefeindet und eine ähnlich aussehende Freundin wurde als vermeintliches Double identifiziert, das den Tod vertuschen helfen solle. Tiffany Dover fasste in einem Interview drei Jahre später zusammen: „Ich bin an diesem Tag nicht gestorben. (…) Aber mein Leben, das ich kannte, tat es." (zit. nach Laschyk 2024: 35)

Diese Geschichte zeigt sehr deutlich, wie viel Verantwortung wir tragen, wenn wir Geschichten erzählen oder verbreiten. Sie sind machtvoll und sobald sie in die Öffentlichkeit gelangt sind, haben wir kaum noch Macht darüber, wie sie ge- oder leider auch missbraucht werden.

In der politischen Rede haben wir den Vorteil, dass wir vorab potenzielle Wirkungen durchdenken und das Erzählte eindeutig rahmen können. Das reduziert das Risiko, dass Geschichten missbraucht werden und andere Menschen (oder auch man selbst) geschädigt wird.

2.3.5. Wie komme ich zu Begebenheiten und Geschichten?

Sollten Sie erwarten, dass ich Ihnen nun eine geheime Sammlung wunderbarer, eindrücklicher und hilfreicher Geschichten nennen könnte, mit denen Sie Ihre politischen Reden und Argumente stark machen können, muss ich Sie enttäuschen. Diese gibt es nicht. Vielleicht kann es sie auch gar nicht geben. Oder noch passender: Gut, dass es sie nicht gibt. So müssen und dürfen wir neugierig auf die Realität anderer Menschen in unserer Umgebung sein und bleiben. Wir können sie fragen, wo der Schuh drückt und was Politik für sie tun kann. Das bedeutet viel Arbeit, aber – so ist zumindestens meine Erfahrung – es macht das eigene Leben reicher.

Zugleich sollten Sie Ihre Geschichten nicht dem Zufall überlassen: Wenn Sie ein politisches Thema bearbeiten wollen, lassen Sie sich von Betroffenen persönlich berichten, besuchen Sie sie in ihrer Realität, fragen Sie sie nach besonderen Begebenheiten. In manchen Fällen werden Sie von diesen Begegnungen und der Wirkung auf Sie berichten können, in anderen Fällen (wenn Sie es denn überprüft haben) auch die Geschichten, die Ihnen erzählt werden. Entscheidend ist dabei, dass Sie dies immer mit Respekt für die Menschen tun, von denen Sie berichten. Man muss sich nicht die Interessen (und Positionen) zu eigen machen, aber doch respektieren, dass es sie gibt.

Zum Abschluss dieses Teils möchte ich Ihnen noch selbst eine Geschichte in zwei Fassungen beispielhaft erzählen. Die erste Fassung ist etwa so, wie ich sie in einer politischen Rede verwenden würde. Sie schildert das, was meiner Frau von der Mutter, die ihr Kind in der Parallelklasse hat, erzählt worden ist. Die zweite Fassung ist eher so gefasst, wie ich sie als Kurzgeschichte erzählen würde.

Wenn Sie die beiden Fassungen miteinander vergleichen, sehen Sie wichtige Unterschiede. Sie können sehen, dass die erste Fassung deutlich kürzer ist und weniger Details enthält, die ich im Übrigen auch gar nicht habe, aber eben auch nicht frei hinzufüge. Zudem können Sie sehen, dass die Einleitung deutlich einen Hinweis auf die Funktion in der politischen Rede benennt. Wichtig ist hier also die Erzählebenen, aber auch einen nachvollziehbaren Erzählgestus zu verwenden (vgl. dazu Teil **I.7.7.**).

In der zweiten Fassung nehme ich mir mehr künstlerische Freiheit und baue den dramaturgischen Bogen stärker aus. Zudem wage ich mich vor, auch emotionale Wirkungen stärker zu beschreiben. Das lädt (noch stärker) dazu ein, sich einzufühlen und hineinzuversetzen.

Ich hoffe, dass sich daran die Unterschiede und auch die Potenziale der unterschiedlichen Darstellungen abmerken lassen. Die Faustregel will ich Ihnen als Tipp mitgeben: Je ernster ein Thema ist, desto zurückhaltender und sachlicher sollten Sie bleiben. Gerade kleine Gesten und Formulierungen machen es dann eindrücklicher. Ein von mir sehr geschätzter Journalist hat zum Beispiel in einer sehr unter die Haut gehenden Reportage den Tod einer Mutter nur dadurch angedeutet, dass der Vater sich nun langsam an das Geschirr-Abwaschen gewöhnt.[182]

---

[182] Die Geschichte finden Sie weiter unten abgedruckt (**VIII.2.4.3.**)

Nach den beiden Varianten finden Sie noch, wie ich – bezogen auf diese Geschichte – die Arbeitshilfe in diesem Fall (vgl. Anhang Arbeitshilfe 21) nutzen würde. Sie hilft mir, fokussiert und klar strukturiert zu erzählen.

Geschichte in der politischen Rede

Wenn wir unseren Kindern beibringen, solidarisch zusammen stark zu sein und auf Schwächere zu achten, haben wir viel geschafft. Es ist die beste Schutz vor Mobbing, praktische Solidarität zu erleben und zu praktizieren. Wie das funktioniert? Lassen Sie mich das an einer Begebenheit darstellen, die sich in der Parallelklasse meiner Tochter vor einiger Zeit ereignet hat. Erzählt hat sie eine Mutter, deren Tochter in diese Klasse geht. Die Begebenheit hat sich in der ersten Klasse unserer Grundschule ereignet.

Die Kinder dieser Klasse haben sich schon eingelebt. In der Klasse gibt es keine größeren Probleme, Cliquen-Bildung oder Konflikte. Ein Mädchen bleibt eher für sich allein, ohne dass sie komplett außen vor wäre oder ausgeschlossen würde. Das liegt auch daran, dass sich der größte Teil der Mädchen schon aus dem Kindergarten kennt und deswegen enger befreundet ist. Das Mädchen war nicht in diesen Kindergarten gegangen.

Dieses Mädchen – ich nenne sie hier Clara – wird in den Pausen von einem Jungen aus der vierten Klasse immer wieder geärgert. Na klar: Die Pausenaufsicht kann nicht alle im Blick halten. Wir können uns alle ausmalen, wie die Geschichte weitergehen könnte: Dem Jungen macht das Ärgern Spaß, er kann sich groß fühlen und vor seinen Kumpels groß tun. Das Mobbing steht also vor der Tür.

Aber nicht in diesem Fall: Die Klassenkameradinnen von Clara erkennen die Situation. Bei nächster Gelegenheit kesseln sie den Jungen auf dem Schulhof ein. Die Mädchen machen dem Jungen klar, dass er aufhören soll, Clara zu ärgern oder er bekäme es demnächst immer mit der ganzen Klasse zu tun. Der Junge hat Clara seitdem in Ruhe gelassen.

Solche praktischen Solidaritätserfahrungen und das Zeigen klarer Kante ohne eigene Aggressivität sind wichtig. Lassen Sie uns gemeinsam sehen, wie wir diese Art des Lernens in unserer Grundschule fördern können...

Die Geschichte als Kurzgeschichte

Clara hat Pause

Clara ist schon groß. Als sie vor acht Wochen in die Schule gekommen ist, war sie aufgeregt, aber auch stolz, dass sie nun zu den Großen gehört. Schon die Einschulungsfeier war aufregend schön: Gemeinsam mit den Eltern in der großen Turnhalle sitzen. Das aufgeregte Tuscheln und Wispern, das verebbte, als die Direktorin aufstand, um mit einem Lächeln die Neuen zu begrüßen. Ältere Schüler:innen hatten Willkommensfilme für die Neuen gedreht, die auf der großen Leinwand gezeigt wurden. Endlich wurden die Namen klassenweise aufgerufen und die Schüler:innen sind mit ihrer Lehrerin zum ersten Mal in den eigenen Klassenraum gegangen, während die Eltern ihnen hintergesehen haben. Clara hat nicht zu den Eltern gesehen – sie war ja jetzt in ihrer Klasse und schon groß.

Die ersten Schultage gefielen Clara sehr gut: Sie lernte gern, fand die Lehrerin und die anderen Kinder nett. Es wurde noch gespielt und gelacht. Ja, es war vielleicht sogar etwas gemütlich. Hausschuhe im Klassenraum. Die meisten Kinder, vor allem die Mädchen, kannten sich aus dem Kindergarten. Clara war nicht in diesem Kindergarten gewesen, wurde aber von den Anderen gut behandelt. Clara beobachtete ohnehin lieber und hielt sich lieber etwas abseits. So bekam sie vielmehr mit. Aber sie konnte mitmachen, wenn sie wollte. Das spürte sie.

Doch Clara musste auch die Schuhe wechseln – für den Pausenhof.

Kämen wir am Pausenhof vorbei, könnten wir fröhlichen Lärm hören, sehen, wie die Kinder Fangen spielen oder klettern, sehen sie in kleinen Grüppchen stehen. Eine Lehrerin steht an die Hauswand gelehnt und macht Pausenaufsicht, überblickt wie wir das fröhliche Treiben.

Könnten wir nun zu Clara sehen, verschwände das fröhliche Brummen und das bunte Treiben. Mal wieder hat Torsten sie erwischt. Torsten ist ein kräftiger Junge aus der 4a, der immer mit seinen zwei Kumpels unterwegs ist. Torsten versperrt Clara den Weg und verhöhnt sie, die beiden anderen lachen.

Das geht nun schon seit Tagen so: Hausschuhe aus – Straßenschuhe an. Torsten findet sie in kürzester Zeit. Am Anfang waren es nur Beleidigungen: „Baby, Baby". Dann wurde auch mal ein Bein gestellt.

Hausschuhe aus. Straßenschuhe an. Torsten nimmt in den Schwitzkasten. Hausschuhe aus. Straßenschuhe an. Torsten wirft Claras Mütze in einen Baum.

Hausschuhe aus. Straßenschuhe an. Clara versucht es mit Verstecken, Weglaufen, in der Nähe der Pausenaufsicht oder auf der Toilette bleiben. Doch Torsten lauert ihr auf, findet sie. In den Gängen, auf dem Schulweg.

An die Pausenaufsicht will sie sich nicht wenden. „Ich bin doch keine Petze,“ denkt Clara trotzig und mit Tränen in den Augen.

Hausschuhe aus. Straßenschuhe an. Clara geht nicht mehr gern zur Schule. Sie hat Angst. Irgendwie fühlt sie sich schmutzig. Es wird schon einen Grund haben, wieso Torsten immer sie ärgert. „Was mache ich falsch?“

Hausschuhe aus. Straßenschuhe an. Mit den Eltern will sie nicht reden – sie sind so stolz auf ihre große Tochter. Sie haben doch auch ihre eigenen Sorgen.

Hausschuhe aus. Straßenschuhe an. Fieber.

Hausschuhe aus. Viele Straßenschuhe. Im Kreis – rund um Torsten und seine Kumpels. Zehn Mädchen haben sie umringt und ziehen den Kreis immer enger. Kein Durchbrechen möglich. Anni, die Klassensprecherin, sieht Torsten durchdringend an: „Hey, ab jetzt gilt: Greifst Du irgendwen von uns an, bekommst Du es mit uns allen zu tun. Lass Clara in Ruhe! Klar soweit?“ Torsten sagt nichts.

Clara gehört dazu, auch mit Straßenschuhen.

Aber es gibt viele Claras.

Soweit also die beiden Fassungen. Wenn Sie Begebenheiten oder auch Geschichten in Ihre politische Rede einbauen, achten Sie darauf, dass Sie die Struktur für sich (und damit auch für andere) klar haben und nur das erzählen, was für das Verständnis erforderlich ist. So ist in der Begebenheit ja auch die Information enthalten, dass die Mädchen der Klasse sich aus dem Kindergarten kennen, Clara aber nicht. Diese Information ist nur erwähnenswert um den Umstand zu erklären, dass Clara in ihrer Klasse nicht gemobbt wird, aber dennoch für sich bleibt. Für die Kurzgeschichte ist ergänzt, dass sich daran etwas ändert durch das Eingreifen der Mädchen. Diese Information stammt allerdings nicht aus der Realität, sondern wird von mir ergänzt, um die Verwandlungsgeschichte abzuschließen.

Begebenheiten und Geschichten sind dann besonders wirkungsvoll, wenn sie nur das enthalten, was wirklich erforderlich ist. Daher empfehle ich Ihnen – bevor Sie sich von der eigenen Erzählkunst zu sehr mitreißen lassen – einmal den roten Faden zu klären, der der Geschichte oder Begebenheit ihren Fokus gibt. Anhand der Arbeitshilfe im Anhang sähe das dann beispielsweise so aus:

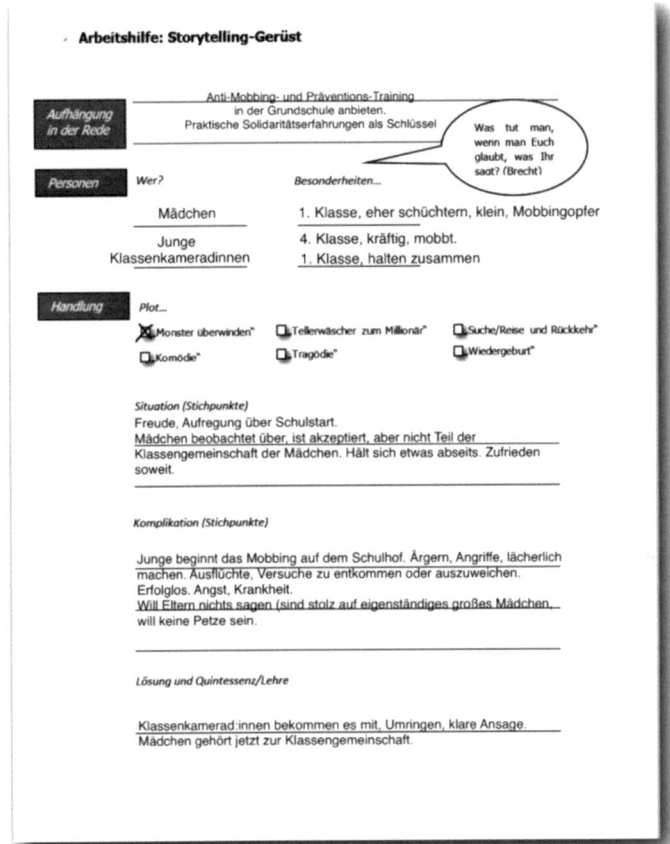

Abb. 83: Storytelling-Gerüst – ein Beispiel

2.4. Einsatz von Sprache

Ob Sie eine Geschichte erzählen, das Publikum zum Nachdenken bewegen, die Menschen begeistern wollen – all' dies machen Sie vermittels Sprache. Mit ihr können Sie Menschen für Ihre Anliegen gewinnen, leider aber auch verlieren. Es gibt Redner:innen, da könnte man jede Stecknadel fallen hören, wenn nicht alle so in den Bann geschlagen wären von der Rede.

Der Kommunikationspsychologe Friedemann Schulz von Thun hat 4 Faktoren benannt, die einen Text verständlich machen können: Einfachheit, Ordnung, Kürze und rhetorische Stimulanz (vgl. Schulz von Thun 1987; zusammenfassend auch Detjen 2014: 103-109).

Demnach sollen Reden und Texte

- in einfacher Sprache gefasst werden. Sie verwenden keine unerklärten Fachbegriffe. Sie vermeiden zu lange Sätze.
- so lang wie eben nötig, aber auch so kurz wie möglich sind. Sie benennen frühzeitig ihr Ziel und ihre Struktur und greifen immer wieder auf diese Struktur zurück.
- anregend sein, in dem sie zum Beispiel Srachbilder, Geschichten und Beispiele enthalten.

So wichtig diese allgemeinen Tipps sind, brüten viele darüber: Ja, aber wie geht das denn? Wie kann ich das sprachlich umsetzen? Sehen wir uns das genauer an.

Lassen Sie uns also ansehen, welche acht Erfolgsfaktoren es für eine lebendige und mitreißende Sprache gibt:

- Achten Sie auf passende Verben. Sie machen Texte lebendig und spannend. Substantive, flottierende Adjektive und unnötige Abverbien werden von aussagekräftigen Verben übertrumpft. Weichmacher sind für die Wäsche gut, aber nicht für Reden.

- Setzen Sie Zeitebenen, aktiv oder passiv und die Verb-Position im Satz gezielt ein.
- Variieren Sie Satzlänge und -arten passend zur geplanten Dynamik Ihrer Rede.
- Machen Sie den Lesetest: Wenn es holpert, ist der Text noch nicht gut.
- Wägen Sie Metaphern und rhetorische Mittel ab. Wenn Sie unsicher sind, lieber lassen. Ausgelutschte Metaphern schaden eher, denn das sie nutzen.
- Worthülsen, Füllwörter, sprachliches Aufbauschen haben in Texten nichts zu suchen – in der gesprochenen Rede kommen Sie ohnehin.
- Klischées sind nur gut, wenn sie kritisiert werden.
- Wählen Sie den richtigen Grad zwischen Zurückhaltung und Emphase.

Lassen Sie uns die Tipps im Folgenden näher an Beispielen ansehen.

2.4.1. Verben, Verben, Verben

Vergleichen Sie folgende beiden Sätze:

„(1) Für Streitigkeiten aus einem Vertragsverhältnis und über dessen Bestehen ist das Gericht des Ortes zuständig, an dem die streitige Verpflichtung zu erfüllen ist." (§ 29 Abs. 1 ZPO)

„Wo der Esel sich wälzt, da muss er Haare lassen." (Altdeutsches Recht).[183]

Die beiden Sätze meinen das Gleiche. Im ersten Fall haben wir es mit einer präzisen juristischen Formulierung zu tun, im zweiten mit einer Regel, wie sie im altdeutschen Recht verwendet wurde.

In beiden Fällen haben wir es mit einer Haupt-Nebensatz-Konstruktion zu tun – soweit, so einheitlich. Die Unterschiede: Die juristische Formulierung zeichnet

---

[183] Das Beispiel entnehme ich dem Buch von Wesel (Wesel 2021: 18).

sich durch 6 Substantive aus, die Regel kommt mit zweien aus. Die Regel verwendet ein starkes bildreiches Bewegungsverb („wälzen") und zudem eine im Recht eher ungewohnte Metapher. Die juristische Formulierung erfordert durchdenken und verankert sich kaum, die Regel ist direkt eingängig. Die Verben im Gesetzestext sind „bildarm".

Was für sich wälzende Esel gilt, rettet auch Redner:innen: Ihr Rede braucht Verben, Verben und Verben. Je genauer, passender, ungewöhnlicher, desto einprägsamer.

Verben sind hilfreich, wenn sie...	Verben sind weniger hilfreich, wenn sie...
„bildreich" sind, also eine direkte Vorstellung hervorrufen.	„bildarm" sind, also abstrakt bleiben.
in Aktivform verwendet werden. Das präzisiert, wer etwas tun soll oder tut.	in Passivform verwendet werden. Sie eignen sich aber, wenn Ohmacht oder passives Erleiden geschildert werden sollen.
ungewöhnlich sind.	häufig verwendet werden.
weiter vorne im Satzgefüge stehen.	ans Ende des Satzgefüges gesetzt werden.
Substantive ersetzen.	zu Substantiven erstarren.
auf Hilfsverben (können, sollen, dürfen) und Weichmacher verzichten	Mit Hilfsverben gespickt und mit Weichmachern und Einschränkungen garniert werden.

Abb. 84: Wirkung von Verben stärken und schwächen[184]

Für die politische Rede müssen wir also wissenschaftliche in politisch wirksame Sprache übersetzen. Sehen wir uns dazu ein Beispiel an. So schrieb etwa die Deutsche Gesellschaft für auswärtige Politik auf ihrer Website[185] als Aufmacher für einen „Policy Brief":

---

[184] Eine Ausnahme davon ist allerdings, wenn Sie mit Suggestionen arbeiten wollen (vgl. dazu IV.2.7.). Dort bietet es sich eher an mit unbestimmteren und „gewöhnlicheren" Verben zu arbeiten, damit das eigene Hineinversetzen offen bleibt (vgl. dazu auch Braun 2018: 146f.).

[185] Quelle: https://dgap.org/de; Abrufdatum: 02.05.2023.

„Migration, Flucht und Umsiedlungen in Folge des Klimawandels sind keine fernen Zukunftsszenarien, sondern materialisieren sich mittlerweile entlang immer gravierenderer Extremereignisse und schleichender Degradation. Angesichts der fortschreitenden globalen Erwärmung und der Gefahr des Überschreitens von Kipppunkten im Erdsystem sollten vorausschauende Klimaaußenpolitik und Entwicklungspolitik vermehrt auch schwerwiegende Klimafolgen in den Blick nehmen."

So könnten wir es als Aufmacher für eine politische Rede übersetzen. Der Text wird bewusst „staccato" gesetzt. Das überträgt die Dringlichkeit:

„Menschen flüchten und wandern aus. Nicht übermorgen. Nicht morgen. Jetzt. Sengende Hitze, Dürre, Wirbelstürme, Überschwemmungen, schmelzende Gletscher, unbewohnbare Gegenden vertreiben sie aus ihrer Heimat. Die Erde überhitzt. Kipppunkte stehen bevor – der Erdball droht auf eine schiefe Ebene zu kommen. Rappeln wir uns also auf zu einer neuen Klimaaußenpolitik. Entwicklungspolitik muss die Klimakrise eindämmen helfen."

Natürlich ist auch dies nur ein Aufmacher, der innerhalb einer Rede noch mit Argumenten unterlegt werden muss. Mir geht es darum, wie wir gut übersetzen können: In der Fassung werden systematisch Verben, statt Substantive genutzt („auswandern" statt „Migration", „flüchten" statt „Flucht") Fremd- und Fachwörter werden vor die Tür gesetzt (z.B. „schleichende Degradation"). Passivische Verbkonstruktionen werden ersetzt („sollten...in den Blick nehmen"). Aktive Formulierungen klären zudem, wer etwas (politisch) tun soll.

Dennoch fällt es vielen Menschen schwer, sich vom Nominalstil zu lösen und mit Verben zu glänzen. Wieso?

Seit der frühen Neuzeit hat sich in Deutschland die Kanzleisprache eingeschlichen. Wer bestehen wollte, etwas auf sich zählte, dazugehören wollte, der kam um die Kanzleisprache nicht herum. Ihre Markenzeichen waren: Substantivreihen, Satzeinschübe, Präzision qua Wenn-Dann-Folgerungen und Fachtermini. Das strahlt Herrschaft aus, atmet Macht.

Die Kanzleisprache wurde schnell zum Schrift- und Sprachstandard und mit ihr die Art, Sätze zu bilden. Die Kanzleisprache hat für die Politik in zweierlei

Hinsicht besondere Strahlkraft: Politik fließt durch juristische Texte (Gesetze, Verordnungen etc.) in unseren Alltag und wird umgesetzt durch Verwaltungshandeln, das ebenso von Kanzleisprache druchtränkt ist.

Zweifellos hat die Kanzleisprache den Vorteil, präzise zu sein und ist darauf angelegt, sich unangreifbar zu machen – eine juristische Absicherungsstrategie. Aber auch die Nachteile liegen auf der Hand: Als Fachsprache wirkt sie exklusiv und erfordert sehr fokussiertes Denken. Zudem sind juristische Texte schriftsprachlich, während die politische Rede auf Sprechen und Hören orientiert ist.

In der politischen Rede müssen Sie also in den meisten Fällen eine Übersetzungsleistung erbringen: Weg vom juristisch-schriftsprachlichen hin zum einprägsam-verbalen Stil.

Aber auch die Art der Verben ist entscheidend: Passivkonstruktionen und weichmachende Verbkonstruktionen (können, sollen, dürfen...) schwächen Texte. Starke Verben ohne weichmachende Ergänzungen stärken Texte.

Nehmen wir auch an dieser Stelle noch ein weiteres Beispiel. Wir nehmen dazu eine zufällig ausgewählte Mitteilung des Bundesministeriums für Wirtschaft und Klimaschutz. Es ist insofern recht schwer zu vereinfachen, weil es ein juristisches Verfahren betrifft. Dennoch lassen sich selbst hier Substantivketten reduzieren und mehr geeignete Verben verwenden:

> „Verfahren zur Neubesetzung des Vorsitzes der Geschäftsführung der Deutschen Energie-Agentur (dena) soll überprüft und gegebenenfalls neu aufgesetzt werden

> Das Verfahren zur Neubesetzung des Vorsitzes der Geschäftsführung der Deutschen Energie-Agentur (dena) soll auf Bitten des BMWK überprüft und gegebenenfalls neu aufgesetzt werden. Es sind zwar rein rechtlich keine Fehler im Verfahren aufgetreten; die Beschlüsse des Aufsichtsrats der dena sind wirksam. Aber aufgrund eines Fehlers in einem vorgeschalteten Vorauswahlprozess könnte der Anschein einer möglichen Befangenheit entstanden sein. Dies hat eine auf Bitten von Minister Habeck eingeleitete interne Prüfung ergeben.

Daher hat heute der parlamentarische Staatssekretär Stefan Wenzel als Aufsichtsratsvorsitzender der dena den Aufsichtsrat der dena und die Gesellschafterversammlung informiert und zugleich eine Überprüfung und mögliche Neuaufsetzung des Verfahrens empfohlen, um jeglichen Anschein einer Befangenheit zu vermeiden. Eine Entscheidung darüber liegt beim Aufsichtsrat. Dieser muss über einen solchen Schritt entscheiden. (...)"

Politische Übersetzung:

Minister Habeck will das Verfahren überprüfen lassen, mit dem der Geschäftsführer der Deutschen Energie-Agentur (dena) bestimmt worden war. Zwar gelte der Beschluss weiter und auch juristisch habe der zuständige Aufsichtsrat der dena richtig gehandelt. Aber: Eine Findungskommission hatte vorab den künftigen Stelleninhaber X ausgesucht. In dieser Findungskommission saß auch der Staatssekretär Y. X war zuvor auch Ys Trauzeuge. Um auszuschließen, dass Y deswegen befangen war, soll nun das Verfahren geprüft und gegebenenfalls neu durchgeführt werden. Letztendlich entscheidet der Aufsichtsrat der dena, dem der parlamentarische Staatssekretär Stefan Wenzel vorsitzt. Er hat die Gesellschafterversammlung und den Aufsichtsrat der dena informiert.

An dem Beispiel kann man ablesen, dass man viele Stellschrauben drehen muss, um das Gesicht eines Textes zu verändern. Aber: Es lohnt sich selbst bei eher trockenen Inhalten, die sachlich wiedergegeben werden sollen.

Auch die Position von Verben können die Wirkung stärken oder schwächen. Dabei gilt: Je später das Verb auftaucht, desto schlechter verständlich. Auch eine Spreizung des Verbs lässt sich schwerer verdauen. Auch dies ist Teil der „politisch wirksamen Übersetzung":

„Durch die Turbulenzen im Bankensektor der vergangenen Wochen ist das Risiko, dass die deutsche Wirtschaft im zweiten Quartal 2023 eine Rezession durchläuft, leicht gestiegen. Es bleibt aber auf niedrigem Niveau."[186]

---

[186] Anreißer für den Konjunkturindikator April 2023 des IMK. Quelle: www.imk-boeckler.de; Abrufdatum: 02.05.2023.

Politische Übersetzung:

„Turbulenzen im Bankensektor erhöhen das Risiko. Die Wirtschaft droht im zweiten Quartal 2023 zu stagnieren oder schrumpfen."

Verben sind das Lebenselixier politischer Reden. Sie hauchen Reden Leben ein und sorgen dafür, dass wir zu den Zuhörenden durchdringen.

☞ Achten Sie auf ausdrucksstarke Verben. Ersetzen Sie Substantive durch Verben. Verben sollten frühzeitig im Satz kommen und aktive Formulierungen enthalten.

2.4.2. Adverbien und Adjektive

Zur Erinnerung aus Schulzeiten: Adverbien sind Wörter, die das Verb, Adjektive Wörter, die Substantive näher beschreiben.

Adverbien sind Geschmacksverstärker und „Erinnermichs": ‚Erinnere mich daran, passende Verben zu suchen.` Adverbien werden nämlich häufig dann verwendet, wenn das Verb noch nicht ausdrucksstark genug ist. Machen Sie sich also auf die Suche und ersetzen Sie Verb und Geschmacksverstärker durch ein stärkeres Verb, z. B.:

„Sagte sie fordernd" wird zu „forderte sie". "Er fuhr langsam über die Autobahn." „Er kroch/schlich über die Autobahn."

Adverbien können hilfreich sein, wenn sie in einem Spannungsverhältnis zum Verb stehen oder eine entscheidende Erweiterung sind: „Er hastete verstohlen weiter."

Adjektive färben einen Text ein und sprechen unsere Wahrnehmungsorgane an. Ein literarisches Beispiel:

„Als Gregor Samsa eines Morgens aus unruhigen Träumen erwachte, fand er sich in seinem Bett zu einem ungeheueren Ungeziefer verwandelt. Er lag auf seinem panzerartig harten Rücken und sah, wenn er den Kopf ein wenig hob, seinen gewölbten, braunen, von bogenförmigen Versteifungen geteilten Bauch, auf dessen Höhe sich die Bettdecke, zum gänzlichen Niedergleiten bereit, kaum noch erhalten konnte. Seine vielen, im Vergleich zu seinem sonstigen Umfang kläglich dünnen Beinen flimmerten ihm hilflos vor den Augen." (Kafka 2002: 115)

Kafka wählt hier einen komplexen Satzbau, der mit vielen (nahezu ausgestellten) Adjektiven ausgeschmückt wird. In diesem Fall ein brillanter Schachzug transportiert doch die Form, in welch' außergewöhnliche, surrealistische Situation Gregor Samsa hineingeworfen wird. Nach diesem Absatz spart Kafka an Adjektiven, nämlich dort, wo es um Samsas karges Leben geht. Kafka beherrscht also sein Handwerk.

Adjektive unterstreichen das Gesagte – doch wenn alles unterstrichen ist, wird es nicht besser, sondern nur überladen. Adjektive sind insofern sehr gezielt und in geeigneten Dosen anzuwenden. Sie sind ein Gewürz, keine Sättigungsbeilage.

Damit Adjektive an den richtigen Stellen hervortreten, sollten sie an allen unnötigen Stellen gestrichen werden, vor allem dann, wenn Adjektive lediglich die innenliegende Wirkung der Substantive verstärken: „schwere Last", „lustiger Witz", „schmerzhafte Schnittwunde".

Auch in solchen Fällen suchen Sie zunächst nach hilfreichen Verben:

„Er trug eine schwere Last." wird zu „Er schleppte den Koffer."

Ein Trick mit dem Sie feststellen können, ob das Adjektiv entfallen kann: Verwenden Sie das gegenteilige Adjektiv („Er trug eine leichte Last.", „Er erlitt eine schmerzlose Schnittwunde"). Das verdeutlicht Ihnen, was schon im Wort steckt.

Je weniger Adjektive Sie gezielt und gekonnt verwenden, desto eher werden Sie wirken können. Superlative („schwerste Krise"; „dümmste Situation") sollten Sie kaum einsetzen. Sie übertreiben so, dass sie schnell gegenteilig wirken.

2.4.3. Sätze setzen und rhetorisch strukturierende Mittel verwenden

Guter Satzbau und rhetorisch strukturierende Mittel werten Reden auf. Texte werden dadurch kürzer, prägnanter und wirksamer. Polieren Sie also Ihre Redetexte, bis sie glänzen.

Dazu 8 Tipps aus der Werkstatt:

1. In der mündlichen Rede sollten die Sätze kürzer sein. Hörer:innen können Sätze ja selten zwei Mal anhören. Leser:innen können aber einen Satz wiederholt lesen.
2. Der Satzbau sollte abwechselungsreich sein und ein variierendes Sprechtempo stützen. Dabei gilt: Kurze Sätze drosseln, längere Sätze erhöhen das Tempo.
3. Sprechende Verben stehen möglichst weit vorne im Satz. Das erleichtert das Verstehen. Arbeiten Sie mit aktiven Verbkonstruktionen und achten Sie auf Handlungsorientierung.
4. Aufzählungen erhöhen die Dynamik. Dabei gilt: Eine Dreier-Reihe wirkt als dynamische Steigerung (Beispiel: „veni, vidi, vici"). 3-er-Reihen können gut überraschend gebrochen werden (Beispiel: „Ein Pfarrer, Freund und Mörder"). Wenn es eher beruhigend wirken soll, können parallele Aufzählungen gewählt werden (Beispiel: „wärmend und lecker", „kalt und erfrischend", „Speisen und Getränke").
5. Satzparallel-Strukturen betonen die Bedeutung von Abschnitten: („I have a dream" als wiederkehrender Satzanfang).
6. Entgegensetzungen („sowohl als auch"); „einerseits – andererseits"; „zwei Seiten der Medaille") können – wenn sie gut betont werden – strukturierend wirken.
7. Rhetorische Mittel sollten – wenn überhaupt – maßvoll eingesetzt werden.
8. Sprechende (und nicht-alltägliche) Symbole und Metaphern prägen sich besonders nachhaltig ein, sind aber auch schwer zu finden. Eher nicht verwenden sollten Sie naheliegende oder ausgelutschte Metaphern (z.

B. Fußballmetaphern; Kampf gegen Windmühlen bei Fragen der Energiewende etc.).

Damit Sie eine Idee bekommen, wie die Tipps in der Praxis angewendet werden können, hier einige Beispiele:

Aufzählung mit überraschender Steigerung

„Ich bin nicht Stiller! – Tag für Tag, seit meiner Einlieferung in dieses Gefängnis, das noch zu beschreiben sein wird, sage ich es, schwöre ich es und fordere Whisky, ansonst ich jede weitere Aussage verweigere." (Frisch 1975: 9)

Satz-Parallel-Strukturen

Anton schwitzt und arbeitet. Verena schwitzt und arbeitet. Gisela schwitzt und isst ein Eis.

Verwendung variierender Satzlänge und Satz-Parallelstrukturen

„Unser Volk braucht wie jedes andere seine innere Ordnung. In den 70er Jahren werden wir aber in diesem Lande nur so viel Ordnung haben, wie wir an Mitverantwortung ermutigen.

[Langer Satz]: Solche demokratische Ordnung braucht außerordentliche Geduld im Zuhören und außerordentliche Anstrengung, sich gegenseitig zu verstehen.

[Kurzer sentenziöser Satz]: Wir wollen mehr Demokratie wagen. Wir werden unsere Arbeitsweise öffnen und dem kritischen Bedürfnis nach Information Genüge tun. Wir werden darauf hinwirken, daß nicht nur durch Anhörungen im Bundestag,

(Abg. Dr. Barzel: Anhörungen?)

sondern auch durch ständige Fühlungnahme mit den repräsentativen Gruppen unseres Volkes und durch eine umfassende Unterrichtung über die Regierungspolitik jeder Bürger die Möglichkeit erhält, an der Reform von Staat und Gesellschaft mitzuwirken.

(Abg. Dr. Barzel: Die Regierung will uns gnädigst anhören?! — Abg. Wehner: Beruhigen Sie sich! Das heißt neudeutsch „Hearing", nichts anderes! — Abg. Dr. Barzel: Dann soll er es doch richtig sagen!)

Wir wenden uns an die im Frieden nachgewachsenen Generationen, die nicht mit den Hypotheken der Älteren belastet sind und belastet werden dürfen; jene jungen Menschen, die uns beim Wort nehmen wollen — und sollen. Diese jungen Menschen müssen aber verstehen, daß auch sie gegenüber Staat und Gesellschaft Verpflichtungen haben." (Willy Brandt 1969: 20)

Sprechende Symbole

„Jan Borge* steht in der Küche und spült. *Er macht das mittlerweile sehr gerne.* Früher hat seine Frau immer den Abwasch am Abend gemacht. Er saß auf dem wackligen Holzschemel am Esstisch. Und während sie mit den Tellern und Tassen klapperte, kam seine kleine Mara angesprungen und wollte auf seinen Schoß. Gequietscht hat sie vor Freude, wenn er sie überraschend vom Knie rutschen ließ und erst in letzter Sekunde auffing. Eines Tages jedoch blieb das schmutzige Geschirr unberührt in der Küche stehen. Ein Auto. Der Fahrer war wohl betrunken. Seitdem wäscht Jan Borge die Teller und Tassen und betrachtet die Fotos, die er und Mara auf die Fliesen geklebt haben. Er und Mara lachend am Ufer des Steinsees. Seine Frau mit der kleinen Mara auf dem Arm. Mara mit Schulranzen. Ein kleines, blondes Mädchen, frech und mit seeblauen Augen. Das ist acht Jahre her." (Penke 2013: 133)[187]

In dieser Reportage wird das „Geschirrspülen" zum Symbol für den Verlust eines Menschen und dafür, wie sich dadurch das Leben für die Hinterbliebenen ändert.

---

[187] Den kursiv gesetzten Satz habe ich aus einer Fassung ergänzt, die Michel Penke in Workshops verwendet. Der Satz ist in der Druckfassung nicht enthalten.

3. KI ALS NEUES INSTRUMENT DER POLITISCHEN RHETORIK – EIN BEITRAG VON MARIO SANDER

3.1. Einleitung – Künstliche Intelligenz und ihre Rolle in der politischen Rhetorik

Die rasante Entwicklung der Künstlichen Intelligenz (KI) hat in den letzten Jahren nahezu alle Lebensbereiche beeinflusst und die politische Rhetorik bildet dabei keine Ausnahme. Traditionell waren politische Botschaften das Ergebnis menschlicher Kreativität und rhetorischen Könnens. Doch mit dem Aufkommen von KI-Technologien wie der Verarbeitung natürlicher Sprache (Natural Language Processing, NLP) und beschleunigter Datenanalyse verändert sich grundlegend, wie politische Botschaften entwickelt und vermittelt werden.

Durch den Einsatz von NLP ist es möglich, große Textmengen zu analysieren und sprachliche Muster, Ausdrucksweisen und Stimmungen zu identifizieren. Politische Akteure nutzen diese Technologie, um herauszufinden, welche Begriffe oder Redewendungen bei bestimmten Zielgruppen besonders gut ankommen. So können Botschaften präzise angepasst und ihre Wirksamkeit gesteigert werden. Gleichzeitig erlaubt die Datenanalyse, die Wählerschaft in verschiedene Segmente zu unterteilen, basierend auf demografischen, sozialen oder kulturellen Kriterien, um Botschaften zielgerichtet zu platzieren.

Ein Beispiel: Eine Politikerin plant eine Rede vor jungen Wählerinnen und Wählern. Durch KI-gestützte Analyse erkennt sie wenige Minuten vor der Veranstaltung, dass diese Zielgruppe einen aktuellen Konflikt öffentlich gemacht hat. Die Politikerin passt nicht nur ihre Rede entsprechend an, sondern nutzt die von der KI vorgeschlagenen Sprachbilder und Optionen, die in dieser Angelegenheit positiv besetzt sind. Dadurch erzielt sie mit einem minimalen Zeitaufwand eine höhere Aufmerksamkeit ihrer Zielgruppe.

KI beschleunigt also nicht nur die Prozesse der politischen Kommunikation, sondern macht sie auch effizienter. Automatisierte Systeme können in kurzer Zeit eine Vielzahl von Social-Media-Beiträgen inklusive der Bilder generieren, die auf aktuelle Stimmungen oder Ereignisse reagieren. Videobotschaften von Avataren, die mit den realen Personen optisch und stimmlich identisch sind, können aktiv agieren, sofort auf Einwände oder Entwicklungen reagieren und sind kontinuierlich im öffentlichen Diskurs präsent.

Eine wesentliche Herausforderung besteht darin, KI als „unterstützendes Werkzeug" zu verstehen, das die Kreativität und Menschlichkeit der politischen Kommunikation stärkt, ohne sie zu ersetzen. Der KI-Output sollte natürlich immer auf seine Richtigkeit hin überprüft werden, denn in der politischen Rhetorik bleiben Authentizität und Glaubwürdigkeit zentrale Elemente. Es gilt: Technologische Effizienz und Authentizität sollte ausbalanciert sein.

3.2. Grundlagen der KI in der Rhetorik

KI-Systeme, insbesondere im Bereich der Verarbeitung natürlicher Sprache (NLP), ermöglichen es, Texte tiefgehend zu analysieren und anzupassen. Neben den großen Mengen an Texten, die verarbeitet werden, können sie Analysen durchführen, Muster, Themenhäufigkeiten und z. B. emotionale Tonalitäten erkennen.

Ein weiteres zentrales Anwendungsfeld ist die Sentiment-Analyse. Hierbei wird untersucht, ob Texte positiv, negativ oder neutral gefärbt sind. Eine Politikerin kann die Reaktionen auf ihre Reden oder Beiträge in sozialen Medien analysieren und ihre Kommunikation entsprechend anpassen. Die Technologie hinter Sprachmodellen basiert auf maschinellem Lernen. Diese Modelle werden mit großen Textmengen trainiert und lernen dabei, Muster und Zusammenhänge zwischen Wörtern und Sätzen zu erkennen. Die Sprachmodelle können menschliche Sprache nicht nur verstehen, sondern auch neue Texte erstellen, die stilistisch und inhaltlich an bestehende Vorlagen anknüpfen.

Ein Beispiel ist die automatische Erstellung von Rede- und Antworttexten: KI kann Vorschläge für Formulierungen machen, die zu vorherigen Aussagen passen und die gewünschte Botschaft unterstützen, erklären oder bewerben. Dabei nutzt sie rhetorische Mittel wie Metaphern oder Analogien, identifiziert den Zusammenhang und schließt an das Gesagte an. In der Weiterentwicklung von NLP können Dialoge mit Chatbots lehrreich bis unterhaltsam sein.

3.3. Einsatzmöglichkeiten im politischen Kontext

3.3.1. Automatisierung und Personalisierung
Die Effizienz politischer Kommunikation kann durch den Einsatz von KI erheblich gesteigert werden. Statt zeitaufwendiger Recherchen und manueller Textverfassung können politische Teams mithilfe von KI in kurzer Zeit hochwertige Inhalte erstellen. Ein praktisches Beispiel ist die automatisierte Erstellung von Pressemitteilungen zu aktuellen Ereignissen. KI kann hierbei erste Entwürfe liefern, die von realen Redakteurinnen verfeinert werden. Dadurch wird wertvolle Zeit gespart, ohne die Qualität zu beeinträchtigen.

Durch die Analyse von Daten der Wähler:innen können personalisierte Botschaften erstellt werden. KI segmentiert die Menge der potenziellen Wähler:innen nach verschiedenen Kriterien und passt die Botschaften entsprechend an. So kann eine Kampagne unterschiedliche Schwerpunkte setzen, je nachdem, welche Themen in einer Region besonders relevant sind.

3.3.2. Stärkung von Argumenten
KI-gestützte Tools können politische Akteure dabei unterstützen, ihre Argumente zu fundieren und zielgerichtet zu kommunizieren. Durch die Analyse von Debatten und Reden identifiziert KI Argumentationsstrukturen und rhetorische Stilmittel, die bei der Zielgruppe bislang besonders gut angekommen sind.

Die Nutzung von KI zur Vorbereitung auf eine Debatte sieht so aus: Die KI analysiert vergangene Debatten und Reden, sowohl vom eigenen Politiker oder Politikerin als auch von politischen Gegner:innen und dem typischen Umfeld (Vereine, Behörden, Unternehmen, Medien). Sie identifiziert häufig verwendete Argumente, mögliche Schwachstellen und erfolgreiche Gegenargumente. So kann die Redner:in die eigene Strategie optimieren und sich gezielt auf kritische Punkte vorbereiten.

Die KI greift dabei auf einen Fundus von Reden und Daten zu, die in eigenen, datensicheren Datenbanken gespeichert sind. Dies gewährleistet die Vertraulichkeit und schützt sensible Informationen. Durch die Einhaltung von Datenschutzrichtlinien wird sichergestellt, dass personenbezogene Daten geschützt bleiben.

3.3.3. Optimierung der Kampagnenrhetorik

KI hat die Strategien politischer Wahlkampagnen längst verändert. Durch vorausschauende Analysen und gezielte Empfehlungen werden Botschaften optimiert und Argumentationsstrukturen verbessert. Es stehen immer verschiedene Kommunikationsmedien zur Verfügung. Welches Medium benutzt wird, sollte in der Planung immer eine bewusste Entscheidung wert sein:

- **Reden**: KI hilft, Redetexte zu optimieren, indem sie rhetorische Mittel vorschlägt und die Sprache an die Zielgruppe anpasst. Sie analysiert erfolgreiche Reden und extrahiert wirkungsvolle Phrasen.
- **Podcasts**: Durch die Analyse von Hörerpräferenzen identifiziert KI Themen, die das Interesse der Zielgruppe wecken. Transkripte von Podcasts werden auf Schlüsselaussagen untersucht, um zukünftige Inhalte zu verbessern.
- **Social Media**: KI-Algorithmen bestimmen den optimalen Zeitpunkt für Posts, identifizieren Trendthemen und personalisieren Inhalte für verschiedene Nutzer:innengruppen. So wird die Reichweite gesteigert und die Interaktion intensiviert.
- **Chatbots**: Nicht nur in Wahlkampagnen werden Chatbots eingesetzt, um direkt mit Wählerinnen und Wählern zu interagieren, Fragen zu beantworten und Informationen zu verbreiten. KI sorgt dafür, dass diese Chatbots natürlich wirken und überzeugend kommunizieren.

3.3.4. Praktische Erfahrung mit KI-Tools sammeln

Theorie allein reicht nicht aus. Der praktische Umgang mit KI-Tools ist notwendig, um deren Nutzen im Alltag zu erfahren und mögliche Herausforderungen zu erkennen. Um die Fähigkeit, KI-Tools effektiv zu bedienen und in den Arbeitsalltag zu integrieren, zu verbessern, empfiehlt sich die aktive Nutzung von Sprachmodellen wie KI-Chatbots und Textgeneratoren wie Chat GPT-4.o. Das Ausprobieren von Software für Textentwicklung, Bildgenerierung, Programmierung von Bots und Automatisierung von Arbeitsverläufen (z.b. mit Zapier) scheint unerlässlich, um KI für die Rhetorik im politischen Alltag nutzbar zu machen. Die Umsetzung kleiner Projekte ist immer ein guter Schritt, um mit konkreten Erfahrungen zu beginnen.

3.4. Ethische Aspekte und Transparenz im Umgang mit KI-Systemen

Der Einsatz von KI in der politischen Rhetorik wirft ethische Fragen auf, die eine gründliche Reflexion erfordern. Während KI-Technologien die politische Kommunikation effizienter und zielgerichteter machen können, besteht die Aufgabe, sich auch mit Fragen der Authentizität von Botschaften und dem Erhalt des Vertrauens der Öffentlichkeit auseinanderzusetzen. Einen ethisch verantwortungsvollen Einsatz von KI zu gestalten bedeutet:

- **Transparenz fördern**: Offenheit über den Einsatz von KI stärkt das Vertrauen der Öffentlichkeit.
- **Authentizität bewahren**: Politische Botschaften sollten die persönlichen Überzeugungen und Werte der Akteure widerspiegeln.
- **Datenschutz sicherstellen**: Strikte Einhaltung der DSGVO und Schutz personenbezogener Daten.
- **Ethikrichtlinien entwickeln**: Klare Vorgaben und Verantwortlichkeiten festlegen, um Missbrauch zu vermeiden.
- **Vorurteile erkennen und minimieren**: Regelmäßige Überprüfung der KI-Systeme, um diskriminierende Muster zu vermeiden.
- **Technologieoffene Haltung einnehmen**: Offenheit für Innovationen, gepaart mit kritischer Reflexion, ermöglicht einen verantwortungsvollen Umgang mit KI.

Die ethische Dimension wird auch durch internationale Bemühungen unterstrichen. Die sieben führenden Industrienationen (G7) haben einen gemeinsamen „Code of Conduct" verabschiedet, der elf Prinzipien umfasst. Diese Prinzipien orientieren sich an Transparenz, Risikominimierung und dem Schutz demokratischer Werte und richten sich als Empfehlung an die Entwickler:innen von KI-Systemen. Die Einhaltung dieser Prinzipien ist entscheidend, um das Potenzial von KI auch in der politischen Kommunikation auszuschöpfen und gleichzeitig ethische Standards zu wahren. Darüber hinaus wird in der EU der sogenannte AI Act entwickelt, ein Gesetz zur Regulierung von KI-Systemen, das die Einhaltung von ethischen und datenschutzrechtlichen Standards verbindlich festschreiben soll.

3.5. Fazit

Die Integration von KI in die politische Rhetorik bietet große Chancen, um die Effizienz und Präzision politischer Botschaften zu steigern. Automatisierte Prozesse ermöglichen es, Redetexte schneller zu erstellen und anzupassen, sodass Politiker:innen zeitnah auf Entwicklungen reagieren können. Die Analyse großer Datenmengen erlaubt zudem ein tiefes Verständnis von Präferenzen, wodurch Botschaften präzise auf Zielgruppen zugeschnitten werden können.

Ein weiterer Vorteil ist die Stärkung von Argumenten durch personalisierte Botschaften. KI-Systeme erkennen rhetorische Stilmittel und passen diese an, um die Überzeugungskraft zu erhöhen. Die Integration verschiedener Kommunikationsmedien erweitert die Reichweite und intensiviert den Austausch.

Gleichzeitig ist es wichtig, ethische Standards zu wahren und transparent zu agieren. Ein verantwortungsvoller Umgang mit KI muss rechtlich verankert werden, um sicherzustellen, dass er demokratischen Werten und Prinzipien folgt.

KI sollte immer als unterstützendes Werkzeug verstanden werden, das die Authentizität und Menschlichkeit politischer Botschaften fördert. Die Balance zwischen Innovation und Ethik bleibt ein entscheidender Faktor für die nachhaltige Integration von KI in der politischen Kommunikation.

Hinweis von Mario Sander:

Dieses Kapitel wurde mit KI-Technologien (ChatGPT) erstellt, um den Einsatz von KI in der politischen Rhetorik praktisch zu zeigen. Die Vorschläge der KI wurden geprüft und angepasst, um den Anforderungen des Kapitels zu entsprechen.

3.6. Literaturtipps

Diese Werke bieten Ihnen einen umfassenden Überblick über die Herausforderungen, die durch die Machtkonzentration im digitalen Raum entstehen, und liefern Ihnen fundierte Analysen und Lösungsvorschläge, um diesen entgegenzuwirken. Sie sind ideal, um sich intensiver mit dem Einfluss von Big Tech auf Demokratie und Gesellschaft auseinanderzusetzen. Die Kurzbeschreibungen beziehen als Quellen die jeweiligen Verlagsangaben heran.

„Big Tech muss weg!" von Martin Andree (2023)

Dieses Buch analysiert, wie Tech-Giganten wie Google, Amazon, Facebook und Co. die Demokratie und Wirtschaft unterwandern. Andree zeigt auf, wie stark diese Unternehmen die politische Meinungsbildung kontrollieren und unsere Marktwirtschaft in ihrer freien Form bedrohen. Gleichzeitig macht er Vorschläge, wie man diese Monopole durch staatliche Regulierungen brechen könnte. Besonders aufschlussreich sind seine Analysen über Werbeinvestitionen und die Macht der Plattformen.

Andree, Martin (2023): *Big Tech muss weg! Die Digitalkonzerne zerstören Demokratie und Wirtschaft – wir werden sie stoppen.* Campus Verlag, Frankfurt am Main. ISBN: 9783593517544

„Das Zeitalter des Überwachungskapitalismus" von Shoshana Zuboff (2020)

Zuboff beleuchtet, wie Unternehmen wie Google und Facebook das Verhalten der Nutzer systematisch ausspähen und ihre Daten nutzen, um sie zu manipulieren. Sie beschreibt, wie diese Praktiken demokratische Strukturen gefährden und fordert einen radikalen Wandel im Umgang mit digitalen Plattformen.

Zuboff, Shoshana (2020): *Das Zeitalter des Überwachungskapitalismus: Der Kampf für eine menschliche Zukunft an der neuen Grenze der Macht.* Econ Verlag, Berlin. ISBN: 9783430202741

„Machtmaschinen: Warum Datenmonopole unsere Zukunft gefährden" von Thomas Ramge und Viktor Mayer-Schönberger (2020)

Dieses Buch argumentiert, dass die Macht der großen Tech-Unternehmen so gewachsen ist, dass sie unsere zukünftige Gesellschaft prägen und bedrohen. Die Autoren schlagen vor, wie Europa sich von diesen Monopolen lösen könnte, um eine datengesteuerte und demokratischere Zukunft zu schaffen.

Ramge, Thomas & Mayer-Schönberger, Viktor (2020): *Machtmaschinen: Warum Datenmonopole unsere Zukunft gefährden und wie wir sie brechen können.* C.H. Beck, München. ISBN: 9783406755866

Artikel: „Gefährden digitale Medien die Demokratie?" (National Geographic, 2024)

Eine Studie zeigt, wie digitale Plattformen Populismus fördern und das Vertrauen in etablierte demokratische Institutionen untergraben. Der Artikel untersucht die sozialen und politischen Folgen der digitalen Transformation. Quelle: National Geographic, 2024.

Bundeszentrale für politische Bildung (2020): *Digitalisierung.* Informationen zur politischen Bildung Nr. 344, Bonn.

ZUM SCHLUSS EIN ANFANG

Werde, wie Du sein möchtest,
weil Du schon bist, wie Du bist.

Müsste am Ende dieses Buchs nicht ein paar große, einprägsame Worte stehen? Müssten diese Worte nicht nachhallen in den Köpfen und Herzen der Menschen? Müssten diese Worte nicht eine weitere Stärkung der Demokratie sein? Ein Stein, der ins Wasser fallend, immer weitere Kreise zieht?

Ich möchte mich davor hüten, im Überschwang salbungsvolle Worte abzusondern. Aber: Ich möchte Ihnen Mut machen, die Stimme zu erheben und Ihre ganz eigenen, starken Reden zu halten. Helfen Sie mit, unsere Demokratie bunt, respektvoll, streitbar und verhandlungsstark zu machen.

Ein zweifellos wertschätzend gemeinter Geburtstagswunsch lautet: „Bleib so, wie Du bist." Freundlich, aber dem Stillstand das Wort redend. Andererseits schallt es überall von Selbstoptimierung und der Forderung, besonders zu sein.

Beidem möchte ich mich – auch für die Rhetorik – nicht anschließen. Aber: Wir haben alle Ressourcen und können auf unsere eigene Weise wirken. Weil wir die „Fähigkeit haben, Fähigkeiten zu entwickeln" (Rousseau), können wir auch eine zu uns passende Rhetorik entwickeln.

Für wirksame Reden gibt es nicht den einen Weg, sondern viele. Eine starke Rhetorik ist immer persönlich und jeder Mensch kann diese entwickeln.

Für Ihre Reise hin zu Ihren eigenen starken Reden wünsche ich Ihnen alles erdenklich Gute! Ich bin gespannt, von Ihnen zu hören!

Anhang

1. GLOSSAR

Das Glossar enthält Erklärungen für Fachbegriffe, die im laufenden Text verwendet werden. Zudem werden hier auch Taktiken und Gegenmittel benannt, die im fortlaufenden Text nicht näher bearbeitet worden sind.

Agora war der Markt- und Versammlungsplatz im antiken Athen, auf dem sich die Bürger für demokratische Versammlungen trafen. ‚Agora' steht hier für Orte, an denen politisch argumentiert, diskutiert, debattiert und in Gruppen entschieden wird.

Allegorie – literarische Metapher, die in der Regel allerdings nicht den assoziativen Abgleich zwischen Ziel- und Ausgangsbereich leistet. In der politischen Reden sind daher Allegorien weniger, Metaphern deutlich stärker vertreten.

Anadiplose (Verdoppelung) ist ein rhetorisches Mittel der Hervorhebung eines Begriffs. Dabei wird der letzte Begriff eines Satzes im nachfolgenden Satz als erstes wiederholt.

Analoge Kommunikation (Gegenteil: digitale Kommunikation) wird bei Paul Watzlawick als unverschlüsselte und unmittelbar wahrgenommene Kommunikation (z. B. Körpersprache, Gestik) definiert. Auch Tiere können analog kommunizieren.

Analogie ist das rhetorische Mittel des Vergleichs. Eine Form der Analogie ist das „spiegelgleiche Argument" (s. dort).

Antizipation ist das rhetorische Mittel der Vorwegnahme, also Widersprüche der Gegenseite direkt selbst zu benennen und zu widerlegen.

Aporie meint eine Konstellation ohne Ausweg.

Appetenz – Wenn wir Zuhörende dazu bewegen wollen, das Gute/etwas Gutes haben zu wollen. (Gegenteil: Aversion)

Argumentatio – „Beweisführung"; Begriff aus der antiken Rhetoriklehre.

Argumentieren – etwas einleuchten machen. Persuasive kommunikative Tätigkeit, also Überzeugungsarbeit.

Argumentum ad nauseam – Ein Argument bzw. eine Behauptung wird so häufig wiederholt, bis es geglaubt wird, ohne bewiesen worden zu sein. „Ad nauseam" meint wörtlich „bis zur Seekrankheit".

Argumentum ad personam sind Argumente, die sich gegen eine Person bzw. ihre Glaubwürdigkeit richten. Für eine demokratische Argumentatorik bietet sich diese Argumente-Art nicht an.

Argumentum ad rem sind Argumente, die sich auf sachliche Inhalte beziehen (im Gegensatz zum Argumentum ad personam).

Asana – Übung aus dem Qi Gong.

Assoziation (Gegenteil: Dissoziation) A. ist ein Begriff aus der Psychologie, der die Verknüpfungen von Vorstellungen meint. In diesem Buch wird er spezifischer als ein

Bewusstseinszustand verstanden, in dem eine Person sich in einer Situation befindet oder in sie hineinversetzt, also mit ihr verknüpft/verbunden ist. Dieses begriffliche Verständnis ist dem Neurolinguistischen Programmieren (NLP) entlehnt.

Assoziativer Fehlschluss – Er liegt vor, wenn zwei Ereignisse unabhängig voneinander im gleichen Zeitraum vorfallen („Korrelation") und in der Argumentation fälschlich als logisch abhängig behauptet werden („Kausalität"). So gab es Stimmen, die Corona fälschlich mit dem Ausbau des 5G-Netzes in Verbindung gebracht haben.

Atembewegung wird durch das Zusammenspiel aller Muskeln und Muskelgruppen und der Steuerung orchestriert. Sie umfasst damit sowohl willentliche als auch unbewusst verlaufende Impulse und Prozesse. Es handelt sich um Bewegung in der elastischen Spannkraft der Muskeln.

Atmung, innere und **äußere** – als äußere Atmung bezeichnen wir den Luftstrom, der sich über den Weg von Nase/Mundraum bis in die Lungenbläschen bewegt. Als innere Atmung bezeichnen wir die Verstoffwechselung von Sauerstoff beim Ein- und Kohlenstoffdioxid beim Ausatmen.

Auktoriales Erzählen (Gegenteil: Personales Erzählen) ist ein Begriff der Erzähltheorie. Auktorial wird erzählt, wenn eine Person außerhalb der Geschichte selbst als Rahmengeberin erzählt.

Aversion – Wenn wir rhetorisch das Gefühl bei Hörenden erwecken, das Schlechte vermeiden zu wollen (Gegenteil: Appetenz).

Bias sind Neigungen von Menschen, bestimmten Wahrnehmungs-, Erinnerungs- oder Denkfehlern zu folgen.

Biologistischer Fehlschluss – Er liegt vor, wenn von behaupteten biologischen oder genetischen Zuschreibungen auf das Verhalten oder den Charakter geschlossen wird.

Brückensätze sind Sätze, die von dem Sachthema kurzzeitig auf den Kommunikationsprozess („Meta-Ebene") umsteuern, um erst danach mit Störungen inhaltlich umzugehen. Im Kern verschaffen Brückensätze Zeit, um die eigene Argumentation neu zu ordnen.

Candystorm – das Gegenteil von einem Shitstorm, also eine Welle der Zustimmung im Internet.

Cherrypicking – englischer Begriff für Rosinenpicken (s. dort).

Clickbaiting ist die Strategie von Online-Medien, reißerische Titel zu produzieren, die zu einem Anklicken einer Nachricht führen. Die reißerischen Titel spiegeln dabei in der Regel nicht den Inhalt der angeklickten Nachricht (vgl. dazu Jaster/Lanius 2019: 53).

Confirmation biasis - („Bestätigungsfehler") sind falsche Schlüsse, die aus Wahrnehmungs-, Erinnerungs- oder Interpretationsfehlern heraus ohne neuerliche logische Prüfung gezogen werden.

Contrarian – Contrarian werden abwertend Menschen genannt, die bewusst Positionen vertreten, die nicht dem wissenschaftlichen Mainstream entsprechen. Nicht selten wird der Vorwurf mit dem Begriff verbunden, dass nicht Erkenntnis, sondern der eigene Geldbeutel die Motivation dafür sei.

Counter-Framing – Konzeptionelle Metaphern, die Frames der argumentativen Gegenseite strittig machen sollen (Beispiel: Frame: Sicher ohne Atomkraft. Counter-Frame: Sicherheit der Energieversorgung durch Atomkraft).

Debattieren – einen argumentativen Schlagabtausch mit dem Ziel des Gewinnens durchführen.

Deduktiv – (Gegenteil: induktiv) ist eine argumentative Schlussweise vom Allgemeinen auf das Besondere.

Deepfake sind technisch (z. B. durch KI) veränderte Bilder und Videos, die nur schwer von authentischen Aufnahmen zu unterscheiden sind. Sie werden zur Täuschung eingesetzt (vgl. Jaster/Lanius 2019: 95).

Deiktische Gesten (Zeigegesten) weisen auf konkrete Objekte oder abstrakte Gedanken hin.

Digitale Kommunikation - (Gegenteil: analoge Kommunikation) D.K. wird von Paul Watzlawick als Kommunikation definiert, die vermittels sprachlicher Zeichen von einer sendenden Person kodiert und einer wahrnehmenden Person dekodiert werden.

Diskutieren – eine gemeinsame oder differente Bedeutung einer (politischen) Frage mit Hilfe des Gesprächs erarbeiten.

Dissoziation - (Gegenteil Assoziation) D. ist ein Begriff aus der Psychologie, der das Auseinanderfallen psychischer Funktionen oder auch neuraler Vernetzung meint. In diesem Buch wird er spezifischer als ein

Bewusstseinszustand verstanden, in dem sich eine Person von einer Situation (emotional und vom Blickwinkel her) abkoppelt. Die Person befindet sich also nicht in einer, sondern blickt auf eine Situation. Dieses begriffliche Verständnis ist dem Neurolinguistischen Programmieren (NLP) entlehnt.

Diversion (Abschweifung) ist eine Tatktik, bei der man von einem Thema auf ein anderes Thema ablenkt.

Double bind („Doppelbotschaft") ist eine Situation, in der jede Entscheidungsoption eine negative (oder auch positive) Folge hätte und insofern nicht zu entscheiden ist, z. B.: „Du wirst bestraft, wenn Du mit Deinem Bruder abhaust. Du wirst aber auch bestraft, wenn Du ihn allein gelassen hast." oder „Sie können das mögen oder sie lernen es noch lieben."

Dual Processing-Theorien sind Theorien, die von zwei miteinander verknüpften Denksystemen ausgehen: Dem schnellen und automatischen Denken einerseits und dem langsam-reflektierenden Denken andererseits.

Dyade – beschreibt ein an der Antike orientiertes Redemodell, bei dem die redende Person eine direkte Kommunikation mit dem Publikum aufnimmt.

Echokammern sind materielle oder virtuelle Räume, in denen sich Gleich- oder Ähnlichdenkende austauschen und sich in ihren Positionen bestärken.

Effektgrößen stellen für ein Merkmal Abweichungen zwischen zwei Gruppen dar. Da Gruppen in sich Merkmale in Verteilung zeigen, wird dazu gemessen, wie stark die Verteilungskurven sich überlappen oder nicht.

Emotions-Framing – Konzeptionelle Metaphern, die Frames ansprechen, die Emotionen (Mitgefühl, Wut etc.) ansprechen bzw. auslösen sollen.

Emotionsschaukel – Nenne ich die das Antriggern von Emotionen als extremistische Strategie, Menschen in den Vergemeinschaftungsraum mit Negativabgrenzung zu katapultieren.

Episodic Framing wird Framing genannt, bei dem anhand einer Studie eine generelle Feststellung bzw. ein Interpretationsmuster („Frame") bedient wird. Es ist damit der induktiven Argumentationsweise zuzuordnen. „Episodic Framing" wird auch in Fake News skandalisierend verwendet. Eine Art Gegenteil ist das „Thematic Framing", bei dem anhand eines Themas verschiedene Studien und Erkenntnisse dargestellt und abgewogen werden.

Episodisches Gedächtnis (Abgrenzung zum semantischen Gedächtnis) – ein Begriff aus der Hirn- und Kognitionsforschung. Das e. G. speichert die eigenen Erfahrungen und persönlichen Ereignisse.

Ethische Argumentation(stendenz) meint bei Aristoteles, dass der gute Charakter und/oder die gute Intention der/des Redenden als Überzeugungsmittel eingesetzt wird. Heute wird es allgemeiner als Bezug auf (gemeinsam getragene) Werte und Haltung definiert.

Euphemismus (vs. Kakophemismus) Begriff, der bereits eine positive Wertung enthält, z. B. Betriebsrenten-stärkungsgesetz.

ETHOS-Strukturierung – Das Akronym ETHOS steht für Economic (= wirtschaftliche Aspekte), Technical (=technische Aspekte), Human (=menschliche Aspekte); Organizational (=organisatorische Aspekte) und Social (soziale Aspekte). Diese Aspekte helfen dabei, Argumente strukturiert und nach Kategorien zu sammeln. Quelle: Thiele 2022: 61-63.

Exklamativsätze sind bewertende Sätze in Form von Ausrufen.

Exordium – Redeanfang; Begriff aus der antiken Rhetoriklehre.

Fahnen-Wörter sind Leitbegriffe, die in Differenz zu anderen gesetzt werden, z.B. Klimawandel vs. Klimakatastrophe. Sie werden zur Mobilisierung der eigenen Frames eingesetzt und um sich von anderen Interpretationen/ politischen Richtungen abzusetzen.

Fake experts nennt John Cook (Quelle hier: Brodnig 2023: 93) „gekaufte Expert:innen", die im Sinne ihrer Auftraggeber:innen Sachverhalte (gegen wissenschaftliche Erkenntnisse) verkaufen. In einigen Fällen werden sie sogar ohne spezifische Fachexpertise als wissenschaftlicher Leumund fälschlich herangezogen (vgl. vertiefend Brodnig 2023: 92f.).

False balancing beschreibt ein Problem der Medienberichterstattung. Medien sind dazu aufgerufen, ausgewogen über unterschiedliche Sichtweisen und Meinungen zu berichten. Allerdings kommt es bei absoluten Mindermeinungen leicht dazu, dass sie mehr Raum einnehmen als ihnen von ihrem wissenschaftlichen Gewicht eigentlich zukommt. Dadurch können Menschen den Eindruck erhalten, eine Mehrheitsmeinung sei unter Fachwissenschaftler:innen umstrittener als es tatsächlich ist.

Fassadentechnik verwenden Redner:innen, um sich selbst bedeckt zu halten (vgl. Detjen 2014: 89), z. B., in dem sie „man" statt „ich" verwenden. Für eine persönlich wirksame Rhetorik ist die Fassadentechnik eher nicht hilfreich.

Frames sind kognitive Deutungsrahmen oder -muster, die eine Sinngebung und Wertung von politischen Forderungen transportieren. Sie werden über Sinneswahrnehmungen (Bewegungswörter, Temperatur, Empfindungen etc.) begreifbar gemacht und verankert.

Fünfte Gewalt – ein Begriff, den Richard Gutjahr und Bernhard Pörksen geprägt haben (vgl. Klemm 2019: 540). Gemeint ist die Kommunikation von Bürger:innen in sozialen Medien. Er bezeichnet damit Medien, die nicht-redaktionell bzw. nicht durch professionelle Gatekeeper erstellt werden.

Gatekeeper sind Institutionen bzw. Redaktionen, die über die Verbreitung von Informationen in den Medien entscheiden. Mit dem Begriff werden auch entsprechende Qualitätsstandards in der Berichterstattung verbunden.

Generalisierungsfehler sind argumentative Fehler, bei denen in unzulässiger Weise vom Besonderen auf eine vermeintliche allgemeine Regel geschlossen wird.

Genetischer Fehlschluss – Ein genetischer Fehlschluss liegt vor, wenn man den Ursprung oder die Entstehung mit einer Begründung der Sache verwechselt. Entstehungszusammenhänge ersetzen keine Gründe.

Golden Circle – ein Denkmodell von Simon Sinek aus der Werbepsychologie. Erfolgreich zu werben beinhaltet demnach drei Bestandteile: Der Kern beschreibt das „Why" („Warum?"), die innere Hülle das „How?" („Wie?"), die Schale das „What?" („Was?"). Sinek geht davon aus, dass das „Warum?" (und danach „Wie?" und „Was?") erklärt werden sollte.

Gricesche Maximen – Der Wissenschaftler Paul Grice stellte Konversationsmaximen auf, die Menschen als Kommunizierende berücksichtigen müssen, um erfolgreich zu sein. Die vier Maximen Qualität (Wie wahrscheinlich ist, dass ich richtig liege?), Quantität (soviel wie nötig, so wenig wie möglich), Relevanz (wieso ist das jetzt/hier/für uns wichtig?), Modalität (rede angemessen).

Heuristiken sind Faustregeln, mit denen wir schneller Entscheidungen treffen, handeln oder etwas einschätzen können.

Hoch- und Tiefstatus – Begriffspaar aus der Theaterarbeit. Es bezeichnet, wie Beziehungen zwischen Bühnenfiguren auf der Bühne gesteuert werden und sich Macht ausdrückt. Dabei wird zwischen Dominanz (= Hochstatus, große, ruhige Gesten, Machtausübung, expansive Körpersprache, Blickkontakt beim Reden) und Subordination (= Tiefstatus, kleine, ruckigartige Gesten, Blickkontakt beim Zuhören) unterschieden.

ICE-Methode – Eine Gesprächstechnik (Quelle: Prenzel 2024: 45), mit der das Interesse, die Bedenken und die Emotionen bei Gesprächspartner:innen herausgefunden werden sollen. Die ICE-Methode ist hilfreich, um Zugang zu Menschen zu finden, die sich populistisch oder extremistisch äußern.

Ikonische Gesten sind Gesten, die „mentale Repräsentationen konkreter Objekte oder Ereignisse" (Cherednyk 2019: 796) darstellen.

Imponiertechnik – Mit der Imponiertechnik präsentieren Redende dem Publikum ihre intellektuellen Stärken (vgl. Detjen 2014: 89). Da die Imponiertechnik leicht angeberisch oder elitär wirken kann, ist sie mit Vorsicht zu genießen.

Induktiv – (Gegenteil: deduktiv) ist eine argumentative Schlussweise vom Besonderen auf das Allgemeine.

Inferenzen sind Schlussfolgerungen, mit denen aus bereits anerkannten Fakten für neue Fakten regelhaft etwas geschlossen wird.

Informationskaskaden sind ein Kommunikationsphänomen, durch das (vor allem vermittels des Internets) sich Behauptungen/Meinungen kaskadenartig verbreiten. Zunächst sind es wenige, die eine Meinung vertreten, dann schließen sich Menschen, denen diese Meinung ihr Weltbild bestätigt. Schließlich wirkt die Anzahl derjenigen, die die Meinung für wahr nehmen so groß, dass auch Skeptische bereit sind, zuzustimmen (vgl. dazu Jaster/Lanius 2019: 61-64).

Inokulation – Inokulation bezeichnet Brodnig (Brodnig 2023: 76) die Strategie, falsche Denkmuster aufzudecken und dadurch darauf zu setzen, dass Menschen diese Muster bei Desinformationen wiedererkennen werden. Inokulationen versteht sie so als eine Art kognitive Impfung gegen Fake news.

Invoked audience meint das durch die redende Person intendierte Publikum. Im Unterschied zu der „audience adressed", dem erreichten Publikum.

Jargon-Taktik ist eine manipulative Gesprächstechnik, bei der die gegnerische Person versucht, durch Fachbegriffe, komplizierte (ggf. sinnfreie) Sätze die redende Person als unqualifiziert darzustellen. Gegenmittel: Genaues Nachfragen (auch im Sinne, es für alle (!) verständlich zu machen). Quelle: (Thiele 2005: 89).

Judo-Argumentation – Das Argumentationsjudo wird im Harvard-Konzept für Verhandlungsführung (vgl. Fisher/Ury/Patton 2018) als Technik gegen Angriffe empfohlen. Es sieht vor, einen Angriff nicht mit einem Gegenangriff abzuwehren, sondern einen Schritt zur Seite zu machen und die Energie der gegnerischen Seite auf das Problem und seine Lösung zu lenken.

Killerphrasen sind Sätze, die ein(e) Argument(ation) „killen" sollen. Zumeist handelt es sich um generalisierte Behauptungen, die mit großer Vehemenz vertreten werden. Killerphrasen sollen vermeiden helfen, dass eine Abwägung unterschiedlicher Lösungen stattfinden kann. Killerphrasen sind manipulativ und machtmissbräuchlich. Sie eignen sich daher nicht für eine demokratische Argumengtatorik. Rhetorische Gegenmittel sind situativ zum Beispiel Rückfragen, Abgrenzung, Wechsel auf die Meta-Ebene.

Kognitive Dissonanz entsteht, wenn einzelne Wahrnehmungen, Einstellungen, Haltungen, Interpretationen eines Menschen („Kognitionen") mit einer anderen Wertung/Kognition in Konflikt kommt. Menschen versuchen kognitive

Dissonanzen zu vermeiden. Abwehrmechanismen können z. B. Beharren auf der eigenen Meinung, Übersehen/Übergehen von Widersprüchen etc. sein.

Konformitätskaskaden beschreibt den Gruppendruck, einer Meinung zuzustimmen, weil viele sie als wahr behaupten. Der Druck, zur Mehrheit gehören zu wollen und dafür auch Meinungen zuzustimmen, die man – alleine gefragt – nicht zustimmen würde (vgl. Jaster/Lanius 2019: 65-68).

Kopplungstaktik – Bei der Kopplungstaktik werden von einer/einem politischen Redner:in Fragen miteinander gekoppelt, die nicht oder nicht zwingend zusammenhängen. Beispiel: „Sie sind doch auch für Umweltschutz und offen für eine Mitgliedschaft bei XY?" Gegenmittel: Beantworten Sie beide Fragen getrennt voneinander und weisen darauf hin, dass die Fragen nicht zwangsläufig zu koppeln sind.

Korkenzieher-Taktik können Sie einsetzen, wenn in Gesprächen Verhandlungspartner:innen nicht mit der eigenen Meinung herausrücken. Sie versuchen mit non-direktiven (offen Fragen) die Meinung zu erkunden. Dazu fragen Sie zunächst, wie die Gesprächspartner:innen die Lage beschreiben würden. Danach stellen Sie die Frage, wie der/die Gesprächspartner:in das Problem lösen möchte. (Quelle: Thiele 2005: 105; vergleichbar Rüde-Wissmann 1989: 224f.)

Kosto-Abdominal-Atmung wird auch „Bauchatmung" genannt. Bei dieser Atemart wird die Lunge in Richtung des „Abdomen" nach unten gedehnt. Diese Atmung ermöglicht besonders großen Luftaustausch und sorgt damit für eine sehr gute Sauerstoffversorgung des Körpers.

Kyklos ist ein rhetorisches Mittel, bei dem ein Begriff am Anfang und am Ende des Satzes auftaucht.

Loci-Technik ist eine visuelle Gedächtnistechnik, bei der bestimmte Gedanken im Raum verankert werden. Die Erfindung dieser Gedächtnistechnik wird Simonides von Keos (556-468 v. Chr.) zugeschrieben.

Logische (oder auch rationale) Argumentation(stendenz) ist nach Aristoteles eine Argumentation, die Wahrheit einer Sache in den Mittelpunkt zu stellen.

Maafa (Swahili) bedeutet übersetzt ,große Tragödie' oder auch ,Katastrophe' und meint die Verbrechen gegen die Menschlichkeit, Versklavung, Ausbeutung und Massenmord während des Kolonialismus.

Metaphern – in der Kognitionsforschung: Assoziation/Verbindung von zwei unterschiedlichen konzeptuellen Bereichen/Feldern, z. B. „Schiff" und „Staat". „Metaphern" werden allerdings sehr unterschiedlich definiert (vgl. im ersten Überblick Meyer/Serbina 2019).

Metaphorische Gesten übersetzen abstrakte Konzepte und Relationen in Bilder.

Motivated Reasoning („motiviertes Denken") bezeichnet die Denkfehler, die entstehen, wenn wir ein (starkes) Wunschdenken haben und daher falschen Schlüssen folgen. Es handelt sich dann um einen Bestätigungsfehler („confirmation bias"), wenn wir einer Sache oder einem Menschen zustimmen und um einen Widerspruchsfehler („disconformation bias"), wenn wir fälschlich widersprechen.

Narratio – Erzählung; Begriff aus der antiken Rhetoriklehre.

Narrative sind politische Erzählungen, die einzelne politische Forderungen oder auch Konflikte in eine umfassende Geschichte einbetten.

Nestorianische Abfolge (vgl. Detjen 2014: 197) – Sie bezeichnet die Anordnung von Argumenten in einer Argumentation. Dabei werden die beiden stärksten Argumente zu Beginn und am Ende und die schwächeren in der Mitte der Argumentation platziert.

Non-direktive Gesprächsführung meint, Gespräche mit offenen Fragen („W-Fragen") zu steuern. Ursprünglich stammt das Konzept aus der Psychotherapie (Carl Rogers). Mit der non-direktiven Gesprächsführung sollen Klient:innen befähigt werden, eigene Lösungsressourcen zu entdecken und zu nutzen.

Optativsätze drücken Wünsche aus.

Paralipse ist die Hervorhebung eines Arguments dadurch, dass die redende Person betont, nicht darüber sprechen zu wollen.

Pars-pro-toto – ein Teil steht stellvertretend für das Ganze.

Peer-Review-Prozess beschreibt, dass (sozial)wissenschaftliche Artikel bzw. Studien vor ihrer Veröffentlichung von anderen Fachwissenschaftler:innen auf eine saubere wissenschaftliche Arbeitsweise geprüft wurden.

Performativer Widerspruch – Ein performativer Widerspruch liegt vor, wenn die Satzaussage sich selbst widerspricht. Beispiel: Ein:e Bürger:in

Kretas sagt: „Alle Bürger:innen Kretas lügen immer."

Personales Erzählen - (Gegenteil: Auktoriales Erzählen) ist ein Begriff der Erzähltheorie. Personal erzählt wird, wenn aus der Sicht einer Person erzählt wird.

Persuasive Kommunikation ist Kommunikation, die darauf zielt, den/die Andere von einer Position zu überzeugen.

Petitio principii ist das „Fordern des Prinzips". In der Regel wird durch eine petitio principii versucht, den eigenen Standpunkt zu Beginn einer Auseinandersetzung als zwingend vorausgesetzt und damit nicht vehandelbar zu behaupten.

Phonation meint die Stimm- und Lautgebung.

Phonetik ist die Lehre von der Lautbildung.

Phrasierung ist die Sprechphase bis zum nächsten Einatmen.

Pivot – Wechsel von einem zum anderen Thema.

Plausible Argumentation(sten-denz) ist nach Aristoteles eine Argumentation, die an die Gefühlslage der Zuhörer:innen anschließen soll. In der Regel werden kurze einleuchtende Sätze verwendet.

Powerhouse – Ein Begriff aus dem Pilates, der das Kraftzentrum in der Körpermitte beschreibt. Das Powerhouse wird elastisch umschlossen von den Bauchmuskeln, der Beckenboden- und der unteren Rückenmuskulatur.

Praeteritio ist ein rhetorisches Mittel explizit zu benennen, worüber man nicht sprechen will. Durch die Praeteritio wird dieses (nicht-)behandelte Thema besonders betont. Die Praeteritio wird häufig als unfaires Argumentationsmittel eingesetzt. Es ist daher mit großer Vorsicht zu genießen. (Thiele 2005: 66f.)

Preprint sind Artikel oder wissenschaftliche Studien, die noch nicht von anderen Wissenschaftler:innen begutachtet wurden. (Gegenteil: s. Peer-Review-Prozess).

Priming – Begriff aus der Kognitionswissenschaft, der besagt, dass zuvor abgespeicherte Daten die Verarbeitung von Wahrnehmungen beeinflussen. Diese Assoziationen im Gehirn finden in der Regel unterbewusst statt.

Produser:in – Wortzusammensetzung aus „Produzent:in" und „User:in". Die Bezeichnung verweist darauf, dass in nicht-redaktionellen Medien Menschen sowohl als Nutzer:innen auch als Autor:innen tätig werden.

Proxemik ist die Wirkung der redenden Person im Raum.

Publication bias ist eine Verzerrung in der wissenschaftlichen Datenlage, die dadurch entsteht, dass nur Daten veröffentlicht werden, die „interessant" oder ungewohnt wirken.

Puffertechnik können Sie einsetzen, wenn Sie bei einem Zwischenruf aus dem Konzept kommen und Zeit gewinnen wollen. Sie verwenden dann einen zurechtgelegten Satz und spiegeln ggf., wie Sie den Zwischenruf verstanden haben. (Quelle: Thiele 2005: 79)

Rangierfragen sind Fragen, die den/die Gesprächspartner:in auf ein anderes Argumentationsfeld umleiten. Quelle: Thiele 2022: 157.

Rekognition – (Begriff aus der Gehirn- und Kognitionsforschung) Wieder- und Neuerschließen einer Erinnerung. Die Rekognition zerfällt in zwei Prozesse – ‚Familiarität herstellen' („wiedererkennen") und ‚Rekollektion' („Wissen erneut verknüpfen"). Neben der Reproduktion die zweite Art des Erinnerns.

Reproduktion – (Begriff aus der Gehirn- und Kognitionsforschung) Wiederholen vorher abgespeicherten Wissens. Neben der Rekognition die zweite Art des Erinnerns.

Retorsio quaestionis – Fragen, die die ursprüngliche Frage umlenken. Beispiel: „So stellt sich die Frage nicht. Die eigentliche Frage lautet...". Das rhetorische Mittel der retorsio quaestionis kann Sinn machen, um auf die eigene starke Argumentation zu wechseln. Zugleich ist sie aber manipulativ. Besser ist es sehr transparent die unterschiedliche Blickrichtung anzusprechen. Gegenmittel: Erneutes Benennen der Ursprungsfrage.

Reverse bias ist die Verzerrung wissenschaftlicher Datenlage, wenn gesellschaftlich oder persönlich nicht gewünschte Daten nicht veröffentlicht werden.

Rhetorische Fragen sind Fragen, bei denen die Antwort bereits als bekannt vorausgesetzt wird. Rhetorische Fragen dienen im guten Fall dafür, eine Gemeinschaft zu stärken. Im schlechteren Fall kann sie manipulativ wirken.

Rosinenpicken („Cherry-picking") beschreibt eine Argumentationsweise, die widerstreitende Erkenntnisse ausspart. „Rosinenpicken" verstößt gegen den wissenschaftlichen Standard.

Semantische Reaktion beschreibt das Phänomen, dass Menschen einzelne Begriffe schneller verstehen als Satzzusammenhänge. Dadurch werden Begriffe auch dann aktiviert, wenn Sie in einem Satz verneint werden. Daher macht es Sinn, bestimmte Begriffe durch eigene (positive) Begriffe zu ersetzen und nicht Begriffe von Kontrahent:innen zu verneinen. Die Erkenntnis beruht auf den Forschungen von Alfred Korzybski (vgl. Braun 2018: 21).

Semantisches Gedächtnis – (Begriff aus der Hirn- und Kognitionsforschung) Das semantische Gedächtnis speichert das erschlossene oder gelernte Wissen über die Welt.

Self-sealing rhetoric („sich selbst abdichtendes Argument") ist eine Strategie, bei dem der Widerspruch der Gegenseite als Vertuschungsversuch vorab gebrandmarkt wird. Die Argumentationsstrategie wird von Verschwörungstheorien verwendet. Der Begriff stammt von Davod Zarefksy (hier zit. nach Brodnig 2023: 50f.)

Sentenz – Sentenzen sind kurze Sinnsätze, die in Reden oder Texten für sich und herausgehoben stehen und den restlichen Text kommentieren. (Beispiel: „Auch den Schwachen ist ein Stachel wohl gegeben" (Schiller, Wilhelm Tell).

Sitz der Stimme/Stimmsitz ist eine Vorstellung, die von Sänger:innen für die Stimmbildung genutzt wird. Der Sitz der Stimme ist am vorderen Oberkiefer. Durch die Anspannung des Gesichtsbereichs unterhalb der Nase zu einem Lächeln lässt sich der Stimmsitz „ansprechen".

Spiegelgleiche Argumente – Ein Begriff, den John Cook geprägt hat (vgl. Brodnig 2023: 86). Bei spiegelgleichen Argumemten werden Argumentanalogien dazu genutzt, Argumente zu hinterfragen. Ein Beispiel benennt Brodnig (ebd.): „Ihr könnt mich nicht zwingen eine Maske zu tragen. Das schränkt meine Freiheitsrechte ein." Spiegelargument: „Ihr könnt mich nicht hindern, betrunken Auto zu fahren. Es schränkt meine Freiheitsrechte ein."

Spiegeln meint kommunikative Akte, mit denen eine Person der anderen in eigenen Worten wiedergibt, was sie von der anderen Person verstanden hat. Dies kann sowohl auf der Sach-, aber auch Beziehungsebene eingesetzt werden.

Sprechblasentaktik – Eine Taktik, bei der die gegnerische Person mit schönen Worten und Allgemeinplätzen versucht, die redende Person zu umgarnen und so vom Thema abzulenken. (Quelle: Thiele 2005: 91.)

Steigbügelargument – ist ein gut zu entkräftendes Argument der Gegenseite, das so eingebaut wird, dass es die eigene Argumentation stärkt und der Gegenseite den Wind aus den Segeln nimmt.

Stichhaltig sind Argumente, bei denen alle Annahmen zutreffend sind.

Stigma-Wörter sind Begriffe, mit denen politische Kontrahent:innen diskreditiert werden sollen.

Strohmann-Argument – Argumente der Gegenseite werden verzerrt und entstellt, um die eigene Meinung als

Rettung der Vernunft präsentieren zu können.

Stütze ist ein Begriff, der von Sänger:innen und Blasmusiker:innen genutzt wird. Die Stütze meint, durch eine Anspannung der Bauchmuskulatur verlängert und gesteuert auszuatmen, sodass der Luftstrom kontinuierlich für die Stimmbildung genutzt werden kann.

Subiectio ist ein fingiertes Rede- und Antwortspiel der redenden Person.

Suggestivfragen sind Fragen, die eine Antwortmöglichkeit nahelegen oder einfordern. Suggestivfragen sind in vielen Fällen manipulativ und dann für eine demokratische Argumentatorik nicht passend. (Beispiel: „Wer wollte das schon mit Sinn und Verstand behaupten?")

Symboltechnik ist eine Merk- oder Rekognitionstechnik, bei der die Argumente mit Symbolen visualisiert werden.

Synekdoche – Ersatz eines Wortes durch ein anderes aus dem gleichen Wortfeld.

Taktstockgesten heben relevante Aspekte durch „Dirigieren" hervor.

Technobabble wird angewendet, wenn über möglichst komplizierte Formulierungen Desinformationen getarnt werden sollen.

Thematic Framing ist eine argumentative Arbeitsweise, bei der verschiedene Studienergebnisse zu einem Thema vorgestellt und abgewogen werden. Es bildet damit eine Art Gegenteil zum „episodic Framing", bei dem eine (aufsehenerregende) Studie medial aufbereitet wird.

Themen-Hopping nennt man die Argumentationsstrategie häufig das Thema zu wechseln, sodass einzelne Argumente nicht überprüft werden können. Das Themen-Hopping tritt häufig bei Gesprächen mit Verschwörungstheoretiker:innen und Populist:innen auf.

Theorie-Praxis-Taktik – Ein gegnerische Person behauptet, dass Ihre Argumentation theoretisch stimmig, aber in der Praxis nicht umsetzbar sei. Gegenmittel: Darauf hinweisen, dass eine vernünftige Theorie auch für die Praxis gelten muss. Daher müssen praktische Vorschläge immer auch theoretisch begründbar sein. (Quelle: Thiele 2005: 97f.).

Theseus-Paradox – Ein philosophisches Rätsel der griechischen Antike (Plutarch). Theseus' Schiff wird nach und nach, Planke für Planke, ausgetauscht. Frage ist nun, ob es sich bei dem komplett ausgetauschten Schiff noch um das des Theseus' handelt oder nicht. Laschyk bezieht das Theseus-Paradox auf die Nutzung vn Fake News („Fake the Theseus"), die ursprünglich einen wahren Anlass gehabt haben, aber nach und nach durch Desinformationen entstellt werden und dann nicht mehr mit der Realität übereinstimmen (vgl. Laschyk 2024: 40).

Tigertaktik ist eine Taktik, bei der die gegnerische Person eine (ggf. fälschlich zitierte) Autorität („Tiger") anführt, um die Wirkung der eigenen Person zu erhöhen. (Quelle: Thiele 2005: 93; von Senger 2002). Die Tigertaktik ist zu einem chinesischen Strategem benannt, bei dem ein Fuchs einen Tiger überlistet und dessen Autorität für sich nutzt.

Ton ist schwingender Ausatem und die Weiterleitung von Knochenvibration.

Tonus ist die willentlich einsetzbare Muskelkraft. Im besten Fall sind für eine gelingende Stimmbildung und Atmung die Muskeln weder schlaff noch verspannt, sondern in elastischer Spannkraft.

Topoi sind wiederkehrende Denkmuster („Der Fachkräftemangel zwingt uns zu Reformen...").

Tribalismus – ist die Tendenz, der Stammes- (oder auch Nationenzugehörigkeit/„Abstammung") größere Bedeutung als der Staatszugehörigkeit zuzurechnen. Er kennzeichnet also nationalistische Argumentationen.

Triggerpunkte sind „besonders neuralgische Stellen, an denen besonders aufgeladene Konflikte ausgelöst werden." Mau/Lux/Westheuser 2023: 27).

Triple-A-Methode – eine von Thorben Prenzel entwickelte Methode, die argumentativ daraufsetzt, zunächst eine Aussage („Botschaft") voranzustellen, dann der/dem Gegenüber Anerkennung zu signalisieren und dann ein Argument anzubringen (vgl. Prenzel 2024: 69).

Umkehrargument („Tu-quoque") – Der Vorwurf wird an die andere Person (mit gleicher Münze) zurückgegeben.

Valide sind Argumente, wenn sie mit einer zutreffenden Schlussweise aufgebaut sind.

Verbindende Gesten stellen zeichenhaft einen Zusammenhang zwischen Redeteilen her und stärken damit, dass Menschen die Redestruktur verstehen können.

Verbrüderungstaktik – Die gegnerische Person dreht der redenden Person das Wort im Mund herum und behauptet, man stünde auf der gleichen Seite. Gegenmittel: Direkt im Anschluss selbst eine Verbrüderungstaktik (mit der eigenen Argumentation) anschließen, Hinweis auf die Unterschiede in der Argumentation.

„Vergiftete Bauern" – ein Begriff aus dem Schach, bei dem der gegnerischen Person ein Bauer zum Schlagen angeboten wird, um danach selbst eine höherwertige Figur schlagen zu können. In der Argumentatorik handelt es sich um Scheinargumente, auf die die Redner:in eingehen soll, um sie von dem eigenen argumentativen Weg abzulenken bzw. zu verunsichern.

Vertrautheitsbias ist die Neigung, Informationen für zutreffend zu halten, wenn man sie bereits häufiger gehört hat. Die Vertrautheitsbias wird auch mit dem Wahrheitseffekt (s. dort) beschrieben.

Verunsicherungstaktik ist eine Taktik, bei der gegnerische Personen körpersprachlich oder mimisch versuchen, Redner:innen zu verunsichern. Beispiele: In Falten gelegte Stirn, hochgezogene Augenbrauen, Darstellung von Langeweile, Tuscheln etc. Die Verunsicherungstaktik ist manipulativ und daher für eine demokratische Argumentatorik nicht angemessen.

Vexierwörter sind Begriffe, die bewusst dazu gebraucht werden, Absichten zu verschleiern und Zuhörer:innen zu täuschen.

Vier-I-Methode ist ein von Albert Thiele (Thiele 2022: 85f.) entwickeltes Modell für Konterstrategien gegen persönliche Angriffe. 4-I steht für: Ignorieren, Identifizieren (= Regelverletzung ansprechen), Ironisieren (= humorvoll kontern) und Isolieren (= unterbrechen und neu starten).

Wahrheitseffekt (engl. „illusory truth effect") meint den Effekt, dass Menschen einer Behauptung eher zustimmen, wenn sie bereits häufig zu hören war.

Werte-Framing beschreibt konzeptionelle Metaphern, die die Werte von Menschen ansprechen sollen (Beispiel: „Steuern als Beitrag zu unserer Gemeinschaft").

Zeigegesten – siehe „Deiktische Gesten".

2. AUSGEWÄHLTE REDEFIGUREN

Die klassische Rhetorik enthält viele Mittel, mit denen Redende ihre Rede eindrücklicher und spannender gestalten können. Rhetorische Stilmittel können somit eine intendierte Wirkung realisieren oder verstärken helfen. Auch hier gilt: Die Menge macht das Gift! Wählen Sie insofern rhetorische Stilmittel dazu, das zu betonen, was Sie besonders zur Wirkung bringen wollen.

Eine Auswahl an Stilmitteln:

»Alliteration«...

meint, das hervorzuhebende Begriffe mit dem gleichen Buchstaben beginnen.

Beispiel: »Küche – Kinder – Kirche: Das ist die Rollenerwartung der Konservativen an Frauen.«

Potenzial: Einprägsame Formulierungen.

Risiken: Wie im obigen Beispiel besteht ein Risiko darin, Alliterationen für gegenteilige Auffassungen zu verwenden. Sie prägen sich dann mehr ein als die eigenen Gedanken.

»Anapher«...

meint, den gleichen Begriff oder Ausdruck im Satzkonstrukt zu wiederholen.

Beispiel: »Solidarität schweißt uns zusammen. Solidarität macht unser Leben erträglich. Solidarität ist das Gebot der Stunde.«

Potenzial: Kernbegriffe oder Kerngedanken werden verankert.

Risiken: Risiko ist vor allem, dass Formulierung und Sprachgestus nicht passend sind. Dann wirken Anaphern leicht aufgesetzt.

»Aposiopese«...

ist das Abbrechen eines Satzes mit einer Pause vor dem entscheidenden Punkt, ggf. mit überraschenden Fortsetzung.

Beispiel: »Sie können mich mal......... mit ihren Kommentaren nicht aus der Ruhe bringen.«

Potenzial: Besondere Betonung.

Risiken: Aposiopesen sind ein sehr starkes rhetorisches Mittel. Sie müssen daher im Sprachgestus und »Timing« sehr gut platziert werden. Ggf. muss auch die Dynamik entsprechend gewählt werden.

»Concessio«...

ist das Einräumen eines gegnerischen Arguments, um es danach zu entkräften.

Beispiel: »Ja, wir dürfen die Kohlekumpels nicht allein lassen, doch die Klimakrise lösen wir nicht mit der Kohleverstromung.«

Potenzial: Die Gegner*innen werden eingebunden. Das wirkt ggf. positiv, sowohl auf Gegner*innen, aber vor allem auf Unentschiedene.

Risiken: Das argumentative Zugeständnis sollte auch als ernst gemeintes Verhandlungsangebot angewendet werden, sonst handelt es sich um einen manipulativen Einsatz, der auf Dauer die eigene Glaubwürdigkeit untergräbt.

»Euphemismus« vs. Dysphemismus

Euphemismus meint eine sprachliche Beschönigung, Dysphemismus (oder auch: Kakophemismus eine Abwertung.

Beispiel: »robuster Friedenseinsatz« für eine Kriegsbeteiligung (»Euphemismus«); Parlament als »Quasselbude« (»Dysphemismus«)

Potenzial: Mittel der Verstärkung und Wertungsvorschlag an die Hörenden. Ansprache von Emotionen

Risiken: Beide Stilmittel sind mit großen Risiken behaftet: Sie können manipulativ, verschleiernd oder ironisch wirken. Durch die fehlende Eindeutigkeit und die emotionalisierende Wirkung werden diese Stilmittel vielfach von Populist*innen genutzt.

»Hyperbel«...

ist eine Übertreibung, die das Gesagte verstärken soll. Anders als die Ironie soll sie nicht das Gegenteil des Gesagten behaupten.

Beispiel: »Er/Sie ist ein*e politische*r Superheld*in.«

Potenzial: Verstärkung des Gesagten.

Risiken: In der Hauptsache bestehen zwei Risiken in der rhetorischen Wirkung: Die Verwechselung der Hyperbel mit der Ironie einerseits und andererseits das Auseinanderfallen von Stilmittel und Sprachgestus.

»Inversion«...

ist eine Umstellung des gewohnten Satzaufbaus, um Satzbestandteile zu betonen.

Beispiel: »Es fehlt uns Solidarität.«

Potenzial: Hervorhebung.

Risiken: Vor allem besteht das Risiko, sich bei der Satzumstellung zu verhaspeln oder (bei schlechter Betonung/Sprachmelodie) für die Zuhörenden unverständlich zu werden.

»Ironie«...

meint, das Gegenteil der eigenen Überzeugung so übertrieben zu formulieren, das die eigene Überzeugung umso richtiger erscheint.

Beispiel: »Die Pfleger*innen freuen sich ja, wenn sie zwischen bis zu 19 zu Pflegenden hin- und herspurten können. So halten sie sich beim Laufen gesund und müssen auch nicht zu viel mit anderen Menschen reden.«

Potenzial: Emotionale Verstärkung von geteilten Auffassungen, soweit sie bei Hörenden angenommen werden kann.

Risiken: Äußerungen können leicht aus dem Zusammenhang gerissen und für gegenteilige Meinungen genutzt werden. Zudem können sich Menschen, die anderer Auffassung sind, als Personen angegriffen fühlen.

»Klimax« und Antiklimax...

meint eine sich steigernde (»Klimax«) oder verkleinernde (»Antiklimax«) Aufzählung.

Beispiel: »Verliebt, verlobt, verheiratet.«; »Felsen, Stein, Kiesel, Sand«

Potenzial: Erzeugen von Dynamik

Risiken: Auseinanderfallen von Stilmittel und Sprachmelodie.

»Oxymoron«...

verbindet sich widersprechende Wortbestandteile/Wörter in einem Begriff.

Beispiel: »Bei dieser Idylle gruselt es mich vor Gemütlichkeit.«

Potenzial: Besondere Betonung und Imitation

Risiken: Bei fehlender Betonung und Denkpause kann das Stilmittel leicht verpuffen. Die Imitation sollte zudem immer aufgelöst bzw. erklärt werden.

»Symbole«...

sind Vergegenständlichungen von abstrakten Begriffen, Gefühlen etc.

Beispiel: »Fassen wir uns ein Herz – schwenken wir nicht die weiße Fahne.«

Potenzial: Emotionale Verstärkung; Verankerung von (ggf.) geteilten Auffassungen, soweit die Übereinstimmung mit den Hörenden angenommen werden kann.

Risiken: Symbole beinhaltet vor allem zwei Risiken: Sie können leicht »schief sein«, wenn das Sprachbild weiter ausgebaut wird. Ein zweites Risiko ist, dass entlehnte Symbole auch den ursprünglichen Kontext anspricht (»weiße Fahne schwenken« als Teil des Kriegführens.

3. ARBEITSHILFEN UND ÜBUNGEN

3.1. Arbeitshilfe 1: Von den Wirkungspräferenzen zur Rolle

Kurzdefinition

Wirkungspräferenzen sind Wirkungen, die ich gern bei Anderen erzeuge (z.B. angenehm, denkanstoßend, motivierend, nachdenklich etc.): „Wie möchte ich gern wirken?"

Rollen sind konsistente, „passende" Verhaltensweisen, die dauerhafter erwartet und gezeigt werden. Konsistent sind Rollen, wenn Rollenerwartung und Verhalten zusammenpassen.

Die Arbeitshilfe beruht darauf, mit Selbst- und Fremdsicht Wirkungspräferenzen und Rollenklärung zu erreichen. Laden Sie sich also Personen zu einem strukturierten Feedback ein, die Sie als redende Person/Politiker:in kennen.

Frage	Selbstsicht	Fremdsicht
Welche Wirkungen erziele ich?		
Welche Wirkungen wünsche ich / wünschen sich andere von mir?		
In welchen Redesituationen sehe ich mich in Zukunft gern/sehen andere mich gern in Zukunft?		
Welche Wirkungen möchte ich vermeiden? Was wünschen sich andere, was ich vermeiden sollte?		

Die Wirkungspräferenzen lassen sich meistens in konsistente informelle oder auch formelle Rollen fassen.

Frage	Selbstsicht	Fremdsicht
Spricht aus den Wirkungspräferenzen ein Motto oder Glaubenssatz? Etwas, was die Person besonders auszeichnet?		
Wenn ich die Wirkungspräferenzen zusammenfasse, welche Rolle wäre passend?		
Was könnte ich tun, um meine Wunschrolle zu stärken, was müsste ich lassen?		
Welche Redesituationen passen dazu, welche eher nicht?		
Was wären Rollenbrüche?		

3.2. Arbeitshilfe 2: Checkliste für Argumentationen

Diese Arbeitshilfe gibt Ihnen einen Überblick darüber, welche Schritte Sie hin zu einer guten Argumentation gehen können. Sie verweisen auf weitere Arbeitshilfen, die im weiteren Verlauf kommen.

Worum geht es Ihnen genau?

Legen Sie das Thema fest, durchdenken Sie die Situation, in der Sie argumentieren wollen (andere Beteiligte, Redemöglichkeiten etc.).

Erarbeiten der Argumentation

1. Erarbeiten Sie sich eine Argumentationslandkarte
2. Recherchieren Sie für Ihr Thema und wägen Gegenargumente ab und prüfen Ihre Argumentation logisch.

Planen Sie die Dramaturgie

„Verpacken" Sie Ihre Argumentation in einen dramaturgischen Ablauf oder ein Redemodell. Wenn Sie in einer Debatte oder Diskussion unterwegs sind, planen Sie Eingangs- und Endstatement und wie sie vorgehen wollen.

1. Mein Standpunkt in einem Satz:

_____

_____

_____

_____

_____

_____

_____

_____

_____

2. Erarbeiten Sie eine Argumentationslandkarte mit Entkräften von Gegenargumenten (-> **Arbeitshilfe 4 und 5**)

3. Planen Sie die Dramaturgie Ihrer Rede (-> **Arbeitshilfe 8; 9-16**)

4. Wappnen Sie sich ggf. für Angriffe und Widersprüche (-> **Arbeitshilfe 18**)

3.3. Arbeitshilfe 3: Argumente prüfen

Notieren Sie das Hauptargument in der Struktur:

Annahme 1:

_____

_____

Annahme 2:

_____

_____

Konklusion:

_____

_____

Prüfen Sie das Argument:

Annahme 1:

- o   stichhaltig
- o   nicht stichhaltig

Annahme 2:

- o   stichhaltig
- o   nicht stichhaltig

Konklusion, ist valide, wenn

- o   kein Generalisierungsfehler vorliegt.
- o   die Konklusion zwingend aus den Annahmen gezogen werden muss.
- o   bei einer induktiven Argumentation keine Gegenbeispiel(e) gefunden werden kann/können und wenn doch, diese nicht auf einer nachvollziehbaren Regel beruht/beruhen.

Wenn die Annahmen stichhaltig und die Konklusion valide sind, gilt das Argument.

3.4. Arbeitshilfe 4: Argumentationslandkarte

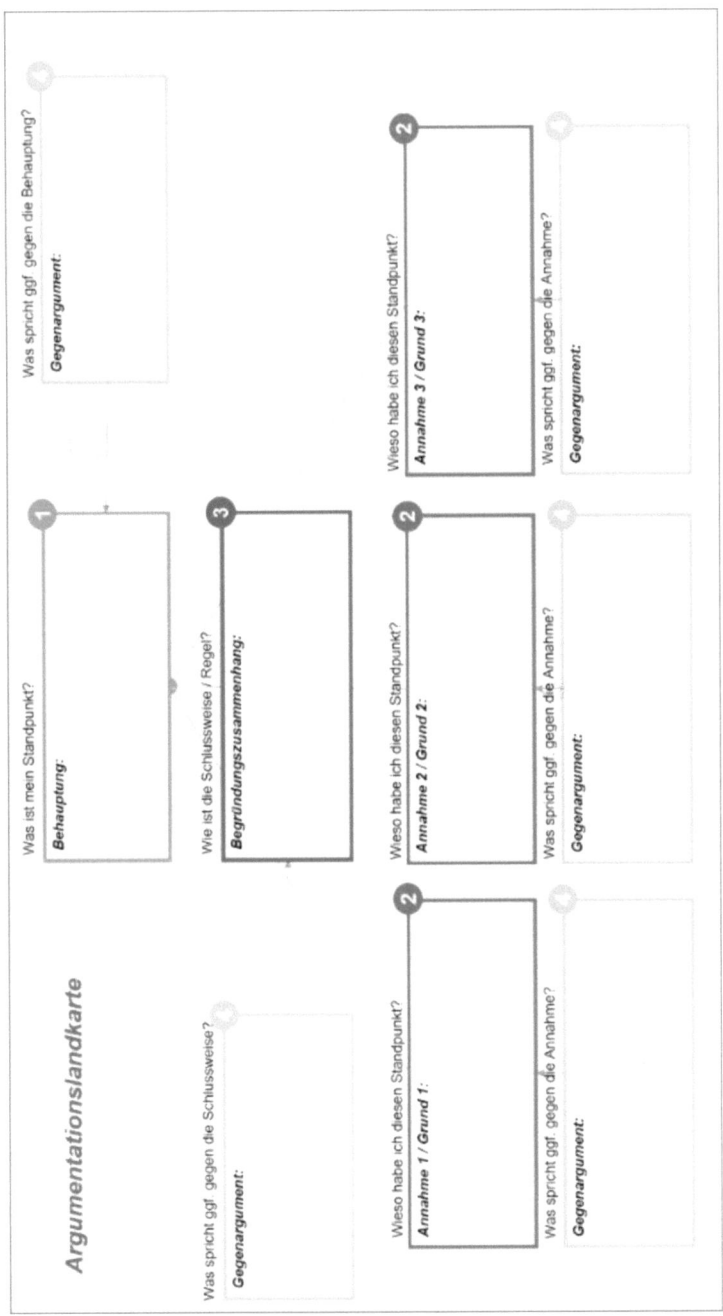

3.5. Arbeitshilfe 5: Gegenargumente entkräften

Gegenargument	Widerlegbar durch...

3.6. Arbeitshilfe 6: Sich über das Publikum klar werden

Werden Sie sich – bevor Sie sich um Ihren dramaturgischen Aufbau kümmern – über Ihr Publikum klar:

- Wieviele Personen erwarte ich? _____
- Wie nehme ich das Publikum wahr? Welche Anküpfungspunkte sehe ich?

Potenzial:
Über die eigene Person und Werte überzeugen

eher zustimmend

Potenzial:
Rhetorisches Heimspiel, in dem über geteilte Werte Gemeinschaft und Aktivität generiert werden kann.

heterogen   homogen

Potenzial:
Mit einleuchtendem Aufbau & praktischen Beispielen, Menschen zum Nachdenken bringen und ggf. sogar überzeugen.

eher skeptisch

Potenzial:
Rhetorisches Auswärtsspiel; Demokratische Fairness, Respekt und Mut ausstrahlen und darüber zum Nachdenken anregen. Anknüpfungspunkte zum Nachdenken platzieren.

Welche Art von Rede erwarten die Teilnehmenden

- ○ Politische Entscheidungsrede
- ○ Lobrede
- ○ Grußwort
- ○ Wahlkampfrede
- ○ Fachvortrag/ Informationsrede
- ○ Diskussions- oder Debattenrede

Wie stark ist das Vorwissen zu meinem Thema?

- ○ kein oder kaum Vorwissen
- ○ wichtigste Daten sind vermutlich bekannt
- ○ Expert:innen

3.7. Arbeitshilfe 7: Wo ist der Punkt der Differenz zu Anderen?

Für die strategische Vorbereitung von Reden kann es wichtig sein, den „Punkt der Differenz" (vgl. dazu Detjen 2014a: 51) in der Argumentation zu kennen, der bei einer Mehrheit der Teilnehmenden oder auch bei anwesenden anderen Redner:innen erwartet werden darf.

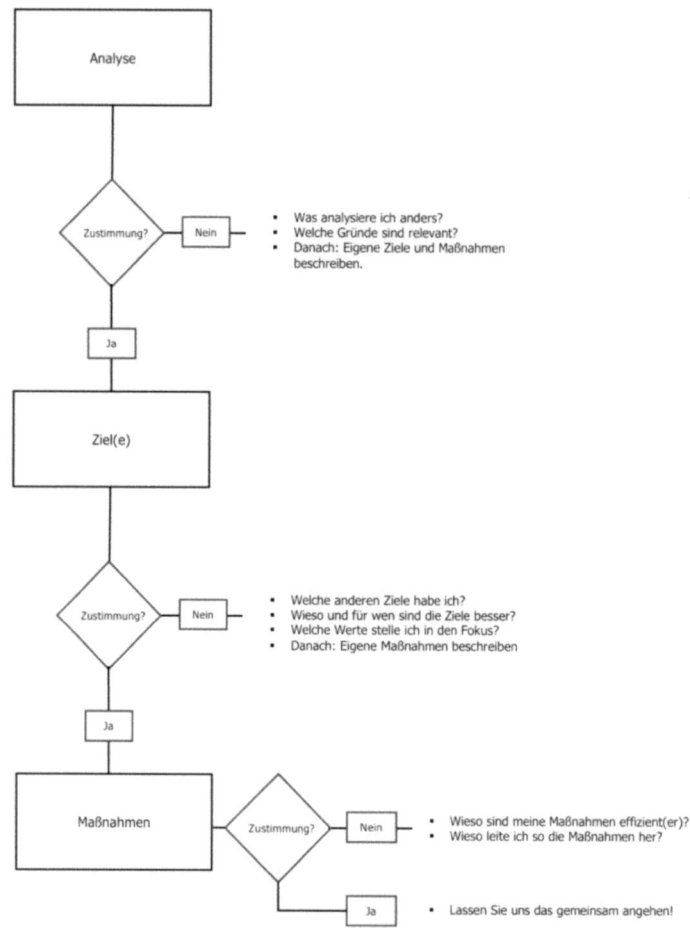

3.8. Arbeitshilfe 8: Entscheidungshilfe für dramaturgischen Aufbau

Wann bietet sich welcher dramaturgische Aufbau an? Ihre Auswahl sollte einerseits Ihren eigenen Redepräferenzen entgegenkommen. Entscheidender ist aber, dass Sie Ihre Entscheidung an Ihrem Publikum und der Sprechsituation orientieren. Die Redemodelle finden Sie in den Arbeitshilfen 9-16.

o Ich gehe davon aus, dass ich ein Publikum vor mir habe, dass einen ähnlichen normativen Kompass bzw. ähnliche Werte teilt.
  ➤ „Wert+Ziel+Umsetzung" (-> **Arbeitshilfe 9**).

o Ich gehe davon aus, dass das Publikum sich eher weniger mit dem Thema auskennt bzw. eine einfache und logische Struktur in der Rede braucht.
  ➤ „Ist+Ziel+Weg" (-> **Arbeitshilfe 10**)

o Ich gehe davon aus, dass ich Unentschlossene im Publikum durch gute Abwägung gewinnen kann. Die Situation ist so, dass das Publikum eher aufmerksam und an der Sache interessiert ist.
  ➤ „Reduktionsmodell" (->**Arbeitshilfe 11**) oder Entscheidungsrede (->**Arbeitshilfe 12**)

o Das Publikum ist heterogen zusammengesetzt. Ich muss also ebenso diejenigen mit ähnlichem Wertekompass, Skeptische und Unentschlossene zu gewinnen versuchen. Ich habe dafür Zeit.
  ➤ „Argumentationstendenzen" (-> **Arbeitshilfe 13**)

o Ich habe nur wenige Sekunden Zeit, um ein Argument unterzubringen. Es besteht das Risiko, dass nicht-wohlmeinende Dritte Worte aus dem Zusammenhang reißen könnten.
  ➤ Logisch: „Spontanrede/Statement" (-> **Arbeitshilfe 14**)

o Ich will Menschen emotional abholen und sie danach für einen politischen Vorschlag gewinnen.
  ➤ „Golden Circel" (-> **Arbeitshilfe 15**)

o Ich will Menschen bewegen, selbst aktiv zu werden. Es handelt sich um ein Thema, das emotionalisierbar ist, das also viele Menschen empört/ärgert.
  ➤ „Bewegungsrede mit AHA-Prinzip" (-> **Arbeitshilfe 16**)

3.9. Arbeitshilfe 9: Dramaturgischer Aufbau 1 (Wert+Ziel+Umsetzung)

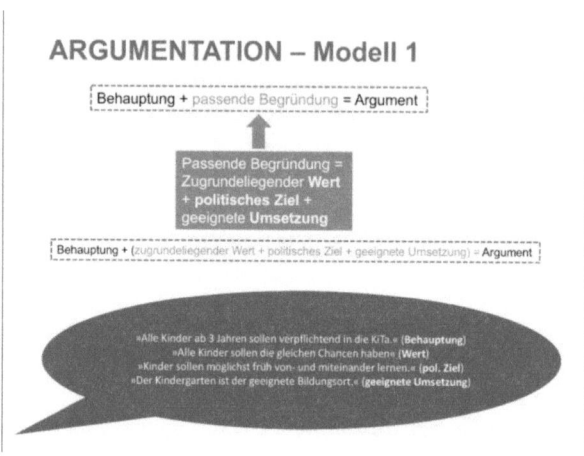

Behauptung:

_____

Zugrundeliegender Wert:

_____

Politische Ziele:

_____

Umsetzung:

_____

ARGUMENTATION – Modell 2

Behauptung + passende Begründung = Argument

Passende Begründung =
Ist + Ziel + Weg

Behauptung + (Ist + Ziel + Weg) = Argument

»Alle Kinder ab 3 Jahren sollen verpflichtend in die KiTa.« **(Behauptung)**
»Gegenwärtig lernen nicht alle Kinder mit- und voneinander. Ungleichheit
als Folge.« **(Ist-Situation)**
»Alle Kinder sollen die gleiche Chance auf Bildung haben und von- und
miteinander lernen.« **(Ziel-Situation)**
»Genügend Plätze schaffen und Erziehungsberechtigte verpflichten.« **(Weg)**

Behauptung:

_____

Zugrundeliegender Wert:

_____

Politische Ziele:

_____

Umsetzung:

_____

3.11. Arbeitshilfe 11: Dramaturgischer Aufbau 3 (Lösungsreduktion)

ARGUMENTATION – Modell 3

Behauptung + passende Begründung = Argument

Passende Begründung =
Ziel + (Denkbare Lösungen
– nicht-geeignete
Lösungen)

Behauptung + (Ziel + Denkbare Lösungen – nicht-geeignete Lösungen) = Argument

»Wir brauchen kommunale medizinische Versorgungszentren«
(Behauptung)
»Wir wollen, dass auch im ländlichen Raum ortsnah alle Menschen
medizinisch gut versorgt werden.« (Ziel)
»Wir können Hausärzt:innen/ärzte fördern oder medizinische
Versorgungszentren anbieten.« (Denkbare/diskutierte Lösungen)
»Modell Landärzt:innen ist nicht mehr funktionierendes Modell und
Versorgung nicht adäquat, daher Lösung ‚Versorgungszentren'« (Nicht-
geeignete Lösungen)

Behauptung:

_____

Zugrundeliegender Wert:

_____

Politische Ziele:

_____

Umsetzung:

_____

3.12. Arbeitshilfe 12: Klassische Entscheidungsrede

Schritt	Worum geht's?	Umsetzung
Einstieg	Aufmerksamkeit mit einer kurzen, einleuchtenden ("plausiblen") Formulierung finden.	
These	Behauptung (am besten: in einem Satz), die im Folgenden entwickelt werden soll.	
Erklärung	Die Behauptung wird erklärt: Wieso wird es behauptet? Wieso ist das relevant?	
Erläuternder Seitenblick	Hier können vergleichbare Beispiele aus anderen Bereichen oder die Ausleuchtung von Hintergründen stehen.	
Widerlegung der Einwände – Ausformulierung der Gegenposition	Mögliche Gegenargumente werden zur Stärkung der eigenen Position genutzt. Gegenargumente werden widerlegt. Ggf. werden Interessen hinter den Gegenargumenten benannt.	
Schlussfolgerung und Schlussthese mit Wecken von Emotionen	Die Notwendigkeit zu Handeln wird platziert. Handlungsempfehlungen werden dargestellt. Emotionen werden angesprochen.	
Schluss/Appell	Abschließender Appell	

Klassische Entscheidungsrede (angelehnt an Pörksen 2016: 219)

3.13. Arbeitshilfe 13: Dramaturgischer Aufbau 4 (Argumentationstendenzen)

Behauptung:

_____

Plausibles Argument:

_____

Rationale Argumente:

    1. _____

    2. _____

    3. _____

Ethisches Argument:

_____

Abschluss:

_____

3.14 Arbeitshilfe 14: Modell für Spontanreden/Statements: Dreischritt

3.15. Arbeitshilfe 15: Golden Circle nach Simon Sinek

3.16. Arbeitshilfe 16: Bewegungsreden halten

Phase	Ziel	Umsetzung
Einstieg	Freundliche Begrüßung; Sich vorstellen und Thema benennen.	
A (Anger= Ärger/Empörung)	Sprich die Menschen über ihre Emotionen an. Worüber ärgern sie sich? Worin liegen Befürchtungen? Worüber empören sich Menschen? Was muss anders werden?	
H (Hope= Hoffnung)	Erzeuge Hoffnung, dass die Situation verbessert werden kann. Gib Beispiele, wo das durch eine gemeinsame Kraftanstrengung erreicht werden konnte. Sag, wer sich (schon) alles dafür einsetzt. Es muss keine fertigen Lösungen, aber den Wunsch geben, etwas zu verbessern.	
A (Action= Aktivität)	Sag, was die Zuhörer:innen tun sollen, wenn sie das auch so sehen. Mache konkrete Vorschläge bzw. bitte die Zuhörer:innen eine konkrete Aktion mitzumachen. Lade sie am besten ein, an der Lösung mitzuarbeiten.	
Abschluss	Appell äußern – Dank für die Bereitschaft, aktiv zu werden.	

3.17. Arbeitshilfe 17: Checkliste für Quellen und Zitate

Check für (wissenschaftliche) Studien

---

notwendige Bedingungen
- o Studie benennt ihre methodische Vorgehensweise (Menge und Auswahl der Befragten, Erhebungsinstrument, Art der Befragung).
- o Studie gibt einen Überblick über Studienlage bislang.
- o Studie benennt ihr Erkenntnisinteresse und begründet, wie die Erhebung es (er)klären kann.
- o Abweichende Ergebnisse anderer Studien werden benannt und argumentativ bearbeitet.

weitere (nicht-zwingende) Bedingungen
- o Studienautor:innen arbeiten an einer Universität oder einer anerkannten Forschungseinrichtung
- o Studie ist bei einem anerkannten Verlag oder auf einer anerkannten Website erschienen.
- o Studie wird von anderen Autor:innen zitiert.
- o Studie wurde nicht durch Finanziers gesponsert, die selbst ein politisches Interesse mit dem Studienergebnis verfolgen. Ist es so, muss es benannt werden (auch in der eigenen Rede).

Check für Zitate

---

notwendige Bedingungen
- o Das Zitat ist aus einer Originalquelle belegbar.
- o Das Zitat wurde anhand einer verlässlichen Quelle überprüft.
- o Die zitierte Person schwächt durch ihre Biographie nicht die Aussagekraft der Rede.

Weitere (nicht-zwingende) Bedingungen
- o Das Zitat wäre auch dann für die Rede gut, wenn es nicht von einer bekannten Person stammte.
- o Bei einer Mehrheit des Publikums kann vermutet werden, dass es der zitierten Person nicht ablehnend gegenübersteht.

3.18. Arbeitshilfe 18: Sich für Angriffe und Widersprüche wappnen

Gegen Angriffe und Widersprüche lohnt es sich vorzubereiten. Am besten gelingt es, wenn man sich im politischen Team gemeinsam vorbereitet und ggf. auch klärt, wer interveniert.

Angriff/Widerspruch	Reagieren mit...	Formulierung
in der Sache		
	o einer Gegenfrage o entgiftendem Spiegeln o Ignorieren o einem Bonmot o _____	
	o einer Gegenfrage o entgiftendem Spiegeln o Ignorieren o einem Bonmot o _____	
	o einer Gegenfrage o entgiftendem Spiegeln o Ignorieren o einem Bonmot o _____	
	o einer Gegenfrage o entgiftendem Spiegeln o Ignorieren o einem Bonmot o _____	

Angriff	Reagieren mit...	Formulierung
auf die Person		
	o Wechsel auf die Meta-Ebene o Andere Person schaltet sich ein. o Zurückweisen des Angriffs, Ansetzen beim Argument. o Ignorieren o Notbremse o Bonmot o _____	
	o Wechsel auf die Meta-Ebene o Andere Person schaltet sich ein. o Zurückweisen des Angriffs, Ansetzen beim Argument. o Ignorieren o Notbremse o Bonmot o _____	
	o Wechsel auf die Meta-Ebene o Andere Person schaltet sich ein. o Zurückweisen des Angriffs, Ansetzen beim Argument. o Ignorieren o Notbremse o Bonmot o _____	

3.19. Arbeitshilfe 19: Checkliste für Online-Auftritte

Technische Fragen:

o Ich habe ein funktionierendes Mikrofon und einen Tontest auf der verwendeten Online-Plattform gemacht.

o Meine Kamera funktioniert.

o Die Lichtquellen sind so, dass mein Gesicht und meine Mimik gut, scharf und ohne Flackern zu sehen sind. Ich sitze nicht im Gegenlicht.

o Ich habe für den Notfall eine Option B (z. B. Mobilfunk).

o Ich habe ggf. den Notfallkontakt der moderierenden Person oder technisch Verantwortlicher.

o Ich habe mich gut ausgestattet (Getränk, Temperatur, bequemer Sitz/Stand).

o Ich habe für möglichst wenig Störungsquellen gesorgt.

Optische Rhetorik:

o Ich trage ein passform-gebendes Kleidungsstück (z. B. Blazer, Jackett etc.). Es hebt sich von dem gewählten Bildhintergrund deutlich ab.

o Meine sichtbare Kleidung ist weder gestreift noch kleinteilig gemustert.

o Meine Kleidung ist dem Kontext, dem Anlass und meinem Wohlgefühl angemessen.

o Ich sitze im Kamerabild im goldenen Schnitt (5:3). Wenn ich in der zuhörenden Position sitze, schaue ich in das Bild.

o Der Bildausschnitt, der frei bleibt, lenkt nicht zu stark von mir ab.

3.20. Arbeitshilfe 20: Framing finden

Kurzdefinition

Frames sind sprachliche Rahmen, mit denen wir uns abstrakte Konzepte begreifbar machen. Frames orientieren sich dabei an konkreten Sinneseindrücken und Erfahrungen (z. B. Temperatur, Distanz, Farben, Verortung im Raum etc.)

Frames werden (unbewusst) immer verwendet, können im Rahmen **konzeptioneller Metaphern** aber auch bewusst gestaltet und politisch genutzt werden.

Welche Wörter der Wahrnehmung... (Schritt 1)

verwende ich...	nehme ich bei politischen Mitbewerber:innen wahr

in Redebeiträgen zum Thema.

Deutungsrahmen („Frame"), der für meine politische Aussage hilfreich ist und sich von Mitbewerber:innen absetzt:

- o   Nähe-Distanz als Deutungsrahmen
- o   Temperatur als Deutungsrahmen
- o   Verortung im Raum als Deutungsrahmen
- o   Leere/Fülle als Deutungsrahmen
- o   Gewicht als Deutungsrahmen
- o   Licht als Deutungsrahmen
- o   Aggregatzustand als Deutungsrahmen
- o   Anteil an etwas haben als Deutungsrahmen
- o   Bewegung als Deutungsrahmen

Wahrnehmungswörter und Formulierungen, die meinen Deutungsrahmen umsetzen:

_____

_____

_____

Passung von Thema, Sprachbild, Wert, Emotion prüfen (Schritt 2)

Politisches Thema: _____

Politischer Wert: _____

Emotion: _____

Bedürfnis: _____

Erfüllung durch: _____

Sprachbild: _____

3.21. Arbeitshilfe 21: Storytelling-Gerüst

Aufhängung in der Rede

Personen   Wer?   Besonderheiten...

„Was tut man, wenn man Euch glaubt, was Ihr sagt?" (Brecht)

_____   _____

_____   _____

Handlung   Plot...

☐ „Monster überwinden"   ☐ „Tellerwäscher zum Millionär"   ☐ „Suche/Reise und Rückkehr"

☐ „Komödie"   ☐ „Tragödie"   ☐ „Wiedergeburt"

Situation (Stichpunkte)

_____

_____

Komplikation (Stichpunkte)

_____

_____

_____

Lösung und Quintessenz/Lehre

_____

3.22. Arbeitshilfe 22: Kurzstatements üben

a) Schreiben Sie in 3 Minuten 5 Themen auf, die Sie politisch besonders bewegen. Wenden Sie dann einen argumentativen Dreischritt (Behaupten – Begründen – Schlussfolgern) an.

b) Wählen Sie aus der Tages- oder Wochenzeitung oder einem Nachrichtenportal im Web ein politisches Thema aus. Versuchen Sie einen argumentativen Dreischritt aus dem politischen Artikel abzuleiten. Versuchen Sie selbst für dieses Thema einen eigenen argumentativen Dreischritt zu erstellen.

Überblick zu den Übungen zu Körper(gefühl), Atmung, Stimme

Die folgenden Übungen (3.23.-3.32.) sollen dazu beitragen, eine gute körperliche Ausgangsbasis für das Reden zu schaffen. Körper(haltung), geistige Fokussierung, Atmung und Stimme greifen ineinander und stützen sich gegenseitig. Sie spielen also bei allen Übungen zugleich eine Rolle. Dennoch verwenden Übungen in der Regel einen Hauptfokus oder „Zugang".

WENN ICH DIE STIMME EINSETZEN WILL,...

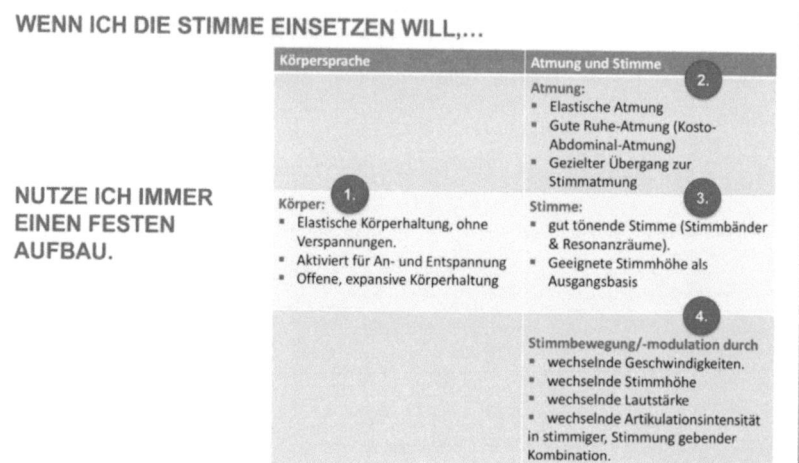

Meine persönliche Erfahrung ist dabei, dass es Sinn macht, Übungen jeweils in einer festen Reihenfolge auszuführen: Körper, Atmung, Stimme und Stimmbewegung/Modulation.

Gerade, wenn Sie mit gesunder und klingender Stimme sprechen können wollen, empfehle ich Ihnen, zunächst den inneren Fokus auf Übungen auf Ihren Körper zu wählen. Im zweiten Schritt empfehle ich Ihnen Übungen mit dem Hauptfokus der Atmung. Erst im dritten Schritt machen dann aus meiner Sicht Übungen mit dem Fokus auf die Stimme Sinn.

Jedes Mal, wenn ich die Stimme trainieren will, wähle ich also den Aufbau: Körper-, Atem- und dann Stimmfokus.

Die Übungen 1 und 2 (3.23. und 3.24.) beruhen auf einem **autosuggestiven Ansatz**, der entweder direkt vor Reden (auch zur Regulation von Aufregung und zur Übung von Präsenz) eingesetzt werden können. Sie tun aber auch als Vorbereitung gut, wenn wir in ein Gefühl kraftvoller Ruhe kommen wollen.

Übungen mit Körper-Fokus: Die Übungen 3.25, 3.26, 3.31. und 3.33. haben zum Ziel, eine gesunde Körperhaltung und einen elastischen Muskeltonus zu erreichen, der Grundvoraussetzung für eine gesunde Atmung und eine klingende Stimme ist.

Übungen mit Atem-Fokus: Die Übungen 3.27.-3.30., 3.32. und 3.34. bauen darauf auf und fokussieren eine elastische, kraftvolle und gesunde Atmung. Das Reden erfordert einen gut fließenden, tiefen Atem mit elastischem Muskeltonus.

Übungen mit Stimm-Fokus: Die Übung 3.35. trainieren die Stimme als unser Instrument, mit dem wir Menschen erreichen können.

Wenn Sie an ihrer körperlichen Ausgangsbasis arbeiten wollen, empfehle ich Ihnen, dies in Gruppen unter fachkundiger Anleitung (z. B. in Yoga-Studios) zu beginnen und sich einen eigenen Zugang zu hilfreichen Übungen zu verschaffen. Erproben Sie, was Ihnen guttut und womit Sie sich wohlfühlen.

Die hier dargestellten Übungen sind eine Auswahl, die ich selbst regelmäßig anwende und mir selbst guttun. Sie sind Ergebnis meiner persönlichen Lernreise aus Atem- und Stimmtraining, Yoga, meiner Zeit als Musiker und Chorsänger, einer Meditationsfreizeit und Erprobung von progressiver Muskelrelaxation nach Jacobson usw.

3.23. Übung 1: Der sichere innere Ort
Vorbereitung:

Im Liegen: Wählen Sie bitte einen möglichst störungsfreien Ort, an dem Sie sich wohl und sicher fühlen können. Bitte legen Sie sich für diese Übung bequem auf den Rücken. Achten Sie dabei bitte auf eine für Sie bequeme Kopfstütze. Nehmen Sie sich gern eine Decke dazu, wenn es bequemer ist. Sie sollen sich wohlfühlen können.

Im Sitzen: Wenn Sie lieber sitzen wollen, wählen Sie einen bequemen Stuhl und setzen sich aufrecht hin, die Beine etwa schulterbreit geöffnet und im 90°-Winkel angewinkelt. Die Hände liegen bequem und entspannt auf den Oberschenkeln. Stellen Sie sich einen Faden vor, der an der höchsten Stelle Ihres Kopfes befestigt ist. Dieser Faden zieht sie nach oben – Sie müssen sich nicht selbst aufrecht halten. Ziehen Sie einmal Ihre Schultern nach oben und lassen sie danach locker nach hinten fallen. Ihr Kopf befindet sich aufrecht in einer Linie mit den Schultern.

Übung: Schließe bitte nun Deine Augen. Konzentriere Dich auf Deinen Atem. Merke, wie der Atem fließt. Atme bewusst aus. Warte den Lufthunger ab. Lasse dann den Atem von allein einströmen. Spüre für einige Atemzüge, wie Dein Atem ruhig fließt. Atme in Deinem Tempo. Spüre, wie sich Dein Bauch sanft mit dem Atem bewegt. Es atmet – Du musst es nur geschehen lassen.

Richte nun Deine Aufmerksamkeit auf Deine Füße. Fühle, wie sie aufliegen. Sie sind fest verbunden mit dem Boden. Fühle den Kontakt zum Boden.

Spüre jetzt auch Deine Beine. Sie sind entspannt und schwer.

Spüre jetzt Dein Gesäß, wie es aufliegt. Der Atem fließt bis dorthin.

Spüre jetzt Deine Hände, wie sie aufliegen. Entspannt und schwer.

Kehre zurück zu Deinem Atem. Er strömt durch Deinen ganzen Körper. Fühle, wie er sich im Körper warm verteilt.

Nun spüre in Dich hinein und gehe nach innen.

Stelle Dir einen Lieblingsort vor, einen Ort, wo Du Dich besonders sicher und wohl fühlst. Er ist nur für Dich da und genau so, dass Du Dich gut fühlen kannst.

Schließe die Tür von innen, so dass Du für Dich sein kannst.

Richte ihn Dir so ein, wie er für Dich besonders gut ist. Sieh Dich in ihm um. Ist es lichtdurchflutet oder eher angenehm dämmrig?

Riech seinen angenehmen Geruch. Wonach riecht es?

Höre, wie sich Dein Raum anhört. Ist es ganz still oder sind angenehme Geräusche zu hören? Oder auch Musik?

Genieße Deinen Raum mit allen Sinnen.

Spüre die Erleichterung und Dankbarkeit, dass Du diesen Raum hast. Bleibe einen Moment in Deinem Raum, an Deinem Lieblingsplatz und genieße.

Jetzt gehst Du zur Tür Deines inneren Raums. Öffne die Tür und tritt nach draußen ins warme Dunkle. Schließe die Tür von außen ab. Stecke den Schlüssel in Deine Hosentasche. Er fühlt sich dort warm und angenehm an.

Geh jetzt zurück in Deinen Körper. Fühle, wie entspannt er ist. Spüre noch einmal den Schlüssel in Deiner Tasche. Komme dann langsam wieder im Hier und Jetzt an.

Strecke Dich, bewege Deine Hände und Arme und öffne Deine Augen.

Nun hast Du jederzeit den Schlüssel für Deinen inneren Ort in der Tasche.

3.24. Übung 2: Powerpose nach Amy Cuddy

Die Powerposen wurden von Dr. Amy Cuddy entwickelt. Es handelt sich um expansive Körperhaltungen, die als Vorbereitung für eine herausfordernde Situation eingenommen werden können. Sie können motivierend und das

Selbstbewusstsein stärkend wirken. Körpersprache hat einen unmittelbaren Einfluss darauf, wie wir uns fühlen.

Cuddy empfiehlt, sich für ca. 2 Minuten in die Posen zu begeben und sich in die Haltung einzufühlen.

Beispiele für Posen:

Stehen wie Superwoman:

Stellen Sie Ihre Füße hüftbreit auf. Stellen Sie sich voll aufgerichtet hin. Werfen Sie sich in die Brust. Die Arme werden an die Hüfte gelegt. Der Blick geht geradeaus.

Machtvolles Sitzen

Setzen Sie sich hin und strecken Sie den Oberkörper nach hinten aus. Verschränken Sie die Hände hinter dem Kopf und strecken die Ellenbogen nach hinten. Die Beine können Sie seitlich auseinander stellen oder so überschlagen, dass ein Unterschenkel auf dem anderen Unterschenkel liegt.

3.25. Übung 3: Mit „Kreisen" Körper und Muskeln vorbereiten

Ziel der Übung

Die Übung soll die Muskel-Elastizität und die Beweglichkeit trainieren. Dazu wird der Körper von unten nach oben kreisend bewegt.

Hinweis: Achten Sie bitte – wie bei allen Übungen – darauf, was Ihnen guttut. Persönliche Grenzen können Sie vorsichtig erweitern, keinesfalls aber mit Gewalt.

Vorbereitung der Übung

Die Übung kann sowohl im Stehen, aber auch im Sitzen durchgeführt werden. Ich persönlich führe sie eher im Sitzen durch.

Für Stehen und Sitzen begebe ich mich jeweils in einen guten Stand bzw. in einen guten Sitz:

Stehen: Stellen Sie die Füße schulterbreit hin. Die Knie sind nicht durchgedrückt, sondern locker. Stellen Sie sich nun vor, dass durch den höchsten Punkt Ihres Kopfes ein Faden geht, der Sie nach oben zieht. Ihre Hüfte ist leicht nach vorne gewinkelt. Ziehen Sie Ihre Schultern einmal kurz zu den Ohren und lassen Sie sie dann nach hinten fallen.

Sitzen: Setzen Sie sich auf die Stuhlkante. Ihre Beine stehen schulterbreit auseinander. Die Knie sind im rechten Winkel gebeugt. Ihre Hüfte ist leicht nach vorne gewinkelt. Stellen Sie sich einen Faden vor, der durch den höchsten Punkt Ihres Kopfes geht und der Ihren Oberkörper nach oben zieht. Ziehen Sie Ihre Schultern einmal kurz zu den Ohren und lassen Sie sie dann nach hinten fallen.

Durchführung der Übung

Beginnen Sie nun nach und nach die Körperteile kreisen zu lassen. Beschreiben Sie die Kreise mit ruhigen, fließenden Bewegungen, sodass Sie Ihre Beweglichkeit spüren. Spüren Sie jeweils, dass Sie mit jeder Kreisbewegung die Flüssigkeit des Kreisens erhöhen. Kreisen Sie jeweils in beide Richtungen.

Lassen Sie sich im Kreisen Zeit und ruhe und spüren Sie immer wieder, wie Sie „runder" laufen können.

Bei den Beinen (und später den Armen) wechseln Sie die Beine (Arme) ab, kreisen also nicht gleichzeitig.

Sie kreisen also die

- Füße
- Beine unterhalb der Knie
- Beine in der Hüfte (Dies geht besser im Stehen)
- Hüfte
- Oberkörper
- Schultern (nach hinten und vorne)
- Kopf (bitte nur, wenn es angenehm ist)
- Arme in den Schultern (seitlich am Körper)
- Arme in den Ellenbogen
- Handgelenke

Spüren Sie nach dem Kreisen noch für einen Moment in Ihren Körper hinein.

3.26. Übung 4: Dehnung der Brustmuskeln und der Zwischenrippen-Muskulatur

Ziel der Übung

Die Übung soll die Muskel-Elastizität und die Beweglichkeit für eine bessere Atmung trainieren. Für eine gute Atmung muss dazu die Brust- und Zwischenrippen-Muskulatur (und auch das Zwerchfell) gedehnt und gestärkt werden.

Hinweis: Achten Sie bitte – wie bei allen Übungen – darauf, was Ihnen guttut. Persönliche Grenzen können Sie vorsichtig erweitern, keinesfalls aber mit Gewalt.

Vorbereitung der Übung

Stellen Sie sich bitte in eine Ecke, heben Sie Ihre Arme an, sodass sie seitlich im 90°-Winkel zur Seite zeigen. Heben Sie die Hände etwas weiter nach oben, so dass sie etwa eine halbe Kopfgröße über dem Kopf sind. Lehnen Sie sich dann mit Ihren Händen gegen die Wand.

Durchführung der Übung

Dehnen Sie die Brustmuskulatur, in dem Sie sich gegen Ihre Hände stemmen. Gehen Sie mit dem Ausatmen stärker in die Spannung und halten Sie sie für einige Atemzüge. Wiederholen Sie die Übung noch einige Male.

Wechseln Sie nun Ihre Position: Legen Sie Ihre rechte Hand mit der Innenfläche gegen die Wand und stellen Sie sich seitlich zur Wand. Drehen Sie Ihren Körper langsam in Richtung des Raumes, sodass Ihre Brust- und ihre Schultermuskulatur beansprucht wird.

Wechseln Sie dann zur anderen Seite.

3.27. Übung 7: Fließenden, ruhigen Atem mit gutem Tonus gewinnen (Asana aus dem Qi Gong)

Ziel der Übung

Die Übung aus dem Qigong hilft dabei, einen elastischen, fließenden und tiefen Atem zu erreichen. Regelmäßig angewendet trainiert die Übung damit die Atemmuskulatur.

Vorbereitung der Übung

Stellen Sie sich bitte in den aufrechten Stand. Die Beine sind schulterbreit. Die Knie sind locker und nicht durchgedrückt. Das Powerhouse ist resilient. Stellen Sie sich dann vor, dass ein Faden durch den höchsten Punkt Ihres Kopfes geht, der Sie aufrecht hält. Sie müssen sich selbst nicht aufrechthalten, sondern werden durch den Faden aufrecht gehalten. Ziehen Sie kurz die Schultern nach oben und lassen Sie sie dann nach hinten fallen, sodass Sie Brust und Bauch zeigen.

Achten Sie auf einen ruhig fließenden Atem, beginnen Sie dabei mit dem Ausatmen.

Reiben Sie die Handflächen aneinander, sodass sie angenehm warm sind.

Durchführung der Übung

Bilden Sie mit den Händen eine Schale, mit der Sie den unteren Teil einer Kugel umfassen könnten. Ihre Hände befinden sich dabei knapp unterhalb Ihres Bauchnabels.

Bei Ihrem nächsten Einatmen heben Sie Ihre Hände mit der Kugel bis auf Brusthöhe.

Mit Ihrem nächsten Ausatmen drücken Sie sie von sich weg nach vorne. Die Hände wenden Sie dabei mit den Innenflächen nach außen weg.

Beim nächsten Einatmen ziehen Sie Ihre Hände zur Seite nach außen.

Beim Ausatmen bewegen Sie Ihre Hände in die Ausgangsposition unterhalb des Bauchnabels zurück.

3.28. Übung 8: An- und Entspannung des Körpers und Atmens
Ziel der Übung

Die Übung hilft den Atemapparat zu stärken und vor allem das Atemvolumen positiv zu beeinflussen. Es fördert die An- und Entspannung und damit Elastizität des Körpers.

Vorbereitung der Übung

Stellen Sie sich bitte in den aufrechten Stand. Die Beine sind schulterbreit. Die Knie sind locker und nicht durchgedrückt. Das Powerhouse ist resilient. Stellen Sie sich dann einen Faden vor, der an der obersten Stelle Ihres Kopfes befestigt ist und der sie nach oben zieht. Sie werden durch den Faden gehalten. Ziehen Sie kurz die Schultern nach oben und lassen Sie sie dann nach hinten fallen, sodass Sie Brust und Bauch zeigen.

Achten Sie auf einen ruhig fließenden Atem, beginnen Sie dabei mit dem Ausatmen.

Durchführung der Übung

Legen Sie die Handflächen sanft aneinander, sodass die Hände sich kurz oberhalb des Bauchnabels befinden. Achten Sie dabei darauf, weder Hände noch Arme anzuspannen.

Mit dem nächsten Einatmen öffnen Sie die Hände, in dem Sie sie in einer fließenden Bewegung über den Kopf bewegen und sich strecken.

Mit dem nächsten seufzenden, langgezogenen Ausatmen lassen Sie ihren Oberkörper in einer für Sie angenehmen Geschwindigkeit nach vorne fallen.

Nutzen Sie die Atempause um die Arme auspendeln zu lassen. Warten Sie den Lufthunger ab, ohne ihn hinauszuzögern.

Mit Ihrem nächsten, langgezogenen Einatmen bauen Sie sich Wirbel für Wirbel in einer fließenden Bewegung wieder auf, bewegen Sie über die gefalteten Hände bis hin zum Strecken der Hände über den Kopf.

Wiederholen Sie den Bewegungsablauf in einer fließenden Bewegung. Achten Sie dabei gut auf Ihr persönliches Wohlbefinden.

3.29. Übung 9: Fließende Atembewegung und Atemdehnung spüren

Ziel der Übung

Gut fließender Atem entsteht, wenn die Atembewegung elastisch verläuft. Die Übung hat zum Ziel ein Bewusstsein für die Atembewegung zu stärken.

Vorbereitung der Übung:

Stellen Sie sich bitte schulterbreit hin. Die Fußspitzen sollten leicht nach außen zeigen. Achten Sie darauf, die Knie locker zu halten. Ihr Körperzentrum (Beckenboden, unterer Bauchraum) ist leicht angespannt, aber nicht verkrampft.

Stellen Sie sich dann einen Faden vor, der an der obersten Stelle Ihres Kopfes befestigt ist und der sie nach oben zieht. Sie werden durch den Faden gehalten. Ziehen Sie dann die Schultern einmal nach oben und lassen Sie danach locker nach hinten fallen, so dass Sie aufrecht stehen.

Schließen Sie die Augen. Legen Sie die linke Hand auf Ihren Bauch und die rechte Hand mit dem Handrücken auf den Rücken auf der Höhe der linken Hand.

Durchführen der Übung:

Spüren Sie für einige Atemzüge Ihren Atem an. Lassen Sie Ihren Körper die Kontrolle über das Atmen übernehmen.

Atmen Sie dann die Luft bewusst tief aus, warten den Lufthunger ab und lassen frische Luft durch die Nase einfließen.

Spüren Sie, wie der Atem tiefer und langsamer wird. Achten Sie darauf, dass der Atem nicht angestrengt, sondern ruhig fließend ist: Ausatmen – Atempause – Lufthunger – Einatmen lassen.

Spüren Sie, wie Ihre Hände nach außen und innen bewegt werden.

3.30. Übung 10: Atemmuskulatur durch Atemwiderstand aktivieren
Ziel der Übung

Durch unseren Alltag erschlafft die Atemmuskulatur auf Dauer. Eine Stärkung kann durch diese Übung bei regelmäßiger Durchführung angeregt werden.

Vorbereitung der Übung:

Setzen Sie sich bitte aufrecht hin. Die Beine sind schulterbreit aufgestellt. Die Fußspitzen sollten leicht nach außen zeigen. Achten Sie darauf, die Knie locker zu halten. Ihr Körperzentrum (Beckenboden, unterer Bauchraum) ist leicht angespannt, aber nicht verkrampft.

Stellen Sie sich dann einen Faden vor, der an der obersten Stelle Ihres Kopfes befestigt ist und der sie nach oben zieht. Sie werden durch den Faden gehalten. Ziehen Sie dann die Schultern einmal nach oben und lassen Sie danach locker nach hinten fallen, so dass Sie aufrecht stehen.

Durchführen der Übung:

Atmen Sie gezielt aus und achten dabei darauf, dass Ihr Bauch sich einzieht. Zum Schluss lassen Sie den Oberkörper vorne überfallen, um auch noch den letzten Rest Atem auszuatmen.

Halten Sie den Mund geschlossen und halten Sie sich die Nase zu. Versuchen Sie gegen den Widerstand anzuatmen. Atmen Sie dann tief ein und richten sich wieder grade in der Ausgangsposition hin. Wenn Sie fertig eingeatmet haben, halten Sie den Mund geschlossen und verschließen wieder die Nase. Erzeugen Sie Ausatemdruck gegen den Widerstand. Danach atmen Sie durch die Nase langsam aus.

Wiederholen Sie die Übung 4-5 Mal.

3.31. Übung 11: Muskeltonus stärken

Ziel der Übung

Mit dieser Übung stärken Sie die an der Atmung beteiligten Muskelgruppen des Ein- und Ausatmens.

Vorbereitung der Übung:

Stellen Sie sich bitte schulterbreit hin. Die Fußspitzen sollten leicht nach außen zeigen. Achten Sie darauf, die Knie locker zu halten. Ihr Körperzentrum (Beckenboden, unterer Bauchraum) ist leicht angespannt, aber nicht verkrampft.

Stellen Sie sich dann einen Faden vor, der an der obersten Stelle Ihres Kopfes befestigt ist und der sie nach oben zieht. Sie werden durch den Faden gehalten.

Ziehen Sie dann die Schultern einmal nach oben und lassen Sie danach locker nach hinten fallen, so dass Sie aufrecht stehen. Schließen Sie die Augen.

Durchführen

Atmen Sie zunächst aus und warten den Lufthunger ab. Beim nächsten Einatmen halten Sie sich das linke Nasenloch zu und atmen ausschließlich mit dem rechten Nasenloch ein.

Das nächste Ausatmen gestalten Sie dadurch, dass Sie ein langgezogenes „F" sprechen. Achten Sie dabei darauf, dass Sie die Luft langsam ausatmen. Achten Sie dabei darauf, dass Ihre Bauchmuskulatur den langsamen Atemfluss erzeugt.

Atmen Sie dann wieder ein. Dieses Mal nutzen Sie das linke Nasenloch zum Einatmen und verdecken das rechte.

3.32. Übung 12: Rücken-/Bauchraum und Atmung koppeln
Ziel der Übung

Für eine gut fließende Atmung sind Rücken- und Bauchmuskulatur und Elastizität wichtig. Mit dieser Übung können Sie die Elastizität der Muskulatur mit Ein- und Ausatmung koppeln. Die Übung verbindet zwei Yoga-Figuren (Katze und Kuh) mit dem fließenden Atem.

Vorbereiten

Bitte begeben Sie sich in den Vier-Füßler-Stand (also auf Hände und Knie). Die Knie sind dabei hüftbreit, die Hände etwa schulterbreit.

Durchführen

Kippen Sie mit dem nächsten Ausatmen das Becken nach oben, sodass sich ein Katzenbuckel bildet. Der Kopf bewegt sich Richtung Brustbein. Die Schulterpartie wird Richtung Decke gestreckt.

Beim anschließenden Ausatmen rundet sich der Rücken in Richtung Boden. Das Becken kippt in Richtung Boden. Die Schulterblätter wandern nach unten und entfernen sich von den Ohren. Der Kopf bewegt sich in Richtung Decke.

Wechseln in langsam fließenden Bewegungen mit dem Atem zwischen Katze- und Kuh-Stellung.

Bei dieser Übung ist es besonders wichtig, die jeweilige Position mit dem entsprechenden Atemvorgang zu koppeln (Katze – Ausatmen; Kuh – Einatmen).

3.33. Übungen 13a) und b): Muskulatur stärken
Ziel der Übung

Für einen kraftvollen Atem braucht es eine gut trainierte Bauch- und Brustmuskulatur, aber auch eine Stärkung der gegenüberliegenden Muskelgruppen im Rücken. Diese Übungen dienen der Stärkung der Muskulatur.

Hinweis: Bitte achten Sie darauf, die Muskulatur nur so stark anzuspannen, dass der Atem noch ruhig und nicht stockend fließen kann. Daher konzentrieren Sie sich nicht auf Ihre Muskelanspannung, sondern auf den Atem.

Vorbereiten

Bitte legen Sie sich auf eine Sport- oder Yoga-Matte oder eine (nicht zu weiche) Matratze. Stellen Sie Ihre Füße auf. Verschränken Sie die Hände hinter dem Kopf, sodass Ihr Oberkörper voll entfaltet ist. Die Ellenbogen zeigen jeweils zu den Seiten. Bitte konzentrieren Sie sich auf Ihre Atmung. Die Übung wird durch den ruhig fließenden Atem gesteuert.

Durchführen Übung **10a)**

Beim Ausatmen: Ziehen Sie Ihre Schultern zusammen und die Bauchmuskulatur in Richtung der Beine. Die Ellenbogen wandern mit dem Atemfluss nach innen, sodass sie zuletzt auf die aufgestellten Beine zeigen.

Atempause: Halten Sie die Position.

Beim Einatmen: Lassen Sie den Atem einfließen und bewegen Sie den Körper langsam und in einer fließenden Bewegung zurück in die entfaltete Ausgangsposition.

Die fließende Bewegung können Sie so oft wiederholen, wie es für Sie angenehm ist. Mit regelmäßiger Übung kann die Anzahl erhöht werden.

Durchführen Übung **10b)**

Beim Ausatmen: Bleiben Sie beim ersten Ausatmen in der Ausgangslage (entfalteter Oberkörper, aufgestellte Beine, hinter dem Kopf verschränkte Hände, Ellenbogen zeigen zur Seite) liegen.

Atempause: Bleiben Sie in der Körperhaltung liegen.

Beim Einatmen: Lassen Sie Ihr Gesäß mit dem Einatmen in einer fließenden Bewegung sich anheben, sodass Sie nur mit Händen/Kopf und Schulterbereich auf der einen Seite und Füßen auf der anderen Seite aufliegen.

Beim Ausatmen: Lassen Sie Ihr Gesäß mit dem Ausatmen langsam wieder zur Matte fließen. Achten Sie darauf, dass Ihr Rücken langsam, Wirbel für Wirbel wieder Kontakt zur Matte/zum Boden bekommt.

Die fließende Bewegung können Sie so oft wiederholen, wie es für Sie angenehm ist. Mit regelmäßiger Übung kann die Anzahl erhöht werden.

3.31. Übung 11: Mit Bauchatmung die Atemvolumen trainieren
Ziel der Übung

Die fernöstliche Atemtherapie hat viele Übungen, bei denen die Atemtiefe und das Atemvolumen trainiert werden (vgl. dazu Nakamura 1987). Diese Übung ist eine Grundübung, wie sie in der fernöstlichen Atemtherapie eingesetzt wird (vgl. Nakamura 1987: ##). Ihr Ziel ist es, die Bauchatmung zu spüren, aber auch das Atemvolumen bei regelmäßiger Anwendung zu stärken. Insgesamt zeigt sich das durch wenige Atemzüge pro Minute. In der Regel geht man von ca. 18 Atemzügen pro Minute. Durch regelmäßiges Training kann man es gut auf 3 Atemzüge pro Minute bringen.

Die Übung wird auch die „Übung mit den drei Kreisen" genannt.

Vorbereiten

Bitte stellen Sie Ihre Füße etwas mehr als schulterbreit auseinander. Die Beine sind in einer leichten Hocke („Skifahrer:innen-Knie"). Die Fersen zeigen nach außen, die Fußspitzen nach innen, so als würden Sie mit Ihren Füßen auf einem Kreis stehen (Kreis 1).

Stehen Sie aufrecht und bilden Sie nun mit Ihren Armen einen nach vorne leicht geöffneten Kreis, sodass Ihre Schultern leicht nach vorne gerichtet sind (Kreis 2).

Bilden Sie mit Ihren Händen einen weiteren Kreis. Zwischen den Händen sollte eine handbreit Abstand bleiben. (Kreis 3).

Richten Sie Ihren Blick nach vorne geradeaus.

Durchführen

Beim Ausatmen: Atmen Sie nun bewusst alle Luft (wirklich alle Luft!) langsam und fließend nach draußen. Dazu nutzen Sie Ihren Bauch, der sich mit dem Ausatmen soweit wie möglich nach innen bewegt. Achten Sie dabei auf eine angespannte Bauchmuskulatur.

Atempause: Warten Sie mit eingezogenem Bauch den Lufthunger ab.

Beim Einatmen: Lassen Sie die Luft einströmen und füllen Sie den gesamten Bauchraum, erweitern Sie den Raum gern auch in Richtung des Beckenbogens.

Wiederholen Sie die Übung so lange, wie es für sie angenehm ist.

3.32. Übung 12: „In Stimmung kommen" – Die Stimme aktivieren
Ziel der Übung

Unsere Stimme klingt dann besonders gut, wenn wir den Resonanzraum unseres Kopfes durch die richtige Stimmlage in Schwingung versetzen. Dadurch erreichen wir eine klingende Stimme, mit der wir auch längere Zeit ohne größere Anstrengung sprechen können.

Vorbereiten

Bitte stellen Sie sicher, dass Sie in einem guten Stand stehen und Ihr Atem ruhig fließt. Am besten haben Sie bereits vorab einige Atemübungen gemacht.

Durchführen

Nach dem nächsten Einatmen beginnen Sie mit dem Ausatmen ein klingendes „M" zu summen. Achten Sie dabei darauf, dass Ihr Kiefermuskel locker und Ihre Zähne geöffnet sind. Verändern Sie die Tonhöhe gleitend nach oben und unten. Spüren Sie dabei, wann Ihr Kopf und wann Ihr Bustraum besonders gut schwingten

Wiederholen Sie das Einatmen und auf „M" klingende Ausatmen so lange, bis Sie einen guten Klang bei hohen Tönen im Kopf und bei tiefen Tönen in der Brust spüren.

Nach dem nächsten Einatemfluss pendeln Sie sich wieder auf eine gut klingende und für Sie angenehme Brust-Tonhöhe ein.

Stellen Sie sich nun vor, dass das „M" im Mund von hinten nach vorne wandert. Spüren Sie, wie sich das Gefühl im Kopf ändert. Spüren Sie dann, wie es sich anfühlt, wenn der Ton hinter der oberen Zahnreihe sitzt. Halten Sie den Stimmsitz mit einer leichten Anspannung der Muskeln unterhalb der Nase („leichtes Lächeln") fest, aber lassen Sie den Ton weiterhin in der Brust schwingen.

Mehr Übungen zum Stimmtraining finden Sie in der Mediathek.

4. Literaturverzeichnis

Theodor W. Adorno (1973), Studien zum autoritären Charakter, Frankfurt a.M.

Theodor W. Adorno (1979), Form und Gehalt des zeitgenössischen Romans, in: Gittjard Wunnberg (Hg.) (1979), Theorie und Technik des Romans im 20. Jahrhundert, Tübingen..

AfD-Parteiprogramm 2020, abrufbar unter www.bundeswahlleiter.de/dam/jcr/e7f3790a-e688-47fa-b1b5-3a28166a55dd/afd.pdf>.

Samira Akbarian (2024), Ziviler Ungehorsam. Irritation und Impuls für den demokratischen Rechtsstaat, in: APuZ 42/2024, 14-19.

Jutta Allmendinger und Jan Wetzel (2020), Die Vertrauensfrage: Für eine Politik des Zusammenhalts, Berlin.

Gordon W. Allport (1971), Die Natur des Vorurteils, Köln.

Sigrid Baringhorst (2004), "Strategic Framing – Deutungsstrategien zur Mobilisierung öffentlicher Unterstützung", in: Volker J. Kreyher (Hg.), Handbuch Politisches Marketing, Baden-Baden, 75-88.

Hans-Rainer Beck (2001), Politische Rede als Interaktionsgefüge: Der Fall Hitler, Tübingen.

Karina Becker, Peter Reif-Spirek, Klaus Dörre (Hg.) (2020), Arbeiterbewegung von rechts? Ungleichheit – Verteilungskämpfe – populistische Revolte, Bonn.

Rebecca Beerheide und Nadine Eckert (2021), Monoklonale Antikörper: Vergütungsregeln vorgeschlagen, Dtsch Arztebl 2021; 118(17): A-874 / B-729; hier zitiert nach: https://www.aerzteblatt.de/archiv/218893/Monoklonale-Antikoerper-Verguetungsregeln-vorgeschlagen, Abrufdatum: 13.12.2022.

Uta G. Bergbauer und Susanne Janknecht (2011), Praxis der Stimmtherapie. Logopädische Diagnostik, Behandlungsvorschläge und Übungsmaterialien, 3. Aufl., Berlin/ Heidelberg.

Irena Bischoff (2007), Körpersprache und Gestik trainieren. Auftreten in beruflichen Situationen. Ein Arbeitsbuch, Weinheim/Basel.

Agnes Boos (2020), Die 50 besten Mnemo- und Merktechniken, München.

Pierre Bourdieu (2015), Politik, Bildung und Sprache. Interview mit Pierre Viansson-Ponté in „Lemonde", 11./12.10.1977, übersetzt von Heinz H. Schmidt und Enno Schmitz, in: Pierre Bourdieu (2015), Die verborgenen Mechanismen der Macht (=Schriften zur Politik und Kultur 1), hg. von Margareta Steinrücke, 2., durchgesehene Aufl., Hamburg, 13-29.

Roman Braun (2018), Die Macht der Rhetorik: Besser reden – mehr erreichen, München.

Bertolt Brecht (1998), Werke. Große kommentierte Berliner und Frankfurter Ausgabe, hg. von Werner Hecht, Jan Knopf, Werner Mittenzwei, Klaus-Detlev Müller, Bd. 14.

Helmut Bremer (2011), Symbolische Macht und politisches Feld. Der Beitrag Pierre Bourdieus für die politische Bildung, in: Bettina Lösch und Andreas Thimmel (Hg.) (2011), Kritische politische Bildung. Ein Handbuch, 2. Aufl., Frankfurt a.M., 181-192.

Ingrid Brodnig (2023), Einspruch!, Verschwörungsmythen und Fake News kontern – in der Familie, im Freundeskreis und online, Strategien und Tipps, damit Fakten wirken, 5., ergänzte und überarbeitete Aufl., Wien.

Armin Burkhardt (Hg.) (2019), Handbuch politische Rhetorik, Handbücher Rhetorik Bd. 10, Berlin.

Benita Cantieni (2024), Lebenslang beweglich und kraftvoll mit Tigerfeeling, 2. Aufl., München.

Manuel Castells (2003), Die Macht der Identität. Das Informationszeitalter II, Opladen.

Luigi Luca Cavalli-Sforza, Francesco Cavalli-Sforza (1996), Verschieden und doch gleich. Ein Genetiker entzieht dem Rassismus die Grundlage, München.

Luigo Luca Cavalli-Sforza (1999), Gene, Völker und Sprachen. Die biologischen Grundlagen unserer Zivilisation, München/Wien.

Maryna Cherednyk (2019), Die rhetorische Bedeutung von Gestik, Intonation und Mimik in der Politik, in: Burkhardt (2019), 791-811.

Amy Cuddy (2020), Ohne Worte alles sagen. Mit Körpersprache überzeugen, übersetzt von Henriette Zeltner-Shane, München.

Ralf Dahrendorf (2019), Acht Anmerkungen zum Populismus, hg. von der Friedrich-Naumann-Stiftung für die Freiheit, Berlin.

Antonio R. Damasio (1997), Descartes` Irrtum. Fühlen, Denken und das menschliche Gehirn, 3. Aufl., München/Leipzig.

Adrian Daub (2022), Cancel Culture Transfer. Wie eine moralische Panik die Welt erfasst, 1. Aufl., Berlin.

Eduard David (1947), Referentenführer. Anleitung für sozialistische Redner, 8., ergänzte Aufl., Hamburg.

Frank Decker (2018), Rechtspopulismus und/oder Rechtsextremismus, in: Neue Gesellschaft – Frankfurter Hefte 5/2018.

Oliver Decker, Johannes Kiess, Ayline Heller, Elmar Brähler (Hg.) (2022), Autoritäre Dynamiken in unsicheren Zeiten. Neue Herausforderungen – alte Reaktionen?, Gießen.

Heinrich Detering (2019), Was heißt hier „wir"? Zur Rhetorik der parlamentarischen Rechten, 5. Aufl., Stuttgart.

Joachim Detjen (2012), Mitreden können: Die Bedeutung der politischen Beredsamkeit in der Demokratie, in: APuZ 46-47/2012, 29-35.

Joachim Detjen (2014), Mitreden können in der Demokratie, Bd. 1: Grundlagen rhetorischer Kommunikation, Schwalbach/Ts.

Joachim Detjen (2014a), Mitreden können in der Demokratie, Bd. 2: Politische Rede- und Kommunikationssituationen, Schwalbach/Ts.

Paula Diehl (2024), Rechtspopulismus und Demokratie, in: APuZ 27/2024, 26-31.

Stefan Dietl und Robert Andreasch (2023), #noAfD. Keine Alternative für Beschäftigte, AfD-Positionen unter der Lupe, hg. vom DGB Bayern, München.

Frank R.B. Dressel (2022), Überzeugen statt überreden. Die wertschätzende Kommunikation des verbalen Aikido, 1. Aufl., Berlin.

Julia Ebner (2019), Radikalisierungsmaschinen. Wie Extremisten die neuen Technologien nutzen und uns manipulieren, 3. Aufl., Frankfurt a.M.

Michaela Ehinger (2018), Präsenz. Handlungsspielräume erkennen und gestalten, Frankfurt a.M.

Dennis Eighteen (2023), Kommunikation, Kreativität, Haltung. Strategische Öffentlichkeitsarbeit in der Kommunalpolitik, Potsdam.

Paul Ekman (2010), Gefühle lesen. Wie Sie Emotionen erkennen und richtig interpretieren, übersetzt von Susanne Kuhlmann-Krieg und Matthias Reis (Kap. 10), 2. Aufl., Heidelberg.

Carolin Emcke (2020), Gegen den Hass, 2. Auflage, Frankfurt a.M.

Thorsten Faas, Oskar W. Gabriel, Jürgen Maier (2019), Politikwissenschaftliche Einstellungs- und Verhaltensforschung. Handbuch für Wissenschaft und Studium, Baden-Baden.

Fachgruppe Covriin bei RKI (2022), Möglicher Einsatz der neutralisierenden monoklonalen Antikörper in Abhängigkeit von der diagnostizierten SARS-CoV-2-Virusvariante, Stand: 23.06.2022; zitiert nach: https://www.rki.de/DE/Content/InfAZ/N/Neuartiges_Coronavirus/COVRIIN_Dok/Monoklonale_AK.pdf ?__blob=publicationFile , Abrufdatum 13.12.2022.

Norbert Faller (2019), Atem und Bewegung. Theorie und 111 Übungen, 3., erweiterte und aktualisierte Aufl., Berlin.

Anna Fischer-Dückelmann (1911), Die Frau als Hausärztin: ein ärztliches Nachschlagebuch der Gesundheitspflege und Heilkunde in der Familie, mit besonderer Berücksichtigung der Frauen- und Kinderkrankheiten, Geburtshilfe und Kinderpflege, Jubiläumsausgabe, Stuttgart.

Roger Fisher, William Ury und Bruce Patton (2018), Das Harvard-Konzept. Die unschlagbare Methode für beste Verhandlungsergebnisse, erweitert und neu übersetzt von Jürgen Neubauer, 6. Aufl., München.

Wolfgang Fricke (2000), Frei reden. Das praxisorientierte Trainingsprogramm, 4. Aufl., Frankfurt a.M.

Sebastian Friedrich und Nils Schniederjann (2024), Unsichere Zukunft, autoritäre Antwort. Wie die AfD bei der Jugend punktet, in: Blätter für deutsche und internationale Politik, 9/2024, 73-78.

Max Frisch (1975), Stiller, 4. Aufl., Frankfurt a.M.

Hellmut Geißner (1978), Rhetorik, 4., durchgesehene Auflage, München.

Gerd Gigerenzer (2008), Bauchentscheidungen. Die Intelligenz des Unbewussten und die Macht der Intuition, aus dem Englischen von Hainer Kober, 18. Aufl., München.

Gerd Gigerenzer (2013), Risiko. Wie man die richtigen Entscheidungen trifft, aus dem Englischen von Hainer Kober, 2. Aufl., München.

Gerd Gigerenzer (2022), Homo Heuristicus: Entscheidungen unter Ungewissheit, in: Korte/Scobel/Yildiz 2022, 25-43.

Heiko Girnth und Stefan Burggraf (2019), Narrative Überzeugungs- und Wirkungsmechanismen der politischen Rede, in: Burkhardt (2019), 567-582.

Johann Wolfgang von Goethe (1998), Unterhaltungen Deutscher Ausgewanderten, in J.W.v.Goethe, Werke, Bd. 6: Romane und Novellen I, hg. von Erich Trunz und kommentiert von Erich Trunz und Benno von Wiese.

Tobias Gombert u.a. (2018), Grundlagen der Sozialen Demokratie (= Lesebuch der Sozialen Demokratie 1), 5. Aufl., Bonn.

Tobias Gombert (2019), Einstieg in das kritisch-politische Denken. Theoriefelder der Arbeiter*innen-Bewegung, Springe.

Tobias Gombert und Mario Sander (2020), Demokratie bilden. Leiten und Moderieren von Gruppen, Handbuch „Bildungsarbeit" des Bildungs- und TagungsZentrum HVHS Springe e.V. und der Politischen Bildungsarbeit Niedersachsen e.V., Norderstedt.

Viv Groskop (2022), How to own the room. Von Frauen und der Magie brillanter Reden, Freiburg.

Thomas Gruber (2018), Gedächtnis. 2. Aufl., Berlin.

Claudia Gruhn (2017), Rede und Redenschreiben im Unternehmen. Rhetorische Leistungen empirisch untersucht, Berlin.

Jürgen Habermas (1990), Strukturwandel der Öffentlichkeit. Untersuchungen zu einer Kategorie der bürgerlichen Gesellschaft, mit einem Vorwort zur Neuauflage 1990, Frankfurt a.M.

Jürgen Habermas (2019), Wahrheit und Gesellschaft. Die diskursive Einlösung faktischer Geltungsansprüche, in: Jürgen Habermas (2019), Sprachtheoretische Grundlegung der Soziologie. Studienausgabe, Bd. 1: Philosophische Texte, 131-156.

Jürgen Habermas (2019a), Philosophische Texte, Bd. 1: Sprachtheoretische Grundlegung der Soziologie, 3. Aufl., Frankfurt a.M.

Jürgen Habermas (2019b), Wahrheitstheorien, in: Jürgen Habermas (2019b), Philosophische Texte, Bd. 2: Rationalitäts- und Sprachtheorie, 3. Aufl., Frankfurt a.M.

Jürgen Habermas (2022), Ein neuer Strukturwandel der Öffentlichkeit und die deliberative Politik, 3. Aufl., Berlin.

Jürgen Habermas (2024), „Es musste etwas besser werden…". Gespräche mit Stefan Müller-Doohm und Roman Yos, Berlin.

Gerhard Halberstadt (1974), Das Freie Wort. Sprechtechnik – Redetechnik – Gesprächstechnik und Technik der geistigen Arbeit, Bonn.

Oliver Hein, René Koroliuk, Philipp Möcklinghoff, Kerstin Sernatinger, Jan Wappler (2022), Methodenheft Demokratiefeindlichkeit entgegentreten. Für eine starke Demokratie in der beruflichen Bildung, hg. vom DGB Bildungswerk e.V., Düsseldorf.

Wilhelm Heitmeyer (Hg.) (2007), Deutsche Zustände. Folge 5, Frankfurt a.M.

Wilhelm Heitmeyer (2018), Autoritäre Versuchungen. Signaturen der Bedrohungen 1, 3. Aufl., Berlin.

Wilhelm Heitmeyer, Manuela Freiheit und Peter Sitzer (2020), Rechte Bedrohungsallianzen. Signaturen der Bedrohung 2, Berlin.

Benedikt Held (2019), Meisterkurs Rhetorik: Der Weg zum Kommunikationsprofi. Das Arbeitsbuch der Redefabrik.net, München.

Vera Henßler, Ulrich Overdieck (2014), Vor Ort entscheidet. Kommunale Strategien gegen Rechtsextremismus, Berlin.

Anita Hermann-Ruess (2014), Emotionale Rhetorik. Mit Worten begeistern, beeindrucken, berühren, Offenbach.

Johannes Hillje (2022), Das „Wir" der AfD. Kommunikation und kollektive Identität im Rechtspopulismus, Frankfurt/New York.

Johannes Hillje (2022a), AfD: It's the identity, stupid! Wie sich der anhaltende Erfolg der AfD erklären lässt, in: Blätter für deutsche und internationale Politik 12/2022, 83-88.

Björn Höcke (2024), Nie zweimal in denselben Fluss. Björn Höcke im Gespräch mit Sebastian Hennig, 7. Aufl., Lüdinghausen.

Maria Höller-Zangenfeind (2020), Stimme von Fuß bis Kopf. Ein Lehr- und Übungsbuch für Atmung und Stimme nach der Methode Atem – Tonus – Ton, 6. Aufl., Innsbruck.

Klaus-Peter Hufer (2019), Argumente am Stammtisch. Erfolgreich gegen Parolen, Palaver und Populismus, 8., komplett überarbeitete Aufl., Frankfurt a.M.

Gerald Hüther (2009), Die Macht der inneren Bilder. Wie Visionen das Gehirn, den Menschen und die Welt verändern, 5. Aufl., Göttingen.

Gerald Hüther (2010), Bedienungsanleitung für ein menschliches Gehirn, 9. Aufl., Göttingen.

IGM Bezirksleitung Baden-Württemberg (2020), „Dich brauchen wir!" Erschließung leichter gemacht. Das Organizing-Handbuch des Gemeinsamen Erschließungsprojekts Baden-Württemberg (GEP), Stuttgart.

Anton Jäger (2024), Hyperpolitik. Extreme Politisierung ohne politische Folgen, übersetzt von Daniela Janser, Thomas Zimmermann und Heinrich Geiselberger, Berlin.

Anton Jäger (2024a), Vom Koma in die Polarisierung: Das Zeitalter der Hyperpolitik, in: Blätter für deutsche und internationale Politik 3/2024, 47-58.

Siegfried Jäger (2015), Kritische Diskursanalyse. Eine Einführung, 7., vollständig überarbeitete Aufl., Münster.

Birgit Jakobowsky (2002), Dressed for Success. Wie Sie Ihren Typ wirkungsvoll in Szene setzen, Frankfurt a.M.

Simon Jakobs und Vincenzo Schwab (2023), Mitgliederwerbung in und für Parteien. Ein Einblick in Theorie und Praxis, Wiesbaden.

Romy Jaster und David Lanius (2019), Die Wahrheit schafft sich ab. Wie Fake News Politik machen, 8. Aufl., Ditzingen.

Klaus Jentzsch (1996), Rhetorik, Bonn.

Sebastian Jobelius, Lennart Schulze und Konstantin Vössing (2022), Wie sagt die Sozialdemokratie, was sie will? Gruppen und Werte in der politischen Kommunikation, Bonn.

Franz Kafka (2002), Die Verwandlung, in: Franz Kafka (2002), Drucke zu Lebzeiten, hg. von Wolf Kittler, Hans-Gerd Koch und Gerhard Neumann, Franz Kafka Schriften – Tagebücher – Kritische Ausgabe, Frankfurt a.M.

Daniel Kahneman (2012), Schnelles Denken, langsames Denken, übersetzt von Thorsten Schmidt, München.

Gert Kaluza (2018), Stressbewältigung. Trainingsmanual zur psychologischen Gesundheitsförderung, 4. Aufl., Berlin/Heidelberg.

Bernhard Kegel (2010). Epigenetik. Wie Erfahrungen vererbt werden, 3. Aufl., Köln.

Jens Kegel (2019), Die politische Rede zwischen Produzent, Medium und Rezipient, in: Burkhardt (2019), 505-524.

Josef Klein (2019), Politik und Rhetorik. Eine Einführung, Wiesbaden.

Josef Klein (2019a), Redegattungen/Textsorten der politischen Rhetorik und ihre Charakteristika. Ein Überblick, in: Burkhardt (2019), 327-350.

Thomas Köck (2024), Chronik der laufenden Entgleisungen, Berlin.

Karl-Rudolf Korte, Gert Scobel und Taylan Yildiz (2022), Heuristiken des politischen Entscheidens, Berlin.

Karl-Rudolf Korte, Gert Scobel und Taylan Yildiz (2022a), Politisches Entscheiden: Zwischen Komplexität, Kontingenz und Kunstfertigkeit, in: Korte/Scobel/Yildiz 2022, 7-22.

Karl-Rudolf Korte (2022), Politische Mechanik: Über Entscheidungsheuristiken in der Politik, in: Korte/Scobel/Yildiz 2022, 289-320.

Alfred Korzybski (1994), Science and Sanity. An Introduction to Non-Aristotelian Systems and General Semantics, 5. Aufl., New York.

Maximilian Krah (2024), Politik von rechts. Ein Manifest, 6. Aufl., Schnellroda.

Otto Kruse (2017), Kritisches Denken und Argumentieren. Eine Einführung für Studierende, Konstanz / München.

Nils C. Kumkar (2022), Alternative Fakten. Zur Praxis der kommunikativen Erkenntnisverweigerung, Berlin.

Norbert Lammert (2016), Rede von Norbert Lammert zum Tag der deutschen Einheit 2016 (gehalten am 03.10.2016bin Dresden), Quelle: www.bundestag.de/parlament/praesidium/reden/2016/004/462296; Abrufdatum: 13.07.2024.

Antoni Lang und Margarete Saatweber (2020), Stimme und Atmung. Kernbegriffe und Methoden des Konzeptes Schlaffhorst-Andersen und ihre anatomisch-physiologische Erklärung, 3., überarbeitete und ergänzte Aufl., Idstein.

Per Leo, Maximilian Steinbeis, Daniel-Pascal Zorn (2017), mit Rechten reden. Ein Leitfaden, Stuttgart.

Marcel Lewandowsky (2024), Was Populisten wollen. Wie sie die Gesellschaft herausfordern – und wie man ihnen begegnen sollte, 2. Aufl., Köln.

Astrid Lindgren (1978), Dankesrede „Niemals Gewalt", in: Börsenverein des deutschen Buchhandels (Hg.), Friedenspreis des Deutschen Buchhandels 1978 Astrid Lindgren, Frankfurt a.M., 6-8; Quelle: https://www.friedenspreis-des-deutschen-buchhandels.de/fileadmin/user_upload/preistraeger/reden_1950-1999/1978_lindgren.pdf; Abrufdatum: 25.05.2023.

Klaus Linneweh, Armin Heufelder und Monika Flasnoecker (2013), Balance statt Burn-out. Der erfolgreiche Umgang mit Stress und Belastungssituationen, 3., überarbeitete Aufl., München.

Jürgen Link (1986), Noch einmal. Diskurs. Interdiskurs. Macht, in: KultuRRevolution, Heft 11, 4-7.

Stefan Locke (2022), Kontroversen beim Kaffee. Steinmeier in Sachsen, in: Frankfurter Allgemeine Zeitung (07.12.2022), zit. nach: https://www.faz.net/aktuell/politik/inland/steinmeier-weht-in-sachsen-ein-rauer-wind-entgegen-18518200.html, Abrufdatum: 08.12.2022.

Rainald Manthe (2024), Alltägliche Begegnungsorte der Demokratie, in APuZ 42/2024, 8-13.

Nora Markard und Ronen Steinke (2024), Jura Not alone. 12 Ermutigungen, die Welt mit den Mitteln des Rechts zu verändern, unter Mitarbeit von Eva Maria Bredler und Valentina Chiofalo, Frankfurt a.M.

Uki Maroshek-Klarman und Saber Rabi (2019), Mehr als eine Demokratie. Sieben verschiedene Demokratieformen verstehen und erleben – 73 Übungen nach der ‚Betzavta'-Methode, 2., unveränderte Aufl., Gütersloh.

Peter Massing, Joachim Detjen, Dagmar Richter, Georg Weißeno (2012), Politikkompetenz – ein Modell, Wiesbaden.

Peter Massing (2012), Die vier Dimensionen der Politikkompetenz, in APuZ 46-47/2012, 23-29.

Steffen Mau, Thomas Lux und Linus Westheuser (2023), Triggerpunkte. Konsens und Konflikt in der Gegenwartsgesellschaft, 4. Aufl., Berlin.

Albert Mehrabian (1981), Silent Messages. Implicit Communication of Emotions and Attitudes, 2. Aufl., Wadsworth/ Belmont/ Calif.

Paul Georg Meyer und Tatiana Serbina (2019), Metaphern und Allegorien in der politischen Rede, in: Burkhardt (2019), 603-624.

Benjamin Mikfeld und Jan Turowski (2014), Sprache. Macht. Denken – Eine Einführung, in: Denkwerk Demokratie (Hg.) (2014), Sprache. Macht. Denken, Politische Diskurse verstehen und führen, Frankfurt/New York, 15-48.

Benjamin Mikfeld (2012), Alte und neue Wege aus der großen Krise. Eine Landkarte aktueller politischer Diskurse über die Zukunft von Wirtschaft, Wachstum und Gesellschaft, Werkbericht 1 des Denkwerk Demokratie, Berlin.

Tim Mönch (2021), Rechte Angriffe im Netz. Auswirkungen und Handlungsempfehlungen, hg. von Opferperspektive Beratungsstelle für Betroffene rechter Gewalt RAA Sachsen und Zebra-Zentrum für Betroffene rechter Angriffe e.V., Potsdam/Dresden/Kiel.

Nikil Mukerji (2017), Die 10 Gebote des gesunden Menschenverstands, Berlin / Heidelberg.

Dorotheé Müller und Nicole Recknagel (2019), Politische An- und Rücktrittsreden, in: Burkhardt (2019), 435-458.

Meike Müller (2003), Schlagfertig! Verbale Angriffe gekonnt abwehren, München.

Takashi Nakamura (1987), Das große Buch vom richtigen Atmen. Mit Übungsanleitungen zur Entspannung und Selbstheilung für jedermann mit altbewährten Methoden der fernöstlichen Atemtherapie, 4. Aufl., Bern/ München/ Wien.

Oskar Negt (2010), Der politische Mensch. Demokratie als Lebensform, Göttingen.

Mai Thi Nguyen-Kim (2021), Die kleinste gemeinsame Wirklichkeit. Wahr, falsch, plausibel? Die großen Streitfragen wissenschaftlich geprüft, München.

Julian Nida-Rümelin (2020), Die gefährdete Rationalität der Demokratie. Ein politischer Traktat, Hamburg.

Kaja Novak (2011), Lernstrategien leicht anwenden, München.

Tupoka Ogette (2021), exitRACISM. Rassismuskritisch denken lernen, 10. Aufl., Münster.

Larissa Oppermann (2018), Die Verständlichkeit politischer Rhetorik. Wie beeinflusst das lexikalische Niveau die Akzeptanz politischer Erklärungen, München.

Daniel Oppold (2024), Bürgerräte in Theorie und Praxis, in: APuZ 42/2024, 20-25.

Michael Oswald (2022), Strategisches Framing. Eine Einführung, 2. Aufl., Wiesbaden.

Klaus Pawlowski, Helmut Lungershausen und Fritz Stöcker (1985), Jetzt rede ich. Ein Spiel- und Trainingsbuch zur praktischen Rhetorik, Wolfsburg.

Michel Penke (2013), Das eigen Fleisch und Blut, in: Jörg Sadrozinski (Hg.) (2013), Die Besten. Reportagen, Porträts und Interviews aus der Deutschen Journalistenschule, München, 133-136.

Susanne Pickel (2024), Was ist Demokratie? Vom substanziellen Streit zum autokratischen (Miss-)Verständnis, in: APuZ 27/2024, 4-11.

Uwe Pörksen (2014), Talk oder Debatte: Vom Verschwinden der Entscheidungsrede, in: Denkwerk Demokratie (Hg.) (2014), Sprache. Macht. Denken, Politische Diskurse verstehen und führen, Frankfurt/New York, 263-270.

Uwe Pörksen (2016), Politische Rede oder Wie wir entscheiden, Göttingen.

Bernhard Pörksen und Friedemann Schulz von Thun (2021), Die Kunst des Miteinander-Redens. Über den Dialog in Gesellschaft und Politik, 1. Aufl., München.

Wilfried Possin (2013), Alles im Kopf. Mit Merktechniken zum Supergedächtnis, München.

Thorben Prenzel (2019), Fake News. Moderne Lügen entlarven und entspannt reagieren, Frankfurt a.M.

Thorben Prenzel (2024), Mit Populisten reden. Ein Leitfaden in sechs Schritten, Frankfurt a.M.

Karin Priester (2012), Wesensmerkmale des Populismus, in: APuZ B 5-6/2012, 3-9.

Thomas Pyczak (2021), Tell me! Wie Sie mit Storytelling überzeugen, 3., aktualisierte und erweiterte Auflage, Bonn.

RAA Sachsen e.V. (2021), Die Webdokumentation „Gegen uns". Betroffene im Gespräch über rechte Gewalt nach 1990 und die Verteidigung der solidarischen Gesellschaft, Methodenheft für politische Bildner*innen und Lehrpersonen, 1. Aufl., Dresden.

Andreas Reckwitz (2019), Gesellschaft der Singularitäten. Zum Strukturwandel der Moderne, Frankfurt a.M.

Andreas Reckwitz (2024), Verlust. Ein Grundproblem der Moderne, Berlin.

Wolfgang Rehm (1976), Gesprächs- und Redepädagogik. Ein sprecherzieherisches Element zur Mündigkeit, Kastellaun.

Marshall B. Rosenberg (2016), Gewaltfreie Kommunikation. Eine Sprache des Lebens, 12., überarbeitete und erweiterte Aufl., Paderborn.

Rick Ross (2008), Die qualifizierte Diskussion. Wie man voll konzentriert zu einer Entscheidung gelangt, in: Peter M. Senger, Art Kleiner, Bryan Smith, Charlotte Roberts, Richard Ross (2008), Das Fieldbook zur Fünften Disziplin, Stuttgart.

Roland Roth (2010), Demokratie braucht Qualität! Beispiele guter Praxis und Handlungsempfehlungen für erfolgreiches Engagement gegen Rechtsextremismus, Berlin.

Jean-Jacques Rousseau (1995), Vom Gesellschaftsvertrag oder Prinzipien des Staatsrechtes, in: Jean-Jacques Rousseau (1995), Politische Schriften, übersetzt und eingeführt von Ludwig Schmidts, 2. Aufl., Paderborn/München/Wien/Zürich, 58-208.

Joanne K. Rowling (2007), Harry Potter und die Heiligtümer des Todes. Aus dem Englischen von Klaus Fritz, Hamburg.

Wolf Ruede-Wissmann (1989), Auf alle Fälle Recht behalten. Die Kunst der dialektischen Rabulistik. Von Täuschung, Bluff, Manipulation und dem taktischen Umgang mit der Wahrheit, 2. Aufl., München.

Erich Schäfer (2017), Lebenslanges Lernen. Erkenntnisse und Mythen über das Lernen im Erwachsenenalter, Berlin.

Marian Schäfer (2013), Der Stecher aus Celldömölk in: Jörg Sadrozinski (Hg.) (2013), Die Besten. Reportagen, Porträts und Interviews aus der deutschen Journalistenschule, München, 162-165.

Michael Schiff (1972), Redetraining. Lehrbuch der modernen Rhetorik mit Übungen zur Atem- und Vortragstechnik, 2., erweiterte und aktualisierte Aufl., München.

Hans-Jochen Schild (2019), Konzeptionelle Aspekte politischer Rede, in: Burkhardt (2019), 481-504.

Sophie Schönberger (2023), Zumutung Demokratie. Ein Essay, München.

Katrin Schöpe (2019), Rhetorik der Erinnerung – Die Fest- und Gedenkrede als politische Textsorte, in: Burkhardt (2019), 351-374.

Gerd Schumacher (1987), Redetechnik. Ein praktischer Ratgeber für Gewerkschafter, Hannover.

Ilse Schweinsberg-Reichart (o.J.), Freie Rede. Arbeitsmaterial für Bildungsobleute der Industriegewerkschaft Bergbau und Energie IV, Bochum.

Martin Sellner (2024), Regime Change von rechts. Eine strategische Skizze, 5. Aufl., Schnellroda.

Arne Semsrott (2024), Macht Übernahme. Was passiert, wenn Rechtsextrenmisten regieren. Eine Anleitung zum Widerstand, München.

Harro von Senger (2002), Die Kunst der List. Strategien durchschauen und anwenden, München.

Simon Sinek (2014), Frag immer erst: Warum. Wie Top-Firmen und Führungskräfte zum Erfolg inspirieren, übersetzt von Christian Gonsa, 8. Aufl., München.

Jan Skudlarek (2021), Wahrheit und Verschwörung. Wie wir erkennen, was echt und wirklich ist, durchgesehene und ergänzte Aufl., Stuttgart.

Caroline Sommerfeld (2018), Bin ich völkisch? Drei Volksbegriffe, in: https://sezession.de/59430/bin-ich-voelkisch-drei-volksbegriffe, Abrufdatum: 02.09.2024.

Constanze Spieß (2019), Wahlkampfrede, in: Burkhardt (2019), 393-414.

Manfred Spitzer (2006), Lernen. Gehirnforschung und die Schule des Lebens, Heidelberg.

Enno Stahl (2019), Die Sprache der Neuen Rechten. Populistische Rhetorik und Strategien, Stuttgart.

Toralf Stark, Carsten Wegscheider, Elmar Brähler, Oliver Decker (2017), Sind Rechtsextremisten sozial ausgegrenzt? Eine Analyse der sozialen Lage und Einstellungen zum Rechtsextremismus, Berlin.

Maximilian Steinbeis (2024), Die verwundbare Demokratie. Strategien gegen die populistische Übernahme, München.

Albert Thiele (2022), Argumentieren unter Stress. Konflikte souverän meistern, 10., aktualisierte und ergänzte Aufl., Frankfurt a.M.

Henry D. Thoreau (1905), Walden oder Leben in den Wäldern, aus dem Englischen übersetzt von Wilhelm Robbe, Jena / Leipzig.

Angelika Tiefenbacher (2011), Gedächtnis leicht trainieren, München.

Christiane Tillner und Norbert Franck (1990), Selbstsicher reden. Ein Leitfaden für Frauen, München.

Jan Turowski und Benjamin Mikfeld (2013), Gesellschaftlicher Wandel und politische Diskurse. Überlegungen für eine strategie-orientierte Diskursanalyse (= Werkbericht des Denkwerks Demokratie 3), Berlin.

Werner Tusche (2001), Reden und Überzeugen. Rhetorik im Alltag, 5., aktualisierte Aufl., Frankfurt a.M.

Gert Ueding und Bernd Steinbrink (2011), Grundriß der Rhetorik. Geschichte – Technik – Methode, 5. aktualisierte Aufl., Heidelberg/Berlin.

Verband der Beratungsstellen für Betroffene rechter, rassistischer und antisemitischer Gewalt (VBRG) (o. Jahr), Kurzanleitung zu Screenshots als wichtige Beweismittel bei rechter, rassistischer und antisemitischer Gewalt im Netz, Berlin.

Frederic Vester (1978), Denken – Lernen – Vergessen. Was geht in unserem Kopf vor, wie lernt das Gehirn, und wann läßt es uns im Stich? 1. Aufl., München.

Michael Vester, Ulf Kraditzke und Jakob Graf (2019), Klassen – Fraktionen – Milieus. Beiträge zur Klassenanalyse (1), Berlin.

Stefan Wachtel (1999), Überzeugen vor Mikrofon und Kamera. Was Manager wissen müssen. Interviews, Pressekonferenzen, Talkshows, Business-TV, Frankfurt a.M.

Thor von Waldstein (2016), Zehn Thesen zum politischen Widerstandsrecht, in Sezession 70, Februar 2016, 30-32.

Paul Walter und Peter Wenzl (2016), Kritisch denken – treffend argumentieren. Ein Übungsbuch, Wiesbaden.

Rudolf Walther (2003), Die neue Mitte. Zum 90. Geburtstag Willy Brandts, Quelle: https://www.freitag.de/autoren/rudolf-walther/die-neue-mitte-2; Abrufdatum: 8.9.2024.

Paul Watzlawick, Janet H. Beavin und Don D. Jackson (2007), Menschliche Kommunikation. Formen – Störungen – Paradoxien, 11. unveränderte Aufl., Bern.

Elisabeth Wehling (2014), Sprache, Werte, Frames: Wie findet man den richtigen Rahmen für politische Botschaften?, in: Denkwerk Demokratie (Hg.) (2014), Sprache. Macht. Denken, Politische Diskurse verstehen und führen, Frankfurt/New York, 159-167.

Elisabeth Wehling (2016), Politisches Framing. Wie eine Nation sich ihr Denken einredet – und daraus Politik macht, Köln.

Marina Weisband (2024), Die neue Schule der Demokratie. Wilder denken, wirksam handeln, Frankfurt a.M.

Uwe Wesel (2021), Fast alles, was Recht ist. Jura für Nicht-Juristen, 10. Aufl., München.

Helmut Willke (2022), Dezentrierte Demokratie: Komplexe Freiheit als Prämisse politischen Entscheidens, in: Korte/Scobel/Yildiz 2022, 342-364.

Taylan Yildiz (2022), Zum Problem der Entscheidungsverkettung: Heuristiken politischer Reaktionsweisen, in: Korte/Scobel/Yildiz 2022, 227-259.

Taylan Yildiz (2022a), Politische Heuristiken, in: Karl-Rudolf Korte und Martin Florack (2022), Handbuch der Regierungsforschung, 2. Aufl., Wiesbaden.

Andreas Zick und Beate Küpper (Hg.) (2021), Die geforderte Mitte. Rechtsextreme und demokratiegefährdende Einstellungen in Deutschland 2020/2021, hg. für die Friedrich-Ebert-Stiftung von Franziska Schröter, Bonn.

Daniel-Pascal Zorn (2017), Logik für Demokraten. Eine Anleitung, Stuttgart.

INFORMATIONEN ZU HVHS SPRINGE E.V. & PBN E.V.

Das Bildungs- und TagungsZentrum Heimvolkshochschule Springe ist ein gemein-nütziger Verein und zugleich eine vom Land Niedersachsen geförderte Bildungseinrichtung. Ziel des Vereins ist es, Menschen durch Bildungsarbeit darin zu unterstützen und bestärken, sich demokratisch in Wirtschaft, Gesellschaft und Staat einzubringen.

Dabei verstehen wir unsere Bildungsarbeit aus der Tradition der Arbeiter:innen-Bewegung heraus und orientieren uns an den Grundsätzen von DGB-Gewerkschaften und Sozialer Demokratie.

Die Politische Bildungsgemeinschaft Niedersachsen ist ein gemeinnütziger Bildungsverein, der Menschen, die sich für Soziale Demokratie in Gesellschaft, Wirtschaft und Politik durch Bildungs- und Beratungsangebote einsetzt. Die Politische Bildungsgemeinschaft Niedersachsen e. V. hat das Ziel, politische Bildungsarbeit in der Tradition der Arbeiterbewegung (und Arbeiterinnenbewegung) und sozialer Bewegung zu fördern und blickt dabei auf eine über 60-jährige Geschichte zurück.

Unsere Online-Mediathek

Die Modelle, Lehrvideos, Übungen und Unterlagen stehen für Sie in unserer Online-Mediathek bereit. Wir versuchen, die Online-Mediathek für Sie nach und nach zu erweitern und aktuell zu halten.

Bitte seien Sie so fair, die Zugangsdaten nicht an unbeteiligte Dritte weiterzugeben.

Das Passwort lautet: Wer gehört werden will, muss reden!

ZU DEN AUTOR:INNEN

Tobias Gombert (Jg. 1975) ist Leiter des Bildungs- und TagungsZentrum HVHS Springe e. V., Mediator, systemischer Berater, Trainer und Sachbuchautor. Er wirkt fast ausschließlich in seinen Seminaren, Workshops und Verhandlungen mit ehrenamtlich Engagierten zusammen.
Seit gut 20 Jahren ist es ihm ein Anliegen, politisch Aktiven zu helfen, wirksame Reden zu halten.

Veröffentlichungen u.a.: Grundlagen Sozialer Demokratie (5. Aufl., 2018; et. al.); Einstieg in das kritisch-politische Denken (2019); Demokratie bilden. Leiten und Moderieren von Gruppen (2020; gem. mit Mario Sander).

Foto: Dieter Zehner

Silke Frink (Jg. 1963) geboren in Mayen und aufgewachsen in Neustadt am Rübenberge, Landkreis Hannover, gelernte Friseurmeisterin war Silke Frink von 1991 bis zum Umzug der Regierung von Bonn nach Berlin in den Hauptstadtstudios der ARD/WDR, des ZDF und der DW TV in der Abteilung Maskenbild tätig. Im Oktober 2007 erschien ihr Buch *Der feminine Stil – Businessmode für Frauen* im Haufe Verlag. Überdies erschienen diverse Fachartikel zum Thema des gelungenen Auftritts in der Öffentlichkeit und Fernsehkritiken in der Funkkorrespondenz (heute: Medienkorrepondenz). Für die ARD.ZDF Medienakademie entwickelte sie ab Mitte der 90er Jahre mehrere Seminarformate zum Thema *Gut aussehen vor der Kamera*. Weitere Initiativen: Seit 2014 ist die *Schöner-Fernsehen-Konferenz*, eine jährliche Fachtagung der ARD zur Entwicklung und zum Management einer öffentlich-rechtlichen Präsentationskultur, etabliert. Seit 2022 der Fortbildungslehrgang zur/m geprüften OnAir-Stylisten mit Prüfung vor der Handwerkskammer. Silke Frink ist Teil des Medientrainings der FES, Abt. Management und Politik, sowie für die Politische Bildungsgemeinschaft Niedersachsen e.V. (PBN) als auch die SPD NRW in der Fortbildung tätig. Zurzeit beschäftigt sich Silke Frink mit Nachhaltigkeitsmanagement und Künstlicher Intelligenz im Bereich OnAirStyling. Zwei Herausforderungen, die unumgänglich sind. Silke Frink lebt in Königswinter, ist verheiratet und hat zwei erwachsene Kinder.

Veröffentlichungen u.a.: Der feminine Stil. Business-Mode für Frauen (2007); Muttersöhnchen. Vom Schaden weiblicher Erziehung (2011)

 **Mario Sander** (Jg. 1963) hilft Menschen, sich in Führungspositionen verständlich zu machen. Dieser Leidenschaft geht er als gefragter Strategieberater, Moderator, Businesscoach sowie als Leadership- und KI-Experte konsequent nach. Sein Motto lautet: „Wer Erfolg haben will, muss verstanden werden!" Dies praktiziert Mario Sander sowohl mit Politiker:innen als auch mit Führungskräften aus Industrie, Handel, Versicherungen und Verwaltungen.

Zu seinen Veröffentlichungen zählt u.a.: Demokratie bilden. Leiten und Moderieren von Gruppen (2020; gemeinsam mit Tobias Gombert).

Wir freuen uns auf den Kontakt mit Ihnen und Euch:
Tobias.gombert@hvhs-springe.de
Silke.frink@bildschoen-medien.de
info@sander-consulting.com